Mirjam Schambeck
Mystagogisches Lernen

D1665772

Studien zur Theologie und Praxis der Seelsorge

62

Herausgegeben von
Konrad Baumgartner und Erich Garhammer
in Verbindung mit
Martina Blasberg-Kuhnke und Franz Weber

Mirjam Schambeck

Mystagogisches Lernen

Zu einer Perspektive religiöser Bildung

echter

Bibliografische Information der Deutschen Bibliothek

Die Deutsche Bibliothek verzeichnet diese Publikation in der Deutschen
Nationalbibliografie; detaillierte bibliografische Daten sind im Internet
über <http://dnb.ddb.de> abrufbar.

© 2006 Echter Verlag GmbH, Würzburg
www.echter-verlag.de
Druck und Bindung: Difo-Druck GmbH, Bamberg
ISBN 3-429-02760-8

Vorwort

Wie ist es möglich, Gott zu begegnen? Was bedeutet es, dass die Gottesfrage das entscheidende Thema des Religionsunterrichts ist? Welche Konsequenzen für religiöse Bildung in der Postmoderne ergeben sich daraus, zumal wenn davon auszugehen ist, dass der christliche Glauben für viele Menschen zu etwas Fremdem geworden ist, dessen "Sprache" und Bedeutung kaum mehr verstanden wird.

Diese und ähnliche Fragen bewegten mich, als ich schließlich auf das Phänomen des mystagogischen Lernens stieß und darin eine Weise ahnte, die unterschiedlichen Facetten meines Nachdenkens zu bündeln.

Meine Überlegungen, die Antworten, die sich einstellten und sich schließlich zu einem Entwurf verdichteten, haben in dieser Studie Gestalt gefunden, die im Sommersemester 2005 von der Katholisch-Theologischen Fakultät der Universität Regensburg als Habilitationsschrift angenommen wurde.

Dass dieser Weg gelungen ist, habe ich vielen zu verdanken. Hier können nicht alle Namen genannt werden. Einige wenige will ich aber ausdrücklich erinnern.

Mein Dank gilt zunächst Prof. Dr. Georg Hilger, bei und mit dem ich etliche Jahre als Wissenschaftliche Assistentin arbeitete und Einblick in religionspädagogisches Schaffen, Denken und Entwerfen gewann. Ich habe viel gelernt in dieser Zeit. Immer wieder hat mich beeindruckt, wie menschliche Weitsicht, die Fähigkeit, Menschen zu fördern, wo sie ihre Talente haben, und der Sinn für den Kairos wissenschaftlicher Themen bei Georg Hilger zusammengingen. Für die Zeit des wissenschaftlichen Disputs, des Miteinanders und der Freundschaft bedanke ich mich sehr.

Für die gute Zusammenarbeit, das freundschaftliche Miteinander und den fruchtbaren Austausch bedanke ich mich auch bei Prof. Dr. Ulrich Kropac und Dr. Matthias Bahr, als meinen unmittelbaren Kollegen im großen Team des Lehrstuhls Religionspädagogik und Didaktik des Religionsunterrichts in Regensburg.

So manchen Hinweis, der die Rahnerforschung und die Exerzitientheologie anbelangt, gaben mir Experten wie Prof. Dr. Karl Heinz Neufeld SJ, Dr. Andreas R. Batlogg SJ und Dr. Stefan Kiechle SJ, denen ich Teile des Manuskripts zur Korrektur überließ und an dieser Stelle nochmals herzlich danken will.

Sehr gefreut hat mich auch, dass Prof. Dr. Andreas Merkt (Lehrstuhl für Alte Kirchengeschichte und Patrologie, Universität Regensburg) und Prof. Dr. Werner Simon (Lehrstuhl für Religionspädagogik, Katechetik und Fachdidaktik Religion, Universität Mainz) die Mühe des Zweit- bzw. Drittgutachtens übernommen haben und das nicht nur, wie sie mir sagten, aus Pflicht, sondern, soweit das bei der Begutachtung einer Qualifikationsschrift möglich ist, aus Freude. Auch ihnen gebührt mein aufrichtiger Dank.

Nicht zu vergessen sind jene, die durch einen Druckkostenzuschuss die Arbeit finanziell unterstützt haben und denen ich hiermit danke: der deutschen Provinz der Jesuiten resp. der Augustin Bea Stiftung, der Provinz der Bayerischen Franziskaner, vertreten durch P. Provinzial Dr. Maximilian Wagner OFM, der Kongregation der Barmherzigen Schwestern in München, der Universität Regensburg, durch deren Finanzielles Anreizsystem zur Förderung der Gleichstellung von Frauen ich über viele Jahre und nun auch bei den Druckkosten gefördert wurde, sowie dem Bistum Würzburg.

Schließlich aber ist es mir ein herzliches Anliegen, denen zu danken, die mich mitgetragen, unterstützt und ermutigt haben, als Franziskanerin und Wissenschaftlerin, Gott heute zu denken und zu fragen, was das für religiöse Bildung bedeutet.

An erster Stelle will ich hier Schw. Andrea Six nennen, die nicht nur das Korrekturlesen und akribische Ausbessern von Fehlern übernahm, sondern mir als Mitschwester und Weggefährtin seit vielen Jahren nahe ist. Ebenso danke ich den Weggefährtinnen unseres neuen Weges, der sich inspiriert an dem, was mystagogisches Lernen meint: Aufmerksam werden für Gotteserfahrungen mitten in unserem Leben.

Dass sich Gott in unsere Lebensgeschichten eingeschrieben hat, dass er mitten in dem zu finden ist, was Alltag, Welt, Denken, Handeln, Sehnen und Hoffen ausmacht, das habe ich durch die einfache, selbstverständliche Art meiner Eltern spüren und erfahren gelernt.

Ihnen widme ich deshalb diese Arbeit in Freude und Dankbarkeit.

Würzburg, am Fest Epiphanie 2006   *Mirjam Schambeck sf*

Meinen Eltern
Anna und Alois Schambeck

Inhaltsverzeichnis

Zweites Kapitel: Zur mystagogischen Dimension der Theologie Bonaventuras 78

Drittes Kapitel: Zum Phänomen und zur "Methodologie" von Mystagogie in der Theologie Karl Rahners

Dritter Teil: Zum Proprium mystagogischen Lernens 281

Einleitung

1 Zur Kontextuierung des mystagogischen Lernens

Einige Splitter postmoderner Anfragen an religiöse Bildung

Die gegenwärtige Welt zu beschreiben, heißt, einer Welt zu begegnen, die durch eine durchgehende Differenzierung und Pluralisierung der Lebensbereiche gekennzeichnet ist, deren Wahrnehmung wiederum nur different und in pluralistischer Weise erfolgen kann. Ist damit sozusagen die Außenseite gekennzeichnet, so zeigen sich die Phänomene von Privatisierung und Individualisierung als die Innenseite derselben Entwicklung.[1] Ulrich Beck konstatierte schon 1986, dass alte Milieustabilitäten zugunsten von Verhaltensmustern abschmelzen, die sich an der Erlebnisintensität orientieren.[2] Gerhard Schulze prägte in diesem Zusammenhang die Rede von der "Erlebnisgesellschaft"[3]. Dazu gehört auch die Religion. Die veränderte Gestalt von Religion und christlichem Glauben ist unüberschaubar, weil eben pluralisiert, und nur schwer beschreibbar, weil individualisiert, geworden. Spannungen zwischen sogenannter "objektiver Religion" und "subjektiver Religion"[4] führen zu zusätzlichen Differenzierungen, die das "Bild" nochmals unterschiedener und "bunter" machen.

Eine weitere Herausforderung ergibt sich aus der veränderten Bedeutung des Traditionalen in der Postmoderne. Anders als das in modernen Gesellschaften der Fall war, müssen Traditionen ihre Lebensdienlichkeit sowohl für den Einzelnen als auch die Gesellschaft im kritischen Diskurs erweisen.[5] Das wiederum hat Konsequenzen für das Glaubenlernen, in dem der Bezug auf die Tradition des Christlichen einen normativen Stellenwert beansprucht.[6] Diese Herausforderung der Postmoderne zeigt sich aber nicht nur in theoretischer, sondern auch in praktischer Hinsicht. Das Christentum ist nach empirischen Untersuchungen für viele Menschen zu etwas Fremdem geworden.[7] Religiöse Lernpro-

---

[1] Vgl. Höhn, H.-J., Moderne Lebenswelt und christlicher Lebensstil, 21; vgl. Kunstmann, J., Religion und Bildung, 15; vgl. Ziebertz, H.-G., Gesellschaftliche Herausforderungen der Religionsdidaktik, 72-87; vgl. Krüggeler, M., Individualisierung und Freiheit, 123; vgl. Gabriel, K., Gesellschaft im Umbruch, 34.

[2] Vgl. Beck, U., Risikogesellschaft, 211.251-253.

[3] Vgl. Schulze, G., Die Erlebnisgesellschaft; vgl. ders., Entgrenzung und Innenorientierung, 405-419.

[4] Vgl. Englert, R., Der Religionsunterricht, 7.

[5] Vgl. Giddens, A., Tradition, 61; vgl. Höhn, H.-J., Zerstreuungen, 13-16.68.

[6] Walter Kasper, Tradition als theologisches Erkenntnisprinzip, 75, sieht z. B. die Tradition verstanden als Überlieferung des Glaubens als "eine Grundlagenfrage des Glaubens". Vgl. dazu auch Wenzel, K., Kirche als lebendige Überlieferung, 185-210.

[7] Vgl. chronologisch geordnet: Vgl. Schmidtchen, G., Was den Deutschen heilig ist (1979); vgl. Feige, A., Erfahrungen mit Kirche (1982); vgl. Sziegaud-Roos, W., Religiöse Vorstellungen von Jugendlichen (1985); vgl. Barz, H., Religion ohne Institution? (1992); vgl. Eiben, J., Kirche und Religion — Säkularisierung als sozialistisches Erbe? (1992);

zesse müssen sich der Entwicklung der Enttraditionalisierung stellen und die fremdgewordene Semantik des Christlichen neu zu entfalten versuchen; jedoch ausgehend von der Lebenswelt der Subjekte des Glaubens, soll Glaubenlernen gelingen. Anders gesagt hängt es also nicht nur davon ab, dass der Gehalt und die Gestalt des christlichen Glaubens verstehbar und eingängig ist.[8] Es braucht auch die Erfahrung, dass die Subjekte des Glaubens diesen als lebensrelevant und lebensdienlich verstehen. Erst durch einen wechselseitigen und kritisch-produktiven Prozess des Wahrnehmens, Deutens und Ausdrückens von Lebens- und Glaubenserfahrungen rückt Glaube als Möglichkeit der Lebensdeutung und Lebensgestaltung in den Blick.

Religionspädagogik als Wissenschaft, die sich mit der Theorie religiösen Lernens und der Analyse der entsprechenden Kontexte beschäftigt,[9] muss sich diesen Veränderungen stellen, will sie Vorschläge zur religiösen Bildung machen, die dem Kairos der Zeit entsprechen und entsprechend "pünktlich" sind.[10] In dieser Studie kann es nicht darum gehen, diese Veränderungen selbst zu untersuchen. Es soll vielmehr versucht werden, eine Perspektive[11] religiöser Bildung[12] vorzustellen, die diese Veränderungen ernst nehmend einen Beitrag leistet, Glaubenlernen heute zu konturieren.

---

[8] vgl. Knoblauch, H., Die unsichtbare Religion im Jugendalter (1996); vgl. Gabriel, K., Wandel des Religiösen im Umbruch der Moderne (1996); vgl. Tiefensee, E., Religiös unmusikalisch? (2000); vgl. Ziebertz, H.-G., Gesellschaftliche Herausforderung der Religionsdidaktik (2001); vgl. ders./Kalbheim, B./Riegel, U., Religiöse Signaturen heute (2003); vgl. Tiefensee, E., Christliches Leben in einer säkularen Gesellschaft (2005).

[9] Vgl. Kunstmann, J., Religion und Bildung, 11.

[10] Vgl. Englert, R., Wissenschaftstheorie der Religionspädagogik, 157-170.

[11] Vgl. Englert, R., Glaubensgeschichte und Bildungsprozeß, 55.308-311.

Im Folgenden wird vom mystagogischen Lernen als Perspektive religiöser Bildung gesprochen. Damit soll deutlich werden, dass es hier nicht um eine religionspädagogische bzw. religionsdidaktische Konzeption geht, die für sich beanspruchen kann, den gesamten Bereich religionspädagogischen Handelns zu beschreiben. Vgl. dazu Hilger, G./Leimgruber, S./Ziebertz, H.-G., Religionsdidaktik, 303; vgl. Nipkow, K. E./Hemel, U./Rickers, F. u. a., Religionspädagogik, 1721f.1728f.1735-1746. Mit dem mystagogischen Lernen soll auf eine Perspektive, verstanden als *Ziel*richtung religiöser Bildungsprozesse, aufmerksam gemacht werden. Es geht darum, die Gottesfrage als "Kerncurriculum des Religionsunterrichts" (K. E. Nipkow) explizit einzubringen, und zwar in der Dimension der Gotteserfahrung. Das veranlasste, vom mystagogischen Lernen als Perspektive religiöser Bildung zu sprechen.

[12] Im Folgenden wird der Begriff religiöser Bildung demjenigen der religiösen Erziehung und Sozialisation vorgezogen. Aufgrund der theologischen Verwurzelung des Bildungsbegriffs (die Theologie Meister Eckharts ist hier zu nennen), der biblischen Bezüge vor allem in der Rede von der Gottebenbildlichkeit des Menschen und auch der religionspädagogischen Konnotationen (Bildung als Selbstbildung, Bildung als Verarbeitung der Differenzerfahrung, die durch den Anderen gegeben ist, die Humanisierung der Gesellschaft als Ziel von Bildung) erscheint der Bildungsbegriff als besonders ertragreich für religiöses Lernen. Das soll aber nicht heißen, dass erzieherisches Handeln oder sozialisierende Formen des Lernens ausgeblendet blieben. Diese sind vielmehr mitzudenken. Allein der Schwerpunkt wird durch den Bildungsbegriff vorgegeben. Vgl. dazu auch Biehl, P., Die Gottebenbildlichkeit des Menschen, 9-102; vgl. dazu die Replik von Karl

Angesichts von Individualisierung und Pluralisierung, von Enttraditionalisierung und Entkirchlichung, und dennoch einem Verlangen nach Transzendenz und Sinn, kann eine Perspektive religiöser Bildung heute nur dann sinnstiftend und relevant werden, wenn sie es vermag, das grundlegende Anliegen des christlichen Glaubens als solches zu artikulieren. Damit sind zwei Ansprüche an religiöse Bildungsprozesse formuliert: Sie müssen sowohl die Relevanz des christlichen Glaubens aufzeigen helfen, als auch die Repräsentanz einer Perspektive für das Gesamt des christlichen Glaubens garantieren können.[13]

Erfahrungsorientierung als religionspädagogische Prämisse

Die jüngste Geschichte der Religionspädagogik hat schon das ihrige dazu beigetragen, die Richtung vorzugeben, in der eine Antwort zu finden ist. Seit Beginn der 1970er und dann endgültig seit den 1980er Jahren wurde deutlich, dass die Erfahrungsthematik für religiöse Bildungsprozesse eine entscheidende Rolle spielt.[14] Will man die Menschen als Subjekte des Glaubens ernst nehmen, dann bedeutet das, ihre Erfahrungswelt als Ausgangspunkt und Ziel religiösen Lernens anzuerkennen. Erfahrung kann seitdem als "Grund- und Fundierungskategorie" der Religionspädagogik gelten.[15] Konzepte religiösen Lernens haben sich als erfahrungsorientierte und erfahrungseröffnende Weisen religiöser Bildung zu erweisen.

Seit Mitte der 1980er Jahre konkretisierte sich das in zahlreichen Ansätzen, die religiöse Bildung und damit Religionspädagogik als Kunst der Wahrnehmung von Religion und religiösen Bildungsprozessen verstehen.[16] Es wurden wichtige Impulse gegeben, sensibel für die Vieldimensionalität von Religion und die vielfachen Weisen zu werden, wie sich Religion ausdrückt.

Insgesamt zeigt sich, dass der Anspruch an religiöse Bildungsprozesse, die Relevanz des christlichen Glaubens deutlich werden zu lassen, religionspäda-

---

Ernst Nipkow, Die Bildungsfrage der Kirche nach innen und außen, 103-110; vgl. Fraas, H.-J., Bildung und Menschenbild in theologischer Perspektive, 44-48; vgl. Sekretariat der Deutschen Bischofskonferenz (Hg.), Bildung in Freiheit und Verantwortung, 7f; vgl. das. (Hg.), "Die bildende Kraft des Religionsunterrichts", 30-45.

[13] Damit wird deutlich, dass das mystagogische Lernen als Perspektive religiöser Bildung dem religionsdidaktischen Konzept der Elementarisierung Rechnung trägt. Vgl. dazu Nipkow, K. E., Elementarisierung, 451-456; vgl. Ritter, W. H., Stichwort "Elementarisierung", 82-84; vgl. Reilly, G., Elementarisierung und Korrelationsdidaktik, 90-93; vgl. Schweitzer, F., Elementarisierung als religionspädagogische Aufgabe, 240-252; vgl. Themenheft "Elementares Lernen".

[14] Vgl. Feifel, E., Die Bedeutung der Erfahrung, 86-107; vgl. Reents, C., Religion — Primarstufe, 14, Anm. 14; vgl. Ritter, W. H., Glaube und Erfahrung, 209.

[15] Vgl. Biehl, P., Problem- und bibelorientierter Religionsunterricht, 39.

[16] Vgl. Grözinger, A., Praktische Theologie und Ästhetik; vgl. ders., Praktische Theologie als Kunst der Wahrnehmung; vgl. Failing, W.-E./Heimbrock, H.-G., Gelebte Religion wahrnehmen; vgl. Hilger, G., Religionsunterricht als Wahrnehmungsschule; vgl. Kunstmann, J., Religion und Bildung.

gogisch als Erfahrungsorientierung eingelöst wurde und wird. Das ist ein un-
hintergehbares Desiderat an religiöses Lernen.

Zugleich stellt sich inmitten dieser Suchprozesse nach religiösen Signaturen die
Frage, wie die Gottesfrage als Kerncurriculum des christlichen Glaubens, also
als *das* repräsentative Thema des christlichen Glaubens schlechthin, zu platzie-
ren, zur "Sprache" zu bringen und zu "zeigen" ist.

Gotteserfahrung als systematisch-theologische Prämisse

Die Studien Karl Rahners haben gezeigt, dass der Kern der christlichen Glaubensbotschaft nicht vorgängig in Glaubensinhalten und deren Reflexion auszumachen ist. Er stellte vielmehr heraus, dass das *Nach*-denken über den
Glauben einer zweiten Stufe gleichkommt. Dieser geht eine erste voraus, nämlich die Gotteserfahrung. Das Angekommensein Gottes im Menschen und das
Bewusstsein dieses Geschehens sind der erste Grund des Glaubens.[17]

Die Frage, wie also die Gottesfrage heute situiert werden kann, wird auf diesem
Hintergrund beantwortet als Suche nach Möglichkeiten, Zugang zur Gotteserfahrung zu gewinnen.

Glaubenlernen bedeutet in diesem Sinn, sich der Gotteserfahrung zu stellen,
sich ihrer zu vergewissern und nach Wegen zu suchen, wie das heute beim
Einzelnen und der Gemeinschaft der Glaubenden einen Ausdruck finden kann.
Das ist der "genuine" Ort von Mystagogie.

Die christliche Tradition kommunizieren

Die Suche nach einem angemessenen Konzept religiöser Bildung perspektiviert
sich noch von einer dritten Problemanzeige her. Mittels empirischer Studien
wurde immer wieder deutlich, dass der christliche Glaube für viele Menschen,
sei es im Osten Deutschlands oder im Westen, sei es für ältere Generationen
oder für Kinder und Jugendliche, zu etwas Fremdem geworden ist. Eberhard
Tiefensee fasste die Ergebnisse seiner Studien Jürgen Habermas zitierend in
den poetischen Titel, ob die Menschen, und hier bezieht er sich auf Untersuchungen für Ostdeutschland, "religiös unmusikalisch" sind.[18] Der christliche
Glaube mit seinen Vorschlägen von Lebensdeutungen, Lebensorientierungen
und Lebensvollzügen scheint auf dem reichen Markt der Angebote von Sinndeutungen zu verschwinden bzw. kann zumindest nicht mehr das Monopol beanspruchen. Die christliche Semantik wird mehr und mehr unbekannt und

---

[17]   Vgl. Rahner, K., Anonymes Christentum und Missionsauftrag der Kirche, 507; vgl. ders.,
        Gotteserfahrung heute, 162; vgl. ders., Überlegungen zur Methode der Theologie, 122.

[18]   Vgl. Tiefensee, E., Religiös unmusikalisch?, 88-95. Tiefensee greift hier eine Metapher
        auf, die sich in Anklängen bei Max Weber findet, der von "religiösen Virtuosen" spricht
        bzw. in der Rede Jürgen Habermas' anlässlich der Verleihung des Friedenspreises des
        Deutschen Buchhandels 2001, Glaube und Wissen, 30, in obiger Diktion zu finden ist.

fremd.[19] Diese Entwicklungen können unter dem Begriff der Enttraditionalisierung gefasst werden. Was für die Bedeutung von Tradition, von vorausgegangenen Überlieferungen und geprägten Lebensstilen allgemein gilt, das lässt sich für den christlichen Glauben nochmals verschärft feststellen. Das Traditionsgut des Christentums ist für viele Menschen heute nicht mehr verfügbar oder gar lebensrelevant. Korrelationen anzustellen zwischen den eigenen Erfahrungen und den geronnenen Erfahrungen des christlichen Glaubens, wie sie in der Tradition einen Niederschlag gefunden haben, fällt schon allein deshalb aus, weil das Traditionsgut des christlichen Glaubens nicht mehr zur Verfügung steht. Das aber wurde in der Korrelationsdidaktik bis heute selbstverständlich vorausgesetzt, wenngleich sich gerade an diesem Punkt die Einwände gegen die Korrelationsdidaktik als Methode erhoben und ihre Praxistauglichkeit angefragt wurde.[20] Religiöse Bildungsprozesse sind deshalb herausgefordert, die Tradition des Christlichen so einzubringen, dass einerseits ihre Relevanz für die Lebensorientierung und Lebensgestaltung der Subjekte des Glaubens deutlich wird. Andererseits müssen sie helfen, christliche Tradition als differenzierten Klangraum für die unterschiedlichen Klänge des christlichen Glaubens zu kommunizieren, die ihn im Gesamt ausmachen.[21]

Vieldimensionalität des christlichen Glaubens zur Geltung bringen

Angesichts eines konstatierbaren Ausfalls religiöser Sozialisation ist eine Perspektive religiöser Bildung neben den schon genannten Prämissen und Anfragen vor die Aufgabe gestellt, die Vieldimensionalität des christlichen Glaubens zur Geltung zu bringen und vieldimensionale religiöse Kompetenzen einzuüben.

Charles Glock unterscheidet in diesem Zusammenhang die "intellectual dimension" von der "experiential dimension". Ferner macht er die" ideological dimension", die "ritualistic dimension" und die "consequential dimension" als grundlegende Dimensionen von Religiosität aus.[22] Religion, Religiosität und christlichen Glauben zu lernen heißt, sich sowohl intellektuell mit dessen Glaubensinhalten und dessen Glaubensgehalt zu beschäftigen, als auch sich der Erfahrungs-

---

19 Vgl. Porzelt, B., Neuerscheinungen und Entwicklungen in der deutschen Religionspädagogik, 61.
20 Vgl. Englert, R., Die Korrelationsdidaktik am Ausgang ihrer Epoche, 97; vgl. Baudler, G., Korrelationsdidaktik auf dem Prüfstand, 54-62; vgl. Reilly, G., Süß, aber bitter, 16-27; vgl. Kalloch, Ch., Plädoyer für einen ehrenhaften Abgang?, 29-42; vgl. zur Unterscheidung zwischen Korrelation als theologisch-hermeneutischem Prinzip, das weiterhin in der Theologie Geltung beanspruchen wird, und einer Korrelationsdidaktik, die leicht als "künstlich Ding" entlarvt werden kann: Hilger, G., Korrelation als theologisch-hermeneutisches Prinzip, 828.
21 Vgl. dazu das Bild, das Hans Urs von Balthasar, Die Wahrheit ist symphonisch, für die Wahrheit des Glaubens gebraucht, wenn er von ihr als "symphonischer" spricht.
22 Vgl. Glock, Ch., Über die Dimensionen der Religiosität, 150-168.

dimension des Glaubens zu öffnen und ihm im eigenen Leben Ausdruck zu verleihen.

Ähnlich plädiert Ulrich Hemel dafür, dass es Ziel religiöser Bildung sein muss, Menschen zu religiöser Kompetenz zu befähigen, die er ebenfalls als vieldimensional versteht: religiöse Kompetenz meint, die Dimension religiöser Sensibilität zu entwickeln, wie die Dimension religiösen Ausdrucksverhaltens, religiöser Inhaltlichkeit, religiöser Kommunikation und religiös motivierter Lebensgestaltung.[23] Will religiöse Bildung dem Faktum Rechnung tragen, dass Religion bzw. christlicher Glaube zu etwas Fremdem in der Lebenswelt der meisten Menschen geworden ist, dann bedeutet das, dass Glaubenlernen möglichst viele Dimensionen des christlichen Glaubens zum Tragen kommen lassen muss. Darin besteht die Chance, aber auch die Schwierigkeit religiösen Lernens, vor allem wenn man auf die Unterschiedlichkeit der Lernorte reflektiert.[24]

Zur Aktualität des mystagogischen Anliegens

All diese Anfragen und Perspektivierungen ließen auf das mystagogische Anliegen stoßen, von dem zur Zeit im religionspädagogischen Kontext vielerorts die Rede ist.

Dazu gehören Veröffentlichungen und vor allem unterrichtspraktische Modelle, die Stille-Übungen, Meditation, ein bewussteres Umgehen mit der Zeit u. a. in den Vordergrund rücken. So vielschichtig und von unterschiedlicher Reichweite diese Vorschläge auch sind, so weisen sie darauf hin, dass es um den "Weg nach innen" geht, um alltagspraktisch in eine Balance von Außenorientierung und Sich-Seiner-Selbst-Bewusstsein, von Leistung und Muße zu kommen. Diese Versuche können ebenso als Hinweise gelesen werden, dass das Bedürfnis nach Religion, verstanden als Suche nach dem, was über das Vorfindliche hinausgeht, groß ist. Religiöse Lernprozesse versuchen, dieses Bedürfnis aufzugreifen und zu gestalten. Die hohe Akzeptanz, die religionsdidaktische Prinzipien, wie das ästhetische Lernen oder beispielsweise das Symbollernen in Unterrichtsentwürfen, in Konzepten von Schulbüchern, aber auch in der theologischen Erwachsenenbildung finden,[25] hat ebenso damit zu tun, dass sie helfen, die Sinne zu sensibilisieren und aufmerksam zu machen für Sinn und Transzendenz.

Neben dieser alltagstheoretischen und impliziten Artikulation des mystagogischen Anliegens finden sich ebenso in der Fachliteratur einschlägige Hinwei-

---

23   Vgl. Hemel, U., Ziele religiöser Erziehung, 672-690.
24   Die Herausforderungen, die durch den Lernort Schule gegeben sind, werden noch eigens zu bedenken sein: Vgl. Dritter Teil, 6.3, 401-415.
25   Vgl. dazu beispielsweise das Unterrichtswerk "Reli" für Hauptschulen, für Realschulen, und für die Sekundarstufe I; vgl. Deutsche Bibelgesellschaft/Katholisches Bibelwerk (Hg.), Zugänge zur Bibel.

se auf Mystagogie. Herbert Haslinger spricht davon, dass der Begriff "Mystagogie" seit den 1980er Jahren Hochkonjunktur hat und von den verschiedensten theologischen Disziplinen beansprucht wird.[26] Obwohl vielerorts von Mystagogie gesprochen[27] und gerade im religionspädagogischen Kontext das Desiderat nach einem neuen Erfahrungsbegriff mit dem mystagogischen Anliegen verbunden wird,[28] fehlt doch bislang ein Vorschlag, der sowohl die religionspädagogischen und theologischen Prämissen und Implikationen eingehend reflektiert als auch ein Entwurf, in dem das Proprium mystagogischen Lernens, seine Dimensionen und Prinzipien, seine Tragweite und seine Grenzen herausgearbeitet werden. Diese Lücke in der religionspädagogischen Literatur will die vorliegende Studie schließen helfen.

Es soll im mystagogischen Lernen eine Perspektive religiöser Bildung entwickelt werden, die religiöse Lernprozesse für den gegenwärtigen Kontext anzudenken und in die Praxis zu übersetzen versucht. Dieses Ziel motivierte die Arbeit, konfrontierte mit verschiedenen Problemstellungen, ließ den Aufbau der Studie entwickeln und machte schließlich auch deutlich, dass sie sich von vornherein sowohl gegenüber bestimmten Interessen als auch Themen abgrenzen muss.

Bevor dies aber im Folgenden aufgezeigt wird, soll auf den Begriff von Mystagogie eingegangen werden, um zumindest eine erste Arbeitshypothese herauszufiltern, was mit dem mystagogischen Anliegen überhaupt gemeint ist.

2 Begriffslogische Klärungen zum Terminus "Mystagogie"

Anmerkungen zum Wortsinn

Die Wörter, aus denen sich der Begriff Mystagogie zusammensetzt (*myein*: einweisen, unterrichten, aber auch die Augen, die Ohren, den Mund verschließen; bzw. Ableitung vom Substantiv *mysterion*: Geheimnis; und *agein*: führen, leiten; Mystagogie ist wörtlich zu übersetzen mit "Geleit in die Geheimnisse"), deuten an, dass Mystagogie und damit mystagogisches Lernen einen Prozess meint, also dynamisch verläuft und Bewegungscharakter hat. Mystagogie ge

---

[26] Vgl. Haslinger, H., Was ist Mystagogie?, 16f.
[27] Vgl. auch eine der jüngsten Verlautbarungen der deutschen Bischöfe unter dem Titel "Katechese in veränderter Zeit", die sich in differenzierter Weise mit der Katechese als elementarer Aufgabe der Kirche beschäftigt und an verschiedenen Stellen das mystagogische Anliegen artikuliert, z. B. wenn davon die Rede ist, dass die moderne Kunst "Wege in die Tiefe und zur Berührung der Transzendenz" eröffnet (vgl. 5.4).
[28] Vgl. Biehl, P., Erfahrung, 421; vgl. Feifel, E., Die Bedeutung der Erfahrung, 88, sprach schon 1973 von dieser Verbindung; Rudolf Englert, Konturen einer pluralitätsfähigen Religionspädagogik, 100, formuliert als Aufgabe an eine angemessene, zeitgerechte Religionspädagogik, "Kindern, Jugendlichen, Erwachsenen ... Schneisen in ihre eigene Selbst-Verborgenheit zu bahnen".

schieht als Begegnung, in der der Mensch, der eingeweiht werden soll (= der Myste) und die/der Einweisende (= die/der Mystagoge) sich ausrichten auf das Geheimnis, das es zu entdecken und für den je eigenen Lebenskontext zu buchstabieren gilt.

Der Begriff "Mystagogia" ist keineswegs eine Neuschöpfung, sondern stammt aus den antiken Mysterienkulten und war Ausdruck für die Einweihung der Mysten in die heiligen Geheimnisse der jeweiligen Religion. Diese Einführung ist sowohl im kultischen Sinn zu verstehen als sie auch ein deutendes Moment enthält.[29] Es ging darum, die Adepten mit dem geheimen Kultmythos vertraut zu machen sowie mit den Geheimlehren. In der altchristlichen Theologie wurde der Begriff Mystagogie aufgenommen[30] und in vielfältiger Weise konnotiert.[31] Der Unterschied einer christlich verstandenen Mystagogie zu einer in den Mysterienkulten praktizierten besteht letztlich darin, dass im Christentum nur Gott als Mystagoge gilt und der Mensch allein aufgrund der Gnade Gottes zum Eingeweihten wird.[32]

Um das Phänomen der Mystagogie noch genauer charakterisieren zu können, soll im Folgenden eine Unterscheidung vorgestellt werden, wie sie Hans Urs von Balthasar vorgelegt hat.

Zur Differenzierung von Mystik, Mystologie und Mystagogie

Hans Urs von Balthasar schlägt in Anlehnung an Irene Behn[33] folgende Differenzierung vor. Er versteht Mystik als die ursprüngliche Erfahrung (Gottes), während die Mystologie bzw. Mystographie die Reflexion bzw. das Reden und Schreiben darüber in einem bestimmten Kategorialsystem meint. Die Mystagogie ist dann zu charakterisieren als die "theoretisch-praktische Hinleitung zur Erfahrung von Mystik unter Leitung solcher, die der Erfahrung schon teilhaft geworden sind."[34]

Damit wird deutlich, dass die Frage nach dem Verständnis von Mystagogie unmittelbar die Frage ventiliert, was überhaupt unter Mystik bzw. unter ursprünglicher Erfahrung Gottes zu verstehen ist. Der alltagssprachliche Gebrauch von Mystik bzw. mystisch lässt dabei ein sehr weites Begriffsfeld erkennen. Von Balthasar wählt als heuristische Basis die Definition, die Mystik als "cognitio Dei experimentalis" fasst und greift damit einen seit Johannes Gerson

---

[29]   Vgl. Wollbold, A., Mystagogie, 570; vgl. Fischer, B., Mystagogie, 902; vgl. Gordon, R. L./Felmy, K. C./Tebartz-van Elst, F.-P., Mystagogie/Mystagogische Theologie, 1635f; vgl. Rudolph, K., Mystery Religions, 230f.

[30]   Vgl. Gertz, B., Mystagogie, 82.

[31]   Vgl. Erster Teil, Erstes Kapitel, 18-77.

[32]   Vgl. Rahner, H., Griechische Mythen in christlicher Deutung, 52.

[33]   Vgl. Behn, I., Spanische Mystik, 8.

[34]   Balthasar, H. U. v., Zur Ortsbestimmung christlicher Mystik, 50.

gebräuchlichen Ausdruck für die Erkenntnis Gottes in der Beschauung[35] auf, der sich auch schon bei Bonaventura findet.[36]

Wenn es im Folgenden darum gehen soll, die Verstehensweisen und Akzentuierungen von Mystagogie in den Blick zu nehmen, wie sie sich an herausragenden theologischen Entwürfen ausmachen lassen, dann wird durch Balthasars Definition deutlich, dass die beiden anderen Dimensionen der Gotteserfahrung, nämlich das mystische und mystologische Moment, zumindest mitgesehen bzw. mitthematisiert werden müssen. Damit ist eine erste Arbeitsdefinition für Mystagogie vorgestellt, mit der es möglich ist, die verschiedenen Vertreter der Vätertheologie, das theologische Werk Bonaventuras und auch das Denken Karl Rahners zu untersuchen.

3   Zur Problemstellung und dem methodischen Vorgehen

Schon durch die obige Skizze wurde deutlich, dass Mystagogie ein vielgebrauchter und damit bedeutungsoffener und schwer fassbarer Begriff ist. Mit Mystagogie ist zur Zeit ein Bündel von Erwartungen und Vorstellungen verquickt, das sich von der Hoffnung auf eine katechetische Methode, die Glaubenlernen wieder als Lernen von Glaubenswissen fasst, bis hin zu einem Verständnis bewegt, das Glaubenlernen als Aufmerksam werden für das Proprium des christlichen Glaubens — verstanden als Aufmerksam werden für Gotteserfahrung — zeichnet. Dass diese vielfältigen Zugänge, Umgangs- und Verstehensweisen nicht nur im religionspädagogischen Kontext damit zu tun haben, dass Mystagogie ein sehr alter und durch die Theologiegeschichte geprägter Begriff und akzentuiertes Phänomen ist, stellte gleichsam eine erste zu bewältigende Schwierigkeit dar. Das mystagogische Anliegen, seine verschiedenen Verstehensweisen und Nuancierungen mussten geschichtlich verortet und herausgearbeitet werden.

Damit war die methodische Arbeitsweise der Studie festgelegt. Mittels historisch-hermeneutischer Methoden sollte das mystagogische Anliegen damals wie heute analysiert werden, um schließlich eine Perspektive religiöser Bildung zu synthetisieren, die den heutigen Voraussetzungen von Glaubenlernen Rechnung trägt. Diese wurden nicht durch eigene empirisch-analytische Studien erarbeitet, sondern vorausgesetzt[37] und wirkten so erkenntnisleitend.

---

[35]   Vgl. Gerson, J., De mystica theologia, 72.38f.

[36]   Vgl. Bonaventura, 3 Sentenzenkommentar d 35, q 1 (Opera omnia 3, 774).

[37]   Vgl. in diesem Zusammenhang die Forschungen zur Religiosität Jugendlicher am Würzburger Lehrstuhl um Hans-Georg Ziebertz bzw. die soziokulturellen Studien Karl Gabriels, Hans-Joachim Höhns, Ulrich Becks u. a.

Allerdings war nun eine Anfrage von wissenschaftstheoretischer Seite zu beantworten. Inwieweit ist es legitim und geboten, sich der Geschichte zu vergewissern, um dadurch Inspirationen für eine zu entwickelnde Perspektive religiöser Bildung zu entwerfen, will sich Religionspädagogik nicht als Anwendungs-
disziplin, sondern als Theorie religiöser Bildungsprozesse, freilich mit theologi-
schem Vorzeichen, verstehen?[38] Darin formulierten sich Skylla und Charybdis
für die theologiegeschichtlichen Untersuchungen und diejenigen der religionspädagogischen Literatur. Es konnte nicht sein, dass aus den untersuchten
Entwürfen unmittelbar Deduktionen für eine zu entwickelnde Perspektive religiöser Bildung abgeleitet würden, die normativen Charakter beanspruchten.
Man hätte aber auch die eigenen Wurzeln vergessen und damit ein wichtiges
Potenzial ausgeblendet, Gegenwart und Zukunft der Religionspädagogik zu
gestalten,[39] wenn man ohne Rekurs auf das schon Gedachte und Formulierte,
eine Perspektive religiöser Bildung vorgestellt hätte, die schon allein durch den
Begriff der Mystagogie auf die Geschichte verweist.
Der Gang durch die Geschichte und die religionspädagogische Literatur sollte
deshalb im Sinne eines Spektrums fungieren, in dem verschiedene Dimensionen und Akzentuierungen des mystagogischen Anliegens deutlich würden, die
dann zu prüfen waren, inwieweit sie für eine heutige Perspektive religiöser Bildung angesichts von Individualisierung, Pluralisierung und Enttraditionalisierung ertragreich sind. Kriterien für diesen Sondierungsprozess waren, wie oben
schon deutlich wurde, das Paradigma der Erfahrungsorientierung, zudem die
Fokussierung auf Gotteserfahrung sowie das Desiderat, die christliche Tradition
so zu kommunizieren, dass ihre Relevanz für die Lebensdeutung und -
gestaltung der Subjekte des Glaubens deutlich und zugleich dem Verweiszu-
sammenhang der christlichen Glaubenswahrheiten Rechnung getragen wurde.
In Bezug auf die Gestaltung mystagogischer Prozesse erwies sich der heutige
Kontext, der durch die Phänomene der Individualisierung, Pluralisierung und
Enttraditionalisierung gekennzeichnet ist, als heuristischer Horizont, auf den hin
und von dem her sich religiöse Bildungsprozesse gestalten müssen.
Die Untersuchungen bargen ferner Probleme in formaler und materialer Hinsicht. Zum einen musste man mit einem schon vorgeprägten Verständnis an
die Theologiegeschichte herangehen, um überhaupt das mystagogische Anliegen aufspüren zu können. Zum anderen galt es, genügend offen zu bleiben,
um vorher Nichtgesehenes wahrnehmen und integrieren zu können. Erst durch
die Sichtung und Analyse konnte erreicht werden, das mystagogische Anliegen
allmählich genauer zu konturieren. War damit eine erkenntnistheoretische

---

[38]   Vgl. Englert, R., Wissenschaftstheorie der Religionspädagogik, 157-170.
[39]   Vgl. Nipkow, K. E./Hemel, U./Rickers, F. u. a., Religionspädagogik, 1736.

Schwierigkeit gegeben, stellte sich eine andere in der unvergleichlichen Materialfülle, die das Vorhaben von vornherein unmöglich zu machen schien. Allein das Phänomen der Mystagogie in der Antike oder den biblischen Schriften[40] zu untersuchen, hätte einer eigenen Studie bedurft. Diese Problemstellungen wiederum legten folgenden Aufbau der Arbeit nahe.

4 Zum Aufbau der Studie und deren Zielsetzung

Die Studie gliedert sich in drei Teile. In einem ersten werden ausgehend von einer Begriffsbestimmung von Mystagogie theologische Entwürfe auf ihre mystagogische Relevanz hin untersucht. Während hier das Augenmerk darauf gerichtet war, wie das Aufmerksam werden auf Gotteserfahrungen gedacht wurde, was dies für die Theorie und Praxis der Gottesbeziehung des Menschen bedeutete und damit für eine Theorie und Praxis des Glaubenlernens, lag der Schwerpunkt beim zweiten Teil darauf, ausschließlich praktisch-theologische bzw. religionspädagogische Ansätze zu untersuchen.

Freilich wäre auch in diesem Abschnitt ein Durchgang durch die Geschichte der Katechese von der Antike bis zur Gegenwart möglich gewesen. Aufgrund des deutlichen Ergebnisses des ersten Teiles, dass letztlich nur im Rahmen einer anthropologisch gewendeten Theologie — wie sie wegweisend von Karl Rahner im katholischen Bereich herausgearbeitet worden war — Mensch und Gott, Erfahrung und Offenbarung nicht mehr in Konkurrenz, sondern als aufeinander bezogen gedacht werden können, richtete sich der Blick auf religionspädagogische Ansätze, die nach dem Postulat Karl Rahners nach einer neuen Mystagogie entwickelt wurden. Damit galt es, Ansätze im Zeitraum zwischen 1980 bis heute zu untersuchen.

Fußend auf den Impulsen und prospektiven Potenzialen der befragten Entwürfe und der Dimensionen und Akzentuierungen, die im ersten und zweiten Teil als für das mystagogische Anliegen relevant herausgearbeitet wurden, ging es im dritten Teil darum, einen Entwurf des mystagogischen Lernens vorzustellen, der als Perspektive religiöser Bildung auch für den Lernort Schule ertragreich sein kann.

Zum Aufbau und zur Zielsetzung des Ersten Teils

Im ersten Teil sollte an ausgewählten Beispielen aus der Theologiegeschichte deutlich werden, wie das mystagogische Anliegen jeweils verstanden wurde und welche Dimensionen und Akzentuierungen für das mystagogische Lernen wichtig sind.

---

[40] Das Phänomen von Mystagogie wird anfanghaft auch für die biblischen Schriften erforscht. Vgl. z. B. Meyer, A., Kommt und seht.

Dabei legte es sich nahe, bei der Antike zu beginnen (Erstes Kapitel), und zwar aus mindestens zwei Gründen. Zum einen rekurrieren auch heutige religionspädagogische Ansätze, die sich als mystagogisch verstehen, auf den patristischen Sprachgebrauch und erwarten sich durch die Anknüpfungen an die Zeit der Antike Impulse für gegenwärtiges religionspädagogisches Handeln. Zum anderen wurzelt der Begriff "Mystagogie" in der Antike.[41] Sowohl östliche als auch westliche Vertreter der Vätertradition artikulierten das mystagogische Anliegen und prägten es auf je ihre Weise. Diese Akzentuierungen galt es herauszuarbeiten, um im Laufe der Studie Dimensionen ausmachen und schließlich auch das Proprium herausfinden zu können, das das mystagogische Lernen bestimmt.

In Bonaventura wurde ein mittelalterlicher Theologe gewählt (Zweites Kapitel), der die Antike für das Mittelalter synthetisierte und auf diesem Hintergrund die Theologie der Hochscholastik konturierte. In der theologiegeschichtlichen Anlage des ersten Teiles war damit ein Bindeglied zwischen Antike und Gegenwart gefunden, aber auch ein Theologe, der das mystagogische Anliegen neu und anders als aus der Antike bekannt profilierte. Daneben sprachen aber noch weitere Gründe dafür, Bonaventura für das Mittelalter auszuwählen. Zum einen kann Bonaventuras Theologie als Ganze als mystagogisch bezeichnet werden.[42] Seine Theologie gilt als Beispiel einer existentiellen Theologie, in der die Gotteserfahrung sowohl Ausgangspunkt als auch Ziel des Weges des Menschen ist. Zum anderen hat sich Karl Rahner, der für das mystagogische Konzept dieser Studie wegweisend war, mit der mystagogischen Konzeption der Theologie Bonaventuras beschäftigt und sich in seinem Verständnis von Gotteserfahrung neben Ignatius gerade auch von Bonaventura inspirieren lassen.[43] Es ging also zum einen darum, an Bonaventura ein Verständnis von Gotteserfahrung zu lernen, das auch für das mystagogische Lernen relevant zu werden versprach, als auch verschiedene Akzentuierungen des mystagogischen Weges herauszuarbeiten, die ebenfalls weiterverfolgt werden konnten.

Im folgenden dritten Kapitel sollten über die an das erste und zweite Kapitel gestellten Aufgaben noch weitere Zielsetzungen und Fragestellungen behandelt werden. Zum einen galt es, Grundlagen eines theologischen Denkens zu skizzieren, die es heute ermöglichen, Mensch und Gott, Beziehung des Menschen zu Gott und umgekehrt, Erfahrung und Offenbarung so zu denken, dass Natur und Gnade und damit letztlich auch Glaubenlernen — verstanden als Ak-

---

[41]   Vgl. Gertz, B., Mystagogie, 82.

[42]   Vgl. McGinn, B., Die Mystik im Abendland, Bd. 3, 176.

[43]   Vgl. O'Donovan, L., Karl Rahner im Gespräch II, 47-59; vgl. Fischer, K. P., Gotteserfahrung, 32-41; vgl. Endean, Ph., Die ignatianische Prägung der Theologie Karl Rahners, 60; vgl. Zahlauer, A., Karl Rahner, 105-114; vgl. Batlogg, A. R./Zahlauer, A., Ouvertüre, 32-34.

tivität des Menschen — und Glaubenlernen — verstanden als Geschenk der Gnade — als aufeinander bezogen zu denken und nicht mehr nur in Abgrenzung oder gar Ausschließlichkeit zueinander zu bestimmen.

Dieses Denken wurde in der Theologie Karl Rahners gefunden. Mit ihm war der theologiegeschichtliche Durchgang bis in die Gegenwart vorgedrungen. Zugleich wurden in ihm Denklinien, wie sie in der Antike und auch bei Bonaventura angetroffen wurden, entfaltet und angesichts der Wende zum Subjekt, wie sie die Neuzeit prägt, neu formuliert. Neben den theologischen Grundlagen, die mittels der Rahnerschen Theologie konturiert und damit für eine zu entwerfende Perspektive religiöser Bildung formuliert wurden, ging es auch darum, über Dimensionen und Akzentsetzungen des mystagogischen Anliegens hinaus für eine "Methodologie" von Mystagogie aufmerksam zu werden. Die Rahnersche Interpretation des Exerzitienbuches des Ignatius ließ eine solche erkennen. Die Dynamik des Exerzitienprozesses, in dem die mystagogischen Wege christologisch fokussiert und im Weg nach unten konkretisiert werden, half verstehen, dass das Proprium von Mystagogie im Aufmerksam werden für Gotteserfahrungen auszumachen ist und in den Leiderfahrungen qualifizierte Orte von Gotteserfahrungen findet. Über die theologischen Prämissen hinaus, die mittels der Rahnerschen Theologie für das mystagogische Lernen ermittelt wurden, konnte in ihr außerdem ein Entwurf kennen gelernt werden, der für heute maßgeblich und wegweisend ist. Das beweisen u. a. auch religionspädagogische Ansätze, die sich im Anschluss an die Rahnersche Theologie entwickelten und im Folgenden als transzendentale Mystagogie firmieren.

Hier könnte man den Einwand erheben, dass es in diesem Zusammenhang auch wichtig gewesen wäre, die Mysterientheologie eines Odo Casel oder Romano Guardinis zu untersuchen. Die Impulse, die von der Liturgischen Bewegung, besonders aber von der Theologie Romano Guardinis ausgingen, um neben der Reflexion auch das Affektive und die Spiritualität insgesamt als ebenbürtige Weisen von Theologie auszuweisen,[44] dürfen nicht gering geschätzt werden. Dennoch wurde dies ausgespart, weil an anderer Stelle schon besorgt,[45] und daraus keine über das bereits Erarbeitete hinaus grundsätzlich anderen Dimensionen und Akzentuierungen zu erwarten waren.

Insgesamt wurde damit in einem ersten Teil sowohl versucht, verschiedene theologiegeschichtliche Konzepte von Mystagogie in ihren jeweiligen Akzentsetzungen zu profilieren und damit Impulse für eine zu entwickelnde Perspekti-

---

[44] Vgl. aus der Fülle der Literatur: Knoll, A., Glaube und Kultur bei Romano Guardini, 477-507; vgl. Kleiber, H., Glaube und religiöse Erfahrung, 121-151; vgl. Schilson, A., Theologie als Sakramententheologie, 81-91; vgl. Gerl, H. B., Romano Guardini.

[45] Vgl. die Dissertation von Klaus Diepold über Mystagogie (Katholische Universität Eichstätt) i. E.

ve religiöser Bildung zu formulieren, als auch die theologischen Grundlagen zu erarbeiten, die die Möglichkeit von Gotteserfahrung als Weise denken lassen, die sich in den Erfahrungen des Menschen zeigt. Im zweiten Teil der Studie wurde dies auf ähnliche Weise angegangen, indem religionspädagogische Ansätze analysiert und auf die Akzentsetzungen hin befragt wurden, die sie für das mystagogische Lernen einbringen können.

Zum Aufbau und zur Zielsetzung des Zweiten Teils

Der zweite Teil sollte nun ähnlich wie das der erste Teil an theologiegeschichtlichen Entwürfen tat, religionspädagogische Ansätze auf das jeweilige Verständnis des mystagogischen Anliegens untersuchen und weiterführende Potenziale für Mystagogie ausfindig machen. Die Schwierigkeit bestand darin, die vielfältigen Nennungen von Mystagogie in der religionspädagogischen Literatur wahrzunehmen, zu unterscheiden, wo Mystagogie nur erwähnt wurde, wo eine intensivere Auseinandersetzung mit dem mystagogischen Anliegen evtl. auch unter anderem Namen stattfand und wie diese vielfältigen Zugänge und Verstehensweisen von Mystagogie systematisiert werden können.

Dabei zeichnete sich Folgendes ab: Zum einen ließen sich religionspädagogische Ansätze finden, die sich als Anknüpfungen an die patristische Vorstellung von Mystagogie verstanden. Dabei zeigte sich, dass sich die einen an einen engen Begriff anlehnten und Mystagogie auf die Einführung in den liturgischen Vollzug beschränkten. Andere wiederum griffen das weite Verständnis auf, das die Mystagogie in der Patristik genoss, und zeichneten sie als Weise, in das Sakramentale der Wirklichkeit einzuführen. Insgesamt wurden diese Ansätze als liturgisch-sakramentale Mystagogie bezeichnet, in ihren Anliegen analysiert und schließlich in ihren problematischen und prospektiven Potenzialen gewürdigt. Daraus wurden Impulse und Inspirationen für das mystagogische Lernen entwickelt.

Zum anderen konnten in der religionspädagogischen Literatur Denklinien ausgemacht werden, die Mystagogie im Sinne einer katechetischen Praxis zeichneten. Charakteristisch für diese Theologen ist, dass sie den Glauben als etwas dem Menschen gegenüber grundsätzlich Fremdes und Anderes verstehen, das im eigentlichen Sinne nur in Konfrontation zu den Erfahrungen des Menschen vermittelt werden kann. Diese Lesart des mystagogischen Anliegens wurde als katechetische Mystagogie bezeichnet. Ähnlich wie bei der liturgisch-sakramentalen Mystagogie und den folgenden Systematisierungen ging es auch hier darum, die jeweiligen Ansätze zu untersuchen und auf ihre problematischen und prospektiven Potenziale auszuloten. Um zu zeigen, dass katholische und evangelische Religionspädagogik in diesem Themenbereich ebenso

14

eng miteinander verquickt sind wie in anderen, wurde mit Ingrid Schoberth eine evangelische Religionspädagogin für die Analyse ausgewählt.

Wie oben schon deutlich wurde, haben sowohl die anthropologisch gewendete Theologie, wie sie von Rahner formuliert wurde, als auch sein Desiderat einer neu zu entwickelnden Mystagogie in der religionspädagogischen Literatur große Resonanz gefunden. Religionspädagogische Ansätze, die sich sowohl von der Theologie Rahners her verstehen als auch dieses Desiderat für die Religionspädagogik zu übersetzen suchten, wurden als transzendentale Mystagogie betitelt, auf ihre Dimensionen und Akzentuierungen untersucht und die Impulse befragt, die sie für das mystagogische Lernen beinhalten.

Schließlich wurde in Hubertus Halbfas und seinem Entwurf einer Symboldidaktik ein Ansatz vorgestellt, der im Sinne einer "Didaktik des Nichtverfügbaren" das mystagogische Anliegen, für Gotteserfahrungen zu sensibilisieren, aufgreift und konkretisiert. Mit dem Entwurf Halbfas' war eine Möglichkeit und eine "Methode" in den Blick gekommen, in welchen konkreten Schritten das mystagogische Anliegen durchbuchstabiert werden kann.

Insgesamt wurde im zweiten Teil eine Systematisierung der verschiedenen und auch zeitlich weit auseinanderliegenden religionspädagogischen Arbeiten zu Mystagogie versucht, die darauf abhob, die problematischen und prospektiven Potenziale dieser Vorschläge zu eruieren. Damit sollte das Spektrum von Dimensionen und Akzentuierungen des mystagogischen Anliegens, das durch den theologiegeschichtlichen Teil eröffnet wurde, noch erweitert und auf die Theorie religiöser Bildung hin eingegrenzt werden.

Damit war der Boden bereitet, einen eigenen Entwurf mystagogischen Lernens vorzulegen, der sich des "Spektrums" bewusst, daran machen sollte, angesichts des gegenwärtigen Kontextes eine Möglichkeit zu entwickeln, wie Glaubenlernen heute aussehen kann.

Zum Aufbau und zur Zielsetzung des Dritten Teils

Der dritte Teil sollte das Proprium mystagogischen Lernens konturieren und damit eine Vorstellung beschreiben, wie mystagogisches Lernen als Perspektive religiöser Bildung zu verstehen ist.

Dazu war es notwendig, das Charakteristische des mystagogischen Lernens, das sich inspiriert durch die beiden ersten Teile der Studie herausgeschält hatte, nochmals eigens zu reflektieren. Es ging darum zu klären, was es heißt, für Gotteserfahrungen aufmerksam zu werden. Das hieß nachzufragen, welche Bedeutung der Kategorie der Erfahrung in der Religionspädagogik zukommt, was mit dem Begriff der Erfahrung, der religiösen und schließlich der christlichen Gotteserfahrung, gemeint ist und wie das für das mystagogische Lernen fruchtbar werden kann (1).

War damit das Proprium des mystagogischen Lernens zum einen vorgestellt, galt es eine Weise zu finden, die dieses spezifierte, profilierte und damit auch eher gestalt- und umsetzbar werden ließ. Wiederum inspiriert durch die schon getätigten Untersuchungen und motiviert durch die Lernprozesse, wie sie am Lernort Schule stattfinden und dort in einem weltanschaulich neutralen Rahmen zu reflektieren und zu aktualisieren sind, konnten in den Leiderfahrungen "qualifizierte Orte" von Gotteserfahrungen ausgemacht werden (2). Mystagogisches Lernen erschien nun als Möglichkeit, in Leiderfahrungen die Transparenz für Gotteserfahrungen wahrnehmen und durch das Schicksal des Gekreuzigt-Auferweckten deuten zu helfen. Leiderfahrungen konnten im Sinne einer impliziten Christologie verstanden werden und einen Weg versinnbilden, wie in einer allgemein menschlichen Erfahrung, die auch am Lernort der Schule thematisiert werden kann, die Öffnung für Gotteserfahrungen gegeben ist, zumal auf dem Hintergrund eines post-traditionalen Umgangs mit Traditionen.

Das öffnete für ein weiteres Thema. War mystagogisches Lernen bis dahin beschrieben als Weise, für Gotteserfahrungen aufmerksam zu werden und in Leiderfahrungen "qualifzierte Orte" dafür zu entdecken, ging es darum zu klären, wie das Wahrgenommene zu deuten ist. Das ließ die Bedeutung der christlichen Tradition in das Blickfeld rücken (3). Es galt auszumachen, wie die Tradition des christlichen Glaubens in mystagogischen Lernprozessen zur Geltung kommt und in Bezug zur Erfahrungsdimension des mystagogischen Lernens zu setzen ist.

Somit waren der theoretische Rahmen, die theologischen Prämissen und die religionspädagogischen Implikationen umrissen, so dass im Folgenden Dimensionen und Prinzipien mystagogischen Lernens formuliert werden konnten (4). Als solche ergaben sich: die Prozesshaftigkeit und Vielgestaltigkeit mystagogischer Wege wahrzunehmen, Erfahrungsräume und Zeiten für Gotteserfahrungen zu erschließen und den christlichen Glauben als Ausdrucks- und Deutepotenzial von Erfahrungen einzubringen, pluriforme Sprachfähigkeit zu kultivieren sowie die Subjektorientierung und die Identitätsbildung als Prinzipien mystagogischer Lernprozesse zu konturieren.

In einem weiteren Punkt sollte dann auf die Bedeutung des "Mystagogen" reflektiert werden, um die Vorstellung weiter voranzutreiben, wie mystagogische Lernprozesse konkretisiert werden können (5). Schließlich galt es, die Grenzen des mystagogischen Lernens in den Blick zu nehmen (6). Diese ergaben sich sowohl durch das Phänomen des mystagogischen Lernens allgemein, als sie sich besonders deutlich zeigen, wenn man es auf den Religionsunterricht als Schulfach überträgt. Dennoch sollte der Religionsunterricht als besondere Herausforderung mystagogischen Lernens und als besonders wichtiger Ort des Glaubenlernens auf diese hin bedacht werden.

Zum Schlussteil

Das mystagogische Lernen als Perspektive religiöser Bildung soll in einer abschließenden Reflexion nochmals auf seine Tragweite eingeschätzt werden. Dazu war es notwendig, Abgrenzungen in Bezug auf die Konzeptualisierungsebene und andere Vorschläge religiöser Bildung zumindest anzudeuten sowie das Proprium des mystagogischen Lernens gegenüber weiteren erfahrungsorientierten und erfahrungseröffnenden Weisen religiöser Bildung hervorzuheben. Im Blick auf den Religionsunterricht galt es, Absichten deutlich zu machen, die den vielstimmigen Chor, was ein guter Religionsunterricht und eine gute Schule ist,[46] um das Plädoyer bereichern, die Schule und damit den Religionsunterricht *auch* als Ort religiöser Erfahrungen zu verstehen und zu gestalten.

Insgesamt motivierte die vorliegende Studie die Suche nach Wegen, wie in Zeiten der Vielgestaltigkeit von Religion der Mensch im Proprium des christlichen Glaubens, nämlich in der Gotteserfahrung, ein Potenzial finden und "gebrauchen" kann, das ihm ermöglicht, freier, mündiger, verantwortungsbewusster, zukunftsfähiger Leben zu gestalten.

---

[46] Vgl. Bucher, A. A., Religionsunterricht zwischen Lernfach und Lebenshilfe, 27-32; vgl. Englert, R./Güth, R. (Hg.), "Kinder zum Nachdenken bringen"; vgl. Klafki, W., Neue Studien zur Bildungstheorie und Didaktik.

Erster Teil: Theologische Entwürfe von mystagogischer Relevanz

Erstes Kapitel: Mystagogie in der Alten Kirche

1 Mystagogie in der Alten Kirche — Ein Phänomen in vielen Facetten

Weil sich Untersuchungen zur Mystagogie in der Alten Kirche bislang hauptsächlich auf liturgiewissenschaftliche und -geschichtliche Fragestellungen bezogen,[1] wurde lange Zeit das Bild vermittelt, dass mit Mystagogie in der Alten Kirche eine einheitliche Konzeption gemeint ist, die mehr oder weniger allgemein gültig und verständlich war. Erst die Arbeiten von Enrico Mazza und Christoph Jacob gaben erste Hinweise, dass damit ein Phänomen mit unterschiedlichen Facetten bezeichnet wird, das im Einzelnen für die verschiedenen Regionen und auf seine unterschiedlichen Anliegen hin untersucht werden muss.[2] Dabei wurde bislang vorgeschlagen, Mystagogie nur im Zusammenhang mit den Sakramenten und der Einführung in sie zu verorten.[3]

Aufgrund verschiedener Analysen und Textstudien,[4] die sowohl die Unterschiede als auch die Gemeinsamkeiten der mystagogischen Prozesse in den Blick nehmen, stellte sich die Frage, ob diese Klassifizierung weiterhin tauglich ist.[5]

---

[1] Vgl. Riley, H., Christian Initiation; vgl. Mazza, E., Mystagogy; vgl. Knupp, J., Das Mystagogieverständnis; vgl. Bornert, R., Les commentaires byzantins, 29-32.

[2] Vgl. Mazza, E., Mystagogy; vgl. Jacob, C., "Arkandisziplin", 278; vgl. Jacob, C., Zur Krise der Mystagogie in der alten Kirche, 75f; vgl. Knupp, J., Das Mystagogieverständnis, 290.

[3] Jacob, C., Zur Krise der Mystagogie, 76, schlägt z. B. drei unterschiedliche Modelle vor, Mystagogie zu differenzieren, nämlich in mystagogische Katechesen zur Initiation als Ganzer, mystagogische Ausführungen zur Eucharistie und mystagogische Spekulationen zum Sinn und zur Bedeutung der Liturgie und der Hierarchie überhaupt. Neben dem Verständnis von Mystagogie im Zusammenhang mit den Sakramenten der Initiation deutet er ein Verständnis von Mystagogie als Einführung in die Gotteserkenntnis an, baut diesen Gedanken jedoch nicht weiter aus. Knupp, J., Das Mystagogieverständnis, 1.5, geht ebenfalls davon aus, dass Mystagogie in der Alten Kirche im Zusammenhang mit der Initiation reflektiert wurde. Allerdings weist er auch darauf hin, dass die mystagogische Deutung des Taufgeschehens mit dem vierten Jahrhundert endete und in abgewandelter Form in einer mystagogischen Theologie weiterlebte.

[4] Die Untersuchungen bezogen sich vor allem auf: Clemens von Alexandrien, Origenes, Cyrill von Jerusalem, Mystagogische Katechesen (FC 7); Ambrosius, De Sacramentis/De Mysteriis (FC 3); Johannes Chrysostomus, Taufkatechesen (FC 6/1; 6/2); Theodor von Mopsuestia, Katechetische Homilien (FC 17/1; 17/2); Augustinus, Predigten 227.228.229.272 (SC 116 bzw. PL 38) und Gregor den Großen, Dial 2.

[5] Christoph Jacob, Zur Krise der Mystagogie, 76f, plädiert z. B. dafür, nur die postbaptismalen als mystagogische Katechesen zu bezeichnen. Er versuchte damit klarzustellen, dass die Katechesen, die in der antiochenischen Tradition (Johannes Chrysostomus und Theodor von Mopsuestia), aber auch bei Augustinus z. T. (vgl. Sermo 228,3 [PL 38, 1102]) vor der Initiation gehalten wurden, keine Einführung in das Mysterium verfolgten.

Einerseits schält sich zwar heraus, dass das Phänomen der Mystagogie vor allem im Zusammenhang mit der Initiation gegen Ende des vierten Jahrhunderts bekannt geworden ist und hier eine große Wirkungsgeschichte verzeichnen kann.[6] Andererseits zeigt sich aber, dass vor allem die frühen Väter, wie Clemens von Alexandrien und Origenes, aber auch Gregor der Große, der exemplarisch für die Spätphase der Antike im Westen untersucht werden soll, Mystagogie keineswegs auf die Initiation reduzieren.

Aufgrund dieser Beobachtungen war zu klären, ob von Mystagogie weiterhin nur im Zusammenhang mit den Sakramenten und näherhin der Initiation die Rede sein kann, oder ob damit ein Phänomen angesprochen ist, das weiter zu fassen ist.

---

[6]   Gegen diesen Vorbehalt Jacobs spricht z. B. die Praxis, die sich bei Ambrosius von Mailand ausmachen lässt, der grundsätzlich erst nach der Initiation die Mysterien erläutert (vgl. De sacramentis 1,1 [FC 3, 76]), trotzdem aber bei den Momenten der Initiation, die eine aktive Beteiligung der Täuflinge erfordern, wie der Abrenuntiatio und dem Aufsagen des Glaubensbekenntnisses, eine mystagogische Belehrung vorausschickt (vgl. Exaemeron 1,14 [CSEL 32/1,12]). Die Klassifizierung allein der postbaptismalen Katechesen als mystagogische kann deshalb so nicht aufrecht erhalten werden. Vielmehr legt sich die Unterscheidung in Katechesen nahe, die Erfahrenes ausdeuten: z. B. Ambrosius, Cyrill bzw. Johannes von Jerusalem und solche, die auf Erfahrungen vorbereiten: z. B. Johannes Chrysostomus, Theodor von Mopsuestia und z. T. auch Augustinus. Die Kappadozier Gregor von Nazianz und Basilius von Caesarea wenden zum ersten Mal Mystagogie auf die christlichen Initiationssakramente an. Vgl. dazu Roten, Ph. de, Le vocabulaire mystagogique, 117; vgl. Knupp, J., Das Mystagogieverständnis, 5-23: Knupp macht in seiner Dissertation darauf aufmerksam, dass Mystagogie in der altkirchlichen Theologie nicht auf den Kontext der Initiation beschränkt werden darf, weil das nur *eine* bestimmte Weise ist, Mystagogie zu denken, die am Ausgang des vierten Jahrhunderts anzutreffen war. Allerdings beschränkt er sich in seiner Studie darauf, genau diesen Entwurf von Mystagogie zu untersuchen, und zwar anhand der Predigten Johannes Chrysostomus'.
In diesem Zusammenhang soll außerdem noch kurz das Ergebnis der Studie von Mazza, E., Mystagogy, 2-6, erwähnt werden. Er stellte die Frage, ob Mystagogie auf den katechetischen und spirituellen Bereich zu reduzieren sei, oder ob darunter eher eine eigenständige Weise, Theologie zu treiben, verstanden werden müsse. Mazza geht davon aus, dass Mystagogie nicht auf spezielle Gruppen mit ihren speziellen Erfahrungen eingegrenzt werden darf (z. B. die Katechumenen, die Kontemplativen), sondern gleichsam als eine eigenständige Theologie, nämlich als "Liturgische Theologie" bezeichnet werden kann.
Die Analysen und Textstudien lassen dem Gedanken zustimmen, dass Mystagogie nicht auf bestimmte Gruppen festgelegt ist, sondern eine bestimmte Weise meint, Theologie zu verstehen und zu aktuieren. Auch wenn für die Alte Kirche gilt, dass die liturgischen Feiern einen bedeutenden "locus theologicus" darstellen, darf Mystagogie selbst in der Alten Kirche nicht auf die Sakramente bzw. die Liturgie eingegrenzt werden. Mystagogie ist vielmehr in einem weiteren Sinn als Art und Weise von Theologie zu verstehen, deren Ziel es ist, in das Gottesgeheimnis einzuführen. Vgl. dazu auch selbst Mazza, E., Mystagogy, 33, der dieses Verständnis von Mystagogie für Ambrosius herausarbeitet, jedoch nicht in seine vorherige Definition adäquat miteinbezieht. Vgl. Gordon, R. L./Felmy, K. C./Tebartz-van Elst, F.-P., Mystagogie/Mystagogische Theologie, 1636; vgl. Wollbold, A./Simon, W., Mystagogie, 570f; vgl. z. T. auch Jacob, C., Zur Krise der Mystagogie, 75f.

Um dieser Frage auf den Grund zu gehen, musste deshalb bei den folgenden Untersuchungen eruiert werden, welches Anliegen die Väter verfolgen, wenn sie von Mystagogie im Zusammenhang mit der Initiation sprechen oder anders gesagt, was der tiefere Grund der Initiation ist, auf den Mystagogie zielt und von dem sie dann auch entwickelt wurde.

In der vorliegenden Studie kann ich das nur insofern leisten, als ich an ausgewählten, wenn auch repräsentativen Beispielen diese Fragestellung durchbuchstabiere und versuche, das Wahrgenommene zusammenzufassen (1.1).

Zugleich heißt das aber auch, bei ausgewählten Kirchenschriftstellern, die Mystagogie nicht im Zusammenhang der Initiation entwickeln, nach dem mystagogischen Anliegen zu fragen (1.2).

Die Ergebnisse, die sich hier zeigen, sollen schließlich resümiert werden (1.3), um dann nach Dimensionen und Akzentuierungen zu fragen, die für das mystagogische Lernen inspirierend sein können (2).

Bevor diesem Phänomen im Folgenden nachgegangen wird, soll noch kurz auf den Hinweis vor allem älterer Forschungsarbeiten eingegangen werden, christliche Mystagogie im Zusammenhang mit den antiken Mysterienkulten[7] zu sehen.[8] Im Gegensatz dazu konnten neuere Forschungen klar machen, dass die gegenseitigen Beziehungen sehr zurückhaltend interpretiert werden müssen.[9] Ein Vergleich lässt sich zwar in Bezug auf Riten und Rituale anstellen, wie z. B. die Reinigung/Taufe, das Kultmahl/Eucharistie sowie im Hinblick auf die Bedeutung des Einzelnen, der sich an die jeweilige Gottheit bindet,[10] jedoch kaum in Bezug auf die inhaltliche Dimension.[11] Gerade diese ist aber relevant, um

---

[7]   Im Folgenden wird im Anschluss an McGinn, B., Die Mystik im Abendland, Bd. 1, 73, Anm. 102, sowie Rudolph, K., Mystery Religions, 230f, und Burkert, W., Ancient Mystery Cults, 87, die Rede von Mysterienkulten derjenigen von Mysterienreligionen vorgezogen, weil die für die Religionen und Kirchen typischen Merkmale eher im Hintergrund stehen und das Gewicht auf der persönlichen Erlösung liegt.

[8]   Dass es sich bei den Mysterienkulten um ein sehr komplexes Phänomen handelt, ist allgemeiner Konsens. Gerade jüngere Forschungsarbeiten gehen deshalb sehr vorsichtig vor, wenn sie nach allgemeinen Ursachen und Kennzeichen für die Entstehung der Mysterienkulte oder auch ihrer Ausgestaltung fragen. Kritisch wurden auch die Arbeiten der Religionsgeschichtlichen Schule (Reitzenstein und Dieterich) gesehen, die Lücken in der Kenntnis eines Kultes durch Eintragungen zu ergänzen versuchten, die aus einem anderen Kult stammten oder aus der Hermetik, der Gnosis oder der Magie. Vgl. Zeller, D., Mysterien/Mysterienreligionen, 504-522.

[9]   Vgl. Hutter, M., Mysterienreligionen, 574f.

[10] Bedeutend ist z. B. bei den Mysterienkulten, dass sie auf die Beziehung des Einzelnen zur Gottheit abheben, und dass sich aus dem Grad der Intensität dieser Beziehung die Rangordnung innerhalb des Kultes bestimmt. Kurt Rudolph, Mystery Religions, 231, charakterisiert beispielsweise als Herz der Mysterienfeier "the linking of the initiate with the destiny of the divinity or divinities"; vgl. dazu auch Zeller, D., Mysterien/Mysterienreligionen, 504-522; vgl. auch Knupp, J., Das Mystagogieverständnis, 8.

[11] Ein entscheidender Unterschied ist z. B., dass für die Christen nicht der unmittelbare natürliche Verlauf der Gezeiten und Jahresläufe und deren ritueller Nachvollzug, sondern vielmehr das Handeln Gottes in der Geschichte Heil stiftet. Ebenso steht der christ-

das unterscheidend Christliche ausmachen zu können. Deshalb schien es im Rahmen der vorliegenden Studie wenig ertragreich, einen eingehenden Vergleich des christlichen Mystagogieverständnisses mit den verschiedenen Mysterienkulten anzustellen.

1.1 Mystagogie und Initiation

Der Vollzug der Sakramente kann in der Alten Kirche gleichsam als ein Ort der Gotteserkenntnis[12] und damit als klassischer "locus theologicus" bezeichnet werden.[13] Sowohl in der Verkündigung als auch im gottesdienstlichen Handeln der Kirche spielen die Sakramente eine herausgehobene Rolle. Predigten und Katechesen bereiten einerseits auf den Empfang der Sakramente vor, als sie sie andererseits ausdeuten.

Schon in der Alten Kirche wurde dafür z. T. eine unterschiedliche Nomenklatur gebraucht. Während die Erläuterungen, die in der Zeit des Katechumenates gehalten wurden, wie es ab dem vierten Jahrhundert üblich war, einfach nur "Katechesen" hießen, wurden die Katechesen, die die Taufliturgie ausdeuteten, als "Mystagogische Katechesen" bezeichnet. Allerdings hielt sich diese Differenzierung nicht durch.[14] Im Folgenden wird deshalb zwischen mystagogischen Katechesen unterschieden, die das Erfahrene ausdeuten und denjenigen, die zu Erfahrungen hinführen. Schon hier kann festgehalten gesagt werden, dass es bei beiden um das Erleben des Mysteriums geht, das zur Erfahrung werden soll und damit alle Dimensionen des Menschen anspricht.

---

liche Glaube an die Auferstehung des Gekreuzigten in keinem Zusammenhang mit dem Einheitsmythos des "sterbenden und auferstehenden Gottes". Vgl. Zeller, D., Mysterien/Mysterienreligionen, 520; vgl. Rudolph, K., Mystery Religions, 232; vgl. Knupp, J., Das Mystagogieverständnis, 19f.

[12] Der Terminus "Gotteserkenntnis" ist hier weiter zu fassen als die alltagssprachliche Konnotation es nahe legt. Gotteserkenntnis ist bei den Vätern nicht zu reduzieren auf einen intellektuellen Vorgang, sondern ist Ausdruck für die Gottesbegegnung, die alle Dimensionen des Menschen angeht.

[13] Interessant und aufschlussreich ist in diesem Zusammenhang die wechselnde Terminologie. Ab dem vierten Jahrhundert zeichnet sich ab, die Mysterien als Initiationssakramente zu bezeichnen. Vgl. Bornkamm, G., mysterion, 831-834; vgl. Solignac, A., Mystère, 1862-1874; vgl. Sieben, H.-J., Voces, 142f.339.

[14] Vgl. z. B. Mazza, E., Mystagogy, 115; Jacob, C., Zur Krise der Mystagogie, 77, Anm. 20, schlägt deshalb vor, nur die postbaptismalen Katechesen als mystagogische Katechesen zu bezeichnen und die präbaptismalen als Tauf- bzw. Sakramentenkatechesen zu titulieren. Gegen dieses Vorhaben spricht aber, dass beispielsweise Johannes Chrysostomus die Katechesen vor der Tauffeier hält, mit ihnen aber auch ein mystagogisches Anliegen verfolgt, indem er die Katechumenen auf das Mysterium der Christwerdung und der Eucharistie vorbereiten will. Vgl. Johannes Chrysostomus, Taufkatechesen (FC 6,1/6,2). Das konzediert auch Jacob, C., Zur Krise der Mystagogie, 79, jedoch ohne diese Feststellung in seinen Vorschlag zu integrieren. Vgl. auch Kretschmar, G., Die Geschichte des Taufgottesdienstes in der alten Kirche, 163-165.

1.1.1 Mystagogie als Ausdeutung von Erfahrungen

1.1.1.1 Zu den mystagogischen Katechesen Cyrills bzw. Johannes' von Jerusalem und Ambrosius' von Mailand

Die mystagogischen Katechesen Cyrills (* um 313-386) bzw. Johannes' von Jerusalem (+ 417)[15] zählen zusammen mit den Sakramentenkatechesen des Ambrosius von Mailand[16] zur bekanntesten Ausprägung von Mystagogie in der Alten Kirche. In Jerusalem wie auch in Mailand versammelten sich die Neugetauften nach der Tauffeier, die in der Osternacht stattfand, die ersten acht Tage in der Grabeskirche bzw. im Dom, um die Geheimnisse der Osternacht ausgedeutet zu bekommen. Diese Auslegung in Form von mystagogischen Katechesen wurde vom Bischof im Anschluss an einführende Lesungen in der Anastasis selbst gehalten, und zwar nach der Feier der Eucharistie.[17] Es ging darum, die Gründe des Geschehenen zu erläutern und die biblischen Vorbilder für die Apotaxis, die Taufe, die Besiegelung und die Eucharistie darzulegen.[18] Cyrill bzw. Johannes gehen ähnlich wie Ambrosius davon aus, dass die Täuflinge

---

[15] Die Autorschaft der Mystagogischen Katechesen wird seit dem von W. J. Swaans im Jahr 1942 Aufsatz, Catéchèses, neu diskutiert. Vor allem die Handschriftenlage spricht dafür, Cyrill die Mystagogischen Katechesen abzuerkennen, und — vorsichtig gesagt — in einen Zusammenhang mit Johannes zu bringen, der Cyrill auf dem Bischofsstuhl in Jerusalem nachfolgte. Einige Handschriften nämlich enthalten zwar die Katechesen Cyrills, nicht aber die Mystagogischen Katechesen. Diejenigen, die beide beinhalten, nennen für die ersteren Cyrill als Verfasser, für die Mystagogischen Katechesen dagegen nicht. Sie sind entweder mit dem Namen des Johannes versehen (z. B. Monacensis 394, 10. Jh., die als älteste griechische Handschrift der Mystagogischen Katechesen gilt) oder erwähnen Johannes und verzeichnen mit anderer Hand dazugefügt Cyrill (z. B. Ottobonianus 86, 10./11. Jh.). Auch wenn die Mystagogischen Katechesen also höchstwahrscheinlich Johannes zugeschrieben werden müssen, kann die Frage endgültig noch nicht geklärt werden. Vgl. dazu Röwekamp, G., Einleitung, 8-15; vgl. auch Kretschmar, G., Die frühe Geschichte der Jerusalemer Liturgie, 22-36.

[16] Vgl. Ambrosius, De sacramentis (FC 3) und De mysteriis (FC 3).

[17] Egeria beschreibt im Itinerarium 47,1f (FC 20, 301-303) den Ablauf, der in etwa den fünf Mystagogischen Katechesen Cyrills bzw. Johannes' von Jerusalem entspricht: "Wenn die Ostertage gekommen sind, geht man an acht Tagen, nämlich von Ostern bis zum achten Tag, nach der Entlassung aus der Kirche mit Hymnen zur Anastasis. Dort spricht man ein Gebet, und die Gläubigen werden gesegnet. Dann steht der Bischof an das innere Gitter gelehnt, das sich an der Grotte in der Anastasis befindet, und erläutert alles, was bei der Taufe geschah. Zu dieser Stunde hat nämlich kein Katechumene Zugang zur Anastasis; nur die Neugetauften und die Gläubigen, die etwas über die Mysterien hören wollen, betreten die Anastasis. Es werden sogar die Türen verschlossen, damit kein Katechumene dazukommt. Während der Bischof alles einzeln deutet und berichtet, sind die Stimmen der begeisterten Zuhörer so laut, daß ihre Stimmen sogar weit draußen vor der Kirche zu hören sind. Er enthüllt ihnen nämlich alle Mysterien so, daß keiner von dem unberührt bleiben kann, was er derart erklärt hört."

[18] Vgl. Röwekamp, G., Einleitung, 56f; Jacob, C., Zur Krise der Mystagogie, 76; vgl. Knupp. J., Das Mystagogieverständnis, 241; vgl. Günzel, U., Die mystagogischen Katechesen, 67f.

erst nach der Initiation fähig sind, die Geheimnisse der Taufe zu verstehen.[19] Der Mystagoge erzählt als einer, der selbst vom Geschehen ergriffen ist. Er schöpft aus seiner eigenen Erfahrung und versucht auf dieser Grundlage, die Getauften individuell anzusprechen.[20] Im Pilgerbericht der Egeria, der sich auch auf die mystagogischen Katechesen bezieht, wie sie in Jerusalem am Ende des vierten Jahrhunderts gehalten wurden, ist deshalb davon die Rede, dass der Applaus am Ende der Unterweisung so laut war, dass er sogar außerhalb der Kirche gehört werden konnte.[21]

Ambrosius differenziert noch genauer, wenn er davon ausgeht, dass den Ungetauften die Sakramente nicht erschlossen werden dürfen, weil sich das Licht der Mysterien (lux mysteriorum) dem Täufling besser selbst eingießt.[22] Wenn die Katechesen vor der Taufe gegeben würden, würde den Täuflingen nämlich nach Ambrosius der Eindruck vermittelt, sie hätten das Wesen der Sakramente erkannt. Die rechte Einsicht kann sich aber nur für diejenigen einstellen, die das Sakrament auch selbst erfahren haben. Zudem erachtet Ambrosius die Unwissenden als für die sakramentale Gnade empfänglicher, weil sie das Geschehen nicht von vornherein auf das rationale Verstehen und Durchdringen reduzieren, sondern offener sind für das Ganze des Ereignisses.[23]

1.1.1.2 Zur Intention und zum Anliegen von Mystagogie

Vor allem dieser letzte Gedanke kann als charakteristisch sowohl für das Mailänder als auch das Jerusalemer Verständnis von Mystagogie gelten.[24] Die mystagogischen Katechesen werden als Möglichkeit verstanden, das, was der Einzelne erfahren hat, nun auch im Licht der Schrift und des Intellekts zu deuten und auf diese Weise nochmals Zugang zum Erfahrenen zu schaffen. In die-

---

19 Cyrill von Jerusalem, Mystagogische Katechesen 1,1 (FC 7, 95-97): "... Weil ich aber sehr genau wußte, daß Sehen viel überzeugender ist als Hören, habe ich den jetzigen Zeitpunkt abgewartet. Durch die Erfahrung des (Tauf)abends seid ihr viel empfänglicher für das, was zu sagen ist ... Ihr seid ja nun in der Lage, göttlichere Mysterien zu verstehen — nämlich die der göttlichen, lebensspendenden Taufe ... so wollen wir euch genau unterrichten, damit ihr den Sinn dessen einseht, was an jenem Abend der Taufe mit euch geschehen ist."

20 Vgl. Cyrill bzw. Johannes von Jerusalem, Mystagogische Katechesen 2,5.7 (FC 7, 117-119); 3,3 (FC 7, 127); die gesamte fünfte Mystagogische Katechese ist gleichsam ein Appell an die Getauften, der in der 2. Person Plural formuliert ist: Vgl. ders., Mystagogische Katechesen 5 (FC 7, 145-165).

21 Vgl. Itinerarium Egeriae 47,2 (FC 20, 302); vgl. Cyrill von Jerusalem, Catecheses 13,23 (Reischl/Rupp 2,80).

22 Vgl. Ambrosius, De sacramentis 1,1 (FC 3, 76).

23 Ambrosius, De mysteriis 1.2 (FC 3, 207): "Wenn wir der Meinung gewesen wären, dies vor der Taufe Personen mitteilen zu sollen, die die Initiation noch nicht empfangen haben, würden wir eher als Verräter denn als Lehrer angesehen. Ferner (erläutern wir dies erst jetzt), weil das Licht der Mysterien (lux mysteriorum) sich selbst in Unwissende besser hineinergießt, als wenn ihnen eine Erklärung vorausgegangen wäre."

24 Vgl. Cyrill bzw. Johannes von Jerusalem, Mystagogische Katechesen 1,1 (FC 7, 95).

sem Sinn sind die mystagogischen Katechesen unabdingbarer Bestandteil der Initiation.[25] Sie sind so etwas wie eine eigene Form der Theologie, in der die Liturgie in ihren symbolisch-leiblichen Handlungen gedeutet wird, so dass das eigentlich Unfassbare, das Göttliche, auch in der Sprache einen Ort findet. Die mystagogischen Katechesen, wie sie sich in Jerusalem und Mailand ausmachen lassen, zielen insgesamt darauf, den eigentlichen, tieferen und existentiellen Sinn des Geschehenen verstehbar werden zu lassen, und zwar nachdem die Einzelnen das Mysterium selbst schon erfahren haben. Das geschieht, indem die Symbole in ihrer Parallelität zu den inneren Geschehnissen gedeutet werden.[26]

Es geht also nicht darum, wie das bis in die jüngste Zeit vorgeschlagen wurde, mittels einer Arkandisziplin bestimmte Riten und Mysterien nur den Eingeweihten zugänglich zu machen und, ähnlich wie das in heidnischen Mysterienkulten Usus war, gegenüber Außenstehenden Schweigen zu bewahren. Diese Vorstellung von Arkandisziplin konnte als Konstrukt der Kirchengeschichtsforschung entschlüsselt werden.[27] Dass die Prediger in Jerusalem und Mailand die Geheimnisse der Initiation erst nach der Feier deuteten, entspringt vielmehr dem Gedanken, dass man die Riten erst dann verstehen kann, wenn man sie erlebt hat. Erst zu diesem Zeitpunkt ist eine Deutung sinnvoll.

Mystagogie zielt also auch, wo sie im Zusammenhang mit der Initiation geschieht, darauf, dass der Einzelne durch die Sakramente offen wird für die Gotteserkenntnis, die sich in ihnen einen Ort schafft. Wer ein Sakrament empfängt, wird mit der *lux mysteriorum* erfüllt und gewinnt Anteil an Gott. Gerade bei Ambrosius lässt sich ausmachen, dass das eigentliche Ziel der Mystagogie die "Kenntnis des Geheimnisses" ist, das sich in der Geschichte als Geheimnis der Erlösung gezeigt hat.[28] Es geht darum, immer tiefer von der Erlösung er-

---

[25]   Vgl. Schmitz, J., Einleitung (FC 3, 66); vgl. Jacob, C., Zur Krise der Mystagogie, 76f; vgl. Röwekamp, G., Einleitung (FC 7, 57f); vgl. Günzel, U., Die mystagogischen Katechesen, 92.

[26]   Vgl. z. B. Ambrosius, De sacramentis 1,2f (FC 3, 76-78): Die Öffnung der Ohren und der Nase wird parallelisiert mit dem Öffnen der Ohren für den "Zuspruch des Bischofs" bzw. den "Wohlgeruch ewiger Liebe".

[27]   Die markantesten Fakten, die gegen die Hypothese von der Arkandisziplin sprechen, sind die zahlreichen literarischen Zeugnisse, in denen die Kirchenväter die sogenannten "arcana" beschrieben und kommentierten. Vgl. dazu Jacob, C., Arkandisziplin, 113-117; vgl. ders., Zur Krise der Mystagogie, 89; vgl. Röwekamp, G., Einleitung (FC 7, 58-60). Von daher erscheint auch Ulrich Günzels Interpretation der mystagogischen Katechesen des Ambrosius in manchen Teilen als anfragbar, weil er das Phänomen der "Arkanpraxis" als ausschlaggebenden Faktor für das Abhalten mystagogischer Katechesen versteht. Vgl. Günzel, U., Die mystagogischen Katechesen, 70.86.98-108.163-166.

[28]   Aufgrund von Wortstudien zum Gebrauch von "mysterium" und "sacramentum" in der Kommentierung des Taufritus durch Ambrosius kommt Mazza, E., Mystagogy, 25-33, hier: 33, zu dem Ergebnis, dass Ambrosius als Ziel der Mystagogie deklariert "to lead the believer to a knowledge of the mystery. ... Mystagogy is an initiation, via the liturgical

griffen zu werden, die sich als Grund des Mysteriums erweist. Es kann also eine Identität ausgemacht werden zwischen der Wirksamkeit der Sakramente und der Wirksamkeit der Ereignisse der Heilsgeschichte, und gerade dafür sollen die Gläubigen durch die Mystagogie disponiert werden.[29]

1.1.2 Mystagogie als Hinführung zu Erfahrungen

1.1.2.1 Zu den mystagogischen Katechesen Johannes Chrysostomus', Theodors von Mopsuestia, den Erläuterungen des Ambrosius und Augustinus

Eine andere Gestalt von Mystagogie als im Großen und Ganzen für die Jerusalemer und Mailänder Liturgie herausgearbeitet werden konnte, lässt sich bei Johannes Chrysostomus (+ 407) und seinem Freund Theodor von Mopsuestia (+ 428) ausmachen, der vermutlich zur selben Zeit wie Johannes seine 16 katechetischen Predigten hielt.[30] Johannes Chrysostomus gibt *vor* der Feier der Taufe die entsprechenden Erläuterungen, um den Täuflingen "die Dinge des Himmels zu erklären und die frohe Botschaft von solchen Wohltaten zu bringen ..."[31] Die Katechumenen selbst sollen die Riten im Vorhinein kennen, ihre Bedeutung, die sich gerade auch durch die typologische Deutung der Schrift ergibt,[32] verstehen und so das Sakrament besser vollziehen können.[33]

Ähnlich wie Chrysostomus verfährt auch Theodor von Mopsuestia, der in zehn Homilien das Credo auslegt[34] und in sechs mystagogischen Katechesen über das Vaterunser und die Sakramente der Taufe und Eucharistie spricht.[35] Auch er unterrichtet die "Photizomenoi" (die unmittelbaren Taufbewerber, die zu Beginn der Quadragesima in die Tauflisten aufgenommen wurden) und behält vermutlich nur die letzten beiden mystagogischen Katechesen, die über die

---

celebration, into the saving mystery that took place in history." Vgl. Knupp, J., Das Mystagogieverständnis, 261-263; vgl. Günzel, U., Die mystagogischen Katechesen, 92f.163-166.273.

[29] Vgl. Mazza, E., Mystagogy, 43.

[30] Vgl. Kaczynski, R., Einleitung (FC 6/1, 45); vgl. Mazza, E., Mystagogy, 45.

[31] Johannes Chrysostomus, Taufkatechesen 2/1,2 (FC 6/1, 153-155); vgl. ders., Taufkatechesen 3/2,1 (FC 6/2, 333).

[32] Chrysostomus erklärt z. B. die Eucharistie durch den Verweis auf den Exodus. Das Blut Christi ist im Blut des Lammes, das an die Türpfosten gestrichen wurde, vorausgebildet und erhält seine Kraft, weil es Vorausbild (tupos) des Blutes Christi ist. Vgl. Johannes Chrysostomus, Taufkatechesen 2/4,13f (FC 6/1, 269-273).

[33] Vgl. Johannes Chrysostomus 3/2,12 (FC 6/21, 341f): "Nun steht der Augenblick vor der Tür, in dem ihr so große Gaben empfangen werdet. Daher wollen wir, soweit wir es vermögen, euch über die Gründe all dessen, was geschieht, belehren, damit ihr es begreift und besser versteht, wenn ihr von hier weggeht".

[34] Theodor von Mopsuestia, Katechetische Homilien (FC 17/1).

[35] Theodor von Mopsuestia, Katechetische Homilien (FC 17/2).

Eucharistie gehen, den Neophythen vor.[36] Immer aber geht es Theodor darum, die Taufbewerber bzw. die Gläubigen auf das Sakrament vorzubereiten, das sie empfangen werden: im ersten Fall die Taufe[37] und im zweiten die Eucharistie[38].

1.1.2.2 Zur Intention und zum Anliegen von Mystagogie

Nun könnte man meinen, dass es sich hier um regionale Unterschiede handelt. Die antiochenische Praxis grenze sich eben gerade darin von den Gewohnheiten der Liturgie in Jerusalem und Mailand ab, indem die mystagogischen

---

[36] Bruns, P., Einleitung (FC 17/2, 261), kommt zu folgender Chronologie für die Katechesen Theodors: Er nimmt die Quadragesima als Zeit für die zehn dogmatischen Homilien (Auslegung des Credos) und der Homilie über das Vaterunser an. Die Taufhomilien 12 bis 14 könnten in die Karwoche gefallen sein, evtl. von Montag bis Mittwoch. Die 15. Homilie setzt die Spendung der Taufe bereits voraus und kommt deshalb frühestens für die Ostervigil in Frage. Da die 16. Homilie auf jeden Fall einen Tag später anzusetzen ist, fällt sie mit Sicherheit schon in die Osterwoche.

[37] Vgl. z. B.: Theodor von Mopsuestia, Katechetische Homilien 1,17 (FC 17/1, 87): "... denn dies [die Erklärung der ganzen Lehre, Erg. d. Verf.] ist ja auch erforderlich für alle, die sich auf die Teilnahme an diesen Geheimnissen vorbereiten ..."; ders., Katechetische Homilien 7,1 (FC 17/1, 169): "Seht es sind nämlich drei Tage, an denen ich mit euch, ihr Lieben, über dieses Thema [die Christologie, Erg. d. Verf.] spreche, da wir uns bemühen, daß ihr Schritt für Schritt lernt und das mit euch Besprochene auch behaltet."; ders., Katechetische Homilien 14,29 (FC 17/2, 386): "Vielmehr naht ihr euch also, sobald ihr nämlich auf diese Weise die sakramentale Geburt durch die Taufe empfangen habt, der unsterblichen Speise, mit der ihr euch, passend zu eurer Geburt, künftig nähren sollt."

Immer wieder finden sich in Theodors Homilien Ermahnungen, das Vorgetragene auch zu lernen und zu verinnerlichen: Vgl. z. B. Theodor von Mopsuestia, Katechetische Homilien 5,1 (FC 17/1, 133): "Ich weiß, daß ihr euch noch an das erinnert, was wir mit euch, ihr Lieben, über die Gottheit des Eingeborenen besprochen haben ..."; ders., Katechetische Homilien 4,19 (FC 17/1, 132): "Wenn ihr wollt, mag das bisher Gesagte als Lehrstoff für den heutigen Tag genügen."; ders., Katechetische Homilien 3,15 (FC 17/1, 117f): "Damit all das mit vielen Worten Gesagte euch nicht belaste, legen wir es euch, wie es sich gehört, Schritt für Schritt dar, damit ihr es verstehen und lernen könnt."

[38] Theodor von Mopsuestia, Katechetische Homilien 15,1 (FC 17/2, 388): Theodor vergleicht hier die Neugetauften mit Babys, die in Windeln gewickelt sind. So wie diese die ihnen entsprechende Nahrung bekommen, will er den Neugetauften nun für sie angemessene vorsetzen und sie auf die Gabe der Eucharistie vorbereiten: "Es ist Brauch bei den Menschen, neugeborene Säuglinge in Windeln zu wickeln, damit der Leib, der eben neu entstanden und noch ganz zart ist, keinen Schaden erleidet und regungslos in seiner Verfassung bleibt. Und man bettet sie zunächst in Windeln zur Ruhe, anschließend verabreicht man ihnen natürliche Nahrung, die ihnen angemessen ist und zu ihnen paßt. In der gleichen Weise haben auch wir diejenigen, die jetzt durch die Taufe geboren sind, gleichsam in Windeln, das heißt in die Lehre, gewickelt und fest verschnürt, damit in ihnen die Erinnerung an die ihnen geschenkte Gnade gefestigt würde. Und in der Unterbrechung der Rede haben wir sie jetzt ruhen lassen, denn das für diese Rede gesetzte Maß sollte angemessen sein. Heute aber wage ich es, euch die für euch passende Nahrung vorzusetzen, von der ihr wissen sollt, was sie ist, und deren Größe ihr genau erfahren sollt." Ders., Katechetische Homilien 15,3 (FC 17/2, 388f): "Da wir aber jetzt durch die Taufe in der Hoffnung auf jene erwartete Geburt gewissermaßen sinnbildlich geboren werden, ist für uns unbedingt eine Speise erforderlich, die zu diesem Leben hier paßt, die uns gewissermaßen sinnbildlich mit der Gnade des Heiligen Geistes ernährt."

Predigten schon vor dem Empfang der Sakramente gehalten wurden. Dass diese Begründung nicht zu halten ist, konnten Josef Schmitz und Christoph Jacob zeigen, die zum einen auf eine Besonderheit in der ambrosianischen Liturgie[39] und zum anderen auf die Praxis hinwiesen, die bei Augustinus auszumachen ist.[40]

Bei Ambrosius finden sich nämlich auch Erläuterungen zu bestimmten Riten und Mysterien, und zwar noch bevor sie der Einzelne selbst vollzogen hat. Josef Schmitz konnte feststellen, dass Ambrosius Katechesen an den Stellen vorwegnahm, wo der Einzelne vor allem Vollzugsperson und nicht so sehr Empfänger war.[41] Das gilt bei der Taufe für die Abrenuntiatio und das Taufbekenntnis.[42] Das wird vor allem bei der Eucharistie deutlich. Die Täuflinge dürfen sich erst ab dem achten Tag nach ihrer Taufe, also ab dem Sonntag nach Ostern, an der Gabendarbringung beteiligen. Noch bevor sie die Gabe der Eucharistie darbringen, werden sie in mystagogischen Katechesen über deren Sinn und Verständnis belehrt, damit "nicht die Unwissenheit des Opferers das Geheimnis der Opferung beflecke."[43]

Immer dort, wo der Myste aktiv etwas vollziehen muss, schickt Ambrosius eine Katechese voraus, damit der Einzelne, wenn er das Geschehen selbst durch seine Aktivität maßgeblich prägt, mit allen seinen Vermögen präsent ist.

Ähnlich verhält es sich bei Augustinus. In den mystagogischen Osterpredigten,[44] die der Bischof von Hippo den sogenannten "infantes" (den Neugetauften) zu Beginn der österlichen Eucharistiefeier hielt, und zwar nachdem die Katechumenen entlassen worden waren, lässt sich eine große Übereinstimmung zur Mystagogie in die Eucharistie ausmachen, wie sie Cyrill von Jerusalem vornimmt.[45] Auch Augustinus predigt den Gläubigen, nachdem sie die Taufe empfangen haben, jedoch bevor sie die Eucharistie ganz mitfeiern wer-

---

39   Vgl. Schmitz, J., Einleitung (FC 3, 67f).
40   Vgl. Jacob, C., Zur Krise der Mystagogie, 77.
41   Vgl. Schmitz, J., Einleitung (FC 3, 67f); vgl. ders., Gottesdienst im altkirchlichen Mailand, 207.
42   Vgl. Ambrosius, Exaemeron 1,14 (CSEL 32/1,12).
43   Ambrosius, In psalm. 118, Prol. 2 (CSEL 62,4); übersetzt nach Dölger, F. J., Zur Symbolik des altchristlichen Taufhauses, 165.
44   Dazu zählen u. a. Sermo 227, Sermo 228, Sermo 229, Sermo 272. Vgl. Knupp, J., Das Mystagogieverständnis, 18, Anm. 65; vgl. Jacob, C., Zur Krise der Mystagogie, 79, Anm. 33. Die Fragen nach der Autorenschaft sind für einige dieser Predigten noch ungeklärt. Nach Frede, H. J., Kirchenschriftsteller, 233-237, sind von den genannten unzweifelhaft echt: Sermo 227.228.229A, auch unter dem Namen Guelferbytanus 7 bekannt, und Sermo 272. Die Echtheit von Sermo 228B, der auch als Denis 6 firmiert, ist eher zweifelhaft, ebenfalls Sermo 229. Die Schriften, bei denen noch ungeklärt ist, ob sie echte Augustinuspredigten sind bzw. in einem Zusammenhang zur Mystagogie in die Initiation stehen, wurden ausgespart. Vgl. dazu Dekkers, E./Gaar, A., Clavis patrum latinorum, 146.
45   Vgl. Jacob, C., Zur Krise der Mystagogie, 80.

den. Er erläutert die liturgischen Formeln zu Beginn der Präfation, nachdem er über die eucharistischen Gestalten gesprochen hat, hebt die Bedeutung des Wortes hervor, das Brot und Wein in Leib und Blut Christi wandelt,[46] macht einige Bemerkungen zum Herrengebet und zum Friedenskuss, mahnt zum würdigen Kommunionempfang, zur Einheit und gibt einen Ausblick auf die Hoffnung im Himmel. Augustinus betont sehr stark, dass die äußeren Gaben, wie z. B. Brot und Wein bei der Eucharistie oder das Wasser bei der Taufe, durch das Wort geheilt werden und damit das Sakrament konstituieren.[47] Der Sinn seiner mystagogischen Predigten zielt deshalb neben der Erklärung der einzelnen Riten vor allem darauf ab, die HörerInnen für den Glauben zu disponieren, der durch das Wort gefordert, aber auch geweckt wird.[48]

Insgesamt wird also deutlich, dass nicht die Praxis einer bestimmten Region bzw. Kirchenprovinz dafür verantwortlich gemacht werden kann, ob die Katechesen vor oder nach dem Empfang des Sakramentes gehalten werden. Die Väter verfolgten damit vielmehr das Anliegen, entweder das Erfahrene deuten zu helfen oder darauf vorzubereiten. Die Frage stellt sich nun aber, was es nach Meinung der Väter in den Sakramenten überhaupt zu erfahren gab. Oder anders gesagt, welches Anliegen sie mit ihrer jeweiligen Konzeption von Mystagogie verfolgten. Dazu müssen die Gemeinsamkeiten in den Blick genommen werden, die sich trotz unterschiedlicher Praktiken ausmachen lassen.

1.1.3 Mystagogie als Teilhabe an der Erlösung

Im Hinblick auf die beiden unterschiedlichen Vorgehensweisen, einerseits schon vor dem Empfang des Sakramentes durch mystagogische Katechesen darauf vorzubereiten, andererseits das Sakrament erst im Nachhinein zu deuten, stellt sich insgesamt die Frage, ob ein gemeinsames Anliegen ausgemacht werden kann, das in beiden Formen verfolgt wird. Dieses zeigt sich, wenn man das Augenmerk darauf richtet, welchem Ziel und welchem Sinn die Mystagogie dient.

Wenn man sich mit den Taufkatechesen Chrysostomus' beschäftigt, fällt auf, dass er anders als die übrigen Väter, von denen solche Homilien überliefert sind, großes Gewicht auf die moralische Unterweisung legt. Chrysostomus wird nicht müde, die Katechumenen und auch die Gläubigen zu ermahnen, einen Lebensstil zu führen, wie er dem neuen Leben entspricht, das sie in der Taufe gewonnen haben. Es finden sich lange Passagen in seinen Predigten, in denen

---

[46]   Vgl. Kretschmar, G., Die Geschichte des Taufgottesdienstes in der alten Kirche, 246.
[47]   Vgl. Augustinus, Tract in Joh 80,3 (CChr.SL 36, 529).
[48]   Vgl. Kretschmar, G., Die Geschichte des Taufgottesdienstes in der alten Kirche, 245-248.

er die Christen vor einem Missbrauch des Schwörens warnt[49] und von der Trunksucht oder sonstigen Belustigungen abhalten will, wie zu Pferderennen oder Schauspielen zu gehen oder sich mit Orakeln zu beschäftigen.[50] Für Chrysostomus, der stark durch das mönchische Ideal geprägt ist,[51] ist das Leben des Christen ein dauernder Kampf mit dem Bösen.[52] Das Anrecht des Widersachers auf den Menschen wurde zwar in der Absage an ihn in den Riten des Exorzismus getilgt. Es ist auch schon ein neuer Kontrakt geschlossen wor-

---

[49] Johannes Chrysostomus, Taufkatechesen 2/1,19 (FC 6/1, 183): "Die Zunge begeht nun gewöhnlich auch viele Sünden, wenn sie Schmähungen, Gotteslästerungen, schändliche Reden, Verleumdungen, Schwüre und Meineide hervorbringt. Doch um euch heute nicht alles auf einmal zu sagen und so euer Denken zu verwirren, führen wir euch nur ein Gebot vor Augen, nämlich das, euch vor dem Schwören zu hüten. Ich erkläre und versichere euch, daß ich über nichts anderes zu euch sprechen werde, wenn ihr nicht das Schwören aufgebt, und ich meine gar nicht nur das falsche Schwören, sondern auch das Schwören aus gerechtem Grund." Ders., Taufkatechesen 2/1, 195): "Habt ihr die schlechte Angewohnheit des Schwörens aus eurem Mund getilgt? Ich habe weder vergessen, worüber ich zu euch gesprochen habe, noch was ihr mir diesbezüglich versprochen habt. ... Habt ihr also euren Mund von diesem schlimmen Makel gereinigt? Habt ihr die Schande aus eurer heiligen Seele getilgt? ..."; vgl. ders., Taufkatechesen 2/2,2 (FC 6/1, 199).

[50] Vgl. Johannes Chrysostomus, Taufkatechesen 2/3,6 (FC 6/1, 245): "Pracht des Teufels sind alle Arten der Sünde, unsittliche Schauspiele, Pferderennen, Zusammenkünfte voll Gelächter und unflätiger Reden. Pracht des Teufels sind die Deutung des Vogelflugs und von Orakeln, die Beachtung von Vorbedeutungen, bestimmten Zeiten und Vorzeichen, der Gebrauch von Amuletten und Zauberformeln."

[51] Durch die Kontakte mit Meletius lernte Johannes Chrysostomus auch die beiden bekannten antiochenischen Mönche Diodor, der später Bischof von Tarsus wurde, und Flavian kennen, der später Meletius auf den Bischofsstuhl von Antiochien nachfolgte. Die asketische Lebensweise, die beide übten, faszinierte Chrysostomus ein Leben lang. Nachdem er zunächst vier Jahre lang unter Anleitung eines syrischen Mönches als Asket – vermutlich sogar in einer Gemeinschaft von mehreren – lebte, zog er sich zwei Jahre lang als Eremit in die Einsamkeit zurück und lernte dort die Schrift auswendig. Das entbehrungsreiche Leben schädigte schließlich seine Gesundheit so, dass er sich vermutlich im Jahr 378 wieder nach Antiochien begeben musste. Vgl. dazu Kaczynski, R., Einleitung (FC 6/1, 11-13).

[52] Johannes Chrysostomus, Taufkatechesen 2/1,16 (FC 6/1, 177): "... Niederlagen sind für die Athleten ungefährlich, solange sie sich noch auf dem Übungsplatz befinden ... Wenn aber der Tag der Wettkämpfe kommt, das Stadion geöffnet ist, die Zuschauer auf ihren Rängen sitzen und der Kampfrichter erscheint, dann müssen die einen, weil sie träge gewesen sind, unterliegen und sich voller Schande zurückziehen, während die anderen, die sich angestrengt haben, die Siegeskränze und Kampfpreise gewinnen. So sind auch für euch diese dreißig Tage gleichsam ein Übungsplatz, eine Kampfschule und eine Zeit eifrigen Einübens. Lernen wir schon in diesen Tagen, jenes bösen Dämons Herr zu werden. Gegen ihn sollen wir nach der Taufe den Kampf aufnehmen, gegen ihn zum Faustkampf antreten und Krieg führen. Lassen wir uns daher jetzt schon über seine Nachstellungen belehren. ... So werden wir nicht unvorbereitet sein, wenn der Kampf naht."; Johannes Chrysostomus, Taufkatechesen 2/4,12 (FC 6/1, 269): "So brauchst du nicht ermattet den Kampf zu führen, sondern kannst gestärkt den Bösen überwinden. Denn schon wenn er dich nur vom Mahl des Herrn kommen sieht, flieht er in Windeseile, wie einer, der einen feuerspeienden Löwen sieht. Und wenn du ihm die vom kostbaren Blut gerötete Zunge zeigst, wird er das nicht ertragen können. Wenn du ihm den rot gefärbten Mund zeigst, wird er wie ein gemeines Tier davon laufen."

den,[53] dieses Mal mit Christus.[54] Die Angriffe des Bösen sind aber auch jetzt noch eine stets gegenwärtige Gefahr für den Christen, gegen die er sich wehren muss.

Chrysostomus legt nicht aufgrund eines engen Moralismus[55] so starkes Gewicht auf die moralischen Aspekte.[56] Das Ziel, das er mit den mystagogischen Katechesen verfolgt, ist vielmehr, dass die Katechumenen viel über die Gründe jeder Feier und auch jedes einzelnen Ritus wissen, um so als Getaufte ihren Weg ausgerüstet mit einer sicheren Erkenntnis besser gehen zu können.[57] Über einen guten Lebenswandel zu instruieren, wird bei Chrysostomus also zu einer Weise der Mystagogie. Er setzt bei den Sakramenten und ihrer erlösenden Wirkung an,[58] versucht den Gehalt der Sakramente durch den Bezug auf die Schrift, und zwar auch durch typologische Auslegungen,[59] zu bekräftigen und will dadurch die ZuhörerInnen disponieren, dass diese sich selbst für das Geheimnis der Erlösung auftun. Konkret bedeutet das nach Chrysostomus, dass sich die Gläubigen nicht nur in der Taufe dem Kontrakt stellen, in dem sie

---

[53] Johannes Chrysostomus, Taufkatechesen 3/2,17 (FC 6/2, 347): "Ich will nun auch über die Feier der Sakramente selbst sprechen und über den Vertrag, der zwischen euch und dem Herrn geschlossen werden soll. Bei Angelegenheiten, die unser irdisches Leben betreffen, ... muß ein schriftlicher Vertrag zwischen dem Geldverwalter und dem Auftraggeber erstellt werden. Ebenso verhält es sich auch hier, wenn ihr wollt, daß euch der Herr des Alls unzerstörbare Dinge anvertraut, keine vergänglichen und verderblichen, sondern geistliche und himmlische. ... Es muß ein Vertrag geschlossen werden, nicht mit Tinte auf dem Papier, sondern in Gott durch den Geist. Denn die Worte, die ihr hier sprecht, werden im Himmel aufgezeichnet, und der Vertrag, den ihr mit dem Mund schließt, bleibt beim Herrn unauflöslich."

[54] Johannes Chrysostomus, Taufkatechesen 2/3,6 (FC 6/1, 245-247): "'Ich widersage dir, Satan' Was ist geschehen? Welch ungewöhnliche und unerwartete Veränderung der Lage? ... An diese Worte also erinnere dich! Das ist der Vertrag mit dem Bräutigam. Wie bei der Hochzeit Urkunden über Mitgift und Aussteuer angefertigt werden müssen, so geschieht es auch vor dieser Hochzeit: Nackt hat er dich gefunden, arm und mißgestaltet, und er ist nicht vorbeigelaufen; es bedarf allein deiner freien Entscheidung. Statt einer Mitgift bringe diese Worte mit, und Christus wird es für einen großen Reichtum erachten, wenn du dich dein Leben lang an sie hältst. Denn Christus sieht seinen Reichtum in der Rettung unserer Seelen. ..."

[55] Vgl. Mazza, E., Mystagogy, 114.

[56] Vgl. Mazza, E., Mystagogy 117. Ein Gedanke, der z. B. bei Chrysostomus sehr ausgeprägt ist, verweist darauf, dass Gott den Menschen rettet, und zwar ohne das Verdienst des Menschen vorauszusetzen. Chrysostomus verwendet dazu das Bild von Braut und Bräutigam, der die Braut nicht aufgrund ihrer Schönheit oder Wohlgestalt liebt, sondern sie annahm, als sie "häßlich, mißgestaltet, schändlicherweise ganz und gar schmutzig" war: Vgl. Johannes Chrysostomus, Taufkatechesen 3/1,3 (FC 6/2, 295).

[57] Vgl. Johannes Chrysostomus, Taufkatechesen 3/2,12 (FC 6/2, 341-343).

[58] Mazza, E., Mystagogy, 148, weist darauf hin, dass Chrysostomus hier gegenüber der Tradition eine neue Interpretationslinie einbringt. Er verbindet die erlösende Wirkung der Sakramente nicht mehr nur mit den erlösenden Heilstaten Jesu Christi, sondern schreibt den Sakramenten selbst erlösende Wirkung zu.

[59] Vgl. z. B. Johannes Chrysostomus, Taufkatechesen 2/4,13 (FC 6/1, 269-271).

sich vom Widersacher losgesagt und Christus anvertraut haben, sondern ihr ganzes Leben von diesem neuen Bündnis her gestalten.[60]

So wie Johannes Chrysostomus bei seinen mystagogischen Katechesen bei den Katechumenen ein tiefes Verstehen des Geheimnisses der Erlösung erreichen will, das sozusagen den Grund der Sakramente ausmacht, ist es auch bei Theodor von Mopsuestia. Ziel seiner Katechesen ist es einerseits, den Katechumenen ein tiefes existentielles und spirituelles Verstehen der Sakramente zu eröffnen, und andererseits liegt ihm daran, die Riten der Taufe und der Eucharistiefeier streng theologisch zu erklären.[61] In ausgefeilten Vergleichen und auch allegorischen Andeutungen (!)[62] gibt er Hilfen, das Sakrament zu verstehen und seinen Gehalt zu erfassen.

Darin erweist sich nach Theodor das Phänomen der Mystagogie. Für ihn zeigt jedes Sakrament das Mysterium in Symbolen und Zeichen und gibt damit auch dem Unsagbaren und Unaussprechlichen einen Platz. Das braucht freilich eine Erklärung der Zeichen.[63] Mystagogie ist nun für Theodor nicht einfach eine Erklärung des Sakraments in seinen sichtbaren Ausfaltungen, sondern ein Weg, das tiefste Geheimnis des Sakraments zu erfassen, das mit der Erlösung zu identifizieren ist.[64] Die mystagogischen Katechesen zielen darauf, die Taufbewerber bzw. die Neugetauften für das Mysterium zu öffnen, das sich in den Sakramenten inkarniert, um so immer tiefer von der Erlösung ergriffen zu werden.

Die mystagogischen Katechesen, in denen die Einzelnen auf die Sakramente vorbereitet werden, erweisen sich so als ein konstitutives Moment am dynamischen Prozess der Erlösung selbst. Sie disponieren dafür, sich vom Heilsplan

---

[60] Vgl. Johannes Chrysostomus, Taufkatechesen 3/2,17 (FC 6/2, 347-349).

[61] Vgl. Mazza, E., Mystagogy, 49.

[62] Dass Theodor, der zu den Hauptvertretern der sogenannten antiochenischen Schule gehört, für die die Auslegung der Schrift nach dem Literalsinn kennzeichnend ist, auch allegorische Auslegungen kennt, mag zunächst verwundern. Es finden sich aber durchaus mehrere Stellen, an denen sich Theodor ihrer bedient: Vgl. z. B. Theodor von Mopsuestia, Katechetische Homilien 16,38 (FC 17/2, 451f): Theodor legt hier Jes 6,5 allegorisch aus und spekuliert vor allem über die Bedeutung der Zange, mit der der Engel die Kohle herbeischafft, um Jesajas Lippen zu berühren. Er entwickelt daraus den Gedanken, dass auch die "Geheimnisse" (der Eucharistie) der Vermittlung bedürfen, hier des Priesters. Vgl. ders., Katechetische Homilien 16,27 (FC 17/2, 442f); vgl. ders., Katechetische Homilien 13,19 (FC 17/2, 357f); vgl. ders., Katechetische Homilien 13,3 (FC 17/2, 343f).

[63] Vgl. Theodor von Mopsuestia, Katechetische Homilien 12,2 (FC 17/2, 320f), schreibt selbst dazu: "Ein jedes Sakrament ist nun zeichenhafte und symbolische Kundgabe von unsichtbaren und unaussprechlichen Dingen. Es bedarf daher einer Offenbarung und einer Erläuterung für derartige Dinge, damit, wer auch immer sich ihnen nahen will, ihren Sinn erkennt. Wenn dies nämlich in den Dingen selbst vorhanden wäre, dann wäre jede Rede überflüssig, da die bloße Hinschauen genügen würde, uns jedes einzelne Geschehen zu zeigen. Da aber Sakramente Zeichen sind für Dinge, die geschehen, oder für solche, die bereits geschehen sind, ist das Wort erforderlich, das den Sinn der Zeichen und Sakramente erläutert ..."

[64] Vgl. Mazza, E., Mystagogy, 53-55.

Gottes, der in Christus seine Erfüllung fand, ganz durchdringen zu lassen, um so selbst in Erlöste umgewandelt zu werden. Ausdrücklich wird das in der Verheißung der Auferstehung, die allen Menschen zuteil wird aufgrund der Teilhabe an der Auferstehung Christi.[65]

Konnte in diesen Ausführungen gezeigt werden, dass bei den Vätern, die die mystagogischen Katechesen als Vorbereitung auf den Empfang der Sakramente hielten, der Gedanke ausschlaggebend war, die Gläubigen für das Geheimnis der Erlösung zu sensibilisieren und zu disponieren, das den Grund der Sakramente ausmacht, so kann Ähnliches auch bei Cyrill und Ambrosius ausgemacht werden, die in der Regel diese erst nach dem Empfang der Sakramente deuteten.

Für Cyrill bzw. Johannes von Jersualem ist die Liturgie die "mimesis" des Heilswerkes Jesu Christi.[66] Seines Erachtens gibt es eine Identität zwischen dem innersten Grund des Sakramentes und dem Erlösungswerk Christi, so dass jeder, der den Ritus vollzieht, sich auch mit Christus identifiziert, und zwar mit Christus in dessen zentralem Moment der Heilsaktivität.[67] Cyrills Mystagogie zielt also wiederum darauf, dass der Einzelne offen wird für den innersten

---

[65] Theodor von Mopsuestia, Katechetische Homilien 12,6 (FC 17/2, 323f), resümiert über die Auferstehungsverheißung: "Dies [die Verheißung der Auferstehung, Erg. d. Verf.] hatten sie [die Juden] also gleichsam in Gleichnissen und Schatten. Wirklichkeit aber ist es jetzt geworden, da unser Herr Jesus Christus, von uns und für uns angenommen, gestorben ist gemäß dem Gesetz der Menschen und durch die Auferstehung unsterblich und unverweslich und vollkommen unwandelbar geworden ist. Und so fuhr er zum Himmel auf, da er von nun an durch die Teilhabe an der Natur für uns zum Bürgen einer tatsächlichen Teilhabe geworden ist. 'Wenn nämlich Christus erstanden ist, wie können einige von uns sagen, es gebe keine Auferstehung' (1 Kor 15,12)? Dies hat er klar gezeigt, weil die Auferstehung eine allgemeine Sache ist, die uns allen bekannt werden soll. Wenn wir dies nun bekennen, so ist es klar, daß auch wir glauben, daß es so ist. Da dies also so ist, haben wir einen klaren Glauben, daß dies auch an uns wie an ... ["Dominus noster" oder "Christus", Ergänzung des Manuskripts durch Bruns, P., (FC 17/2, 323, Anm. 4)] geschieht. Also ohne Zweifel bekennen wir, daß es an uns geschieht. Dieses furchtgebietende, unaussprechliche Geheimnis begehen wir, welches die unbegreiflichen Zeichen des Heilswaltens an Christus, unserem Herrn, birgt: Von ihm erwarten wir, daß auch an uns Ähnliches geschieht. Denn es ist für uns nach dem Apostelwort klar, daß wir es — sei es nun die Taufe, sei es nun der Dienst am Tisch unseres Herrn — aus ebendiesem Grunde vollziehen, um das Gedächtnis des Todes unseres Herrn Christus und seiner Auferstehung zu begehen, aus dem uns große Hoffnung erwächst."

[66] Cyrill von Jerusalem, Mystagogische Katechesen 2,5 (FC 7, 117-119), spricht z. B. davon, dass die Taufe "Teilhabe an den Leiden Christi" ist durch die Nachahmung. Vgl. ders., Mystagogische Katechesen 2,6 (FC 7, 119). Die Mimesis-Vorstellung des Cyrill bzw. Johannes von Jerusalem hängt sicher zusammen mit der platonischen Philosophie bzw. näherhin mit dem antiken "Paideia-Gedanken". Der Mensch wird hier als einer gezeichnet, der durch Erkenntnis und Nachahmung des in Christus erschienenen göttlichen Urbildes diesem ähnlich werden kann und seine durch den Sündenfall verlorene Ähnlichkeit damit wieder erlangt. Vgl. dazu Gerlitz, P., Der mystische Bildbegriff, 245; vgl. Knupp, J., Das Mystagogieverständnis, 246.

[67] Vgl. Mazza, E., Mystagogy, 154.

Grund des Sakramentes, den er in der Erlösung ausmacht. Es geht darum, dass die, die das Sakrament empfangen, zu "Bildern Christi"[68] werden, ihm gleichgestaltet. Deshalb kann er von den Christen auch als denjenigen sprechen, die "zu Recht Christus genannt werden"[69]. Wer sich auf das Sakrament einlässt, der lässt sich nach Cyrill auf die Nachahmung des Heilsereignisses in Christus ein und gewinnt so Anteil an der Erlösung.[70]

Mit diesen Ausführungen konnte zumindest angedeutet werden, dass es bei den verschiedenen mystagogischen Konzepten, die bislang für die Alte Kirche exemplarisch aufgezeigt wurden, immer darum ging, die Katechumenen bzw. die Gläubigen dafür zu sensibilisieren und zu disponieren, in den gefeierten Riten für das aufmerksam zu werden, was sich als deren Grund und Sinn erweist. Auch wenn die Väter dafür unterschiedliche Terminologien verwenden,[71] geht es darum, dass die Feiernden immer mehr Anteil gewinnen an der Erlösung, die im Christusereignis geschichtlich geworden ist.

Mystagogie ist also zu kurz gefasst, wenn sie auf die Einführung in die Sakramente reduziert wird. Die liturgischen Feiern sind vielmehr Verdichtung des Mysteriums, das sich in ihnen ausdrückt und von den Gläubigen entdeckt werden will. Im Grunde geht es bei Mystagogie, die sich als Initiation in die Sakramente und als Spekulation über den Glauben zeigen kann,[72] darum, die Gläubigen für die Gotteserkenntnis zu disponieren. Diese findet sowohl in der Liturgie als auch der Schrift einen Ort, an dem sie sich inkarniert, und ist sowohl der Grund als auch das Ziel der Initiation wie des gesamten Christseins. Insgesamt deutet sich an, dass Mystagogie weiter gesehen werden muss denn als Einführung in die Initiationssakramente. Mystagogie ist eine Einführung in die Gotteserkenntnis und das heißt in die Erlösung, die verschiedene Wege kennt.

Die Mystagogie wird damit zum Weg und zur "Methode", den Christen bzw. denjenigen, die Christ werden wollen, zu helfen, sich immer mehr aufzutun für

---

[68]   Cyrill von Jerusalem, Mystagogische Katechesen 3,1 (FC 7, 125).
[69]   Cyrill von Jerusalem, Mystagogische Katechesen 3,1 (FC 7, 123).
[70]   Vgl. Cyrill von Jerusalem, Mystagogische Katechesen 2,4 (FC 7, 115-117): Cyrill deutet hier das dreimalige Untertauchen bei der Taufe und sieht in ihm die drei Tage und Nächte Christi im Grab angedeutet. Im ersten Auftauchen werde der Tag Christi in der Erde nachgeahmt, durch das Untertauchen die Nacht. Vgl. ders., Mystagogische Katechesen 2,5 (FC 7, 117-119); vgl. ders., Mystagogische Katechesen 2,7 (FC 7, 119-121).
[71]   Die einen sprechen von mimesis (Cyrill bzw. Johannes von Jerusalem), Verähnlichung (omoioma), die anderen bevorzugen methexis bzw. participatio oder auch koinonia oder auch parousia bzw. praesentia (Ambrosius).
[72]   Vgl. Gordon, R. L./Felmy, K. C./Tebartz-van Elst, F.-P., Mystagogie/Mystagogische Theologie, 1636; vgl. Wollbold, A./Simon, W., Mystagogie, 570f.

die Gotteserkenntnis, die die eigentliche Bestimmung des Menschen als Imago Dei ist.[73]

War dafür die Liturgie, wie gesagt, lange Zeit vornehmlicher Ort, an dem das einzuüben und zu entdecken war, kristallisierte sich, auch wenn sich eine wichtige Spur schon vorher bei Clemens von Alexandrien und Origenes findet, vor allem ab dem fünften Jahrhundert die Spekulation über den Glauben bzw. die Erzählung von Glaubensgeschichten als die Weise heraus, wie das zu erfahren war.

1.2   Mystagogie und Gotteserkenntnis

Gegen Ende des vierten Jahrhunderts wurde Mystagogie vor allem im Zusammenhang mit der Liturgie und näherhin den Initiationssakramenten reflektiert. Das war sowohl vorher als auch nachher anders. Schon in den frühen Schriften des Clemens von Alexandrien (+ um 215) und des Origenes (+ 253/254) als auch in der Theologie Gregors des Großen (540-604), der exemplarisch für die Spätphase antiker christlicher Literatur untersucht werden soll,[74] lässt sich eine andere Tendenz ausmachen.

Die folgenden Untersuchungen sollen deshalb dem Faktum nachgehen, dass bei diesen Denkern die Initiationssakramente keine vorrangige Rolle bei der Einführung in das Christentum spielen. Es soll versucht werden, Momente ausfindig zu machen, wie bei ihnen Mystagogie gefasst wird.

Es würde den Rahmen der vorliegenden Studie sprengen, die theologischen Entwürfe dieser ausgewählten Kirchenväter im Einzelnen auf alle ihnen innewohnenden Implikationen und Themen hin zu untersuchen. Von daher kann es im folgenden Abschnitt nur darum gehen, die Grundlagen ihrer Theologien zu skizzieren und sie auf das Verständnis von Mystagogie zu befragen.

1.2.1   Clemens von Alexandrien — Mystagogie und Gottesschau

Clemens von Alexandrien (+ um 215) durchdachte als erster die Gnosis[75] im Kontext einer christlichen Fassung der mittelplatonisch apophatischen Theolo-

---

[73]   Vgl. Augustinus, Trin 14,4 (CChr.SL 50A, 428f): Quamquam enim magna natura sit, tamen uitiari potuit quia summa non est; et quamquam uitiari potuerit quia summa non est, tamen quia summae naturae capax est et esse particeps potest, magna natura est.

[74]   Vgl. Brox, N., Kirchengeschichte des Altertums, 168.

[75]   Dass mit dem Phänomen der Gnosis ein sehr weitreichendes und komplexes Phänomen bezeichnet wird, klingt auch in den folgenden Ausführungen immer wieder an. Vor allem die Forschungsarbeiten der letzten Jahrzehnte, die die Funde von Nag Hammadi einarbeiteten, zeigten, dass man zu kurz greift, wenn man die Gnosis nur im Spiegel der antignostischen Literatur versteht, wie das zu Beginn des 20. Jh. noch durchweg der Fall war. Vgl. z. B. Leisegang, H., Die Gnosis, 1. Für die vorliegende Studie ist die immer noch andauernde Diskussion, ob Gnosis als Weltreligion zu verstehen ist oder als geheime "Unterströmung" aller Religions- und Geistesgeschichte, nicht von Belang. Vgl. dazu Markschies, C., Die Gnosis, 7-35. Wenn die Väter von Gnosis sprachen, dann

gie.[76] Er versuchte, den christlichen Glauben mit dem antiken "paideia-Gedanken" zu verbinden und konnte damit den Glauben als auch die Reflexion über ihn als Einführung in die Gottesschau (theoria) verstehen.[77] Schon hier wird deutlich, dass für Clemens Theologie und Mystagogie zusammengehen. Er gebraucht als erster christlicher Schriftsteller das Wort "mystagogein", um die Vermittlung der Gotteserkenntnis zu bezeichnen.[78] Besonders zugespitzt findet sich dieser Gedanke in Clemens' Überlegungen zur Gottesschau. Um genauer Aufschluss zu bekommen, wie Clemens Mystagogie versteht, sollen deshalb im Folgenden zumindest die Grundzüge seines "theoria-Denkens" untersucht werden. Diese stehen, wie zuvor schon angedeutet, in engem Zusammenhang mit seinem Gnosisverständnis bzw. mit der Vorstellung, die Clemens vom wahren Gnostiker entwickelt, so dass auch diese zumindest skizzenhaft dargestellt werden sollen.

1.2.1.1 Anmerkungen zu Clemens' Gnosis- und Theoria-Verständnis

Clemens nimmt wichtige mystische Themen des platonischen Denkens auf, wie die Gottesschau, die Unerkennbarkeit des Göttlichen und die Vergöttlichung, reflektiert sie aber unter zwei christlichen Vorbedingungen.[79] Er geht davon aus, dass die Seele nicht von sich aus göttlich ist und versteht die Gnosis nicht als Vorbedingung von Erlösung. Insgesamt lässt sich sagen, dass sich in den Hauptwerken Clemens', dem "Protreptikos", dem "Erzieher" und den

---

griffen sie selbstverständlich das Assoziationspotenzial auf, das die antike Gnosis eröffnete. Sie grenzten sich aber gerade dadurch auch von ihm ab, indem sie es christlich konturierten. Für sie war es wichtig, um das beispielhaft an Clemens von Alexandrien zu zeigen, von der "zu unrecht sogenannten Erkenntnis" die wahre Erkenntnis abzugrenzen, die sie im christlichen Erlösungsglauben ausmachten. Vgl. Markschies, C., Die Gnosis, 37. Dieser Problemhorizont soll auch die folgenden Ausführungen bestimmen. Vgl. dazu Bauer, J. B./Galter, H. D., Gnosis; Brox, N., Erleuchtung und Wiedergeburt; Jonas, H., Gnosis und spätantiker Geist, 2. Teile; Rudolph, K., Die Gnosis.

[76]   Vgl. McGinn, B., Die Mystik im Abendland, Bd. 1, 155. Das Phänomen der Gnosis, mit dem sich u. a. Clemens auseinandersetzte, ist ein vielschichtiges und interessantes. Bedenkenswert bleibt in diesem Zusammenhang, dass die gnostische Mystagogie Parallelen zur Mystagogie kennt, wie sie von den christlichen Denkern entworfen wird: Die Gnostiker sehen z. B. den Weg der Selbsterkenntnis als Möglichkeit von Erlösung und die christlichen Denker charakterisieren die Selbsterkenntnis als Weise, Gott zu erkennen und darin Heil zu erfahren. Vgl. dazu Brox, N., "Schweig, und ergreife, was göttlich ist!", 109.

[77]   Clemens verchristlicht den Gedanken der Paideia z. B. dadurch, dass er Christus selbst als den einen Lehrer versteht: Vgl. Clemens von Alexandrien, Erzieher I 7,57 (BKV² 7, 254-256).

[78]   Vgl. Gordon, R. L./Felmy, K. C./Tebartz-van Elst, F.-P., Mystagogie/Mystagogische Theologie, 1636.

[79]   Vgl. Bouyer, L., La spiritualité, 323-337.

"Teppichen", zwei Tendenzen in Bezug auf den Gnostiker finden, die z. T. miteinander konkurrieren.[80] Zum einen kann Clemens sagen, dass der Gnostiker dem normalen Gläubigen überlegen ist,[81] so dass nur die Ersteren die wahre Kirche inmitten der Kirche bilden. Zum anderen findet sich in Clemens' Schriften der Gedanke, dass alle Gläubigen gerettet werden. Kommt Clemens mit dem ersten Gedanken den Valentinianern sehr nahe, setzt er sich mit dem zuletzt genannten entscheidend von ihnen ab. Clemens entwickelt ein anderes Bild vom Gnostiker als die Gnostiker selbst, indem für ihn der Schlüssel zur Erlösung nicht die Gnosis, sondern der Glaube ist. Dieser aber ist Gabe des Erlösers.[82] Für Clemens stehen Gnosis, Glaube und Liebe in einer engen Beziehung. Die Gnosis beginnt mit dem von Christus gegebenen Glauben[83] und ist wie die Liebe eine Entwicklung, die sich aus dem Glauben ergibt und in einer wechselseitigen Beziehung zu Liebe und Glaube steht.[84]

Insgesamt hat die Gnosis für Clemens mehrere Bedeutungen: Er meint damit sowohl die geistliche Schriftauslegung als auch die Erkenntnis, die aus der Schriftauslegung resultiert. Für diese bedient er sich der platonischen Philosophie, so dass sich bei Clemens schließlich theologische Argumentation und mystische Kontemplation in der Gnosis verbinden. Beides aktuiert sich im wahren Gnostiker, der die Gottesschau (theoria tou theou) erlangt. In ihm wird das Ziel des menschlichen Lebens, nämlich die Vollkommenheit, schon angedeutet, auch wenn sie erst im ewigen Leben ganz erfahrbar wird.[85] Jetzt gelangt man nur schrittweise zur Theoria und muss verschiedene Übergänge bewältigen. Dazu gehören nach Clemens, die Apatheia zu erlangen und schließlich an der Gabe der Vergöttlichung teilzuhaben.[86] Christus und nach der Auferstehung

---

80 Vgl. Camelot, P.-T., Foi et gnose, 43-48.87f.92-95.141f.
81 Vgl. Clemens von Alexandrien, Teppiche VII 14,84 (BKV² 20, 88f).
82 Vgl. Clemens von Alexandrien, Teppiche V 4,25f (BKV² 19, 138f); vgl. ders., Erzieher I 11,96 (BKV² 7, 289f).
83 Vgl. Clemens von Alexandrien, Teppiche VI 7,54 (BKV² 19, 274).
84 Vgl. Clemens von Alexandrien, Teppiche II 9,45 (BKV² 17, 183-185); vgl. ders., Teppiche VI 9,78 (BKV² 19, 289f); vgl. ders., Teppiche VII 10,55-58 (BKV² 20, 60-63). Clemens schreibt, dass die Liebe in der Gnosis vollkommen wird, wie aber auch gilt, dass sich die Gnosis in der Liebe vollendet.
85 Vgl. Hausammann, S., Die Arkandisziplin als Zugang, 94f. Die These Hausammanns, dass die Arkandisziplin Clemens veranlasste, den christlichen Glauben nicht systematisch, sondern versteckt und verwoben, eben wie einen Teppich, darzustellen, kann seit den Forschungen Christoph Jacobs zur Arkandisziplin in der Alten Kirche nicht mehr aufrecht erhalten werden.
86 Clemens verwendet als erster christlicher Schriftsteller den Begriff der Vergöttlichung für die christliche Vollkommenheit: Vgl. Clemens von Alexandrien, Protreptikos I 8 (BKV² 7, 80); vgl. ders., Erzieher I 3,9 (BKV² 7, 211f); vgl. ders., Teppiche II 22,131 (BKV² 17, 245f); vgl. ders., Teppiche V 10,63 (BKV² 19, 175); vgl. McGinn, B., Die Mystik im Abendland, Bd. 1, 163; vgl. Bouyer, L., La spiritualité, 334-337.

Christi auch die Apostel sind dafür Vorbilder.[87] Denn "der göttliche Logos [wurde Mensch, Ergänz. d. Verf.], damit du in der Tat auch durch einen Menschen erfahrest, wie denn ein Mensch Gott werden kann."[88] Ziel des Gnostikers hier auf Erden ist es demnach, sowohl aktiv als auch kontemplativ zu sein, also eine Verbindung von "theoria" und "praxis" zu leben und darin immer mehr vergöttlicht zu werden.[89] Es geht darum, Anteil an der göttlichen Natur zu bekommen, was für die Väter allerdings nicht hieß, identisch zu werden mit dem Gottmenschen Christus oder mit Gottvater.[90] Für Clemens ist das nur möglich, indem sich der Gläubige auf Christus einlässt, der der einzige Zugang zum göttlichen Geheimnis ist.[91]

1.2.1.2 Grundzüge des Mystagogieverständnisses Clemens'

Versucht man diese grundlegenden Momente der Theologie Clemens' daraufhin zusammenzufassen, wie Clemens Mystagogie versteht, ergibt sich Folgendes: Mystagogie ist für Clemens ein Weg bzw. ein Prozess. Christwerden ist ein dynamisches Geschehen, in dem es darum geht, dass der Gläubige und schließlich die ganze Welt immer mehr in Gott hineinwächst.[92] Dieser Weg kennt verschiedene Stufen, wie z. B. das Erlangen der Apatheia und die Teilhabe am Göttlichen, auch wenn Clemens keinen besonderen Wert darauf legt, diese Stufenfolge auszudifferenzieren.[93] Lehrer dieses Weges ist Christus. Die Erziehung (paideia) durch ihn bleibt aber nicht nur ein äußerliches Ereignis. Durch die Bindung an Christus entscheidet sich vielmehr, wie der Christ von der Gotteserkenntnis (gnosis) durchdrungen und schließlich zum wahren Gnostiker wird, der die Gottesschau erlangt. Clemens versteht also das Glaubensgeschehen insgesamt als Mystagogie, als Weg der Erziehung, durch den der Gläubige immer offener wird für die Gotteserkenntnis (gnosis) und sich von ihr immer mehr durchdringen lässt, so dass er schließlich von einer Vergöttlichung des Menschen im oben dargestellten Sinn sprechen kann.[94] Gnosis aber meint

---

87   Vgl. Clemens von Alexandrien, Teppiche VI 9,71-79 (BKV² 19, 285-291).
88   Clemens von Alexandrien, Protreptikos I 8 (BKV² 7, 80).
89   In diesem Zusammenhang ist interessant, dass sich Clemens bei seiner Vergöttlichungslehre nicht auf 2 Petr 1,14 stützt, sondern zwei andere Schriftstellen heranzieht, nämlich Ps 82,6 und Lk 20,36. Vgl. Clemens von Alexandrien, Erzieher I 6,26 (BKV² 7, 226f).
90   Vgl. McGinn, B., Mystik im Abendland, Bd. 1, 163f.
91   Vgl. Clemens von Alexandrien, Teppiche V 11,71 (BKV² 19, 180f); vgl. ders., Teppiche V 12,81f (BKV² 19, 188-190); vgl. ders., Teppiche V 6,38-40 (BKV² 19, 151-154).
92   Vgl. Viller, M./Rahner, K., Aszese und Mystik in der Väterzeit, 62.
93   Vgl. Clemens von Alexandrien, Teppiche VII 10,56f (BKV² 20, 61-63); vgl. Hausammann, S., Die Arkandisziplin als Zugang, 96.
94   Vgl. Clemens von Alexandrien, Teppiche II 22,131 (BKV² 17, 245f); vgl. ders., Teppiche IV 23,152 (BKV² 19, 102f): Clemens gebraucht hier einen Vergleich, den später auch Pseudo-Dionysius-Areopagita aufgreifen wird (Vgl. De divinis nominibus III, 1 [BGrL 26, 39]), wenn Clemens schreibt: "Wie nun diejenigen, die sich auf dem Meere an einen An-

bei Clemens das Innewerden des Heils, das durch Christus geschichtlich eröffnet worden ist. Damit wird deutlich, dass Gnosis sowohl einen intellektuellen als auch moralischen Vorgang bezeichnet,[95] vor allem aber christologisch zu lesen ist. Der Weg zu Gott ist an das Christusereignis gebunden, so dass jeder, der sich auf den Weg der Gnosis begibt, sich immer mehr von Christus als dem wahren Lehrer bilden lassen muss.[96]

1.2.2 Origenes — Mystagogie und Schrifterkenntnis

Ähnlich wie sein Lehrer Clemens von Alexandrien schöpfte auch Origenes admantios (der Mann aus Stahl), der um 185 in Alexandria geboren wurde und 253 oder 254 starb, aus dem Platonismus, um den christlichen Glauben zu erklären.[97] Theologie, Mystik und Schriftexegese gehen bei ihm eine enge Verbindung ein. Weil Origenes davon ausgeht, dass der Gegenstand der Weisheit seit dem Sündenfall nicht mehr durch die Betrachtung des Kosmos bzw. seines Gegenstücks, des Menschen, möglich war, sind für ihn die biblischen Schriften und deren Auslegung der Weg, in das Gottesgeheimnis zu dringen. Damit ist sozusagen eine erste Definition von Mystagogie bei Origenes ausgemacht. Die Begegnung mit der Schrift ist für Origenes das Paradigma für die geistliche Erziehung (paideia), durch die man das Ziel des Lebens erreicht.[98] Will man den Weg zu Gott wagen, den Origenes vor allem mit der Metapher des Aufstiegs belegt,[99] dann bedeutet das, die Sprache der Schrift in die Sprache der Seele einzuschmelzen.[100] So gilt es im Folgenden, zumindest ansatzweise[101] die

---

ker hängen, zwar an dem Anker ziehen, ihn aber nicht zu sich heranziehen, sondern vielmehr sich zu ihm hin, so bewegen sich auch die, welche im gnostischen Leben Gott an sich heranziehen wollen, in Wirklichkeit, ohne es zu merken, selbst auf Gott zu; denn wer Gott dient, der dient sich selbst. In einem dem geistigen Schauen dienenden Leben sorgt jeder für sich dadurch, daß er Gott verehrt, und durch seine eigene vollkommene Läuterung kann er Gott als Heiligen auf heilige Weise schauen."

[95] Vgl. dazu Viller, M./Rahner, K., Aszese und Mystik in der Väterzeit, 66-71.

[96] Vgl. Clemens von Alexandrien, Teppiche VI 9,72 (BKV² 19, 286): Hier wird Christus als das Urbild eines ganz leidenschaftslosen Menschen beschrieben.

[97] Vgl. McGinn, B., Die Mystik im Abendland, Bd. 1, 165f; vgl. Viller, M./Rahner, K., Aszese und Mystik in der Väterzeit, 73f, vgl. Bouyer, L., La spiritualité, 338-367; vgl. Crouzel, H., Origène, 933.

[98] Vgl. McGinn, B., Die Mystik im Abendland, Bd. 1, 169.

[99] Vgl. z. B. Origenes, Kommentar zum Hohenlied Prol., 78 (GCS 33/2, 63). Bernard McGinn, Die Mystik im Abendland, Bd. 1, 175, nennt das Bild vom Aufstieg die Lieblingsmetapher Origenes', die ein Hauptmotiv seiner Mystik ausmacht. Im Unterschied zu anderen religiösen Traditionen, die ebenfalls die Aufstiegsmetapher kennen, ist die Aufstiegstheologie des Origenes aber durch die Christozentrik und die starke biblische Verankerung bestimmt.

[100] Vgl. McGinn, B., Die Mystik im Abendland, Bd. 1, 176; vgl. Bornert, R., Les commentaires byzantins, 63.

[101] Es kann hier nicht darum gehen, eine detaillierte, sämtliche Aspekte des origenischen Werkes berücksichtigende Analyse anzustellen. Das würde den Rahmen dieser Studie sprengen und wurde zugleich schon anderweitig geleistet: Vgl. Lubac, H. de, Exégèse

Grundlagen des Schriftverständnisses Origenes' zu reflektieren, um daraus Anhaltspunkte für sein Verständnis von Mystagogie zu gewinnen.

1.2.2.1 Zu den Grundlagen des Schriftverständnisses Origenes'

Origenes versteht die Schrift selbst als "Ort" und Inkarnation des Logos. So wie sich der Logos in der Menschwerdung entäußert hat, wird er durch die Meditation seiner Gegenwart im inspirierten Wort im Menschen gegenwärtig. Sich mit der Schrift zu beschäftigen, heißt also für Origenes, Christus zu begegnen.[102] Das ist der Sinn der ersten Lesart der Schrift, nämlich des Literalsinns. Formuliert sich darin die Weise, wie die Anfänger im Christentum mit der Schrift umgehen, so gilt es für die Fortgeschrittenen, über den Buchstaben zum geistlichen Sinn vorzudringen.[103] Um zu erkennen, was der Logos der Seele lehren will, ist das gesamte Instrumentarium der Schriftauslegung notwendig. Über die verschiedenen Schriftsinne, mit denen Origenes die Schrift auslegt, ist schon viel gearbeitet worden.[104] Für die vorliegende Untersuchung ist nur so viel wichtig, dass Origenes sowohl das Schema Anfänger — Fortgeschrittene — Vollkommene, als auch die Ausfaltung in geschichtliche (historica), mystische (mystica) und moralische (moralis) Schriftauslegung als Weise versteht, durch die Schrift immer tiefer in das Geheimnis des Logos einzudringen.[105] Als erster

---

médiévale, Bd. 1,1, 198-207; vgl. ders., Geist aus der Geschichte; vgl. Balthasar, H. U. von, Le mysterion d'Origène; vgl. Gögler, R., Zur Theologie des biblischen Wortes bei Origenes; vgl. Hanson, R. P. C., Allegory and Event; vgl. Karpp, H., Kirchliche und außerkirchliche Motive; vgl. Schambeck, M., Contemplatio als Missio, 179-183; vgl. Schokkenhoff, E., Zum Fest der Freiheit, 23-37. Im Folgenden wird auch vorausgesetzt, dass die Diskussion, ob Origenes als platonisierender Philosoph verstanden werden muss oder als christlicher Schriftsteller, der sich mit der Gnosis auseinander setzte und durchaus eine christliche Spiritualität entwarf, zugunsten letzterer These zu entscheiden ist. Vgl. dazu Crouzel, H., Origène et la "connaissance mystique", 13-18. Es sollen vielmehr die Grundsätze des Schriftverständnisses Origenes' deutlich gemacht werden, um diese auf das Verständnis von Mystagogie zu reflektieren.

[102] Vgl. Balthasar, H. U. von, Geist und Feuer, 130.

[103] Origenes spricht z. B. in den Levitiushomilien 1,4 (GCS 29/1, 286), von den "inicipientes", denen "qui iam proficiunt in fide Christi" und denen "qui iam perfecti sunt in Scientia et caritate eius". Die Terminologie variiert zwar, aber das Phänomen bleibt, dass Origenes verschiedene Gruppen unter den Christen ausmacht, die sich durch die Intensität ihres Einsatzes für das Reich Gottes voneinander unterscheiden. In den Serien zum Matthäuskommentar 32 (GCS 38, 58), unterscheidet er z. B. die "rudes" von den "incipientes" und den "perfecti amatores". Vgl. dazu Schockenhoff, E., Zum Fest der Freiheit, 224-239.

[104] Vgl. Lubac, H. de, Exégèse médiévale, Bd. 1,1, 198-207; vgl. ders., Geist aus der Geschichte; vgl. Balthasar, H. U. von, Le mysterion d'Origène; vgl. Gögler, R., Zur Theologie des biblischen Wortes bei Origenes; vgl. Hanson, R. P. C., Allegory and Event; vgl. Karpp, H., Kirchliche und außerkirchliche Motive; vgl. Rahner, K., Le début, 113-145; vgl. Schambeck, M., Contemplatio als Missio, 179-183; vgl. Schockenhoff, E., Zum Fest der Freiheit, 23-37.

[105] Vgl. Origenes, Johanneskommentar 5,5 (GCS 10, 102). René Cadiou, La jeunesse d'Origène, 39.369.400-405, konnte in seiner Studie zeigen, dass Origenes mit zunehmendem Alter die Christusbezogenheit immer deutlicher herausarbeitet. Deutete sich in "Peri

christlicher Schriftsteller führt er den anagogischen Schriftsinn ein in dem Sinne, dass die persönliche Aneignung des Logos die Seele erheben soll.[106]
Bei der Schriftauslegung geht es darum, das Christusgeheimnis, das in der Schrift in verschiedenen Aspekten aufleuchtet, in das eigene Leben hinein zu übertragen. Besonders deutlich wird das in einem Vergleich, den Origenes im Zusammenhang mit dem Gleichnis vom verborgenen Schatz im Acker (Mt 13,44) anbringt.[107] Dort bezeichnet er Christus als den "Logos Gottes", der unter den vielen "logoi" der Schrift und auch ihren vielfältigen Verstehensweisen verborgen ist wie ein Schatz im Acker. Diesen Schatz gilt es zu entdecken und für das eigene Leben fruchtbar zu machen.
Die Beschäftigung mit der Schrift verfolgt insgesamt das Ziel, dass der Einzelne durch den Buchstaben der Schrift eingeführt werden soll in den tieferen Sinn, der sich in ihr verbirgt, nämlich Christus, um dadurch den Aufstieg zu den geistlichen Dingen zu erlangen. Die Seele kann so zu ihrer Quelle zurückkehren, von der sie ausgegangen ist, nämlich zu Gott. Das Christusereignis eröffnet dazu die Möglichkeit, wie es auch die Weise ist, wie dieser Aufstieg gelingen kann.
Für eine erste Zusammenfassung lässt sich also festhalten, dass für Origenes die Beschäftigung mit der Schrift und ihre Auslegung der Weg sind, der den Menschen gegeben ist, um zu Gott aufzusteigen. Dem Logos kommt dabei sowohl eröffnende als auch vermittelnde Funktion zu. Mystagogie wird bei Origenes identifiziert mit der Einführung in die Kenntnis und schließlich Erkenntnis (gnosis) der Schrift.[108] Wer als Christ auf dem Weg zu Gott fortschreiten will, ist auf die Schrift verwiesen, weil sich in ihr der Abstieg des Logos manifestiert, an den der Aufstieg des Menschen zu Gott gebunden ist.

1.2.2.2 Einige Anmerkungen zur origenischen Anthropologie

Damit klingt ein weiteres Thema an, das für Origenes und seine Art und Weise der Schriftauslegung bzw. sein Mystagogieverständnis wichtig ist. Die Bedeutung der Schrift und damit auch des Logos erhält auf dem Hintergrund der origenischen Anthropologie eine weitere Kontur. Origenes denkt den Menschen trichotomisch.[109] Das Pneuma repräsentiert die geschaffene Teilhabe am Hl. Geist, die in der gefallenen Natur gehemmt ist. Die Psyche kann entweder aufgrund der Belehrung durch den Hl. Geist wieder auf die ursprüngliche Contem-

---

archon" erst an, dass Christus als die Mitte der Schrift zu verstehen ist, so explizit sich das im Matthäuskommentar ganz deutlich. Vgl. Harl, M., Origène et la fonction révélatrice du Verbe incarné, 361-363; vgl. Schockenhoff, E., Zum Fest der Freiheit, 26-33.

[106] Vgl. McGinn, B., Die Mystik im Abendland, Bd. 1, 169.
[107] Vgl. Origenes, Matthäuskommentar 10,5 (GCS 40, 5f).
[108] Vgl. Bornert, R., Les commentaires byzantins, 62.
[109] Vgl. Crouzel, H., Origen, 87-92; vgl. ders., Origène, 937-941.

platio ausgerichtet werden oder aber durch den "sensus carnalis" auf die Ebene des Leibes niedergedrückt werden. Auch wenn die Materie bei Origenes keineswegs als böse gilt, sondern der Leib (Soma) durchaus als Wohltat des Schöpfers bezeichnet werden kann,[110] sollen die Vernunftnaturen dennoch von jeder Einengung befreit werden, um die "theoria" wieder genießen zu können. Hier nun setzt Origenes die Rolle des Logos an. Der Alexandriner führt aus, dass jede Vernunftnatur aufgrund der Tätigkeit des Logos die kontemplative Gottähnlichkeit wieder zurückgewinnen kann, weil die Teilhabe am Logos selbst durch den Sündenfall nicht verloren ging.[111] Die Aktivität des Logos nun denkt Origenes im Rückgriff auf das platonische Exitus-Reditus-Schema.[112]

Der Logos wird in zweifacher Hinsicht tätig: Zum einen ist er als bloßer Logos "Modell und Künstler"[113] für den Weg der Seele zu Gott, zum anderen ist er als Logos-Sarx notwendiges Medium der Rückkehr. Indem der Logos durch die Vermittlung der ungefallenen Vernunftnatur des präexistenten Christus einen Leib annahm, wird er zum Lehrer und Vorbild für alle, die in sich das Pneuma wachriefen und anfingen, zu Gott zurückzukehren. Indem sich die Seele an Christus bindet, wird sie mit hineingenommen in seinen Aufstieg zum Vater. Origenes geht hier von einer wechselseitigen Beziehung aus: Je mehr sich der Mensch in diese Bewegung auf den Logos hin begibt, umso mehr ist er auch in seine eigene Tiefe hinein unterwegs.[114]

Der Logos, der ausging und sich entäußerte, wird nun zum Weg und zur Weise, wie die gesamte Schöpfung wieder zum Vater zurückkehren kann. Deshalb lehrt nach Origenes die ganze Schrift nichts anderes als den Abstieg und Aufstieg des Wortes und zeigt im Pascha Christi, dass der Überstieg nach oben bereits erfolgt ist. Der Weg zum Vater steht seit der Kenosis Christi wieder offen, die in der Passion ihren Tiefpunkt fand.

Für den Weg der Seele bedeutet das, dass ihre Rückkehr zu Gott gebunden ist an den Abstieg des Logos. Diesen Abstieg gilt es mitzuvollziehen, um dann durch die Bindung an Christus auch Anteil am Aufstieg zum Vater zu gewinnen. Die Schrift ist für Origenes wiederum der Ort, an dem die Seele sowohl den Abstieg als auch den Aufstieg Christi konkretisiert. Dieser lange Weg beginnt mit dem "Brot" der direkten Sprache der Schrift, auch wenn es nur durch den "Wein der Schrift", nämlich die dunkle und poetische Sprache, vorwärts gehen

---

110   Vgl. Origenes, De principiis 3,2,3 (Görgemanns, H./Karpp, H., 569-573).

111   Vgl. Origenes, Johanneskommentar 20,22 (GCS 10, 354f); vgl. ders., Genesishomilien 1,13 (GCS 29/1, 15-18); vgl. Balthasar, H. U. von, Le mysterion d'Origène, 521.

112   Vgl. McGinn, B., Die Mystik im Abendland, Bd. 1, 173.

113   Origenes greift hier auf die Vorstellung der Ideen und des Demiurgen zurück, wie sie im Timaios entwickelt werden. Vgl. dazu McGinn, B., Die Mystik im Abendland, Bd. 1, 173.

114   Origenes spricht hier u. a. vom "cor spatiosum". Vgl. Balthasar, H. U. von, Le mysterion d'Origène, 522; vgl. Bertrand, F., Mystique de Jésus, 103f.

kann, die ein konnotatives Verstehen der Sprache der Schrift meint.[115] Die Allegorie wird damit zur bestimmenden Methode, mit der Schrift umzugehen, weil in ihr, die ständig auf die Wahrheit hin unterwegs ist, die Suche nach Gott am deutlichsten wird.[116] Henri Crouzel konnte herausarbeiten, dass Origenes für den Aufstieg der Seele vor allem zwei Symbolreihen verwendet: die Brautsymbolik und Licht, Leben und Nahrung als Symbole für die Gnade.[117] Dies faltet Origenes im Hoheliedkommentar in eindringlicher Weise aus, wo er unter Verwendung erotischer Bilder die Verbindung des herabgestiegenen Logos mit der Seele beschreibt.[118]

Insgesamt wird deutlich, dass Origenes' "theologische Poiesis"[119] und damit Mystagogie ein exegetischer Prozess ist. Hier geschieht religiöse, mystische Erfahrung. Hier geschieht der Aufstieg der Seele zu Gott, den Origenes in der Schrift vorgebildet sieht. Die Muster dafür findet er in den drei salomonischen Büchern. Im Buch der Sprichwörter wird seiner Meinung nach die moralische Wissenschaft als das Wissen über das rechte Handeln verhandelt (praktike), im Buch Kohelet die natürliche Wissenschaft als das Wissen über die Dinge und ihren rechten Gebrauch (physike) und im Hohelied wird die Erhebung der Seele in die Kontemplation Gottes (theologia) beschrieben.[120]

Auch wenn Origenes diese drei "Stufen" bzw. Stadien als die großen Wegmarken des Aufstiegs ausmacht, so differenziert er diesen beispielsweise in der 27. Numerihomilie in 42 Stadien, indem er die Wegetappen bzw. Feldlager der Israeliten bei ihrem Auszug aus Ägypten allegorisch auslegt.[121] Es gilt hier ebenso, dass der Aufstieg der Seele an den Abstieg des Logos gebunden ist.[122] Der Aufstieg selbst führt nicht in das Dunkel oder die Leere, wie das später vor allem für Gregor von Nyssa oder Pseudo-Dionysius-Areopagita bedeutsam werden wird,[123] sondern in das Licht und die Überfülle.[124] Ziel des Weges der

---

[115]   Vgl. Harl, M. Le langage, 12-16.
[116]   Vgl. Origenes, Numerihomilien 17,4 (GCS 29/2, 159-162).
[117]   Vgl. Crouzel, H., Origen, 121-130; vgl. Balthasar, H. U. von, Le mysterion d'Origène, 525.
[118]   Vgl. Origenes, Kommentar zum Hohenlied Prol., 76 (GCS 33/2, 61), in dem Origenes das Hohelied als Schrift bezeichnet, die "Liebe und Sehnsucht nach himmlischen und göttlichen Dingen unter dem Bild von Braut und Bräutigam einflößt und lehrt, wie wir auf den Pfaden der weltlichen und geistlichen Liebe die Freundschaft mit Gott erlangen."; vgl. McGinn, B., Die Mystik im Abendland, Bd. 1, 178.
[119]   Cox, P., In My Father's House, 336.
[120]   Vgl. McGinn, B., Die Mystik im Abendland, Bd. 1, 176f; vgl. Rahner, K., Le début, 129-132.
[121]   Vgl. Origenes, Numerihomilien 27 (GCS 29/2, 255-280); vgl. dazu Daniélou, J., Les sources bibliques, 131-137.
[122]   Origenes, Numerihomilien 27, 3 (GCS 29/2, 259f), parallelisiert hier sogar die 42 Wegetappen der Israeliten mit den 42 Generationen der Vorfahren Jesu im Evangelium und leitet daraus den Gedanken ab, dass unser Aufstieg unmittelbar an den Abstieg Christi gebunden ist. Vgl. dazu McGinn, B., Die Mystik im Abendland, Bd. 1, 177.
[123]   Vgl. dazu Balthasar, H. U. von, Le mysterion d'Origène, 514.516.

Seele ist die Erkenntnis (Gnosis) und die mystische Schau des Mysteriums Christi (mystike theoria als Gottes- bzw. Logosmystik).[125] Der "Inhalt" der höheren Erkenntnis kann beschrieben werden als Schau, als direkter Kontakt, als Einigung oder auch als Liebe.[126] Sie meint nach Origenes auf alle Fälle eine persönliche Beziehung zu Christus, die er mit dem Braut-Bräutigam-Bild bzw. mit der Metapher der Geburt ausdrückt.[127] So kann man durchaus sagen, dass Origenes' mystische Gnosis sowohl intellektuell als auch affektiv zu verstehen ist.[128] Es geht darum, der Wahrheit innezuwerden, die das erkenntnisfähige und liebesfähige Vermögen der Seele sättigt. Diese neue Erkenntnis führt dann zur Vergöttlichung der Seele, so dass es schließlich zu einem Einswerden mit Gott (henosis) kommt,[129] das Origenes wiederum mit der Beziehung von Liebenden vergleicht. Origenes akzentuiert das Einswerden als dynamischen Prozess, als nie endenden Aufstieg der Seele zu Gott[130], durch den die Seele immer mehr in den verwandelt wird, den sie kontempliert. Das soll nicht heißen, dass er die Differenz von Schöpfer und Geschöpf aufgibt, auch wenn das sprachlich kaum ausgedrückt werden kann.[131]

Mystagogie wird bei Origenes verstehbar als dynamischer Prozess, in dem der Mensch immer mehr in das Geheimnis Gottes hineinwächst und von diesem umgewandelt wird. Dieser Prozess wird ausgelöst durch die Begegnung mit der Schrift, findet in ihr Orientierung und drängt danach, dass der Mensch immer mehr eins wird mit Gott. Das Christusmysterium eröffnet dazu den Weg und erhält damit auch eine kritische Funktion, insofern sich in der Bindung an Christus entscheidet, wie der Mensch Gottes überhaupt inne werden kann.

---

124   Vgl. z. B. Origenes, Numerihomilien 27,12 (GCS 29/2, 275): Origenes nennt die Ekstase "staunende Kontemplation ..., wenn der Geist ganz hingerissen ist von der Erkenntnis großer und wunderbarer Dinge." Vgl. dazu Balthasar, H. U. von, Le mysterion d'Origène, 516.

125   Vgl. Origenes, Johanneskommentar 13,25 (GCS 10, 248-250); vgl. Crouzel, H., Origène et la "connaissance mystique", 475-498; vgl. Balthasar, H. U. von, Le mysterion d'Origène, 527f; vgl. Lieske, A., Die Theologie der Logosmystik bei Origenes, 117-119.

126   Vgl. Crouzel, H., Origen, 116; vgl. Balthasar, H. U. von, Le mysterion d'Origène, 526, zeigt auf, dass die Seele steril bleibt, wenn sie sich nicht in die Liebeseinheit begibt. Außerdem führt von Balthasar aus, Le Mysterion d'Origène, 529, dass die höchste Erkenntnis (theoria) gleichzusetzen ist mit der höchsten Freude.

127   Z. B. Origenes, Matthäuskommentar, Frag. 281 (GCS 41, 126): "Und jede jungfräuliche und reine Seele, die vom Hl. Geist empfängt, um den Willen des Vaters zu gebären, ist die Mutter Jesu." Vgl. dazu Völker, W., Das Vollkommenheitsideal, 99-109; vgl. Rahner, H., Die Gottesgeburt, 351-358.

128   Vgl. McGinn, B., Die Mystik im Abendland, Bd. 1, 187.

129   Vgl. Origenes, Johanneskommentar 19,4 (GCS 10, 302f); vgl. ders., Hoheliedkommentar 3. Buch (GCS 33/2, 223).

130   Vgl. Origenes, Numerihomilien 17,4 (GCS 29/2, 160f).

131   Vgl. McGinn, B., Die Mystik im Abendland, Bd. 1, 193; vgl. Balthasar, H. U. von, Le mysterion d'Origène, 530.

1.2.3 Gregor der Große — Die Vita Benedicti als Modell eines mystagogischen Weges

Zwischen Origenes und Gregor dem Großen (540-604) liegen mehr als 300 Jahre. Allein dieser zeitliche Abstand als auch die Tatsache, dass in Clemens und Origenes östliche Theologen untersucht wurden, ließen die Wahl auf Gregor den Großen fallen, der im Schnittpunkt von Antike und Mittelalter, von östlicher und westlicher Denktradition Christwerden und Christsein dachte.[132] Gregors literarisches Schaffen kann insgesamt als Theologie bezeichnet werden, die auf erlebter Geschichte basiert und ein pädagogisches Interesse verfolgt, insofern sie wiederum zur Erfahrung anleiten will. Sowohl seine exegetischen Kommentare[133] als auch seine Homilien[134] wie auch die Pastoralregel[135] verfolgen dieses Ziel. Besonders deutlich wird dieses Anliegen im "Alterswerk" Gregors, den Dialogen,[136] die vor allem durch ihr Mittelstück, die Vita Benedicti, bekannt geworden sind.[137] Gregor zeigt im Zweiten Buch anhand des Weges Benedikts, was er in seinem Hauptwerk, den Moralia, als "systematische Lehre" entworfen hat. Der Weg Benedikts wird zum Modell für den Christen der Antike und weit in das Mittelalter hinein, wie Christwerden geschieht.[138]

---

[132] Vgl. Leclercq, J., Wissenschaft und Gottverlangen, 34; vgl. Lau, G. J. Th., Gregor I., 3; vgl. Hauschild, W.-D., Lehrbuch der Kirchen- und Dogmengeschichte, Bd. 1, 250; vgl. Gessel, W., Gregor I., 1011; vgl. Schambeck, M., Contemplatio als Missio, 2-9.

[133] Gregors Erstlings- und auch Hauptwerk sind die 35 Bücher der Moralia in Job (CChr.SL 143.143A.143B). Es handelt sich hier um das längste Werk der patristischen Literatur überhaupt. Gregor kommentiert die biblische Ijobgeschichte und -gestalt und reflektiert alle wichtigen theologischen Themen auf, im modernen Sinn verstanden, recht unsystematische Weise. Vgl. dazu Clark, F., St. Gregory the Great, 264; vgl. Dudden, F. H., Gregory the Great, Bd. 1, 194; vgl. LaPorte, J., Une Théologie systematique chez Grégoire, 243; vgl. McGinn, B., Die Mystik im Abendland, Bd. 2, 67; vgl. Schambeck, M., Contemplatio als Missio, 14-16. Weitere exegetische Kommentarwerke Gregors sind der Hoheliedkommentar (CChr.SL 144, 3-46), das Kommentarwerk über "Primum Regum" (CChr.SL 144, 47-614).

[134] Auch seine Predigtsammlungen, wie die Evangelienhomilien (FC 28/1; FC 28/2) und die Ezechielhomilien (CChr.SL 142) sind Predigten über biblische Bücher.

[135] Gregor der Große, Pastoralregel (SC 381.382).

[136] Gregor der Große, Vier Bücher der Dialoge (SC 251.260.265). Gregor schrieb die Dialoge höchstwahrscheinlich zwischen Juli 593 und November 594. Vgl. Puzicha, M., Zur Entstehung und Zielsetzung der Dialoge, 22.

[137] Für das Zweite Buch der Dialoge wird die Ausgabe verwendet: Der hl. Benedikt. Buch II der Dialog lat./dt., hg. im Auftrag der Äbtekonferenz, St. Ottilien 1995.

[138] Die Vita Benedicti kann in ihrer Bedeutung für das benediktinische Mönchtum kaum überschätzt werden. Sie war eines der am weitesten verbreiteten und gelesenen Werke, was auch die frühen Übersetzungen beweisen. Schon im achten Jahrhundert wurden die Dialoge unter Papst Zacharias (741-742) ins Griechische übersetzt und damit der Ostkirche zugänglich. Nach 858 ist bereits eine Übersetzung ins Altslawische zu finden. König Alfred der Große (871-899) ließ eine Übersetzung ins Angelsächsische anfertigen. Aus dem 10. Jahrhundert ist sogar eine Übersetzung ins Arabische bekannt. Aus dem zwölften und dreizehnten Jahrhundert sind Übersetzungen ins Altfranzösische und Frühitalienische überliefert. Die erste deutsche Übersetzung wurde von Johannes von

Es stellt sich also die Frage, welches Anliegen Gregor mit der Vita Benedicti verfolgte; ob er so etwas wie eine narrative Mystagogie entwickelte, die später in Form von Heiligenlegenden bis weit in das Mittelalter hinein der Typos sein wird, wie Menschen in den Glauben eingeführt werden. Im Folgenden soll deshalb die Dramaturgie des Zweiten Buches der Dialoge skizziert und für das Verständnis von Mystagogie reflektiert werden.

1.2.3.1 Zur Struktur und Dramaturgie der Vita Benedicti

In 38 Kapiteln erzählt Gregor die Lebensgeschichte des "Vir Dei" Benedikt in Form eines Dialogs zwischen ihm und seinem Diakon Petrus. Die Fragen des Diakons stoßen die Erzählung an und sind während des Gesprächs Momente, die Gesagtes vertiefen helfen oder den Gang der Erzählung vorantreiben.[139] Dienen diese Einschübe vor allem dazu, das Erzählte zu verlebendigen, sind es die Passagen Gregors, in denen er lehrt, wie der Weg Benedikts zum Aufstieg in Gott wird.

Dieser Weg ist in verschiedene Phasen gegliedert, die im Aufbau des Zweiten Buches der Dialoge eingebettet sind in den Prolog, den subiacensischen Zyklus (Kap. 1-8a), den cassinensischen Zyklus (Kap. 8b-37) und das Nachwirken Benedikts (Kap. 38).[140]

Der Prolog und seine Funktion

Der Prolog übernimmt für das Zweite Buch der Dialoge den Charakter des antiken "Exordium"[141]. In ihm wird einerseits das Thema für das Zweite Buch angegeben als auch versucht, die HörerInnen bzw. LeserInnen in die Geschichte zu verwickeln und Aufmerksamkeit zu erzeugen.

Gregor erreicht dies, indem er Benedikt schon im ersten Satz des Prologs durch zwei Charakteristika vorstellt, die seine Vertrauenswürdigkeit, oder besser gesagt, seinen Modellcharakter verdeutlichen. Der Mann, von dem die Erzählung handelt, wird als "Benedictus" tituliert, der trotz seiner Jugend ein "weises Herz" (cor gerens senile) hatte.[142]

Speyer im 15. Jahrhundert geleistet. Vgl. dazu Puzicha, M., Zur Entstehung und Zielsetzung der Dialoge, 16.

[139] Vgl. z. B. Gregor der Große, Prol., 7 (SC 260, 14); vgl. ders., Dial 2,2,4,112; vgl. ders., Dial 2,3,5,116; vgl. ders., Dial 2,3,8,116-118; vgl. ders., Dial 2,3,10,118; vgl. ders., Dial 2,3,12,120; vgl. ders., Dial 2,35,5,196 u. a.

[140] Vgl. zu dieser Einteilung Vogüé, A. de, Benedikt von Nursia, 541-543.

[141] Vgl. Strecker, G., Literaturgeschichte des Neuen Testaments, 97; vgl. Vielhauer, Ph., Geschichte der urchristlichen Literatur, 64-66.

[142] Gregor der Große, Dial 2, Prol.,1,102.

Gregor, der eine große Vorliebe hat, durch Namen innere Verfasstheiten aus-zudrücken,[143] stellt mit dieser Benennung den Lesern einen Mann vor, der sein Lebensziel erreicht hat. Auch wenn Benedikt viele Schwierigkeiten bestehen muss, die der Leser gleich erfahren wird, so ist doch schon von vornherein klar, dass Benedikts Weg gelingt. Es lohnt sich also, diesen Weg nachzugehen, sich von Benedikts Beispiel bewegen zu lassen und sich so nach Gott auszustrek-ken.[144]

Zugleich wird durch den dichten Ausdruck "cor gerens senile" eine Themenan-gabe der Geschichte Benedikts formuliert. Mit Benedikt rückt ein Mann in den Mittelpunkt des Interesses, der an einer Schwellensituation steht. Schon als junger Mann begibt er sich auf einen Weg, auf dem er Weises hervorbringen wird. Seine Geschichte beginnt mit der Entscheidung, woraufhin sich Benedikt in seinem Leben ausrichten will: Ist es Rom als Sinnbild für die "Scientia", aber auch einen dekadenten Lebensstil, oder ist es etwas anderes? Obwohl seine reiche Abstammung Benedikt eine gute Ausbildung in Rom ermöglicht hätte, verlässt er Haus und Güter des Vaters und "sehnt sich danach, allein Gott zu gefallen" (soli Deo placere desiderans).[145] Gemäß der antiken Rhetorik fokus-siert Gregor diese Entscheidungssituation im Schlusssatz des ersten Abschnitts des Prologs in kunstvoller Weise. Hier benennt er Benedikt als einen, der "unwissend, doch erfahren; ungelehrt, aber weise" (scienter nescius et sapien-ter indoctus) fortging.[146] Auch wenn er für die Welt als einer gelten sollte, der unwissend blieb, so schlug er doch den Weg des tieferen Wissens ein, der al-lein in der Ausrichtung auf Gott möglich ist.[147] Benedikt beginnt den Weg der Contemplatio zu gehen und das braucht verschiedene Wegetappen, die Gregor im Lauf der Erzählung weiter entfaltet.

Der Weg in die Wüste

Als Alternative zu Rom und den Wissenschaften sucht Benedikt die Einsamkeit. Nur in Begleitung seiner Amme kommt Benedikt nach Effide, wo er auf eine

---

[143] Vgl. die Ausführungen Robert Gillets (SC 32bis, 85), dass Gregor der Große den "Liber de nominibus" des Hieronymus verwendete, in dem Namen ausgedeutet werden.

[144] Gregor formuliert damit die eigentliche Erzählintention für die Bücher der Dialoge insge-samt als auch für die Vita Benedicti. In Dial 1, Prol., 9 (SC 260, 16) spricht Gregor da-von, dass er gedrängt wurde, etwas über die Wunder der Väter aufzuschreiben, die in Italien gelebt haben. Er wollte damit viele anregen, sich auf das Himmlische auszustrek-ken und selbst die Wege nachzugehen, die diese vorgezeichnet haben. Dies gelang — wie Gregor es dem Diakon Petrus in den Mund legt — besser durch Beispiele als durch Worte: "Et sunt nonnulli quos ad amorem patriae caelestis plus exempla quam praedi-camenta succendunt."

[145] Gregor der Große, Dial 2, Prol.,1,102.

[146] Gregor der Große, Dial 2, Prol.,1,102.

[147] Zur weiteren Deutung des Schlusssatzes des ersten Abschnitts des Prologs: Vgl. Schambeck, M., Contemplatio als Missio, 349-352.

Gemeinschaft von "angesehenen Männern" traf, die in Gemeinschaft lebten.[148] Vermutlich handelte es sich um eine Asketengemeinschaft, in der Benedikt eine Frühform des Mönchtums kennen gelernt hatte.[149]

Um den Weg in die Contemplatio zu gehen, braucht es aber das ganze Zurückgeworfensein auf sich selbst. Benedikt muss sich, wie die Ereignisse in Effide zeigen, sowohl von seiner Amme und der Asketengemeinschaft dort verabschieden als auch der Versuchung widerstehen, sich als Wundertäter Ruhm und Ansehen zu erwerben. Das zerbrochene Sieb seiner Amme, das Benedikt wieder ganz gemacht hatte, ließ ihn unter allen Leuten bekannt werden, so dass ihm nur noch die Flucht in die Abgeschiedenheit eines Wüstenortes blieb. Gregor führt mit der "Wüste" (deserti loci secessum) sowie der Angabe, dass sich dieser Ort namens Sublacus ungefähr 40 Meilen von Rom entfernt fand,[150] Metaphern ein, die in der Spiritualitätsgeschichte von großer Bedeutung waren. Gerade die Tatsache, dass Subiaco in Wirklichkeit nicht 40, sondern 50 Meilen, also etwa 75 km von Rom entfernt liegt, legt es nahe, dass Gregor hier eine symbolische Aussage verfolgt.[151] In diesem Zusammenhang fällt die Parallelisierung zum Propheten Elija auf, der 40 Tage und 40 Nächte zum Horeb wanderte (vgl. 1 Kön 19,8) und in der Vätertradition zusammen mit Elischa als Lehrer des monastischen Lebens gilt.[152] So wie Elija Distanz zum Geschehen am Berg Karmel gewinnen musste, um dem wahren Gott zu begegnen, so muss auch Benedikt einen Abstand von 40 Meilen gegenüber Rom zurücklegen, um den Weg der Contemplatio weitergehen zu können.

Durch diese knappe Formulierung erinnert Gregor die Leser wieder an das eigentliche Ziel, das er mit der Erzählung des Weges Benedikts verfolgt: Es geht darum, auf dem Weg der Contemplatio voranzuschreiten und aufmerksam darauf zu werden, welche Schritte notwendig sind. Das braucht nach Gregor den Rückzug aus der Geschäftigkeit, oder anders gesagt, den Weg in die Wüste.

Die Wüste gilt angefangen von der Schrift über die Wüstenväter bis herauf in unsere Zeit als "Rüstkammer geistlichen Lebens", als "locus theologicus" bzw. als "Ort der Versuchung" und Läuterung.[153] Benedikt zieht sich in eine Gegend zurück, die abgelegen ist, an der aber zugleich "eine starke Quelle mit frischem, klarem Wasser" entspringt, das sich in einem weiten See sammelt und dann zu

---

148   Vgl. Gregor der Große, Dial 2,1,1,104.
149   Vgl. Jungclaussen, E. (Hg.), Benedictus, 14; vgl. Herwegen, I., Der heilige Benedikt, 12f.
150   Gregor der Große, Dial 2,1,3,104-106: "... deserti loci secessum petiit, cui Sublacus vocabulum est, qui a Romana urbe quadraginta fere millibus distans ..."
151   Vgl. Grégoire le Grand, Dialogues (SC 260, 131, Anm. 3); vgl. Mähler, M., Évocations Bibliques et Hagiographiques, 402, Anm. 2.
152   Vgl. Mähler, M., Évocations Bibliques et Hagiographiques, 401; vgl. z. B. Hieronymus, Ep. 58, 5 (CSEL 54, 534), spricht hier vom "noster princeps Helias, noster Helisaeus".
153   Vgl. Schneider, M., Aus den Quellen der Wüste, 70-100.

einem Fluss wird.[154] So wie in der Angabe von 40 Meilen bietet Gregor auch in der Landschaftsbeschreibung von Subiaco ein Bild für den Weg in die Contemplatio, das er ebenso an anderen Stellen seines Werkes aufgreift.[155] Das Wasser als Sinnbild für Gott selbst füllt die Seele an, die davon übervoll wird und sich in den Fluss ergießt, der das angestaute Wasser weiterführt. Diese Reminiszenz zeigt wiederum, dass jeder, der sich wie Benedikt auf den Weg der Contemplatio einlässt, zu einem werden wird, den Gott ganz anfüllt und der diese Erfahrung dann auch an andere weitergeben kann. Schon an diesen knappen Einschüben wird deutlich, dass die Erzählung einen klaren Aufforderungscharakter verfolgt. Die Leser sollen sich auf den Weg einlassen und selbst zu Gottsuchern werden. Schon hier fällt also auf, dass die Erzählung an sich für Gregor zur Weise von Mystagogie wird.

In den folgenden Abschnitten des ersten Kapitels faltet Gregor aus, wie sich dieser Weg für Benedikt gestaltet. Er greift auf das aus der Mönchstheologie bekannte Motiv der dreimaligen Abrenuntiatio zurück.[156] Nachdem Benedikt seine Familie verlassen und den Ruhm Roms ausgeschlagen hatte, gilt es jetzt, die eigenen Leidenschaften auf Gott hin zu ordnen.

Gregor führt dafür die Gestalt des Mönches Romanus ein, der in einem nicht weit entfernten Kloster lebte und Benedikt auf der Flucht nach Subiaco begegnete.[157] Romanus, der wiederum durch seinen Namen an Rom und das Leben dort erinnert, zugleich aber als Mönch lebt und damit für den neuen Weg Benedikts steht, wird für Benedikt zur Erfahrung, sich mit dem alten, ausgeschlagenen Lebensstil zu versöhnen und zugleich auf dem neuen Weg weiterzugehen.

In den wenigen Zeilen, mit denen Gregor das erste Zusammentreffen der beiden beschreibt, greift er alle Etappen auf, die die Einführung in das mönchische Leben hat.[158] Nach der Exagoreuesis, in der Benedikt Romanus von seiner Sehnsucht nach Gott erzählt, versucht Romanus Benedikt zu helfen, soweit er kann. Schließlich übergibt er ihm "das Kleid der Bekehrung",[159] nach dem Benedikt schon seit Beginn gesucht hatte. Es ist äußeres Zeichen für den inneren

---

154   Vgl. Gregor der Große, Dial 2,1,3,106.

155   Vgl. Gregor der Große, Mor 2,9 (CChr.SL 143, 65); vgl. ders., Mor 5,66 (CChr.SL 143, 264-266).

156   Vgl. Johannes Cassian, Conl. 3,6 (SC 42, 145f): Für Cassian bedeutet die dreimalige Entsagung, auf alle materiellen Reichtümer zu verzichten, den früheren Lebensstil zu ändern und den Geist auf die Contemplatio auszurichten; vgl. Herwegen, I., Der heilige Benedikt, 82.

157   Vgl. Gregor der Große, Dial 2,1,4f,106.

158   Gregor der Große, Dial 2,1,4,106: Cuius cum desiderium cognovisset, et secretum tenuit, et adiutorium inpendit, eique sanctae conversationis habitum tradidit, et in quantum licuit ministravit.

159   Gregor der Große, Dial 2,1,4,106: sanctae conversationis habitum.

Weg, den Benedikt zurückgelegt hat.[160] Benedikt wird hier zum ersten Mal als "Vir Dei" angeredet. In Zukunft wird er seinen Weg auch als solcher gehen.

Benedikt bleibt zunächst drei Jahre in der Höhle von Subiaco, ohne dass jemand außer Romanus davon wusste, der ihn mit der nötigen Nahrung versorgte. In der Zeitangabe von drei Jahren ist eher wieder eine symbolische, denn eine chronologische Aussage auszumachen. Drei Jahre dauert es, bis der Säugling entwöhnt ist.[161] Die Zeit der Erziehung,[162] der Prüfung[163] und der Erprobung des Postulanten ist ebenfalls drei Jahre lang. Für Benedikt bedeutet diese Zeit eine Einübung in die Gottessehnsucht oder anders gesagt, eine Zeit, in der es gilt, alle Regungen, alles Denken und Wollen auf Gott auszurichten. Das meint nach Gregor auch, den Kampf mit den Dämonen zu bestehen.

Der Kampf mit den Dämonen

Eingebettet in das Bild der Wüstenväter, die angesichts vieler Prüfungen und Bedrohungen durch Dämonen zum Abba heranreifen, muss auch Benedikt diese Herausforderungen bestehen, um schließlich zum gesuchten Lehrer werden zu können.[164]

Der erste Kampf Benedikts mit den Dämonen betrifft die existentielle Sorge um Nahrung. Romanus brachte Benedikt Brot und versorgte ihn so mit dem Lebensnotwendigen. Wegen des unwegsamen Geländes der Höhle ließ Romanus das Brot an einem langen Seil zu Benedikt hinab, das er zudem mit einem Glöckchen versehen hatte. "Der Alte Feind" jedoch, so formuliert Gregor,[165] zerstörte die Glocke und bedrohte damit die Versorgung Benedikts. Weder Romanus noch Benedikt ließen sich aber davon beirren.

Eine zweite Versuchung richtet sich auf die Sexualität Benedikts. Zuerst bedroht ihn ein kleiner schwarzer Vogel, den er aber leicht verscheuchen kann. Dann entsteht vor seinen inneren Augen das Bild einer schönen Frau, die er so sehr begehrt, dass er ihretwegen die Wüste verlassen will.[166] Benedikt wirft sich daraufhin in die Dornen und heilt so, wie Gregor kommentiert, "durch die Wunden der Haut am eigenen Leib die Wunden der Seele"[167].

---

[160] Vgl. Gregor der Große, Dial 2, Prol.,102.

[161] Vgl. 2 Makk 7,27.

[162] Vgl. Dtn 1,5.

[163] Vgl. Gregor der Große, Dial 3,16,4 (SC 260, 328).

[164] Vgl. Schneider, M., Aus den Quellen der Wüste, 79-100; vgl. Lilienfeld, F. von, Spiritualität des frühen Wüstenmönchtums, 87-94; vgl. Weisung der Väter, Nr. 453, Nr. 466, Nr. 489, Nr. 1206 u. a.

[165] Gregor der Große, Dial 2,1,5,107: "Aber der Alte Feind blickte mit Neid auf die Liebe des einen und auf die Stärkung des andern."

[166] Vgl. Gregor der Große, Dial 2,2,1,110.

[167] Gregor der Große, Dial 2,2,2,111. Gregor schildert Benedikt hier wiederum nach dem Modell der Wüstenväter, näherhin des Antonius, der ebenfalls auf diese Weise seine

Mit diesen beiden Versuchungen hatte Benedikt den begehrlichen Teil der Seele, das sogenannte *epithymetikon* richtig ausgerichtet,[168] so wie es auch der Tugendlehre des Evagrios Pontikos und Johannes Cassians entsprach, die für Gregor den Großen wichtige Orientierungen waren.[169] Jetzt konnte er auch zum Lehrer für andere werden. Der subiacensische Zyklus, der im Weg Benedikts zum Vir Dei einen ersten Höhepunkt gefunden hatte,[170] wird ergänzt durch den Reifungsweg Benedikts zum geistlichen Lehrer. Gregor notiert, dass viele begannen, die Welt zu verlassen (mundum relinquere),[171] um bei Benedikt in die "Schule" (magisterium)[172] zu gehen.[173] Das bringt ihm die Bezeichnung "magister virtutum" ein.[174] In diesen kurzen Sätzen schafft Gregor die Exposition für das dritte Kapitel, das Benedikt als geistlichen Vater darstellen wird.

Auf diesem Weg muss er sich einer weiteren Versuchung stellen, die ihm schließlich helfen soll, auch das *thymikon,* den affektiven Teil der Seele, auf Gott auszurichten. Für Benedikt steht es an, der Maßlosigkeit der Affekte zu parieren. Gregor fasst diesen Gedanken in folgende Geschichte: Benedikt wird von Mönchen, deren Abt gestorben war, gebeten, ihnen vorzustehen.[175] Schon nach kurzer Zeit kommt es zum Konflikt, weil Benedikt streng über das Leben nach der Regel wachte und keiner mehr "nach rechts oder links abweichen durfte"[176]. Ohne auf die Mönche, ihre bisherigen Lebensgewohnheiten und ihr Fassungsvermögen einzugehen, will Benedikt die Regel durchsetzen. Als die Mönche ihn mit vergiftetem Wein umbringen wollen, erkennt Benedikt auch sein Fehlverhalten. Benedikt war zu streng gewesen und hatte die Gabe der Discretio noch nicht erreicht. Ihm war es nicht gelungen, die Kunst der Unterscheidung anzuwenden und das in den Mönchen zu fördern, was sie auf ihrem Weg zu Gott weiterbrachte. Der "Vir Dei" sieht ein, dass er der Versuchung, durch übergroße Strenge "außer sich" (extra se) geraten zu sein, erlegen war und zieht sich wieder in die Einsamkeit zurück. Erst als er gelernt hatte, in sich zu wohnen (habitare secum),[177] fing er wieder an, Menschen um sich zu sammeln

---

Leidenschaften bekämpfte. Vgl. dazu Mähler, M., Évocations Bibliques et Hagiographiques, 402.

[168] Vgl. Vogüé, A. de, Benedikt von Nursia, 544; vgl. ders., Benoît, 152.

[169] Vgl. dazu Schambeck, M., Contemplatio als Missio, 283-290.

[170] Gregor der Große, Dial 2,1,4,106.

[171] "Mundum relinquere" ist der Terminus technicus für das mönchische Leben genauso wie die Erwähnung des "magisterium". Vgl. Schneider, M., Aus den Quellen der Wüste, 14.

[172] Die Regula Benedicti z. B. charakterisiert das Zusammenleben unter Regel und Abt von Anfang an als Schule: Vgl. dazu RB 1,2,55; vgl. RB Prol.,1,29.

[173] Vgl. Gregor der Große, Dial 2,2,3,110.

[174] Gregor der Große, Dial 2,2,3,110.

[175] Vgl. Gregor der Große, Dial 2,3,2-4,112-114.

[176] Gregor der Große, Dial 2,3,3,115.

[177] Gregor der Große, Dial 2,3,5,114. Über das "habitare secum" ist schon viel gearbeitet worden. An dieser Stelle soll so viel genügen, dass mit dem "habitare secum" die Voraussetzung für die Contemplatio gemeint ist, eine Erfahrensweise von Contemplatio

und Klöster zu gründen.[178] Jetzt hatte Benedikt nach der Tugendlehre des Evagrios Pontikus und Johannes Cassians auch das *thymikon* auf Gott ausgerichtet und kann nun endgültig zum geistlichen Lehrer und Vater werden.[179] Benedikt gründet zwölf Klöster und nimmt Söhne angesehener Römer zur Erziehung auf.[180] Wie er sowohl die Mönche als auch die Kinder bildet, wird in den folgenden Kapiteln beschrieben: Benedikt wird zum Lehrer des Gebets[181] und zeigt sich als sorgender Vater, der sich um das Lebensnotwendige kümmert.[182] Gregor stellt Benedikt in diesen Kapiteln in die Tradition großer biblischer Gestalten und drückt damit auch auf diese Weise seine Bedeutung und Modellhaftigkeit aus. Benedikt wirkt das Zeichen des Mose und lässt Wasser aus dem Felsen fließen.[183] Er vollbringt das Zeichen des Elischa und holt das Eisen aus der Tiefe.[184] Er bewirkt, dass Maurus über den See läuft und Placidus aus dem Wasser zieht und vollbringt so das Zeichen des Petrus.[185] Schließlich wird Benedikt auch als der neue Elija gezeichnet, dem die Raben wie damals Elija dienen[186] und der wie David über seinen Feind trauert.[187] Mit dem Hinweis, dass Benedikt den Menschen, die sich ihm widersetzten, das Zeichen des Jona geben wollte,[188] schließt der subiacensische Zyklus. Benedikt schreitet immer weiter voran auf dem Weg der Contemplatio und inspiriert durch sein Beispiel auch schon andere, sich darauf einzulassen.

Eine erste Zusammenfassung für das Verständnis von Mystagogie

Der subiacensische Zyklus[189] wird abgeschlossen mit einer Laudatio Benedikts, der in den Spuren des Mose als Überbringer des Lebensbundes gesehen wird. Die Typologien von Elischa und Elija, die als Lehrer des mönchischen Lebens gelten, bilden die beiden Flügel um die Erzählung von Kapitel sieben, das insgesamt eine Zentralstellung im subiacensischen Zyklus einnimmt.[190] Benedikt wurde hier in der Typologie des Petrus geschildert und damit als Wundertäter

---

zum Ausdruck kommt und zugleich auch ein Zustand beschrieben wird, der in der Contemplatio noch überstiegen wird. Vgl. dazu Courcelle, P., Habitare secum, 273; vgl. Winandy, J., Habitavit secum; vgl. Schambeck, M., Contemplatio als Missio, 402-406.

[178] Gregor der Große, Dial 2,3,13f,120-122.
[179] Vgl. Vogüé, A., Benedikt, 544; vgl. ders., Benoît, 152f.
[180] Vgl. Gregor der Große, Dial 2,3,14,122.
[181] Vgl. Gregor der Große, Dial 2,4,122-124.
[182] Vgl. Gregor der Große, Dial 2,5-8,10,124-134.
[183] Vgl. Gregor der Große, Dial 2,5,124-126.
[184] Vgl. Gregor der Große, Dial 2,6,126.
[185] Vgl. Gregor der Große, Dial 2,7,126-128.
[186] Vgl. Gregor der Große, Dial 2,8,1-5,128-132.
[187] Vgl. Gregor der Große, Dial 2,8,6-8,132-134.
[188] Vgl. Gregor der Große, Dial 2,8,9,134.
[189] Kap. 1 - 8a.
[190] Vgl. Vogüé, A. de, Benedikt, 541.

vorgestellt, als der er sich in den nachfolgenden Kapiteln noch deutlicher erweisen wird.

David, der Psalterkönig, schließt die Reihe der Vorbilder Benedikts ab und weist als derjenige, der in seiner Person den Messias vorausverheißt, auf das Zeichen des Jona hin, das den subiacensischen Zyklus abschließt.[191] Insgesamt lässt sich damit folgender Aufbau der ersten acht Kapitel der Vita Benedicti ausmachen und folgende Dramaturgie erkennen: Die Kapitel eins bis drei können mit de Vogüé als erster Flügel eines Triptychons klassifiziert werden.[192] Dieser Teil ist durch eine chronologische Abfolge geprägt und zeigt Benedikt auf dem Weg zum "Vir Dei" und zum geistlichen Lehrer. Die Kapitel vier bis sieben sind das Mittelstück.[193] Sie haben zeitlosen Charakter und stellen die verschiedenen Dimensionen der geistlichen Vaterschaft Benedikts dar. Kapitel 8a bildet den zweiten Flügel des Triptychons und gilt als Pendant zum zweiten Kapitel. So wie im zweiten Kapitel ein schwarzer Vogel Benedikt bedrängte, wird jetzt, nachdem Benedikt gelernt hatte, sowohl den begehrlichen als auch den affektiven Teil seiner Seele auf Gott auszurichten, ein Rabe zu seinem Gefährten.

Der Prolog übernahm für diese Erzählung den hermeneutischen Horizont. Benedikt wurde als einer vorgestellt, der in einer Entscheidungssituation war und die Wahl hatte zwischen einer Karriere in Rom und der Verwirklichung der Gottessehnsucht, die er in sich spürte. Benedikt wählte den Weg ins "Abseits" der Wüste und musste dort lernen, sich selbst — und das heißt in der Sprache Gregors, sowohl das *epithymetikon* als auch das *thymikon,* den Leib und die Affekte — auf Gott hin zu orientieren. Die Wüste und der Kampf mit den Dämonen wurden zu Symbolen für diesen inneren Weg.

So wie Benedikt anfing, diesen Weg der Gottessehnsucht und damit der Contemplatio zu gehen, so wurden im Prolog auch alle LeserInnen und HörerInnen aufgefordert, sich selbst dieser Entscheidungssituation zu stellen, der sich Benedikt ausgeliefert hatte. Wer weiterlas, konnte zwar wissen, dass der Weg Benedikts gelingen würde, er musste sich aber auch darauf gefasst machen, dass das bedeutete, Widerständen und sogar lebensbedrohlichen Schwierigkeiten zu begegnen. Konkreter gesagt hieß das in der Sprache Gregors, die Abgeschiedenheit der Wüste und damit die Konfrontation mit sich selbst und den Kampf mit den Dämonen als Symbol für alle gott- und lebensfeindlichen Mächte zu wagen.

---

191   Vgl. Gregor der Große, Dial 2,8,9,134.

192   Vgl. Vogüé, A. de, Benedikt, 542.

193   Vgl. Vogüé, A. de, Benedikt, 542.

Der Weg als Aufstieg

Hatte der Prolog die LeserInnen auf den ersten Teil eingestimmt, so übernimmt der zweite Flügel des Triptychons diese Funktion für den zweiten Teil. Hier ist vom Zeichen des Jona die Rede. Es weist die LeserInnen darauf hin, dass sich jeder genau prüfen muss, ob er den Weg auf den Monte Cassino mitgehen will und kann. Dieser Weg kann nämlich nur in der Haltung der Demut gegangen und erkannt werden. Der Hinweis in Dial 2,8,9 ist also als Appell an die LeserInnen zu verstehen, ob die Demut auch das eigene Leben bestimmt, so dass man weiter auf dem Weg zum Leben voranschreiten kann oder ob man hier innehalten muss, um die einzelnen Schritte des Weges, die Benedikt zurücklegte, nochmals zu überdenken und für sich zu konkretisieren. Die "zweite Etappe" ist nur denjenigen möglich, die sowohl das *epithymetikon* als auch das *thymikon* auf Gott ausgerichtet haben.

War für den ersten Teil das Landschaftsbild der Höhle von Subiaco Symbol für den Weg Benedikts, so steht jetzt den LeserInnen der herausragende Gipfel des Monte Cassino als Zeichen für den geistlichen Aufstieg Benedikts vor Augen.[194]

Erste Prüfungen

Auch der cassinensische Zyklus (Kap. 8b-33) beginnt mit Prüfungen, die Benedikt bestehen muss. Benedikt wird zum aktiven Kämpfer gegen die Dämonen. Er zerstört das Götzenbild, das er im Apollotempel oben auf dem Monte Cassino fand,[195] bewirkt durch sein Gebet, dass ein störender, aufgrund seines Gewichts unbeweglicher Stein gehoben werden konnte,[196] und durchschaut das Feuer in der Küche als Scheinbrand.[197] Den Höhepunkt der insgesamt vier Angriffe des Urfeindes stellt die Heilung des verschütteten Mönchs dar.[198] Benedikt ist in der Beziehung zu Gott so herangereift und so stark geworden, dass ihn der Urfeind nicht einmal mehr durch die Herausforderung bezwingen kann, die sich in der Balance zwischen Leben und Tod zeigt.[199]

In den folgenden Kapiteln wird diese intensive Gottesbeziehung Benedikts noch weiter ausgefaltet. Benedikt wird zum Geistträger (Pneumatikos) und zum herausgehobenen Wundertäter (Thaumaturgos).

---

[194]   Vgl. Gregor der Große, Dial 2,8,10,134-136; vgl. Vogüé, A. de, Benedikt, 544; vgl. ders., Saint Benoît et le progrès spirituel, 147.

[195]   Vgl. Gregor der Große, Dial 2,8,10f,136. Herwegen, I., Der heilige Benedikt, 40, geht davon aus, dass der Tempel auf dem Monte Cassino für Jupiter erbaut war, dem Volk aber als Tempel des Apollo galt.

[196]   Vgl. Gregor der Große, Dial 2,9,138.

[197]   Vgl. Gregor der Große, Dial 2,10,138.

[198]   Vgl. Gregor der Große, Dial 2,11,140.

[199]   Mähler, M., Évocations Bibliques et Hagiographiques, 412f, schlussfolgert, dass es sich nicht um einen toten, sondern nur um einen schwer verletzten Mönch gehandelt haben kann.

Benedikt als Pneumatikos

Die Kapitel 12 bis 22 beschreiben Benedikt als Pneumatikos, der die Gabe der Prophetie besitzt. Die zwölf Wunder, die hier genannt werden, beziehen sich auf die vier Dimensionen des Erkennens.[200] Benedikt weiß, was im Augenblick passiert, auch wenn es sich weit weg von ihm ereignet.[201] Er kennt die Geheimnisse des Herzens,[202] sieht in die Vergangenheit,[203] wie er auch weiß, was sich in der Zukunft ereignen wird.[204] Die Zahl "zwölf" der gewirkten Wunder symbolisiert, dass Benedikt die Prophetie in ihrer ganzen Fülle besaß. Als solcher wirkt er dann auch die Wunder der Tat.

Benedikt als Thaumaturgos

Obwohl Benedikt schon seit dem ersten Kapitel der Vita Benedicti als Wundertäter gezeichnet wurde, tritt diese Eigenschaft vor allem auf dem Monte Cassino hervor. In elf wunderbaren Taten zeigt Benedikt, wie sich seine Gottesbeziehung auch auf die Menschen heilend auswirkt.[205] Die Reihe der Wunder gipfelt in der Totenerweckung des Sohnes eines Bauern.[206] Benedikt ist auf einem weiteren Höhepunkt angekommen. Ähnlich wie Jesus (vgl. Mt 9,18-26 par.) bringt er ein totes Kind wieder zum Leben. Dennoch ist die Zwölfzahl noch nicht erreicht.

Gregor führt hier nochmals ein retardierendes Moment in die Vita Benedicti ein. Nicht Benedikt selbst, sondern seine Schwester Scholastika wird das zwölfte Wunder wirken, und zwar weil sie mehr liebte.[207]

Die Ausrichtung des "logistikon" auf Gott

Benedikt hatte einen langen inneren Weg zurückgelegt und wird von Gregor, gerade was sein letztes Wunder betrifft, sogar mit Jesus selbst verglichen. Dennoch konterkariert Gregor diesen Prozess mit seinen unterschiedlichen Phasen, indem er im 33. Kapitel der Vita Benedicti Scholastika als die gegenüber Benedikt Größere vorstellt. Weil Gott die Liebe ist, ist der größer unter den Menschen, der mehr liebt.[208] Benedikt muss von seiner Schwester Scholastika lernen, dass er im Wesentlichen, nämlich der Liebe, noch unreif ist. Obwohl er seit seiner Entscheidung, Rom den Rücken zu kehren und den Weg der Gottessehnsucht zu gehen, unterwegs ist auf die Contemplatio, wohnt Scholastika,

---

[200] Vgl. Doucet, M., Pédagogie et théologie, 169f.
[201] Vgl. die Kapitel 12.13.22.
[202] Vgl. die Kapitel 14 und 20.
[203] Vgl. die Kapitel 18 und 19.
[204] Vgl. die Kapitel 15.16.17.21.
[205] Vgl. die Kapitel 23 - 32.
[206] Vgl. Gregor der Große, Dial 2,32,186-188.
[207] Vgl. Gregor der Große, Dial 2,33,5,193: "Nach einem Wort des Johannes ist Gott die Liebe; so ist es ganz richtig: Jene vermochte mehr, weil sie mehr liebte."
[208] Vgl. Gregor der Große, Dial 2,33,5,192.

deren Weg unbekannt blieb, schon in ihr. Scholastika ist als die Liebende die Kontemplative.[209] Benedikt kann von seiner Schwester lernen, dass es letztlich darauf ankommt, das ganze Herz auf Gott auszurichten und damit alle Dimensionen des Menschseins von Gott durchdringen zu lassen. Für Benedikt wurde das Wunder seiner Schwester zum Anlass, sich auch der Herausforderung zu stellen, das *logistikon,* den geistigen Teil des Menschen, auf Gott auszurichten, den Gregor im Herzen festmacht.[210]

Die Zwölfzahl der Wunder der Tat ist damit voll geworden. Benedikt wird in seinem weiteren Leben kein Wunder mehr tun. Was jetzt kommt, ist eine Beschreibung des Ziels, nämlich der Contemplatio, auf die sich Benedikt ausrichten wollte.

Weitere Anmerkungen zum Verständnis von Mystagogie

Für den mystagogischen Prozess, den Benedikt geht, als auch denjenigen, den Gregor für die LeserInnen vorgesehen hat, sind vor allem zwei Gedanken wichtig.

Zum einen wird an Benedikt deutlich, dass sich eine Intensivierung der Gottesbeziehung auf die Umgebung ganzmachend auswirkt. Benedikt kann sowohl durch die Gabe der Prophetie als auch durch die Wundergabe Böses abwen-

---

[209] De Vogüé kritisiert in seinem Aufsatz "La rencontre de Benoît et de Scholastique, 260-264," die Position Wansbroughs, J. H., St. Gregory's Intention, 145-151, der versucht, aus dem Namen Scholastikas einen Hinweis herauszulesen, der Scholastika als Sinnbild für die kontemplative Lebensweise fasst. De Vogüé behauptet dagegen, dass Gregor mit dieser Erzählung in keiner Weise auf eine Belehrung Benedikts, was die Contemplatio anbelangt, anspielte. Er versucht Scholastika nach der Typologie Maria Magdalenas bzw. der Sünderin von Lk 7,36-50 bzw. Marias, der Schwester des Lazarus zu verstehen, die Gregor übrigens als eine Person sieht. Vgl. dazu Gregor der Große, Ezechielhomilien 1,3,2 (CChr.SL 142, 102); vgl. ders., Ezechielhomilien 2,8,21 (CChr.SL 142, 352); vgl. ders., Evangelienhomilien 2,25,10 (FC 28/2, 466-468); vgl. ders., Evangelienhomilien 2,33,1 (FC 28/2, 618). Auch wenn mit de Vogüé gegen Wansbrough eingewendet werden kann, dass der Weg über die Etymologie hier schlecht greift, um aus Scholastika die kontemplative Lebensweise herauszulesen, kann trotzdem auf Folgendes verwiesen werden. Schon weiter oben wurde gezeigt, dass Gregor durchaus auf den antiken Brauch zurückgreift, durch Namen Charakterisierungen von Menschen vorzunehmen. Wenig ertragreich ist der Hinweis, dass der Name "Scholasticus" zur Zeit Gregors einen Beamten meint, der in der Verwaltung eine Leitungsfunktion innehat. Dennoch kann Gregor mit dem Namen Scholastikas darauf aufmerksam machen, dass Scholastika im 33. Kapitel der Vita Benedicti die Funktion einer Lehrmeisterin in der Contemplatio hat. Das legen vor allem auch andere Stellen im Werk Gregors nahe, in denen er die höchste Form der Contemplatio mit der Liebe identifiziert. Vgl. dazu Gregor der Große, Ezechielhomilien 2,2,13 (CChr.SL 142, 233f); vgl. ders., Ezechielhomilien 2,3,8 (CChr.SL 142, 242); vgl. ders., Mor 5,9 (CChr.SL 143, 224f).

[210] Gregor versteht anders als Evagrios Pontikos nicht den "nous", sondern das Herz als Ort der Contemplatio. Deshalb konkretisiert sich die Ausrichtung des "logistikon" auf Gott nach Gregor auch im Herzen des Menschen und erhält ihr unterscheidendes Moment im Grad der Liebesfähigkeit. Vgl. dazu Schambeck, M., Contemplatio als Missio, 43-48; 359-363.

den und Gutes bewirken. Mit anderen Worten heißt das also, dass der Weg des Einzelnen zu Gott auch für andere heilsstiftend und Leben ermöglichend ist.

Zum anderen wird an der Figur Scholastikas, die Gregor im 33. Kapitel einführt, deutlich, dass der mystagogische Prozess keineswegs nur nach dem in der Vita Benedicti vorgelegten Schema abläuft. Auch wenn die gesamte Komposition darauf angelegt ist, Benedikt zunächst als Mann Gottes, dann als geistlichen Vater und schließlich als Pneumatikos und Thaumaturgos zu zeichnen, so ist es auch möglich, auf einem anderen Weg, der in der Erzählung unbekannt bleibt, zur Liebe und damit zur Contemplatio zu gelangen. Gregor garantiert damit allen, die sich je auf ihre Weise mühen, die Gottesbeziehung zu leben und in das Gottesgeheimnis hineinzuwachsen, die Möglichkeit, dass auch dieser Weg zum Ziel führt. Wichtigstes Kriterium ist die Liebesfähigkeit des Menschen. Diese zu gewinnen und zu verwirklichen, kennt unterschiedlichste Wege.

Die Contemplatio als Ziel des mystagogischen Weges

Schon im folgenden Kapitel 34 tritt Benedikt als Schauender auf. Er sieht, wie die Seele seiner toten Schwester in der Gestalt einer Taube zum Himmel steigt.[211] Benedikt fängt an, durch die Wirklichkeit hindurch und in die Ewigkeit hineinzuschauen. Er hat die Lektion, die ihm seine Schwester erteilt hatte, begriffen, und lässt diese als Zeichen — nun seiner Liebe — im Kloster begraben.[212]

Was die Contemplatio aber eigentlich bedeutet, das wird im 35. Kapitel, in der sogenannten "kosmischen Vision" beschrieben. Über diesen dichten und interpretationsgefüllten Abschnitt ist schon viel gearbeitet worden.[213] Eine detaillierte Analyse würde den Rahmen der vorliegenden Studie sprengen, so dass im Folgenden nur auf die wichtigsten Gedanken eingegangen werden soll, die im Hinblick auf das Verständnis von Mystagogie interessieren.

Benedikt befindet sich in einem Turm, der auch in anderen hagiographischen Texten[214] und profanen Schriften[215], vor allem aber in der Bibel[216] als hervorragende Stelle für die Contemplatio gilt. Er steht um Mitternacht auf, um zu beten. Die "intempesta noctis hora" bezeichnet in der lateinischen Literatur die Stunde,

---

[211] Vgl. Gregor der Große, Dial 2,34,192.

[212] Vgl. Gregor der Große, Dial 2,34,2,192.

[213] Vgl. dazu Bell, D. N., The Vision of the world; vgl. Casel, O., Zur Vision des hl. Benedikt; Courcelle, P., La vision cosmique; vgl. Delforge, Th., Songe de Scipion; vgl. Puzicha, M., Zur Entstehung und Zielsetzung der Dialoge; vgl. Recchia, V., La Visione; vgl. Schambeck, M., Contemplatio als Missio, 368-390; vgl. Schaut, A., Die Vision des heiligen Benedikt; vgl. Steidle, B., Die kosmische Vision.

[214] Vgl. Gregor von Tours, Vitae Patrum 17,5 (PL 71, 1082).

[215] Vgl. die Hinweise bei Courcelle, P., La vision cosmique, 97-117, besonders 100-105.

[216] Vgl. z. B. Hab 2,1.

in der man nichts tut. Sie meint die Zeit des Schlafs, des Schweigens oder der Contemplatio.[217] In ähnlichem Sinn verwendet Gregor diese Zeitangabe auch an anderen Stellen der Dialoge.[218] Ort und Zeit disponieren schon für das Geschehen, das Benedikt gleich erleben wird. Er schaut ein helles Licht, das in seiner strahlenden Kraft die ganze Welt in sich gesammelt trägt. In diesem Licht kann er sehen, dass die Seele des Germanus in einer Feuerkugel von Engeln in den Himmel getragen wird.[219]

An dieses wundersame Bild schließt sich ein Dialog Gregors mit Petrus an, in dem wichtige Linien für das Verständnis von Contemplatio entfaltet werden. Die Contemplatio findet in einem Ambiente der Ruhe statt, sie ist ein Aufstieg in Gott hinein und geht von der Schau des Vielen zur Schau des Einen.[220] Außerdem weist Gregor der Contemplatio die Gleichzeitigkeit zu. In ihr werden alle Zeitdimensionen eins, so dass Vergangenes als gegenwärtig und Zukünftiges als schon Geschehenes in den Blick kommt.[221] Auch darin liegt ein Grund, warum Gregor sie als Lichtgeschehen ausweist. Die Lichtmetapher ist für Gregor am geeignetsten, um die Fülle anzudeuten, die in der Gottesschau verwirklicht wird. Schließlich ist das Licht Metapher für Gott selbst.[222] Contemplatio wird verstehbar als ein unmittelbar theologisches Geschehen und zeigt sich sowohl als Gottes- als auch als Weltschau. Die unsichtbare wie die sichtbare Welt werden für den Einzelnen wahrnehmbar, weil sich seine Seele in Gott hinein ausdehnt[223] und die Welt sich wie in einem einzigen Lichtstrahl gesammelt hat.[224]

Die Contemplatio ermöglicht es, sich selbst und die Welt in Gott hinein zu transzendieren, allerdings nicht im Sinne einer Weltfeindlichkeit, sondern vielmehr verstanden als Verwirklichung des Ziels alles Geschaffenen. Gregor zeigt im 35. Kapitel der Vita Benedicti, dass die Gottesschau nicht losgelöst ist von den Gegebenheiten dieser Welt und Zeit, sondern vielmehr an sie rückgebunden bleibt. Die Weltschau wird zum Weg, Gott zu schauen, wie auch die Gottesschau als Verinnerlichung der Welt erfahrbar wird. Welt und Gott dürfen also nach Gregor nicht gegeneinander ausgespielt werden, sondern sind vielmehr in

---

217   Vgl. Courcelle, P., La vision cosmique, 100.
218   Vgl. Gregor der Große, Dial 3,4,2 (SC 265, 270); vgl. ders., Dial 3,31,3 (SC 265, 386).
219   Vgl. Gregor der Große, Dial 2,35,3,194.
220   Vgl. Schambeck, M., Contemplatio als Missio, 372-374. Hier wurde schon gezeigt, dass Gregor durch die topographischen Angaben wie Turm, Stiege, breiteres Gemach, Fenster an die drei Stufen erinnert, die Cassian für die Contemplatio annimmt. Dieser geht von der Contemplatio als Schau vieler verschiedener Dinge aus, die dann in die Schau weniger Dinge und schließlich nur des Einen mündet. Die Stufe des *unum* weist Gregor Benedikt zu.
221   Vgl. Schambeck, M., Contemplatio als Missio, 374f.
222   Vgl. Schambeck, M., Contemplatio als Missio, 376-379.
223   Gregor der Große, Dial 2,35,6,196: ... ipsa luce visionis intimae mentis laxatur sinus ...
224   Gregor der Große, Dial 2,35,3,194: ... omnis etiam mundus, velut sub uno solis radio collectus, ante oculos eius adductus est.

ihrer Bezogenheit aufeinander zu denken. Wer sich auf Gott ausstreckt, der kann auch erst die Welt in ihrer Eigentlichkeit wahrnehmen. Wie auch gilt, dass nur derjenige, der sich auf die Welt einlässt, den Weg zu Gott findet.[225]

Nachwirkungen

All diese Dimensionen der Contemplatio erlebt Benedikt in der kosmischen Schau. Er ist jetzt zum Weisen geworden, der für seine Schüler eine Regel schreibt, die sich durch die Discretio, die Gabe der Unterscheidung, auszeichnet.[226] Benedikt ist auf dem wirklichen Höhepunkt seines Weges angekommen und damit auch reif für den Tod, den er stehend, mit erhobenen Armen und gestärkt durch die Eucharistie im Kreis seiner Schüler erwartet.[227] Er steigt nun selbst wie vor ihm seine Schwester Scholastika[228] und Bischof Germanus[229] zum Himmel auf.[230] Ähnlich wie in der kosmischen Schau ist sein eigener Weg zum Himmel mit Licht angefüllt und wird von seinen Schülern geschaut. So wird deutlich, dass die Contemplatio, die Benedikt erfuhr, nicht mit ihm zu Ende ging, sondern zum Weg und zur Aufgabe für seine Schüler wird. Dass damit auch die wundertätige Kraft Benedikts eine neue Dimension erreicht, beschreibt abschließend das 38. Kapitel. Sogar die Höhle in Subiaco, die Benedikt einst bewohnt hatte, brachte einer Frau Heilung, die zufällig in sie geriet.[231]

Die Vita Benedicti schließt ein Dialog zwischen Gregor und Petrus ab, der den Appell nochmals aufnimmt, den Gregor schon im Prolog formuliert hatte. Die LeserInnen waren dort aufgefordert worden, den Weg Benedikts selbst mitzugehen und sich selbst auf die Gottessehnsucht einzulassen. Jetzt macht Gregor klar, dass es nicht reicht, nur mit den Augen die äußeren Ereignisse des Lebens Benedikts nachzuvollziehen. Jeder muss sich selbst der Entscheidung stellen, die "Liebe des Geistes"[232] zu lernen und das heißt, selbst zur Contemplatio heranzureifen.

1.2.3.2 Die Vita Benedicti als narrative Mystagogie?

Diesen Abschnitt über Gregor den Großen motivierte die Frage, ob in der Vita Benedicti ein Modell für eine narrative Mystagogie zu finden ist und welche Momente und Akzentuierungen sich daraus für Mystagogie ergeben.

---

[225] Vgl. Schambeck, M., Contemplatio als Missio, 388-390.
[226] Gregor der Große, Dial 2,36,199: "Er schrieb eine Regel für Mönche, ausgezeichnet durch maßvolle Unterscheidung und wegweisend durch ihr klares Wort."
[227] Vgl. Gregor der Große, Dial 2,37,198-200.
[228] Vgl. Gregor der Große, Dial 2,34,1,192.
[229] Vgl. Gregor der Große, Dial 2,35,3,194.
[230] Vgl. Gregor der Große, Dial 2,37,3,198-200.
[231] Vgl. Gregor der Große, Dial 2,38,200.
[232] Gregor der Große, Dial 2,38,4,202.

Dabei konnte zunächst gezeigt werden, dass Gregor den LeserInnen und HörerInnen in Benedikt einen Menschen vorstellt, der seinen Weg sucht, eine konkrete Wahl trifft, als er sich von Rom abwendet und in die Wüste geht, und dann verschiedene Etappen zurücklegen muss, um an sein Ziel zu gelangen.[233] Gregor *erzählt* diese Geschichte und er erzählt sie in einer bestimmten Intention. Auch wenn es auf den ersten Blick nebensächlich anmutet, weist schon die Form des Dialogs darauf hin, dass hier etwas erzählt werden soll, was sich intersubjektiv vollzieht und was auch auf die ZuhörerInnen und LeserInnen Wirkung haben soll.

Der appellative Charakter der Vita Benedicti

Die Reden des Diakons Petrus sind in der Vita Benedicti, wie oben schon vermerkt wurde, Anlass, die Erzählung zu entwickeln bzw. wirken auch als retardierende Momente, um bestimmte Sachverhalte näher zu erklären.[234] In der Figur Petrus' werden gleichsam Einwände aber auch Bestärkungen, wie sie LeserInnen empfinden können, personifiziert. Sowohl durch Petrus als durch konkrete Einschübe sind die LeserInnen und HörerInnen in das Geschehen der Vita Benedicti einbezogen. Gregor eröffnet ihnen durch die Erzählung die Möglichkeit, sich selbst zu fragen, wo sie stehen und will sie einladen, den Weg Benedikts im eigenen Leben nachzuvollziehen. Besonders deutlich wird diese appellative Funktion der Erzählung in den Überleitungen der einzelnen Zyklen.

Der Schlusssatz des Prologs macht z. B. deutlich, dass Benedikt seine Wahl gegen Rom und für den Weg getroffen hatte, Gott zu suchen. In der dichten Formulierung des "scienter nescius" und "sapienter indoctus" werden die Wahlmöglichkeiten fokussiert und für die LeserInnen und HörerInnen damit selbst zur Alternative.[235]

Ähnlich verfährt Gregor beim Übergang vom subiacensischen (Kap. 1-8a) zum cassinensischen Zyklus (Kap. 8b-37). Im Schlussakkord des subiacensischen Zyklus konfrontiert Gregor die LeserInnen und HörerInnen mit dem geheimnisvollen Zeichen des Jona.[236] Dieses Zeichen wird zum Hinweis der Selbstprüfung, inwieweit die Demut zur eigenen Haltung geworden ist; denn nur in der Demut wird es möglich sein, den Weg weiter zu gehen, jetzt hinauf auf den Monte Cassino.

Auch an dieser prägnanten Stelle der Vita Benedicti rekurriert Gregor auf die LeserInnen und HörerInnen und führt sie wiederum in eine Entscheidungssituation: Es geht darum, für sich zu klären, ob die bisherigen Schritte schon zur

---

[233]   Vgl. Erster Teil, Erstes Kapitel, 1.2.3.1, 45-58.
[234]   Vgl. z. B. Dial 2,35,8,196; vgl. ders., Dial 1, Prol.,9 (SC 260, 16), vgl. ders., Dial 2,3,8,116-118.
[235]   Vgl. Erster Teil, Erstes Kapitel, 1.2.3.1, 45-58.
[236]   Vgl. Gregor der Große, Dial 2,8,9,134.

Lebenshaltung geworden sind, oder ob hier erst noch weiter geübt werden muss, das *thymikon* und das *epithymetikon* auf Gott auszurichten. Erst wenn das klar ist, kann der Einzelne die nächste Etappe angehen.

Der Abschluss des cassinensischen Zyklus birgt zwei solcher Schlüsselstellen. Das hängt damit zusammen, dass in ihm einerseits der Aufstieg als weitere Phase des mystagogischen Weges beschrieben wird,[237] andererseits aber auch das Ziel des Weges, nämlich die Contemplatio, schon in den Blick rückt.[238]

Im 33. Kapitel führt Gregor aus, dass Scholastika Benedikt noch an Wunderkraft übertraf, weil sie diejenige war, die mehr liebte.[239] In der Person Scholastikas lässt Gregor anklingen, dass der Weg zur Contemplatio zwar viele Anfechtungen und Herausforderungen kennt, die bestanden werden müssen. Letztlich geht es aber nicht darum, dieses zu leisten, sondern immer offener für die Liebe und selbst liebesfähiger zu werden. Selbst denen, die sich wie Benedikt gemüht haben, den Weg auf Gott zu gehen und die Herausfoderungen dieses Weges zu bestehen, wird die kritische Frage gestellt, ob sie dadurch in der Liebe gewachsen sind.

Auch diese Episode ist ähnlich wie das Ende des subiacensischen ein retardierendes Moment, das für die LeserInnen und HörerInnen nochmals zum Anlass werden soll, sich zu prüfen, wie es um sie selbst steht. Nur wer liebt, wird auch die Contemplatio erfahren können. Gregor macht das deutlich, indem er im 34. Kapitel zeigt, dass Benedikt diese "Lektion" gelernt hat und nun nicht mehr am Buchstaben des Gesetzes hängen bleibt, sondern so handelt, wie es die Liebe gebietet.[240] Die kosmische Vision, die sich im 35. Kapitel anschließt, beweist diesen Lernprozess Benedikts endgültig.

Wie oben schon angedeutet wurde, führt Gregor ebenso die Beschreibung der Contemplatio wieder auf die LeserInnen und HörerInnen zurück, indem er im 37. Kapitel deutlich macht, dass nicht nur Benedikt die Contemplatio erfuhr, sondern auch zwei seiner Schüler ihrer teilhaftig wurden. Die Contemplatio ist also nicht nur einigen wenigen vorbehalten, sondern ist Ziel aller, die sich nach Gott ausstrecken.[241]

---

[237] Vgl. Gregor der Große, Dial 2,8,30,134 - Dial 2,32,188.

[238] Gregor lässt dieses im Wunder der Scholastika (Dial 2,33) wie auch im Tod Scholastikas (Dial 2,34) anklingen und faltet schließlich in der "Kosmischen Vision" (Dial 2,35) aus, was er mit Contemplatio meint.

[239] Vgl. Gregor der Große, Dial 2,33,5,192.

[240] Vgl. Gregor der Große, 2,34,2,194: Benedikt lässt seine Schwester im Kloster bestatten, und zwar im gleichen Grab, in das auch er gelegt werden soll.

[241] Gregor macht das außerdem deutlich, wenn er in Dial 2,38,4,203, davon spricht, dass die Jünger die "Liebe des Geistes" lernen müssten.

Die Vita Benedicti als narrative Mystagogie

Die Vita Benedicti wird damit insgesamt zum Modell, das zur Nachahmung anspornt. Gregor will mit dieser Erzählung ein Beispiel geben, das Lust weckt, sich nach Gott auszustrecken und die Contemplatio zu leben. Beispiele sind für ihn hilfreicher als Reden.[242]

Gregor schließt sich hier zum einen an die Tradition an, Heiligenlegenden zu erzählen und begründet sie andererseits ganz neu, indem er in Benedikt nicht nur einen vorbildlichen Menschen beschreibt,[243] sondern den LeserInnen und HörerInnen auch das Modell eines Weges an die Hand gibt, selbst immer mehr in Gott hineinzuwachsen. Die Vita Benedicti gibt somit in narrativer Form zu erkennen, nicht nur, was Contemplatio ist, sondern wie sie gelebt und erfahren werden kann. Mit anderen Worten ist in der Erzählung des Lebens Benedikts also nicht nur eine Reflexion über Contemplatio zu finden im Sinne einer Mystologie, sondern ein Weg, wie Contemplatio gelebt werden kann, also Mystagogie.

Die Frage, ob die Vita Benedicti damit als narrative Mystagogie zu verstehen ist, kann deshalb nach dem Gang der Untersuchungen positiv beschieden werden. Von daher sollen im Folgenden die Momente von Mystagogie deutlich gemacht werden, die Gregor in der Vita Benedicti erzählt.

---

[242] Vgl. Gregor der Große, Dial 1, Prol.,9 (SC 260, 16).

[243] Vor allem die Untersuchungen Michaela Puzichas u. a. haben gezeigt, dass Gregor mit der Vita Benedicti in der Tradition der altkirchlichen Hagiographie steht und daraus vielfältiges Material bezieht. Gregor greift z. B. zurück auf die großen Modellviten des Mönchtums, die Vita Antonii des Athanasius, und die Vita Martini des Sulpicius Severus. Er verwendet auch die Mönchsbiographien des Cyrill von Skythopolis, die Vitae Patrum, die Pachomius-Viten, die Historia monachorum, die von Rufinus überarbeitet wurde. Ebenso finden sich Hinweise auf die Historia Lausiaca des Palladius, die Historia religiosa des Theodoret von Cyrus, die Institutiones und Collationes des Johannes Cassian, die Mönchsbiographien des Hieronymus und die Severins-Vita des Eugippius. Vgl. dazu Puzicha, M., Vita iusti; vgl. dies., Benedikt von Nursia, 67-84; vgl. dies., Zur Entstehung und Zielsetzung der Dialoge, 29-31; vgl. Bardy, G./Hausherr, I., Biographies spirituelles, 1624-1646; vgl. Berschin, W., Biographie undd Epochenstil im lateinischen Mittelalter I; vgl. Brown, P., Die Heiligenverehrung; vgl. Steidle, B., "Homo Dei Antonius", 148-200. M. E. ist das aber nur eine Seite, die in den Dialogen Gregors zum Tragen kommt. Die andere Seite wird erst in der Gesamtschau seiner Schriften deutlich. Wenn man die Dialoge, und vor allem die Vita Benedicti, mit den übrigen Werken Gregors vergleicht, so zeigt sich, dass Gregor hier in narrativer Weise entwickelt, was er in seinen anderen Schriften und darunter vor allem in den Moralia "vor-gedacht" hat. Es geht Gregor darum, die Beziehung des Menschen zu Gott zu reflektieren und der Frage nachzugehen, wie der Mensch immer mehr von der Contemplatio, die jeden Menschen kennzeichnet, ergriffen werden kann. Kommt also mit anderen Worten in den übrigen Schriften das Nachdenken über Contemplatio zum Tragen, so rückt in der Vita Benedicti die Mystagogie in den Vordergrund, der Weg, wie Contemplatio gelebt werden kann. Diese Gedanken wurden ausführlicher reflektiert bei Schambeck, M., Contemplatio als Missio.

1.2.3.3 Momente der narrativen Mystagogie der Vita Benedicti

Gregor verfolgt mit der Vita Benedicti das Ziel zu zeigen, wie der Weg in das Gottesgeheimnis gelingen kann. Die Geschichte Benedikts wird zum Modell, das auch für andere Christen inspirierend, ja geradezu auffordernd wirkt. Für das mystagogische Geschehen können dabei folgende Akzentuierungen ausgemacht werden.

Mystagogie als Prozess

Gregor erzählt die Geschichte Benedikts als Weggeschichte. Benedikt geht zunächst nach Rom, kehrt sich aber von dort ab und entscheidet sich dafür, Gott in seinem Leben zu suchen.[244] Der Weg, auf den er sich einlässt, kennt unterschiedliche Etappen.

Der Abkehr von der Geschäftigkeit folgt die Einkehr in der Wüste, die Benedikt herausfordert, sich selbst zu begegnen. Er muss lernen, alle Dimensionen seines Menschseins von Zweitrangigem loszubinden und auf Gott auszurichten. Gregor verwendet für die Beschreibung dieses inneren Weges Bilder und Motive, die in der Mönchstheologie von großer Bedeutung sind. So lässt er Benedikt einen Weg von 40 Meilen zurücklegen,[245] in der Wüste wohnen,[246] mit den Dämonen kämpfen,[247] Wunder tun[248] und schließlich den Monte Cassino als Bild für den inneren Aufstieg erklimmen.[249] Das Ziel seines Weges erfährt Benedikt in der sogenannten kosmischen Vision, die Gregor in einem Turm,[250] also einer Überbietung des Berges, lokalisiert.

Wie oben schon deutlich wurde, erzählt Gregor in der Geschichte Benedikts nicht nur die Geschichte eines vorbildlichen Menschen. Er will mit dieser Erzählung den LeserInnen und HörerInnen ein Modell an die Hand geben, das ihnen helfen kann und sie inspirieren soll, sich selbst auf den Weg der Contemplatio einzulassen. Mystagogie ist also in der Vita Benedicti in doppelter Hinsicht als Weg konkretisiert und hat damit dynamischen Charakter auch insofern, als der Weg Benedikts andere mitreißen soll. Gregor zeichnet Mystagogie als Fortschreiten, als Bewegung, die unterschiedliche Phasen kennt, die auch retardierende Momente impliziert, die den LeserInnen und HörerInnen immer

---

[244]   Vgl. Gregor der Große, Dial 2, Prol.,102.
[245]   Vgl. Gregor der Große, Dial 2,1,3,104-106.
[246]   Vgl. Gregor der Große, Dial 2,1,3,104 - Dial 2,3,12,120.
[247]   Vgl. Gregor der Große, Dial 2,2,110-112; vgl. ders., Dial 2,8,12,136; vgl. ders., Dial 2,9,138; vgl. ders., Dial 2,10,138; vgl. ders., Dial 2,11,140.
[248]   Vgl. Gregor der Große, Dial 2,12,142 - Dial 2,32,188.
[249]   Vgl. Gregor der Große, Dial 2,8,10,134-136.
[250]   Vgl. Gregor der Große, Dial 2,35,2,194.

wieder zur kritischen Rückfrage werden, ob sie schon so weit sind, auf dem Weg fortzuschreiten oder ob es nochmals gilt, "Lektionen" zu wiederholen.[251] Diese retardierenden Momente klingen bei den Übergängen der Erzählung an, an denen eine Etappe des Weges zu Ende geht und eine neue anbricht. Der äußere Weg Benedikts ist Zeichen für den inneren Weg, der sich daran entscheidet, inwieweit er die Dimensionen seines Menschseins auf Gott schon ausgerichtet hat bzw. was hier noch ansteht.

Mystagogie als Ausrichtung aller Dimensionen des Menschen auf Gott
Der Weg Benedikts kennt mehrere Etappen, in denen bestimmte Aufgaben zu bewältigen sind. Gregor greift auf die Tugend- und Lasterlehre zurück, wie sie bei Evagrios Ponticos und Johannes Cassian zu finden ist. Er beschreibt Benedikts Weg als Auseinandersetzung mit dem *epithymetikon,* dem *thymikon* und dem *logistikon.* Benedikt muss lernen, sowohl seine körperlichen Ur-Kräfte als auch den affektiven und geistigen Teil seines Menschseins auf Gott auszurichten. Gregor kleidet diesen Prozess in verschiedene Episoden, wie die Zerstörung des Glöckchens, das für Benedikt das Zeichen war, sich sättigen zu können,[252] die Begegnung mit dem schwarzen Vogel, der in Benedikt die Vorstellung einer sexuellen Versuchung weckt,[253] die Auseinandersetzung mit den Mönchen von Vicovaro[254] oder schließlich auch die Begegnung mit seiner Schwester Scholastika, die Benedikt lehrte, was es heißt, aus der Liebe zu leben.[255]
Mystagogie wird damit als Prozess beschrieben, in dem es gilt, die Konfrontation mit sich selbst zu wagen und alle Vermögen des eigenen Menschseins von sekundären Gütern zu lösen und auf das eigentliche Ziel, nämlich Gott, auszurichten. Mystagogie wird verstehbar als Weg, sich immer mehr auf den Grund des Lebens zu beziehen und dem Letzten gegenüber dem Vorletzten immer mehr Platz einzuräumen. Das braucht nach Gregor den Weg nach unten bzw. in der Terminologie Gregors "die Demut", denn nur in ihr wird der Weg nach oben möglich.

Mystagogie als Deszensus und Aszensus
Die Vita Benedicti ist angefüllt von einer Vielzahl von Metaphern, bei denen vor allem die Landschaftsbilder eine besondere Rolle spielen.

---

251 Vgl. Gregor der Große Dial 2, Prol.,102; vgl. ders., Dial 2,1,3,104-106; vgl. ders., Dial 2, 8,9,134; vgl. ders., Dial 2,33,188-190.
252 Vgl. Gregor der Große, Dial 2,1,5,106.
253 Vgl. Gregor der Große, Dial 2,2,110-112.
254 Vgl. Gregor der Große, Dial 2,3,1-4,112-114.
255 Vgl. Gregor der Große, Dial 2,33,188-192.

Benedikt verlässt seine Familie, die in der Gegend von Nursia angesiedelt ist, und macht sich auf den Weg hinunter nach Rom.[256] Von dort geht er weg nach Effide,[257] um sich schließlich ganz in die Abgeschiedenheit zu begeben. In Subiaco findet er eine Höhle, in der er drei Jahre lebt.[258] Benedikt muss einen Weg gehen, der ihn ganz nach unten führt bis in eine enge Höhle hinein, die in einer unbehausten Gegend war. Dieser äußere Weg nach unten ist wiederum Sinnbild für den inneren Weg, den Benedikt zurücklegt. Er muss hinuntersteigen, weg von der Geschäftigkeit des römischen Alltags und hinein in die Einsamkeit der Wüste, in der nichts bleibt, außer er selbst und Gott. Die Höhle, die bei dem metaphorischen Ort Subiaco — Sublacus (unter dem See) — liegt, wird für Benedikt zum Ort, an dem sich der Übergang, das Pascha ereignet. Gregor erzählt davon, dass sich Benedikt so sehr von den Menschen zurückgezogen hatte, dass er nicht einmal mehr wusste, welcher Tag geschrieben wurde. An einem Osterfest hatte ein Priester die Eingebung, sich auf den Weg in die Höhle zu machen, um dort mit Benedikt das Osterfest zu feiern.[259]
Gregor verwendet hier das Pascha in einer doppelten Bedeutung. Zum einen wird für Benedikt diese Begegnung mit dem Priester zum Pascha, zum Übergang vom Tod in das neue Leben, von der Einsamkeit in die Gemeinschaft, vom Sitzen in der Höhle zum Weg hinauf. Zum anderen deutet Gregor an, dass dies alles durch die Feier des Pascha, des christlichen Osterfestes und damit der Feier der Auferstehung des Gekreuzigten, möglich wird.
Benedikt hatte im Weg nach unten den Weg Christi vollzogen, der ebenfalls nach unten ging bis zum Tod am Kreuz. Jetzt durfte er wie Christus erfahren, dass am Tiefpunkt des Weges die Kehre erfolgt. Für Benedikt wird die Auferstehung erlebbar und konkretisiert sich im weiteren Verlauf der Vita Benedicti als Aufstieg, der schließlich im Turm des Monte Cassino zu seinem Höhepunkt kommt.
Mystagogie als Einführung in die Contemplatio konkretisiert sich also nach Gregor dem Großen als Weg nach unten bzw. als Weg der Demut,[260] durch den es dann auch möglich wird, immer weiter hinauf zu steigen. Dieser Aufstieg ist für Gregor wie für die gesamte mönchische Tradition Sinnbild für die wachsende Nähe des Menschen zu Gott.
Auch wenn sie auf den ersten Blick nur als nebensächliche Erzählung aussieht, so verdeutlicht die Episode mit dem Osterboten doch, dass Gregor die Bedin-

---

256   Vgl. Gregor der Große, Dial 2, Prol., 102.
257   Vgl. Gregor der Große, Dial 2,1,1f,103.
258   Vgl. Gregor der Große, Dial 2,1,3f,104-106.
259   Vgl. Gregor der Große, Dial 2,1,6f,106-108.
260   Auch das Zeichen des Jona, das den subiacensischen Zyklus abschließt und auf den Aufstieg auf den Monte Cassino vorbereitet, ist in diesem Sinn zu verstehen. Vgl. Gregor der Große, Dial 2,8,9,134.

gung der Möglichkeit für den Aufstieg im Christusgeschehen erkennt. So wie Benedikt zum Modell für die LeserInnen und HörerInnen wird, so ist ihm Christus zum Modell geworden, allerdings mit dem Unterschied, dass Christus nicht nur dazu inspiriert, seinen Weg nachzugehen, sondern diesen auch eröffnet hat.[261]

Mystagogie als Weg in das Gottesgeheimnis (die Contemplatio)

Benedikts Weg bekommt seinen Sinn nur dadurch, dass er Weg in das Gottesgeheimnis hinein ist. Gregor erzählt mit dem Leben Benedikts eine Weggeschichte, die ihr Ziel in der Contemplatio findet und zugleich von der Contemplatio schon von Anfang an bestimmt ist. Benedikt geht seinen Weg als einer, der die Gottessehnsucht, die in ihm wohnt, verwirklichen will.[262] Die Gottessehnsucht ist einerseits unverfügbares Geschenk Gottes an den Menschen, andererseits aber auch Aufgabe an ihn, der Gottessehnsucht im Lebensstil Raum und Gestalt zu geben.[263]

Die verschiedenen Wegstrecken, die Benedikt zurücklegen muss, bis er schließlich in der kosmischen Vision ganz in die Contemplatio Gottes hineingenommen wird, sind Ausdruck dafür, wie es möglich ist, auf diesem Weg voranzukommen. So lässt sich insgesamt festhalten, dass das ganze Unterfangen der Vita Benedicti dazu dient, den LeserInnen und HörerInnen ein Modell vorzustellen, wie Contemplatio gelebt werden kann. Es geht darum, die Menschen zu inspirieren und zu motivieren, sich auf diesen Weg einzulassen und selbst zu Kontemplativen zu werden.

Gregor schafft damit am Ausgang der Antike ein Werk, das zum Modell wurde für die Einführung der Christen in den Glauben. Auch wenn Gregor das am Mönch Benedikt versinnbildlichte, so behielt er den Weg der Contemplatio doch nicht einer bestimmten Gruppe von Menschen vor, sondern dachte ihn universal als Möglichkeit und Aufgabe für alle Menschen.[264] Die Vita Benedicti kann somit als Modell und Vorreiter für die Heiligenlegenden verstanden werden, die vor allem im Mittelalter eine Art Kompendium des Glaubens bildeten.

Was Gregor im Sinne einer narrativen Mystagogie mit der Vita Benedicti verdeutlichen wollte, das versuchten auch die anderen Väter, deren theologische

---

[261] Vgl. zur Bedeutung des Christusgeschehens für den Weg der Contemplatio: Schambeck, M., Contemplatio als Missio, 102-155.

[262] Gregor der Große Dial 2, Prol.,1,103, spricht davon, dass Benedikt Gott allein gefallen wollte (soli Deo placere desiderans).

[263] Vgl. dazu die Bedeutung des "desideriums" im Werk Gregors: Vgl. Catry, P., Parole de Dieu, 103; vgl. McGinn, B., Die Mystik im Abendland, Bd. 1, 209f; vgl. Casey, M., Spiritual Desire, 303; vgl. Leclercq, J., Un centon de Fleury, 75-90; vgl. Schambeck, M., Contemplatio als Missio, 71-83.

[264] Zur detaillierten Auseinandersetzung mit dieser Frage: Vgl. Schambeck, M., Contemplatio als Missio, 310-336.359-363.

Entwürfe in diesem Abschnitt exemplarisch untersucht wurden. Es ging darum, die Menschen in das Gottesgeheimnis einzuführen, eine Mystagogie des Glaubens zu betreiben, auch wenn die Kontexte, die Terminologie und die einzelnen "Methoden" dazu unterschiedlich waren.

Deshalb soll im Folgenden nochmals versucht werden, die Akzentuierungen der verschiedenen theologischen Entwürfe der Antike zu rekapitulieren und ihre Gemeinsamkeiten und Unterschiede hervorzuheben.

1.3 Zusammenfassung: Mystagogie als Einführung in die Gotteserkenntnis (Gnosis) bzw. die Gottesschau (Contemplatio)

Versucht man die mystagogischen Entwürfe, die in diesem Kapitel untersucht wurden, daraufhin zusammenzufassen, was sie an Gemeinsamkeiten ergeben, lässt sich Folgendes festhalten.

1.3.1 Mystagogie als Disposition für das Geheimnis der Erlösung

Die Väter verfolgen bei den mystagogischen Katechesen das Anliegen, die Katechumenen bzw. die Gläubigen für das Geheimnis Gottes zu disponieren. Das ist sowohl der Fall, wenn sie die Katechumenen auf den Empfang der Sakramente vorbereiten, als auch die Sakramente ausdeuten. Die Anstrengungen, die die Väter aufgrund der Schriftexegese und der Auslegung einzelner Riten und Formeln der Sakramente anstellen, sollen dem Einzelnen helfen, offen zu werden für die Gotteserkenntnis. Auch wenn hier ganz unterschiedliche Terminologien verwendet[265] und ganz verschiedene Praktiken vorgeschlagen werden,[266] geht es darum, dass der Einzelne einen Weg findet, immer mehr der Erlösung teilhaftig zu werden, die im Christusereignis geschichtlich geworden ist.[267] Konnte die Disposition für das Geheimnis der Erlösung als Ziel der Mystagogien ausgewiesen werden, die im Zusammenhang mit der Initiation reflektiert wurden, so lässt sich das auch für die Entwürfe feststellen, die Mystagogie weiter fassen.

Auch für Clemens von Alexandrien, Origenes und Gregor den Großen gilt, dass Mystagogie eine Art und Weise beschreibt, den Einzelnen in die Mitte des

---

[265] Z. B. spricht Ambrosius, De mysteriis 53 (FC 3, 248), von der "Kenntnis des Geheimnisses", das sich in der Geschichte als Geheimnis der Erlösung gezeigt hat. Johannes Chrysostomus, Taufkatechesen 3/2,17 (FC 6/2, 347-349), macht als Grund der Sakramente das Geheimnis der Erlösung aus.

[266] Z. B. legt Johannes Chrysostomus großen Wert auf die moralische Unterweisung, weil für ihn das Leben nach dem "neuen Kontrakt", der in der Taufe geschlossen wurde, der Weg ist, immer mehr der Erlösung inne zu werden. Theodor von Mopsuestia beispielsweise identifiziert das tiefste Geheimnis des Sakraments mit der Erlösung. Vgl. dazu Theodor von Mopsuestia, Katechetische Homilien 12,6 (FC 17/2, 323f).

[267] Vgl. Armbruster, K., Mystagogische Katechese, 10.

Gottesgeheimnisses zu führen. Ziel des menschlichen Weges ist es, offen und empfänglich zu werden für die "gnosis"[268] bzw. die "theoria"[269], die "staunende Kontemplation"[270] oder wie Gregor der Große das ausdrückt, für die "contemplatio"[271].

Verfolgen die einen dieses Ziel, indem sie vor allem auf die Sakramente abheben und versuchen, den Gläubigen deren tiefsten Sinn zu erschließen, so wählen die anderen die Spekulation über den Glauben oder wie Gregor der Große die Erzählung. Die Wege sind also unterschiedlich, den Einzelnen auf das Gottesgeheimnis aufmerksam zu machen, das Ziel ist dasselbe.

1.3.2 Die Bedeutung der Schriftauslegung für Mystagogie

Obwohl die mystagogischen Wege ganz unterschiedlich sein können, fällt doch auf, dass die Schriftauslegung darin eine besondere Rolle einnimmt. Für alle Väter konkretisiert sich Mystagogie, indem sie die Schrift deuten und mit der existentiellen Situation der Gläubigen in Beziehung bringen.

Während Cyrill bzw. Johannes von Jerusalem vor allem die biblischen Vorbilder thematisieren, die für die einzelnen Riten der Initiationssakramente etwas Typisches aussagen, zeigt Ambrosius z. B. die Parallelität zwischen den Symbolen der verschiedenen Mysterien und den inneren Geschehnissen auf.[272] Für Origenes wird die Schriftauslegung geradezu zu dem Weg, wie der Einzelne immer höher aufsteigen und Gottes teilhaftig werden kann.[273] Auch für Gregor den Großen, um ein weiteres Beispiel zu nennen, ist die narrative Mystagogie, die er in der Vita Benedicti bietet, kein Gegenbild zur Schriftauslegung, sondern vielmehr eine Vertiefung seiner exegetischen Bemühungen. Die Beispiele, die er in den Büchern der Dialoge erzählt, verstärken und veranschaulichen die Schriftexegese.[274]

Weil die Schrift selbst Aussage Gottes und Inkarnation des Logos ist, wird sie von den Vätern als vornehmlicher Ort verstanden, in das Gottesgeheimnis zu dringen und sich vom Logos umformen zu lassen. Das geschieht sowohl durch das Lesen der Schrift als auch durch ihre vielgestaltige Auslegung, die nicht zuletzt auf das Handeln und Verhalten des Einzelnen zielt.[275]

---

[268]   Vgl. Clemens von Alexandrien, Teppiche VI 7,54 (BKV² 19, 274); vgl. Origenes Johanneskommentar 13,25 (GCS 10, 248-250).
[269]   Vgl. Clemens von Alexandrien, Protreptikos I 8 (BKV² 7, 79f), vgl. ders., Erzieher I 3,9 (BKV² 7, 211f).
[270]   Vgl. Origenes, Numerihomilien 27,12 (GCS 29/2, 275).
[271]   Vgl. Gregor der Große, Dial 2,35,192-196.
[272]   Vgl. z. B. Ambrosius, De sacramentis 1,2f (FC 3, 76-78).
[273]   Vgl. Origenes, Leviticushomilien 1,4 (GCS 29/1, 286).
[274]   Vgl. dazu beispielsweise Gregor der Große, Dial 1, Prol. 7 (SC 260, 14).
[275]   Die Väter verdeutlichen diesen Aspekt vor allem in der moralischen Schriftauslegung.

Damit ist ein weiteres Phänomen angesprochen, welches das mystagogische Anliegen in der Alten Kirche charakterisiert. Obwohl die Schriftauslegung sozusagen den Königsweg repräsentiert, gibt es für die Väter noch andere Möglichkeiten, wie sich mystagogische Prozesse konkretisieren. Das ist unter anderem schon daran zu erkennen, dass die Schriftauslegung selbst vielgestaltig ist und neben dem Literalsinn auch die geistliche Schriftauslegung kennt, die sich wiederum in verschiedenen Lesarten entfaltet.[276]

1.3.3 Die Vielgestaltigkeit der mystagogischen Wege

Dass die mystagogischen Wege vielgestaltig und unterschiedlich sind, konnte allein schon der Durchgang durch die verschiedenen mystagogischen Entwürfe zeigen, die in diesem Kapitel behandelt wurden.

Lag vor allem im vierten Jahrhundert bzw. am Ausgang des vierten Jahrhunderts das Hauptgewicht darauf, im Zusammenhang mit der Initiation Wege zu entfalten, dem Gottesgeheimnis zu begegnen, so war das vorher und auch nachher eher durch die Spekulation über den Glauben bzw. die Erzählung von Glaubensgeschichten gegeben.

Sind damit die verschiedenen Ansätze markiert, so gilt auch, dass diese in sich eine große Variationsbreite aufweisen. Legen die einen das Gewicht auf die Schriftauslegung, so versucht Johannes Chrysostomus beispielsweise, durch moralische Unterweisung die Gläubigen an den Kontrakt zu erinnern, den sie in der Taufe mit Christus geschlossen haben.[277]

Spielen für Clemens von Alexandrien, Origenes und auch Gregor den Großen die Ordnung der Leidenschaften und ihre Ausrichtung auf Gott eine große Rolle, konterkariert Gregor der Große diesen Weg zugleich wieder, indem er in Scholastika eine Frau vorstellt, die aufgrund der Liebesfähigkeit die eigentliche Kontemplative ist.

So kann insgesamt festgehalten werden, dass die Väter zwar konkrete Praktiken vorschlagen, wie mystagogische Prozesse ablaufen. Sie wollen damit aber auf keinen Fall einen "Methoden"-Monismus propagieren. Es gibt keine allgemein gültige und auf jeden anwendbare Weise, wie man Gott begegnen kann. Diese ist vielmehr vielgestaltig und unterschiedlich, abhängig vom Kontext und der Person des Einzelnen.

Wenn man von Mystagogie als Weg spricht bzw. wenn man die Vielgestaltigkeit dieser Wege wahrnimmt, kommt ein weiteres Merkmal der verschiedenen Ent-

---

[276] Bei Gregor dem Großen findet sich z. B. die Unterteilung in Literalsinn und geistlichen Schriftsinn, der näher konkretisiert wird als allegorische, typologische und moralische Schriftauslegung, auch wenn feststeht, dass Gregor nicht auf diese Einteilung eingegrenzt werden darf. Vgl. dazu Schambeck, M., Contemplatio als Missio, 206-224.

[277] Vgl. Johannes Chrysostomus, Taufkatechesen 2/3,6 (FC 6/1, 245-247).

würfe von Mystagogie in der Alten Kirchen in den Blickpunkt. Mystagogie wird von den Vätern als Prozess verstanden.

1.3.4 Mystagogie als Prozess

Sowohl bei den Entwürfen, die Mystagogie im Zusammenhang mit der Initiation entfalten, als auch bei Clemens, Origenes und Gregor dem Großen fällt auf, dass Mystagogie ein Geschehen meint, das Wegcharakter hat, also prozesshaft verläuft. Es gibt verschiedene Phasen, die der Katechumene bzw. der Gläubige durchlaufen muss, auch wenn diese bei den verschiedenen Vätern unterschiedlich konkretisiert werden.

Für Cyrill bzw. Johannes von Jerusalem beispielsweise ist es wichtig, dass die Gläubigen nach dem Empfang der Taufe Schritt für Schritt in das Geheimnis, das sie erfahren haben, eingeführt werden. Seine mystagogischen Katechesen zielen darauf, dass die Täuflinge verstehen lernen, wie sich in der Taufe das ganze Heilsgeschehen verdichtet und nun auch zu ihrer eigenen Wirklichkeit geworden ist.[278] Ähnlich verfährt Ambrosius, auch wenn er noch genauer differenziert, warum die Täuflinge erst nach der Taufe in den Predigten des Bischofs eine Ausdeutung des Erfahrenen bekommen.[279]

Besonders deutlich wird die Prozesshaftigkeit von Mystagogie bei Origenes und Gregor dem Großen. Origenes unterscheidet im Zusammenhang mit der Schriftauslegung die Anfänger von den Fortgeschrittenen bzw. den Vollkommenen.[280] Eigentliches Ziel der Auseinandersetzung mit der Schrift ist es, immer höher aufzusteigen und das heißt für Origenes, immer tiefer in die Schrift zu dringen, den Logos Christus unter den vielen "logoi" der Schrift zu entdekken und sich von seinem Geheimnis durchdringen zu lassen.[281] Konkret wird das nach Origenes in den verschiedenen Weisen der Schriftauslegung. Lesen die Anfänger die Schrift nach dem Literalsinn, bleibt den Fortgeschrittenen und den Vollkommenen die geistliche Schriftauslegung vorbehalten.

So wie Origenes den mystagogischen Weg in verschiedene Etappen einteilt, geht auch Gregor der Große davon aus, dass der Einzelne bestimmte Aufgaben und Herausforderungen bestehen muss, um immer mehr der Contemplatio teilhaftig zu werden. In diesem Sinn ist die gesamte Vita Benedicti als Weggeschichte zu verstehen. Ausgehend von der Entscheidungssituation Benedikts, welchen Weg er wählen will, wird hier ein Weg vorgestellt, der zunächst tief hinunterführt, und das heißt nach Gregor, letztlich in die Enge des eigenen

---

278 Vgl. Cyrill von Jerusalem, Mystagogische Katechesen 2,6f (FC 7, 119); vgl. ders., Mystagogische Katechesen 4,8 (FC 7, 141-143).
279 Vgl. Ambrosius, De sacramentis 1,1 (FC 3, 76).
280 Vgl. Origenes, Johanneskommentar 5,5 (GCS 10, 102); vgl. ders., Leviticushomilien 1,4 (GCS 29/1, 286).
281 Vgl. Origenes, Matthäuskommentar 10,5 (GCS 40,5f).

Herzens hinein,[282] durch das Christusgeschehen die Kehre erfährt und schließlich zum Aufstieg mutiert, bis Benedikt in der Contemplatio in Gott selbst hineingehoben wird.

Mystagogie wird damit erfahrbar als ein Geschehen, das prozesshaft verläuft, das fortschreitende Elemente genauso wie retardierende kennt[283] und auf ein bestimmtes Ziel hin verläuft, das in der Gotteserkenntnis bzw. in der Gottesschau auszumachen ist. Damit wird auch ausgesagt, dass Mystagogie nicht ein für allemal festgeschrieben werden kann. Es gibt zwar eine Richtung, die durch Gott ihr festes Ziel hat. Wie der konkrete Weg aber für den Einzelnen verläuft, ist letztlich unverfügbar und nicht machbar.

Damit ist ein weiteres Charakteristikum des mystagogischen Anliegens der Alten Kirche zu nennen. Mystagogie meint zwar einen bestimmten Prozess, durch den der Einzelne immer mehr auf Gott zuwachsen kann und bei dem auch die Aktivität des Einzelnen gefordert ist, er erfährt aber sowohl in der Unverfügbarkeit des Menschen als auch in der Unverfügbarkeit Gottes seine Grenze und Ausrichtung.

1.3.5 Die Unverfügbarkeit Gottes und des Menschen

Von der Unverfügbarkeit des Menschen reden die Väter eher indirekt, während die Unverfügbarkeit und Unfassbarkeit Gottes ein klares Datum ihrer Theologie ist. Mystagogie disponiert für das Gottesgeheimnis. Es geht in den ganz unterschiedlichen Formen und Weisen darum, dass die Einzelnen für die Gotteserkenntnis disponiert werden und sich für sie öffnen. Damit ist auch gesagt, dass niemand gezwungen werden kann, sich für dieses Geheimnis aufzutun. Ebenso heißt das, dass es nicht um eine Erkenntnis geht, die eindeutig ist im Sinne mathematischer, logischer Gewissheit. Ob die Bemühungen, die Einzelnen auf dem Weg zu Gott zu unterstützen, greifen, findet in der Unverfügbarkeit des Menschen seine Grenze, aber auch seine Ermöglichung. Selbst bei Clemens und Origenes, bei denen u. a. davon die Rede ist, die Gotteserkenntnis nur einer bestimmten Gruppe von Menschen vorzubehalten, findet sich konkurrierend bzw. nebeneinander dazu der Gedanke, dass jeder Mensch der Gotteserkenntnis bzw. der Gottesschau teilhaftig werden kann, unabhängig von seinem Status. Dennoch ist es unverfügbar, wer zum Vollkommenen heranreift, auch wenn es die Aktivität des Menschen braucht.

---

282   Vgl. Gregor der Große, Dial 2,1,4,106: Das Bild der ganz engen Höhle wird zum Bild für das enge Herz, das sich dann in der Contemplatio zum "cor dilatum" verwandelt. Vgl. ders., Dial 2,35,6,196.

283   Vgl. hier die Ausführungen zur Vita Benedicti, vor allem zu den Übergängen vom Prolog zum subiacensischen und dann zum cassinensischen Zyklus bzw. zum Aufstieg in der Contemplatio im 35. Kapitel.

Damit ist die zweite Grenze für mystagogische Prozesse markiert. Noch deutlicher als von der Unverfügbarkeit des Menschen reden die Väter von der Unfassbarkeit und Unbegreiflichkeit Gottes. Die Symbole und Riten, aber auch die Sprache selbst werden zu Orten, an denen zum einen die Erfahrbarkeit Gottes, zum anderen aber auch seine Unverfügbarkeit zum Tragen kommen. Ambrosius als Vertreter der christlichen Antike im Westen als auch beispielsweise Thedor von Mopsuestia als Repräsentant des Ostens verstehen die Sakramente in diesem Sinn.[284]

Dass der mystagogische Prozess in der Begegnung mit Gott zwar sein Ziel findet, dass dieses Ziel aber sozusagen nicht "ex necessitate" und automatisch an einer bestimmten Stelle erreicht wird, hebt besonders die Vita Benedicti hervor. Gregor stellt in Benedikt das Modell eines Gottsuchers vor, der immer mehr aus Gott lebt und auf seinem Aufstieg zu Gott immer weiter emporsteigt. Gerade an dieser Stelle wird aber die ausgezogene Linie unterbrochen, indem Gregor die Gestalt Scholastikas einführt, die noch vor Benedikt als Kontemplative gezeichnet wird.[285] Gott bleibt der Unverfügbare, der sich zeigt, wem er will und von daher auch ungekannte Wege geht, um dem Einzelnen zu begegnen. Obwohl Mystagogie damit rechnet, dass Gott sich zeigt und alle Bemühungen auf dieses Ziel ausgerichtet werden, ist die Gottesbegegnung nie einforderbar, sondern bleibt Geschenk und Erweis Gottes an den Menschen. Dass dieser Erweis jedoch nicht einfach als "absurdum" zu glauben oder im Sinne von Willkür zu verstehen ist, wird im Christusgeschehen deutlich, in dem sich Gottes Heil vollgültig in die Geschichte eingeschrieben hat. Gott zu begegnen, ihn zu erkennen und ihn zu schauen, hat in Christus einen endgültigen Ort gefunden, so dass die Christologie zum ent- und unterscheidenden Kriterium der christlichen Mystagogie wird.

1.3.6 Die Bindung an das Christusereignis als mystagogisches Kriterium

Die gesamte altkirchliche Theologie ist von der Frage bestimmt, wie der heillose Mensch Anteil am Heil gewinnen kann. Es geht darum, Wege zu reflektieren, wie der Mensch der Erlösung teilhaftig wird, wie er aus der Verfangenheit der Sünde befreit werden kann und woraufhin die Erlösung zielt.[286] Dass hier das Christusereignis und der Glaube an Jesus Christus als Erlöser eine wichtige Rolle spielen, versteht sich auf diesem Hintergrund von selbst.

---

[284]   Vgl. Erster Teil, Erstes Kapitel, 1.1.1.1, 22-23; vgl. 1.1.2.1, 25-26.

[285]   Vgl. Erster Teil, Erstes Kapitel, 1.2.3, 44-66.

[286]   Vgl. Röwekamp., G., Einleitung (FC 7, 60f); vgl. Knupp, J., Das Mystagogieverständnis, 237.

Mystagogie als Art und Weise, wie der Mensch immer mehr vom Gottesgeheimnis durchdrungen wird, zeigt sich in der Alten Kirche als von Christus bedingt. Auffallend ist nun, dass die Väter den Bezug auf Christus ganz unterschiedlich denken.

Bei Gregor dem Großen kommt z. B. in der Vita Benedicti der Christusbezug nur indirekt zur Geltung. Benedikt wird als einer beschrieben, der den Deszensus in die Tiefe der Höhle von Subiaco und damit in die Tiefe seines Herzens beschreiten muss, bevor er durch das "Pascha" in den Aufstieg nach oben geholt wird.[287] Weil Christus selbst den Weg nach unten gegangen ist und sich erst am absoluten Tiefpunkt, nämlich dem Kreuz, die Auferstehung ereignete, kann der Weg des Menschen zu Gott nicht unter anderen Vorzeichen geschehen. Der Weg jedes Gottsuchers ist von den Achsen des Deszensus und Aszensus geprägt und damit schon immer auf das Christusereignis verwiesen.

In ähnlicher Weise ist das Christusgeschehen auch bei Origenes zu verstehen. Der Weg des Menschen zu Gott, den Origenes als Aufstieg beschreibt, ist durch Christus verursacht worden und findet in der "Schau des Logos" seinen Höhepunkt.[288] Der Weg zur Logosmystik gestaltet sich nach Origenes in den Achsen von Deszensus und Aszensus, die genauso, wie das Gregor der Große später denken wird, durch die Entäußerung des Logos und seinen Aufstieg geprägt sind.[289]

Ist also bei diesen beiden Vätern das Abstiegs-Aufstiegsschema der Ausdruck für die Bindung der Mystagogie an das Christusereignis, so zeigt sich beispielsweise bei Cyrill von Jerusalem, dass die Bindung an Christus noch direkter gedacht wird. Die Liturgie ist für ihn "mimesis" des Heilswerkes Jesu Christi, so dass jeder, der die Riten der Sakramente vollzieht, mit ihrem innersten Grund eins wird, den Cyrill wiederum im Erlösungswerk Christi ausmacht.[290]

Auch Theodor von Mopsuestia ist in dieser Denktradition anzusiedeln. Er versteht Mystagogie als Weg, den Grund der Sakramente zu erfassen, den Theodor ebenfalls mit der Erlösung identifiziert, die in Christus ihre Erfüllung fand.[291]

Zusammenfassend kann also festgehalten werden, dass Mystagogie in der Alten Kirche vom Christusereignis her bedingt verstanden wurde. Dieser Christusbezug war einerseits die Ermöglichung von Mystagogie, als andererseits ihr Ziel. Wichtig bleibt, dass die Väter die Gestalt, wie dieser Christusbezug eingelöst wurde, ganz unterschiedlich verstanden und akzentuierten.

---

[287] Vgl. Gregor der Große, Dial 2,1,6f,106-108.

[288] Vgl. Origenes, Johanneskommentar 13,25 (GCS 10, 248-250).

[289] Vgl. Origenes, Kommentar zum Hohenlied Prol.,76 (GCS 33/2, 61); vgl. ders., Matthäuskommentar 10,5 (GCS 40, 5f).

[290] Vgl. dazu Cyrill von Jerusalem, Mystagogische Katechesen 2,5 (FC 7, 117-119); vgl. ders., Mystagogische Katechesen 2,6 (FC 7, 119).

[291] Vgl. Theodor von Mopsuestia, Katechetische Homilien 12,6 (FC 17/2, 323f).

1.3.7 Zur Bedeutung des Mystagogen

Insgesamt fällt auf, dass auch im Rahmen der Entwürfe, die Mystagogie im Zusammenhang mit der Initiation denken, die Rolle des Mystagogen nicht eigens reflektiert wird.

Bei Cyrill bzw. Johannes von Jerusalem ist der Bischof derjenige, der sowohl die Initiationshandlungen vornimmt als auch diese in den Katechesen ausdeutet.[292] Bei Johannes von Chrysostomus und Theodor von Mopsuestia ist es Usus, dass die mystagogischen Katechesen von Presbytern gehalten werden,[293] während Augustinus wiederum die sogenannten Osterpredigten als Bischof hält.

Neben dieser grundsätzlichen Feststellung findet sich in den mystagogischen Katechesen Cyrills bzw. Johannes' von Jerusalem an einer Stelle ein Hinweis, der die Verfasstheit des Mystagogen thematisiert. Hier wird der Mystagoge als einer beschrieben, der die Mysterien aus einer inneren Betroffenheit auslegt. Der Bischof hat selbst erfahren, wie das Heilsereignis, in das der Täufling durch die Taufe gehoben wurde, zu seiner eigenen Wirklichkeit geworden war und deutet nun die Mysterien von dieser Erfahrungsbasis aus.[294] Die Einführung in die Mysterien geschieht also nicht in einem objektiven Sinn, sondern ist ein Geschehen, das die Person des Mystagogen einfordert und von seiner inneren Betroffenheit durch das Heilsereignis mitbestimmt wird. Der Mystagoge wird damit zumindest bei Cyrill als einer akzentuiert, der etwas erfahren hat.

Nachdem nun an exemplarischen Entwürfen sowohl das Verständnis von Mystagogie im als auch jenseits des Zusammenhangs mit der Initiation reflektiert und systematisiert wurde, stellt sich die Frage, welche Anknüpfungen sich daraus für das mystagogische Lernen ergeben können.

2 Dimensionen und Akzentuierungen von Mystagogie — Impulse für den religionspädagogischen Kontext

Die Untersuchung verschiedener antiker Autoren auf ihr Verständnis von Mystagogie zeigte, dass es sich um ein sehr vielschichtiges Phänomen handelt, das unterschiedlich akzentuiert wurde und ganz unterschiedliche Konkretionen fand. Trotzdem wurde deutlich, dass die Väter ein gemeinsames Anliegen verfolgten, wenn sie auf die praktische Seite der Beziehung Gottes mit dem Menschen reflektierten. Ihnen ging es darum, Wege zu skizzieren, damit der

---

[292] Vgl. Röwekamp, G., Einleitung (FC 7, 56); vgl. Ambrosius, De sacramentis 1,1 (FC 3, 76).

[293] Vgl. Kaczynski, R., Einleitung (FC 6/1, 45).

[294] Vgl. Cyrill von Jerusalem, Mystagogische Katechesen 2,5.7 (FC 7, 117-119).

Mensch immer offener für das Geheimnis Gottes und schließlich immer mehr von Gott durchdrungen wird.

Auch wenn es im Folgenden nicht darum gehen kann, von den Mystagogien der Alten Kirche einen religionspädagogischen Entwurf von Mystagogie zu deduzieren, soll das Augenmerk darauf gerichtet werden, welche eventuellen Dimensionen und Akzentuierungen sich für das mystagogische Lernen ausmachen lassen.

2.1 Mystagogie als Disposition für das Gottesgeheimnis

Obwohl zunächst der Anschein im Vordergrund stand, dass Mystagogie in der Alten Kirche bedeutete, auf die Sakramente vorzubereiten bzw. diese zu deuten, konnte im Laufe der Untersuchung gezeigt werden, dass es hier vielmehr darum ging, einen Weg aufzutun, um immer mehr des Gottesgeheimnisses teilhaftig zu werden. Mystagogie bezieht sich nicht auf irgendein Phänomen im Christentum oder irgendeine Wahrheit, sondern zielt auf die Kernfrage des Christlichen, nämlich die Gottesfrage und ihre spezifische Gestalt. Mystagogie ist praktischer Ausdruck für die Beziehung von Gott und Mensch, indem es hier um konkrete Wege und konkrete Ausdrucksformen geht, wie diese Beziehung intensiviert werden kann.

Damit ist ein entscheidendes Kriterium genannt, dem sich auch eine Mystagogie im religionspädagogischen Kontext stellen muss. Es geht darum, Wege anzubahnen sowie Räume und Zeiten zu eröffnen, um Menschen aufmerksam zu machen für die Gottesbegegnung und Gotteserfahrung. Mystagogie zu betreiben heißt also, sich Konkretionen zu überlegen und in der Praxis umzusetzen, wie der Mensch Gottes immer mehr inne werden kann oder anders gesagt, wie das Angekommensein Gottes beim Menschen immer mehr zur Erfahrung auch des Menschen werden kann.

2.2 Mystagogie und das Glück des Menschen

Interessant ist nun, in welchem Kontext die Gotteserfahrung in der altkirchlichen Theologie verstanden wurde und was sich daraus für das mystagogische Lernen ergibt. Die vorhergehenden Untersuchungen verdeutlichten, dass Mystagogie in der Alten Kirche eine Antwort auf die Grundfrage des Christseins war, nämlich wie der Einzelne Anteil am Heil gewinnen kann. Gott, der sich in Christus vollgültig in die Geschichte eingeschrieben hat, eröffnet sich dem Menschen, damit dieser wieder ins Heil gehoben wird. Mystagogie wurde damit verstehbar als Art und Weise, immer mehr Abstand zum Bösen zu gewinnen und den Menschen immer mehr zu seinem Ziel zu führen.

Für eine Mystagogie im heutigen Kontext könnte daraus die Inspiration wachsen, Wege zu entwickeln, den Menschen immer mehr zum Leben zu bringen und zugleich dafür aufmerksam zu machen, dass gerade darin Gott erfahren werden kann. Es geht also darum, das Glück des Menschen und die Begegnung mit Gott in eins sehen zu lernen. Anders gesagt können sich die Fragen nach dem Heil, dem Glück, dem Ganzsein des Menschen als hervorragende Anknüpfungspunkte erweisen, um nach den Wurzeln von Heil, Glück und Ganzsein zu tasten und die Gotteserfahrung als mögliche Antwort zumindest anzufragen.

2.3 Mystagogie als Prozess und vielgestaltiges Phänomen

Die Prozesshaftigkeit und Vielgestaltigkeit von Mystagogie in der Alten Kirche kann für das mystagogische Lernen ebenfalls inspirierend sein. Mystagogie rückt damit als Weggeschehen in den Blick, das verschiedene Etappen kennt, die abhängig sind von der Person des Einzelnen und sehr unterschiedlich verlaufen. Dem mystagogischen Anliegen widerspricht es also, als ein bestimmtes System aufzutreten und auf eine "Methode" festgelegt zu werden. Es geht vielmehr darum, ausgehend von den verschiedenen Vermögen des Menschen, also von seinem Denken, Handeln, seinen Sinnen und Empfindungen her Wege zu entwickeln, die ihm helfen, über das Vorfindliche hinauszufragen.

Bei den Vätern artikulierte sich diese Vielgestaltigkeit beispielsweise darin, dass der intellektuelle Teil des Menschen genauso wie der affektive und vitale Teil auf Gott ausgerichtet werden sollten.[295] Für das mystagogische Lernen kann das bedeuten, das Lerngeschehen sowohl durch reflektierende Prozesse als auch praktische, sensomotorische und ästhetische Momente zu strukturieren. Nachzudenken, zu fragen, zu untersuchen und abzuwägen müssen von daher beim mystagogischen Lernen ebenso zum Tragen kommen, wie sich mit den verschiedenen Sinnen einer Sache zu nähern, zu verweilen, stille zu werden und den eigenen Erfahrungen Ausdruck zu verleihen.

2.4 Kenosis als Richtung mystagogischer Wege

Gestalten sich die mystagogischen Wege unterschiedlich und vielgestaltig, weil sie vom Einzelnen her zu denken sind, so lässt sich doch eine "Richtung" mystagogischer Prozesse ausmachen. In der Alten Kirche wurde diese Richtung als Deszensus und Aszensus bezeichnet. Weil der Weg des menschlichen Heils durch das Christusgeschehen eröffnet wurde und deshalb an seine Kenosis und Verherrlichung gebunden ist, sind auch die mystagogischen Wege vom Paradigma der Entäußerung und des Erfülltwerdens geprägt.

Mit anderen Worten heißt das für mystagogisches Lernen, dass mystagogische Prozesse so angelegt sein müssen, dass sie den Einzelnen immer mehr in eine

---

[295]   Vgl. dazu den Aufbau der Vita Benedicti.

Begegnung mit der Welt und ihren Tiefenschichten hineinführen. Das kann sich konkretisieren in Begegnungen mit denen, die am Rand sind, die ausgegrenzt und vom Leid angefragt werden und die Strukturen des Bösen zu spüren bekommen. Mystagogie wird hier verstehbar als ein Geschehen, das den Menschen mit den grundlegenden Fragen konfrontiert, die ihn nach dem tasten lassen, was noch bleibt, wenn das Vordergründige weggenommen wird. Mystagogie führt damit hinein in die letzten und existentiellen Fragen des Menschseins überhaupt, die sich in Leiderfahrungen besonders verdichten. Hier wird die Gottesfrage als eine mögliche Antwort auf das Verlangen des Menschen nach Sinn ventiliert.

2.5 Die Unverfügbarkeit Gottes und des Menschen

Für alle Charakteristika, die sich für Mystagogie herausarbeiten ließen, fällt auf, dass sowohl die Unverfügbarkeit Gottes als auch des Menschen als deren Ermöglichung und deren Grenzen aufscheinen. Mystagogie ist kein automatischer Prozess, der den Menschen unbedingt und von vornherein für die Gotteserfahrung zu öffnen vermag. Es bleibt sowohl der Unverfügbarkeit Gottes als auch der freien Entscheidung des Menschen anheimgestellt, ob es zu einer Begegnung kommt oder nicht. Auch wenn Gott jedem Menschen das Heil zugesprochen hat und Jesus Christus zur Möglichkeit des Heils für alle und nicht nur für eine bestimmte Elite geworden ist, kann dieses Angebot Gottes doch leer bleiben, wenn der Mensch sich dagegen entscheidet und es nicht in seinem Leben Gestalt annehmen lässt.

Genauso gilt, dass die Gnade Gottes und sein Heilswillen für den Menschen zwar bedingungslos zu verstehen sind, dass dies aber jenseits eines Heilsautomatismus zu denken ist.

Mystagogie ist ein Prozess, der bedingt ist durch Gott und den Menschen. Deshalb vollzieht er sich zwar in einer bestimmten geschichtlichen Weise, wird durch bestimmte Konkretionen praktisch, bleibt aber dennoch sowohl von seinen Bedingungen als auch von seinem Ziel her unverfügbar.

Damit zeigt sich wiederum, dass zwar bestimmte Wege entwickelt werden können, wie Mystagogie konkret wird, dass diese aber niemals mit dem Anspruch zu formulieren sind, "Rezepturen" zu liefern, die den Menschen für Gotteserfahrung öffnen bzw. die Gott für den Menschen erfahrbar werden lassen. Auf diesem Hintergrund ist auch die Bedeutung des Mystagogen zu reflektieren.

2.6 Zur Bedeutung des Mystagogen

Auf dem Hintergrund der letzten Ausführungen wird deutlich, dass im christlichen Kontext der eigentliche Mystagoge nur Gott ist.[296] Nur Gott selbst kann den Menschen in seiner Tiefe anrühren und mit der Tiefe Gottes vertraut machen. Erst wenn das deutlich ist, kann die Rolle des (Zweit-)Mystagogen in den Blick rücken. Dieser wird verstehbar als einer, der selbst vom Gottesgeheimnis angerührt ist und aufgrund dieser Erfahrung zu einem wird, der den Einzelnen anspornt, sich auf den Weg der Gotteserfahrung einzulassen. Er agiert als einer, der selbst schon in den mystagogischen Prozess verwickelt ist, der begleitend und auch konfrontierend tätig wird. Das kann konkret heißen, Erlebnisse deuten zu helfen, überhaupt das Interpretationspotenzial des jüdisch-christlichen Glaubens einzubringen, so dass der, der sich auf den mystagogischen Prozess einlässt, auf dieses zurückgreifen und es für seine eigenen Erlebnisse als Deutungshilfe heranziehen kann. Das kann genauso bedeuten, den Einzelnen zu einer Sprache zu befähigen und ihm eine Sprache anzubieten, die es ermöglicht, die eigenen Erfahrungen auszudrücken.

Insgesamt kann das für einen Mystagogen heißen, dass er die Rolle eines Initiators einnimmt, der mystagogische Prozesse initiiert, der einen Rahmen ermöglicht, der für Erfahrungen disponiert, der hilft, Entscheidungen vorzubereiten, der Deutungen für Erfahrungen ventiliert, und zwar als einer, der selbst Erfahrungen gemacht hat.

Wurde in diesem ersten Kapitel das mystagogische Anliegen in der Alten Kirche reflektiert und auf Impulse für den religionspädagogischen Kontext befragt, gilt es im zweiten Kapitel einen Entwurf zu bedenken, der einerseits an das Erarbeitete anknüpft, es andererseits aber auch weiter entwickelt. Das ließ die Wahl auf Bonaventura, einen der wichtigsten mystischen Lehrer des Mittelalters, fallen. Er entfaltete Themen, die in der Antike von Bedeutung waren, und profilierte das mystagogische Anliegen, indem er Theologie überhaupt als existentielle Theologie zeichnete. Mit ihm war damit nicht nur ein Bindeglied zwischen Antike und Gegenwart gefunden, sondern auch ein Theologe, der durch sein Verständnis von Gotteserfahrung helfen konnte, eine heutige Reflexion über Gotteserfahrung zu bereichern.

---

[296] Vgl. Rahner, H., Griechische Mythen in christlicher Deutung, 52.

Zweites Kapitel: Zur mystagogischen Dimension der Theologie Bonaventuras

1 Ein mittelalterlicher Theologe als Inspirator heutigen religionspädagogischen Denkens?

Es mag auf den ersten Blick verwundern, dass ein mittelalterlicher Theologe, der zur Hochscholastik zählt, ausgewählt wurde, um aus seiner Theologie Impulse zu gewinnen für ein Verständnis von Mystagogie, das religionspädagogisches Denken und Handeln inspirieren soll.

Bonaventura zählt zusammen mit Bernhard von Clairvaux zu den beiden wichtigsten mystischen Lehrern des mittalterlichen Abendlandes.[1] Gegenüber dem "doctor mellifluus" zeichnet sich Bonaventuras Werk durch seine Ausführlichkeit und Systematik aus. Er schafft eine Theorie der Mystik, die in einer der "größten theologischen Synthesen des 13. Jahrhunderts"[2] wurzelt und darin sowohl das Spätmittelalter entscheidend beeinflusste[3] als auch bis heute relevant ist. Bonaventura bleibt vor allem wegen seines praktischen Interesses, wie der Weg des Menschen zu Gott gelebt werden kann, für heutiges Theologietreiben interessant, das Theologie als auf Praxis bezogen denkt.[4]

Er unterstreicht ähnlich wie sein Lehrer Alexander Hales den sapientialen Charakter von Theologie und macht deutlich, dass Wissen immer ausgerichtet ist auf das gute und gelingende Leben (ut boni fiamus). Anders gesagt sieht Bonaventura in der Theologie sowohl eine Leitungsinstanz und Inspiratorin für den menschlichen Intellekt (theoretischer Charakter von Theologie) als auch für die ethische Vervollkommnung des Menschen (praktisch-moralischer Charakter) wie auch für das affektive Handeln (sapientialer Charakter).[5] Wissenschaftliche Theologie arriviert zur Weise, den Weg zur Weisheit zu beschreiten, der letztlich in der Contemplatio erreicht wird. Bernard McGinn charakterisiert deshalb Bonaventuras Theologie als Ganze als mystagogisch. Er hebt in einem prägnanten Zitat hervor, dass das Bemühen der bonaventurianischen Theologie

---

1   Vgl. McGinn, B., Die Mystik im Abendland, Bd. 3, 168.

2   Vgl. McGinn, B., Die Mystik im Abendland, Bd. 3, 214.

3   Distelbrink, B., Bonaventurae Scripta, führt z. B. 184 Schriften auf, die Bonaventura zugeschrieben wurden. Das ist vermutlich mehr als bei irgendeinem anderen mittelalterlichen Theologen. Vgl. dazu McGinn, B., Die Mystik im Abendland, Bd. 3, 214.

4   Vgl. Guardini, R., Systembildende Elemente in der Theologie Bonaventuras, 215. Vgl. dazu auch die wissenschaftstheoretische Verhältnisbestimmung von Theologie, wie sie sich bei Karl Rahner findet. Gerade das ist für Rahner der Punkt, die Notwendigkeit einer neuen Mystagogie zu formulieren. Vgl. Rahner, K., Die grundlegenden Imperative für den Selbstvollzug der Kirche, 256-276, bsds. 267-272.

5   Vgl. dazu Leinsle, U. G., Einführung in die scholastische Theologie, 151-155.

darauf gerichtet ist, einen Weg zu finden, wie der Mensch wieder Gottes inne werden kann.[6]

Im Folgenden kann Bonaventuras Theologie als hervorragendes Beispiel gelten, wenn es darum geht, Antworten auf die Frage zu ventilieren, wie eine Mystagogie konturiert ist, also wie es möglich ist, dass der Mensch des Gottesgeheimnisses gewahr wird und wie diese Erfahrung in seinem Leben Gestalt annehmen kann.

Neben diesem systematischen Grund, Bonaventura als "Inspirator" für das mystagogische Lernen zu wählen, gab es noch einen weiteren, der eher ideengeschichtlicher Art ist. Es fiel auf, dass Bonaventura gleichsam als Bindeglied gelten kann zum Konzept von Mystagogie, das im 20. Jahrhundert entwickelt wurde und sowohl für die Praktische Theologie im Allgemeinen als auch die Religionspädagogik im Besonderen am bedeutendsten war, nämlich der Theologie Karl Rahners.[7] Karl Rahner hat sich mit der mystagogischen Konzeption der Theologie Bonaventuras ausführlich beschäftigt.[8] Bei Bonaventura beginnt so manche Denklinie, die Rahner später auf seine Weise weiter entwickelte. Im Folgenden soll deshalb zuerst die mystagogische Dimension der Theologie Bonaventuras herausgearbeitet werden, bevor in einem weiteren Themenkreis Rahners Verständnis von Mystagogie konturiert wird.

Dazu wird zunächst ein kurzes Lebensbild Bonaventuras vorgestellt (2). Seine Schrift "De triplici via", die auch als Summe seiner mystischen Theologie bezeichnet werden kann, gab die Grundlage vor, das mystagogische Anliegen bei Bonaventura herauszuarbeiten (3). In einem anschließenden Abschnitt galt es, strukturierende Momente des mystagogischen Weges zu erschließen (4), um schließlich Dimensionen und Akzentuierungen ausmachen zu können, die als Impulse für den religionspädagogischen Kontext interessant sind (5).

---

[6] McGinn, B., Die Mystik im Abendland, Bd. 3, 176: "Das Gesamt der mystischen Theologie des Franziskaners [Bonaventuras, Erg. durch Verf.] lässt sich als der Versuch betrachten, das richtige Verständnis unserer *reductio* zu Gott herauszuarbeiten. Ihrer Natur nach muß die Reduktion genau wie die Hervorbringung christologisch sein."

[7] Vgl. Rahner, K., Die grundlegenden Imperative für den Selbstvollzug der Kirche, 269-271.

[8] Vgl. beispielsweise die frühen Artikel: Rahner, K., Der Begriff der ecstasis bei Bonaventura (1919); ders., Die Lehre von den "geistlichen Sinnen" im Mittelalter, in: SzTh 12 (1975), der erstmals, wenn auch ausführlicher, veröffentlicht wurde als "La doctrine des 'sens spiruels' du moyen âge en particulier chez Saint Bonaventure (1933)". In einem Gespräch mit Leo O'Donovan, Karl Rahner im Gespräch II, 47-59, spricht Rahner u. a. davon, dass er sich ausgehend von der ignatianischen Spiritualität mit deren Quellen beschäftigt habe und nennt hier auch Bonaventura. In der Rahnerrezeption, die die ignatianische Spiritualität als Grundlage seines Denkens herausgearbeitet hat, taucht ebenso immer wieder der Verweis auf, dass sich Rahner an Bonaventura inspirierte, insbesondere was sein Verständnis von Gotteserfahrung anbelangte. Vgl. dazu u. a. Fischer, K. P., Gotteserfahrung, 32-41; Endean, Ph., Die ignatianische Prägung der Theologie Karl Rahners, 60; Zahlauer, A., Karl Rahner, 105-114.

2   Bonaventura — Einer, der Gott sucht

Bonaventura wurde vermutlich 1217 in Bagnoregio als Johannes Fidanza geboren.[9] Die meisten der ersten franziskanischen Brüder kannte er noch persönlich. So findet sich im "Itinerarium mentis in Deum" eine Notiz, die auf die Be-
kanntschaft mit Bruder Leo verweist[10] und in der Vita Aegidii, dass er mit Ägidi-
us in Kontakt war.[11] Die Legende erzählt sogar davon, dass Bonaventura als
Kind von Franziskus von einem schweren Augenleiden geheilt worden sei.
1243 jedenfalls tritt Bonaventura in den Franziskanerorden ein. Sein begüterter
Vater hatte ihm zuvor das Studium in Paris ermöglicht, das er 1242 mit dem
Magister Artium beendete. Die Franziskanermagister Alexander von Hales und
Johannes Rupella waren seine theologischen Lehrer und legten den Grund für
Bonaventuras Augustinismus, wie sie ihn vermutlich auch in seiner skeptischen
Haltung gegenüber dem Aristotelismus beeinflussten. Sechs Jahre nach sei-
nem ersten Abschluss erhält Bonaventura die Lehrbefugnis als sogenannter
"Baccalaureus biblicus" an der Pariser Universität und kommentiert in dieser
Zeit das Buch Ecclesiastes und der Weisheit, sowie das Lukas- und Johannes-
evangelium. Als er von 1250 bis 1253 als "Baccalaureus sententiarius" tätig ist,
schafft er den im 13. Jh. wohl bedeutendsten Kommentar zu den Sentenzen
des Petrus Lombardus. Aus dieser Zeit bis zu seiner Wahl zum Ordensgeneral
am 2.2.1257 stammt eine Reihe von Werken mit hohem Rang: Die
"Quaestiones disputatae" z. B., "De perfectione evangelica", in der vor allem
die franziskanische Weise, Armut zu verstehen und zu leben, thematisiert wird,
"De scientia Christi", "De mysterio Trinitatis" sowie das "Breviloquium", das als
Grundriss des Theologiestudiums konzipiert ist.[12] Die Aufgaben, die Bonaventura mit dem Amt des Generalministers übernahm, zwangen ihn, seine wissenschaftliche Laufbahn zu beenden. Zu den dunklen Seiten im Leben Bonaventuras zählt der Prozess, den er gegen den wegen des Joachimismusverdachtes
abgesetzten Generalminister Johannes von Parma leitete, sowie der Streit um
die ordensverbindliche Vita des Franziskus, den er maßgeblich beeinflusste.
Obwohl Bonaventura in dieser Zeit fast ununterbrochen unterwegs war, entstanden hier fast alle mystischen Schriften.[13]

---

[9]   Abate, G., Per la storia et la cronologia de S. Bonaventura, 543-568; 50 (1950) 97-130;
       vgl. Schlosser, M., Bonaventura begegnen, 11, die gleichzeitig darauf verweist, dass
       manche Autoren das Jahr 1221 als das Geburtsjahr Bonaventuras ausweisen. Z. B.
       Ruh, K., Geschichte der abendländischen Mystik, 409.

[10]   Vgl. Bonaventura, Itinerarium mentis in Deum 7,3 (Opera omnia 5, 312).

[11]   Vgl. Vita Aegidii (Analecta Franciscana 3, 101).

[12]   Schlosser, M., Einleitung (FC 14, 8), vermutet, dass das Breviloquium erst nach der
       Wahl zum Generalminister entstanden sei.

[13]   Vgl. Schlosser, M., Einleitung (FC 14, 7-9); vgl. dies., Bonaventura begegnen, 10-36.

1264 ernennt ihn Papst Nikolaus IV. zum Erzbischof von York. Auf die inständige Bitte Bonaventuras nimmt er dies jedoch wieder zurück. 1273 aber wird er von Gregor X. zum Kardinal bestellt. Am 15.7.1274 schließlich stirbt er noch während des Konzils von Lyon, dessen Vorsitz er führte, und das die Wiedervereinigung von Ost- und Westkirche voranzutreiben suchte.[14] 1482 wurde Bonaventura heilig gesprochen, 1587[15] zum Kirchenlehrer ernannt.[16]

Auch wenn die franziskanische Forschung betont, dass sich die Lehre Bonaventuras in seiner Zeit als Generalminister gegenüber seinem Theologietreiben als Theologieprofessor in Paris nicht verändert habe, kann man das nur in Bezug auf die Prinzipien seiner Theologie sagen, die er aus dem Augustinismus bezieht. Nach 1257 machen sich neue Denkweisen bemerkbar, die vermutlich mit den bedeutenden Umbrüchen und Krisen im Orden zu tun haben. Die Explosion der Mitgliederzahlen und die damit zusammenhängenden Probleme, der Armutsstreit und die Auseinandersetzungen um den Joachimismus führten Bonaventura dazu, Akzente neu zu setzen, indem er sich auf das franziskanische Erbe besann.[17]

Im Folgenden kann es nicht darum gehen, das gesamte Werk Bonaventuras und die Fülle seiner theologischen Bemühungen, die er als Ganzes als Weg zu Gott verstand, für die gebotene Fragestellung auszuloten. Es soll vielmehr exemplarisch gezeigt werden, welche Implikationen eine Mystagogie nach Bonaventura beinhaltet.

Obwohl der Sentenzenkommentar Bonaventuras viele Aussagen über den Weg des Menschen zu Gott enthält, gelten doch das "Itinerarium mentis in Deum" und die Abhandlung "De triplici via" als die Schriften Bonaventuras, die die Lehre über den Fortschritt des Menschen zu Gott am ausgeprägtesten formulieren. Auch wenn in der Forschung Uneinigkeit darüber besteht, welcher der beiden relativ kurzen Schriften mehr an Bedeutung beizumessen ist,[18] soll im Folgen-

---

[14] Vgl. Clasen, S., Einführung zu Bonaventura (FQS 7, 131).
[15] Vgl. Clasen, S., Einführung zu Bonaventura (FQS 7, 133), nennt den 14.3.1587, den Jahrestag der Übertragung der Gebeine Bonaventuras als Datum, an dem Papst Sixtus V. Bonaventura in der Bulle "Triumphantis Jerusalem" zum Kirchenlehrer erhob. Schlosser, M., Einleitung (FC 14, 9), führt wie auch Bougerol, J. G., Introduction à Saint Bonaventure, 11, das Jahr 1588 an.
[16] Vgl. Ruh, K., Geschichte der abendländischen Mystik, Bd. 2, 406-411; vgl. Schlosser, M., Einleitung (FC 14, 8).
[17] Vgl. Schlosser, M., Bonaventura begegnen, 30-36.
[18] Bernard McGinn beispielsweise sieht im Itinerarium das "größte mystische Werk" Bonaventuras. Vgl. ders., Die Mystik im Abendland, Bd. 3, 179. Zugleich beschreibt er Bonaventuras mystische Theologie immer aus der Perspektive beider Werke. Vgl. ders., Die Mystik im Abendland, Bd. 3, 193-213.

den die mystagogische Dimension der Theologie Bonaventuras anhand von "De triplici via" vorgestellt werden.[19]

3 "De triplici via" — Eine mystagogische Schrift als Summe der mystischen Theologie Bonaventuras

In "De triplici via" fasst Bonaventura die geistliche Tradition und Weisheit von Jahrhunderten in einer eigenständigen Synthese zusammen, indem jene in einen Gesamtentwurf von Theologie als Weisheit eingefügt wird. Vermutlich durch die Schrift "Itinerarium mentis in Deum" vorbereitet, die im Herbst 1259 entstand, und fortgesetzt im Soliloquium (1263), schafft Bonaventura in "De triplici via"[20] eine Summe der mystischen Theologie, und zwar in mehrfacher Hinsicht.

Zum einem wird der Stoff in systematisierter Form dargeboten und in mnemnotechnischer Weise aufgearbeitet. Zum anderen ist "De triplici via" auch in inhaltlicher Hinsicht als Summe zu verstehen, insofern Bonaventura bestehende Traditions- und Interpretationslinien eigenständig verarbeitet und so Neues schafft. "De triplici via" kann als Zusammenfassung seiner mystischen Theologie gelten, die wiederum nur im Gesamtkontext seiner anderen mystischen Schriften und theologischen Werke zu verstehen ist. Insofern sie kein theoretisches Lehrgebäude ist, sondern Spekulation und Mystik miteinander verbindet, bietet Bonaventura hier eine mystagogische Schrift, die dem hilft, den Weg zu Gott zu finden, der sich mit ihr beschäftigt und sie wiederkäut, um sie zu verinnerlichen. Wie der Titel schon zu verstehen gibt, thematisiert "De triplici via" einen Weg, dessen Ziel es ist, Gott ähnlich zu werden.

Diese Gründe bewogen, ausgehend von "De triplici via"[21], das mystagogische Verständnis Bonaventuras zu konturieren. In dieser Schrift verdichten sich sozusagen wie in einem Fokus die Gedanken des seraphischen Lehrers, was den Weg des Menschen zu Gott anbelangt.

---

[19]   Mit Ruh, K., Geschichte der abendländischen Mystik, Bd. 2, 429, Anm. 48, wird davon ausgegangen, dass "De triplici via" nach dem Itinerarium entstanden ist. Vgl. dazu Longpré, E., La Théologie mystique de Saint Bonaventure, 26. Vgl. Bougerol, J. G., Introduction à Saint Bonaventure, 244. Anders argumentiert McGinn, B., Die Mystik im Abendland, Bd. 3, 199, der davon ausgeht, dass das Itinerarium die Gedanken aus "De triplici via" bündelt, indem hier die Schau des Seraphs bzw. des Bundeszeltes, wie es in Ex 26f und Ex 38f beschrieben wird, die Bilder sind, die alle abstrakten Gedanken veranschaulichen helfen.

[20]   Eine genaue Datierung von "De triplici via" kann, wie oben schon angedeutet wurde, nicht vorgenommen werden. Bougerol, J. G., Introduction à Saint Bonaventure, Paris 1988, 244, schlägt vor, die Datierung nach dem Itinerarium, also nach dem Herbst 1259, aber vor dem Generalkapitel in Narbonne, Mai 1260, anzusetzen. Distelbrink, B., Bonaventurae scripta, 23, fasst einen gößeren Zeitraum ins Auge, wenn er die Jahre 1259-1269 als Terminierung benennt.

[21]   (FC 14).

3.1 Der mystagogische Weg nach "De triplici via"

Im Prolog stellt Bonaventura den Lesern das Konzept vor, mit dem er den Weg des Menschen zu Gott beschreibt. Er legt den traditionellen Dreischritt der Meditatio, Oratio und Contemplatio zugrunde, der sich schon bei Hugo von St. Viktor (+ 1141)[22] findet sowie bei dem Kartäuser Guigo II. (+ 1188)[23]. Diese Triade geht vermutlich auf das Schema "Lesung — Gebet" zurück und reicht damit in die Mitte der mönchischen Tradition.[24]

Bonaventura formuliert nicht drei voneinander unabhängige Wege, sondern beschreibt vielmehr drei Weisen, wie das eine Ziel, nämlich Gott, erreicht werden kann. Bei allen drei Weisen geht es um die Wiederherstellung der gottgewollten Ordnung, die Bonaventura in dem Terminus *hierarchizatio* fasst.[25] Diese ist für Bonaventura nicht Ausdruck einer statischen Ordnung, in der die verschiedenen Seinsstufen eingepasst sind, sondern bezeichnet eine Ordnung, in der die einzelnen Aktualisierungen darauf zielen, das Sein immer tiefer zu verwirklichen.

Dass dies geschieht, ist Wirkung Gottes im Menschen oder mit anderen Worten gesagt, ist Gnade. Insgesamt gilt nach Bonaventura, dass der Prozess der *hierarchizatio* bzw. der Weg der Verähnlichung des Menschen mit Gott sowohl einen passiven als auch einen aktiven Akzent umfasst. Gott ist der, der alles wirkt und zugleich ist der Mensch derjenige, dessen Antwort erst Gemeinschaft und Vereinigung verwirklicht.[26]

Im Folgenden soll skizziert werden, wie sich Bonaventura diesen Prozess denkt, der in den drei Weisen der Meditatio,[27] Oratio und Contemplatio geschieht.

3.1.1 Die Weise der Meditatio
3.1.1.1 Der Weg der Reinigung

Bonaventura macht im Menschen drei Kräfte aus, von denen der Stachel des Gewissens (stimulus conscientiae) einer ist.[28] Er bewirkt in der Meditatio die

---

[22] Vgl. Hugo von St. Viktor, Didascalicon 5,9 (SMRL 10, 109); 3,10 (SMRL 10, 59f); vgl. ders., De meditatione 2,1 (SC 155, 46).

[23] Vgl. Guigo II., Scala claustralium 12.14 (SC 163, 106.108.114).

[24] Vgl. Vogüé, A. de, Die tägliche Lesung in den Klöstern (300 - 700), 96-105; vgl. Calati, B., La "Lectio divina" nella tradizione monastica Benedettina, 407-438; vgl. Wulf, F., Die Übung der Meditation in der abendländisch-christlichen Geschichte, 197-209.

[25] Vgl. zur Bedeutung der *hierarchizatio* im Denken Bonaventuras: Bougerol, J. G., Introduction à Saint Bonaventure, 243; vgl. Schlosser, M., Cognitio et amor, 117-123; vgl. Guardini, R., Systembildende Elemente in der Theologie Bonaventuras, 146-176.

[26] Vgl. dazu Bougerol, J. G., Introduction à Saint Bonaventure, 243.

[27] Meditatio meint sowohl bei den Theologen des 12. Jahrhunderts, wie z. B. bei Richard von St. Viktor, als auch bei Bonaventura im Unterschied zur *cogitatio* und zur *contemplatio* das zielgerichtete Nachdenken über einen Gegenstand, um die Wahrheit über ihn zu erforschen.

Reinigung (purgatio) und muss zunächst durch die Erinnerung an die Sünde aufgeweckt werden.[29] Dann wird er sozusagen in drei Richtungen aktiv: Der Einzelne muss überprüfen, ob er nachlässig war (negligentia). Er muss die Begehrlichkeit (concupiscentia) ins Visier nehmen und sich schließlich ehrlich fragen, ob eine böse Gesinnung in ihm herrscht (nequitia).

Jede dieser drei Richtungen wird nach Bonaventura in Bezug auf drei Bereiche spezifiziert: Bei der *negligentia* geht es darum zu überprüfen, wo man nachlässig war: Ob sich der Einzelne zu wenig bemühte, das Herz zu bewachen, die Zeit zu nützen, das Ziel im Blick zu haben. Ob man in der Lesung, im Gebet oder in guten Werken nachlässig war. Und drittens, ob man es unterließ, Buße zu tun, Widerstand zu leisten, Fortschritte zu machen.[30]

Auch die *concupiscentia* gilt es auf drei Bereiche hin zu kontrollieren, nämlich auf die Begehrlichkeit des Willens (voluptas),[31] die Neugier (curiositas)[32] und die Eitelkeit (vanitas)[33].

Schließlich muss gefragt werden, ob die *nequitia* den Menschen bestimmt, und zwar in Form des Zorns (iracundia), des Neids (invidia) oder des Widerwillens gegen das Gute (der accidia).[34]

Waren das Aktivitäten, die der aufgeweckte Gewissensstachel tätigte, so reflektiert Bonaventura in einem zweiten Schritt darüber, wie dieser durch die Selbsterkenntnis geschärft werden kann.[35] Bonaventura macht drei Möglichkeiten aus. Indem man sich die Unausweichlichkeit des eigenen Todestages vor Augen führt, indem man sich das Blut der Passio Jesu und die Gegenwart des Richters vorstellt.

Dann kann sich nach Bonaventura auch der dritte Schritt vollziehen, nämlich die entsprechende Ausrichtung des geschärften Gewissensstachels durch die Betrachtung des Guten. Das geschieht, indem man sich drei Tugenden aneignet, nämlich die Kräftigkeit (strenuitas) gegen die Nachlässigkeit (negligentia), die Zucht (severitas) gegen die Begehrlichkeit (concupiscentia) und die Güte (benignitas) gegen die böse Gesinnung (nequitia).[36]

Damit ist nach Bonaventura das Ziel der Reinigung, wie es die Meditatio fasst, erreicht. Auch wenn der Ausgangspunkt der Gewissensbildung variieren kann, muss man von einer Phase zur anderen übergehen und so lange bei einer

---

28   Vgl. Bonaventura, De triplici via 1,2 (FC 14, 96).
29   Bonaventura, De triplici via 1,3 (FC 14, 96): Ad stimulum autem conscientiae ... homo debet exercere se ipsum, silicet ut primo ipsum exasperet...
30   Vgl. Bonaventura, De triplici via 1,4 (FC 14, 96-98).
31   Vgl. Bonaventura, De triplici via 1,5 (FC 14, 98).
32   Vgl. Bonaventura, De triplici via 1,5 (FC 14, 100).
33   Vgl. Bonaventura, De triplici via 1,5 (FC 14, 100).
34   Vgl. Bonaventura, De triplici via 1,6 (FC 14, 100-102).
35   Vgl. Bonaventura, De triplici via 1,7 (FC 14, 102).
36   Vgl. Bonaventura, De triplici via 1,8f (FC 14, 104-106).

bleiben, bis man Frieden (tranquillitas) und Klarheit (serenitas) verspürt. Das Ziel des Weges ist, geistliche Freude zu verkosten (affectus spiritualis laetitiae).[37] An die *via purgativa* schließt sich der Weg der Erleuchtung an, der im Folgenden kurz angedeutet werden soll.

3.1.1.2 Der Weg der Erleuchtung

Die *via illuminativa* ist sozusagen das Übungsfeld der zweiten Kraft des Menschen, nämlich des Funkens der Einsicht (radius intelligentiae).[38] Dieser muss sich zunächst ausstrecken (protendere) und sich der vergebenen Sünden bewusst werden, dann muss er weit werden (dilatari), indem er sich der empfangenen Wohltaten vergewissert.[39]

Diese Wohltaten, wie Bonaventura sie nennt, sind dreifacher Art. Manche beziehen sich auf die Vollendung der Natur und ihre Vollkommenheit, manche auf die Hilfe, die dem Menschen durch die Gnade Gottes zuteil wurde (adiutorium gratiae), andere wiederum auf all das, was dem Einzelnen im Überfluss gewährt wird (donum superabundantiae), angefangen vom Universum als Lebensraum bis zur Gabe des Heiligen Geistes.[40]

Schließlich ist der Funken der Einsicht im Menschen gehalten, all das, was er als Wohltat Gottes an den Menschen entdeckt und wahrgenommen hat, wieder auf Gott zurückzuwenden. Erst bei ihm, von dem alles Gute ausgeht, kommt auch das Gute zu seinem Ziel.

Damit gilt auch für den Weg der Erleuchtung, dass er sein Ziel darin findet, dass der Mensch einschwingt in die Liebe zu Gott.[41] Jetzt ist der Weg eröffnet, die Unio mit Gott zu leben.

3.1.1.3 Der Weg der Vollendung

Die Vollendung in der Meditatio lebt der Mensch, indem er die dritte Grundkraft aktiviert, die Bonaventura im Feuerfunken der Weisheit (igniculus sapientiae) ausmacht.[42] Auch ihm kommt eine dreifache Tätigkeit zu. Er muss sich sammeln (congregari), indem er sich von der Liebe zum Geschaffenen zurückzieht,[43] er muss sich entfachen (inflammari), indem er sich der Liebe zum Bräutigam zuwendet[44] und er muss drittens hoch auflodern (sublevandus est)[45].

---

37   Vgl. Bonaventura, De triplici via 1,9 (FC 14, 106).
38   Vgl. Bonaventura, De triplici via 1,10 (FC 14, 106).
39   Vgl. Bonaventura, De triplici via 1,10 (FC 14, 106-108).
40   Vgl. Bonaventura, De triplici via 1,11-14 (FC 14, 108-112).
41   Vgl. Bonaventura, De triplici via 1,14 (FC 14, 112).
42   Vgl. Bonaventura, De triplici via 1,15 (FC 14, 112).
43   Vgl. Bonaventura, De triplici via 1,15 (FC 14, 112).
44   Vgl. Bonaventura, De triplici via 1,16 (FC 14, 112-114).
45   Vgl. Bonaventura, De triplici via 1,17 (FC 14, 114).

Der Weg der Vollendung ist gekennzeichnet von Bewegungen, deren Ziel es ist, dass der Mensch sich selbst überschreitet, und zwar, wie Bonaventura formuliert, auf den "Bräutigam" hin, der weder mit den Sinnen, noch der Vorstellungskraft, noch dem Verstand erfasst werden kann.[46] Diesen Bräutigam identifiziert Bonaventura mit Jesus Christus. Damit ist, wie an anderer Stelle noch ausführlicher gezeigt wird, der Weg der Vereinigung mit Gott grundsätzlich von Christus her und auf ihn hin zu verstehen. Jesus Christus ist das Ziel des Weges und gestaltet als solches immer schon den Weg. Man könnte mit anderen Worten auch sagen, dass Bonaventura in Jesus Christus und seinem Weg die Grammatik des Weges des Menschen zu Gott entdeckt.

3.1.1.4 Sich auf Gott ausrichten

Für die Meditatio lässt sich zusammenfassend festhalten, dass der Mensch mit allen seinen Dimensionen, also der Vernunft (ratio), der Synderesis, dem Gewissen (conscientia) und dem Willen (voluntas)[47], Gott sucht und ihn sowohl in den Werken der Schöpfung als auch im Wirken Gottes im Menschen findet.

Alle Bemühungen zielen darauf, dass der Mensch Gottes inne wird und so immer mehr das verwirklicht, was Gott dem Menschen in die Seele gelegt hat, nämlich die Gottähnlichkeit bzw. die *hierarchizatio*. Dieses Ziel ist christologisch zu lesen, indem die Passio Jesu Christi und die Compassio mit ihm die Achsen der Heilsgeschichte bezeichnen.[48]

Wichtig ist außerdem, dass das Ziel der Meditatio damit nicht weniger einlöst als das der Oratio oder der Contemplatio, sondern auf ihre Weise die Fülle verwirklicht, die dem Menschen von Gott her zugedacht ist.

3.1.2 Die Weise der Oratio

Auch die Weise des Gebetes kennt nach Bonaventura drei Stufen (tres gradus). Erst wenn alle drei verwirklicht sind, kann man von einem "vollkommenen Gebet" sprechen (perfecta oratio)[49]. Diese drei Stufen bzw. Aktualisierungen des Gebetes macht Bonaventura darin aus, das Elend zu beweinen (deploratio miseriae), Barmherzigkeit zu erflehen (imploratio misericordiae), was sich erst ereignen kann, wenn man sich das eigene Elend eingestanden hat, und schließlich drittens die Anbetung zu vollziehen (exhibitio latriae)[50]. Es entspricht nun wiederum ganz der Struktur von "De triplici via", dass Bonaventura diese drei Gebetsarten in je dreifacher Hinsicht differenziert.

---

[46] Vgl. Bonaventura, De triplici via 1,17 (FC 14, 114).
[47] Vgl. Bonaventura, De triplici via 1,19 (FC 14, 116).
[48] Vgl. Schlosser, M., Einleitung (FC 14, 18).
[49] Vgl. Bonaventura, De triplici via 2,1 (FC 14, 118).
[50] Vgl. Bonaventura, De triplici via 2,1 (FC 14, 118).

3.1.2.1 Das Elend beweinen oder: Sich den eigenen Grenzen stellen .

Auch wenn es ganz unterschiedliche Gründe gibt, die den Menschen in eine elende Situation gebracht haben,[51] wird das Bewusstwerden des Elends von drei "Regungen" begleitet, die Bonaventura im Schmerz (dolor) ausmacht, in der Scham (pudor) und der Furcht (timor).

Bonaventura geht noch einen Schritt weiter und fragt danach, wie diese "Bewegungen" im Menschen entstehen. Er ordnet ihnen die drei Zeitdimensionen zu und schlussfolgert, dass der Schmerz durch die Erinnerung an Vergangenes ausgelöst wird, die Scham aus der Einsicht in das Gegenwärtige wächst und die Furcht, indem man sich die Zukunft vor Augen stellt. All dies ist notwendig, um sich einzulassen auf und sich zu disponieren für die Anrufung der göttlichen Barmherzigkeit, die ihrerseits wieder mit drei Dingen verbunden ist.

3.1.2.2 Die göttliche Barmherzigkeit anrufen oder: Hoffen, dass Gott den Grenzen Frieden schafft

Marianne Schlosser merkt in ihrem Kommentar zum "Dreifachen Weg" an, dass dieser Abschnitt auch als ekklesiologisches Kapitel bezeichnet werden kann.[52] Es fällt auf, dass Bonaventura neben dem göttlichen Pneuma und dem Erlöser Jesus Christus die Kirche ins Spiel bringt. Ist der Geist Gottes der Ursprung der Sehnsucht und Christus der Geber der Hoffnung, so wird die Kirche als diejenige charakterisiert, die dem Beter die Sorge und die Unterstützung durch die Heiligen zuteil werden lässt. Alle drei Haltungen sind wichtig, um die zweite Stufe des Gebetes zu vollziehen. Erst jetzt ist der Mensch fähig und bereitet, Gott anzubeten, von dem er sich erwartet, den eigenen Grenzen Frieden zu schaffen.[53]

3.1.2.3 Gott anbeten oder: Der Überstieg des Geistes in Gott hinein

Die Weise des Gebetes findet ihre dritte Stufe in der Anbetung Gottes, über die Bonaventura ausführlicher nachdenkt und so mehr gewichtet als die anderen Stufen der Oratio. Auch die Anbetung muss nach Bonaventura drei Aspekte umfassen. Das Herz des Menschen muss zur Ehrfurcht Gott gegenüber (Dei reverentia) und zur Anbetung (adoratio) bereit werden. Ferner muss es weit werden und sich schließlich für die Freude (complacentia) und die stumme An-

---

[51]   Bonaventura, De triplici via 2,2 (FC 14, 120).
[52]   Vgl. Schlosser, M., Einleitung (FC 14, 57).
[53]   Vgl. Bonaventura, De triplici via 2,3 (FC 14, 122).

rede (mutua allocutio) auftun.[54] Dies nun kann schließlich den Überstieg des Geistes in Gott hinein (excessus mentis) zeitigen, der das Ziel des Gebetes ist.[55]

Im Folgenden reflektiert Bonaventura darauf, wie sich diese drei Aspekte im Menschen einstellen können. Bei allen dreien geht er davon aus, dass Extreme zusammengedacht werden müssen, wie beispielsweise die Unermesslichkeit Gottes und die menschliche Armseligkeit, oder die Güte Gottes und die eigene Bedürfigkeit etc.,[56] um ehrfürchtig, weit und voll der Freude zu werden.

Für die Ehrfurcht konkretisiert Bonaventura dies wiederum in triadischen Schemata und schlussfolgert, dass die Ehrfurcht Gott, dem Vater, gegenüber zu leisten sei nach Art der Verneigung, um anzudeuten, dass wir uns für gering halten; Gott, dem Herrn, gegenüber, indem wir unsere Knie beugen und andeuten, dass wir uns für die Allergeringsten halten; Gott, dem Richter, indem wir uns in der Prostratio niederwerfen und ausdrücken, dass wir uns für Nichts halten.[57]

Ähnlich faltet Bonaventura den zweiten Aspekt aus, nämlich wie das Herz durch die Liebe weit wird. Auch hier geht er davon aus, dass die Liebe sich vergrößert, wenn man sich der eigenen Unzulänglichkeit und Unwürdigkeit vergewissert und sich von da aus die unendliche Barmherzigkeit vor Augen stellt. Das Herz wird so weit und offen, um sich schließlich verströmen zu können.[58]

Schließlich buchstabiert Bonaventura den dritten Aspekt der Anbetung durch, nämlich wie die Freude (complacentia) zu leben ist. Auch hier gebraucht er triadische Schemata. Ähnlich wie beim zweiten wendet er einen Komparativ an, indem er von einer großen, einer größeren und der größten Liebe spricht. Die Liebe ist groß, wenn sie eine frei geschenkte Liebe ist. Sie ist größer, indem sie eine verdankende Liebe ist, und sie ist am größten, wenn sie beide Aspekte umfasst. Wird zunächst die Welt dem Menschen gekreuzigt, so wird der Mensch der Welt gekreuzigt, bis schließlich der Mensch für die Welt gekreuzigt wird und er sozusagen in eine Proexistenz für alle tritt.[59]

Bonaventura formuliert darin die höchste Gestalt der Liebe, in der Gottes- und Menschenliebe zusammengelesen werden. Hier vollzieht sich, was im Paschamysterium eröffnet worden ist. Das Einstehen für die Schöpfung, das Jesus Christus in seiner Passio vollzogen hat, wird zum Paradigma und gleichsam zur Grammatik für den Weg des Menschen zu Gott. Wer Gottes inne werden will,

---

[54]   Vgl. Bonaventura, De triplici via 2,4 (FC 14, 124).
[55]   Vgl. Bonaventura, De triplici via 2,4 (FC 14, 124).
[56]   Vgl. Bonaventura, De triplici via 2,5 (FC 14, 124).
[57]   Vgl. Bonaventura, De triplici via 2,6 (FC 14, 124-126).
[58]   Vgl. Bonaventura, De triplici via 2,7 (FC 14, 126).
[59]   Vgl. Bonaventura, De triplici via 2,8 (FC 14, 126-128).

und in wem sich die Gottesbegegnung ereignet, der wird hineingestellt in die Proexistenz für die anderen.[60]

Diese aufschreckende und bewegende Schlussfolgerung stützt Bonaventura durch einen weiteren Gedankengang. Er formuliert den Fortschritt in der Gottesliebe als Weg, der in sechs Stufen eingeteilt werden kann, die sich als Wonne (suavitas), glühendes Begehren (aviditas), Sattheit (saturitas), Trunkenheit (ebrietas), Sicherheit (securitas) und schließlich als die wahre und vollkommene Ruhe (vera et plena tranquillitas) fassen lassen.[61] Auch hier wird eine Bewegung beschrieben, die den Menschen als einen beschreibt, der immer weiter in Gott hineinwandert und immer mehr in das hinein verwandelt wird, was Gott ausmacht; nämlich in die *tranquillitas,* die Terminus technicus ist für das Einssein mit Gott. Daraus erwächst das Handeln, das Erleiden und Verhalten, das allen Menschen zum Heil gereicht.[62]

3.1.3 Von der Konzentration zum Überschreiten

Bonaventura stellt in den letzten beiden Kapiteln heraus, dass der Mensch mittels der Weise der Meditatio und der Oratio in Bewegung gebracht wird. Diese vollzieht sich zunächst als Konzentration, indem sich der Mensch seiner eigenen Verfasstheit bewusst und so dafür disponiert wird, die Wirklichkeit zu erfassen, wie sie ist. Dies meint bei Bonaventura auch, sich der menschlichen Existenz im Horizont Gottes zu vergewissern.

Die Konzentration mündet schließlich in einen *excessus,* der ein Überschreiten des Menschen meint, der sich in Gott hinein verströmt, indem er sich ganz auf Gott einlässt und so in eine neue Beziehung zur Welt gestellt wird. Diese kann als Proexistenz gedeutet werden, die sich aus der *compassio cum Christo* ergibt.[63]

3.1.4 Die Weise der Contemplatio

Bonaventura wendet das von ihm favorisierte Dreierschema ebenfalls an, als er die Weise der Contemplatio beschreibt. Allerdings fällt auf, dass er sich nicht darauf beschränkt. Um den Aufstieg zu den drei Stufen (tres gradus), die er für den Weg der Contemplatio ausmacht, genauer darzustellen, zieht Bonaventura z. B. Siebenerreihen heran. Außerdem bietet er überhaupt eine Alternative zum zunächst vorgestellten Weg, indem er ein Neunerschema ausfaltet. Und schließlich reflektiert er über das Wie der Contemplatio, indem er zwei Möglich-

---

60   Vgl. Bonaventura, De triplici via 2,8 (FC 14, 128).
61   Vgl. Bonaventura, De triplici via 2,9-11 (FC 14, 128-134).
62   Vgl. Bonaventura, De triplici via 2,11 (FC 14, 132-134).
63   Vgl. Bonaventura, De triplici via 2,12 (FC 14, 134-136).

keiten der Gottesaussage vorstellt, nämlich die "via positiva" und die "via nega-tiva".

Schon an diesen wenigen, formalen Bemerkungen wird deutlich, dass Bona-ventura die Weise der Contemplatio zwar einerseits einbindet in die zuvor dar-gestellten Weisen der Gottesbegegnung. Zugleich formuliert er in der Contem-platio etwas, das so komplex und unaussprechlich ist, dass verschiedene Wege notwendig sind, um zu zeigen, dass die Contemplatio nur annähernd und nicht erschöpfend beschrieben wird.

Im Folgenden soll es deshalb weniger darum gehen, die verschiedenen Wege in allen Details darzustellen, als vielmehr die Struktur herauszuarbeiten, die Bonaventura anlegt.

3.1.4.1 Die Dreigestaltigkeit als Strukturprinzip

Wie nun schon des öfteren bemerkt wurde, macht Bonaventura sowohl bei der Meditatio als auch der Oratio jeweils drei Wege aus, die er als *via purgativa, via illuminativa und via unitiva* benennt, und die jeweils auf ihre Weise den Men-schen befähigen, sein Ziel zu erreichen, nämlich die Verähnlichung mit Gott bzw. die *hierarchizatio*.

Dieses Strukturprinzip findet sich ebenso in der Weise der Contemplatio. Auch sie wird über drei Stufen erreicht, die den drei Wegen korrespondieren. Der ewige Besitz des höchsten Friedens (tentio summae pacis aeternalis) ent-spricht der *via purgativa*. Die offene Schau der ewigen Wahrheit (summae ve-ritatis manifesta visio) der *via illuminativa* und das vollkommene Genießen der höchsten Güte und Liebe (summae bonitatis vel caritatis plena fruitio) der *via unitiva*.[64] Ähnlich argumentiert Bonaventura, als er die Contemplatio in einem Neunerschema vorstellt und die Bitterkeit (amaritudo) der *via purgativa* zuord-net, die Ähnlichkeit (similitudo) der *via illuminativa* und die Dankbarkeit (gratitudo) der *via unitiva*.[65] Auch die Contemplatio kennt demnach die Phase der Reinigung, der Erleuchtung und der Vereinigung.

3.1.4.2 Die christologische Interpretation der Wege

Interessant ist, dass Bonaventura diese Vorgänge wiederum christologisch in-terpretiert. Die Reinigung zielt darauf, dass der Mensch sich seiner Verfasstheit bewusst wird — wie das schon bei der *via purgativa* in der Meditatio und Oratio der Fall war — um dann "in den Schlaf im Schatten Christi" eingehen zu kön-

---

[64]   Vgl. Bonaventura, De triplici via 3,1 (FC 14, 138-140).
[65]   Vgl. Bonaventura, De triplici via 3,9f (FC 14, 160-164).

nen.[66] Ziel ist es, dass der Mensch seine eigene, auch schuldhafte Geschichte in den Schatten des Erlösers stellt, um hier zu erfahren, dass die Schuld nicht die letzte Aussage über den Menschen ist. Im *radius Christi* wird vielmehr erfahrbar, dass der Mensch hineingenommen ist in die heilvolle Existenz, die Christus eröffnet hat. Bonaventura drückt das aus, wenn er von Ziel (status) und Ruhe (requies) bzw. dem Schlummer des Friedens (sopor pacis) spricht.[67] Auch die *via illuminativa* ist ganz christologisch ausgerichtet, indem man nämlich durch die Nachahmung Christi (per imitationem Christi) zum Lichtglanz der Wahrheit gelangt.[68] Jede einzelne Stufe steht in Beziehung zum Christusmysterium und artikuliert sich schließlich darin, in das Leiden Christi einzutreten,[69] und zwar mit allen Dimensionen, die den Menschen ausmachen, mit dem Verstand (considerare), dem Affekt (admirare), der Imagination, dem Willen (studere), der Sehnsucht (desiderium) und schließlich auch der Fähigkeit zur Gottesbegegnung (per contemplationis oculum), um nur einige zu nennen.[70] Bonaventura stellt klar heraus, dass dem Menschen die Welt durch Jesus Christus neu entschlüsselt wurde, und zwar sowohl was Gott, die Schöpfung als auch das Woher und Wohin des Menschen anbelangt. Das Kreuz Christi ist deshalb für Bonaventura "selbst Schlüssel, Pforte, Weg und Glanz der Wahrheit: Wer es auf sich nimmt und (Christus) nachfolgt (vgl. Mt 16,24), wie es oben beschrieben ist, der 'wandelt nicht in der Finsternis, sondern hat das Licht des Lebens' (Joh 8,12)."[71]

Sind also die *via purgativa* und die *via illuminativa* in der Weise der Contemplatio ohne einen Bezug zur Passio Jesu Christi nicht mehr denkbar, so vollzieht sich in der *via unitiva* die absolute Begegnung mit Jesus Christus, den Bonaventura hier wiederum als Bräutigam tituliert.[72] Bonaventura macht eine Dynamik des Weges aus, die von der Tätigkeit des Denkens hin zum Erfassen der Wirklichkeit durch die Liebe fortschreitet.[73] Der Mensch wird immer disponierter für den, der ihm entgegenkommt, um sich schließlich ganz auf den Gekreuzigten einzulassen und in ihn hinein geformt zu werden.[74]

---

66 Bonaventura, De triplici via 3,2 (FC 14, 142): Septimo loco sequitur sopor in obumbratione Christi, ubi status est et requies, dum homo sentit, se protegi sub umbra alarum divinarum, ut non uratur ardore concupiscentiae ne timore poenae.
67 Vgl. Bonaventura, De triplici via 3,2 (FC 14, 142).
68 Vgl. Bonaventura, De triplici via 3,3 (FC 14, 142).
69 Bonaventura, De triplici via 3,3 (FC 14, 142): ... ut compatiaris innocentissimo, mitissimo, nobilissimo et amantissimo.
70 Vgl. Bonaventura, De triplici via 3,3 (FC 14, 144-146).
71 Bonaventura, De triplici via 3,5 (FC 14, 150): Unde ipsa crux est clavis, porta, via et splendor veritatis, quam qui tollit et sequitur iuxta modum praeassignatum, "non ambulat in tenebris, sed habebit lumen vitae".
72 Vgl. Bonaventura, De triplici via 3,6 (FC 14, 152).
73 Vgl. Bonaventura, De triplici via 3,7 (FC 14, 156).
74 Vgl. Bonaventura, De triplici via 3,6 (FC 14, 154).

Mit anderen Worten ist die Contemplatio eine Weise der Gottesbegegnung, die durch den Gekreuzigten eröffnet wird und in der Begegnung mit ihm und der Durchformung durch ihn kulminiert. Auch an anderer Stelle betont Bonaventura diese Identifizierung mit Christus als dem Gekreuzigten, auf den der Weg des Menschen ausgerichtet ist und in dem er seine Erfüllung findet.[75]

Wie oben schon angedeutet wurde, buchstabiert Bonaventura die Weise der Contemplatio ebenso in einem Neunerschema durch.[76] Auch hier geht er davon aus, dass der Mensch in die Contemplatio einschwingt und den Überstieg in Gott hinein vollzieht, indem er sich auf das Mitleiden mit Christus einlässt und so Schritt für Schritt den Blick über sich selbst hinaus in die Schöpfung hinein hebt, um in ihr Gott zu entdecken und schließlich in ihn hinüberzuschreiten.[77] Obwohl das Neunerschema von der Überlegung ausgeht, welcher Weg zu Gott dem Menschen schon immer zugänglich war, und welcher erst durch die Sünde bedingt wurde,[78] kommt Bonaventura zu den gleichen Ergebnissen wie oben. Der Mensch findet in Christus den Weg zu Gott und dieser Weg kennt die drei Weisen der Reinigung, Erleuchtung und Vereinigung.

Interessant ist, dass Bonaventura aber nicht nur auf die Christologie reflektiert, um die Contemplatio zu beschreiben, sondern auch trinitätstheologische Überlegungen anstellt.

3.1.4.3 Trinitätstheologische Überlegungen

Um sich dem Phänomen der Contemplatio zu nähern, wählt Bonaventura noch eine dritte Weise. Er stellt die Trinität in den Mittelpunkt und denkt in diesem Zusammenhang über zwei Sprechweisen von Theologie nach, nämlich die sogenannte positive und negative Theologie, wie sie bei Augustinus bzw. Pseudo-Dionysius-Areopagita zu finden sind.[79]

Obwohl Bonaventura, was die affirmative Sprechweise anbelangt, sehr traditionell verfährt und im Rahmen seiner Trinitätstheologie zunächst vom "communia" Gottes ausgeht, dann die Relationen (propria) in den Blick nimmt und schließlich die "appropriata" ausdeutet,[80] so sind seine Ausführungen zum Weg der Verneinung so etwas wie ein weiterer Schlüssel, der den mystagogischen Weg verstehen hilft.

Bonaventura betont mit Pseudo-Dionysius-Areopagita, dass es dem Menschen durch die *via negationis* möglich ist, zu Gott zu kommen. Das Besondere dabei ist, dass Bonaventura hier eigentlich auf die *via supereminentiae* abhebt und

---

[75]   Vgl. Bonaventura, De triplici via 3,8 (FC 14, 158).
[76]   Vgl. Bonaventura, De triplici via 3,9f (FC 14, 160-164).
[77]   Vgl. Bonaventura, De triplici via 3,9f (FC 14, 160-164).
[78]   Vgl. Bonaventura, De triplici via 3,9 (FC 14, 160).
[79]   Vgl. Bonaventura, De triplici via 3,11 (FC 14, 166).
[80]   Vgl. Bonaventura, De triplici via 3,11f (FC 14, 166-170).

damit zeigt, dass es nicht um die Verneinung im eigentlichen Sinn geht, also darum, weniger von Gott auszusagen. Bonaventura will den Blick des Menschen vielmehr auf das lenken, was von Begriffen nicht eingeholt werden kann.[81] Der Weg der Verneinung ist für Bonaventura nur insofern eine Möglichkeit für den mystagogischen Weg, als er den Menschen provoziert, sich auf das Geheimnis Gottes einzulassen und sich auf dieses hin zu überschreiten.[82]

Weil für Gott also immer auch die Aussage gilt, dass er Geheimnis ist, bedeutet der Überstieg in ihn hinein, wie er in der Contemplatio geschieht, dass der Mensch in das Geheimnis Gottes hineinwächst, das freilich im Antlitz Jesu Christi und der Schöpfung eine Ausdeutung gefunden hat.

3.2 Der Verweis in das Geheimnis Gottes

Bonaventura kommt damit zu einem abrupt anmutenden Ende seines Werkes "De triplici via" und schließt mit der Aufforderung, diese Worte sorgsam zu beachten, weil in ihnen die Quelle des Lebens ist.[83]

Auch hier wählt Bonaventura ein formales Prinzip, um zum Ausdruck zu bringen, dass die Contemplatio Gottes nicht endgültig ausgesagt werden kann und nicht unmittelbare, vom Menschen bewerkstelligte Folge des zurückgelegten Weges ist.[84] Er schwingt ähnlich wie einer seiner Lehrer, Pseudo-Dionysius-Areopagita, auf das Nicht-Reden ein, um den Blick des Menschen auf das zu lenken, was mit Begriffen nicht gesagt werden kann.

Obwohl es, wie Bonaventura vor allem im letzten Kapitel von "De triplici via" gezeigt hat, verschiedene Möglichkeiten der Annäherung an die Contemplatio gibt, entzieht sich das, was in ihr geschieht, sowohl der Ausdruckskraft der Bilder als auch der Worte. Die Erfahrung Gottes ist etwas, was sich gebunden an sie, aber jenseits ihrer ereignet. Der *excessus* in Gott hinein wird zur letzten Aussage dieses Unaussprechlichen.[85]

---

[81]   Vgl. Bonaventura, De triplici via 3,13 (FC 14, 170-172).

[82]   Vgl. Schlosser, M., Einleitung (FC 14, 88f).

[83]   Vgl. Bonaventura, De triplici via 3,14 (FC 14, 174).

[84]   Ähnlich verfährt Bonaventura bei der Konzeption des Itinerariums, in dem er je zwei Kapitel verfasst, um den Weg des *extra nos, intra nos* und *supra nos* zu beschreiben. Auch hier zeigt er durch ein formales Mittel, nämlich ein siebtes Kapitel, dass die Reihung nicht so verstanden werden darf, dass die Contemplatio als Zusammenfassung der vorausgegangenen Ausführungen zu verstehen ist. Die Contemplatio, wie sie im siebten Kapitel beschrieben wird, ist Widerfahrnis. Vgl. Hemmerle, K., Theologie als Nachfolge, 103-105.

[85]   Vgl. Balthasar, H. U. von, Herrlichkeit, Bd. 2, 273f; vgl. Leinsle, U. G., Res et signum, 273-276; vgl. Rahner, K., Der Begriff der ecstasis bei Bonaventura, 7f.13.15, auch wenn hier nicht die Differenzierung von *ecstasis* und intellektiver Kontemplation, wie sie Rahner vornimmt, mitgetragen wird. Vgl. zu dieser Frage die Diskussion bei Schlosser, M., Cognitio et amor, 192-205.

Für das Verstehen des mystagogischen Weges nach Bonaventura stellt sich damit die Frage, welche strukturierenden Momente ausgemacht werden können, die dann eventuell auch für das mystagogische Lernen von Bedeutung sind.

4 Strukturierende Momente des mystagogischen Weges

4.1 Erfahrung als Ausgang und Ziel des Weges

Wollte man den Weg des Menschen zu Gott in einer formelartigen Wendung beschreiben, dann müsste diese nach Bonaventura lauten, dass der Mensch in die "cognitio Dei experimentalis"[86] eintritt und ihrer immer mehr inne wird, oder anders gesagt, dass er die Weisheit lebt bzw. die Contemplatio vollzieht.[87]

Charakteristisch für Bonaventura und die Tradition, in der er steht, ist der Gedanke, dass die Erfahrung Gottes als jedem Menschen zugehörig gedacht wird,[88] und zwar aufgrund seiner Geistbegabung.[89] Bonaventura diskutiert dieses Problem vor allem in seinen Ausführungen zum Habituscharakter der Weisheit.[90] Auch wenn sich die Teilhabe an Gott erst in der *beatitudo* vollkommen ereignen wird, geschieht sie jetzt schon durch die *sapientia*. Die Weisheit aber meint die erfahrungsmäßige Erkenntnis Gottes (cognitio Dei experimentalis).[91]

Damit macht Bonaventura mehrere Dinge deutlich. Zum einen wehrt er ein elitäres Missverständnis von Contemplatio bzw. von der Erfahrung Gottes ab, wie es eine andere theologische Tradition formulierte.[92] Nicht einige wenige werden

---

[86]   Eine der wichtigsten Stellen dazu findet sich in Bonaventura, 3 Sentenzenkommentar d 35, q 1 (Opera omnia 3, 774).

[87]   Diese Zuspitzung des Weges des Menschen in der *Sapientia* findet sich auch ausgedrückt, wenn Bonaventura über die Bedeutung der *Sapientia* im Vergleich zur *Scientia* reflektiert und damit das Verhältnis von Philosophie und Theologie bewertet. Die jeweilige Perspektive, die eine Wissenschaft im Gesamten des Erkenntnisweges einnimmt, bleibt zwar gewahrt bzw. findet erst aufgrund ihrer Einbettung in die geschichtliche Gesamtperspektive zu ihrer Eigenart, ist aber immer auf die Gesamtperspektive bezogen, nämlich die erfahrungsmäßige Erkenntnis Gottes. Vgl. dazu Speer, A., Triplex veritas, 113-134. Zur Verhältnisbestimmung von Theologie und Philosophie bei Bonaventura merkt auch von Balthasar an, dass die Philosophie nach Bonaventura die "letzte Resolutio zu den Urgünden nicht leisten [kann], oder höchstens semiplene." Balthasar, H. U. von, Herrlichkeit, Bd. 2, 284; vgl. die Position Gilsons aufnehmend auch Ratzinger, J., Die Geschichtstheologie des Heiligen Bonaventura, 133: Bonaventura lehnte eine Vernunftautonomie ab und fordert vielmehr eine "wesentlich christliche, d. h. auf Christus zentrierte und von der christlichen Offenbarung her gedachte Philosophie".

[88]   Vgl. dazu beispielsweise auch Gregor den Großen, einen der bedeutendsten Gewährsmänner Bonaventuras. Vgl. Schambeck, M., Contemplatio als Missio, 335f.

[89]   Vgl. Bonaventura, Hexaemeron 1,13 (Opera omnia 5, 331).

[90]   Vgl. Schlosser, M., Cognitio et amor, 187-189.

[91]   Vgl. Bonaventura, 3 Sentenzenkommentar d 35, q 1 (Opera omnia 3, 774).

[92]   Vgl. beispielsweise die Ausführungen Evagrios Pontikos, Gnostikos 4 (SC 356, 92).

Gott erfahren. Die Erfahrung Gottes ist vielmehr jedem Menschen zugesagt. Wenn nun jeder Mensch Gott in seinem Leben erfahren kann, dann ist damit auch die Aufgabe an ihn formuliert, mit dieser Erfahrung in seinem eigenen Leben umzugehen. Contemplatio als Erfahrung Gottes ereignet sich nicht erst am Ende des Lebens bzw. in der Fülle des anderen Lebens, sondern ist Zusage an den Menschen, die ihn grundsätzlich ausmacht.[93] Ist also die Erfahrung Gottes das Ziel des menschlichen Weges, so ist sie auch deren Ausgangspunkt.

An dieser Stelle setzt die Schrift "Über den dreifachen Weg" an. Sie versucht auszuformulieren, wie der Mensch der Weisheit Raum geben und sie leben kann. Damit stellt sich aber die Frage, wie diese erfahrungsmäßige Erkenntnis zu verstehen ist. Dazu sollen zwei Akzente hervorgehoben werden. Für Bonaventura ist die Weisheit, anders als das Wissen um Einzelerkenntnisse, gleichzusetzen mit einer Art "Lebenswissen", das Göttliches und auch Menschliches umgreift. Wer weise ist, kennt Gott, liebt ihn als solchen und lernt so verstehen, was in seinem eigensten Innersten vorgeht.[94] Damit angehört der Weisheit immer schon die affektive Dimension, obwohl ihr die kognitive vorausgeht.[95]

Die erfahrungsmäßige Erkenntnis Gottes ist außerdem nicht nur ein Erkennen des Gutseins und der Güte Gottes. Der Mensch wird sich vielmehr im Innersten seiner selbst bewusst, dass diese Güte Gottes auch ihn meint. Man könnte damit auch sagen, dass der Mensch in der Weisheit erfährt, dass das Göttliche nicht bei sich bleibt, sondern vom Menschen beantwortet werden will.[96] Bonaventura führt hier den Begriff der *hierarchizatio* ein. Dem Menschen, der zum makellosen Abbild Gottes geworden ist, wird in der Contemplatio die erfahrungsmäßige Erkenntnis Gottes und der Dinge zuteil.[97]

Zusammenfassend lässt sich festhalten, dass die Erfahrung Gottes dem Menschen ursprünglich zukommt, ihn qua seiner Geistbegabung charakterisiert und zugleich motiviert, sich immer mehr nach Gott auszustrecken. Gotteserkenntnis und Welterkenntnis gehen dabei überein.

4.2 Die Schöpfung als Ort der Gotteserfahrung

Die Schöpfung, wie sie zu verstehen ist und was sie für die Erfahrung Gottes bedeutet, nimmt in der Theologie Bonaventuras einen hohen Stellenwert ein. Damit sind die schöpfungstheologischen Aussagen auch von besonderer Relevanz für die Konturierung des mystagogischen Weges, den Bonaventura ent-

---

93 Vgl. dazu Bonaventura, 2 Sentenzenkommentar d 23, q 3, ad 6 (Opera omnia 2, 546).
94 Vgl. Bonaventura, De triplici via 1,18 (FC 14, 116).
95 Vgl. Schlosser, M., Cognitio et amor, 186f.
96 Vgl. Bonaventura, 3 Sentenzenkommentar d 35, q 1, a 5 (Opera omnia 3, 775); vgl. Schlosser, M., Cognitio et amor, 207-209.
97 Vgl. Bonaventura, De triplici via 1,18 (FC 14, 116); vgl. ders., De triplici via 3,11 (FC 14, 166).

faltet. Deshalb soll im Folgenden nicht nur sein Werk "De triplici via", sondern ebenso das Itinerarium für dieses Thema befragt werden.

4.2.1 Von der Schöpfung auf den Schöpfer schließen — Gedanken im Itinerarium

Schöpfungstheologische Aussagen

Im Itinerarium interpretiert Bonaventura die drei Flügelpaare des Seraphs, der Franziskus auf dem La Verna erschien und ihm die Stigmata einprägte, als die sechs Schöpfungstage, die dem tätigen Schaffen gelten. In ihnen erkennt er zugleich drei Weisen der Contemplatio. Die erste Schauung bezieht sich auf Dinge außerhalb von uns (extra nos) und entdeckt Gott in dessen Spuren (vestigia).[98] Sie ist die Grundlage für die Contemplatio des Geistigen in uns (in nobis) sowie der Wesenheit Gottes jenseits von uns (supra nobis).[99] Inspiriert durch Röm 1,20 versteht Bonaventura den Makrokosmos (universitas rerum) und den Mikrokosmos (minor mundus), also die Gesamtheit der sinnenfälligen Welt in ihrer Zeichenhaftigkeit, als grundlegende Möglichkeit, Gott zu begegnen, die als solche in allen anderen enthalten ist.

Ähnlich wie er schon im Hexaemeron formuliert und die ganze Welt als Spiegel beschreibt, der voll von Lichtern ist und wie lichtsprühende Kohlen leuchtet, die die göttliche Weisheit darstellen,[100] so begreift er auch den ersten Aufstieg im Itinerarium. Er ist ein Ereignis, das dem Menschen, der von Gott erleuchtet worden ist, die Größe und Schönheit der Schöpfung erschließt, die wiederum auf den Schöpfer verweist. Gottes Macht (potentia), Weisheit (sapientia) und Güte (benevolentia) leuchten auf in den Geschöpfen, so dass der Forschende vernunftmäßig erkennt, der Glaubende vertrauend erfasst und der Schauende geistig durchdringt, wer Gott ist.[101] Ähnliches vollzieht sich auch, wenn man über Maß, Zahl und Gewicht (vgl. Weish 11,21) reflektiert. Auch dadurch gewinnt der Geist Einsicht in Gottes Macht, Weisheit und Güte.[102]

Legte Bonaventura im ersten Kapitel dar, dass der sinnenhafte Kosmos Zeichen und Spiegel ist, der auf den Schöpfer verweist, so versucht er im zweiten Kapitel zu zeigen, warum das so ist. Zunächst stellt er den Menschen als Sinneswesen vor, das durch das Wahrnehmungsvermögen (apprehensio), die Möglichkeit, sich zu freuen (oblectatio), und das Unterscheidungsvermögen (diiudicatio) die Dinge der Welt aufnimmt.[103] Durch Letzteres wird das sinnen-

---

[98] Vgl. Bonaventura, Itinerarium 1,2 (Opera omnia 5, 297).

[99] Vgl. Bonaventura, Itinerarium 1,2 (Opera omnia 5, 297); vgl. dazu Bougerol, J. G., Introduction à Saint Bonaventure, 215-219.

[100] Vgl. Bonaventura, Hexaemeron 2,27 (Opera omnia 5, 340).

[101] Vgl. Bonaventura, Itinerarium 1,9.10 (Opera omnia 5, 298).

[102] Vgl. Bonaventura, Itinerarium 1,11 (Opera omnia 5, 298).

[103] Vgl. Bonaventura, Itinerarium 2,2 (Opera omnia 5, 300).

hafte Bild, das in sinnenhafter Weise rezipiert worden ist,[104] mittels Abstraktion und Erkenntnisvermögen geläutert.[105] Dass dies möglich ist, also dass der Abstraktionsvorgang funktioniert und das wahrgenommene Ding mit dem seienden Ding korrespondiert, liegt daran, dass Gott der Inbegriff aller Dinge (ratio omnium rerum) und ihre Wahrheit ist. Gott ist damit sowohl in den Dingen als auch im Erkenntnisvorgang leitend, wie umgekehrt alle Geschöpfe der sinnenfälligen Welt Schatten, Widerhall, Spuren, Abbilder des guten, ersten Prinzips sind. Anders formuliert heißt das nach Bonaventura, dass alle Kreaturen Zeichenträger (exemplaria vel potius exemplata)[106] Gottes sind, weil Gott ihr Ursprung, Urbild und Endziel ist.[107] Gott kann damit nicht nur durch die Spuren (per vestigia) der sinnenfälligen Welt erkannt werden, sondern auch in ihnen (in vestigiis), insofern er sozusagen die Grammatik der Schöpfung ist.[108]

Inspiriert von der aristotelischen Denkwelt versteht Bonaventura die Sinnesorgane als Türen, durch die die äußere Welt in die Seele hineinkommt.[109] Er greift den aristotelischen Gedanken auf, dass alle verstandesmäßige Erkenntnis bei der Sinneswahrnehmung beginnt.[110] Zugleich verlegt Bonaventura den Akt der Sinneswahrnehmung in die Seele und hebt gegenüber dem aristotelischen Verständnis die Aktivität der Seele beim Wahrnehmungsprozess hervor, was von einem thomistischen Standpunkt aus als Rest eines Augustinismus gesehen werden muss.[111] Charakteristisch für Bonaventura ist, dass er all das christologisch deutet.

Die christologische Interpretation faltet er näher aus, als er den Erkenntnisvorgang mit der Zeugung des göttlichen Wortes aus dem Vater vergleicht. So wie jeder Gegenstand sein Abbild (species) erzeugt und damit wieder zum Original führt, so zeugt auch das ewige Licht aus sich ein Bild bzw. einen Abglanz, der von gleicher Art, gleicher Substanz und ebenso ohne Anfang ist.[112] Dieses ist

---

[104]   Für Bonaventura vollzieht sich der Vorgang des Wahrnehmens folgendermaßen: Die sinnenfälligen Dinge gehen nicht der Substanz nach (non per substantias), sondern durch ihre Wahrnehmungsbilder (per suas similitudines), die im Medium entstehen, zunächst in das äußere, dann das innere Organ ein und gelangen in das Wahrnehmungsvermögen: Vgl. Bonaventura, Itinerarium 2,4 (Opera omnia 5, 300).

[105]   Vgl. Bonaventura, Itinerarium 2,6 (Opera omnia 5, 301): ... facit depurando et abstrahendo in potentiam intellectivam.

[106]   Vgl. Bonaventura, Itinerarium 2,11 (Opera omnia 5, 302).

[107]   Vgl. Bonaventura, Itinerarium 2,12 (Opera omnia 5, 302f): ... quia Deus est omnis creatura origo, exemplar et finis ...

[108]   Vgl. Bonaventura, Itinerarium 2,1 (Opera omnia 5, 299).

[109]   Vgl. Bonaventura, Itinerarium 2,6 (Opera omnia 5, 301).

[110]   Vgl. dazu Bonaventura, 4 Sentenzenkommentar d 10, p 2, a 2, q 1f (Opera omnia 4, 234).

[111]   Vgl. Gilson, É., Die Philosophie des Heiligen Bonaventura, 386f; vgl. Sakaguchi, F., Der Begriff der Weisheit in den Hauptwerken Bonaventuras, 32.

[112]   Vgl. Bonaventura, Itinerarium 2,7 (Opera omnia 5, 301): ... illa lux aeterna generat ex se similitudinem seu splendorem coaequalem, consubstantialem et coaeternalem.

genauso wie das Abbild des wahrgenommenen Gegenstandes, das im Medium ganz da ist, überall präsent. Es wird eins mit dem Menschen Jesus, so wie das Abbild von den Sinnesorganen aufgenommen und schließlich in das Wahrnehmungsvermögen überführt wird. Dadurch wird der Mensch wieder zum Urbild und Original schlechthin zurückgeführt, nämlich zum Vater.[113]

Auch die Schau in uns (speculatio intra nos), die Bonaventura im dritten und vierten Kapitel behandelt, zeigt, wie sehr er die Welt bzw. die Fähigkeiten des Menschen als Ort Gottes und als Verweis auf ihn versteht. Die Beschäftigung mit den geschaffenen Bildern ist nach Bonaventura zunächst Aufgabe der Philosophie. Als Naturlehre, die nach der Ursache des Seins fragt, rührt sie an den Vater, als Vernunftlehre, die sich mit dem Grund der Erkenntnis beschäftigt, streckt sie sich auf den Sohn aus, und als Sittenlehre versucht sie, die Ordnung des Lebens zu ergründen und damit dem Geist auf die Spur zu kommen.[114]

Das fünfte und sechste Kapitel des Itinerariums widmet sich schließlich dem Weg des "supra nos". Das Besondere daran ist, dass Bonaventura hier nicht zu einem Ende kommt, sondern noch ein siebtes Kapitel anschließt, das weder eine Zusammenfassung noch eine geradlinige Weiterführung des Vorausliegenden darstellt. Es formuliert sich vielmehr als Abbruch, so dass auch in formaler Hinsicht deutlich wird, dass der letzte Schritt der Einung des Menschen mit Gott nicht vom Menschen aus geschieht und geleistet wird, sondern sich vielmehr als Widerfahrnis vollzieht, als Passio, als Gleichgestaltung mit dem Gekreuzigten selbst.[115]

Fazit: Der Verweischarakter der Schöpfung

Insgesamt wird deutlich, dass Bonaventura die Welt als Spiegel der göttlichen Weisheit versteht. Der Welt wohnt aufgrund ihrer Zeichenhaftigkeit die grundlegende Möglichkeit inne, Gott zu begegnen. Weil Gott selbst Ursprung, Urbild und Endziel der Kreaturen ist, tragen diese sein Signum in sich und verweisen schon ursprünglich auf den Schöpfer. Das war einer der Gründe, Bonaventura als Symbolisten zu verstehen, jedoch in einem neuen Sinn, der bei Franziskus grundgelegt ist. Die Schöpfung darf im Licht Gottes gesehen werden.[116]

Die Würdigung der Schöpfung als Ort Gottes und als Weise, Gott zu begegnen, kann als einer der Verdienste Bonaventuras, und mit ihm der franziskanischen Tradition, gewertet werden. Gegenüber einer Theologie, der daran gelegen war zu betonen, dass Gottesbegegnung meint, alle "Bilder" hinter sich zu lassen

---

[113] Vgl. Leinsle, U. G., Res et signum, 43-45.64-68.

[114] Vgl. Bonaventura, Itinerarium 3,6 (Opera omnia 5, 305).

[115] Vgl. Hemmerle, K., Theologie als Nachfolge, 103-105.

[116] Vgl. Sonnengesang des Franziskus (FQS 1, 210f); vgl. die Interpretation dazu bei Lehmann, L., Franziskus — Meister des Gebets, 238-257.

und alle Bemühungen darauf zu setzen, von der Schöpfung frei zu werden,[117] macht Bonaventura wieder darauf aufmerksam, Gott mitten in der Welt und den Dingen zu suchen. Das zeigen auch die Aussagen in "De triplici via".

4.2.2 Zur Bedeutung der Schöpfung in "De triplici via"

Einer der Grundgedanken von "De triplici via", der die Schrift strukturiert, wenngleich er nicht ausführlich expliziert wird, ist die augustinisch-franziskanisch gewendete Aussage, dass alles Geschaffene das Siegel des dreifaltigen Schöpfergottes trägt. Gott kann deshalb nicht nur durch die Spuren, die in der Schöpfung aufscheinen, gefunden werden, sondern auch in ihnen.[118] Die ganze Schöpfung wird dem Menschen zur Leiter, über die er zu Gott aufsteigen kann.[119]

Die Schöpfung ist damit Weise, Gott zu begegnen. Sie wird für Bonaventura aber auch zum Ort, der die Verformtheit des Menschen durch die Ursünde aufdeckt. Das Kreuz Christi als Mittelpunkt der Schöpfung und Achse der Heilsgeschichte[120] macht deutlich, wie sehr der *mundus sensibilis* von seiner ursprünglichen Schöpfungsordnung abgewichen ist und dadurch depravierte.[121] Dieser Gedanke wird verstehbar, wenn man sich bewusst macht, dass Bonaventura die Schöpfung nicht nur theologisch, sondern grundsätzlich christologisch liest. Der Vater sagte im Sohn alles aus, also auch jede mögliche Welt, so dass Christus als das Prinzip der Schöpfung aufscheint. Guardini spricht hier vom Wort und meint damit den Sohn, der zugleich *mundus archetypus* und "Wort des Vaters" ist.[122] Die Schöpfung ist Aussage des Christus und nicht wie die platonisierenden Väter einflochten, als Woraufhin zu werten, auf das die Zeugung des Logos geschah.[123] Damit kann nur Christus die Welt "ausrichten" und

---

[117] Vgl. z. B. Evagrios Pontikus, der sowohl für den Osten als auch den Westen von großer Bedeutung war, weil er die Denkwelt des Origenes systematisierte und sowohl für die ausgehende Antike als auch dem Mittelalter zugänglich machte. Evagrios geht beispielsweise davon aus, dass die Erkenntnis Gottes impliziere, die Welt der Bilder verlassen zu haben, um in der Leere Gott zu begegnen. Vgl. Evagrios Pontikos, Kephalaia Gnostika 1,78-80 (PO 28/1, 52-55); vgl. ders., De Oratione 55-57 (PG 79, 1177-1180), und den Kommentar von Hausherr, I., Les Leçons, 80-82; vgl. Kunz, C., Schweigen und Geist, 532-548. Vgl. auch die Tradition der negativen Theologie, v. a. bei Pseudo-Dionysius-Areopagita.

[118] Vgl. dazu Bonaventura, 2 Sentenzenkommentar d 16, a 1, q 1 (Opera omnia 2, 394f); vgl. ders., Breviloquium 2,12 (Opera omnia 5, 230).

[119] Vgl. Guardini, R., Systembildende Elemente in der Theologie Bonaventuras, 168.

[120] Vgl. Bonaventura, Itinerarium 6,4-7 (Opera omnia 5, 311f); vgl. ders., De triplici via 3,3 (FC 14, 146); vgl. dazu Balthasar, H. U. von, Herrlichkeit, Bd. 2, 353f; vgl. Leinsle, U. G., Res et signum, 279f.

[121] Vgl. Bonaventura, De triplici via 3,4 (FC 14, 148).

[122] Guardini, R., Systembildende Elemente in der Theologie Bonaventuras, 45.49.

[123] Vgl. Balthasar, H. U. von, Herrlichkeit, Bd. 2, 288.

wieder in die urspüngliche, gottgemäße Ordnung bringen. Damit wird aber Schöpfung auch nur von Christus her versteh- und deutbar.

4.2.3   Fazit: Die Schöpfung als Ort von Gotteserfahrung

Insgesamt kann festgehalten werden, dass Bonaventura in den schöpfungstheologischen Aussagen eine Denklinie aufgreift, die von Augustinus über Gregor den Großen[124] und die Viktoriner reicht,[125] und die er schließlich mit der Gotteserfahrung des Franziskus zusammenliest. Gott zu erfahren heißt für ihn, ihn inmitten der Schöpfung zu entdecken. Das geht bei Bonaventura sogar so weit, dass er in der Schöpfung nicht nur die Spuren Gottes ausmacht, sondern dass Gott zu begegnen heißt, ihm in der Welt zu begegnen. Im Itinerarium formuliert er den Gedanken, dass das Gewahr- und Innewerden der Schöpfung bedeutet, Gottes gewahr und inne zu werden, weil dieser der Inbegriff aller Dinge ist (ratio omnium rerum).[126]

Die Erkenntnis von Gott und der Schöpfung schließen sich also nicht aus, sondern stehen vielmehr in einem Wechselverhältnis. Die Erkenntnis der Schöpfung wird für Bonaventura zum Weg, über sich selbst hinauszugehen und den Überstieg in Gott hinein zu vollziehen.[127]

Das zeigt sich u. a. darin, dass Bonaventura die Erfahrung Gottes in einer Terminologie "der Sinne" ausdrückt. Er geht von einem Analogieverhältnis zwischen den leiblichen und geistlichen Sinnen aus und vergleicht die leiblichen Erfahrungen eines körperlichen Gegenstandes mit den geistigen Erfahrungen eines geistigen Gegenstandes.[128]

Bonaventura lässt außerdem die areopagitischen Aspekte völlig hinter sich, die das Innewerden Gottes nur als ein Zurücklassen der Welt begreifen können.[129] Er denkt den Aufstieg des Menschen vielmehr ausgehend von der Begegnung mit dem *mundus sensibilis* und versteht ihn nicht als Abstreifen der sinnlichen Welt, sondern als deren Innewerden, weil nämlich "der dreifaltige Gott in allen Dingen, ohne durch sie begrenzt zu sein, durch seine Macht, Gegenwart und Wesenheit existiert."[130]

---

[124] Als besonders markantes Beispiel für diese Tradition sei die Visio Benedicti erwähnt, die Gregor der Große im Zweiten Buch der Dialoge beschreibt: Vgl. Dial 2,35,192-196.

[125] Vgl. Leinsle, U. G., Einführung in die scholastische Theologie, 80-84.

[126] Vgl. Bonaventura, Itinerarium 2,11 (Opera omnia 5, 302).

[127] Vgl. Bonaventura, De triplici via 3,9 (FC 14, 162).

[128] Vgl. Schlosser, M., Cognitio et amor, 209f.

[129] Vgl. Balthasar, H. U. von, Herrlichkeit, Bd. 2, 279.

[130] Bonaventura, Itinerarium 1,14 (Opera omnia 5, 299): ... trini Dei, qui in cuncti rebus per potentiam, praesentiam et essentiam incircumscriptus existit; ders., Itinerarium 2,1 (Opera omnia 5, 299): Sed quoniam circa speculum sensibilium non solum contingit contemplari Deum *per ipsa* tanquam (!) vestigia, verum etiam *in ipsis*, in quantum est in eis per *essentiam*, *potentiam* et *praesentiam*.

Bonaventura leistet hier eine Synthese von Augustinismus und Aristotelismus. Auch wenn es nicht darum gehen konnte, die vor allem zwischen Gilson und van Steenberghen geführte Diskussion nachzuzeichnen,[131] sollte so viel deutlich werden:[132] Gerade die Einschätzung der Schöpfung und die Bewertung der Sinneswahrnehmung zeigt, wie sehr Bonaventura die Schöpfung als Weise und Ort von Gotteserfahrung charakterisiert und wie sehr er diese von Christus her versteht.

4.3 Die christologische Ausrichtung des Weges

Es würde den Rahmen der vorliegenden Studie sprengen, die christologische Konzeption von Theologie, wie sie Bonaventura vornimmt, in allen ihren Denkweisen vorzustellen. Dies wurde schon von anderer Seite besorgt,[133] so dass im Folgenden nur so viel angemerkt werden soll, als für das Verständnis von Mystagogie bei Bonaventura wichtig ist.

Die christologische Ausrichtung des Weges zu Gott wird in den mystischen Schriften Bonaventuras vor allem in dem Kapitel von "De triplici via" deutlich, in dem Bonaventura über die Contemplatio nachdenkt bzw. im Itinerarium, wenn er den sechsflügligen Seraph als Bild des Gekreuzigten versteht, dem es gleich zu werden gilt.[134] Die Frage, wie die Verähnlichung des Menschen mit Gott geschieht, führt ihn zur Christologie. Hier fallen zwei Akzentuierungen auf, die Bonaventura vornimmt.

Erstens verdeutlicht er, dass der Weg zu Gott im Weg Jesu Christi sein Paradigma findet. Weil Bonaventura als Zentrum des Handelns Christi die Passion ausmacht, heißt das für den Weg des Menschen, dass er selbst diesen Deszensus in seinem Leben nachvollziehen muss. Nur der, der sich darauf einlässt, den Weg nach unten zu gehen (condescensio), den Jesus Christus in seinem Leiden und Sterben gegangen ist, kann als einer gelten, der zu Gott unterwegs ist.[135] Es gilt, die Demut Gottes (humilitas Dei), von der Bonaventura

---

131 Die Debatte bezog sich auf die Frage, inwiefern Bonaventuras Weise, Theologie zu treiben als "Augustinisme avicennisant" (Vgl. Gilson, É., Comptes rendus, 5-22) bezeichnet werden kann, oder um mit van Steenberghen zu sprechen als "Aristotélisme éclectique et néoplatonisant" (Vgl. Steenberghen, F. van, Die Philosophie im 13. Jahrhundert, 9-12.56).

132 Vgl. zu dieser Debatte, die die Bonaventuraforschung über 40 Jahre dominierte: Hattrup, D., Ekstatik der Geschichte, 53-72; vgl. Speer, A., Triplex veritas, 25.29-36.

133 Vgl. Balthasar, H. U. von, Herrlichkeit, Bd. 2, 288-335; vgl. Leinsle, U. G., Res et signum, 43-54.188-225; vgl. Hattrup, D., Ekstatik der Geschichte, 267-324, bsds. 276-286.

134 Vgl. Bonaventura, De triplici via 3 (FC 14, 138-174); vgl. ders., Itinerarium Prol. 2 (Opera omnia 5, 295); vgl. Balthasar, H. U. von, Herrlichkeit, Bd. 2, 281f; vgl. Ruh, K., Geschichte der abendländischen Mystik, Bd. 2, 424f.

135 Vgl. Bonaventura, De triplici via 3,3-5 (FC 14, 142-150); vgl. ders., 3 Sentenzenkommentar d 12, a 2, q 1 (Opera omnia 3, 262).

immerfort redet, selbst zu verwirklichen und ganz arm zu werden.[136] Bonaventura fasst diesen Gedanken in der Redewendung vom Mitleiden mit Christus (compassio cum Christo), die die Christus- und Passionsmystik des Spätmittelalters prägen sollte.[137]

Der zweite Akzent buchstabiert die Art und Weise weiter, wie das Mitleiden mit Christus geschehen kann. Bonaventura macht deutlich, dass die Eigenschaften Jesu Christi, werden sie nachgeahmt, beim Menschen ein bestimmtes Verhalten hervorrufen.[138] Das wird dort am Christusähnlichsten, wo der Mensch die Proexistenz Christi für die Menschen nun auch selbst nachvollzieht. Dort, wo jemand für einen anderen eintritt und in die Bresche springt, wird das aktualisiert, was Christus in seiner Passio für die Menschen realisierte. Der Mensch tritt existentiell in das Geheimnis des Kreuzes ein und vermag so im Kreuz mit dem *oculus contemplationis* die Wahrheit der Schöpfung zu erkennen.

4.4 Die Prozesshaftigkeit und Vielgestaltigkeit der Gottesbeziehung

Was in den bislang angeführten Strukturprinzipien schon immer mitthematisiert wurde, soll im Folgenden eigens reflektiert werden. Bonaventura versteht die Beziehung des Menschen zu Gott als dynamische, prozesshafte und verwendet dazu die Metapher des Weges.

Rekapituliert man in "De triplici via" die Ausführungen über die Möglichkeiten, die Erfahrung Gottes zu leben und zu intensivieren, fällt zunächst auf, wie vielfältig und unterschiedlich die Wege sind, dieses eine Ziel zu verwirklichen.

Ausgehend von dem neuplatonischen Dreierschema entwirft Bonaventura eine Dreizahl von Wegen und Weisen, mit der er das neuplatonische System sozusagen umformuliert in einen Spiegel der christlichen Gotteserfahrung. Die triadische Struktur ist nunmehr Möglichkeit und Weise, die trinitarische Grundkonzeption Gottes sowie der Welt auszudrücken.[139]

Konkret heißt das, dass der Mensch sowohl durch die Meditatio, die Oratio als auch die Contemplatio an Gott rühren kann. Alle drei Möglichkeiten buchstabieren je auf ihre Weise die *via purgativa, via illuminativa* und *via unitiva* und sind sozusagen nur verschiedene Übungsfelder, die je unterschiedliche Übungen vorschlagen. Sie sind aber allesamt darauf angelegt, dem Menschen die Fülle der Begegnung mit Gott aufzutun. Bonaventura weist damit Uniformierungsver-

---

[136]   Vgl. z. B. Bonaventura, Breviloquium 5,6,5 (Opera omnia 5, 259); vgl. Falque, E., Saint Bonaventure, 145-148; vgl. Guardini, R., Die Lehre des heiligen Bonaventura von der Erlösung, 66-71.
[137]   Vgl. Ruh, K., Geschichte der abendländischen Mystik, Bd. 2, 436.
[138]   Vgl. Bonaventura, De triplici via 3,6f (FC 14, 152-156).
[139]   Vgl. Bonaventura, De triplici via Prol 1 (FC 14, 94).

suche des Weges zu Gott von sich und unterstreicht die Unterschiedlichkeit der Weisen, Gott zu erfahren. Er schöpft dabei aus den mystischen Haupttraditionen des zwölften Jahrhunderts, nämlich den Zisterziensern und Viktorinern, verschmilzt diese und deutet das Motiv des Weges als Bild für die Beziehung des Menschen zu Gott neu.[140]

Insgesamt fällt auf, dass Bonaventura diesen Weg sozusagen in drei grundlegenden Bewegungen denkt, nämlich als Weg des Aufstiegs, als Weg nach unten und als Reise nach innen.

Wie in "De triplici via" immer wieder anklang, verwendet Bonventura das Aufstiegsschema in vielen Variationen: Er spricht von drei Stufen, die den Weg der Oratio charakterisieren,[141] von drei Stufen, die den Weg der Contemplatio ausmachen und selbst wieder in sieben Treppen unterteilt sind,[142] vom Gipfel und vom Untersten,[143] um nur einige Bilder zu nennen, die das Motiv des Aufstiegs unterstreichen.

Zugleich konterkariert Bonaventura das Bild vom Aufstieg, indem er zeigt, dass der Aufstieg des Menschen zu Gott seit Jesus Christus bedeutet, den Weg nach unten zu vollziehen.[144] Der Deszensus Jesu Christi wird zur Möglichkeit der Verähnlichung des Menschen mit Gott. Bonaventura systematisiert damit einen Gedanken, der schon bei Franziskus zu finden ist,[145] und bringt ihn vor allem durch die Popularität der mystischen Schriften des Itinerariums und des "Dreifachen Weges" für die Nachwelt zur Geltung.

Dass der Weg zu Gott als Weg nach innen vorstellbar wird, erläutert Bonaventura im Itinerarium. Hier stellt er eine Synthese her zwischen der Reise nach oben und der Reise nach innen. Beide drückt er in Symbolen aus. Die erste im sechsflügligen Seraph, der den Aufstieg zu Gott bedeutet, und die zweite in der Beschreibung des Bundeszeltes, wie sie in Ex 26f.38f überliefert ist.[146] Für Bonaventura sind das Innerste und das Höchste in der Seele dasselbe. Beide Bewegungen zielen wie auch der Weg nach unten auf den Überstieg in Gott hinein (excessus mentis, transitus), der als Ziel des Unterwegsseins des Menschen gilt.

---

140   Vgl. Mc Ginn, B., Die Mystik im Abendland, Bd. 3, 199.

141   Vgl. Bonaventura, De triplici via 2,1 (FC 14, 118).

142   Vgl. Bonaventura, De triplici via 3,1 (FC 14, 138-140).

143   Vgl. Bonaventura, De triplici via 3,1 (FC 14, 140): ... ab imo et tenditur usque ad summum.

144   Klaus Hemmerle, Theologie als Nachfolge, 169, spricht hier davon, dass der Aufstieg auf einen vollendenden Abstieg verweist, der der Abstieg der Liebe ist.

145   Vgl. die Bedeutung der Inkarnation und der Passion in den Gebeten und symbolischen Handlungen des Franziskus beispielsweise in Greccio oder in der Stigmatisation auf dem La Verna.

146   Vgl. Bonaventura, Itinerarium Prol.,2 (Opera omnia 5, 295). Das Symbol des Seraphs wird hier eingeführt und durchzieht den gesamten Text. Das Symbol des Bundeszeltes kommt ab 3,1 zum Tragen und wird in den Kapiteln 5 und 6 entfaltet.

Zusammenfassend lässt sich also festhalten, dass Gott und Mensch in einer dynamischen Beziehung stehen, und dass diese Prozesshaftigkeit ganz unterschiedliche Ausfaltungen kennt. Für Bonaventura sind deshalb viele Wege denkbar, die zur Begegnung mit Gott führen, auch wenn sie immer an das Mysterium des Gekreuzigten verwiesen sind.[147] Von daher ist es verständlich, warum sich die Theologie Bonaventuras überhaupt als mystagogische entfaltet. Es geht Bonaventura darum auszumachen, wie die Rückkehr des Menschen zu Gott geschehen kann. Und diese Frage wiederum findet eine Antwort in der Mystagogie, die als Weise aufscheint, diese Rückkehr zu vollziehen.

4.5   Zur Relevanz des mystagogischen Anliegens

Insgesamt zeigt sich, dass Bonaventuras mystagogische Dimension von Theologie sehr weit gefächert ist. Alle Dimensionen des Menschen sind durch die Geistbegabung dafür disponiert, Gott zu begegnen. So sind nach Bonaventura alle Anstrengungen aufzubieten, diese Begegnung im eigenen Leben zu vollziehen.

Obwohl Bonaventura ebenso die Möglichkeit kennt, dass sich für einen Menschen die Gottesbegegnung plötzlich, sozusagen ohne äußere Vorbereitung, auftut,[148] so werden damit nicht die Beispiele unsinnig, an denen sich die Einzelnen orientieren können, oder die Wegmarkierungen, die es zu beachten gilt. Lenkte Bonaventura im Itinerarium vor allem das Augenmerk auf das Modell, das er in Franziskus ausfindig machte, so bestimmt "De triplici via" das Bemühen, Wege zu formulieren, wie der Mensch in die Begegnung mit Gott einschwingen kann. Beide sind nicht als einander ausschließende, sondern komplementäre Möglichkeiten zu verstehen. Sowohl das Lernen am Modell als auch die Orientierung an systematisch reflektierten und im Tun umgesetzten Wegen können helfen, für Gotteserfahrungen zu disponieren.

5   Dimensionen und Akzentuierungen von Mystagogie — Impulse für den religionspädagogischen Kontext

Insgesamt stellt sich nun die Frage, wie das mystagogische Verständnis, das Bonaventura entwickelte, inspirierend werden kann für ein heutiges Modell des mystagogischen Lernens. Im Folgenden sollen aus den Ausführungen, die im letzten Abschnitt getan wurden, grundlegende Dimensionen und Akzentuierun-

---

[147]   Vgl. z. B. Bonaventura, Itinerarium 7,2 (Opera omnia 5, 312): Bonaventura spricht hier davon, dass der Transitus nur im Pascha Christi möglich ist. Vgl. Leinsle, U. G., Res et signum, 287f.

[148]   Vgl. z. B. Bonaventura, 2 Sentenzenkommentar d 23, q 3, ad 6 (Opera omnia 2, 546).

gen ausgemacht werden, die auch für den religionspädagogischen Kontext interessant sein können.

5.1 Die Gotteserfahrung als unterscheidendes Kriterium anerkennen

Grundsätzlich gilt es festzuhalten, dass Mystagogie dafür disponieren will, den Menschen für die Gotteserfahrung zu disponieren. Die Gotteserfahrung wird also zum entscheidenden und unterscheidenden Kriterium für den mystagogischen Weg und damit auch für eine zu entwickelnde Perspektive religiöser Bildung, die sich als mystagogisches Lernen versteht.

5.2 Gott im Horizont der Erfahrung des Menschen verstehen lernen

Bonaventuras mystagogisches Verständnis macht deutlich, dass die Gotteserfahrung nicht als etwas verstanden werden kann, das sich jenseits des Erfahrungshorizontes des Menschen ereignet. Die Bedingungen des Menschen werden vielmehr zu Möglichkeiten, die offen sind für die Begegnung mit Gott. Das heißt mit anderen Worten, dass sich Gott auf die Bedingungen des Menschen einlässt, sich von ihnen betreffen lässt, um beim Menschen ankommen zu können. Für eine zu entwickelnde Perspektive religiöser Bildung heißt das, dass die Erfahrungen der Menschen von enormer Bedeutung für die Möglichkeit von Gotteserfahrung sind.

5.3 Die Vieldimensionalität der Gotteserfahrung respektieren

Wichtig ist in diesem Zusammenhang auch, dass Bonaventura bei der Reflexion über die Gotteserfahrung nicht nur auf eine Dimension des Menschen abhebt. Die Erfahrung Gottes betrifft nach ihm alle Dimensionen des Menschen, also sowohl die Kognition als auch die Affektivität, die Imagination genauso wie den Willen, den Leib genauso wie den Geist. Erfahrung Gottes bleibt damit nicht nur einem bestimmten Teil des Menschen vorbehalten, sondern ist von ihm ganz zu vollziehen.

Auch dieser Gedanke kann für eine zu entwickelnde Perspektive religiöser Bildung wegweisend werden. Zum einen findet sich hier sowohl ein bestimmtes Verständnis von *Theo*logie als auch von *Anthropo*logie. Gott betrifft den Menschen ganz und der "ganze" Mensch ist fähig, Gott zu erfahren. Das wiederum hat Konsequenzen für die Reflexion und die Gestaltung der Wege der Gotteserfahrung. Auch sie sind so anzulegen, dass möglichst viele Dimensionen des Menschen zum Tragen kommen, dass sowohl sein Reflexionsvermögen als auch seine Affektivität, seine Leiblichkeit genauso wie seine Geistigkeit, seine

Sinne genauso wie seine Abstraktionsfähigkeit einbezogen werden. Mit anderen Worten müsste ein Modell des mystagogischen Lernens vielgestaltige Lernwege vertreten und entwickeln helfen.

5.4 Welt- und Selbsterfahrung als Wege der Gotteserfahrung verstehen

Für Bonaventura entfaltet sich der Weg der Gotteserkenntnis in der Welterkenntnis und der Selbsterkenntnis. Der Welt zu begegnen, sie zu erfahren und zu ertasten, wie auch in die eigene Tiefe zu steigen, scheinen im Horizont der bonaventurianischen Theologie als Möglichkeiten auf, die für die Gotteserfahrung disponieren.[149] Für das mystagogische Lernen kann das wiederum bedeuten, Wege der Weltbegegnung und Welterfahrung, Wege, sich selbst begreifen zu lernen, zu profilieren und deutlich zu machen, dass Gotteserfahrung nicht etwas ist, das sich jenseits von Welt- und Selbsterfahrung ereignet, sondern vielmehr in ihnen. Das ästhetische Lernen, das seit den 1980er Jahren die Bedeutung der Wahrnehmung und Wahrnehmungsfähigkeit in die religionspädagogische Diskussion neu eingebracht hat,[150] oder auch das Symbollernen scheinen von daher als mögliche Aktualisierungen des mystagogischen Lernens auf.

5.5 Die Begegnung mit den Geschundenen als Weise der Gotteserfahrung konturieren

Für Bonaventura sind die Wege der Gotteserfahrung immer verwiesen auf den Weg Christi. Von ihm her und auf ihn hin sind sie zu lesen. Mit anderen Worten heißt das, dass in Christus das Paradigma vorgegeben ist, wie die mystagogischen Wege ausgestaltet sind. Dieses Paradigma formuliert sich im Weg Jesu Christi nach unten, in die Passio, die erst den Aufstieg und die vollgültige Teilhabe des Menschen an Gott wieder ermöglicht. Durch Jesus Christus wurde deutlich, dass der Weg des Scheiterns und des Leidens nicht mehr als Zeichen für die Gottesferne gelesen werden müssen, sondern dass vielmehr umgekehrt gerade in ihnen das Schicksal Jesu erlebbar wird und sie damit schon immer von der Gottesspur durchzogen sind.

Für das mystagogische Lernen als Perspektive religiöser Bildung formuliert sich daraus der Impuls, dass Leiderfahrungen wie die Begegnung mit den Schwa-

---

[149] Im Hexaemeron 2,31 (Opera omnia 5, 341), findet sich beispielsweise die Stelle, dass der Überstieg auch bezeichnet werden kann als "intrare in suum intimum et per consequens in summum suum ascendere."

[150] Aus der Fülle der Literatur seien hier nur einige Titel genannt: Grözinger, A., Praktische Theologie und Ästhetik; Hilger, G., Ästhetisches Lernen, 305-318; Reilly, G., Religionsdidaktik und ästhetische Erziehung, 55-66; Biehl, P., Religionspädagogik und Ästhetik, 3-44; ders., Wahrnehmung und ästhetische Erfahrung, 380-411.

chen und Entrechteten als Weisen konturiert werden könnten, die für die Gotteserfahrung disponieren.

5.6 Die Prozesshaftigkeit und Vielgestaltigkeit der Gotteserfahrung garantieren

Bei all dem lassen noch zwei Akzentuierungen aufhorchen, die Bonaventura in seiner Mystagogie vornimmt. Er versteht sie als dynamischen Prozess und betont immer wieder die Vielgestaltigkeit der Wege der Gottesbegegnung. Hier werden zwei Prinzipien deutlich, die auch für den religionspädagogischen Kontext relevant sein können. Mystagogische Zugänge verstehen sich als Bewegungen, die dynamisch und offen zu gestalten sind und außerdem auch die Vielfalt von Möglichkeiten anerkennen. Mit anderen Worten gesagt, verweigern sie sich einem Methodenmonismus. Nur wenn die Pluri*formität* der Wege und ihre Pluri*perspektivität* garantiert wird, kann der Weite Gottes und des Menschen Rechnung getragen werden.

6 Theologie als Mystagogie

Bonaventura fand den Sinn von Theologie in der Mystagogie. Reflexion über Gott hatte für ihn sowohl ihren Grund und ihre Begründung als auch ihr Ziel darin, immer mehr in die Gotteserfahrung hineinzuwachsen und sich von ihr gestalten zu lassen. So kann seine Art und Weise, Theologie zu betreiben als Erfahrungstheologie und als mystagogische Theologie bezeichnet werden.

Gott zu erfahren, ist für Bonaventura gleichbedeutend mit, Weisheit zu erlangen. Damit stellt er die Prinzipien von Theologie auf ein neues Fundament, insofern Scientia und Sapientia zukünftig nicht mehr in einem konkurrierenden, sondern im einem komplementären Verhältnis zueinander zu lesen sind. Reflexion und Erfahrung sind aufeinander angewiesen und machen erst in ihrer Bezogenheit das Ganze von Theologie aus. Die Rationalität ist eine Weise, Gott zu erreichen, wenn auch nicht die ausschließliche oder die bessere, neben der Affektivität, den Sinnen, dem Gewissen, dem Vermögen der Seelenspitze, der Contemplatio, um die wichtigsten zu nennen. Dass der mystagogische Weg nach Bonaventura verschiedene Akzentuierungen und Strukturprinzipien hat, wurde in den letzten Abschnitten deutlich. Insgesamt konnte anhand der Theologie Bonaventuras ein bestimmtes Verständnis von Gotteserfahrung kennen gelernt werden, das wichtige Impulse für ein heutiges Modell von Mystagogie gibt.

Was hier für die Theologie Bonaventuras herausgearbeitet und schon auf eine zu entwickelnde Perspektive religiöser Bildung reflektiert wurde, kommt in der Theologie Karl Rahners als grundlegendes Anliegen zur Geltung. Diese wurde im Bereich der Praktischen Theologie allgemein und der Religionspädagogik im Besonderen am reichhaltigsten rezipiert. Deshalb soll im Folgenden die Rahnersche Theologie daraufhin untersucht werden, welche theologischen Prämissen, Dimensionen und Akzentuierungen sie in Bezug auf das mystagogische Anliegen impliziert. Es geht darum, sowohl dem Phänomen als auch der "Methodologie" von Mystagogie bei Rahner nachzugehen, um das mystagogische Lernen als Perspektive religiöser Bildung mehr und mehr zu profilieren.

Drittes Kapitel: Zum Phänomen und zur "Methodologie" von Mystagogie in der Theologie Karl Rahners

Im folgenden Kapitel geht es darum, das Phänomen von Mystagogie bei Karl Rahner zu untersuchen und die "Methodologie" zu reflektieren, die er mittels der Interpretation der ignatianischen Exerzitien entwickelt. Die Überlegungen leiten mehrere Absichten.

Zum einen geht es darum, in Karl Rahners Theologie einen weiteren theologiegeschichtlichen Entwurf zu bedenken, der nach den Untersuchungen zur Alten Kirche und zu Bonaventura schließlich aus dem Kontext der Gegenwart kommt. In Karl Rahners Theologie wird ein Ansatz vorgestellt, der für die religionspädagogische Theoriebildung von enormer Bedeutung war und ist und die Grundlage für verschiedene religionspädagogische Entwürfe von Mystagogie bildet.[1]

Zum anderen bietet die Rahnersche Theologie für das mystagogische Lernen, das Gotteserfahrung im Horizont des Menschen thematisiert und die Frage nach dem Verhältnis von Gnade und Natur, von Offenbarung und Erfahrung ventiliert, entscheidende theologische Grundlagen, und zwar auf der Basis der Wende zum Subjekt.

Drittens leiten die Studien zur Theologie Rahners das Interesse, sensibel zu werden, wie sich das mystagogische Anliegen konkretisieren lässt, also eine "Methodologie" von Mystagogie zu entwerfen.

Insgesamt mussten sich die Untersuchungen dem Paradox stellen, dass Rahner einerseits seine ganze Theologie als Mystagogie verstand, andererseits aber kaum explizit macht, wo und wie sich das festmachen lässt.

Das legte nahe, in einem ersten Schritt zu fragen, wie sich das Phänomen der Mystagogie von diesem Paradox her entwickelt (1). Das wiederum machte es notwendig, den Deutehorizont des Rahnerschen Werkes zu skizzieren, um von da aus das mystagogische Anliegen in den Blick zu bekommen und entsprechend zu verorten (2). Weil nun die Mystagogie im Werk Rahners ein Grundanliegen ist, das die unterschiedlichsten Annahmen seiner Theologie betrifft und auch von ihnen her entworfen wird, galt es, in einem weiteren Abschnitt die theologischen Grundlagen des Verständnisses von Mystagogie zu beleuchten (3). Entscheidend war, diese daraufhin zu befragen, was sie für das mystagogische Anliegen bedeuten bzw. welche Akzentuierungen sich daraus für eine zu entwickelnde Perspektive religiöser Bildung ausmachen lassen (3.5).

Gerade vom Deutehorizont der Rahnerschen Theologie, für den die ignatianische Spiritualität als eine bedeutende Quelle des Rahnerschen Schaffens aus-

---

[1]   Vgl. dazu Zweiter Teil, 1.3, 251-265.

gemacht werden konnte, aber auch von den Grundlagen seiner Theologie, rückten die Kommentierungen in den Blick, die Rahner an das ignatianische Exerzitienbuch anlegte. Es wurde deutlich, dass er selbst in den Exerzitien ein Modell erkannte, wie Mystagogie zu denken und zu konkretisieren ist, und zwar sowohl in Bezug auf ihre theologischen Voraussetzungen als auch ihre praktische Umsetzung.[2] Auch wenn Rahner weder das eine noch das andere selbst explizit leistete, konnten die Exerzitien auf diese Fragestellung hin untersucht und daraufhin ausgelotet werden, was sie für eine Methodologie von Mystagogie ergeben (4).

Abschließend werden sowohl die theologischen Grundlagen von Mystagogie als auch Rahners Analyse des ignatianischen Exerzitienbuches daraufhin untersucht, welche Dimensionen und Akzentuierungen sich für das mystagogische Lernen ergeben (5). Insgesamt motivierte dieses Kapitel die Frage, wie Rahners Desiderat nach einer "neuen Mystagogie"[3] zu verstehen ist, und welche Impulse daraus für eine Perspektive religiöser Bildung erwachsen können.

1 Die Rahnersche Theologie als mystagogisches Unterfangen — Zu einem Paradox und seinen Konsequenzen

In Vorträgen, die Rahner 1961 bei Exerzitien gegeben hat, und die später in dem Buch "Einübung priesterlicher Existenz"[4] einem weiten LeserInnenkreis zugänglich wurden, verwendet Rahner zum ersten Mal das Wort "Mystagogie". Er weist darauf hin, dass Priester Mystagogen sein müssten. Im Handbuch der Pastoraltheologie 1966 formuliert er die Notwendigkeit einer "neuen Mystagogie"[5] und konturiert seitdem Mystagogie als spirituelles Komplementär zu den Kurzformeln des Glaubens. Ausgangspunkt von Mystagogie ist das Geheimnis des Menschen mit seinen transzendentalen Erfahrungen. Zielpunkt ist die Begegnung mit dem Geheimnis Gottes. Mystagogie ist als Weise zu verstehen, die "Hinwege" zu einem lebendigen Glauben zu thematisieren.

In dem Begriff der Mystagogie verdichtet sich das Bemühen Karl Rahners um einen existentiellen Ansatz der Theologie. Mystagogie meint eine "Theologie

---

[2]   Vgl. Rahner, K., Die Logik der existentiellen Erkenntnis bei Ignatius von Loyola, 77; vgl. ders., Moderne Frömmigkeit und Exerzitienerfahrung, 174f; vgl. ders., Rede des Ignatius von Loyola an einen Jesuiten von heute, 380; vgl. dazu Fischer, K. P., Der Mensch als Geheimnis, 24.

[3]   Vgl. Rahner, K., Die grundlegenden Imperative für den Selbstvollzug der Kirche, 269-271.

[4]   Freiburg/Basel/Wien 1970.

[5]   Vgl. Rahner, Karl, Die grundlegenden Imperative für den Selbstvollzug der Kirche, 269-271.

der letzten Betroffenheit"[6] und markiert insofern die Mitte seiner Theologie. Mystagogie ist nach Rahner die Weise, in die Erfahrung der Selbstmitteilung Gottes einzudringen. Er hebt in diesem Zusammenhang die Grunderfahrungen des Menschen heraus, die als "mystagogische Ansätze" bewertet werden können und zum Geheimnis des Lebens führen.[7]

Rahner macht deutlich, dass das nur geschehen kann, indem die Grunderfahrungen des Menschen, wie Liebe, Hoffnung, das Faktum des Todes, das Gebet verstanden als Rühren an Gott, als Weisen verstehbar werden, Gott zu erfahren. Aus diesen Erfahrungen müssten nach Rahner Zugänge zu dem eröffnet werden, was wir Gott nennen. Mystagogie müsste helfen, das schweigende Dunkel als "Du" zu benennen.[8]

Damit wird sowohl der Ausgangspunkt, das Ziel als auch die "Methode" von Mystagogie nach Rahner deutlich. Ausgangspunkt ist die transzendentale Verfasstheit des Menschen, in der er schon immer fähig ist, Gott zu vernehmen und am Heil Anteil zu gewinnen. Ziel muss es nach Rahner sein, dass der Mensch, selbst der sich als "Atheist verstehende, in einer Art 'Mystagogie' auf seine eigene transzendentale Gotteserfahrung aufmerksam gemacht wird."[9] Der Weg dorthin ist, an die Grunderfahrungen des Menschen anzuknüpfen, sie wahrnehmen zu helfen und für den Grund zu sensibilisieren, der hier noch trägt. Mystagogie ist damit letztlich immer "Mystagogie in die religiöse Erfahrung"[10], weil gilt, um das berühmte Wort Rahners aufzugreifen, dass "der Fromme von morgen ... ein 'Mystiker' sein [wird], einer, der etwas 'erfahren' hat, oder er wird nicht mehr sein".[11]

Obwohl Rahner die theologische Bedeutung der Mystagogie gerade am Ende seines Schaffens hervorhebt, konzediert er zugleich, dass sein Werk, wenn es um die Umsetzbarkeit von Mystagogie geht, eine Leerstelle aufweist.[12]

Darin formuliert sich das Paradox, mit dem sich die folgenden Überlegungen auseinander setzen müssen. Obwohl in der Theologie Rahners der Mystagogie eine zentrale Bedeutung zukommt, finden sich bei Rahner weder Veröffentlichungen, die sich explizit mit diesem Thema beschäftigen, noch eine systematische Ausgestaltung. Die Mystagogie bei Rahner beschreibt vielmehr ein

---

6   Bleistein, R., Mystagogie in den Glauben, 287.
7   Vgl. Bleistein, R., Mystagogie in den Glauben, 291.
8   Vgl. Fischer, K. P., Der Mensch als Geheimnis, 80.
9   Rahner, K., Atheismus und implizites Christentum, 205.
10   Rahner, K., Frömmigkeit früher und heute, 22.
11   Rahner, K., Frömmigkeit früher und heute, 22.
12   In einem Brief an Klaus P. Fischer, in: Fischer, K. P., Der Mensch als Geheimnis Gottes, 407, schreibt Rahner am 1.9.1973: "... Aber auch die eigentlich christliche und theologische Seite der Mystagogie wird bei mir nur als Thema und Forderung ausgesprochen. Viel Ausführliches und Klares und Praktizierbares wird von mir eigentlich doch nirgends gesagt. Diese Leerstelle ist ehrlich zuzugeben."

Grundanliegen, das er mit seinem Theologietreiben verfolgt. Roman Bleistein kommt in diesem Zusammenhang zu der Überzeugung, dass Rahner den Begriff einer "modernen Mystagogie" sozusagen als Komplementär zu seiner Forderung nach einer Konzentration des Glaubens in sogenannten Kurzformeln einführt.[13]

Rahner selbst unterstreicht das, wenn er seine Theologie als Reflex des Geistes und der Spiritualität des Ignatius ausweist[14] und eine vordringliche Aufgabe von Theologie darin erkennt, Hilfen zu geben, für die "Erfahrung der weiselosen Unbegreiflichkeit Gottes" zu öffnen und sie anzunehmen.[15] Insofern tangiert Mystagogie seine gesamten theologischen Ausführungen. Insgesamt stellt sich damit aber die Frage, wie das mystagogische Anliegen Rahners in seinem reichen Schrifttum ausgemacht und gedeutet werden kann.

Das bedeutet einen längeren Gang der Untersuchung, der sich, wie gesagt, der Schwierigkeit gegenübersieht, dass Rahner weder in systematisierter Weise über Mystagogie nachdenkt, noch — bis auf einige wenige, fragmentarische Aussagen — von Mystagogie ausdrücklich spricht. Das mystagogische Interesse, das Rahner verfolgt und das, was damit gemeint ist, muss vielmehr aus den Grundlagen seiner Theologie und, wie sich zeigen wird, aus seiner Analyse des ignatianischen Exerzitienbuches herausgearbeitet werden.

2 Zur Frage nach dem Deutehorizont des Rahnerschen Werkes — Die ignatianische Spiritualität als Grundlage

Rahners Werk und die Fülle der Sekundärliteratur, die in Rekurs auf Rahner entstanden ist, kann heute selbst nach dem Urteil ausgewiesener Fachleute kaum mehr überschaut werden.[16] Dazu kommt als weitere Schwierigkeit, dass das Rahnersche Werk eine Vielzahl unterschiedlicher Deutungsversuche ausgelöst hat, die teilweise im Widerspruch zueinander stehen.[17] Damit stellt sich bei jeder Deutung die Frage, ob sie den Gesamtzusammenhang der Rahnerschen Theologie angemessen berücksichtigt und nicht Vereinseitigungen verabsolutiert. Die Vielfalt der Interpretationen, die an Rahners Werk angelegt

---

13 Vgl. Bleistein, R., Mystagogie in den Glauben, 30.
14 Vgl. Rahner, K., Vorwort, in: SzTh 12, 7f.
15 Vgl. Rahner, K., Rede des Ignatius von Loyola an einen Jesuiten von heute, 375.380.
16 Vgl. Siebenrock, R. A., Einleitung, 10.
17 Als ein besonders markantes Beispiel für diese Frage soll die Diskussion zwischen Peter Eicher und Klaus P. Fischer erwähnt werden, die sich am Verständnis der Gotteserfahrung bei Rahner entzündete: Vgl. Eicher, P., Wovon spricht die transzendentale Theologie?, 289; vgl. ders., Erfahren und Denken, 142f; vgl. Fischer, K. P., Wovon erzählt die transzendentale Theologie?, 140-142; vgl. Sandler, W., Die Kunst des Fragens, 247-249.

werden, entspringt auch dem Faktum, dass die Grundlagen der Rahnerschen Theologie unterschiedlich gesehen und gewertet werden.

Neben den vielen Arbeiten, die sein Schaffen aus philosophischer Perspektive analysieren und Karl Rahner vor allem als philosophisch-theologischen Lehrer verstehen,[18] zeichnet sich eine weitere Lesart der Rahnerinterpretation dadurch aus, theologische Akzente zu setzen und so eine adäquate Interpretation des Gesamtwerks zu erreichen.[19] In dieses Spektrum fällt auch das Bewusstwerden, dass die ignatianische Tradition für Rahners Theologietreiben von außerordentlicher Bedeutung war. Die Arbeit Klaus Peter Fischers hat dies bleibend in die Diskussion um die Rahnerinterpretation eingebracht.[20] Es wurde deutlich, dass für Rahner selbst die Erfahrung des "Geheimnisses", das wir Gott nennen, wie er wiederholt formulierte,[21] und die Deutung Gottes aus der Spiritualität des Ignatius, die vor allem in den Exerzitien einen Ausdruck fand, zu den Grundlagen seines Theologietreibens zählt.[22] Von daher wurde Rahners Werk in seiner pastoralen und mystagogischen Absicht verstehbar.

Im Folgenden kann es also nicht darum gehen, die ignatianischen bzw. spirituellen Zugänge zum Werk Rahners gegen die erkenntnistheoretischen auszuspielen. Das würde Rahners Vorgehen widersprechen, der selbst aus ihnen in komplementärer Weise das Geheimnis Gottes für den Menschen auslotete. Die vorliegende Studie versucht vielmehr, das Paradigma in den Vordergrund zu rücken, das Rahner selbst in seinen letzten Lebensjahren mehrmals betonte und bestätigte,[23] und dabei auch, wo notwendig, die erkenntnistheoretischen Implikationen zu erhellen (z. B. beim Verständnis des Menschen als übernatür-

---

[18]   Als Beispiele seien hier angeführt: Holz, H., Transzendentalphilosophie und Metaphysik; Eicher, P., Die anthropologische Wende; ders., Immanenz oder Transzendenz?, 29-62; Rupp, E., Zur Kritik der transzendentalen und analytischen Wissenschaftstheorie; Simons, E., Philosophie der Offenbarung in Auseinandersetzung mit "Hörer des Wortes" von Karl Rahner; vgl. dazu Siebenrock, R. A., Einleitung, 19.

[19]   Vgl. z. B. Heijden, B. van der, Karl Rahner; vgl. Fischer, K. P., Der Mensch als Geheimnis.

[20]   Vgl. Fischer, K. P., Der Mensch als Geheimnis; vgl. Schneider, M., "Unterscheidung der Geister"; vgl. Endean, Ph., Die ignatianische Prägung der Theologie Karl Rahners, 59; vgl. ders., Karl Rahner and Ignatian Spirituality; vgl. Batlogg, A. R., Die Mysterien des Lebens Jesu; vgl. Zahlauer, A., Karl Rahner; vgl. dazu Siebenrock, R. A., Einleitung, 21. Diese Denklinie beginnt, wie Arno Zahlauer, Die Erfahrung denken, 289, Anm. 4, herausarbeitet, bei dem amerikanischen Jesuiten A. Dulles, wird bei Fischer explizit und beeinflusst seitdem die aktuelle Forschungsliteratur. Als besonders herausragendes Werk in dieser Interpretationsrichtung soll auch genannt werden Schwerdtfeger, N., Gnade und Welt, sowie die Arbeiten von Karl Heinz Neufeld, darunter der Aufsatz, Ordensexistenz, 28-43.

[21]   Vgl. z. B. Rahner, K., Grundkurs des Glaubens, 14; vgl. ders., Rede des Ignatius von Loyola an einen Jesuiten von heute, 374f;

[22]   Vgl. Lehmann, K., Einführung zu Rahner, K., Gebete des Lebens, 10; vgl. Batlogg, A. R., Die Mysterien des Lebens Jesu, 17-20.

[23]   Vgl. z. B. Rahner, K., Rede des Ignatius von Loyola an einen Jesuiten von heute, 373-408; vgl. Imhof, P./Biallowons, H. (Hg.), Karl Rahner im Gespräch, Bd. 2, 47-59.

liches Existential, beim Verständnis der Gotteserfahrung). Rahner selbst schreibt 1975 im Vorwort zum zwölften Band der Schriften zur Theologie, dass für sein "gesamtes Theologisieren ... jene spezifische Erfahrung [von Bedeutung ist], zu der Ignatius von Loyola durch die Exerzitien ... anleiten und führen möchte. Solcher Erfahrung aber ist ursprünglich die Tendenz eigen ..., in theologische Reflexion einzumünden, die geeignet ist, das unmittelbar Erlebte ausdrücklicher zu klären und zu vertiefen."[24]

Rahner versteht also seine Theologie als Reflex des Geistes und der Spiritualität des Ignatius. Das ist der Grund, dass der ignatianische Grundton seiner Theologie, der in der Exerzitienerfahrung wurzelt und hier seine Methode findet,[25] im Folgenden den Deutehorizont vorgeben soll, in dem die theologischen Grundlagen des Verständnisses von Mystagogie eruiert werden.

Hier kann es nicht darum gehen, Rahners Theologie als Ganze darzustellen. Das hieße, alle seine Implikationen und möglichen Ausfaltungen zu erhellen. Im Folgenden wird vielmehr versucht, das mystagogische Anliegen, das Rahner verfolgt, herauszuarbeiten und dessen Impulse auch für eine Perspektive religiöser Bildung zu konturieren.

Das bedeutete, wie gesagt, zunächst die theologischen Grundlagen von Mystagogie, wie sie sich aus der Rahnerschen Theologie ergeben, zu eruieren und auf Mystagogie hin zu reflektieren (3) und dann eine bei Rahner angedeutete "Methodologie von Mystagogie", die er im Exerzitienbuch des Ignatius von Loyola ausmacht, zu konturieren (4).

3 Zu den theologischen Grundlagen von Mystagogie

Wenn man versucht, näher zu verstehen, was Mystagogie bei Karl Rahner meint, dann bedeutet das, sowohl die *theo*logischen als auch die *anthropo*logischen Grundlagen seiner Theologie in den Blick zu nehmen. Es gilt, danach zu fragen, wie der Mensch Gott erfahren kann, oder, um mit Rahner zu formulieren, darüber nachzudenken, welche transzendentalen Bedingungen im Menschen ausgemacht werden können, um die Selbstmitteilung Gottes wahrnehmen und annehmen zu können.

Nun entspricht es dem Denken Rahners, in der Erfahrung der Gnade den Ausgangspunkt von Theologie zu sehen.[26] Damit liegt es nahe, zuerst auf die

---

24   Rahner, K., Vorwort, in: SzTh 12, 8.

25   Vgl. Rahner, K., Vorwort, in: SzTh 12, 8f; vgl. dazu die treffende Formulierung bei Siebenrock, R. A., Gezeichnet vom Geheimnis der Gnade, 199, der die Bedeutung der Spiritualität bei Rahner beschreibt als "uneinholbare, aber unvermeidbar vorausgesetzte und mitausgesagte Grundhaltung, in dem Werk und Lebensentwurf in Zustimmung, Kritik und Opposition wurzeln, und die in den entscheidenden Erschließungserlebnissen einer Glaubensgeschichte ebenso geformt wird, wie sie diese bedingt."

26   Vgl. Lehmann, K., Karl Rahner, 166.

Selbstmitteilung Gottes einzugehen und von da aus auf die Bedingungen der Möglichkeit zu reflektieren, diese auch vernehmen zu können.

3.1 Gott im Horizont des Menschen — der Mensch im Horizont Gottes — Zum Theologumenon von der Selbstmitteilung Gottes

Für Rahner ist die "Selbstmitteilung Gottes" die "innerste Mitte des christlichen Daseinsverständnisses"[27]. Gott gibt sich selbst dem Menschen, und zwar "in seiner eigensten Wirklichkeit und Herrlichkeit, Heiligkeit, Freiheit und Liebe" und kommt so in der Kreatürlichkeit des Menschen an.[28] Damit setzt sich Rahner von einem Verständnis ab, das Offenbarung auf "eine bloße Benachrichtigung im Bereich des Intellektuellen"[29] reduziert. Rahner geht vielmehr davon aus, wie es auch das 2. Vaticanum wiederholen wird,[30] dass Gott sich in der Offenbarung selbst gibt und nicht nur "irgendeine numinose, geheimnisvolle Gabe als etwas von ihm Verschiedenes ..."[31].

Auch wenn es für heutiges theologisches Denken selbstverständlich geworden ist, Offenbarung in diesem Sinn zu verstehen, musste Rahner seine Gedankengänge in einem neuscholastischen Umfeld profilieren. Er musste zeigen, dass der Kern der Offenbarung die Gnade selbst ist, dass sich Gott selbst in der Offenbarung zeigt. Es ging also darum zu beweisen, dass die *gratia increata* und nicht nur die *gratia creata* dem Menschen in der Offenbarung gegeben wird. Rahner versuchte das, indem er sein Verständnis von Gnade und damit auch von Offenbarung von der Visio beatifica her entwickelte.[32]

3.1.1 Zur Entwicklung der Rede von der Selbstmitteilung Gottes

Rahner geht zunächst davon aus, dass auch in der Scholastik "eine engste Beziehung zwischen der Gnade (als Ganzes) und den ontologischen Voraussetzungen der seligen Schau Gottes ..."[33] angenommen wird. Die Visio beatifica wird also nicht nur als Lohn für ein gutes Leben verstanden, sondern erscheint als das "Enthülltwerden" des schon jetzt besessenen, wenn auch "noch 'verborgenen' Lebens der Kindschaft Gottes".[34] Für Rahner ist damit die Schlussfolgerung gerechtfertigt, die Gnade von den ontologischen Voraussetzungen

---

27   Rahner, K., Über die Eigenart des christlichen Gottesbegriffs, 190.
28   Rahner, K., Erfahrungen eines katholischen Theologen, 109f.
29   Rahner, K./Vorgrimler, H. (Hg.), Kleines theologisches Wörterbuch, 131f.
30   Vgl. DV 2, in: Rahner, K./Vorgrimler, H., Kleines Konzilskompendium, 367.
31   Rahner, K., Grundkurs des Glaubens, 131.
32   Vgl. Schwerdtfeger, N., Gnade und Welt, 128f; vgl. Guggenberger, E., Karl Rahners Christologie und heutige Fundamentalmoral, 28-35.
33   Rahner, K., Zur scholastischen Begrifflichkeit, 354.
34   Vgl. Rahner, K., Zur scholastischen Begrifflichkeit, 354.

der unmittelbaren Gottesschau her zu bestimmen und findet hier einen ersten Ansatzpunkt, sie als *gratia increata* zu verstehen.

Diesen Ansatz baut er noch aus, indem er den Gedanken Thomas' von Aquin aufgreift, dass nämlich "in der unmittelbaren Gottesschau das Wesen Gottes selbst die species (impressa) im geschaffenen Geist vertritt"[35]. Diese Ansicht untermauert und entfaltet Rahner durch die Erkenntnismetaphysik, wie er sie in "Geist in Welt" herausgearbeitet hat. Erkenntnis ist demnach zu verstehen als "Bei-Sich-Sein eines Seienden nach dem Grad seiner Seinshöhe"[36]. Die Species ist damit nicht als "intentionales Bild" zu begreifen, sondern als ontologischer Grund, als apriorische Struktur, um überhaupt erkennen zu können. Damit sind die Bedingungen geklärt für die Erkenntnis seiner selbst.

Erkennt nun jemand etwas von ihm selbst Verschiedenes, dann braucht das eine seinshafte Angleichung des Erkennenden an das zu erkennende Objekt. Diese ontologische Angleichung heißt *species impressa* und "geht der aktuellen, bewußten Erkenntnis als deren ontologischer Grund logisch voraus"[37]. Nicht die Bewusstheit, also die Erkenntnis, schafft die Einheit von Erkennendem und Erkanntem. Diese Einheit ist vielmehr der Grund für die Erkenntnis und ist als solche seinshaft zu verstehen.[38]

Fügt man diese Gedanken nun in die Auffassung von der Gottesschau ein, wie sie Rahner von Thomas zitiert, zeigt sich die ganze Fulminanz dieser Logik. Zum einem wird deutlich, dass wirklich die *gratia increata,* also Gott selbst, der Grund ist, der im Menschen die Möglichkeit schafft, Gott zu schauen. Und damit kann auch gezeigt werden, dass in der Gottesschau nicht irgendetwas geschaut wird, sondern Gott selbst.

Zum anderen macht Rahner deutlich, dass durch die von Thomas angeführte Ansicht, dass bei der Gottesschau das Wesen Gottes selbst die *species* im geschaffenen Geist vertritt, die Frage aufgeworfen wird, wie dann die Eigenart der Einheit zwischen Gott und dem geschaffenen Geist zu denken ist, die ja auch deren "vollste Unterschiedenheit" ausdrücken muss.[39] Ein pantheistisches Lösungsmodell muss ebenso wie ein deistisches ausgeschlossen werden, weil beide letztlich darauf hinauslaufen, die Transzendenz Gottes zu verkürzen bzw. die *species* als *species creata* verstehen, die die Unendlichkeit Gottes nur nach

---

[35]   Rahner, K., Zur scholastischen Begrifflichkeit, 355.
[36]   Rahner, K., Geist in Welt, 100; vgl. Schwerdtfeger, N., Gnade und Welt, 129; vgl. Guggenberger, E., Karl Rahners Christologie und heutige Fundamentalmoral, 29; vgl. Rulands, P., Menschsein unter dem An-Spruch der Gnade, 78-81.
[37]   Schwerdtfeger, N., Gnade und Welt, 129.
[38]   Vgl. Rahner, K., Zur scholastischen Begrifflichkeit, 356.
[39]   Vgl. Rahner, K., Zur scholastischen Begrifflichkeit, 364.

ihrem endlichen Maß vorstellen könnte.[40] Nur ein Modell, das die Einheit in Verschiedenheit achtet, kann hier eine Lösung bieten.

Das ist für Rahner der Punkt, die Begrifflichkeit von der "quasi-formalen Ursächlichkeit" einzuführen. Auch wenn es im Folgenden gilt, diese näher zu erläutern und auf ihre Intentionen hin zu untersuchen, kann schon an dieser Stelle Folgendes festgehalten werden: Rahner konnte durch den Rekurs auf die Visio beatifica verdeutlichen, dass Gott selbst das innerste Prinizip des Menschen ist, ihn selbst ausmacht und seine Grundbefindlichkeit kennzeichnet.[41] Ist nun Gott selbst die *species impressa* des Menschen, macht Gott selbst also die Grundbefindlichkeit des Menschen aus, dann wird die Gottesschau entsprechend der von Rahner vertretenen Erkenntnismetaphysik auch als *Schau Gottes selbst* und nicht als Schau von irgendetwas an Gott verstehbar.

Rahner näherte sich damit um einen weiteren Schritt dem Ziel, Gnade und damit Offenbarung als *gratia increata* zu verstehen, oder wie er auch formuliert, als Selbstmitteilung Gottes.[42]

3.1.2 Zur Rede von der quasi-formalen Ursächlichkeit und ihren Intentionen

Rahner führt, wie oben angedeutet wurde, den Begriff der quasi-formalen Ursächlichkeit ein, als er über die Frage nachdenkt, wie die Einheit von Gott und Geschöpf so gedacht werden kann, dass die Einheit in Verschiedenheit garantiert ist.

Hier tut sich eine Trias von Problemen auf, die Rahner durch das Modell der quasi-formalen Ursächlichkeit klären will: (1) Es gilt zu zeigen, dass wirklich Gott als er selbst beim Menschen ankommt und nicht nur irgendeine Gabe, (2) zugleich aber auch zu verhindern, dass Gott sozusagen auf das Niveau des Geschöpflichen festgeschrieben und (3) das Geschöpf als etwas gedacht wird, das durch die Gnade Gottes aufgesogen wird.[43]

Rahner konnte das erste Problem durch einen Rekurs auf die Visio beatifica angehen. Mit dem Begriff der quasi-*formalen* Ursächlichkeit kann er die Lösung noch weiter profilieren. Rahner setzt sich mit ihm von einem Denken ab, das Gott nur als effiziente Ursächlichkeit versteht.[44] Hier würde das Bewirkte als etwas beschrieben, was vom Wirkenden stets verschieden ist, und erreichte da-

---

[40] Vgl. Schwerdtfeger, N., Gnade und Welt, 129f.

[41] Vgl. Zahlauer, A., Karl Rahner, 192-194.

[42] Vgl. dazu Rulands, P., Menschsein unter dem An-Spruch der Gnade, 76-81; vgl. ders./Schmolly, W., "Der Heilswille Gottes berührt uns", 119-122.

[43] Vgl. Gmainer-Pranzl, F., Glaube und Geschichte, 66; vgl. Knoepffler, N., Blondels "action", 140f.

[44] Vgl. Rahner, K., Über den Begriff des Geheimnisses in der katholischen Theologie, 91.

mit nicht den Rahnerschen Gedanken, dass Gott wirklich als er selbst beim Menschen ankommt und zu dessen innerstem Prinzip wird. Für Rahner steht aber fest, dass Gott nicht etwas von ihm Verschiedenes in der Offenbarung gibt, sondern sich selbst an das Geschöpf ausliefert und damit auch sich selbst "zum Konstitutivum der Vollendung des Geschöpfes macht"[45]. Rahner erreicht das, indem er den scholastischen Begriff der formalen Kausalität aufgreift.

Dass nun Gott nicht auf den Bereich des Geschöpflichen depotenziert wird, wenn er sich selbst gibt, garantiert Rahner durch die Rede von der "*quasi*-formalen Ursächlichkeit".[46]

Als Hintergrund muss hier wiederum der scholastisch gewendete Gedanke mit gedacht werden, der Erkennen so verstand, dass beim Akt des Erkennens das Erkannte in die Möglichkeiten des Erkennenden eingeschrieben wurde. Mit anderen Worten hieße das, dass dann, wenn Gott im neuscholastischen Sinn als die formale Ursächlichkeit des Menschen bestimmt würde, er auch durch die menschliche Verfasstheit begrenzt würde, so dass sein Anderssein nicht mehr garantiert werden könnte.

Rahner wehrt dieses Missverständnis ab, indem er festhält, dass es allein die "Prärogative" Gottes ist, sich selbst so mitzuteilen, "daß er sich in diesem Mitteilungsprozeß nicht verliert"[47]. Die Rede von der *quasi*-formalen Ursächlichkeit Gottes macht also deutlich, dass Gott im Ereignis der Selbstmitteilung Gottes nicht aufhört, Geheimnis zu sein. Auch wenn sich Gott dem Menschen zeigt, ja sich in ihn hinein entäußert, ist das nicht so zu verstehen, dass er seine Unbegreiflichkeit und Ewigkeit aufgibt. Gott ist nach Rahner vielmehr "absolutes Geheimnis", das nicht verwechselt werden darf mit einem "Rest an Noch-nicht-Durchschautem oder Noch-nicht-Getanem und -Verwirklichtem. Er ist vielmehr dessen Voraussetzung und tragender Grund"[48]. Er selbst ist also die Ursache dafür, im Menschen überhaupt ankommen zu können, so dass die Offenbarung Gottes beim Eintritt in den Erkenntnishorizont des Menschen nicht "unter das subjektive Apriori des endlichen Geistes"[49] gerät und zu einem Moment des Selbstverständnisses des Geschöpfes herabgemindert wird.[50]

---

45   Rahner, K., Grundkurs des Glaubens, 127f.
46   Rahner bemerkt in der sehr frühen Veröffentlichung, Zur scholastischen Begrifflichkeit, 358, dass man mit dem Begriff der Formalursächlichkeit sehr vorsichtig umgehen muss: "Freilich kann der Begriff der Formalursächlichkeit nur äußerst vorsichtig verwendet werden. Es darf nämlich nicht der Eindruck entstehen, als werde Gottes Transzendenz und Unveränderlichkeit aufgehoben." Das war für ihn der Grund, diesen Begriff eigens zu kennzeichnen als quasi-formale Ursächlichkeit. Später wird Rahner selbst diese Differenzierung im Grundkurs des Glaubens aufgeben, wenn er hier vom "Modell formaler Ursächlichkeit" spricht. Vgl. Rahner, K., Grundkurs des Glaubens, 127.
47   Rahner, K., Grundkurs des Glaubens, 127.
48   Rahner, K., Gotteserfahrung heute, 167.
49   Rahner, K., Überlegungen zur Dogmenentwicklung, 21f.
50   Vgl. Guggenberger, E., Karl Rahners Christologie und heutige Fundamentalmoral, 33.

Damit ist auch der dritten Gefahr pariert, die Rahner durch die Rede von der quasi-formalen Ursächlichkeit Gottes auszuräumen versuchte. Auch wenn sich Gott dem Menschen gibt und zum Grund seiner Vollendung wird, bleibt er dennoch radikal von ihm verschieden und anders. Selbst in der Visio beatifica wird das Geheimnis Gottes nicht aufgehoben, sondern vielmehr als solches erfahrbar. Für die Rede vom Menschen heißt das, dass er zwar als einer verstehbar wird, der nur als von Gott herkünftig und in ihm vollendet gedacht werden kann, der aber auch nicht in Gott aufgeht, sondern radikal von ihm unterschieden bleibt. Dieses Spannungsverhältnis gilt es auszuhalten. Rahner formuliert das im vierten Gang seines Grundkurses so: "Göttliche Selbstmitteilung besagt also, daß Gott sich als er selbst an das Nicht-Göttliche mitteilen kann, ohne aufzuhören, die unendliche Wirklichkeit und das absolute Geheimnis zu sein, und ohne daß der Mensch aufhört, das endliche, von Gott unterschiedene Seiende zu sein."[51]

Dass der Mensch von Gott verschieden bleibt trotz der ontologischen Einheit, die zwischen beiden besteht, verdeutlicht Rahner, wenn er klarstellt, dass der Mensch nicht substantiell mit Gott eins wird (das ist nur bei der hypostatischen Union der Fall), sondern akzidentiell. Der Mensch ist also selbst in der Einigung nicht Gott,[52] sondern "hat" bzw. "besitzt" ihn in der Schau in wahrer und vollkommener Weise.[53]

Die Rede von der Selbstmitteilung Gottes zeigt sich insgesamt als konzentrierende Mitte der Rahnerschen Theologie, von der aus sich alle anderen Themen als Momente der Selbstmitteilung Gottes verstehen lassen. Bedeutet also Selbstmitteilung Gottes, dass sich Gott wirklich selbst an den Menschen verschenkt, dann muss das im christlichen Sinn auch heißen, dass sich der trinitarische Gott an den Menschen verschenkt. Die Rede von der Selbstmitteilung Gottes wird für Rahner zur prägnanten Weise, von der Trinität zu sprechen.

3.1.3 Die trinitarische Prägung der Selbstmitteilung Gottes

Einer der wichtigsten Einwände gegen Rahners Rede von der Selbstmitteilung Gottes wurde darin ausgemacht, dass Rahner zwar formaltheologisch zeigen konnte, dass Offenbarung als Selbstmitteilung Gottes zu verstehen ist (sozusagen die transzendentalen wie auch theologischen Bedingungen klärend, wie *Selbst*mitteilung Gottes gedacht werden kann), dass aber die heilsgeschichtliche Füllung als trinitarische bzw. christologisch vermittelte Selbstmit-

---

[51]   Rahner, K., Grundkurs des Glaubens, 125f.
[52]   Vgl. Rahner, K., De Gratia Christi, 214, zitiert nach Rulands, P., Menschsein unter dem
         An-Spruch der Gnade, 81; vgl. Rahner, K., Zur scholastischen Begrifflichkeit, 374.
[53]   Vgl. Schwerdtfeger, N., Gnade und Welt, 133.

teilung Gottes in Rahners Theologie ausbleibe.[54] Schon hier bleibt festzuhalten, dass jede formaltheologische Klärung leer bleibt, wenn sie nicht auch transparent ist auf ein heilsgeschichtliches Thematischwerden der Selbstmitteilung Gottes und sich von ihr her besser verstehen lässt.[55]

Rahner führt vor allem in dem in Mysterium salutis veröffentlichten Aufsatz "Der dreifaltige Gott als transzendenter Urgrund der Heilsgeschichte"[56] aus, dass Selbstmitteilung Gottes als Mitteilung der drei göttlichen Personen verstanden werden muss. Prägnant fasst er diesen grundlegenden Gedanken so zusammen: "Jede der drei göttlichen Personen teilt sich als je sie selber in ihrer personalen Eigenart und Verschiedenheit dem Menschen in freier Gnade mit, und diese trinitarische Mitteilung ... ist der realontologische Grund des Gnadenlebens im Menschen und ... der unmittelbaren Schau der göttlichen Personen in der Vollendung."[57]

In diesen wenigen Zeilen artikuliert Rahner Grundlegendes zum trinitarischen Verständnis der Selbstmitteilung Gottes: Sie wird zum einen für den Menschen erfahrbar als Erfahrung Gottes als "Dreipersönlichkeit",[58] so dass Rahner zu dem Schluss kommt, dass dies nicht nur ein analoges Bild für die Seinsweise Gottes ist, sondern vielmehr gilt, dass die "'ökonomische' Trinität ... die 'immanente' Trinität [ist] und umgekehrt."[59] Rahner manifestiert dadurch, dass die eigentümliche Beziehung, die jede der drei göttlichen Personen in der Gnade zum Menschen aufbaut, nicht verschieden sein kann von der Bezüglichkeit der drei göttlichen Personen untereinander (immanente Trinität). Wäre sie verschieden, würde das nämlich bedeuten, dass jeder einzelne Mensch als etwas Absolutes und nicht bloß Relatives gedacht werden müsste. So kann Rahner resümierend festhalten: "Diese drei Selbstmitteilungen sind die Selbstmitteilung des einen Gottes in der dreifach relativen Weise, in der Gott subsistiert."[60]

Zum anderen wehrt Rahner ein Verständnis ab, das die Verbindung Gottes mit dem begnadeten Menschen als den einzelnen göttlichen Personen nur zugeschriebene (appropriierte) fasst. Rahner stellt durch den obigen Gedanken vielmehr heraus, dass jede göttliche Person durch die Gnade ein eigentümliches Verhältnis (relatio propria) zum Menschen hat.[61] Wiederum von der Visio

---

[54] Vgl. zu diesem Einwand beispielsweise Heijden, B. van der, Karl Rahner, 222.314f.326.356.

[55] Vgl. Schwerdtfeger, N., Gnade und Welt, 137.

[56] Rahner, K., Der dreifaltige Gott als transzendenter Urgrund der Heilsgeschichte, 317-401; vgl. dazu Siebenrock, R. A., Urgrund der Heilsgeschichte, 197-222.

[57] Rahner, K., Der dreifaltige Gott als transzendenter Urgrund der Heilsgeschichte, 337.

[58] Vgl. Gmainer-Pranzl, F., Glaube und Geschichte, 69-72.

[59] Rahner, K., Der dreifaltige Gott als transzendenter Urgrund der Heilsgeschichte, 328.

[60] Rahner, K., Der dreifaltige Gott als transzendenter Urgrund der Heilsgeschichte, 337.

[61] Vgl. Rahner, K., Zur scholastischen Begrifflichkeit, 372-375; vgl. Schwerdtfeger, N., Gnade und Welt, 137.

beatifica ausgehend, in der Gott als Dreifaltiger geschaut wird, schlussfolgert Rahner, dass auch die Gnade, in der die Visio formal beginnt und ein ontologisches Substrat findet, ein eigentümliches Verhältnis (relatio propria) des Menschen zu den verschiedenen göttlichen Personen aufbaut.[62]

Außerdem macht Rahner einen unbedingten und nicht aufhebbaren Zusammenhang aus zwischen der Erfahrung der Gnade und dem Sein Gottes als Dreifaltigen und wehrt damit einen Vorwurf ab, den beispielsweise B. van der Heijden formulierte. Dieser warf ein, dass es nicht "ohne weiteres evident [ist], daß Selbst-Mitteilung Gottes genau dasselbe besagt wie Seins-Mitteilung Gottes. Man sieht das zum Beispiel daran, daß durch eine Seins-Mitteilung Gottes nicht erklärt werden kann, daß wir zu den drei göttlichen Personen relationes propriae haben können, denn diese sind im Sein nicht unterschieden."[63]

Auch wenn das grundlegende Anliegen der trinitätstheologischen Ausführungen Rahners nur angerissen werden konnte, zeigte sich insgesamt, dass es zwar Rahners Ausgangsfrage war, ob und wie es überhaupt möglich ist zu denken, dass Gott selbst, die *gratia increata,* beim Menschen ankommt, also dass es ihm zunächst daran gelegen war, die Selbstmitteilung Gottes formal zu bestimmen, dass diese aber daraufhin ausgelegt werden kann, dass sie als solche heilsgeschichtlich thematisch wird, nämlich als trinitarische bzw. christologische Selbstmitteilung Gottes.[64]

Im Folgenden nun soll das Augenmerk darauf gerichtet werden, wie der Mensch beschaffen sein muss, damit er auch Adressat der Selbstmitteilung Gottes sein kann und diese nicht von vornherein verhindert.[65]

3.2   Der Mensch als Adressat der Selbstmitteilung Gottes — Zum Theologumenon vom übernatürlichen Existential

Für Karl Rahner ist der Mensch einer, der im Tiefsten von Gott ergriffen ist, auf den sich Gottes Selbstmitteilung richtet und der auch die Möglichkeit hat, diese Selbstmitteilung Gottes zu empfangen. Rahner führt in diesem Zusammenhang das Theologumenon vom "übernatürlichen Existential" ein, das unbestrittenermaßen ein Zentralbegriff seiner Theologie ist.[66]

Im Theologumenon vom übernatürlichen Existential reflektiert Rahner auf die Bedingungen im Menschen, die es ihm ermöglichen, die Selbstmitteilung Gottes zu vernehmen und darauf zu antworten. Es würde den Rahmen der vorlie-

---

[62]   Vgl. Rahner, K., Zur scholastischen Begrifflichkeit, 373.
[63]   Heijden, B. van der, Karl Rahner, 12.
[64]   Vgl. dazu Schwerdtfeger, N., Gnade und Welt, 136f.143-150.
[65]   Vgl. Rahner, K., Der dreifaltige Gott als transzendenter Urgrund der Heilsgeschichte, 375.
[66]   Vgl. Gmainer-Pranzl, F., Glaube und Geschichte, 73; vgl. Weger, K.-H., Karl Rahner, 79.99.

genden Studie sprengen, die Implikationen und Konsequenzen, die mit dem Phänomen des übernatürlichen Existentials gegeben sind, im Einzelnen zu reflektieren. Das wurde außerdem schon an anderer Stelle besorgt.[67] Im Folgenden gilt es vielmehr, die grundlegenden Eckpunkte darzulegen, insofern sie für das Rahnersche Verständnis von Mystagogie relevant sind.

Rahner geht anders als die neuscholastische Theologie davon aus, dass die "innere Glaubensgnade" bzw. das "Glaubenslicht" (lumen fidei) dem Menschen nicht nur als aktuelle Gnade zukommt,[68] sondern vielmehr eine dem Menschen immer und überall angebotene Gnade ist.[69] Dieses Phänomen bezeichnet Rahner als "übernatürliches Existential". Es ist eine der Grundlagen der Theorie des "anonymen Christen"[70] und — was für die Konturierung von Mystagogie wichtig ist — Ausdruck des universalen Gnadenangebots Gottes an die Menschen.[71] Wie Nikolaus Schwerdtfeger im Anschluss an Mannermaa zeigen konnte, prägt dieser Gedanke Rahners Theologie schon von ihren Grundzügen her.[72]

3.2.1 Ein erster Zugang

Bereits in einem sehr frühen Text, der 1942 erstmals veröffentlicht wurde,[73] ursprünglich aber aus dem Jahr 1939 stammt,[74] beschreibt Rahner konstituierende Elemente des übernatürlichen Existentials. Hier zeigt sich erstens, dass der Mensch in seiner konkreten, geschichtlichen Existenz schon immer in einem übernatürlichen, existentialen Bereich steht, der seinen Grund in Christus hat.[75] Mit anderen Worten heißt das, dass dieser jeden Menschen bestimmende Daseinsraum seit jeher durch das Christusereignis bestimmt ist. Damit ist das Christusereignis als das übernatürliche Existential zu lesen.[76] Zweitens ist festzuhalten, dass der Mensch durch die Gabe des Heiligen Geistes an die Welt, die in der Inkarnation des Wortes einen bleibenden Ausdruck gefunden hat, als möglicher Hörer des Wortes bestimmt ist. Und drittens lässt

---

67 Vgl. Schwerdtfeger, N., Gnade und Welt, 164-211; vgl. Fischer, K. P., Der Mensch als Geheimnis, 235-268; vgl. Guggenberger, E., Karl Rahners Christologie und heutige Fundamentalmoral, 41-55; vgl. Gmainer-Pranzl, F., Glaube und Geschichte, 72-82.

68 Vgl. z. B. Ott, L., Grundriß der katholischen Dogmatik, 268.

69 Vgl. Rahner, K., Existential, 1298f.

70 Noch immer grundlegend für das Verständnis des "anonymen Christen" bei Rahner ist die Studie von Schwerdtfeger, N., Gnade und Welt.

71 Vgl. Schwerdtfeger, N., Gnade und Welt, 164.

72 Vgl. Schwerdtfeger, N., Gnade und Welt, 164-166.

73 Vgl. Rahner, K., Priesterliche Existenz, 285-312.

74 Vgl. Rulands, P., Selbstmitteilung Gottes in Jesus Christus, 163.

75 Vgl. Rahner, K., Priesterliche Existenz, 300.

76 Vgl. Schwerdtfeger, N., Gnade und Welt, 167. Die Rahnersche Sichtweise, die Christologie als Beginn der Anthropologie zu verstehen, wurde v. a. von Bokwa, I., Das Verhältnis zwischen Christologie und Anthropologie, 33-43, bzw. in dessen Dissertation, Christologie als Anfang und Ende der Anthropologie, herausgearbeitet.

sich schließlich ausmachen, dass diese Gabe des Geistes dem Menschen in einer existentialen Weise zugeeignet ist, was nicht bedeutet, dass der Mensch sich dieses Existential schon personal, existentiell angeeignet hat. Das heißt also, dass das übernatürliche Existential zwar mit der angebotenen Gnade identifiziert werden kann, aber nicht mit der angenommenen.[77] Als letztes Charakteristikum des übernatürlichen Existentials streicht Rahner in diesem Aufsatz heraus, dass es zwar einen bleibenden Unterschied zu der von außen kommenden Glaubensbotschaft gibt, also deren Notwendigkeit nicht aufhebt, dass hier aber eine Einheit besteht. Diese kann solchermaßen formuliert werden, dass das übernatürliche Existential angelegt ist auf die christliche Glaubensbotschaft und erst, indem diese sich ereignet, in seiner Möglichkeit eingeholt und aussagbar wird.[78]

Insgesamt wird also deutlich, dass Rahner das Theologumenon vom übernatürlichen Existential von der Selbstmitteilung Gottes in Jesus Christus her entwirft und von da aus auf die Bedingungen der Möglichkeiten reflektiert, wie der Mensch überhaupt diese Selbstmitteilung Gottes vernehmen und auf sie antworten kann.[79] Von dieser ersten Beschreibung aus soll nun die Begründung als auch das Phänomen des übernatürlichen Existentials noch genauer untersucht werden.

3.2.2 Von den zwei Komponenten des übernatürlichen Existentials

In die Überlegungen Rahners zum übernatürlichen Existential fließt ein Gedanke ein, der von weitreichender Bedeutung für das Verständnis des übernatürlichen Existentials als auch der Mystagogie ist, nämlich die Unterscheidung zwischen Natur und Person.[80] Rahner geht davon aus, dass sich das übernatürliche Existential sowohl auf die Natur als auch auf die Person bezieht. Das heißt, dass der dem Menschen schon vorgegebene und ihn normierende Seinsbestand (Natur, die Rahner für den Menschen als Geistnatur bestimmt) die Möglichkeit hat, den Ruf Gottes zum übernatürlichen Leben zu vernehmen, als auch der Person, als Inbegriff der Freiheit und Selbstverfügung des Menschen,

---

77 Vgl. Schwerdtfeger, N., Gnade und Welt, 168.
78 Vgl. Rahner, K., Priesterliche Existenz, 299f.
79 Auch wenn Rahner später den umgekehrten Weg geht und sozusagen eine transzendentale Christologie entwirft, indem er auf den Menschen reflektierend nach den Bedingungen der Möglichkeiten fragt, wie der Mensch das Christusereignis empfangen kann, darf dieser Weg nicht gegen den Ansatz Rahners ausgespielt werden, wie er sich in seinem Frühwerk zeigt. Hier ging er, wie eben deutlich wurde, von der Menschwerdung des Logos aus und fragte von da aus nach den Implikationen im Sinne einer Rekapitulationstheorie. Vgl. dazu Schwerdtfeger, N., Gnade und Welt, 168, Anm. 13.
80 Vgl. z. B. Rahner, K., Passion und Aszese, 86; vgl. ders., Grundkurs des Glaubens, 38-42.

die Möglichkeit zugesprochen wird, durch das übernatürliche Existential den Ruf Gottes als solchen zu hören und danach zu handeln. Das übernatürliche Existential zeigt sich als transzendentales Apriori (insofern die Person durch es befähigt ist, den Ruf Gottes zu hören), als es auch als Bestimmung an der konkreten, geschichtlichen Wirklichkeit des Menschen (Natur) als konkretgeschichtliches Apriori aufscheint. Damit wird deutlich, dass das übernatürliche Existential sozusagen zwei Komponenten hat, die beide schon immer auf Gott hingeordnet sind.[81] Sowohl die faktische, geschichtliche Verfasstheit des Menschen als auch seine Freiheitsgeschichte in ihrer "Zwei-Einheit" sind ausgespannt auf eine Erfahrung, die über sie selbst hinausgeht, in der sie gleichsam erst zu sich selbst kommen, die aber von ihnen wahrgenommen werden kann. Das bedeutet, dass der Mensch im übernatürlichen Existential nicht nur von der Gnade affiziert wird, sondern in seinem Wesen getroffen ist.[82] Die Begnadung des Menschen ist demnach eine "realontologische Bestimmung des Menschen"[83]. Als Begründung dafür kommt das Christusereignis selbst in den Blick, in dem "die bleibende Gnade (Geist) und ein bleibendes, sichtbares (geschichtliches) Medium dieses Geistes im Raum der Geschichte der Menschen vorhanden ist."[84]

Für das Verständnis von Mystagogie lässt sich schon hier festhalten, dass Natur- und Personsein des Menschen nie gegeneinander ausgespielt werden dürfen, dass sie vielmehr in ihrer "Zwei-Einheit" respektiert werden müssen, insofern in beiden eine Potenzialität für die Gotteserfahrung ausgemacht werden kann, die es wahrzunehmen, zu kultivieren und für die es zu sensibilisieren gilt.

3.2.3 Von der Vielfalt "übernatürlicher Existentialien"

Auf den ersten Blick irritierend wirkt die Sprechweise von übernatürlichen Existentialien, also dem Pluralbegriff, auch wenn diese weit weniger häufig vorkommt als der Singularbegriff.[85] Rahner spricht beim übernatürlichen Existential sowohl von "innerlichen Realitäten" als auch "äußeren Realitäten" des Menschen. Mit Ersteren meint er Bedingungen, die den Menschen ausmachen, wie z. B. Endlichkeit, Bedrohtheit, Sündigkeit, Zweideutigkeit, Offenheit für das Unberechenbare, Erlösungsbedürftigkeit und Erlöstheit, Leiblichkeit, Religiosität, Gott- und Christusbezogenheit, die Eigenschaft, ein kulturelles Wesen zu sein

---

[81] Vgl. Schwerdtfeger, N., Gnade und Welt, 170-172.
[82] Vgl. Rahner, K., Offenbarung und Überlieferung, 17, spricht hier von einer der menschlichen Freiheit vorgegebenen "entitativen Vergöttlichung".
[83] Rahner, K., Existential, übernatürliches, 1301.
[84] Rahner, K., Priesterliche Existenz, 294.
[85] Vgl. z. B. Rahner, K., Zum theologischen Begriff der Konkupiszenz, 408; vgl. ders., Natur und Gnade, 230.

u. a.,[86] während unter Letzteren Christus und die Heilige Schrift, aber auch das Kreuz angeführt werden. Rahner kommt also auf eine Vielfalt "übernatürlicher Existentialien" zu sprechen, was daher rührt, dass er mit dem übernatürlichen Existential einerseits die Bedingungen im Menschen bezeichnet, die Selbstmitteilung Gottes zu vernehmen, mit anderen Worten also das Glaubenslicht des Menschen meint, andererseits aber auch den Aspekt des Glaubensgegenstandes bezeichnet, den das Glaubenslicht sozusagen auf Seiten des Glaubensgegenstandes erhellt. Von daher ist die Rede zu verstehen, die Christus als das entscheidende Existential des Menschen ausweist.[87] Peter Eicher schlägt in diesem Zusammenhang den Begriff "theologische Existentialien"[88] vor, um den Unterschied zwischen den beiden Verstehensweisen von vornherein deutlich zu machen.

3.2.4 Zur Begründung des übernatürlichen Existentials

Rahner betont ausdrücklich, dass für ihn der Heilswille Gottes der Ausgangspunkt für das Theologumenon vom übernatürlichen Existential ist.[89] Das lässt sich bis in die Konzeption der ersten Abfassung des Gnadentraktats "De Gratia Christi" aus den Jahren 1937/38 hinein verfolgen, den er entgegen den Gepflogenheiten der neuscholastischen Theologie mit einem Kapitel über den allgemeinen Heilswillen Gottes beginnt.[90] Roman Siebenrock bezeichnete deshalb Rahners Gnadenvorlesung als Gnadenlehre "im Umbruch"[91]. Für Rahner geht die grundlose Initiative Gottes, den Menschen zum Heil zu berufen, vom "Vater

---

[86] Vgl. die Aufzählung bei Heijden, B. van der, Karl Rahner, 27f, die Schwerdtfeger, N., Gnade und Welt, 169, Anm. 15, noch ergänzt um Anamnese und Prognose, Krankheit, nicht integrierte Triebhaftigkeit, Tod, persönlich schuldloser Irrtum, Schuld, Leid, alle Mächte der Bitterkeit des Daseins und der Erbsünde.

[87] Vgl. Rahner, K., Die Christologie innerhalb einer evolutiven Weltanschauung, 221.

[88] Vgl. Eicher, P., Die anthropologische Wende, 356, Anm. 1.

[89] Vgl. Rahner, K., Zur scholastischen Begrifflichkeit der ungeschaffenen Gnade, 336f.

[90] Vgl. Rahner, K., De Gratia Christi, 1: De voluntate Dei salvifica. Die Überschrift der Sectio prima lautet: De universalitate voluntatis salvificae Dei; vgl. Rulands, P., Menschsein unter dem An-Spruch der Gnade, 65; vgl. ders./Schmolly, W., "Der Heilswille Gottes berührt uns", 107.111-115. Arno Zahlauer, Karl Rahner, 174-202, hat eine detaillierte Untersuchung vorgenommen, wie anhand der verschiedenen Ausgaben bzw. Auflagen dieses Traktats die Entwicklung der Gnadenlehre Rahners nachgezeichnet werden kann. Zahlauer grenzt sich hier begründet vom Vorgehen Schwerdtfegers in Bezug auf die Verwendung des Gnadentraktats ab. Vgl. Schwerdtfeger, N., Gnade und Welt, 165-211. Für die vorliegende Studie war das aber nicht von Belang, weil sich diese Abgrenzungen nur auf Datierungen und damit angenommene Entwicklungslinien bezogen, die hier nicht verhandelt werden. Umfassend und genau beschäftigt sich auch Rulands, P., Menschsein unter dem An-Spruch der Gnade, 63-96, mit der ersten Gnadenvorlesung Rahners und den theologischen Grundannahmen, die hier deutlich werden.

[91] Vgl. Siebenrock, R. A., Gnade als Herz der Welt, 35.

unseres Herrn Jesus Christus" aus (Eph 1,3-14), der den Menschen in souveräner Freiheit erwählt und am Heil teilhaben lässt.[92]

Rahner bricht in diesem Zusammenhang die noch in der Neuscholastik anzutreffende Alternative von "gnadenhaft" und "universal" auf. Er geht davon aus, dass die Gnadenhaftigkeit einer Wirklichkeit nicht davon abhängt, ob sie vielen oder wenigen gegeben ist.[93] Der "Grund" des übernatürlichen Existentials ist demnach im universalen Heilswillen Gottes zu finden, der sich als Universalität der Gnade zu erkennen gibt und jedem Menschen in frei schenkender Liebe angeboten ist. Das übernatürliche Existential selbst wird auf diesem Hintergrund verstehbar als Bedingung der Möglichkeit, dass die geistige Kreatur und die Welt insgesamt finalisiert sind auf die Unmittelbarkeit Gottes. Anders gesagt heißt das, dass jeder Mensch im übernatürlichen Existential eine "universale geschichtliche Vorgabe"[94] hat, Gott zu erfahren.

Hier tritt ein weiterer Gedanke hinzu. Für Rahner gilt, dass der universale Heilswille Gottes christologisch vermittelt ist.[95] In der Menschwerdung des Logos, in der eine göttliche Person in hypostatischer Union mit einer menschlichen Natur geeint ist, teilte sich die übernatürliche Gnade Gottes bleibend einer geschaffenen Natur mit, so dass nunmehr jede geschaffene Natur aufgrund der Einheit des Menschengeschlechts an dieser Begnadung teilhat.[96] Jeder Mensch ist damit nach Rahner qua seines Menschseins hineingenommen in die Gnade Gottes, die der Menschheit in der Inkarnation bleibend zugesagt wurde. Anders gesagt ist seitdem jeder Mensch zum Gelingen seines Lebens befähigt. Das wiederum ist für Rahner der Ort, das übernatürliche Existential einzuführen. Es scheint als Ausdruck des göttlichen Heilswillens auf, insofern es ein "ontologisches Konstitutiv" des Menschen beschreibt, das den Menschen befähigt, das in Christus angebotene Heil zu vernehmen und auch anzunehmen.[97]

Freilich ergänzt Rahner seine physische Erlösungslehre durch die Satisfaktionstheorie, die seines Erachtens erst in ihrer Komplementarität das Ganze des Heilsgeschehens verdeutlichen. Zum Gedanken, dass die menschliche Natur erlöst ist, weil sie im Christusereignis eine bleibende Begnadung erfuhr,

---

[92]   Vgl. Rahner, K., De Gratia Christi, 1.3, zitiert nach Rulands, P., Menschsein unter dem An-Spruch der Gnade, 66.

[93]   Rahner, K., Grundkurs des Glaubens, 133: "Die Liebe Gottes wird nicht dadurch weniger ein Wunder, daß sie sich allen Menschen, mindestens als Angebot, zusagt. Ja erst das allen Gegebene realisiert das eigentliche Wesen der Gnade radikal."

[94]   Vgl. Verweyen, H., Gottes letztes Wort, 170.

[95]   Vgl. Rulands, P./Schmolly, W., "Der Heilswille Gottes berührt uns", 116f; vgl. Rulands, P., Menschsein unter dem An-Spruch der Gnade, 68-76.

[96]   Vgl. Rahner, K., De Gratia Christi, 21, zitiert nach Rulands, P., Menschsein unter dem An-Spruch der Gnade, 71; vgl. dazu auch die Aussagen Rahners, K., Grundkurs des Glaubens, 196-202, zur hypostatischen Union.

[97]   Vgl. Schwerdtfeger, N., Gnade und Welt, 184.

tritt also der Gedanke, dass sich Christus in seinem Tod und seinem Leiden ganz an den Vater übereignet hat und damit auch die durch die Sünde korrumpierte Natur erlöst hat.[98]

Insgesamt zeigt sich, dass das übernatürliche Existential in seinem Werden an das Christusereignis gebunden ist, auch wenn Rahner es an anderen Stellen in einen größeren Horizont stellt und es als trinitarisch strukturiert ausweist.[99] Rahner schlussfolgert noch weiter und geht davon aus, dass dies auch heißt, dass es christusförmig gestaltet ist, dass es also den Menschen auf Christus und durch ihn auf den Vater ausrichtet.[100] Konkret heißt das, dass der Mensch aufgerufen ist, den Weg Jesu nachzuvollziehen, sich seinem Leiden und seinem Tod auszuliefern. Nikolaus Schwerdtfeger spricht hier treffend vom "kreuzigenden" Charakter des übernatürlichen Existentials.[101]

3.2.5   Zur inneren Dialektik des übernatürlichen Existentials

Weil sich das übernatürliche Existential also nur in Relation zum Christusereignis verstehen lässt, indem es sowohl von ihm her bedingt als auch gestaltet ist, sieht es Rahner auch in die Dialektik hineingenommen, die dieses prägt: nämlich die Dialektik von innerster Notwendigkeit und absoluter Freiheit. Denn so sehr die Heilswirklichkeit Christi Ereignis der absoluten Freiheit ist, so sehr ist sie auch durch die tiefste Notwendigkeit gekennzeichnet,[102] weil die Schöpfung im christlichen Sinn nur als durch ihn gewirkte, verstehbare und einst vollendete zu denken ist.

Die Ungeschuldetheit des übernatürlichen Existentials sieht Rahner nun gegeben im freien Heilswillen Gottes. Weil es Gottes freie, ungeschuldete, unableitbare Gabe an den Menschen ist, kann es nicht einfach als notwendige Replik auf die menschliche Sehnsucht verstanden werden.[103] Andererseits ist es nach Rahner ontologisches Konstitutiv des Menschen von innerer Notwendigkeit, insofern der Mensch nur so fähig ist, die Selbstmitteilung Gottes wahrzunehmen und darauf zu antworten.

Daran schließt sich ein weiterer Gedanke an. Es bleibt die Frage, wie nämlich das übernatürliche Existential als ontologisches Konstitutiv des Menschen von innerer Notwendigkeit dennoch so gedacht werden kann, dass es freie Tat des Menschen bleibt, die Selbstmitteilung Gottes zu hören und darauf zu antworten. Wie kann also die Selbstmitteilung Gottes auch von Seiten des Menschen her als freies Geschenk wahrgenommen werden? Oder anders gesagt, wie ist es

---

[98]   Vgl. z. B. Rahner, K., Christologie heute?, 359f.
[99]   Vgl. Schwerdtfeger, N., Gnade und Welt, 187.
[100]   Vgl. dazu Schwerdtfeger, N., Gnade und Welt, 188.
[101]   Vgl. Schwerdtfeger, N., Gnade und Welt, 188.
[102]   Vgl. Rahner, K., Die anonymen Christen, 548.
[103]   Vgl. Schwerdtfeger, N., Gnade und Welt, 191.

möglich, dass sich die Gnade Gottes in den Menschen einschreibt, und zwar als freie, nicht schon mit der Setzung des Menschen notwendig gegebene Gabe? Rahner geht davon aus, dass das nur möglich ist, wenn man zwischen der Setzung des Menschen als freier Tat Gottes und dem Gnadenangebot Gottes an ihn unterscheidet. Nur so kann garantiert werden, dass der Mensch nicht (natur-)notwendig, sondern frei die Selbstmitteilung Gottes annimmt und das Wunder der Gnade Gottes an ihn versteht.[104] Das übernatürliche Existential ist damit sozusagen als die gnadenhafte Bedingung der Möglichkeit ausgewiesen, die Selbstmitteilung Gottes wahrnehmen und annehmen zu können.

Insgesamt zeigt sich hier, dass Rahner auf das Problem reagiert, wie die Ungeschuldetheit der Gnade überhaupt noch gewahrt werden kann, wenn das übernatürliche Existential ein Konstitutiv der "Natur" des Menschen ist. Rahner schlägt hier zwar eine Unterscheidung vor zwischen der ungeschuldeten realen Empfänglichkeit, also dem übernatürlichen Existential und dem, was als "Rest bleibt", wenn man diese innerste Mitte abzieht, also der Natur, fügt aber sofort an, dass eine solche menschliche Natur als "Restbegriff"[105] faktisch nicht vorkommt. Dieser Naturbegriff wird nach Rahner nur deshalb eingeführt, damit die Gnade Gottes nicht als untrennbar mit der menschlichen Natur gegeben gedacht werden muss. Rahner folgert, dass die geistige Natur so vorstellbar sein muss, dass sie eine Offenheit hat für das übernatürliche Existential, "ohne es darum von sich aus unbedingt zu fordern."[106]

Um diese Auseinandersetzung verstehen zu können, ist es auch wichtig, sich vor Augen zu halten, dass Rahner nicht so sehr die Ungeschuldetheit der Gnade gefährdet sah. Die theologische Hauptfront, gegen die er vielmehr ankämpfte, war der neuscholastische Extrinsezismus, der Natur und Gnade so verstand, "wie man Topf und Deckel einander zuordnet"[107]. Hier war für Rahner der Ansatzpunkt für das Theologumenon des übernatürlichen Existentials, mit dem er nun denken konnte, dass das Ausgerichtetsein auf Gott zum tiefsten Wesen des Menschen gehört (transzendentale Bedingung der Möglichkeit, die Selbstmitteilung Gottes zu empfangen) und dass die Ankunft der Gnade Gottes

---

[104] Vgl. Rahner, K., Fragen der Kontroverstheologie über die Rechtfertigung, 265.267; vgl. dazu Schwerdtfeger, N., Gnade und Welt, 190-199.

[105] Rahner, K., Über das Verhältnis von Natur und Gnade, 340. Rahner spricht hier wörtlich von der Natur als "Rest". In der Theologie ist dieser Gedanke bekannt geworden unter der Rede von der Natur als "Restbegriff". Später bevorzugt Rahner aufgrund der Missverständlichkeit des Begriffs denjenigen des "regulativen Grenzbegriffs". Erstmals verwendet er ihn in dem Aufsatz Rahner, K., Natur und Gnade nach der Lehre der katholischen Kirche, 80, der 1959 erschien. Vgl. dazu Rulands, P., Menschsein unter dem Anspruch der Gnade, 283-290; vgl. Gmainer-Pranzl, F., Glaube und Geschichte, 80; vgl. Guggenberger, E., Karl Rahners Christologie und heutige Fundamentalmoral, 49-52.

[106] Rahner, K., Über das Verhältnis von Natur und Gnade, 342.

[107] Rahner, K., Über das Verhältnis von Natur und Gnade, 344.

nicht etwas den Menschen "Überfremdendes", sondern ihn zu seinem Wesen Bringendes ist.

3.2.6 Zur Frage nach der Erfahrbarkeit der Selbstmitteilung Gottes

Rahner will das übernatürliche Existential nicht als ein Medium verstanden wissen, das im Sinne einer fest umrissenen Größe im Inneren des Menschen diesen bewegt, auf Gott auszugreifen. Er beschreibt es vielmehr als dynamisches Moment, das "die Bedingung der Möglichkeit für geschichtliche Offenbarungserkenntnis ist".[108] Das übernatürliche Existential ist mit anderen Worten nichts anderes als der "'geschaffene Ausdruck' und die Chiffre für die 'Nähe' Gottes"[109]. Es ist die Weise im Menschen, in der er fähig ist, für die Liebe Gottes aufmerksam zu werden, in die Intimität mit Gott einzutreten und mit Gott eins zu werden, indem er über sich in absoluter Transzendenz hinausgeht und Gott sich dem Menschen in absoluter Nähe als unsagbares Geheimnis schenkt.[110] Damit wird es verstehbar als transzendentales Moment der Selbstmitteilung Gottes, das den Menschen ausrichtet auf Gott.[111]

Rahner behandelt in diesem Zusammenhang ebenso die Frage, ob der Mensch das Angekommensein Gottes nun auch erfahren könne oder nicht. Damit greift er ein theologisches Problem auf, das seit der Barockzeit einseitig gelöst wurde. Wegen der Prägnanz der Aussagen soll im Folgenden ein längeres Zitat aus einem Gespräch mit Karl Lehmann angeführt werden, in dem Rahner resümiert: "Ich habe in meiner Theologie gegen eine gewisse barockscholastische Tradition meines eigenen Ordens, damit auch meiner eigenen Lehrer, immer wieder darauf aufmerksam gemacht, daß es eine Erfahrung der Gnade gibt. Mein Lehrer in Valkenburg, Hermann Lange SJ, hat so etwas radikal bestritten. Lange hat unerbittlich eine sogenannte 'heiligmachende, seinshafte Gnade' verteidigt. Diese Gnade war jedoch nach seiner Auffassung absolut bewußtseinsjenseitig. Von ihr konnte man nach dieser Tradition nur durch die äußere Offenbarung, die Heilige Schrift, etwas wissen. Gegen diese Auffassung habe ich mit einer Begrifflichkeit, die zum größten Teil von Maréchal herrührt, heftig insistiert. Meiner Meinung nach gibt es so etwas wie eine 'Gnadenerfahrung', auch wenn die eigentliche Schwierigkeit darin besteht, sie richtig

---

[108] Rahner, K., Offenbarung und Überlieferung, 18.
[109] Fischer, K. P., Der Mensch als Geheimnis, 249.
[110] Vgl. Rahner, K., Offenbarung und Überlieferung, 14.
[111] Vgl. Fischer, K. P., Der Mensch als Geheimnis, 249. An diesem Gedankengang Rahners entzündete sich die Kritik, wie sie beispielsweise von Knauer, P., Rezensionen, vorgetragen wurde, dass Rahner damit die Radikalität der Ungeschuldetheit der Gnade nicht mehr wahren kann. Vgl. zur Verteidigung Rahners und Klarstellung seiner Position: Fischer, K. P., Der Mensch als Geheimnis, 258-260.

auszulegen. Das war es auch, was mich Ignatius und seiner einfachen, aber fundamental tiefen Theologie in den Exerzitien nahegebracht hat."[112]

Rahner vertritt die Auffassung, dass die Gnade nicht nur eine ontische, sondern eine ontologische Wirklichkeit sei, also vom Menschen sehr wohl erfahren und als solche bewusst wahrgenommen werden könne. Er setzt sich damit von Molina[113] und weiten Teilen seiner eigenen Ordenstradition ab und versucht dagegen zu betonen, dass gerade Ignatius selbst eine solche Gnaden*erfahrung* [Herv. d. Verf.] kennt. In einem Brief an seinen Bruder Hugo hatte er schon 1965 geschrieben, dass die "barocke Jesuitentheologie [eine] seltsame Angst vor einer Theologie der Erfahrung der übernatürlichen Gnade [gehabt habe], für die Ignatius als erster eine Art Erkenntnismetaphysik"[114] geschrieben hat.

Bekannt wurde diese "neue Lesart" des Ignatius und seiner Exerzitien, die Rahner zusammen mit anderen (H. Bremond, O. Karrer, E. Przywara u. a.) herausarbeitete, und zwar entgegen der aszetischen Interpretation des Ignatius, wie sie in seiner Ordensfamilie damals vertreten wurde,[115] vor allem in der fiktiven "Rede" des Ignatius an einen Jesuiten von heute. Dort heißt es: "Ich war überzeugt, daß ich zunächst anfängerhaft ... und dann entscheidend ... unmittelbar Gott begegnet bin. ... Wenn ich so behaupte, Gott unmittelbar erfahren zu haben ..." Oder etwas weiter im Text: "Ich sage nur: ich habe Gott erfahren, den namenlosen und unergründlichen, schweigenden und doch nahen, in der Dreifaltigkeit seiner Zuwendung zu mir. Ich habe Gott erfahren ..."[116]

Für Rahner ist es wichtig, das Erfahrungsmoment der Gnade in die Theologie wieder einzubringen.[117] Es geht ihm darum herauszustellen, dass Gott sich nicht nur unmittelbar dem Menschen mitteilt, sondern auch in dieser seiner unmittelbaren Selbstmitteilung vom Menschen erfahren werden kann. Dieser Ge-

---

[112]   Imhof, P./Biallowons, H. (Hg.), Glaube in winterlicher Zeit, 29. In einem Vortrag aus dem Jahr 1972 findet sich ein ähnlicher Gedanke. Dort sagt Rahner, K., zitiert nach Zahlauer, A., Karl Rahner, 185: "Wenn man bei der neuzeitlichen Theologie mindestens seit der Barockzeit genauer hinschaut, dann muß man nüchtern und sachlich feststellen, daß es eine große, auch von den Jesuiten vertretene Schule gibt, für die eine eigentliche Erfahrung der sogenannten übernatürlichen Rechtfertigungsgnade als habituelle oder aktuelle nicht in Frage kommt, sondern diese eigentlichste Begabung mit dem rechtfertigenden Geist Gottes auch dort, wo eine solche Rechtfertigung durch subjektive Akte des Menschen erfolgt, eine *bewußtseinsjenseitige, bloß seinshafte Wirklichkeit ist* [Herv d. Verf.]."

[113]   Zur Bedeutung des Molinismus für Karl Rahner, der neben dem Thomismus, die prägende Schulrichtung der Neuscholastik in den 1930er Jahren war (wobei für die Jesuiten die Schule des Jesuitentheologen Luis Molina normalerweise die verpflichtende Denkweise von Theologie war) und damit auch für die Ausbildungszeit Karl Rahners: Vgl. Rulands, P./Schmolly, W., "Der Heilswille Gottes berührt uns", 126.

[114]   Rahner, K., Geburtstagsbrief, 8.

[115]   Vgl. Fischer, K. P., Der Mensch als Geheimnis, 43f; vgl. Zahlauer, A., Karl Rahner, 185f.

[116]   Rahner, K., Rede des Ignatius von Loyola an einen Jesuiten von heute, 373f.

[117]   Vgl. Rulands, P., Menschsein unter dem An-Spruch der Gnade, 91-96; vgl. ders./Schmolly, W., "Der Heilswille Gottes berührt uns", 122-124.

danke zeigt sich wiederum schon in seiner ersten Manuskriptfassung des Gnadentraktats "De Gratia Christi" und prägt sein gesamtes Theologietreiben sogar bis in den letzten Brief hinein, der sich auf Rahners Schreibtisch fand, als er seinen letzten Krankenhausaufenthalt antreten musste. Dort schreibt er: "Ignatius ... war der Mystiker, der vom Geist Getriebene. ... Die Exerzitien sind ... eine Mystagogie. ... Ich bin nun der unmaßgeblichen Meinung, dass wir Jesuiten in unserer Geschichte der Theologie (und wohl auch der Praxis) gar nicht sehr ignatianisch waren. Ich kann das nun hier nicht belegen. Aber sehen Sie, mein sehr geschätzter Lehrer der Gnadenlehre, Hermann Lange, war davon überzeugt, dass die eigentliche übernatürliche Gnade eine nur 'ontische', völlig bewusstseinsjenseitige Wirklichkeit sei, und, was religiös im Bewußtsein des Menschen gegeben ist, nur durch äußere Indoktrination vorhanden sei."[118] Damit zeigt sich auch, dass Rahner gerade vom Gedanken der Erfahrbarkeit Gottes sein Verständnis von Mystagogie konturiert.

Hier ist nun ein weiteres Problemfeld angesprochen, das um die Frage kreist, wie die Rede vom Menschen und von Gott zueinander zu denken ist, oder anders gesagt, wie die Bedingungen, die im Menschen gegeben sind, um die Selbstmitteilung Gottes zu vernehmen, in Bezug auf das *Ereignis* der Offenbarung zu sehen sind und umgekehrt. Die beiden folgenden Abschnitte sollen darauf Antwort geben.

3.2.7   Der Überstieg von der Anthropologie in die Theologie

Rahner gibt in Sacramentum Mundi eine Definition des übernatürlichen Existentials, die es als innerste Bestimmung des Menschen und der Welt ausweist, wenn er es beschreibt "als jene Selbsttranszendenz über das Wesen hinaus auf die Unmittelbarkeit Gottes hin, welche Selbsttranszendenz als Möglichkeit der Kreatur gegeben ist, weil Gott sie von vornherein gewollt und geschaffen hat in dem freien Akt einer Liebe, in der Gott sich selbst geben will".[119] Mit anderen Worten zeigt sich das übernatürliche Existential für den Menschen als "innerste letzte Dynamik seiner geistigen Existenz". Für Rahner ist damit der Überstieg von der Anthropologie zur Theologie gegeben.[120] Der Mensch verwirklicht sein Wesen dort am tiefsten, wo er sich ausstreckt auf Gott, der ihm

---

[118]   KRA I, A. 1191, fol. 1 u. 3, zitiert nach Zahlauer, A., Karl Rahner, 186.
[119]   Rahner, K., Übernatürliche Ordnung, 1044.
[120]   Rahner, K., Gnade als Mitte menschlicher Existenz, 85: "Wenn Gott von vornherein in der innersten Mitte meiner Existenz durch das, was wir Gnade, Selbstmitteilung Gottes und Heiligen Geist nennen, ist und lebt und nicht nur von außen, sondern aus der Mitte meiner Existenz zu mir kommt, dann ist das als eine radikal zu sich selbst gekommene Anthropologie eine Theologie, und zwar eine Offenbarungstheologie, zu der nichts mehr an Antworten hinzugefügt werden kann."

nicht "von oben" entgegenkommt, sondern ihn in seiner Grundbefindlichkeit betrifft. Durch die Rede vom übernatürlichen Existential bringt Rahner also zum Ausdruck, dass Gott nicht erst im Wesen des Menschen einwohnt, wenn er von ihm gerufen wird. Er geht der Antwort des Menschen vielmehr voraus. Das übernatürliche Existential beschreibt die Disposition des Menschen für die Selbstmitteilung Gottes, die wiederum von Gott selbst begründet worden ist. Es ist damit Ausdruck der apriorischen Hinordnung des Menschen auf die Gnade. Der Mensch ist aufgrund des übernatürlichen Existentials befähigt, die Selbstmitteilung Gottes als solche zu erkennen und darauf zu antworten. Es scheint damit nicht nur als logisch vorausliegende, sondern als dauernd gegebene Potenz auf für den Empfang der Selbstmitteilung Gottes.[121] Der Mensch *kann* also das Heil ergreifen, wenngleich Rahner zugesteht, dass es wohl im Leben eines Menschen einmal schwerer und einmal leichter sein wird, die angebotene Gnade Gottes auch anzunehmen.[122] Mit anderen Worten führt Rahner hier also ein "kairologisches Moment" in die Konzeption seiner Gnadenlehre ein und spricht der Annahme der Gnade Ereignischarakter zu.[123]

3.2.8 Von der Transzendentalität und Kategorialität der Offenbarung

Mit dem soeben diskutierten Problem, wie Gott und Mensch bei Rahner zusammengedacht werden, ist ein weiterer Drehpunkt der Theologie Rahners markiert.[124] Es geht um die Frage, wie die transzendentale Bedingung der Selbstmitteilung Gottes, die im übernatürlichen Existential gegeben ist, mit dem faktischen Gegebensein der Offenbarung zusammengeht. Anders gesagt geht es also darum, wie die Transzendentalität und die Kategorialität der Offenbarung zueinander zu denken sind. Rahner erkennt in ihnen zwei Aspekte des Offenbarungsereignisses.[125]

---

[121] Vgl. Rahner, K., Über das Verhältnis von Natur und Gnade, 338; vgl. dazu Schwerdtfeger, N., Gnade und Welt, 201f.
[122] Vgl. Rahner, K., Kirchliche und außerkirchliche Religiosität, 594.
[123] Vgl. Schwerdtfeger, N., Gnade und Welt, 208f.
[124] L. Bruno Puntel, Zu den Begriffen "transzendental" und "kategorial" bei Karl Rahner, 191, merkt dazu an: "Die Unterscheidung zwischen der transzendentalen und der kategorialen Ebene ist das Grundcharakteristikum jedweden menschlichen Vollzugs; diesem kommt eine zentrale strategische und erschließende Bedeutung zu, insofern er der Mittel- und Bezugspunkt für schlechterdings alles ist, was den Menschen angeht. Die transzendental-kategoriale Analyse des menschlichen Vollzugs in allen seinen Dimensionen: auf diese programmatische Formel läßt sich das ganze Denken Rahners zurückführen." Vgl. dazu auch Knoepffler, N., Der Begriff "transzendental" bei Karl Rahner.
[125] Vgl. Rahner, K., Offenbarung und Überlieferung, 15.

Man kann sagen, dass die transzendentale Seite der Offenbarung mit dem übernatürlichen Existential im Wesentlichen identisch ist.[126] Rahner betont immer wieder, dass die Begnadigung des Menschen nicht über ein "äußeres Organ" erfolgt, auch nicht an der "Oberfläche" des Menschen, sondern an seiner geistigen Transzendentalität geschieht, die zur apriorischen Struktur der Subjektivität des Menschen gehört.[127] Gnade selbst wird dadurch verstehbar nicht als etwas Äußeres, das zum Wesen des Menschen quer läuft, sondern als "eine Radikalisierung, Verwiesenheit, Erhellung usw. des menschlichen Existenz- und Geistesgrundes".[128] Offenbarung und Gnade werden eins und zeigen sich als "innere gnadenhafte Selbstoffenbarung Gottes im Kern der geistigen Person"[129]. Mit anderen Worten bedeutet das, dass dort, wo sich der Mensch auf diesen Gott einlässt, wo er sich von ihm durchdringen lässt, er auch zu sich selbst kommt. Rahner sagt, dass das immer dort geschieht, wo der Mensch "seine auf die Unmittelbarkeit Gottes hin radikalisierte Transzendentalität in einer sittlichen Entscheidung annimmt."[130]

Insgesamt erreicht Rahner dadurch, dass die Gnade als Erfüllung des Menschen verstehbar wird und nicht als konkurrierende Größe. Außerdem kann er durch diesen Gedankengang zeigen, dass Gnade universal und jeder Mensch als auf die Gnade ausgerichtet zu denken ist. Die Erfahrung der Gnade wird zu einem überall antreffbaren, nicht mehr auf religiöse Akte oder gar religiöse Sondererfahrungen eingrenzbaren Phänomen. Auch wenn damit eine gewisse Abstraktheit gegeben ist, ist aber andererseits garantiert, dass die Einzelerfahrungen des Menschen eine theologisch begründete Basis besitzen, die als schon immer im Menschen verankert zu denken ist.[131]

Das kategoriale Moment der Offenbarung nun bestimmt Rahner als ihre "geschichtliche Realisation und Vermittlung"[132]. Auch wenn er wiederholt betont, dass das transzendentale Moment nur sinnvoll gedacht werden kann, wenn es auch eine kategoriale Erfüllung erfährt, dass also Transzendentalität schon immer darauf ausgerichtet ist, dass sich Offenbarung auch ereignet, korrigiert er diesen Gedanken sozusagen im gleichen Atemzug. Er vermeidet, dass die Kategorialität der Offenbarung anthropologisch reduziert wird, indem er davon ausgeht, dass das Ereignis von Offenbarung und ihre Vermittlung in der Geschichte Ausdruck der inneren Dynamik der Selbstmitteilung Gottes ist, die, wie

---

126   Vgl. Gmainer-Pranzl, F., Glaube und Geschichte, 84.
127   Vgl. Rahner, K., Grundkurs des Glaubens, 135.
128   Gmainer-Pranzl, F., Glaube und Geschichte, 85.
129   Rahner, K., Grundkurs des Glaubens, 175.
130   Rahner, K., Anonymer und expliziter Glaube, 84.
131   Vgl. Gmainer-Pranzl, F., Glaube und Geschichte, 85f.
132   Rahner, K., Grundkurs des Glaubens, 176.

er schreibt, eine "Dynamik auf ihre eigene Vergegenständlichung"[133] hat. Diese Vermittlung der kategorialen Offenbarung in das transzendentale Offenbarungsmoment ist also nicht eine nachträgliche, die auch ausbleiben könnte, sondern vielmehr von innerer Notwendigkeit,[134] und zwar sowohl von anthropologischer als auch theologischer Seite aus gesehen. Sie vollzieht sich im geschichtlichen Leben des Menschen und nicht an ihm vorbei.[135]

Daraus sind mehrere Konsequenzen zu ziehen: Zum einen wird deutlich, dass das Ereignis der Offenbarung sich nicht nur in religiösen Akten vollzieht. Weil sich die geschichtliche Auslegung des Menschen in alle seine Lebensbereiche hinein erstreckt, sind grundsätzlich alle Akte, in denen der Mensch ganz zu sich kommt und darin über sich hinausgreift, mögliche Weisen der Kategorialisierung von Offenbarung. Für Rahner heißt das, "daß solche kategoriale Vermittlung zur Unmittelbarkeit Gottes nicht bloß da gegeben sein kann, wo diese Kategorialität explizit religiöser Art, christlich verbalisierter expliziter Glaube und Sakrament ist"[136], sondern in jeder sittlichen Entscheidung und subjektiven Tat geschieht.

Aus dem Faktum, dass der Mensch sein eigenes Selbstverständnis immer nur in der Gemeinschaft der Menschen ausbildet,[137] ergibt sich als weitere Konsequenz, dass das Ereignis der Offenbarung immer auch als Geschehnis in der Gemeinschaft zu verstehen ist. Damit ist schon die dritte Konsequenz angedeutet. Überall dort, wo Menschen sind und frei handeln, geschieht auch Schuld und Verfehlung. Mit anderen Worten heißt das, dass dort, wo sich die Offenbarung auslegt, immer auch "Irrtum, schuldhafte Verblendung und deren Objektivationen, die selbst wiederum die religiöse Situation der anderen Menschen mitbestimmen,"[138] anzutreffen sind, so dass die Auslegungsgeschichte der Offenbarung ebenso durchzogen ist von irrigen und falschen Interpretationen.[139] Diese herauszufinden und zu tilgen, ist Aufgabe von Theologie.

---

[133] Rahner, K., Grundkurs des Glaubens, 176.
[134] Vgl. Gmainer-Pranzl, F., Glaube und Geschichte, 87.92. Auch hier ist wiederum *die* Aporie des Rahnerschen Denkens angesprochen, die weiter oben schon thematisiert wurde. Weil Rahner den Vermittlungspunkt für die Offenbarung in die transzendentale Subjektivität des Menschen hinein verlegt, stellt sich die Frage, ob das Ereignis der Offenbarung wirklich noch frei und ungeschuldet gedacht werden kann, oder ob es zu sehr als notwendige Entfaltung des transzendentalen Moments der Offenbarung erscheint.
[135] Vgl. Gmainer-Pranzl, F., Glaube und Geschichte, 90.
[136] Rahner, K., Rechtfertigung und Weltgestaltung in katholischer Sicht, 318.
[137] Vgl. Rahner, K., Grundkurs des Glaubens, 164.
[138] Rahner, K., Grundkurs des Glaubens, 176.
[139] Vgl. dazu Gmainer-Pranzl, F., Glaube und Geschichte, 90f.

3.3 Beten als Grundakt des Menschen

Wurde im Phänomen des "übernatürlichen Existentials" deutlich, dass Rahner den Menschen als einen versteht, der die Selbstmitteilung Gottes vernehmen und empfangen kann, so verdichtet sich diese grundlegende Fähigkeit im Beten. Für Rahner ist das Beten ein "Grundakt des Menschen".[140] Es ist nicht nur eine Handlung neben anderen, sondern insofern ein Grundvollzug menschlicher Existenz als an ihm alle Dimensionen des Menschen beteiligt sind. Auch wenn der Mensch nicht über das Gebet nachdenkt und selbst, wenn er diese grundsätzliche Bewegung nicht bejaht, ist nach Rahner die Möglichkeit des Betens dennoch eingeschrieben in die Transzendentalität des Geistes.[141] Es gehört wie die Liebe, der Glaube oder die Hoffnung zu den Grundakten des Menschen, die vom übernatürlichen Existential überformt sind.[142]

Ist also das Beten sozusagen die Höchstform des Vollzugs des übernatürlichen Existentials und wurde damit die *anthropo*logische Seite reflektiert, so ist es auch die Weise, die Gott in seinem tiefsten Wesen trifft. Das Beten geht nämlich nicht auf ein konkret-geschichtliches Ziel, sondern meint Gott als Geheimnis. Im Beten ereignet sich also auch von *theo*logischer Seite her die höchste Begegnung Gottes mit dem Menschen. In der von der Rahner-Bibliographie als Nr. 1 ausgewiesenen Schrift mit dem Titel "Warum uns das Beten nottut", formuliert Rahner, dass wir im Beten fähig werden "ad attingendum Creatorem ac Dominum nostrum"[143]. Der Mensch rührt also im Gebet an Gott und Gott teilt sich im Gebet dem Menschen mit. Das klingt für heutige Ohren vertraut und unspektakulär. Rahner artikuliert das aber in einer Zeit, die weder aufgrund der gängigen Interpretation der Exerzitien,[144] von denen her er diese Ausführungen begründet, noch durch die Schultheologie gewohnt war, das Gebet als Erfahrung Gottes zu verstehen. Rahner dagegen geht dezidiert von der Möglichkeit einer Gotteserfahrung aus, die jedem Menschen zuteil werden kann.

An anderer Stelle wiederholt Rahner diesen Gedanken, indem er das Geheimnis des Geschöpfs als "capax infiniti" beschreibt.[145] Der Mensch kommt seinem Geheimnis umso näher, als er die Bezogenheit auf den unendlichen Gott einlöst.

Für Rahner steht fest, dass die Möglichkeit des Betens wie überhaupt aller Grundakte des Menschen schon immer im Horizont Gottes gesehen werden müssen. Mit anderen Worten heißt das, dass auch diese Akte, insofern sie

---

[140] Vgl. Rahner, K., Über die Möglichkeit und Notwendigkeit des Gebetes, 63f.
[141] Vgl. Rahner, K., Von der Not und dem Segen des Gebetes, 46.
[142] Vgl. Fischer, K. P., Gotteserfahrung, 74-78; vgl. auch die frühere Fassung dieser Ausführungen in dem Artikel: Wo der Mensch an das Geheimnis grenzt, 159-170.
[143] Rahner, K., Warum uns das Beten nottut, 310.
[144] Vgl. dazu Zahlauer, A., Karl Rahner, 86-96.
[145] Vgl. Rahner, K., Überlegungen zur Methode der Theologie, 120.

Ausdruck der menschlichen Existenz sind, schon immer vom Gottesgeheimnis, also der Gnade, getragen sind.

Ist das Beten also die Weise, in der die Potenzialität, die das übernatürliche Existential beschreibt, voll zur Geltung kommt, und vollzieht sich im Beten die tiefste Begegnung des Menschen mit Gott, dann gilt es in einem nächsten Punkt zu fragen, wie diese Gottesbegegnung bzw. Gotteserfahrung zu denken ist.

3.4 Zum Verständnis von Gotteserfahrung

So wie in der Reflexion auf das Beten die theologische und anthropologische Seite, die weiter oben unter dem Stichwort der Selbstmitteilung Gottes und des übernatürlichen Existentials ausgeführt wurden, zusammengingen, so ist das auch der Fall, wenn im Folgenden auf das Verständnis von Gotteserfahrung eingegangen wird.

Hier manifestiert sich für Rahner sowohl das grundlegende Thema von Theologie als auch der Ansatzpunkt für Mystagogie.[146] In der Forschungsliteratur erhoben sich in diesem Zusammenhang zwei Fragen: Ob Rahner die Gotteserfahrung als Sondererlebnis versteht oder als eine den Menschen grundsätzlich ausmachende Möglichkeit charakterisiert; und weiterhin, ob Rahner die Gotteserfahrung als unmittelbare Gotteserfahrung denkt oder nicht.

3.4.1 Gotteserfahrung als Sondererlebnis?

Es war das Verdienst Peter Eichers, die kritische Anfrage gestellt zu haben, ob nicht bzw. dass vor allem die Rahner-Interpreten, die ihn von seinen ignatianischen Grundlagen her verstehen, einen auch bei Rahner ungeklärten Erfahrungsbegriff vorausgesetzt und die Gotteserfahrung zu einem Sondererlebnis stilisiert haben. Eicher moniert, dass damit zwei Gefahren gegeben sind. Zum einen wird dem theologischen Denken Rahners die Basis entzogen, indem es abseits von jeglicher Rationalität in den Bereich des bloß Subjektivistischen gerückt wird. Zum anderen würde ein solches Verständnis von Gotteserfahrung als Sondererlebnis den Grundzügen der Rahnerschen Theologie selbst widersprechen, die als antielitär gekennzeichnet werden darf.[147]

Diese kritischen Einwürfe motivierten, den Erfahrungsbegriff und insbesondere den Begriff der Gotteserfahrung näher in den Blick zu nehmen. Im Mittelpunkt der Kontroverse standen vor allem zwei Rahner-Texte: Die Rede des Ignatius von Loyola an einen Jesuiten von heute, also ein relativ später Text (1983), und

---

146 Vgl. Endean, Ph., Die ignatianische Prägung der Theologie Karl Rahners, 70.
147 Vgl. Eicher, P., Erfahrung und Denken, 142f; vgl. dazu Miggelbrink, R., Ekstatische Liebe im tätigen Weltbezug, 248, Anm. 12.

ein 1956 erstmals edierter[148] und in den Quaestiones disputatae 5 (1958) wiederum veröffentlichter Aufsatz mit dem Titel "Die Logik der existentiellen Erkenntnis bei Ignatius von Loyola".

Philip Endean konnte durch eine Analyse der beiden Texte zeigen, dass Rahner Gotteserfahrung keineswegs als Sondererlebnis charakterisiert, sondern vielmehr als eine "axiomatische, aus der Offenbarung entfaltete Wahrheit [versteht], die sich allmählich durch die verschiedenen Erfahrungen des Alltags hindurch erfassen läßt und die für alle geschaffene Wirklichkeit gilt."[149] Die These, die dort argumentativ entfaltet wurde, entwickelt Rahner selbst in einem 1970 herausgegebenen Aufsatz unter dem Titel "Gotteserfahrung heute"[150]. Aufgrund der Bedeutsamkeit des hier Formulierten soll die Fragestellung auf diesem Hintergrund diskutiert werden.

Rahners Theologie stützt sich auf den grundlegenden Gedanken, dass Gott eine Wirklichkeit ist, mit der wir schon immer zu tun haben. Im Gegensatz zu den Gottesbeweisen, die "nur" eine begriffliche, nachträgliche Objektivierung der Gotteserfahrung sind, geht die Gotteserfahrung diesen schon immer voraus.[151] Für Rahner ergibt sich damit folgende Schwierigkeit: Die Gotteserfahrung ist eine Erfahrung, die "jedem (!) Menschen gegeben ist"[152], ob "reflex oder unreflex, verdrängt oder angenommen, richtig oder falsch interpretiert oder wie immer"[153], und zwar als eine, die noch ursprünglicher ist als jedes "rationale Kalkül". Zugleich drängt sie sich aber nicht auf, in dem Sinne, dass sie unbedingt interpretiert bzw. reflektiert werden will. Darin geht sie überein mit anderen existentiellen Erfahrungen, die ebenfalls in der Gefahr stehen, dass der Übergang von der Erfahrung in die Reflexion und Interpretation nicht getan wird oder auch nicht gelingt, wie z. B. bei der Erfahrung von Freude, Angst, Treue und Liebe.[154] Die Gotteserfahrung kennzeichnet aber auch eine "einmalige Eigenart", weil ihr Gegenstand Gott ist.[155]

Schon hier lässt sich also festhalten, dass Gotteserfahrung verstehbar wird nicht als eine nachträgliche, emotionale Reaktion auf eine von außen herangetragene Lehre von Gott, sondern dieser vielmehr vorausgeht und sie trägt. Sie ist nicht das Privileg einzelner Mystiker, und damit ein Sondererlebnis, sondern jedem (!) Menschen gegeben, wenn sich auch Kraft und Deutlichkeit der Refle-

---

148 In: Wulf, F., Ignatius von Loyola, Würzburg 1956, vgl. Zahlauer, A., Karl Rahner, 349.
149 Endean, Ph., Die ignatianische Prägung der Theologie Karl Rahners, 62; vgl. dazu ausführlich seine Disseration, Karl Rahner and Ignatian Spirituality.
150 In: SzTh 9, 161-176.
151 Vgl. Rahner, K., Gotteserfahrung heute, 161.
152 Rahner, K., Gotteserfahrung heute, 162.
153 Rahner, K., Gotteserfahrung heute, 162.
154 Vgl. Rahner, K., Gotteserfahrung heute, 162f.
155 Vgl. Rahner, K., Gotteserfahrung heute, 163.

xion auf sie stark unterscheiden können.[156] Rahner bekräftigt diesen Gedanken, indem er die Gotteserfahrung nicht als unverbindliche Stimmung oder als Sache privater Innerlichkeit abtut. Sie ist nicht in den Binnenraum des unverbindlichen Gefühls verwiesen, sondern zeigt sich vielmehr als unaufhebbar, weil sie in jedem Vollzug des Menschseins gegeben ist,[157] und weil jeder dieser Vollzüge schon immer "lebt" aus einem Vorgriff auf das Ganze, das "eines und das namenloses Geheimnis ist"[158].

Diese Gedankengänge sind nur auf dem Hintergrund des Verständnisses vom übernatürlichen Existential und der Selbstmitteilung Gottes angemessen zu deuten. Rahner versteht alle Akte, in denen der Mensch sein Menschsein in Radikalität vollzieht, von Gott selbst getragen und bewegt. Von daher finden alle diese Akte letztlich auch erst in Gott als dem Ganzen ihr Ziel.

Insgesamt konnte Rahner damit der Engführung eines Subjektivismus wehren und zugleich zeigen, dass Gotteserfahrung nicht als "Konkurrenz" zu den Tiefenerfahrungen des Menschen zu verstehen ist, sondern diese vielmehr in der Gotteserfahrung ihr verbindendes Ganzes und ihr Ziel finden. Selbsterfahrung des Menschen und Gotteserfahrung bilden so verstanden eine innere Einheit.[159]

Nichtsdestotrotz gilt, dass die Gotteserfahrung von einmaliger Art ist gegenüber anderen menschlichen Erfahrungen, weil sie auf Gott gerichtet ist. Die Dynamik dieser Erfahrung liegt also nicht in der Macht des Subjekts begründet, sondern erfährt sich als "eröffnet und getragen durch ihr Woraufhin"[160], so dass diese Dynamik als "begnadigt" erfahrbar wird.[161]

Als Antwort auf die eingangs gestellte Frage, ob Rahner Gotteserfahrung als Sondererlebnis ausgibt, lässt sich sagen, dass Gotteserfahrung nach Rahner als eine unausweichliche Erfahrung zu verstehen ist, die sich auf Gott bezieht, unabhängig davon, ob sich der Mensch mit diesem Bezogensein identifiziert oder nicht. Auch das hat zu tun mit Rahners Verständnis vom übernatürlichen Existential. Dadurch kann er den Menschen als einen verstehen, der schon immer die Fähigkeit hat, die Selbstmitteilung Gottes zu verstehen, auch wenn es in der Freiheit des Menschen liegt, diese Bezogenheit anzunehmen bzw. abzulehnen. Rahner fasst das treffend zusammen, wenn er schreibt: "Die Gotteserfahrung ist vielmehr ... die letzte Tiefe und Radikalität *jeder* geistig-personalen Erfahrung (der Liebe, Treue, Hoffnung und so fort) und ist somit ge-

---

[156]   Vgl. Rahner, K., Gotteserfahrung heute, 164.
[157]   Vgl. Rahner, K., Kirchliche und außerkirchliche Religiosität, 589.
[158]   Rahner, K., Gotteserfahrung heute, 171.
[159]   Vgl. Rahner, K., Selbsterfahrung und Gotteserfahrung, 135.
[160]   Rahner, K., Gotteserfahrung heute, 165.
[161]   Vgl. Rahner, K., Gotteserfahrung heute, 164f.

rade die ursprünglich eine Ganzheit der Erfahrung, in der die geistige Person sich selbst hat und sich selbst überantwortet ist."[162]

In der Gotteserfahrung verdichtet sich also anders gesagt, was Menschsein in seiner Radikalität und Eigentlichkeit meint. Von daher formuliert Rahner den Appell, diese "anonyme Erfahrung" in sich zu entdecken und zu versuchen, sie richtig zu interpretieren.[163] Das ist auch der Ansatzpunkt für die Frage, wie es möglich ist, sich dieser Gotteserfahrung zu vergewissern bzw. der Ort, an dem die Frage nach der Mystagogie gestellt wird. Obwohl, wie schon an anderer Stelle angedeutet wurde, Rahner selbst feststellt, dass auch seine Theologie eine ausformulierte Mystagogie vermissen lässt, so versucht er dennoch, an einigen Stellen zu explizieren, wie das vorstellbar ist. Bevor deshalb darauf reflektiert wird, ob Gotteserfahrung auch als unmittelbare zu denken ist, soll angedeutet werden, welche grundsätzlichen mystagogischen Wege Rahner erkennt.

3.4.2   Mögliche Wege zur Gotteserfahrung

Rahner unterscheidet zwei grundsätzliche Möglichkeiten. Man kann auf diese schon immer gegebene Erfahrung hinweisen und versuchen, auf sie aufmerksam zu machen, indem man "möglichst konkret Geist und Herz des Angerufenen"[164] treffen will. Oder man könnte versuchen, den Appell in möglichst großer philosophischer Exaktheit und strenger Begrifflichkeit zu formulieren. Damit liegen die Schwierigkeiten dieser beiden Wege auf der Hand. Der erste würde bedeuten, subjektive, poetische Wege zu beschreiten, und müsste deshalb mit dem Vorwurf rechnen, dass sich diese im Alltag nicht beweisen können. Während der zweite Weg mit dem Problem verbunden ist, in eine schwierige, letztlich unverständliche Begriffswelt zu führen, die wiederum irrelevant für die Lebensgestaltung des Einzelnen bleibt.[165]

Wegen der Missverständlichkeiten, denen der Appell, in welcher Weise auch immer er geschieht, inhäriert, diese immer schon gegebene Gotteserfahrung zu entdecken, bindet Rahner ihn zurück an den Gedanken, dass das Geheimnis Gottes in jedem Menschen waltet und die Rede von der Gotteserfahrung sie nicht bewirkt, sondern "nur" reflektiert.[166] Damit ist jede Verkündigung entlastet von dem Anspruch, Gott bringen bzw. den Glauben bringen zu müssen. Zugleich verweist Rahner in diesem Zusammenhang auf Situationen, die besonders geeignet sind, den Menschen auf die Gotteserfahrung aufmerksam zu

---

[162]   Rahner, K., Gotteserfahrung heute, 166.
[163]   Vgl. Rahner, K., Gotteserfahrung heute, 162.
[164]   Rahner, K., Gotteserfahrung heute, 166.
[165]   Vgl. Rahner, K., Gotteserfahrung heute, 166.
[166]   Vgl. Rahner, K., Gotteserfahrung heute, 167f.

machen. Er nennt die Alltagserfahrungen von Einsamkeit, Verantwortung, Liebe und Tod, in denen das "Urerlebnis des Menschen [angedeutet wird,] wo die Offenheit seines Daseins in das unbegreifliche Geheimnis hinein aufgeht"[167].

3.4.3   Ist die Gotteserfahrung unmittelbar?

Für Rahner steht fest, dass Gotteserfahrung "vermittelt" ist, insofern die Transzendierung der Welt von etwas Vorgegebenen ausgeht. War früher die Welt Anlass für Transzendenzerfahrungen des Menschen, ist es heute nach Rahner eher die Existenz des Menschen.[168] Entzündet sich also die Gotteserfahrung an dem Geschöpflichen, so bleibt dennoch die Frage, ob das Geschöpfliche fähig ist, Gott selbst zu erfahren oder nur etwas an Gott.

Damit ist klar, dass diese Frage in das Verständnis der Selbstmitteilung Gottes verweist, wie es weiter oben diskutiert wurde. Schon dort war der Ausgangspunkt der Reflexion, ob Selbstmitteilung Gottes an den Menschen heißt, dass Gott *selbst* sich dem Menschen zeigt, oder ob nur die *gratia creata* vom Menschen als Geschöpf erfasst werden kann.

Von der Visio beatifica her konnte geklärt werden, dass beim Menschen nicht nur die *gratia creata* ankommt, sondern Gott selbst. Weil Gott selbst im Menschen der Grund ist, der die Möglichkeit schafft, Gott zu schauen, meint Gotteserfahrung nicht nur die Erfahrung von etwas an Gott, sondern die Erfahrung Gottes selbst. Schon dort wurde darauf verwiesen, dass Rahner es mit dem Begriff der quasi-formalen Ursächlichkeit schafft, Gott im Zuge dieser Gedanken nicht auf das Niveau des Geschöpflichen zu depotenzieren, dass Gott ferner als innerstes Prinzip des Menschen aufscheint, und dass auch der Mensch nicht als einer gedacht zu werden braucht, der letztlich vom Göttlichen absorbiert wird.

Insofern kann also auch diese an die Rahnersche Theologie gestellte Frage beantwortet werden: Gotteserfahrung ist als unmittelbare Gotteserfahrung in dem Sinn zu verstehen, dass der Mensch hier Gottes selbst inne wird.

Von daher legt es sich nahe, erste Schlussfolgerungen für das Verständnis von Mystagogie zusammenzutragen, die sich aus den theologischen Grundlinien Rahners ergeben.

3.5   Schlussfolgerungen aus den theologischen Grundlagen von Mystagogie

Für das Verständnis von Mystagogie, wie es sich im Horizont der Selbstmitteilung Gottes, des übernatürlichen Existentials und ihrer gegenseitigen Bedin-

---

167   Rahner, K., Gotteserfahrung heute, 169.
168   Vgl. Rahner, K., Gotteserfahrung heute, 173.

gung zeigt, nämlich im Beten und in der Gotteserfahrung, ergeben sich Akzentuierungen, die als theologische Grundlagen auch für das mystagogische Lernen relevant sind.

Bevor diese am Ende der Reflexion der Rahnerschen Theologie zusammen mit dem Rahnerschen Verständnis der ignatianischen Exerzitien nochmals zusammengefasst werden, sollen die folgenden Überlegungen die Schlussfolgerungen in Bezug auf die theologischen Grundlagen von Mystagogie in den Blick nehmen.

3.5.1 Allgemeinheit der Gotteserfahrung

Die Rahnersche Theologie hat durch ihre Ausführungen zum Theologumenon von der Selbstmitteilung Gottes und zum übernatürlichen Existential deutlich gemacht, dass Gotteserfahrung als allgemeine, jedem Menschen zukommende Erfahrung zu denken ist.

Gotteserfahrung wird also weder auf eine bestimmte Gruppe von Menschen eingeschränkt, noch auf ein bestimmtes Vermögen des Menschen, wie beispielsweise die Rationalität, noch abhängig gemacht vom bewussten Bejahen dieser oder der Vermittlung durch die Glaubensbotschaft.

Gott macht die Wesentlichkeit des Menschen vor allem anderen aus. Auch wenn die Gotteserfahrung angenommen und gedeutet werden will und dadurch, wie Rahner in seinen Überlegungen zum Gebet ausführt, eigentlich wird, ist sie dennoch Disposition jedes Menschen. Damit ist auch für das mystagogische Lernen Grundlegendes ausgesagt. Weil Gotteserfahrung jeden Menschen schon seit jeher ausmacht und bestimmt, können mystagogische Wege davon entlastet werden, Gotteserfahrung erst bringen zu müssen. Ihr Proprium erweist sich vielmehr darin, für diese Gotteserfahrung aufmerksam zu machen. Mystagogisches Lernen zeigt sich demnach nicht nur als Möglichkeit für ChristInnen, sondern kann für Suchende und Fragende zum Weg werden, nach dem Grund des Lebens und der Welt zu tasten und sich der Gottesspur im eigenen Leben zu vergewissern. Dazu gilt es, die verschiedenen Dimensionen des Menschen anzusprechen, weil der Mensch in seiner Ganzheit und nicht nur in einer eingegrenzten Fähigkeit, Gott vernehmen kann.

Die Allgemeinheit der Gotteserfahrung versteht Rahner noch in einer weiteren Hinsicht. Nicht nur religiöse Akte, sondern das Gesamt menschlicher Erfahrungen birgt die Möglichkeit, zum Ort von Gotteserfahrung zu werden. Rahner hat deutlich gemacht, dass alle existentiellen Erfahrungen transparent werden können auf die Erfahrung Gottes. Sowohl die Alltagserfahrungen von Einsamkeit, Verantwortung, Liebe und Tod, als im Grunde jede sittliche Entscheidung und subjektive Tat kann zur Weise werden, Gott zu erfahren. Damit braucht mystagogisches Lernen nicht eingegrenzt zu werden auf Beten lernen oder die Einübung in den liturgischen Vollzug. Mystagogisches Lernen wird vielmehr vorstellbar als Perspektive religiöser Bildung, die dafür sensibilisiert, in den Alltagserfahrungen den sie ermöglichenden Grund zu entdecken, nach deren letzter Tiefe zu fragen, und die Tradition des jüdisch-christlichen Glaubens als Möglichkeit zu ventilieren, diesen Grund und diese Tiefe zu deuten. Erfahrungen, die die Grenze des Lebens erleben lassen, und hier vor allem Leiderfahrungen, haben dabei ein besonderes Gewicht.

3.5.2 Die Erfahrung Gottes selbst

Die Ausführungen zum Theologumenon von der Selbstmitteilung Gottes haben verdeutlicht, dass in der Offenbarung nicht nur irgendetwas an Gott, sondern Gott selbst erfahren wird.

Ausgehend von erkenntnistheoretischen Überlegungen und konkretisiert mittels der christlichen Offenbarungsgeschichte konnte Rahner zeigen, dass Gott selbst der Grund ist, der im Menschen die Möglichkeit schafft, Gott zu erfahren, und dass sich Gott in der Gotteserfahrung selbst zeigt.[169] Diese inhaltliche Verdeutlichung, dass mit Gotteserfahrung und Gnade Gott selbst gemeint ist, wurde bei Rahner auch zu dem Grundgedanken, von dem her er seine gesamte Theologie entwickelte.[170]

Daraus ergeben sich ebenfalls sowohl formale als auch inhaltliche Akzentuierungen für das mystagogische Lernen. Wenn mystagogisches Lernen versucht, für Gotteserfahrungen aufmerksam zu machen, dann wird auf dem Hintergrund des Rahnerschen Verständnisses von der Selbstmitteilung Gottes deutlich, dass mystagogisches Lernen auf die Mitte des christlichen Glaubens zielt, nämlich auf Gott selbst. Im Sinne der Hierarchie der Wahrheiten wird die das Christentum zuinnerst ausmachende und charakterisierende Wahrheit thematisch, nämlich die Selbstmitteilung Gottes selbst. Mystagogisches Lernen als Perspektive religiöser Bildung rückt demnach das für den christlichen Glauben wichtigste Thema in den Mittelpunkt der Bildungsprozesse.

Zugleich versucht es Räume und Zeiten zu eröffnen, um Gottes selbst gewahr zu werden. Das heißt, dass mystagogisches Lernen für das Geheimnis Gottes zu disponieren versucht und darin auch das Geheimnis des Menschen artikuliert. Dort, wo der Mensch Gottes inne wird, dort verwirklicht er auch seine tiefste Wesentlichkeit. Gotteserfahrung und Selbsterfahrung sind damit nicht mehr konkurrierende Weisen, sondern bedingen sich gegenseitig. Mystagogisches

---

[169] Vgl. Rahner, K., Zur scholastischen Begrifflichkeit, 355f.
[170] Karl Lehmann, Karl Rahner. Ein Porträt, 36, schreibt z. B., dass die theologische Grunderfahrung der entscheidende Ansatzpunkt der Rahnerschen Theologie ist. Denn dadurch sei etwas Bedeutsames geleistet: "Das 'Objektivste' der Heilswirklichkeit, nämlich Gott und seine Gnade, erscheint zugleich als das Subjektivste des Menschen, nämlich die Unmittelbarkeit des geistigen Subjekts zu Gott durch diesen selbst."

Lernen zielt deshalb darauf, in Alltagserfahrungen den Ort für Gotteserfahrung auszumachen, wie es auch versucht, Gotteserfahrungen für Alltagserfahrungen relevant werden zu lassen im praktischen Tun, in der Lebensdeutung und Lebensorientierung.

Die Rahnerschen Überlegungen haben aber noch hinsichtlich anderer Themen Entscheidendes verstehen lassen. Hier ist die Frage zu nennen, was es bedeutet, menschliche Erfahrungen und auch Gotteserfahrung mit der Tradition zu kommunizieren und umgekehrt bzw. Gotteserfahrung und Glaubensbotschaft zusammenzudenken.

3.5.3   Tradition und Situation

Der entscheidende Punkt, mit dem Rahners Entwurf von Theologie neuscholastische Denkgewohnheiten aufbrach und bisherige Aporien zu überwinden half, kann in der grundlegenden Aussage ausgemacht werden, dass Gnade nicht mehr als etwas dem Menschen "Äußerliches", Fremdes gedacht zu werden braucht, sondern als inneres Prinzip des Menschen aufscheint. Was bislang nur in Abgrenzung voneinander vorstellbar war, um dann in der Bezogenheit aufeinander und in der Einheit zueinander verstanden werden zu können, das geht Rahner sozusagen vom diametral entgegengesetzten Punkt an. Er nimmt eine vorgängige Einheit von Gnade/Gottesgeheimnis und übernatürlichem Existential/Mensch an und denkt von hier aus ihre Verschiedenheit an.

Rahner formuliert damit auch das bislang nur dialektisch verstandene Verhältnis von Tradition und Situation neu, indem er es nach dem Modell der Einheit-In-Verschiedenheit denkt. Was das bedeutet, soll am Phänomen der Gotteserfahrung expliziert werden.

Als über die Gotteserfahrung nachgedacht wurde, konnte festgehalten werden, dass sie eine Erfahrung *des einzelnen Menschen* ist, von seiner Mitte aus erfolgt, ihn dort auch betrifft und damit in den Bereich des Subjektiven reicht. Wie an anderer Stelle in Bezug auf das übernatürliche Existential formuliert wurde, bezieht sich die Gotteserfahrung auch auf die konkrete, geschichtliche Faktizität des Menschen.

Nach Rahner geht die Gotteserfahrung darin mit anderen existentiellen Erfahrungen überein, die auch wie sie Akte der Freiheit des Menschen sind, indem sie einerseits geschehen (Freude, Treue, Liebe, Einsamkeit usw.), andererseits aber gedeutet werden wollen. Insofern steht also die Gotteserfahrung des Menschen nach Rahner immer auch für das, was in der Religionspädagogik unter dem Terminus "Situation" verhandelt wird.

Zugleich meint Gotteserfahrung aber eben auch Erfahrung *Gottes* und hat damit eine "einmalige Eigenart", wie Rahner formuliert.[171] Das Ziel ist bei ihr immer das Geheimnis Gottes. Darin macht sie nun sozusagen die innerste Mitte und letzte Tiefe der anderen geistig-personalen Erfahrungen des Menschen aus.[172] Weil sie in jedem Vollzug des Menschseins gegeben ist und weil jeder dieser Vollzüge schon immer einen Vorgriff auf das Ganze, auf Gott, impliziert, ist die Gotteserfahrung in den existentiellen Erfahrungen des Menschen anzutreffen und geht aber zugleich nicht in ihnen auf. Das Beten ist für Rahner die Weise, in der sich die Gotteserfahrung am eigentlichsten vollzieht.

Daran schließt sich noch ein weiterer Gedanke an. Weil Gotteserfahrung einerseits durch die transzendentale Bedingtheit des Menschen, wie sie sich im übernatürlichen Existential formuliert, gegeben ist, konnte oben gezeigt werden, dass sie nicht nur manchen Menschen zukommt, z. B. den Mystikern, sondern jeden Menschen ausmacht, auch wenn es an ihm liegt (Achtung der Freiheit des Menschen), über sie nachzudenken, sie abzulehnen oder anzunehmen.[173] Damit zeigt sich, dass die Gotteserfahrung dem Nachdenken über sie vorausgeht, den Menschen schon immer auszeichnet und darin die Selbstmitteilung Gottes an den Menschen aktuiert.

Damit ist ein Schlüsselwort für die weiteren Schlussfolgerungen genannt. Dieses soll noch um den Begriff des übernatürlichen Existentials ergänzt werden. Als diese beiden grundlegenden Eckdaten von Rahners Theologie ausgelotet wurden, zeigte sich, dass Selbstmitteilung Gottes und übernatürliches Existential wie Brennpunkte einer Ellipse zu verstehen sind. Rahner denkt den Menschen im übernatürlichen Existential als grundsätzlich fähig, die Selbstmitteilung Gottes vernehmen zu können; und umgekehrt wird in der Rede von der Selbstmitteilung Gottes ausgesagt, dass Gott selber sich an den Menschen gibt, ohne sich dabei zu verlieren, ohne den Menschen in seiner Unterschiedenheit zu Gott aufzulösen, und dennoch so, dass Gott das innerste Prinzip des Menschen ist.[174] Gott und Mensch können deshalb als Einheit gedacht werden, wenn Rahner auch ganz klar pantheistische (alles Geschöpfliche ist Gott) und deistische Modelle (Gott bleibt äußeres Prinzip des Menschen) des Einheitsdenkens ablehnt und nur in der Einheit-In-Verschiedenheit die christliche Weise ausmacht, die Einheit von Gott und Mensch vorzustellen. Dass Gott und Mensch nun als Einheit gedacht werden können, findet im Phänomen der Gotteserfahrung (ebenso wie im Beten) einen einzigartigen Ausdruck. Gotteserfahrung steht dafür, dass Mensch und Gott, dass Subjektivität des Menschen,

---

171   Vgl. Rahner, K., Gotteserfahrung heute, 163.
172   Vgl. Rahner, K., Gotteserfahrung heute, 166.
173   Vgl. Rahner, K., Gotteserfahrung heute, 164.
174   Vgl. Erster Teil, Drittes Kapitel, 3.1.2, 117-119.

seine Individualität, seine Situation in Einheit steht mit Gott, und zwar wie Gott selber ist und wie er uns in der Tradition als Niederschlag geronnener Glaubens- und Gotteserfahrungen entgegenkommt.

Rahner schafft also in der Rede von der Selbstmitteilung Gottes, vom übernatürlichen Existential, die beide im Phänomen der Gotteserfahrung (und des Betens) zusammengehen, die Möglichkeit, die Subjektivität des Menschen und Gott als Einheit zu denken, ohne deren Verschiedenheit aufzugeben. Die Größen "Situation" und "Tradition" sind also von daher als Phänomene zu verstehen, die sich nicht gegenüber stehen, um dann nachträglich miteinander vermittelt werden zu müssen, sondern scheinen in der Rahnerschen Theologie vielmehr als Größen auf, die als Einheit zu denken sind, ohne dass deren Differenz verwischt würde.

Rahner unterstreicht diesen Gedanken noch, wenn er an anderer Stelle davon ausgeht, dass es zwar einen bleibenden Unterschied zwischen dem übernatürlichen Existential und der von außen kommenden Glaubensbotschaft gibt, dass aber grundsätzlich und vorgängig von einer Einheit beider auszugehen ist. Rahner deutet diese so, dass das übernatürliche Existential auf die christliche Glaubensbotschaft angelegt ist, wobei diese erst, wenn sie im Menschen ankommt, eingeholt und aussagbar wird.[175]

Eigens verdichtet wird dieser Gedanke, wenn Rahner in der Rede vom übernatürlichen Existential sowohl die Bedingungen im Menschen bezeichnet, die Selbstmitteilung Gottes vernehmen zu können, als auch mit demselben Terminus den Glaubensgegenstand benennt, den das Lebenslicht erhellt.[176] Dass dies möglich ist, ist auch wieder nur auf dem Hintergrund zu verstehen, dass transzendentale Bedingung, eben das übernatürliche Existential, und Selbstmitteilung Gottes als Glaubensgegenstand von einer grundlegenden Einheit her zu denken sind, die die Verschiedenheit der beiden Größen nicht in Abrede stellt.

Für das mystagogische Lernen, das für Gotteserfahrungen aufmerksam machen will, ergibt sich daraus, dass die Gotteserfahrung des Einzelnen nicht in Konkurrenz zur Tradition gedacht werden muss und umgekehrt. Beide Größen sind vielmehr in ihrer Einheit-In-Verschiedenheit zu begreifen, so dass sowohl die Gotteserfahrung als von der Tradition durchformt als auch die Tradition durch die Gotteserfahrung der Einzelnen geprägt aufscheint. Das mystagogische Lernen, das von dieser Bestimmung von Situation und Tradition ausgeht, könnte hier einen neuen Horizont auftun für die Frage nach der Verhältnisbestimmung von Subjektorientierung und Tradition beim Glaubenlernen. Zu-

---

[175]   Vgl. Rahner, K., Priesterliche Existenz, 300.
[176]   Vgl. Rahner, K., Die Christologie innerhalb einer evolutiven Weltanschauung, 221.

nächst soll diese Verhältnisbestimmung aber nochmals in Bezug auf Glaubensgnade und Glaubenslehre, Gotteserfahrung und Glaubensbotschaft bedacht werden.

3.5.4 Gotteserfahrung und Glaubensbotschaft

Nach Rahner ist jeder Mensch aufgrund des übernatürlichen Existentials, in dem sich der universale Heilswille Gottes ausdrückt, befähigt, auf Gott auszugreifen, ihn zu erfahren und so an Gottes Heil teilzuhaben. Diese Fähigkeit wird also nicht erst von außen in den Menschen hineingetragen, sondern macht ihn aufgrund des Gnadenwillens Gottes zutiefst aus.

Damit erreicht Rahner auch eine klare Verhältnisbestimmung von Glaubensgnade und Glaubenslehre. Für Rahner ergibt sich aus dem Theologumenon des übernatürlichen Existentials, dass der Mensch immer schon zum Glauben befähigt ist und dass darin auch die Voraussetzung ausgemacht werden kann, dass der Mensch überhaupt die Glaubenslehre verstehen und annehmen kann. Auf eine einfache Formel gebracht heißt das, dass die Glaubensgnade bzw. die Gotteserfahrung der Glaubensbotschaft immer vorausgeht.[177]

Rahner folgert daraus, dass all den Möglichkeiten, die für den Kairos disponieren, die Glaubensgnade bzw. die Gotteserfahrung anzunehmen, Priorität gegenüber den Bemühungen einzuräumen ist, die die Glaubenslehre als systematisiertes Lehrgebäude für die Menschen erschließen. Das darf allerdings nicht so interpretiert werden, dass Letzteres auch ausfallen könnte oder etwas Fremdes wäre.[178] Sowohl die Predigt und die Katechese als auch alle Versuche, den Glauben denkerisch zu durchdringen, sind nachrangig, insofern sie immer schon auf das Angekommensein Gottes im Menschen antworten und dieses erschließen.[179] Damit ist klar geworden, dass alle Glaubensvermittlung

---

[177] Vgl. Rahner, K., Anonymes Christentum und Missionsauftrag der Kirche, 507; vgl. ders., Gotteserfahrung heute, 162; vgl. dazu Schwerdtfeger, N., Gnade und Welt, 209.

[178] Damit ist wiederum das Problem angesprochen, wie Rahner die Einheit von Glaubensgnade und Glaubensbotschaft bzw. die Notwendigkeit der äußeren Offenbarungsgestalt angesichts der transzendentalen Offenbarung noch garantieren kann. Dieses ist eine der bleibenden Schwierigkeiten der Rahnerschen Theologie, die sich um mit B. van der Heijden, Karl Rahner, 217, zu sprechen, prägnant so zusammenfassen lässt: "Wenn das Existential, die transzendentale Offenbarung der Ort der Selbstmitteilung und Selbsterschließung Gottes ist, kann die Kategorialität dann noch etwas Wesentliches und Positives beisteuern?" Zur Entgegnung und letztlich Entkräftung dieses Einwands: Vgl. Schwerdtfeger, N., Gnade und Welt, 399-405.426-428.

[179] Rahner, K., Sendung und Gnade, 116, schreibt dazu wörtlich: "Unserer Predigt ist ja die Gnade Gottes immer schon zuvorgekommen; der Mensch ..., wenn wir anfangen, für das Christentum bei ihm zu werben, ... ist ein Mensch ..., in dessen innerster Mitte die Gnade mindestens als angebotene Möglichkeit übernatürlichen Handelns schon lebt und treibt. Unsere Predigt ist also nicht eigentlich das Andozieren eines Fremden von außen, sondern die Erweckung eines noch unverstandenen, aber wirklich vorhandenen Innern. ... Alles Reden von außen appelliert, wenn es christliches Reden ist, immer an den innen in seiner Gnade sprechenden und schon irgendwie gehörten Gott, alle Ver-

ihren Grund und ihre Begründung darin hat, dass Gott im Menschen schon anwesend ist und dort vom Menschen auch vernommen werden kann. [180]

In diesem Zusammenhang kann nochmals auf den Gedanken von der Erfahrbarkeit Gottes zurückgegriffen werden, wie er oben herausgearbeitet wurde.
Rahner geht davon aus, dass die Selbstmitteilung Gottes nicht nur eine ontische Wirklichkeit beschreibt, sondern vom Menschen auch als solche erfahren
werden kann. Die Gotteserfahrung kommt also nicht erst von außen in den
Menschen hinein — etwa durch eine von außen herangetragene Lehre —,
sondern macht ihn schon zutiefst aus.

Mystagogisches Lernen findet hier seinen Grund, seine Begründung und seine
Kriterien für die Ausgestaltung. Es geht bei Mystagogie darum, den Menschen
für die ihn immer schon ausmachende Gotteserfahrung zu sensibilisieren, und
nicht darum, die Gotteserfahrung in ihn hineinzutragen. Mystagogie ist damit
entlastet von dem Anspruch, Gott bzw. den Glauben erst bringen zu müssen.
Es sind vielmehr solche Situationen auszumachen, die von sich aus schon darauf angelegt sind, nach dem Grund, nach dem Woher und Wohin zu fragen und
die Offenheit des Daseins einzuholen, und zwar auch indem diese Offenheit
gedeutet wird.

Damit ist ein zweiter Aspekt von Mystagogie benannt. Es geht darum, dem
Menschen diese Gotteserfahrung deuten zu helfen[181] mittels der Glaubensbotschaft, die nicht als etwas Fremdes dazustößt, sondern durch das übernatürliche Existential im Menschen schon immer ein ontologisches Konstitutiv findet,
vernommen werden zu können. Glaubensbotschaft tritt nicht in Konkurrenz zur
Glaubenserfahrung, sondern findet in dieser ihren Grund, wie die Glaubenserfahrung in der Glaubensbotschaft eine inhaltliche Entfaltung erfährt, oder wie
Rahner formuliert, ein "Thematischwerden".

3.5.5 Zur Bedeutung der Erfahrbarkeit Gottes

Mitten in die Überlegungen, die in den beiden letzten Abschnitten verhandelt
wurden, fällt ein weiterer Gedanke, den Rahner in seiner Theologie in Abgrenzung zur Neuscholastik herausgearbeitet und für heutiges Theologietreiben
wieder bewusst gemacht hat. Rahner ging davon aus, dass die Gnade nicht nur
eine ontische Wirklichkeit ist, sondern eine ontologische.[182] Er grenzte sich damit von der Neuscholastik ab, die Gnade nur als bewusstseinsjenseitige Wirklichkeit fasste. Für Rahner war es wichtig zu zeigen, dass sich die Gnade nicht

---

[180] mittlung des Christentums ist Vermittlung dessen, was im Innern des Menschen als Leben schon da ist."

Vgl. Rahner, K., Gotteserfahrung heute, 167f.

[181] Vgl. Rahner, K., Gotteserfahrung heute, 162.

[182] Vgl. Rahner, K., zitiert nach Zahlauer, A., Karl Rahner, 185; KRA I, A. 1191, fol. 1 u. 3,
zitiert nach Zahlauer, A., Karl Rahner, 186.

nur im und am Menschen ereignet, sondern dass der Mensch auch fähig ist, diese angebotene Gnade Gottes zu erfahren.

Wie weiter oben schon bemerkt wurde, stellte sich Rahner damit gegen seine eigene Ordenstradition, die seit Molina skeptisch bzw. ablehnend mit dem Erfahrungsmoment umging. Alles, was im Bewusstsein des Menschen religiös gegeben war, wurde dort nämlich allein auf die äußere Belehrung zurückgeführt.

Indem nun Rahner die Erfahrbarkeit der Gnade postuliert und gerade auch durch seine Überlegungen zur Gotteserfahrung als schon immer im Menschen anwesendes Geheimnis charakterisiert, das nicht erst durch die Verkündigung in den Menschen transportiert werden muss, ergeben sich für das Verständnis von Mystagogie weitreichende Folgen.

Zum einen machte Rahner deutlich, dass die Selbstmitteilung Gottes auch auf die Möglichkeit der Erfahrbarkeit und der subjektiven Vergewisserung durch den Einzelnen angelegt ist. Ein seit der neuscholastischen Theologie vernachlässigtes Moment[183] wird nun wieder für die Theologie bedenkenswert. Theologie und mystagogischem Bemühen muss es also darum gehen, das Phänomen der Erfahrung zu reflektieren und als Konstitutiv des Offenbarungsgeschehens zu konturieren. Dass das weitreichende Konsequenzen für die Bestimmung von Kirche und einzelnem Gläubigen, von Sozietät und Individualität, von Tradition und Situation hat, liegt auf der Hand. Für den religionspädagogischen Kontext bleibt schon an dieser Stelle festzuhalten, dass die Bemühungen, sich verstärkt dem Individuum zuzuwenden, seine religiösen Artikulationen als Erweis von Offenbarung verstehen zu lernen, hier ihren theologischen Grund finden und von daher auszubauen sind.

Zum anderen konnte dadurch die Verhältnisbestimmung von Glaubensbotschaft und religiösem Bewusstsein, die bis dato von einer Vorrangigkeit des Dozierens der Glaubenslehre ausging, neu akzentuiert werden. Es kann eben nicht mehr ausschließlich darum gehen, ein systematisiertes Lehrgebäude anzubieten. Mit Rahner kann geschlussfolgert werden, dass jede Anstrengung, in den Begriff einzuführen, leer bleibt, wenn die Möglichkeit der Erfahrbarkeit der Gottesbotschaft, wenn die Wege, sie existentiell auszuloten, nicht in den Blick genommen werden.

Positiv formuliert ergibt sich daraus, dass es mystagogischem Lernen darum gehen muss, nach Möglichkeiten zu suchen, die die Disposition für die Glaubenserfahrung stärken, die die Menschen sensibilisieren für die Gotteserfahrung und dazu provozieren, die Glaubensbotschaft als Korrektiv,

---

[183]   Vgl. Sudbrack, J., Spiritualität, 120f.

148

"Sprachreservoir" und Interpretationspotenzial für die eigenen Gotteserfahrungen verstehen zu lernen.

3.5.6 Zur Bedeutung der anthropologisch gewendeten Theologie

Rahner konnte durch sein Verständnis von Theologie und Anthropologie zeigen, dass Gott und Mensch in ihrer bleibenden Unterschiedenheit nicht als Konkurrenten zu verstehen sind, sondern sich einander geben, und zwar in innerer Notwendigkeit und dennoch als Akt der Freiheit, wobei dies als analoge Rede verstanden werden muss.

Gott lebt schon immer in der "innersten Mitte" der menschlichen Existenz durch die Gnade, so dass er dem Menschen nicht mehr "von oben" entgegentritt, sondern als sein innerstes Prinzip deutlich wird und die Grundbefindlichkeit des Menschen betrifft.[184] Gott gibt sich selbst, wie nun schon wiederholt gesagt wurde, und nicht nur irgendetwas von ihm und wird vom Menschen als Geheimnis erfahren. Diese Bewegung Gottes auf den Menschen hin ist der Grund für die Bewegung des Menschen auf Gott. Weil Gott, wie Rahner sagt, im freien Akt der Liebe die Selbsttranszendenz des Menschen auf ihn hin gewollt hat,[185] ist nun der Mensch verstehbar geworden als einer, der im übernatürlichen Existential Gott vernehmen kann und letztlich auf dieses Vernehmen Gottes hin finalisiert ist. Mit anderen Worten heißt das, dass der Mensch dort sein Wesen am tiefsten verwirklicht, wo er sich auf Gott einlässt und sich in ihn hinein gibt. Anthropologie vollzieht sich demnach dort am eigentlichsten, wo sie auf die Theologie geht.

Für das Verständnis von Theologie und von Mystagogie heißt das, den Menschen, und zwar in seiner existentiellen Verfasstheit in den Blick zu nehmen. Das bedeutet, die existentiellen Erfahrungen in ihrer ganzen Bandbreite, also wie wir leben, was wir erfahren, was wir erleiden, worüber wir uns freuen, worauf wir hoffen und was wir glauben usw., als Möglichkeiten verstehen zu lernen, die an Gott rühren bzw. in denen Gott an uns rührt.

Dafür zu sensibilisieren, solche Erfahrungen evtl. auch zu provozieren, um sie dann zu reflektieren, zu interpretieren und zu begleiten, das zeichnet sich insofern als weiterer Akzent mystagogischen Lernens ab.

An anderer Stelle stützt Rahner diesen Gedanken, indem er die kategoriale Vermittlung von Offenbarung nicht nur dort gegeben sieht, wo sie explizit religiöser Art ist, sondern wo auch immer sich eine sittliche Entscheidung und subjektive Tat vollzieht.[186] Weil sich also die Selbstmitteilung Gottes in die Geschichte des Menschen hinein, und zwar in alle Bereiche hinein gibt, sind alle

---

[184] Vgl. Rahner, K., Gnade als Mitte menschlicher Existenz, 85.

[185] Vgl. Rahner, K., Übernatürliche Ordnung, 1044.

[186] Vgl. Rahner, K., Rechtfertigung und Weltgestaltung in katholischer Sicht, 318.

diese Bereiche auch "fähig", zu Orten der Gotteserfahrung zu werden. Mystagogisches Lernen ist von daher nicht nur zu verstehen als Mystagogie in den christlich verbalisierten expliziten Glauben, sondern erfährt eine Weitung. Sie geht auf alle Bereiche und Möglichkeiten, in denen sich der Mensch in Freiheit ganz hat und sich dort selbst überschreitet, wie z. B. in der Liebe, in der Hoffnung, im Tod.

Diese Ausführungen werden in der Rahnerschen Theologie noch ergänzt durch den Gedanken, dass es durchaus auch eine bessere und schlechtere, eine geeignetere und eine weniger geeignete Situation gibt, die angebotene Gnade anzunehmen.[187] Rahner führt hier ein "kairologisches Moment" in sein Gnadenverständnis ein, das es auch für das mystagogische Lernen zu berücksichtigen gilt. Wenn es also Zeiten und Situationen im Leben des Menschen gibt, eher an die Gottesfrage und die Gotteserfahrung zu rühren, dann heißt das, sensibel zu werden für solche Möglichkeiten, ein Gespür für den Kairos zu entwickeln und Menschen hier zu begleiten.

3.5.7 "Poesie" und Philosophie als mögliche mystagogische Wege

Auch wenn Rahner keine explizite Mystagogie formuliert im Sinne einer systematisierten Lehre, so lassen sich doch immer wieder Anhaltspunkte ausmachen, wie mystagogische Wege aussehen können.

Schon weiter oben wurde darauf verwiesen, dass Rahner grundsätzlich zwei Wege ausmacht, um den Menschen für das Gottesgeheimnis aufmerksam zu machen. Er verweist hier darauf, "subjektive, poetische Wege" zu beschreiten oder in möglichst großer philosophischer Exaktheit und strenger Begrifflichkeit den Appell zu formulieren, sich auf das Gottesgeheimnis einzulassen.[188]

Auch wenn beide Wege mit Missverständlichkeiten rechnen müssen, sind damit aber Weisen formuliert, wie Mystagogie konkret werden kann. Literatur, Kunst, Musik — also ästhetische Zugänge zur Wirklichkeit, die die Rationalität und Affektivität des Menschen ansprechen — können hier genauso wie das streng schlussfolgernde Denken zu Wegen werden, den Menschen an die Fragen des Daseins heran- und über das Vorfindliche hinauszuführen. Was in Alltagserfahrungen wie der Einsamkeit, der Übernahme von Verantwortung, was in Akten des Hoffens, Glaubens und Liebens geschieht, sind für Rahner Ereignisse, die verdichtet zum Ausdruck bringen, dass der Mensch an die Grenzen des Fassbaren bewegt wird, um auszugreifen auf den Unfassbaren, auf das Transzendente bzw. auf Gott.

---

187 Vgl. Rahner, K., Kirchliche und außerkirchliche Religiosität, 594.
188 Vgl. Rahner, K., Gotteserfahrung heute, 166.

Bei der Offenheit dieser Wege ist zugleich ihre "Richtung" bestimmt. Rahner macht sie aus im Weg nach unten, wie ihn das Christusgeschehen vorgezeichnet hat und findet in ihm das Paradigma, das für alle mystagogischen Wege gilt.

3.5.8 Das Christusgeschehen als Paradigma für mystagogische Wege

Für Rahner war es bedeutsam, das übernatürliche Existential vom Christusereignis her zu denken, durch das es vermittelt und an dessen Gestalt es gebunden ist. So konnte Rahner formulieren, dass "Christus das entscheidende Existential des menschlichen Daseins"[189] ist. Sich auf die Selbstmitteilung Gottes einzulassen, heißt nach Rahner, sich auf die Aussage Gottes, die sich in der Inkarnation bleibend in die Geschichte der Welt eingestiftet hat, einzulassen. Der Akt des Einlassens geschieht unter demselben Vorzeichen, wie sich auch Gott auf diese Welt einlässt, nämlich in der Weise der Kenosis. Das übernatürliche Existential wird also dort ganz eingeholt, wo es dieses Vorzeichen verwirklicht und der Mensch sich einlässt auf den Weg nach unten.

Mystagogische Wege sollen deshalb so angelegt sein, dass sie die Disposition im Menschen schärfen, sich auf die Entäußerung einzulassen und im Sich-Weggeben einen Weg entdecken helfen, sich selbst, der Welt und Gott zu begegnen.

Das Exerzitienbuch des Ignatius von Loyola, das Rahner schon sehr früh kommentiert, versteht er als Weise, diesen Weg der Kenosis auszuformulieren und im Sinne einer erfahrungsbezogenen Theologie zu deuten. Hier zeigt sich für ihn eine "Methodologie" von Mystagogie, so dass im folgenden Abschnitt die ignatianischen Exerzitien daraufhin untersucht werden sollen.

4 Zur "Methodologie" von Mystagogie nach Rahner — Rahners Reflexion des ignatianischen Exerzitienbuches

4.1 Die Exerzitien als existentielle Theologie

Schon zu Beginn dieses Kapitels wurde darauf verwiesen, dass Karl Rahner nur dann angemessen verstanden werden kann, wenn man seine Verwurzelung in der ignatianischen Spiritualität als Quelle seiner Theologie miteinbezieht. Ignatius war für Rahner ein "christlicher Existentialist ersten Ranges"[190]

---

189   Rahner, K., Die Christologie innerhalb einer evolutiven Weltanschauung, 221.
190   Rahner, K., Betrachtungen zum ignatianischen Exerzitienbuch, 38. An anderer Stelle schreibt Rahner, K., Betrachtungen zum ignatianischen Exerzitienbuch, 23: "Ignatius

und blieb für ihn durch seine erfahrungsbezogene Weise, Theologie zu treiben, inspirierend. Ignatius kann als sein "produktives Vorbild"[191] bezeichnet werden, wobei das Exerzitienbuch eine entscheidende Rolle spielt. Rahner versucht ähnlich wie sein Bruder Hugo,[192] die ursprüngliche Intention der Exerzitien als theologische Quelle wieder ins Bewusstsein zu bringen,[193] und zwar in einer Zeit, die es gewohnt war, die Geistlichen Übungen in asketisch-moralischer Hinsicht zu lesen.[194] In mehreren Arbeiten[195] und einer eigenen Auslegung des ignatianischen Exerzitienbuches zeigt er, dass es sich nicht um fromme Betrachtungsübungen handelt, dass es auch nicht darum geht, sich in gesetzhafte Willensakte Gottes einzuüben. Die Exerzitien sind nach Rahner vielmehr ein "Vollzug des Christentums", der nicht aus den "abstrakten Prinzipien der Theologie" abgeleitet werden kann, sondern über diese noch hinausgeht oder besser gesagt, ihnen vorausliegt.[196] Rahner versteht die Exerzitien als Literatur, die aus einer ursprünglichen geistlichen Erfahrung heraus geschrieben wurden, diese Erfahrung deuten helfen und den Übenden dazu anleiten wollen, selbst geistliche Erfahrungen zu machen.[197]

---

[191] war kein Individualist im geschichts-philosophischen Sinn, wohl aber ein radikaler christlicher 'Existentialist'."
Vgl. Rahner, K., Ignatius von Loyola, 337. Arno Zahlauer zeigt in seiner Dissertation, Karl Rahner, wie sich Ignatius als "produktives Vorbild" für einzelne Theologumena als auch der Rahnerschen Theologie insgesamt erweist.

[192] Hugo Rahner schreibt z. B. in der Einführung zur Neuausgabe der Briefe des Ignatius, 22: "Wo ist der *ganze* Ignatius? Von woher ist er zu erfassen? Wo verrät er das Grundgeheimnis seines Lebens? Die Antwort kann nur lauten: in seiner Theologie, ... die aber aus Mystik stammt und daher nur von jener Einheit in Gott her, die ihm als Lebensgnade zuteil ward, erfaßt werden kann."

[193] Vgl. Rahner, K., Die Logik der existentiellen Erkenntnis, 76f.

[194] Erst zu Beginn des 20. Jahrhunderts, also genau in der Zeit, in der Karl Rahner sein Noviziat bei den Jesuiten machte, kam es zu einer Neubesinnung auf den "spirituellen Ignatius". Die wichtigsten Vertreter dieser Richtung waren: Henri Bremond, Otto Karrer Erich Przywara und Hans Urs von Balthasar (1946). Karl Rahner selbst fühlt sich in diese Auseinandersetzungen mit hineinverwickelt, wenn er in seinem Lebenslauf, 32, dazu notiert: "... Unter einer [ignatianischen Spiritualität] versteht man fälschlicherweise ... etwas wie eine Willensakrobatik, ein kühler, reservierter Stoizismus u. ä. In Wirklichkeit ist die wahre, die echte ignatianische Spiritualität etwas ganz anderes. ... Für uns ist Ignatius zunächst ein Mystiker, ein Mensch, der in einer geheimnisvollen, radikalen Weise mit Gott verbunden ist, eine mystische Unmittelbarkeit zu Gott erfährt. ..." Die asketisch-moralische Lesart dagegen verbindet sich mit Namen wie J. Roothaan, ehemals Ordensgeneral (1829-1853) und der Meschler-Schule, die vor allem in Deutschland großen Einfluss hatte, sowie besonders der Wirkungsgeschichte Franz von Borjas. Vgl. dazu Wilhelm, B., Der ehrwürdige Diener Gottes A. R. P. Joh. Roothaan in den hl. Exerzitien, 148-151; vgl. dazu auch die Einwürfe Karrers und Bremonds.

[195] Im Folgenden werden vor allem die Arbeiten Rahners herangezogen: Die Logik der existentiellen Erkenntnis; Einübung priesterlicher Existenz; Moderne Frömmigkeit und Exerzitienerfahrung sowie die Betrachtungen zum ignatianischen Exerzitienbuch.

[196] Vgl. Rahner, K., Die Logik der existentiellen Erkenntnis, 77.

[197] Vgl. Rahner, K., Die Logik der existentiellen Erkenntnis, 77.

Insofern spiegelt sich in ihnen nach Rahner neuzeitliches Denken wider. Ignatius formuliert eine Individualethik, die darauf angelegt ist, dass jeder, der die Exerzitien macht, den Willen Gottes je für sich findet und sich in einen Dialog mit Gott einübt.[198] Rahner sieht das Eigentliche der Exerzitien und des religiösen Weges des Ignatius darin, dass Ignatius mit einer "eben 'objektiv' von außen nicht mehr eigentlich nachkontrollierbaren Erfahrung subjektiven Trostes und Mißtrostes einsetzt, ... [die] den ganzen Inhalt des Glaubens, das ganze Gott- und Weltverständnis, auch wenn die heiligen Schriften verlorengegangen wären,"[199] beinhalten würde.

Rahner will hier keinem subjektivistischen Mystizismus oder einer Unkirchlichkeit das Wort reden.[200] Es geht ihm aber darum, den Exerzitienweg als Modell herauszuarbeiten, wie der einzelne Mensch als Geschöpf Gottes mit Gott in Beziehung steht und wie es möglich ist, diese Gottesbeziehung zu vertiefen. Für ihn sind die Exerzitien ein Dokument, das klar zu erkennen gibt, dass das mittelalterliche Modell, vom Ordo, vom Allgemeinen her, den Einzelnen zu denken, verlassen worden ist, und zwar in der Weise, dass nunmehr der Einzelne, das individuelle Subjekt als Erstgegebenes zum Ausgangspunkt der Überlegungen aufrückt.[201] Diesen Gedanken vertieft Rahner vor allem dort, wo er über die in den Exerzitien zu treffende "Wahl" spekuliert, die weiter unten noch ausführlicher reflektiert werden soll.

Rahner beschreibt mit diesen Akzentuierungen nicht nur sein Verständnis der Exerzitien. Er deckt damit auch sein grundsätzliches theologisches Anliegen auf, nämlich die Letztbegründung seiner theologischen Ausführungen aus *geistlichen Erfahrungen* besonders im Zusammenhang der Exerzitien zu gewinnen.[202] Damit ist Rahners Originalität im theologischen Diskurs markiert.[203]

Konnten hier Parallelen ausgemacht werden zwischen dem Exerzitienbuch und dem theologischen Ansatzpunkt Rahners, so weist Rahner selbst auf einen entscheidenden Unterschied hin. Während Ignatius in einer Zeit lebte, "in der Gott, im Grunde genommen, doch eine Selbstverständlichkeit war,"[204] ist die

---

198   Vgl. Rahner, K., Moderne Frömmigkeit und Exerzitienerfahrung, 174f.
199   Rahner, K., Moderne Frömmigkeit und Exerzitienerfahrung, 179. Später wird Rahner diesen Gedanken wiederum aufnehmen: Vgl. Rede des Ignatius von Loyola an einen Jesuiten von heute, 374.
200   Vgl. Rahner, K., Rede des Ignatius von Loyola an einen Jesuiten von heute, 374.
201   Vgl. Rahner, K., Moderne Frömmigkeit und Exerzitienerfahrung, 178f.
202   Vgl. Fischer, K. P., Der Mensch als Geheimnis, 24.
203   Interessant ist in diesem Zusammenhang die Bemerkung Klaus P. Fischers, Der Mensch als Geheimnis, 28, ob darin nicht auch der "großangelegte Versuch" ausgemacht werden kann, wissenschaftliche Theologie und Spiritualität wieder zu der ihnen ursprünglichen Einheit zu verknüpfen. Hans Urs von Balthasar, Einfaltungen, 33f, versteht Rahners Anliegen, Theologie von den ignatianischen Exerzitien her zu entwickeln, zumindest in dieser Richtung.
204   Rahner, K., Einübung priesterlicher Existenz, 15.

heute erfahrene Wirklichkeit gekennzeichnet durch eine "erfahrene oder mindestens vermeintliche Gottesferne."[205] Rahner differenziert diese Gottesferne noch genauer, wenn er schreibt, dass sie eine Wirklichkeit sei, die nicht so sehr außen anzutreffen ist, sondern vielmehr im Menschen selbst wohne. Es gibt eine Not, Gott als Wirklichkeit zu erfahren. Heutiges Bemühen kann also nicht, wie Ignatius in seinem "Fundament" formuliert, schon davon ausgehen, dass Gott als den Menschen tragendes und bestimmendes Ziel erfahren wird.[206] Es gilt vielmehr, einen Schritt noch vor dem "ignatianischen Fundament" zu tun, nämlich "erst das Grundlegende des Verhältnisses zu Gott primär und ursprünglich zu realisieren."[207] Damit ist ein fundamentaler Unterschied zu den Exerzitienerfahrungen des Ignatius ausgemacht. Für Rahner bedeutet das, eine Mystagogie zu entwickeln, die zur Erfahrung hinführt, von der das "ignatianische Fundament" schon ausgeht. Die Exerzitien geben damit nicht nur das Rüstzeug vor, wie eine *Methodologie von Mystagogie* aussehen kann, sondern zeigen vielmehr auch, *woraufhin* eine Mystagogie gehen muss: auf die Erfahrung Gottes als Grund und Ziel des Menschen.

Damit sind Aspekte des hermeneutischen Blickwinkels formuliert, der Rahners Interpretation der ignatianischen Exerzitien bestimmt. Im Folgenden soll zunächst die Dynamik des Exerzitienprozesses untersucht werden (4.2), um daraus Schlussfolgerungen für die Methodologie von Mystagogie zu ziehen (4.3).

4.2 Die Dynamik der ignatianischen Exerzitien

4.2.1 Einige Anmerkungen zu den Grundzügen der Exerzitien

Das Exerzitienbuch des Ignatius von Loyola[208] beschreibt eine Dynamik, die in vier "Wochen"[209] gegliedert ist. Diese vier Wochen wiederum sind eingespannt

---

[205] Rahner, K., Einübung priesterlicher Existenz, 15.

[206] Vgl. GÜ 23: "Der Mensch ist geschaffen, um Gott unseren Herrn zu loben, ihm Ehrfurcht zu erweisen und ihm zu dienen und mittels dessen seine Seele zu retten."

[207] Rahner, K., Einübung priesterlicher Existenz, 16.

[208] Im Folgenden wird die deutsche Übersetzung, die Peter Knauer in seiner Deutschen Werkausgabe zugänglich machte (DWA II: 92-268), verwendet. Obwohl gerade durch die Gegenüberstellung des sogenannten "Spanischen Autographs" mit der sogenannten "Versio vulgata" (= auch Text V genannt; eine sehr elegante, aber nicht sehr textgetreue lateinische Übersetzung, die Andreas Frusius im Auftrag des Ignatius erstellt hatte) bzw. durch die Übersetzungen Peter Knauers (DWA II) die "diachrone Interpretation" der Geistlichen Übungen einen neuen Aufschwung bekam, geht es in den folgenden Ausführungen nicht so sehr darum, die einzelnen Teile des Exerzitienbuches im Zusammenhang des Lebens des Ignatius und der Ereignisse in der gerade eben gegründeten Gesellschaft Jesu zu verstehen. Diese Studie will sich vielmehr damit beschäftigen, welche Bedeutung das Exerzitienbuch für die Theologie Karl Rahners hatte bzw. genauer gesagt, wie er sein Verständnis von Mystagogie am Exerzitienbuch entwickelte. Dazu ist die "synchrone" Betrachtungsweise des Exerzitienbuches hilfreicher, die den Text als Ganzes ins Auge fasst. Mit anderen Worten heißt das, dass das sogenannte "Spanische Autograph" hier vorausgesetzt wird, und zwar auch in dem Sinn, dass es als solches

in einen Bogen, der vom sogenannten "Prinzip und Fundament" (GÜ 23) bis zur "Betrachtung zur Erlangung der Liebe" (GÜ 230-237) reicht. Auch wenn die Meditation "Ad amorem" nicht am Ende des Exerzitienbuches steht, bringt sie dennoch den Exerzitienprozess zu seinem Höhepunkt. Die Übenden sollen den Weg Jesu, auf den sie sich eingelassen haben und einlassen (Dritte und Vierte Woche), auch im Alltag weitergehen.

Insgesamt wird deutlich, dass das Exerzitienbuch von der Gotteserfahrung ausgeht, sie zu deuten versucht und auch denjenigen, der die Exerzitien macht, zu diesen geistlichen Erfahrungen anleiten will.[210] Die Exerzitien sind also Ausdruck einer *erfahrungsbezogenen Theologie* und verfolgen ein *mystagogisches Interesse*. Ignatius legt insgesamt in den Geistlichen Übungen einen Weg vor, der dem Einzelnen helfen soll, immer mehr auf den Weg Gottes einzuschwingen und die "Wahl" zu treffen, die ihn den Willen Gottes in seinem Leben verwirklichen lässt. Damit sind erste, wesentliche Grundzüge der Exerzitien benannt.

Zugleich zeichnet sich bereits ab, dass die Exerzitien zwar von vorne nach hinten zu lesen sind und einen Weg verfolgen, der von der Ersten bis zur Vierten Woche reicht, aber andererseits in jedem ihrer Abschnitte von der Gotteserfahrung getragen sind, wie sie im "Prinzip und Fundament" als Grund ausgesagt und im "Ad amorem" als Ziel formuliert wird.[211] Die Exerzitien sind so angelegt, dass die einzelne Übung, die einzelne Anweisung sowie der einzelne Zusatz immer vom Ganzen des Exerzitienprozesses her erschlossen werden muss. Der Exerzitienleiter muss die Gotteserfahrung, auf die die Exerzitien zielen, in jeder einzelnen Anweisung schon deutlich werden lassen. Genauso muss auch der, der die Exerzitien macht, im Grunde schon von der Gotteserfahrung berührt sein und sich von da aus immer mehr auf das Ganze einlassen. So kann man für das Exerzitienbuch des Ignatius festhalten, dass sich *das Fragment und das Ganze wechselseitig erschließen*.[212]

---

von Ignatius autorisiert war. Nur nebenbei sei noch angemerkt, dass das "Spanische Autograph" eine Abschrift ist, die vermutlich von Bartolomeu Ferrão angefertigt wurde, und zwar in der ersten Hälfte des Jahres 1544. Das war also in einer Zeit, noch bevor Ferrão das Amt des Sekretärs des Ignatius (1545-1547) angetreten hatte. Die Abschrift heißt deshalb "Autograph", weil Ignatius eigenhändig Korrekturen angebracht hat.

[209] Auch wenn Ignatius von "Woche" spricht, ist damit nicht der chronologische Aspekt von sieben Tagen gemeint. Woche ist vielmehr im kairologischen Sinn als Kennzeichnung einer bestimmten Phase im Exerzitienprozess zu verstehen.

[210] Vgl. Rahner, K., Die Logik der existentiellen Erkenntnis, 77.

[211] Vgl. Kiechle, S., Kreuzesnachfolge, 28f; vgl. zur Kommentierung des Exerzitienbuches vor allem Ruhstorfer, K., Das Prinzip ignatianischen Denkens.

[212] Vgl. Haas, A., Erklärungen zu den zwanzig Anweisungen, 124; vgl. Kiechle, S., Kreuzesnachfolge, 29; vgl. Batlogg, A. R., Die Mysterien des Lebens Jesu, 23.

Als weiterer Grundzug des Exerzitienbuches ist ein *pädagogisches Interesse* auszumachen.[213] Die Anweisungen, die sich hier finden, sollen sowohl dem helfen, der die Exerzitien macht, als auch demjenigen, der sie gibt. Sie versuchen, einen Prozess zu begleiten, der in der im "Prinzip und Fundament" formulierten Gotteserfahrung wurzelt[214] und sich von dieser her entfaltet. Damit ist nicht gemeint, dass dieser Prozess manipuliert werden könnte oder berechenbar würde. Für Ignatius ist die grundlegende Erfahrung der Exerzitien diejenige, die sich zwischen "Schöpfer und Geschöpf" ereignet.[215] So können zwar Hilfen gegeben werden, wie diese Beziehung wahrhaftiger, treuer und intensiver gelebt werden kann. Grundsätzlich ist diese Beziehung aber sowohl auf Seiten Gottes als auch des Menschen frei.

Hier deutet sich ein nächster Grundzug der Exerzitien an. Sie sind nicht so sehr als lineare, fixe Abfolge gewisser Elemente und äußerlicher Vorgaben zu verstehen, sondern vielmehr als *etwas Komplexes, Offenes und Dynamisches.* Das darf bei der Interpretation der Exerzitien nicht übersehen werden, auch wenn die nüchterne Sprache des Ignatius und der systematische Aufbau der Exerzitien auf den ersten Blick anderes vermuten lassen. Das Exerzitienbuch beschreibt idealtypisch einen Grundvorgang, der auf die Situation des Einzelnen hin übersetzt werden muss[216] und deshalb offen ist für Adaptionen. Ignatius selbst schiebt z. B. Anmerkungen ein, die darauf hinweisen, dass der Einzelne evtl. länger bei den Grunderfahrungen einer Übung bleibt oder sie auch schneller durchführt, dass er eher das eine wählt (z. B. Knien oder Sich-auf-den-Boden-Ausstrecken, Fasten oder Essen, Wachen oder Schlafen) als das andere, je nachdem, was ihm mehr hilft, auf dem Weg voranzukommen.[217] Besonders auffallend ist in diesem Zusammenhang, dass Ignatius die Übungen der Zweiten Woche für einen Zeitraum von fünf bis zwölf Tagen vorsieht, also selbst eine Verkürzung bzw. Verlängerung dieser Exerzitienphase andeutet, "entsprechend der Zeit, die einer darauf verwenden will, oder je nach dem Nutzen, den er davon hat. ..."[218]

---

213   Vgl. so auch Kiechle, S., Kreuzesnachfolge, 27, der von den Exerzitien als einem pädagogischen Text spricht.
214   Vgl. GÜ 23.
215   Vgl. GÜ 15.
216   Vgl. Kiechle, S., Kreuzesnachfolge, 27f.
217   Vgl. GÜ 72.76.79.83.84.89; GÜ 129: "Wenn derjenige, der die Übungen macht, alt oder schwach ist oder wenn er, obwohl stark, von der ersten Woche in irgendeiner Weise schwach zurückgeblieben ist, dann ist es besser, in dieser zweiten Woche wenigstens einige Male nicht um Mitternacht aufzustehen. ..."; vgl. GÜ 252.
218   GÜ 162. Ähnlich verfährt Ignatius bei der dritten Woche, zu der er Varianten angibt: Vgl. GÜ 209. Schon in den einleitenden Anmerkungen zu den Geistlichen Übungen, GÜ 4, führt Ignatius aus, dass die vier Teile der Exerzitien nicht so verstanden werden dürfen, dass "jede Woche mit Notwendigkeit sieben oder acht Tage umfaßt." Die Dauer muss

Insgesamt kann man festhalten, dass Ignatius im Exerzitienbuch von einer Theologie und Anthropologie ausgeht, die den Menschen als einen versteht, der auf Gott ausgerichtet ist und in ihm sein Ziel findet. Sich als von Gott ergriffen zu verstehen und immer mehr in dieses Geheimnis hineinzuwachsen, das kristallisiert sich gleichsam als Duktus der Exerzitien heraus. Von daher verwundert es nicht, dass Ignatius den Bogen der Exerzitien mit dem sogenannten "Prinzip und Fundament" beginnen lässt. Es ist, wie Hugo Rahner treffend sagt, "die auf eine äußerste Dichte gebrachte Theologik des gesamten Exerzitienvorganges"[219] und enthält schon fast alle Themen, die später entwickelt werden.[220] Im Folgenden sollen die einzelnen Phasen des Exerzitienprozesses nach Ignatius nachgezeichnet und in ihrer Bedeutung, die ihnen Karl Rahner beimaß, ausgelotet werden.[221]

4.2.2 Prinzip und Fundament — Über Gott und den Menschen

Rahner selbst charakterisiert das "Prinzip und Fundament" als Text, der "philosophisch und theologisch zu den großen, fundamentalen Texten der Neuzeit gehört"[222]. Ignatius hat es den Geistlichen Übungen erst relativ spät hinzugefügt und in ihm eine Perspektive formuliert, die im Prozess der Exerzitien Gestalt annehmen soll.[223]

In diesem wenige Zeilen umfassenden Schriftstück legt Ignatius sein Verständnis vom Menschen und dessen Beziehung zu Gott dar: Der Mensch wird vorgestellt als ein in seiner Einmaligkeit und Unauslotbarkeit von Gott geschaffener, der unausweichlich auf Gott ausgerichtet ist.[224] Alle übrigen Dinge sind auf den Menschen hin geschaffen und sollen ihm helfen, sich immer mehr der Gottunmittelbarkeit zu vergewissern und ihrer inne zu werden.[225]

Damit wird nach Rahner zweierlei deutlich, nämlich die Bedeutung der Dinge für den Menschen (die Wahl der Dinge nach dem Kriterium des "magis") wie

---

	der Verfasstheit des Einzelnen angepasst werden, auch wenn Ignatius davon ausgeht, dass der gesamte Prozess ungefähr in 30 Tagen abgeschlossen werden soll.
219	Rahner, H., Ignatius von Loyola, 258.
220	Vgl. dazu Kiechle, S., Kreuzesnachfolge, 31. Anders als Hugo Rahner, Ignatius von Loyola, 258, zeigt Stefan Kiechle, Kreuzesnachfolge, 42-44, dass Ignatius im Fundament noch nicht *alle* Themen des Exerzitienprozesses aufgreift. Die dritte Weise der Demut z. B. (GÜ 167), die das "magis" versteht als Hinordnung auf das Kreuz bzw. als "Kreuzesvorliebe", klingt z. B. im Fundament noch nicht an.
221	Vgl. dazu Schneider, M., "Unterscheidung der Geister", 99-102.
222	Rahner, K., Einübung priesterlicher Existenz, 28.
223	Vgl. Rahner, K., Betrachtungen zum ignatianischen Exerzitienbuch, 19.
224	Vgl. GÜ 23: "Der Mensch ist geschaffen dazu hin, Gott unseren Herrn zu loben, ihm Ehrfurcht zu erweisen und zu dienen, und damit seine Seele zu retten."
225	GÜ 23: "... und die übrigen Dinge auf dem Angesicht der Erde sind für den Menschen geschaffen und damit sie ihm bei der Verfolgung des Ziels helfen, zu dem er geschaffen ist." Vgl. dazu Kiechle, S., Kreuzesnachfolge, 31f; vgl. Köster, P., Zur Freiheit befähigen, 17-25.

auch die Beziehung des Menschen zu den Dingen (Indifferenz). Rahner interpretiert diese Beziehung von Dingen — Mensch — und Gott in einem sakramentalen Sinn, indem er Erstere als "Sakrament Gottes, [und zwar als] das
wirksame Sakrament Gottes, in dem sich Gott uns selber gibt"[226], zu verstehen
gibt. Der Mensch kann in den Dingen an Gott rühren und die Dinge wiederum
können in die Übereignung des Menschen an Gott einschwingen. Die Dinge
sind also nicht als Hindernis zu verstehen, sondern warten auf "ihre rechte In-
dienstnahme, die Integration auf Gott hin."[227]
Den Grund dafür macht Rahner in der Inkarnation aus,[228] durch die alle Dinge
bleibend in Gott eingeschrieben wurden und damit auch bleibend eine
"Vermittlung zur Unmittelbarkeit vor Gott"[229] geworden sind. Die Weise des Hin-
ein-Integriertwerdens in Gott vollzieht sich nun bei den Dingen auf dieselbe Art,
wie sie sich bei Christus vollzogen hat, als Kreuz, Tod und Auferstehen, als
Gebrauchen und Lassen.[230] Als grundlegende Haltung des Menschen gegenüber den Dingen scheint deshalb die Indifferenz auf, die nicht als moralische
Haltung zu verstehen ist, sondern als "naturale und übernatürliche Grundindif-
ferenz, die in das Wesen des Menschen eingeschrieben ist,"[231] wie Rahner
schlussfolgert.
Zugleich klingt hier nochmals das Kriterium des "magis" für die Wahl der Dinge
an. Auch wenn kein geschaffenes Ding grundsätzlich schlechter oder besser
auf das Ziel hinführt, so gilt doch, dass für den konkreten Menschen, der die
Wahl zu treffen hat, das eine besser geeignet ist als das andere. Mit anderen
Worten heißt das, dass auch jeder Einzelne oder auch eine Gruppe, die sich
dem Prozess der Unterscheidung der Geister stellt, aufgrund der Haltung der
Indifferenz genau die Alternative wählen kann, die ihm bzw. ihr besser dient,
das Ziel zu erreichen.[232] Das "magis" ist ein Kriterium, das die Individualität berücksichtigt und den "individuellen Imperativ"[233] zu vollziehen hilft.
Ist damit die Beziehung des Menschen zu den Dingen und der Dinge zum
Menschen geklärt, bedeutet das für die Beziehung des Menschen zu Gott, dass
der Mensch in der Haltung der Indifferenz immer offener wird für den Grund,
der Dinge und den Menschen trägt, nämlich für Gott.[234] Das nun erfährt der
Mensch als Prozess des Sich-Weggebens und Sterbens. Das Einzelne, das

---

226 Rahner, K., Einübung priesterlicher Existenz, 39.
227 Rahner, K., Betrachtungen zum ignatianischen Exerzitienbuch, 23.
228 Vgl. Rahner, K., Betrachtungen zum ignatianischen Exerzitienbuch, 25.
229 Rahner, K., Einübung priesterlicher Existenz, 39.
230 Vgl. Rahner, K., Betrachtungen zum ignatianischen Exerzitienbuch, 25.
231 Rahner, K., Einübung priesterlicher Existenz, 42.
232 Vgl. Kiechle, S., Kreuzesnachfolge, 33-35.
233 Rahner, K., Betrachtungen zum ignatianischen Exerzitienbuch, 123.
234 Vgl. Rahner, K., Einübung priesterlicher Existenz, 43.

Ding wird immer mehr hineingehoben in den Größeren, nämlich in Gott. Das Sekundäre, Vorletzte wird losgelassen zugunsten des Primären und Letzten.[235] Damit leuchtet ein, dass die Indifferenz nichts mit Gleichgültigkeit, Interesselosigkeit oder Abgestumpftheit zu tun hat. In der Haltung der Indifferenz artikuliert der Mensch vielmehr, dass er die natürlich gegebene Unterschiedenheit zu den Dingen und seine Bezogenheit auf den Schöpfer auch bewusst anerkennt und in seinem Leben Gestalt annehmen lassen will. Rahner versteht die Indifferenz deshalb einerseits als aktive Disposition. Andererseits wird sie als passives Disponiertwerden erfahrbar, insofern der Mensch sie als Tat Gottes an ihn erfährt, die ihn auf Gott, auf die Passion und das Mitsterben mit Christus ausrichtet.[236] Schlussfolgernd kann man deshalb mit Michael Schneider sagen, dass "durch die Entscheidung zum 'magis' ... aus dem Abstand der Indifferenz zu den Dingen eine engagierte 'Nichtindifferenz'"[237] wird.

4.2.3 Erste Woche — Die Verfasstheit des Menschen anerkennen

An das "Prinzip und Fundament" schließen sich die Ausführungen zur Ersten Woche an.[238] In der Ersten Woche geht es darum, dass sich der Einzelne seiner eigenen Situation bewusst wird, sich immer mehr seiner Lebenswahrheit stellt und das heißt nach Ignatius auch, seine Verfangenheit in die Schuld zugibt und den Weg der Umkehr beginnt. Die Erste Woche hat somit rückblickenden Charakter. Es geht um Versöhnung mit der eigenen Lebensgeschichte bzw. theologisch gesprochen, um die Reinigung vom Bösen, die erst eine freie Wahl ermöglicht. Ignatius selbst nennt als Ziel der Ersten Woche "jene ... Sünde [zu] entfernen."[239]

Neben den Examina, also den Weisen und Zeiten der Gewissenserforschung,[240] die sich auf die Gedanken, das Wort und das Werk beziehen[241] und in den Exerzitien schließlich in die Generalbeichte und die Kommunion mün-

---

235 Rahner, K., Einübung priesterlicher Existenz, 45, schreibt wörtlich: "Man erklärt in dieser Indifferenz, daß man wirklich im Abgrund Gottes allein seinen Stand haben will, daß alles andere, sosehr es von Gott gewollt ist und darum von uns auch bejaht, angenommen, genossen, geliebt werden soll, doch immer nur das ist, was in seiner Endlichkeit aus einem unendlichen Grund und Abgrund aufsteigt und was immer in das Größere und Unbegreifliche Gottes selbst zurück verborgen werden muß. Dieses Sich-indifferent-Stimmen ist darum auch das täglich neu Aufgegebene."

236 Vgl. Rahner, K., Sendung und Gnade, 527.

237 Schneider, M., "Unterscheidung der Geister", 101.

238 Vgl. GÜ 24-90.

239 GÜ 27.

240 GÜ 24-44: Ignatius nennt drei Zeiten und zwei Examina: Die erste soll während des Aufstehens am Morgen sein. Der Exerzitant soll sich schon hier das Ziel setzen, von der Sünde zu lassen. Das erste Examen und damit die zweite Zeit ist nach dem Mittagessen, die dritte Zeit und damit das zweite Examen ist nach dem Abendessen.

241 Vgl. GÜ 33-42.

den,[242] bestimmen die Tage der Ersten Woche jeweils fünf Übungen. Die erste und zweite Übung konfrontieren den Übenden mit einem neuen Stoff, die dritte und vierte Übung sind Wiederholungsübungen[243] und die fünfte Übung schließlich umfasst die "Anwendung der Sinne" bzw. das "Ziehen der fünf Sinne", wie Ignatius formuliert, über die vorausgegangenen vier Übungen.[244] Als schematische Darstellung des Exerzitienprozesses ergibt sich demnach Folgendes:

Erste Woche

Zeit	*Inhalt*
Nach Mitternacht	Erste Übung
Beim Aufstehen	Erforschung — Vergegenwärtigen des Ziels
Vor dem Frühstück	Zweite Übung
Am Vormittag	Dritte Übung — Wiederholungsübung der ersten und zweiten Übung
Nach dem Mittagessen	Erstes Examen
Am Nachmittag	Vierte Übung — Wiederholungsübung der dritten Übung
Nach dem Abendessen	Zweites Examen
Am Abend	Fünfte Übung — "Ziehen der fünf Sinne" über die vorausgegangenen Übungen

Der Aufbau der einzelnen Übungen gestaltet sich folgendermaßen. Die erste und die zweite Übung sind gleich aufgebaut und umfassen als Elemente das Vorbereitungsgebet[245], die erste Vorübung, die darin besteht, den Schauplatz aufzubauen und dazu die Vorstellungskraft zu aktivieren,[246] die zweite Vorübung, die das Vorgestellte in das eigene Leben hinein übersetzt[247], einer Anzahl von Hauptübungen, die von drei bis zu fünf variiert,[248] und einem sogenannten Zwiegespräch über die Barmherzigkeit. Um sich vor Augen zu führen, wie genau Ignatius die Themen der Übungen festlegt und wie ausführlich er vor allem die erste Übung ausgestaltet, um den Übenden mit der Methodik der Exerzitien vertraut zu machen, soll die erste Übung exemplarisch für die anderen in einem schematischen Aufriss dargestellt werden:

---

[242] Vgl. GÜ 44.
[243] Zur Bedeutung der Wiederholung in den ignatianischen Exerzitien: Vgl. Batlogg, A. R., Die Mysterien des Lebens Jesu, 25-28.
[244] Vgl. Köster, P., Zur Freiheit befähigen, 35f.
[245] Vgl. GÜ 46.
[246] Vgl. GÜ 47: Hier ist Folgendes zu bemerken: "Bei der 'sichtbaren' Betrachtung oder Besinnung ... wird die Zusammenstellung darin bestehen, mit der Sicht der Vorstellungskraft den körperlichen Raum zu sehen, wo sich die Sache befindet, die ich betrachten will." Vgl. auch GÜ 55.
[247] Vgl. GÜ 48.
[248] Vgl. GÜ 50-52.56-60.

160

Vorbereitungsgebet	
Erste Vorübung	Aufbau des Schauplatzes
Zweite Vorübung	Aktivieren der Vorstellungskraft
Erste Hauptübung	Die Sünde der Engel und die eigenen Sünden ins Gedächtnis rufen und miteinander vergleichen; dann mit dem Verstand und dem Willen diese Übung durchgehen
Zweite Hauptübung	Die drei Seelenkräfte auf die Sünde Adams und Evas anwenden
Dritte Hauptübung	Die drei Seelenkräfte auf die Einzelsünde von irgend jemanden bewegen
Zwiegespräch über die Barmherzigkeit	Sich Christus am Kreuz vorstellen und mit ihm ein Zwiegespräch beginnen

Insgesamt zeigt sich, was weiter oben schon angesprochen wurde, dass Ignatius den Ablauf der Übungen sehr genau festlegt. Auf den ersten Blick könnte das den Eindruck erwecken, als ob die Exerzitien vor allem ein Pensum an Gebetsübungen meinten. Deshalb muss man sich je neu bewusst machen, dass der genaue Aufbau nur dazu dienen soll, die Grunderfahrung, die Ignatius in der Gotteserfahrung erkennt, immer mehr im Leben des Menschen zu entfalten. Ignatius gibt im Exerzitienbuch dazu zwar Hilfen und Strukturen, letztlich ist dieser Prozess aber Begegnungsgeschehen zwischen Gott und dem Menschen und damit frei.

Fragt man, was die Erste Woche der Exerzitien für Rahner bedeutet, so zeigt sich, dass hier für ihn ein Grunddatum des Menschen anklingt. Es wird deutlich, dass der Mensch nicht nur gesündigt hat, sondern dass die Sünde das *Wesen* des Menschen prägt.[249] Die Erste Woche versucht, den Übenden mit seiner eigenen sündhaften Wirklichkeit vertraut zu machen, in dem Sinn, dass die Sünde nicht nur als etwas Akzidentielles abgetan wird. In der Erkenntnis der eigenen Sündhaftigkeit kann der Mensch nach Rahner vielmehr verstehen lernen, dass er in ihr in seiner ganzen Freiheit falsch über sich als ganzen entschieden hat, dass er die objektive Ordnung der Dinge und der Welt verkehrt hat, so dass diese Grundentscheidung nun in allem deutlich wird, was der Mensch tut und lässt.[250] Die Ur-sünde besteht nach Rahner darin, dass der Mensch versuchte, die ihm gegebene Absolutheit nicht in der Unendlichkeit, auf die sie angelegt ist, zu verwirklichen, sondern im Endlichen zu behaupten. Nicht "den Sprung ins Unendliche zu machen, alles Endliche radikal zu relativieren und damit zu übersteigen," sondern "vor dem Abgrund stehen" zu bleiben,[251] das

---

249   Vgl. Rahner, K., Betrachtungen zum ignatianischen Exerzitienbuch, 41.
250   Vgl. Rahner, K., Betrachtungen zum ignatianischen Exerzitienbuch,44f.
251   Rahner, K., Betrachtungen zum ignatianischen Exerzitienbuch, 44.

charakterisiert für Rahner die Sünde, auf die Ignatius in der Ersten Woche aufmerksam machen will.

War die Erste Woche des Exerzitienbuches für Rahner also zum einen Anlass, über den Charakter der Sünde als anthropologischer Grundaussage nachzudenken, so reflektiert er in diesem Zusammenhang ebenso darauf, wie es dem Menschen überhaupt möglich wird, diese Grundverfasstheit wahrnehmen und aushalten zu können. Ignatius interpretierend legt Rahner dar, dass der Mensch nur durch das Gewahrwerden der Gnade verstehen kann, wie es um ihn bestellt ist. Für ihn gibt es kein "reines peccatum philosophicum"[252], weil Sünde erst dort als das erkannt werden kann, was sie ist, wo sie als Verletzung der Ordnung Gottes und als Nein zu dem in der Seele des Menschen anwesenden Gott verstanden wird.

Das Wahrnehmen und Anerkennen der Sünde ist also zum einen durch das Bewusstwerden des Unterschiedes zur Gnade Gottes begründet, zum anderen, so schlussfolgert Rahner weiter, allein durch die Zusage der Liebe Gottes an den Menschen auszuhalten. Das ist für Rahner der Grund, warum Ignatius die Sünde nicht metaphysisch betrachten lässt, sondern sie im Zusammenhang mit dem Kreuz Jesu thematisiert.[253] "Eine Zeitlang kann der Mensch [zwar] meinen, er halte es allein aus. Aber einmal bricht dann die Wahrheit herein: es ist entsetzlich, vor Gott allein, ohne Gott, zu sein."[254] Erst im Gegenüber mit dem Gekreuzigten kann der Mensch das "triplex peccatum" als Engelsünde, als menschliche Ursünde und als Sünde des erlösten Menschen erfassen und aushalten.[255]

Der Übende wird also in der Ersten Woche der Exerzitien bereitet für eine Disposition, die ihn fragen lässt, wohin er angesichts seiner Lebenswahrheit überhaupt will. Das ist der Punkt, an dem die Zweite Woche ansetzt, die mit der "Parabel vom Ruf des Königs"[256] beginnt.

4.2.4   Zweite Woche — Sich auf den Weg Jesu einlassen

Die Zweite Woche gilt im Prozess der Exerzitien als die Hauptphase. Nachdem sich der Übende in der Ersten Woche seine Lebenswahrheit bewusst gemacht hat, stellt sich die Frage, worauf der Einzelne seinen Blick richten will. Ignatius verweist ihn auf das Geheimnis der Menschwerdung und füllt die Zweite Woche mit Perikopen aus dem Leben Jesu.[257] Es gilt, offen zu werden für die Gesinnung Jesu und sich einzulassen auf den Weg, den Jesus selbst vorausgegan-

---

252   Rahner, K., Betrachtungen zum ignatianischen Exerzitienbuch, 42.
253   Vgl. Rahner, K., Betrachtungen zum ignatianischen Exerzitienbuch, 43.
254   Rahner, K., Betrachtungen zum ignatianischen Exerzitienbuch, 58.
255   Vgl. Schneider, M., "Unterscheidung der Geister", 104.
256   GÜ 92-99.
257   Vgl. GÜ 101-163.

gen ist.[258] Auch Ignatius versteht diesen Weg als Weg nach unten, der sich in der Inkarnation als Herabsteigen des Logos und schließlich im Sterben und Tod am Kreuz (vgl. Phil 2,5-11) verdichtet und aussagt.

Ignatius selbst gießt dies in einen kunstvollen Aufbau der Zweiten Woche, der folgendermaßen schematisiert werden kann:[259]

Aufbau der Zweiten Woche

GÜ 91-100	Erwägung über die Parabel vom Ruf des Königs Zweimal

GÜ 101	*Erster Tag*
GÜ 101-109	Betrachtung von der Menschwerdung Gottes
GÜ 110-117	Betrachtung von der Geburt Jesu
GÜ 118-119	Wiederholung der ersten und zweiten Betrachtung
GÜ 120	Wiederholung der ersten und zweiten Betrachtung (!)
GÜ 121-126	Anwendung der Sinne
GÜ 127-131	Bemerkungen

GÜ 132-133	*Zweiter Tag*
GÜ 132	Betrachtung von der Darstellung Jesu im Tempel (GÜ 268)
GÜ 132	Betrachtung von der Flucht nach Ägypten (GÜ 269)
GÜ 132	Wiederholung der ersten und zweiten Betrachtung
GÜ 132	Wiederholung der ersten und zweiten Betrachtung (!)
GÜ 132	Anwendung der Sinne
GÜ 133	Anmerkungen zu Variationsmöglichkeiten

GÜ 134	*Dritter Tag*
GÜ 134	Betrachtung vom Gehorsam Jesu in Nazaret (GÜ 271)
GÜ 134	Betrachtung vom Verbleiben des Zwölfjährigen im Tempel (GÜ 272)
GÜ 134	Wiederholung der ersten und zweiten Betrachtung
GÜ 134	Wiederholung der ersten und zweiten Betrachtung (!)
GÜ 134	Anwendung der Sinne
GÜ 135	Vorwort zur Betrachtung über die Stände

---

[258]   Vgl. Köster, P., Zur Freiheit befähigen, 86-99.
[259]   Köster, P., Zur Freiheit befähigen, 84.

GÜ 136-157	Vierter Tag
GÜ 136-147.148	Meditation von den zwei "Bannern"
GÜ 148	Meditation von den zwei "Bannern"
GÜ 148	Wiederholung der ersten und zweiten Meditation
GÜ 148	Wiederholung der ersten und zweiten Meditation
GÜ 149-157	Meditation über die drei "Menschenpaare"

GÜ 158-162	Fünfter bis zwölfter Tag
GÜ 158-161	Betrachtung über ein Geheimnis aus dem Leben Jesu, und zwar vom Beginn seines öffentlichen Wirkens an bis zu seinem Einzug in Jerusalem
GÜ 159	Betrachtung des für die erste Betrachtung ausgewählten Geheimnisses
GÜ 159	Wiederholung
GÜ 159	Wiederholung
GÜ 159	Anwendung der Sinne
GÜ 162	Anmerkungen zu Variationsmöglichkeiten

GÜ 163-189	Einschübe, die auf die Wahl vorbereiten
GÜ 163	Zeitangabe über den Eintritt in den Wahlprozess
GÜ 164-168	DREI WEISEN DER DEMUT
GÜ 169	Hinführung, um eine Wahl zu treffen
GÜ 170-174	Zur Erkenntnis über die Gegenstände der Wahl
GÜ 175-188	Über die drei Zeiten der Wahl
GÜ 189	Über die Besserung der eigenen Lebensform und des eigenen Lebensstils

Rahner versteht die Zweite Woche der Exerzitien als Weg, der dem Einzelnen helfen und ihn auch anregen soll, die eigene Lebensgeschichte vom Weg Jesu her zu reflektieren und schließlich auch zu entwerfen. Deshalb beginnt Rahner in den Betrachtungen zum Exerzitienbuch die Auslegung der Zweiten Woche mit einer Meditation der Menschwerdung Gottes, in der er den inneren Zusammenhang von Inkarnation und der Lebensexistenz des Menschen herausstellt.[260] Rahner formuliert hier, was er andernorts noch genauer darlegt und womit er die Christologie sozusagen an einen neuen Ausgangspunkt stellt.[261] Er legt dar, dass die Inkarnation nicht erst ein nachträglicher Akt Gottes ist, der durch die Sünde des Menschen verursacht wurde. Die Inkarnation ist vielmehr

---

[260] Vgl. Rahner, K., Betrachtungen zum ignatianischen Exerzitienbuch, 100-107.
[261] Vgl. Rahner, K., Grundkurs des Glaubens, 211-226; vgl. ders., Zur Theologie der Weihnachtsfeier, 35-46; vgl. ders., Zur Theologie der Menschwerdung, 137-155, um nur einige zu nennen. Vgl. dazu Bokwa, I., Das Verhältnis zwischen Christologie und Anthropologie, 33-43, bzw. dessen Dissertation, Christologie als Anfang und Ende der Anthropologie.

Ausdruck in die Heilsgeschichte hinein, was sich in Gott schon lange vollzogen hat. Der unendliche Gott hat sich in sich selbst und für sich ausgesagt, also den Sohn gezeugt. Und diese Aussage Gottes an das andere seiner selbst, also die Zeugung des Logos, wird zur Bedingung der Möglichkeit, dass sich der unendliche Gott an das Nicht-Göttliche aussagt. Mit anderen Worten ist die Zeugung des Logos der bedingende und tragende Grund, dass die Schöpfung wird und also auch, dass der Mensch ist. Der Mensch wird verstehbar als einer, der "durch sein Mit-Dasein und Mit-Leben mit dem menschgewordenen Logos Gott dieses Abenteuer seiner Liebe nach außen ... ermöglichen"[262] kann, der als "Chiffre Gottes"[263] aufscheint, die schon immer von der Selbstaussage Gottes her zu lesen ist.

Insgesamt macht Rahner deutlich, dass die Christologie als "Ende und Anfang der Anthropologie"[264] auch die Art und Weise formuliert, wie der Mensch sein Menschsein am tiefsten einlösen kann: Wie Christus, der in der "potentia oboedientialis" sich selbst auf den Vater hin vollzieht, so ist der Mensch durch sein Geschaffensein in diese Bewegung hineingenommen und aufgerufen, ebenfalls die "potentia oboedientialis" auf Gott hin zu vollziehen. Das ist der Weg, das eigene Menschsein immer mehr zu verwirklichen. Nachfolge Christi wird damit verstehbar nicht nur als Beobachtung moralischer Maximen, die Jesus beispielhaft vorgelebt hat, auch nicht nur als Ruf, der den Menschen von außen trifft, sondern als "Entfaltung dessen, was wir in uns immer schon sind: die von ihrem innersten Wesen her für das Leben mit Christus Bestimmten."[265]

Dieses innere Bestimmtsein des Menschen durch Christus versucht dann auch einen Ausdruck zu gewinnen, indem der Mensch den Weg Jesu nachgeht. Das bedeutet, sich auf den Weg nach unten zu begeben, die Kreuzesnachfolge anzutreten, auch wenn das nie heißen darf, das Kreuz aktiv zu wählen.[266]

Das ist für Rahner die Grundlage, um die Unterscheidung der Geister zu reflektieren und nach Kriterien Ausschau zu halten, die eine Entscheidung und Wahl ermöglichen. Von daher soll, bevor auf die Dritte Woche der Exerzitien eingegangen wird, zunächst die Bedeutung der Wahl noch genauer überdacht werden.

4.2.5   Die Bedeutung der Wahl in den Exerzitien

Für Rahner stellt die in den Exerzitien zu treffende Wahl den Kern des gesamten Prozesses dar.[267] Er spricht deshalb auch von den Exerzitien als

---

262	Rahner, K., Betrachtungen zum ignatianischen Exerzitienbuch, 117.
263	Vgl. Rahner, K., Grundkurs des Glaubens, 222-225.
264	Rahner, K., Betrachtungen zum ignatianischen Exerzitienbuch, 112.
265	Rahner, K., Betrachtungen zum ignatianischen Exerzitienbuch, 121.
266	Vgl. Kiechle, S., Kreuzesnachfolge, 156-159.168f.
267	Vgl. Rahner, K., Betrachtungen zum ignatianischen Exerzitienbuch, 15.

"Wahlexerzitien"[268]. Rahner macht deutlich, dass es bei der Wahl nicht darum gehen kann, allgemein menschliche, christliche und kirchliche Normen auf den Einzelfall anzuwenden. Die Wahl ist vielmehr Ereignis zwischen Gott und dem Einzelnen und geht über das allgemein Gültige hinaus. Obwohl Ignatius noch andere Wahlmöglichkeiten kennt, sind diese als nachrangig gegenüber dieser grundlegenden Wahl[269] zu verstehen.[270]

Um die Sichtweise Rahners besser verstehen und auch ihre Originalität im Vergleich zu anderen Kommentatoren der Exerzitien begreifen zu können,[271] gilt es zunächst die Wahl, wie sie im ignatianischen Exerzitienbuch eingeleitet wird, und die Hilfen vorzustellen, die gegeben werden, um sie zu treffen.

4.2.5.1 Die "Wahl" im ignatianischen Exerzitienbuch

Die Geistlichen Übungen sind so angeordnet, dass der Übende mit dem fünften Tag der Zweiten Woche in den Wahlprozess eintritt, der längstens bis zum zwölften Tag dauert (GÜ 158-163; 273-287). Die Tage sind von vier Meditationen über das öffentliche Leben Jesu durchzogen und werden abends durch die

---

[268] Rahner, K., Die Logik der existentiellen Erkenntnis, 83. Folgendes Zitat, Rahner, K., Die Logik der existentiellen Erkenntnis, 101, bringt diesen Gedanken ebenfalls prägnant zum Ausdruck: "Die Exerzitien sind nicht bloß die Einübung der Erkenntnis des allgemeinen gesetzhaften Willens Gottes durch Meditation und Vertiefung, sie schaffen auch nicht bloß ein günstiges Klima und eine subjektiv erfolgversprechende Situation für die Findung des Willens Gottes im Sinne eines syllogistischen Deduktionsmoral mit Hilfe der Analyse der statisch vorgegebenen Situation. Sie sind vielmehr der Versuch, und zwar vor allem in den Regeln zur Unterscheidung der Geister, eine formale Methodik der Findung dieses Individualwillens Gottes zu geben und einzuüben. Wir möchten sogar die Behauptung wagen, daß sie eigentlich der erste und bisher einzige genauere Versuch sind zu einer solchen Methodik."

[269] Hier deutet sich eine terminologische Schwierigkeit an, die in der Wirkungsgeschichte Rahners immer wieder zu Missverständnissen geführt hat. Es ist nämlich die Frage, was als diese grundlegende, "erste Wahl" zu verstehen ist. Terminologisch wird sie leicht mit der Wahl in der sogenannten ersten Wahlzeit (GÜ 175) identifiziert. Rahner jedoch identifiziert sie mit der "Grundevidenz", die als Erfahrung den Unterscheidungsregeln, wie sie der zweiten Wahlzeit (GÜ 176) zukommen, vorausgeht. Vgl. Rahner, K., Die Logik der existentiellen Erkenntnis, 114f.

[270] Vgl. Rahner, K., Moderne Frömmigkeit und Exerzitienerfahrung, 180f.

[271] Es ist beispielsweise unter den Kommentatoren der Exerzitien durchaus strittig, was als das Zentrum der Exerzitien zu verstehen ist. Louis Peeters, Vers L'union divine par les Exercises de S. Ignace, 66, geht davon aus, dass die Vereinigung mit Gott das Ziel der Exerzitien ist. Wim Peters, The spiritual Exercises of St. Ignatius, 244, meint, dass das Ziel der Exerzitien nur das Erreichen der Disposition für die Wahl ist. Leo Bakker, Freiheit und Erfahrung, 269, will die Ziele der Exerzitien, die in der Wahl, in der Disposition für die Wahl bzw. in der Vereinigung mit Gott von den Kommentatoren ausgemacht wurden, nicht gegeneinander ausspielen und sieht die Lösung in der Synthese aller Elemente. Die neueste Ignatius-Forschung, Knauer, P., Die Wahl in den Exerzitien des Ignatius von Loyola, 321, geht mit Rahner einher und versteht die Exerzitien als Wahl, wenn diese auch nicht im juridischen Sinn gedeutet werden dürfe, sondern vielmehr als "Übung", die helfen soll, eine "Vorgehensweise für künftige Entscheidungen [zu] lernen." Vgl. dazu Zahlauer, A., Karl Rahner, 218-220.

Übung der sogenannten "Anwendung der Sinne" abgeschlossen (GÜ 158-161).[272]

Als weitere Strukturelemente, die dem Übenden helfen sollen, in die rechte Wahl einzuschwingen, führt das ignatianische Exerzitienbuch die "Drei Weisen der Demut" an (GÜ 164-168), die "Hinführung, um eine gute Wahl zu treffen" (GÜ 169), eine Meditation über die Gegenstände der Wahl (GÜ 170-174) und die sogenannten "Drei Zeiten", um eine "gesunde und gute Wahl" zu treffen (GÜ 175-178), die im Folgenden in ihren Aussageabsichten skizziert werden sollen.

Die "Drei Weisen der Demut" (GÜ 164-168)

Ignatius misst im gesamten Prozess der Exerzitien den "Regungen" (mociónes) eine große Bedeutung zu. Diese Regungen anzuschauen, nach ihrem Woher und Wohin zu fragen, ist für Ignatius die Weise, in den Wahlprozess einzusteigen. Bevor er deshalb in den "Vollzug der Wahl" (GÜ 169) einführt, schiebt er die Ausführungen über die "Drei Weisen der Demut" (GÜ 164-168) in die Struktur der Exerzitien ein.[273] Dieser Übung kommt es zu, den Übenden mit seinen Regungen vertraut zu machen, ihnen sozusagen auf den Grund zu gehen, um sich bewusst zu machen, dass diese die Wahl mitbeeinflussen werden. So empfiehlt Ignatius, sich einen ganzen Tag lang mit ihnen zu beschäftigen,[274] vermutlich um sie während des gesamten Wahlprozesses präsent zu haben.

Ignatius versteht die "Drei Weisen der Demut" im komparativischen Sinn. Die erste Weise wird von der zweiten Weise überboten und diese wiederum von

---

272 Vgl. dazu Ruhstorfer, K., Das Prinzip ignatianischen Denkens, 160-166.
273 Der Text lautet (GÜ 165-167): "DIE ERSTE WEISE DER DEMUT ist notwendig für das ewige Heil, nämlich daß ich mich so erniedrige und mich so verdemütige, wieweit es von mir aus möglich ist, damit ich in allem dem Gesetz Gottes unseres Herrn gehorche. Ich soll also, selbst wenn man mich zum Herrn aller geschaffenen Dinge in dieser Welt machte oder um des eigenen zeitlichen Lebens willen, nicht zu überlegen bereit sein, ein Gebot zu brechen, sei es ein göttliches oder menschliches, das mich unter Todsünde verpflichtet.
DIE ZWEITE ist vollkommenere Demut als die erste, nämlich wenn ich mich an einem solchen Punkt finde, daß ich nicht will noch mehr danach verlange, Reichtum als Armut zu haben, Ehre als Unehre zu wollen, ein langes Leben zu wünschen als ein kurzes, wenn der Dienst für Gott unseren Herrn und das Heil meiner Seele gleich ist; und somit, daß ich für eine Geschaffene oder weil man mir das Leben nähme, nicht zu überlegen bereit bin, eine läßliche Sünde zu tun.
DIE DRITTE ist vollkommenste Demut, nämlich wenn ich, unter Einschluß der ersten und zweiten, wenn der Lobpreis und die Ehre der göttlichen Majestät gleich ist, um Christus unseren Herrn nachzuahmen und ihm aktualer ähnlich zu sein, mehr mit dem armen Christus Armut will und erwähle als Reichtum, Schmähungen mit dem davon erfüllten Christus mehr als Ehren, und mehr zu wünschen, als nichtig und töricht um Christi willen angesehen zu werden, der als erster dafür gehalten wurde, denn als weise und klug in dieser Welt.
274 GÜ 164: "... die folgenden DREI WEISEN DER DEMUT zu erwägen und zu beachten, und zwar indem man an ihnen den ganzen Tag über immer wieder erwägt ..."

der dritten, obwohl sie insgesamt eine Einheit bilden. Alles zielt darauf, dass der Mensch in die aktive Indifferenz einschwingt. Das heißt, dass er sich immer mehr vom Letzten und Eigentlichen bestimmen lässt, nämlich von Gott, und alles Zweitrangige und Vorletzte demgegenüber zurückstellt. Das gilt es anzuzielen, selbst wenn das bedeutet, das Unliebsamere, Unbequemere, Gefährlichere auszuhalten bzw. in der Sprache des Exerzitienbuches gesagt, "mehr mit dem armen Christus Armut [zu wollen und zu erwählen] als Reichtum, Schmähungen mit dem davon erfüllten Christus mehr als Ehren und mehr zu wünschen, als nichtig und töricht um Christi willen angesehen zu werden, der als erster dafür gehalten wurde, denn als weise und klug in dieser Welt" (GÜ 167). Rahner schreibt deshalb zurecht, dass es Ignatius in den "Drei Weisen der Demut" um "drei Grade der Gottesliebe" geht.[275] Das nun ist die Basis, von der aus die Motivation und das Ziel der Wahl ins Bewusstsein rücken.

Hinführung, um eine gute Wahl zu treffen (GÜ 169)

Die Hinführung thematisiert wie auch schon das "Prinzip und Fundament" (GÜ 23) die Unterscheidung und die Relation, die das Ziel des Menschen und die Mittel, um es zu erreichen, betreffen. Der Übende soll sich klar vor Augen halten, dass er das Ziel nicht den Mitteln unterordnet, sondern die Mittel vielmehr so wählt, dass er mit deren Hilfe das Ziel erreicht. Ignatius führt dazu zwei Beispiele an und erläutert an ihnen, dass zu heiraten für ihn genauso Mittel ist wie kirchliche Pfründe zu erwerben. Dass das Ziel aber allein die Ausrichtung auf Gott ist.[276] Nach dieser Verhältnisbestimmung von Mittel und Ziel geht das Exerzitienbuch schließlich dazu über, den Rahmen für die Wahl genauer abzustecken.

Meditation über die Gegenstände der Wahl (GÜ 170-174)

In der Meditation über die Gegenstände der Wahl formuliert Ignatius den Rahmen, in dem die Wahl zu treffen ist und nennt dabei zwei grundsätzliche Kriterien. Die Dinge, auf die sich eine gute Wahl bezieht, müssen in sich gut sein und sie müssen zweitens im Rahmen der institutionalisierten Kirche zu finden sein (GÜ 170).[277] Weiterhin unterscheidet Ignatius zwischen einer unwiderruflichen

---

[275] Rahner, K., Betrachtungen zum ignatianischen Exerzitienbuch, 197.

[276] Vgl. dazu Ruhstorfer, K., Das Prinzip ignatianischen Denkens, 166f; vgl. dazu Knauer, P., Die Wahl in den Exerzitien des Ignatius von Loyola, 324.

[277] GÜ 170: "Es ist notwendig, daß alle Dinge, über die wir eine Wahl treffen wollen, indifferent oder in sich gut seien und daß sie innerhalb der hierarchischen heiligen Mutter Kirche Kriegsdienst leisten, nicht aber schlecht noch ihr widerstreitend seien." Erwähnenswert ist an dieser Stelle, dass die Versio Vulgata hier vom Spanischen Autographen abweicht und folgende Lesart bringt, auch wenn damit keine grundlegenden inhaltlichen Differenzen ausgemacht werden können. (DW II, 175): "Alle Dinge, die unter eine Wahl fallen, müssen notwendig aus sich gut sein oder doch nicht schlecht und dürfen auch

Lebensentscheidung, wie z. B. zu heiraten, Priester zu sein u. ä., und Entscheidungen, die modifizierbar sind (GÜ 171-174)[278], weiter zwischen Entscheidungen, die "geordneterweise" vorgenommen wurden und solchen, die in Abhängigkeit getroffen wurden (GÜ 172-174).[279]
Ignatius versucht, mit diesen Anmerkungen Klarheit zu schaffen für den, der sich in eine Wahl begibt. Er muss wissen, dass es "nur" um eine Entscheidung für das für ihn Bessere gehen kann, und nicht mehr um eine Entscheidung zwischen Gut und Böse. Genauso muss er sich bewusst sein, ob er durch seine Wahl etwas wählt, das dann unwiderruflich zu ihm gehört, oder ob sich die Wahl auf Dinge richtet, die nicht durch alle Lebensvollzüge bzw. ein ganzes Leben lang eingeholt werden müssen. Damit kommt Ignatius zum Hauptstück des Exerzitienbuches,[280] das sich neben den Unterscheidungsregeln mit der Wahl beschäftigt, den sogenannten "Drei Zeiten" der Wahl.

Die "Drei Zeiten" der Wahl
Ignatius spricht von "Drei Zeiten" einer Wahl und meint damit, dass es drei unterschiedliche Ausgangsweisen gibt, eine Wahl zu treffen: die Zeit der Gottunmittelbarkeit als erste Zeit (GÜ 175), die Zeit der inneren Gegensätze als zweite Zeit (GÜ 176) und die Zeit der ruhigen Überlegung als dritte Zeit (GÜ 177).[281]

Die erste Zeit als Zeit der Gottunmittelbarkeit (GÜ 175)
Die "erste Zeit" zeichnet die unmittelbare Gotteserfahrung aus, so dass kein "Besser" oder "Tiefer", kein "Deutlicher" oder "Verborgener" mehr wahrzuneh-

---

[278] nur in Zusammenklang mit den Einrichtungen unserer rechtgläubigen Mutter Kirche stehen."
Ruhstorfer, K., Das ignatianische Prinzip, 168f, führt hier vorschnell die "sakramentale Objektivierung" als Kategorie an, um zwischen unveränderlicher und veränderlicher Wahl zu unterscheiden. Das dürfte nicht im Interpretationshorizont Ignatius' sein, weil für Ignatius gerade auch die Lebensweise als "Religiosus", die ja nicht sakramental in diesem, von Ruhstorfer unterlegten Sinn zu verstehen ist, als unveränderliche Wahl zu gelten hat.

[279] Ignatius reflektiert hier nur darauf, wie man sich verhalten soll, wenn man eine unveränderliche Lebenswahl getroffen hat und später feststellen muss, dass sie nicht "geordneterweise" vorgenommen wurde, d. h., dass sekundäre Motive, die nicht ein Leben lang durchtragen können, entscheidenden Einfluss auf die Wahl genommen haben. Zunächst stellt Ignatius fest, dass es bei einer unveränderlichen Wahl "nichts mehr zu wählen gibt, weil man die Bindung nicht lösen kann." (GÜ 172) Zugleich fügt er aber sofort den Beisatz an: "Aber von einer solchen Wahl scheint es nicht, daß sie eine göttliche Berufung ist, weil sie eine ungeordnete und schiefe Wahl ist; wie ja viele darin irren, indem sie aus einer schiefen oder schlechten Wahl eine göttliche Berufung machen." Ignatius nimmt hier also eine Abstufung vor, die die Frage aufwirft, ob einer solchen "schiefen Wahl" dann auch dieselbe Verbindlichkeit abverlangt werden kann wie einer Wahl, die "geordnet" abgelaufen ist.

[280] Ruhstorfer, K., Das ignatianische Prinzip, 169, spricht vom "Herzstück der Exerzitien".

[281] Vgl. dazu Schwerdtfeger, N., Gnade und Welt, 304f; vgl. Kiechle, S., Kreuzesnachfolge, 106-112; vgl. Ruhstorfer, K., Das ignatianische Prinzip, 166-202; vgl. Knauer, P., Die Wahl in den Exerzitien des Ignatius von Loyola, 321-337.

men ist und damit das ignatianische "magis" verschwindet.[282] Die "Unterscheidungsregeln" (GÜ 328-336) ordnen dieser ersten Zeit den Trost "ohne vorhergehende Ursache" (GÜ 330: sin causa precedente) zu, auch wenn dieser nicht auf sie beschränkt bleibt.[283] Alles, was der Mensch erfährt, kommt von Gott her, ja ist Gott selbst, so dass die Wahl eindeutig und ohne Zweifel getroffen werden kann, weil sie sozusagen unmittelbar von der Gegenwart Gottes selbst herrührt.[284] Ignatius gesteht zwar zu, dass später, wenn der Mensch aus der Erfahrung dieser ersten Zeit herausgefallen ist, sich durchaus wieder Zweifel und Misstrauen einstellen können (GÜ 336). In der Erfahrung selbst sind sie aber ausgeschlossen. Das bedeutet ebenso, dass alle nachträglichen Zweifel wieder an diese "Grunderfahrung" zurückgebunden werden können.

Damit erscheint die erste Wahlzeit auf den ersten Blick als ungewöhnlich. Ignatius vermerkt aber in den Direktorien zu den Geistlichen Übungen, die dem Exerzitienbegleiter Hilfen an die Hand geben wollen, dass diese Wahlzeit nicht von vornherein ausgeschlossen werden darf.[285] Der Übende muss sich vielmehr dieser Möglichkeit stellen, bevor er auf die zweite oder dritte Wahlzeit zurückgreift.[286]

Die zweite Zeit als Zeit der inneren Gegensätze (GÜ 176)

Die zweite Zeit rechnet damit, dass dem Einzelnen mehrere Möglichkeiten zur Auswahl stehen und es darum geht, das für ihn Bessere zu erkennen. Charakteristisch für diese Zeit ist es, aufgrund der Erfahrungen des Trostes und der Trostlosigkeit die Wahl zu treffen. Ähnlich wie in der ersten Zeit geschieht die Wahl zwar dadurch, dass Gott selbst die Seele bewegt, sie enthält aber auch wie die dritte Zeit rationale Erwägungen. Ignatius rät dem Übenden deshalb, für die verschiedenen Möglichkeiten offen zu werden, sozusagen jede "durchzuexerzieren", indem man sich vorstellt, wie z. B. etwas Bestimmtes das Ergebnis eines Entscheidungsprozesses sein könnte. Dann gilt es, auf die Reaktionen zu warten, die sich einstellen. Ist es eher die Erfahrung von Trost oder von Trostlosigkeit, kommt man durch die eine Möglichkeit mehr zum Frieden oder ent-

---

282 Vgl. Ruhstorfer, K., Das ignatianische Prinzip, 170.
283 Vgl. Kiechle, S., Kreuzesnachfolge 112, Anm. 188.
284 Vgl. Knauer, P., Die Wahl in den Exerzitien von Ignatius von Loyola, 333. Knauer geht davon aus, dass die erste Zeit kein Kriterium mit sich bringt, weil hier die Wahrheit selbst die *conscientia* ganz erfasst. Vgl. Kiechle, S., Kreuzesnachfolge, 110f. Rahner dagegen versucht zu zeigen, dass in dieser ersten Zeit überhaupt keine Wahl möglich ist. Durch einen Rekurs auf einen Brief des Ignatius an Schwester Teresa Rejadella, den er in der Übersetzung seines Bruders Hugo wiedergibt (Ignatius, Briefwechsel mit Frauen, 387), will er diese These untermauern. Vgl. Rahner, K., Die Logik der existentiellen Erkenntnis, 132f. Leo Bakker, Freiheit und Erfahrung, 51, konnte jedoch beweisen, dass Rahner hier einer exegetischen Fehldeutung erlegen ist.
285 Ignatius, Direktorien zu den Geistlichen Übungen, Nr. 10.18 (DWA II, 270f).
286 Zur Kommentierung der ersten Wahlzeit: Vgl. Ruhstorfer, K., Das ignatianische Prinzip, 169-175.

lässt sie den Einzelnen in eine Situation der Zerrissenheit und Unversöhntheit? Mit Hilfe solcher Fragen kann der Übende nach und nach zu einer Wahl kommen, die dem Willen Gottes entspricht. Die Unterscheidungsregeln, die Ignatius für die Zweite Woche vorgibt (GÜ 328-336), sollen dem Übenden als auch dem, der die Exerzitien gibt, helfen zu unterscheiden, von welchen "Geistern" diese Regungen getragen sind.

Die dritte Zeit als Zeit der ruhigen Überlegung (GÜ 177-183)
Die dritte Wahlzeit aktiviert vor allem die Kraft der Vernunft.[287] In ihr kann die Entscheidung der zweiten Wahlzeit bestätigt oder auch korrigiert werden. Die dritte Wahlzeit ist grundsätzlich offen für die zweite Wahlzeit, also für die Erfahrung, dass Gott ebenso wie in der ersten Wahlzeit unmittelbar an den Einzelnen rührt. Ignatius schlägt zwei Arten vor, wie die dritte Wahlzeit durchzuführen ist.

Die erste beschreibt er in den Nr. 178 bis 183. Der Übende soll zunächst eine Möglichkeit in den Blick nehmen, alle Argumente für sie sammeln und diese entsprechend gewichten. Dasselbe soll er dann mit der zweiten Möglichkeit tun usw. Sind von den vielen Möglichkeiten schließlich zwei übrig geblieben, geht es darum, beide in eine Relation zueinander zu bringen, indem die Alternativen miteinander verglichen werden. Tertium comparationis in diesem Vergleich ist die Frage, welche Möglichkeit dem Einzelnen mehr hilft, sein Ziel zu verwirklichen, nämlich den Willen Gottes zu tun (GÜ 179). Zugleich muss sich der Übende bei diesem Vergleich fragen, ob es bei der Abwägung einer Möglichkeit auch Dinge gibt, gegenüber denen er sich noch nicht indifferent verhält, die ihm Angst machen oder bei denen noch irgendwelche andere Regungen (móciones) mitspielen. Das ist, wie bei den "Drei Weisen der Demut" (GÜ 164-168) schon erwähnt wurde, wichtig, um sich im Entscheidungsprozess nicht zu sehr von unbewussten Neigungen beeinflussen zu lassen.

Ist diese Phase abgeschlossen, muss die Alternative, die herausgefiltert wurde, schließlich wieder einer Gegenprobe unterzogen werden: Es geht darum, alle Argumente gegen eine Alternative zu sammeln, um dann letztendlich eine Entscheidung nach der stärkeren Vernunftregung treffen zu können (GÜ 182). Das alles gilt es, in der Gegenwart Gottes zu erwägen und aufmerksam dafür zu werden, welche Regungen sich hier einstellen (GÜ 183).

---

[287] Bakker, L., Freiheit und Erfahrung, 211-217, arbeitet in seinen redaktionsgeschichtlichen Untersuchungen zum Exerzitienbuch heraus, dass die dritte Wahlzeit erst später hinzugefügt worden ist, auch wenn der Kern noch aus der Pariser Zeit des Ignatius stammt (1528-1535). Ignatius ging also zunächst davon aus, dass die Wahl in der ersten und zweiten Zeit erfolgte. Dass Umstände es auch erforderlich machen könnten, auf die dritte Wahlzeit auszuweichen, ist wohl als Ertrag der Lebenserfahrungen des Ignatius zu werten. Vgl. dazu Ruhstorfer, K., Das ignatianische Prinzip, 192-197.

Wie gesagt, schlägt Ignatius für die dritte Wahlzeit eine weitere Möglichkeit vor, hier zu einem Ergebnis zu kommen (GÜ 184-188). Grundlage für diese Weise ist auch die Vergewisserung, dass schon immer Gott der Grund und das Ziel ist, das der Wahl vorausgeht (GÜ 184). Charakteristisch für diese zweite Möglichkeit der dritten Wahlzeit ist das Motiv der Distanzierung von sich selbst, um aus dieser Distanz eine unbefangenere, freiere Entscheidung treffen zu können. Ignatius schlägt dazu drei Weisen vor: Er rät dem Übenden, von sich selbst wegzuschauen, indem man sich eine unbekannte Person vorstellt, die man bei der Wahl beraten soll (GÜ 185) bzw. die Wahl zu relativieren, indem man sie unter dem Blickwinkel der eigenen Todesstunde (GÜ 186) oder des ewigen Gerichts (GÜ 187) zu treffen versucht.

Die Frage nach der eigentlichen Wahlzeit
In der Auslegungsgeschichte des Exerzitienbuches kam es immer wieder zu Debatten, welche Zeit als die eigentliche Weise für die Wahl zu verstehen ist. Eine sehr alte Tradition, die sich bis auf Hieronymus Nadal (1507-1580)[288] zurückführen lässt, wurde beispielsweise von Hans Urs von Balthasar in Erinnerung gerufen, der die erste Zeit als die übliche Wahlzeit versteht. Anders argumentierte Erich Przywara, der dazu tendierte, die dritte Zeit als die übliche Wahlzeit zu verstehen.[289] Karl Rahner geht im Anschluss an seinen Bruder Hugo Rahner[290] davon aus, dass Ignatius die zweite Wahlzeit als die übliche betrachtet,[291] identifiziert diese jedoch anders als das Exerzitienbuch mit der Zeit der Gottunmittelbarkeit.

Schon hier lässt sich festhalten, dass Rahners Interpretation stark rezipiert wurde,[292] wenn sie auch zu Widerspruch führte bzw. von Missverständnissen begleitet war. Diese beruhten nicht so sehr auf den theologischen Aussagen,

---

[288] Auch Hieronymus Nadal, Epistulae, Bd. 4, 844, nennt die erste Zeit "tempus selectum".
[289] Przywara, E., Deus semper maior, Bd. 1, 365-369.
[290] Rahner, H., Unterscheidung der Geister, 319: "Den entscheidenden Hauptwert legt er [Ignatius] auf die 'zweite Zeit'."
[291] Vgl. Rahner, K., Die Logik der existentiellen Erkenntnis, 84f, Anm. 25.
[292] Ohne einen Anspruch auf Vollständigkeit zu erheben, seien erwähnt: Bakker, L., Freiheit und Erfahrung, 51-55; Brunner, A., Die Erkenntnis des Willens Gottes; Dulles, A., Finding God's Will; ders., The Ignatian Experience as Reflected in the Spiritual Theology of Karl Rahner; Dunne, T., Models of Discernment; Egan, H. D., The spiritual Exercises and the Ignatian Mystical Horizon; Endean, Ph., Discerning Behind the Rules; Fiorito, M. A., Apuntes para una teologia del discernimiento de espiritus; Gervais, P., Les règles de la deuxième semaine; Gil, D., La consolación sin causa precedente; González de Mendoza, R., Stimmung und Transzendenz; Hallensleben, B., Theologie der Sendung; Hughes, J. G., Ignatian Discernment; Kiechle, S., Kreuzesnachfolge, 151-155; Knauer, P., Die Wahl in den Exerzitien des Ignatius von Loyola; Maier, M., La théologie des Exercices de Karl Rahner; Marxer, F., Die inneren geistlichen Sinne; Schneider, M., "Unterscheidung der Geister"; Spohn, W., The Reasoning Heart; Sudbrack, J., Fragestellung und Infragestellung der Exerzitien; ders., Das Wagnis des Lebens aus Gott; ders., "Gott in allen Dingen finden".

die Rahner im Anschluss an die Exerzitien formulierte, sondern auf der exegetischen Auslegung der Exerzitien und den terminologischen Unklarheiten.[293] Ausgehend von seinem Offenbarungsverständnis, dass Gott nicht nur irgendetwas von sich, sondern sich selbst dem Menschen zeigt, argumentierte Rahner,

---

[293] Karl Rahner trug selbst zu diesen Missverständnissen bei, und zwar sowohl aufgrund terminologischer Unklarheiten als auch aufgrund von Fehldeutungen der Ignatius-Exegese. Das Exerzitienbuch spricht, wie oben deutlich wurde, von einer ersten, einer zweiten und einer dritten Wahlzeit. In seinem sehr frühen Aufsatz, Die Logik der existentiellen Erkenntnis, 111, Anm. 39, argumentiert Rahner noch, dass diese erste Zeit gleichsam ein Phänomen ist, das als prophetische Erfahrung zu klassifizieren ist. Rahner schreibt hier wörtlich: "Diese erste [Zeit] stellt jenes Phänomen dar, das man als eine wunderbare, prophetische Erfahrung qualifizieren muß. Da Ignatius selbst als hochbegnadeter Mystiker in seiner späten Zeit, wie seine Überlegungen über das Armutsrecht seines Ordens zeigen, nach der zweiten Wahlzeit vorging, so ist es sicher berechtigt, wenn man sagt, daß Ignatius die erste Wahlzeit als ein außerordentliches Phänomen betrachtete, das er mehr einer gewissen Systematik zuliebe als aus praktischen Gründen erwähnt. Soll aber die zweite Wahlzeit sich wirklich von der ersten grundsätzlich unterscheiden, dann kann sie nicht den Charakter des Außerordentlichen und Wunderbaren haben."
Schon hier ist also festzuhalten, dass Rahner eine, dem Exerzitienbuch gegenüber, eigene Auffassung von erster und zweiter Wahlzeit vertritt.
Die erste ist seiner Meinung nach ein Sonderphänomen, während die zweite allen Menschen zukommt, aber ebenfalls durch die unmittelbare Gotteserfahrung charakterisiert ist.
Das wird auch durch einen weiteren Gedankengang bei Rahner deutlich, als er nämlich davon spricht, dass nur die unmittelbare Gottesbegegnung eine unzweifelhafte Entscheidung ermöglichen kann. Auch hier meint Rahner wiederum die im Exerzitienbuch erwähnte "zweite Wahlzeit". Rahner stützt diese Auslegung in seinem Gedankengang durch den Verweis auf den "Trost ohne Ursache" ab, den er also wiederum der zweiten Wahlzeit zurechnet, während das Exerzitienbuch diesen aber vornehmlich für die erste Wahlzeit vorsieht. Vgl. dazu die genaue Analyse bei Zahlauer, A., Karl Rahner, 221, Anm. 615; 222, Anm. 619, in der er zeigt, wie Rahner hier einerseits eine Passage von seinem Lehrer E. Raitz von Frentz zitiert (Rahner, K., Die Logik der existentiellen Erkenntnis, 84f, Anm. 25), andererseits aber auch bewusst eine andere Zuordnung als Frentz vornimmt. Von Frentz wies den "Trost ohne Ursache" gemäß GÜ 330 der ersten Zeit zu, während Rahner ihn für die zweite Wahlzeit reklamiert.
Insgesamt lässt sich sagen, dass sowohl Ignatius als auch Karl Rahner davon ausgehen, dass die unmittelbare Gotteserfahrung möglich ist, dass diese so etwas wie eine "nicht diskursive Einheitserfahrung" ist oder in der späteren Rahnerschen Terminologie ausgedrückt, dass diese unmittelbare Gotteserfahrung mit der Evidenzerfahrung der göttlichen Selbstmitteilung identifiziert werden kann. Dass dies sozusagen ein Grundgedanke Rahnerscher Theologie ist, auch wenn er in diesem frühen Aufsatz von Missverständlichkeiten exegetischer Art begleitet ist, ist das eigentlich Ertragreiche. Schon weiter oben, als darüber nachgedacht wurde, ob die Gotteserfahrung als Sondererlebnis zu werten ist, konnte gezeigt werden, dass Rahner davon ausgeht, dass die unmittelbare Gotteserfahrung jedem Menschen zukommt. Vgl. z. B. Rahner, K., Gotteserfahrung heute, 161-176.
Die Missverständlichkeiten beruhen also vor allem darauf, dass Rahner in diesem frühen Aufsatz die erste Zeit, die ja eigentlich durch die unmittelbare Gotteserfahrung charakterisiert wird, als Sonderphänomen ausweist, während er die Aussagen in Bezug auf die unmittelbare Gotteserfahrung, die allen Menschen zugänglich ist, der zweiten Wahlzeit zuweist. Vgl. dazu z. B. Knauer, P., Die Wahl in den Exerzitien von Ignatius von Loyola, 334. Vgl. zur Diskussion der Rahnerschen Interpretation der Wahlzeiten Zahlauer, A., Karl Rahner, 218-235; vgl. Schneider, M., "Unterscheidung der Geister", 127-133.

dass die Zeit, die von einer Gottunmittelbarkeit des Menschen spricht, als die eigentliche "Zeit" für die Wahl zu gelten habe, von der her die anderen zu verstehen sind.[294] Der Schöpfer teilt sich seinem Geschöpf auf unmittelbare Weise mit, so dass in dieser Begegnung kein Zweifel, nichts anderes mehr Platz hat als Gott allein und der Wunsch, seinen Willen zu tun.[295] Diese Aussage Rahners führte zu einem fruchtbaren theologischen Diskurs und kann als eine der grundlegenden Aussagen der Rahnerschen Theologie gewertet werden.[296] Kritisiert wurde allerdings die Art und Weise, wie Rahner sie durch das Exerzitienbuch argumentativ abzustützen versuchte. Im Folgenden nun soll auf die Auslegung der "Wahl" durch Rahner Bezug genommen werden.

4.2.5.2 Die Wahl als "Wahl des Ur-Eigenen"

Rahner erinnert, als er auf die Wahl im ignatianischen Exerzitienbuch eingeht, nochmals an die Grundlage, die sozusagen jeder Wahl vorausgeht. Er ruft die Erfahrungen ins Gedächtnis, auf die das "Prinzip und Fundament" hinweist und die in der Ersten Woche verinnerlicht wurden: Gott zeigt sich dem Menschen nicht als strafendes Gegenüber, sondern als einer, der ihn zur Fülle des Lebens beruft. Diese Fülle des Lebens geschieht dort, wo sich der Mensch am tiefsten einholt und das heißt, sich auf Gott einlässt. Die "Wahl" ist damit nicht als etwas zu verstehen, das dem Menschen von außen zukommt, das gewissermaßen von außen an ihn herangetragen wird, so dass er dann zwischen mehreren Möglichkeiten wählen könnte. Die Wahl ist für Rahner auf dem Hintergrund der Exerzitienerfahrung vielmehr der Weg, das "Ur-Eigene" des Menschen zu vollziehen, das Gott jedem Einzelnen als seinen Weg zum vollen Leben zugedacht hat. Anders gesagt heißt das, dass jeder Einzelne mit der "Wahl" das wählt bzw. wählen soll, was er als seinen Weg erkennt, um glücklich zu werden, das heißt um seinem Ziel, nämlich Gott, näher zu kommen. Ignatius führt hier die Rede vom Trost bzw. von der Trostlosigkeit ein, die sozusagen die nächste Frage einleitet, nämlich wie der Einzelne überhaupt die Wahl treffen kann, die für ihn den Weg zum Leben eröffnet.

Rahner hebt im Rückgriff auf das ignatianische Exerzitienbuch ein Zweifaches hervor.[297] Zum einen geht er mit Ignatius davon aus, dass jeder Mensch damit rechnen kann, dass Gott sich ihm unmittelbar mitteilt.[298] Zum anderen verweist diese unmittelbare Gottesbegegnung darauf, dass der Einzelne den indivi-

---

[294]   Vgl. dazu Kiechle, S., Kreuzesnachfolge, 111f.
[295]   Vgl. Rahner, K., Die Logik der existentiellen Erkenntnis, 78-100.
[296]   Vgl. dazu Zahlauer, A., Karl Rahner, 226f.
[297]   Vgl. Schneider, M., "Unterscheidung der Geister", 113f.
[298]   Vgl. GÜ 15: "... so ist es dennoch in diesen Geistlichen Übungen beim Suchen des göttlichen Willens angebrachter und viel besser, daß der Schöpfer und Herr selbst sich seiner frommen Seele mitteilt ..."

duellen Imperativ je für sich erkennen kann. Diese beiden Aspekte sollen im Folgenden noch genauer beleuchtet werden.

4.2.5.3 Die Erfahrung des guten Gottes als Grundlage der Wahl

Rahner versteht die Erfahrung der unmittelbaren Begegnung mit Gott nicht als Phänomen, das einigen wenigen vorbehalten ist wie beispielsweise den Mystikern oder besonders begabten Charismatikern. Die Gotteserfahrung ist für Rahner eine Erfahrung, die jedem Menschen zugänglich ist, ja ihn sogar ausmacht.[299] Rahner spricht hier von der "Objektlosigkeit" der Gottesbegegnung bzw. vom Identischsein mit der "Grundevidenz".[300] Gott zeigt nicht nur etwas von ihm, sondern lässt sich ganz und gar vom Menschen erfahren, so dass "nicht mehr 'irgendein Objekt' gegeben [ist], sondern das Gezogensein der ganzen Person mit dem Grund ihres Daseins in die Liebe über jedes bestimmte, abgrenzbare Objekt hinaus in die Unendlichkeit Gottes selbst, als der *divina majestad*".[301] Diese Erfahrung Gottes identifiziert Rahner mit der Erfahrung des Trostes, dem kein Grund vorausgeht (consolación sin causa precedente).[302] Gott kommt im Menschen so an, wie er ist, und das heißt, dass er als solcher erfahren wird und nicht etwa als eine Verobjektivierung, und sei sie auch die einer trostvollen, gegenständlichen Erfahrung.

Das ist für Rahner sozusagen das "Grunddatum" für die Logik der existentiellen Erkenntnis. Weil Gott unmittelbar an den Menschen rührt, kann der Mensch

---

[299]   Vgl. Rahner, K., Gotteserfahrung heute, 161-176. Wie weiter oben schon erörtert wurde, rührt die Rede von der Gotteserfahrung als Sonderphänomen von der missverständlichen Auslegung der ersten Wahlzeit des Exerzitienbuches durch Rahner selbst her. Interessant ist in diesem Zusammenhang die klärende Antwort, die Rahner auf eine Anfrage Avery Dulles aus dem Jahr 1969 formuliert. Hier schreibt Rahner, Im Anspruch Gottes, 243, wörtlich: "Ich meine, ... es gebe nirgends einen bloß natürlichen Mystizismus, sondern dieser sei immer nur das natürliche Basismoment der totalen Verfassung des Menschen, die (durch das 'übernatürliche Existential') die unausweichliche Frage an den Menschen stellt, ob er seine Hingeordnetheit auf den Gott des ewigen Lebens in Unmittelbarkeit zu ihm annimmt. ... Der 'Trost' ist ... das Offenbleiben dieser übernatürlichen Dynamik auf die Unmittelbarkeit Gottes hin ... ohne daß sie durch einen bestimmten Wahlgegenstand verstellt wird."

[300]   Vgl. Rahner, K., Die Logik der existentiellen Erkenntnis, 117-119.

[301]   Rahner, K., Die Logik der existentiellen Erkenntnis, 117f.

[302]   GÜ 330: "Allein Gott unser Herr vermag der Seele Tröstung zu geben ohne vorhergehende Ursache. Denn es ist dem Schöpfer eigen, einzutreten, hinauszugehen, Regung in ihr zu bewirken, indem er sie ganz zur Liebe zu seiner göttlichen Majestät hinzieht. Ich sage 'ohne Ursache', ohne jedes vorherige Verspüren oder Erkennen irgendeines Gegenstandes, durch den diese Tröstung mittels der eigenen Akte von Verstand und Willen käme." Vgl. Rahner, K., Die Logik der existentiellen Erkenntnis, 118. Schon weiter oben wurde darauf hingewiesen, dass das Exerzitienbuch den "Trost ohne Ursache" eigentlich vor allem der ersten Wahlzeit vorbehält. Weil Rahner in diesem frühen Aufsatz die erste Wahlzeit als Sonderphänomen deklarierte, zugleich aber zeigen wollte, dass die unmittelbare Gotteserfahrung jedem Menschen zukommt, weist er auch den "Trost ohne Ursache" der zweiten Wahlzeit zu. Vgl. dazu die obigen Analysen.

dann auch unmittelbar erkennen, was er wählen soll. Hier gibt es keinen Zweifel mehr, keine Abwägung, sondern nur noch Wissen und das Einschwingen in den Willen Gottes.[303] Diese Möglichkeit der unmittelbaren Erfahrung Gottes und damit auch der unmittelbaren Erkenntnis des Willens Gottes je für den Einzelnen ist nach der Interpretation Rahners die Grundlage für alle anderen Möglichkeiten, durch die eine Wahl getroffen wird. Obwohl Rahner zwar wieder aufgrund einer exegetischen Fehldeutung argumentiert,[304] dass im "Trost ohne Ursache" eigentlich noch keine Wahl getroffen werden kann, bleibt dennoch die "Sache" unbestritten. Eine Wahl ist nach Rahner erst dann möglich, wenn ein möglicher Wahlgegenstand mit der inzwischen schon vergangenen "Grundtröstung" konfrontiert wird. In der Grundtröstung selbst ist aber kein Objekt gegeben, sondern nur Gott allein, so dass auch keine Wahl, die sich auf endliche Dinge bezieht, getroffen werden kann.[305]

4.2.5.4 Die Wahl als Wahl des "individuellen Imperativs"

Ist der Mensch fähig, Gott unmittelbar zu erfahren, dann ergibt sich für Rahner die Konsequenz, dass auch jeder Mensch den göttlichen Willen für sich heraushören kann, auch wenn das bedeutet, die Stimme Gottes aus vielen Stimmen und unterschiedlichen Antrieben herausfiltern zu müssen.

---

[303] Vgl. Rahner, K., Die Logik der existentiellen Erkenntnis, 132f.136.

[304] Karl Rahner, Die Logik der existentiellen Erkenntnis, 132f, zieht dazu einen Brief des Ignatius an Schwester Teresa Rejadella in der Übersetzung seinen Bruders Hugo Rahner, Ignatius von Loyola, Briefwechsel mit Frauen, 387, heran, der aber für die von Rahner verfolgte Aussage gerade nicht passend ist. Vgl. dazu Bakker, L., Freiheit und Erfahrung, 51-53. Außerdem konnte Schneider, M., "Unterscheidung der Geister", 129f, zeigen, dass Ignatius den "Trost ohne Ursache" nicht ungegenständlich versteht. Vgl. dazu Kiechle, S., Kreuzesnachfolge, 152-154.

[305] Vgl. Zahlauer, A., Karl Rahner, 225-227. Schwerdtfeger, N., Gnade und Welt, 305-325, hat eine differenzierte Analyse des "Trostes ohne Ursache" vorgelegt. Er arbeitete heraus, dass der Trost ohne Ursache und der kategoriale Wahlgegenstand eine Einheit darstellen, insofern sich der allgemeine Heilswille Gottes hier konkretisiert als Finden des Willens Gottes je für den Einzelnen. Rahner, K., Die Logik der existentiellen Erkenntnis, 90, Anm. 30, hatte selbst schon darauf hingewiesen, als er schrieb: "Die eigentliche göttliche Tröstung von n. 330 ist schon synthetisiert mit der Erfassung eines eigentlichen möglichen Wahlgegenstandes, der einer rationalen, gegenständlichen Erfassung zugänglich ist." Ausgangspunkt für diesen Gedanken war die Frage, wie es möglich sein kann, dass die Gewissheit des Trostes, die stets seine Gegenstandslosigkeit voraussetzt — weil in dieser Situation nur Gott Subjekt ist — mit dem Kontingenten zusammengedacht werden kann, das die Wahl eines konkreten Gegenstandes impliziert. Rahner hatte, wie Schwerdtfeger dann feststellte, auf diesem Hintergrund metaphysisch für eine Trennung von aktuellem göttlichen Trost (Trost ohne Gegenstand als Erfahren der Gottunmittelbarkeit) und eigentlichem Wahlgegenstand plädiert. Im konkreten Fall gehört aber schon zur geschichtlichen Konstitution des Subjekts das Ausgreifen auf den Wahlgegenstand, so dass die reine Transzendenzerfahrung schon immer durch ihn vermittelt ist. Vgl. dazu Rahner, K., Erfahrung des Geistes und existentielle Entscheidung, 51.

Die Wahl, wie sie in der Hauptphase der Exerzitien zu treffen ist, ist nicht mehr eine Wahl zwischen Gut und Böse, sondern eine Wahl zwischen verschiedenen, an sich gleich*wertigen* Mitteln, die aber für den Weg des Einzelnen durchzubuchstabieren sind. Es geht also um eine Wahl der je für den Einzelnen adäquaten Mittel, die den Willen Gottes je für den Einzelnen ausdrücken. Damit formuliert Ignatius die "Wahl" unter dem Vorzeichen der Neuzeit und weist sie als Wahl des, wie Karl Rahner prägnant ins Wort fasst, "individuellen Imperativs"[306] aus.

Das ist aber auch nicht leichter als zwischen Gut und Böse zu wählen, so dass Ignatius und Rahner im Anschluss an ihn nach Kriterien suchen, die dem Einzelnen helfen sollen, die für ihn angemessene Wahl zu treffen. Diese Kriterien bzw. Regeln sind im Exerzitienbuch festgehalten (GÜ 169-188; 313-327; 328-338) und wurden weiter oben schon differenziert analysiert. Dazu ist an dieser Stelle noch Folgendes festzuhalten. Es muss möglich sein, die Wahl, die sich als individueller Imperativ formuliert, mit der Weise zu identifizieren, als Einzelner den Weg Jesu nachzugehen, der sich biblisch gesprochen als Weg der Kenosis, des Kleinerwerdens, letztlich als Weg nach unten vollzieht. Diese Perspektive entfaltet Ignatius im Exerzitienbuch in der Dritten Woche, die im Folgenden in ihren grundlegenden Gedanken und in ihrer Interpretation durch Rahner skizziert werden soll.

4.2.6 Dritte Woche — Die Kenosis Jesu mitvollziehen

In der Dritten Woche werden im Exerzitienbuch Texte vorgelegt, die das Leiden und Sterben Jesu meditieren helfen und die getroffene Wahl vertiefen sollen (GÜ 190-209). Es geht darum, immer mehr in die Gesinnung Jesu hineinzuwachsen, von sich selbst abzusehen und verstehen zu lernen, was loslassen, sich weggeben bedeutet bzw. wie das Geheimnis des Weizenkorns, das sterben muss, um zu leben (vgl. Joh 12,24), zutiefst den Weg des Christen beschreibt. Anders gesagt heißt das, dass der Mensch in die "compassio" mit Christus eintritt.[307] So wie die Zweite Woche den Weg der Entäußerung Jesu unter dem Thema der Menschwerdung beschreibt, so vollzieht die Dritte Woche diesen Weg unter dem Thema der Passion, die für die Menschen zum Grunddatum des Heil- und Befreitwerdens wurde. Insgesamt zeigt sich an den knappen Ausführungen im Exerzitienbuch, dass für Ignatius das Eigentliche schon passiert ist, nämlich die Wahl. Jetzt geht es nur noch darum, dieses Eigentliche immer mehr im Leben Gestalt annehmen zu lassen.[308]

---

[306] Rahner, K., Betrachtungen zum ignatianischen Exerzitienbuch, 123.

[307] Vgl. Ruhstorfer, K., Das Prinzip ignatianischen Denkens, 203.

[308] In der Kommentierung der Exerzitien wurde auch immer wieder die Frage gestellt, inwieweit Ignatius in die vier Wochen das seit dem Mittelalter beliebte Modell der drei We-

Rahner hebt in seiner Interpretation der Dritten Woche immer wieder darauf ab, dass das Kreuz Jesu erst die Verfangenheit des Menschen in Schuld und Sünde in ihrer ganzen Bedrohlichkeit deutlich werden lässt, also das Thema der Ersten Woche aufgreift, oder anders gesagt, dass die "Krise der Weltgeschichte" im Kreuzweg Jesu zusammengeballt wird.[309] Erst auf diesem Hintergrund wird verstehbar, dass sich der Weg aus dieser Verfangenheit heraus konkretisiert als Weg des Kleinerwerdens, des Sich-Entäußerns und Sterbens, der in der Zweiten Woche einen Anfang genommen hat. Rahner macht das deutlich, als er über die Weisheit Gottes nachdenkt, wie sie Paulus im Ersten Korintherbrief thematisiert (vgl. 1 Kor 1,23f).[310] Er erkennt mit Paulus die wahre "Philo-Sophie" in der "Liebe zur Weisheit Gottes, die im gekreuzigten Christus der Welt angeboten ist"[311] und kommentiert dies als "Wegscheide der Weltgeschichte"[312]. Dieses Geheimnis ist nach Rahner schon schwer gedanklich zu fassen. Noch schwerer ist es, es im eigenen Leben Gestalt annehmen zu lassen. Ob sich der Einzelne darauf einlässt, selbst den Weg der Passio in seinem konkreten Leben nachzuvollziehen, ob er sich einlässt, diesen Weg Jesu auch im eigenen Schicksal konkret werden und zuzulassen, das ist nach Rahner die eigentlich entscheidende Frage, die über die Echtheit des Christseins befindet.[313] Das heißt freilich nicht, dass man das Kreuz aktiv wählen dürfte. Der Mensch kann es sich nicht selbst aussuchen, sondern sich nur dafür bereiten, das Schwere und Leidvolle, eben christlich gesprochen, das Kreuz, anzuerkennen und für sich anzunehmen.[314] Umgekehrt ergibt sich nach Rahner daraus auch, dass jeder Mensch seine eigene Leidensgeschichte mit der Leidensgeschichte des Gekreuzigten in Zusammenhang bringen darf,[315] ja dass die Leidensgeschichte der ganzen Welt von der Passio Jesu Christi her interpretiert werden kann.[316] Jeder Abgrund, der von Menschen durchschritten wird, ist von den Spuren Jesu

---

ge einbaut: nämlich der *via purgativa,* der *via illuminativa* und der *via unitiva.* Für die folgenden Analysen hat dieses Thema keine Relevanz, deshalb soll nur so viel erwähnt werden, dass Ignatius selbst in den Anmerkungen zu den Geistlichen Übungen (GÜ 10) einen knappen Hinweis gibt, dass er die Übungen der ersten Woche als zur *via purgativa,* diejenigen der zweiten Woche als zur *via illuminativa* zugehörig versteht. Am ausführlichsten hat darüber Gaston Fessard, Dialectique, Bd. 1, 28-36, nachgedacht. Mit seinen Ausführungen ist der Forschungsstand seitdem mehr oder weniger festgeschrieben. Vgl. dazu Kiechle, S., Kreuzesnachfolge, 113; vgl. Ruhstorfer, K., Das Prinzip ignatianischen Denkens, 202, Anm. 604; vgl. Schneider, M., "Unterscheidung der Geister", 164-167.

[309]   Vgl. Rahner, K., Betrachtungen zum ignatianischen Exerzitienbuch, 228.
[310]   Vgl. Rahner, K., Betrachtungen zum ignatianischen Exerzitienbuch, 235.
[311]   Rahner, K., Betrachtungen zum ignatianischen Exerzitienbuch, 235.
[312]   Rahner, K., Betrachtungen zum ignatianischen Exerzitienbuch, 235.
[313]   Vgl. Rahner, K., Betrachtungen zum ignatianischen Exerzitienbuch, 235-237.
[314]   Vgl. Rahner, K., Einübung priesterlicher Existenz, 251; vgl. ders., Betrachtungen zum ignatianischen Exerzitienbuch, 222.236f.
[315]   Vgl. Rahner, K., Einübung priesterlicher Existenz, 243.
[316]   Vgl. Rahner, K., Betrachtungen zum ignatianischen Exerzitienbuch, 228.

Christi durchzogen, so dass für jeden Menschen gilt, dass Gott gerade auch in diesen leidvollen Situationen bei ihm aushält. Damit steht die Welt für Rahner als im Grunde schon gerettete und erlöste da, deren gelingendes Ende bereits begonnen hat, auch wenn es sich am Ende der Zeiten erst noch bis in alle Poren hinein vollziehen muss.[317]

4.2.7 Vierte Woche — Der Überstieg ins Leben

Die Vierte Woche im Exerzitienbuch (GÜ 218-229) ist sehr kurz gehalten. In ihr werden verschiedene Erscheinungen des Auferstandenen dem Übenden zur Meditation vorgelegt, so dass Ignatius sie auch als "Auferstehungswoche" betitelt.[318] Sie ist an den Prinzipien der Dritten Woche orientiert, bringt allerdings für den konkreten Ablauf der Tage drei Veränderungen. Ignatius rät dazu, in der Vierten Woche anstelle der gewohnten fünf nur vier Übungen zu machen. Die Gebetszeit um Mitternacht entfällt.[319] Außerdem kann der Übende auf die erste und zweite Wiederholung verzichten.[320] Schließlich soll die sogenannte Anwendung der Sinne nur noch die Bewegungen fokussieren, die im Übenden die Erfahrungen von Trost ausgelöst haben. Insgesamt bereitet die Vierte Woche den Übenden darauf vor, wieder auf den Alltag überzugehen und die gemachten Erfahrungen und die getroffene Wahl sozusagen im gewöhnlichen Lebenskontext zu verorten.

Ähnlich wie bei Ignatius, so ist auch bei Rahner die Kommentierung der Vierten Woche sehr knapp gehalten. Der wichtigste Gedanke für Rahner ist hier, dass die Welt in der Auferstehung und Verklärung ihren Sinn und ihr Ziel wiedergefunden hat. Die Welt ist sozusagen wieder heimgeführt worden zum Vater, so dass nun jeder Mensch und die ganze Welt im Zeichen des Kreuzes Anteil gewinnt an der Verherrlichung Christi. Obwohl das vorerst noch verborgen bleibt, wird das Ende der Zeit endgültig zeigen, dass dieser Sieg seit dem Kreuzestod Christi in der Welt präsent war.[321]

Rahner leitet daraus auch trinitätstheologische Aussagen ab. Er versteht Tod und Auferstehung Jesu als Grunddatum für die Anteilnahme des Menschen am Leben der drei göttlichen Personen, so dass man seitdem sagen kann, dass die eigene Begeisterung Zeichen dafür ist, wie sehr man sich dem Kreuz im eigenen Leben stellt. Rahner fasst dies prägnant zusammen: "Wenn wir manchmal den Eindruck haben, daß uns Gott ohne Schwung und Enthusiasmus ..., eben ohne Geist gelassen hat, dann sollten wir uns fragen, ob wir uns nicht

---

[317]   Vgl. Rahner, K., Betrachtungen zum ignatianischen Exerzitienbuch, 243.
[318]   GÜ 226.
[319]   Vgl. GÜ 227.
[320]   Vgl. GÜ 227.
[321]   Vgl. Rahner, K., Betrachtungen zum ignatianischen Exerzitienbuch, 250.

weigern, das Kreuz, die Buße, die Vergeblichkeit, Ohnmacht, das Ausrinnen des eigenen Herzens anzunehmen, und es nicht daher kommt, daß wir das machtvolle Wehen und Walten des Geistes in unserem und im Leben der Kirche so wenig spüren."[322]

4.2.8 Betrachtung zur Erlangung der Liebe — Gott in allen Dingen finden

Der Exerzitienweg, wie er sich in den Geistlichen Übungen des Ignatius findet, schließt mit der Betrachtung zur Erlangung der Liebe ab (GÜ 230-237), auch wenn sich im Text noch die drei Weisen zu beten (GÜ 238-260) anfügen, sich eine Aufzählung der Geheimnisse des Lebens Christi findet (GÜ 261-312) und schließlich die Unterscheidungsregeln zu lesen sind, die für die Erste Woche (GÜ 313-327) und für die Zweite Woche (GÜ 328-336) gelten sowie für die Gabe von Almosen (GÜ 337-344), für die Wachsamkeit gegenüber Einredungen des Bösen (GÜ 345-351) als auch für das Spüren mit der Kirche (GÜ 352-370). Wie weiter oben schon angemerkt wurde, findet der Bogen der Exerzitien hier ein Ziel, indem der Übende ganz auf die Gottesliebe verwiesen und er selbst nun bereit geworden ist, Gott in allen Dingen zu finden.[323] Dieses Geschehen gewinnt in dem unter seinem Anfangswort berühmt gewordenen Gebet des "Suscipe" einen verdichteten Ausdruck.[324] Bevor auf die Rahnersche Interpretation des "Ad amorem" eingegangen wird, gilt es noch, dessen Aufbau zu skizzieren.

4.2.8.1 Zum Aufbau von "Ad amorem"

Das "Ad amorem" beginnt mit einer Ermahnung, mehr Gewicht auf die Werke als auf die Worte zu legen (GÜ 230). Ignatius findet in Christus selber das Vorbild dafür, der während seines Passionsweges schwieg und durch sein Tun zeigte, worauf es ankam.[325] Man kann sagen, dass das "Ad amorem" den Übenden zu einer Haltung anstiftet, die unter Verwendung eines Wortes Hieronymus Nadals als "contemplativus in actione"[326] betitelt werden kann. Es geht darum, aus der Gottesverwurzelung heraus die Welt zu gestalten.

---

[322] Rahner, K., Betrachtungen zum ignatianischen Exerzitienbuch, 253f.
[323] Vgl. GÜ 231.
[324] GÜ 234: "Nehmt, Herr, und empfangt meine ganze Freiheit, mein Gedächtnis, meinen Verstand und meinen ganzen Willen, all mein Haben und mein Besitzen. Ihr habt es mir gegeben; euch, Herr, gebe ich es zurück. Alles ist euer, verfügt nach eurem ganzen Willen. Gebt mir eure Liebe und Gnade, denn diese genügt mir."
[325] Vgl. Kiechle, S., Kreuzesnachfolge, 132; vgl. Ruhstorfer, K., Das Prinzip ignatianischen Denkens, 308f.
[326] Nadal, H., Epistulae, Bd. 4, 651: "... tum illud praeterea in omnibus rebus, actionibus, colloquiis, ut Dei praesentiam rerumque spiritualium affectum [Ignatius] sentiret atque

An diesen kurzen Text schließt sich die berühmte Bemerkung über die Gegenseitigkeit der Liebe an (GÜ 231). Abgesehen von den wörtlichen Anklängen an das "Prinzip und Fundament" geht Ignatius davon aus, dass der Übende so indifferent geworden ist, dass er sich nun auch einlassen kann auf das wechselseitige Geben und Nehmen, und zwar so, dass er alles, was er hat, geben kann und nichts mehr für sich selbst zurückzubehalten braucht. Das hat für Ignatius nichts mit Masochismus oder einem falschen Selbstwertgefühl zu tun. Ignatius weiß vielmehr um die Wahrheit, dass diese Offenheit nicht leer bleiben, sondern von Gott erfüllt wird, und zwar mit nichts Geringerem als ihm selbst.[327] Das alles verlagert Ignatius in den Schauplatz des himmmlischen Hofstaates, den sich der Übende vergegenwärtigen soll (GÜ 232). Obwohl dieses Bild ursprünglich eine Gerichtsszene war,[328] ist es jetzt die Weise, wie sich der Übende für ihn fürbittenden Kirche gewiss werden darf.[329] Er selbst ist aufgefordert, Gott um innere Erkenntnis zu bitten (GÜ 233), die ihm vergegenwärtigt, mit wie vielen Gaben er beschenkt wurde. Das bereitet ihn, Gott "in allem zu lieben und zu dienen", wie die berühmt gewordene Formel aus "Ad amorem" sagt. Das formuliert Ignatius im Folgenden noch weiter aus (GÜ 234) und bringt es im "Suscipe" in eine poetische Form. Es geht darum, dass der Übende sich seiner menschlichen Verfasstheit bewusst wird, die sich nicht mehr nur wie in der Ersten Woche als sündige und schuldig gewordene zu erkennen gibt, sondern als "begnadete". Der Mensch wurde von Gott schon lange mit allem beschenkt, was er braucht, um ganz zu werden. Die Liebe Gottes zum Menschen, die in Jesus Christus den letztgültigen Ausdruck gefunden hat, kann beim Menschen gar nicht anders erwidert werden als durch Liebe.[330]

Das ist sozusagen das Grundgesetz von "Ad amorem", das formelartig in dem Wort zusammengefasst ist "Gott in allen Dingen finden". Ignatius buchstabiert dieses Axiom durch, indem er auf die Anwesenheit Gottes in den Elementen, den Pflanzen, Tieren und Menschen (GÜ 235f) verweist und diese Anwesenheit schließlich als Anwesenheit Gottes im einzelnen Menschen ausweist und so existentialisiert und individualisiert (GÜ 235.237). Alles Geschaffene drängt wieder auf Gott zurück und findet dort sein Ziel (GÜ 237).

---

contemplaretur, simul in actione contemplatiuus (quod ita solebat explicare: Deum esse in omnibus rebus inueniendum)."

[327] Vgl. Kiechle, S., Kreuzesnachfolge, 132-134; vgl. Ruhstorfer, K., Das Prinzip ignatianischen Denkens, 309-313.

[328] Vgl. GÜ 74; vgl. dazu Kiechle, S., Kreuzesnachfolge, 134, Anm. 234.

[329] Vgl. Kiechle, S., Kreuzesnachfolge, 134f; vgl. Ruhstorfer, K., Das Prinzip ignatianischen Denkens, 313f.

[330] Kiechle, S., Kreuzesnachfolge, 137-142.

4.2.8.2 "Gott in allen Dingen finden"

Ähnlich wie das "Prinzip und Fundament" (GÜ 23), zu dem die Betrachtung zur Erlangung der Liebe viele Ähnlichkeiten aufweist, steht sie außerhalb der Vier-Wochen-Struktur der Exerzitien. Rahner versteht sie aber zusammen mit dem "Prinzip und Fundament" als Zusammenfassung des Ganzen der Exerzitien, das in allen Einzelübungen präsent ist.[331] Allerdings ist auch ein entscheidender Unterschied auszumachen: Das Finden Gottes in allen Dingen, das sozusagen den Tenor von "Ad amorem" ausmacht, ist für den Übenden erst nach der Vierten Woche möglich.[332] Erst jetzt kann er einschwingen in die Verstehensweise, dass die ganze Welt und jeder Augenblick der Geschichte, auch seiner eigenen Lebensgeschichte, von Gott durchdrungen ist, weil erst jetzt der Weg Jesu Christi zu seinem eigenen geworden ist. Deshalb kann der Übende erst jetzt die getroffene Wahl in allen Aktualitäten seines Lebens umsetzen und den Weg nach unten im eigenen Leben endgültig Gestalt annehmen lassen.[333] Damit zeigt sich, dass die Liebe Gottes zum Menschen, die seit der Passio Christi an das Kreuz gebunden ist, wie auch umgekehrt die Liebe des Menschen zu Gott, ihr Erkennungs- und Echtheitszeichen im Kreuz findet.[334]

4.3 Schlussfolgerungen aus der "Methodologie von Mystagogie"

Bei der Analyse des Exerzitienbuches des Ignatius und der Interpretation, die Karl Rahner anlegte, schälten sich zwei wichtige Grundzüge heraus. Zum einen versteht Rahner die Exerzitien als *existentielle Theo*logie. Er erkennt in ihnen ein Dokument, das das Erfahrungsmoment in die Theologie (wieder) einbringt, so dass die Exerzitien als eine Mystagogie in das Gottesgeheimnis verstehbar werden.[335] Die Exerzitien überliefern für Rahner also ein Gottesverständnis, das

---

[331] Vgl. Rahner, K., Einübung priesterlicher Existenz, 288f; vgl. auch ders., Betrachtungen zum ignatianischen Exerzitienbuch, 270. Auch wenn in der Tradition immer wieder Uneinigkeit darüber bestand, wo der eigentliche Ort von "Ad amorem" auszumachen ist, kann man mit dem heutigen Forschungsstand festhalten, dass sich die Auffassung, die auch Rahner vertritt, durchgesetzt hat. Vgl. auch Przywara, E., Deus semper maior, Bd. 3, 363-411; vgl. Fessard, G., Dialectique, Bd. 1, 147-164, vgl. Ruhstorfer, K., Das Prinzip ignatianischen Denkens, 303; vgl. Kiechle, S., Kreuzesnachfolge, 131, Anm. 231.

[332] Vgl. Rahner, K., Einübung priesterlicher Existenz, 290-292.

[333] Vgl. Rahner, K., Einübung priesterlicher Existenz, 294f.

[334] Vgl. Rahner, K., Betrachtungen zum ignatianischen Exerzitienbuch, 273.

[335] Vgl. den letzten Brief Rahners vor dem Antritt seines letzten Krankenhausaufenthaltes: KRA I, A. 1191, fol. 1 u. 3, zitiert nach Zahlauer, A., Karl Rahner, 186: "Ignatius ... war der Mystiker, der vom Geist Getriebene ... die Exerzitien sind ... eine Mystagogie. ... Ich bin nun der unmaßgeblichen Meinung, dass wir Jesuiten in unserer Geschichte der Theologie (und wohl auch der Praxis) gar nicht sehr ignatianisch waren. Ich kann das nun hier nicht belegen. Aber sehen Sie, mein sehr geschätzter Lehrer der Gnadenlehre, Hermann Lange, war davon überzeugt, dass die eigentliche übernatürliche Gnade eine

bei der Gotteserfahrung ansetzt und auf sie zielt. Diese Gotteserfahrung zeigt sich dabei in vielen verschiedenen Akzentuierungen, auf die es aufmerksam zu werden gilt.

Als zweiter wichtiger Grundzug wurde bei der Reflexion des Exerzitienbuches in der Lesart Karl Rahners deutlich, dass die Exerzitien zwar in all ihren Teilen von der Gotteserfahrung als schon immer gegebener ausgehen, dass sie aber auch einen Prozess bezeichnen, in dem der Einzelne immer weiter in die Gotteserfahrung eindringt bzw. von ihr gestaltet wird. Die Exerzitien liefern also nach Karl Rahner so etwas wie eine "Methodologie von Mystagogie". Diese beiden Grundzüge gilt es, im Folgenden noch deutlicher zu konturieren.

4.3.1 Der Grund und das Ziel der Exerzitien — Die Erfahrung Gottes

Die Exerzitien, wie sie Ignatius im Exerzitienbuch entwickelt hat, gehen von der Gotteserfahrung aus und wollen zu einer vertieften Begegnung mit Gott führen. Gotteserfahrung zielt nach Ignatius darauf, im Leben des einzelnen Gestalt anzunehmen.[336] Das war für Karl Rahner ein Dreh- und Angelpunkt seiner Theologie. Im Folgenden soll deshalb nochmals die Gotteserfahrung, die als Grund und Ziel der Exerzitien ausgewiesen werden konnte, in ihren verschiedenen Akzentuierungen fokussiert werden, und zwar so wie sie für Rahners Verständnis von Mystagogie wichtig geworden ist.

4.3.1.1 Gotteserfahrung — verwiesen auf Gott selbst

Im "Prinzip und Fundament" (GÜ 23), in dem Ignatius die Gottesbeziehung grundlegt, die das Geschehen der Exerzitien charakterisiert, wird deutlich, dass es sich hier um Gott handelt, und zwar als denjenigen, auf den der Mensch verwiesen ist und von dem her er sich versteht. Der Mensch rückt als Geschöpf in den Blick und Gott als das Ziel der gesamten Schöpfung. Für Rahners Theologie wird diese ursprüngliche Beziehung bezeichnend werden. Vor allem die 15. und 20. Anmerkung des Exerzitienbuches wird für Rahner zum Anlass, die Gotteserfahrung und damit das Verständnis Gottes zu reflektieren. Ignatius

---

[336] nur 'ontische', völlig bewusstseinsjenseitige Wirklichkeit sei, und, was religiös im Bewußtsein des Menschen gegeben ist, nur durch äußere Indoktrination vorhanden sei."
Gleichsam als Zielbestimmung der Exerzitien formuliert Ignatius in der ersten Anmerkung des Exerzitienbuches, GÜ 1: "Unter diesem Namen 'geistliche Übungen' ist jede Weise, das Gewissen zu erforschen, sich zu besinnen, zu betrachten, mündlich und geistig zu beten, und anderer geistlicher Betätigungen zu verstehen. ... Denn so wie das Umhergehen, Wandern und Laufen leibliche Übungen sind, genauso nennt man 'geistliche Übungen' jede Weise, die Seele darauf vorzubereiten und einzustellen, um alle ungeordneten Anhänglichkeiten von sich zu entfernen und nach ihrer Entfernung den göttlichen Willen in der Einstellung des eigenen Lebens zum Heil der Seele zu suchen und zu finden."

gebraucht hier das Bild der Waage für den Exerzitienleiter. Er soll sich "weder zu der einen Seite wenden oder hinneigen noch zu der anderen."[337] In GÜ 20 spricht Ignatius davon, dass sich die Seele "ihrem Schöpfer und Herrn nähern und zu ihm ... kommen"[338] kann. Die Begründung, die er dafür anführt, ist dabei das eigentlich Bestechende. Ignatius führt aus, dass "Gott selbst als Schöpfer mit dem Geschöpf [wirkt] ... und das Geschöpf mit seinem Schöpfer."[339] Er geht also von einer unmittelbaren Beziehung von Gott und Mensch aus, die vom Menschen als solche erfahren wird. Die Ungewöhnlichkeit dieses Gedankens ist auf der Folie heutigen theologischen Verständnisses kaum mehr auszumachen. Für Rahner war das aber der Ansatzpunkt, neuscholastische Denkgewohnheiten aufzubrechen, die seit der Barockscholastik das Verständnis von Gott, Mensch bzw. von Gnade und deren Erfahrbarkeit prägten.[340]

Schon im als Nummer 1 der Rahnerschen Bibliographie veröffentlichten Aufsatz, der den Titel "Warum uns das Beten nottut" trägt, ist die Frage nach der Möglichkeit einer unmittelbaren Gottesbegegnung, die für den Menschen als Gotteserfahrung aufscheint, präsent.[341] Ausgehend von einer diffizilen Analyse des spanischen Autographen reflektiert Rahner darüber, dass Ignatius davon spricht, dass der Schöpfer sich der Seele unmittelbar zu erkennen gibt und die Seele an Gott rühren kann.[342] Gott gibt dem Menschen nicht nur irgendeine, wenn auch göttliche Gabe zu verstehen, sondern wird als er selbst im Menschen präsent und wirkmächtig. Ebenso streicht Rahner in diesem Zusammenhang heraus, dass der Mensch davon nicht unberührt bleibt, sondern dieses Geschehen als Begegnung mit Gott erfährt. Das heißt mit anderen Worten, dass Gott *nicht nur etwas von sich* mitteilt, sondern *sich selbst* zeigt und als solcher vom Menschen erfahren wird. Rahner wird das später unter der Rede von der Selbstmitteilung Gottes zusammenfassen. Für die Gotteserfahrung, wie sie in den Exerzitien grundgelegt und für Rahner inspirierend wurde, bleibt damit festzuhalten, dass es hier um nicht weniger geht als um die unmittelbare Begegnung Gottes mit dem Menschen, die in einer sinnenhaften Terminologie

---

337   Vgl. GÜ 15.
338   GÜ 20.
339   GÜ 15.
340   Vgl. dazu Erster Teil, Drittes Kapitel, 3.2.6, 129-131.
341   Vgl. Neufeld, K. H., Die Brüder Rahner, 84.
342   GÜ 15: "... daß der Schöpfer und Herr selbst sich seiner frommen Seele mitteilt, ..."; GÜ 20: "... je mehr sich unsere Seele allein und abgesondert findet, um so geeigneter wird sie, sich ihrem Schöpfer und Herrn zu nähern und zu ihm zu kommen." Arno Zahlauer, Karl Rahner, 86-96, konnte durch einen Vergleich der verschiedenen Versionen des Exerzitienbuches, die zur Zeit des frühen Rahner gebräuchlich waren, zeigen, wie eigenständig Rahner hier bei der Interpretation von GÜ 15 und GÜ 20 verfährt.

ausgedrückt wird.[343] Das ist für Rahner das schlechthin Ausschlaggebende der Exerzitien.[344]

4.3.1.2 Gotteserfahrung — verwiesen auf den Menschen

Mit dem Hinweis, dass die unmittelbare Gotteserfahrung nach Karl Rahner das Eigentliche und Ausschlaggebende der Exerzitien ist, ist nicht nur ausgesagt, dass Gott als er selbst in diesem Geschehen vorkommt, sondern auch, dass Gotteserfahrung auf den Menschen verwiesen ist. Was Rahner in der Rede vom übernatürlichen Existential formuliert, mit der er den Menschen als einen zeichnet, der von seiner Grundbefindlichkeit auf Gott verwiesen ist, wird in der Gotteserfahrung explizit. Hier rührt der Mensch an Gott und damit an den tiefsten Kern seiner selbst bzw. umgekehrt, indem er sich selbst erfährt, erlebt er die Bezogenheit auf das letzte und eigentliche Du, das Du Gottes.[345]

Interessanterweise greift Ignatius wie auch Rahner nicht auf die Einheitsterminologie zurück, die in der mystischen Tradition für dieses Geschehen verwendet wurde, wie z. B. den Tropfen Wasser, der im Meer aufgeht, oder das Eisen, das vom Feuer durchglüht wird.[346] Rahner spricht vielmehr vom "Gegenüber der Begegnung" und zeigt damit, dass die Individualität in der Nähe Gottes nicht verlischt, sondern dass für das christliche Verständnis gilt, dass "es radikale Kreatürlichkeit und radikale Gottesnähe miteinander versöhnt."[347]

Wie weiter oben schon im Zusammenhang des Theologumenons vom übernatürlichen Existential ausgeführt wurde, bedeutet Gotteserfahrung für Rahner, dass es sich hier nicht um ein Sondererlebnis handelt, das nur bestimmten Menschen vorbehalten ist. Jeder Mensch ist nach Rahner für die Gotteserfahrung disponiert, weil Gott schon immer im Menschen einwohnt. Auch wenn Rahner konzediert, dass es verschiedene Weisen gibt, diese Erfahrung zu machen bzw. dass die Intensität der Erfahrung variieren kann, so gilt doch für jeden Menschen, dass die Gotteserfahrung eine unausweichliche Bezogenheit

---

[343] Rahner, K., Warum uns das Beten nottut, 310: Hier ist von der Möglichkeit die Rede "ad attingendum Creatorem ac Dominum nostrum." Arno Zahlauer, Karl Rahner, 88.94-96, deutet das "Berührtwerden" zurecht im Kontext der ignatianischen Anwendung der Sinne.

[344] Karl Rahner, Einübung priesterlicher Existenz, 289, fasst das prägnant so zusammen: "Das Entscheidende, das Ausschlaggebende, das Radikal-Ignatianische an den Exerzitien sind nicht die theoretischen Wahrheiten, die vorgelegt und betrachtet werden. Es ist auch nicht einmal ein ins Gebet übersetztes theologisches Studium, sondern die Exerzitien rechnen mit der Unmittelbarkeit von Schöpfer und Geschöpf, so wie es am Anfang steht."

[345] Vgl. Rahner, K., Selbsterfahrung und Gotteserfahrung, 139f.

[346] Vgl. Sudbrack, J., Ignatius von Loyola und sein Orden, 279f.

[347] Rahner, K., Über den Begriff des Geheimnisses in der katholischen Theologie, 80; vgl. ders., Rede des Ignatius von Loyola an einen Jesuiten von heute, 383: "Christliche Meditation als Erfahrung der Unmittelbarkeit zu Gott läßt die Welt nicht versinken und verwehen."

des Menschen markiert. Diese Bezogenheit ist unabhängig davon, ob sich der Mensch mit ihr identifiziert, sie expliziert oder nicht.[348] Sie macht den Menschen in seiner transzendentalen Verfasstheit aus.[349] Die Exerzitien des Ignatius sind für Rahner der Erweis, sich diese Bezogenheit zu vergegenwärtigen und daraus immer mehr das eigene Leben zu gestalten.[350]

4.3.1.3 Gotteserfahrung — verwiesen auf das Leben des Einzelnen

Wurde im letzten Abschnitt herausgestellt, dass Gotteserfahrung verwiesen ist auf das Leben des Menschen, so soll im Folgenden dieser Gedanke gemäß der Rahnerschen Interpretation der Exerzitien noch spezifiziert werden, und zwar als Verwiesenheit auf das Leben jedes Einzelnen. Rahner tritt hier in die Spur, die Ignatius schon im Unterschied zum mittelalterlichen Verständnis der Gottes- und Menschenbeziehung beschritten hat. Der Einzelne wird zum Ausgangspunkt der Reflexion. Das zeigt auch, dass das Leben des Einzelnen, die alltäglichen Erfahrungen genauso wie das Außerordentliche, zum Ort von Gotteserfahrung wird. Das Geschaffene, das Niedrige und Letzte, die Erfahrung der eigenen Tiefe, die "transzendentale Verwiesenheit des Menschen"[351] ist seit der Inkarnation und der Passion endgültig der Ort geworden, an dem Gott entdeckt und erfahren werden kann. Die ganze Schöpfung und darin die Erfahrung der eigenen Unauslotbarkeit wird zur Weise, Gott auszusagen, wie sie auch Weise ist, in der sich Gott aussagt. Rahner bringt diesen Gedanken zu seinem Höhepunkt, wenn er schreibt, dass die "Geschichte der Selbsterfahrung ... die Geschichte der Gotteserfahrung [ist]."[352]

Dass sich im Einzelnen und Existentiellen das Universale zeigt, das ist nach Rahner durch die Inkarnation zur Grundstruktur von Gotteserfahrung geworden. Das Leben des Einzelnen wird dadurch genauso wie die Begegnung mit der Schöpfung in allen Sinnen zum Weg, Gott zu erfahren.

4.3.1.4 Gotteserfahrung — verwiesen auf die Sinne

Um diesen Aspekt der Gotteserfahrung, der für Rahner gerade auch in der Beschäftigung mit dem Exerzitienbuch des Ignatius bedeutsam geworden ist, verständlich machen zu können, muss etwas weiter ausgeholt werden. Schon in seinen frühen Arbeiten beschäftigte sich Karl Rahner mit der Frage, wie es

---

348   Vgl. Rahner, K., Gotteserfahrung heute, 166.
349   Vgl. Rahner, K., Einübung priesterlicher Existenz, 17f.
350   Vgl. Rahner, K., Einübung priesterlicher Existenz, 34-37.
351   Rahner, K., Selbsterfahrung und Gotteserfahrung, 134.
352   Rahner, K., Selbsterfahrung und Gotteserfahrung, 136f.

möglich ist, religiöse Erfahrung zu denken.[353] Dabei spielte für ihn die Lehre von den sogenannten "geistlichen Sinnen" eine besondere Rolle. Die Reflexionen, die sich hier finden und schon damals von Rahner aus ignatianischer Perspektive bearbeitet wurden, stellen so etwas wie ein Grundmoment der Rahnerschen Theologie dar, das sich auch 60 Jahre nach diesen Arbeiten noch in Rahners Schrifttum ausfindig machen lässt.[354] Rahner fragt, wie Gott beim Menschen ankommen kann und zeigt ausgehend von Origenes und vor allem Bonaventura, dass es im Menschen einen allgemeinen Sinn für das Göttliche gibt. Diesen nennt er im Anschluss an Origenes "Sinn des Herzens".[355] Das eigentlich Bedeutsame ist, dass Rahner schon in diesem Zusammenhang feststellt, dass die Erfahrung Gottes vorgängig ist zum bewussten Erleben. Anders gesagt bedeutet das, dass die Möglichkeit des Menschen, am göttlichen Logos teilzunehmen, der wirkliche Grund der Erfahrung ist.[356] Gotteserfahrung kennzeichnet den Menschen von Grund auf. Dass er sie als solche wahrnimmt, ist zwar ein wichtiges, aber dennoch nachrangiges Moment.

Das ist für Rahner der Gedanke, der ihn zu Bonaventura führt. Er findet in ihm den Denker, der als der eigentliche Meister des Mittelalters für die Lehre von den geistlichen Sinnen zu gelten hat.[357] Rahner versucht, das mystische "sentire Deum" zu erhellen, und zwar als unmittelbare Gotteserfahrung und nicht nur als Gotteserkenntnis. Er analysiert dabei die Rede Bonaventuras von der Erfahrung Gottes in *statu viae,* die nicht mit der Visio beatifica gleichzusetzen ist. Sie meint nach Rahner auch keine intellektuelle Erfahrung geschaffener

---

[353]   Hier spielen vor allem drei Arbeiten Rahners eine Rolle. In der Festschrift "Sacra Historia", die Karl Rahner zusammen mit seinem Bruder Hugo für den 60. Geburtstag ihres Vaters herausgegeben hatten, findet sich ein 50-seitiger Aufsatz Karl Rahners mit dem Titel "Die Geschichte der Lehre von den Fünf Sinnen". Er kann als Vorarbeit für die beiden in ZAM veröffentlichten Aufsätze bezeichnet werden: "Le debut d'une doctrine des cinq sens spirituels chez Origène" (1932) und "La doctrine des sens spirituels en moyen âge. En particulier chez St. Bonaventure" (1933). 1934 konnte Rahner einen Auszug des Bonaventura-Aufsatzes auf Deutsch veröffentlichen, und zwar deutlich erweitert unter dem Titel "Der Begriff der ecstasis bei Bonaventura". Sowohl der Artikel über Origenes als auch Bonaventura wurden in SzTh 12 editiert, und zwar indem Karl Rahners damaliger Assistent, Karl Heinz Neufeld, die französischen Aufsätze ins Deutsche rückübersetzte und vor allem die längeren Zitate kürzte. Vgl. dazu Zahlauer, A., Karl Rahner, 97f.

[354]   Vgl. Rahner, K., Zur Theologie der religiösen Bedeutung des Bildes, 357. Rahner charakterisiert hier die Anwendung der Sinne als die höchste Stufe der Meditation.

[355]   Vgl. Rahner, K., Die geistlichen Sinne nach Origenes, 115.

[356]   Karl Rahner arbeitete diesen Gedanken in einer Rezension der Dissertation seines Ordensmitbruders Aloisius Lieske (1902-1946) heraus. Lieske hatte über "Die Theologie der Logosmystik bei Origenes, Münster 1938" gearbeitet. Interessanterweise hebt Rahner bei seiner Rezension, A. Lieske, 244, vor allem darauf ab, dass Lieske es verstanden hat, die Mystik des Origenes nicht wie das bei Völker, W., Das Vollkommenheitsideal des Origenes, der Fall war, auf die Erlebnisseite zu reduzieren. Rahner lobt, dass Lieske vielmehr als wirklichen Grund der Mystik die ontische Teilnahme am göttlichen Logos heraushebt.

[357]   Vgl. Rahner, K., Die Lehre von den "geistlichen Sinnen" im Mittelalter, 137f.

Gnadeneinwirkung, sondern bezeichnet als "Ekstase" — Bonaventura gebraucht hier den Terminus ecstasis — die Einigung unmittelbarer Liebe mit Gott, in der Gott als er selbst erkannt wird.[358] Diese unmittelbare Gotteserfahrung ereignet sich nach Rahner im *apex affectus,* also in der Seelenspitze, die Rahner im Anschluss an Bonaventura innerlicher und höher einschätzt als die Intelligenz.[359] In der Seelenspitze ist jede Tätigkeit des Intellekts ausgeschlossen. Das meint nicht, dass Gotteserfahrung der Reflexion widerspricht. Rahner weist hier nur mit Bonaventura darauf hin, dass das Innerste des Menschen jenseits des Intellekts ist, also auf keinen Fall mit ihm identifiziert werden darf. In der Seelenspitze des Menschen wohnt Gott allein. Der Mensch gewinnt Zugang zu ihr durch die unmittelbare Gotteserfahrung, die mehr ist als eine intellektuelle Erkenntnis.[360]

Damit stellt sich die Frage, wie die unmittelbare Gotteserfahrung gedacht werden kann. Rahner greift hier eine Argumentationsfigur der bonaventurianischen Erkenntnislehre auf und überträgt sie auf die obige Fragestellung. Bonaventura geht davon aus, dass in jedem Liebes- und Willensakt das Objekt nicht schon dadurch willentlich umfasst ist, dass es dem Intellekt intentional gegeben ist. Es muss vielmehr eigens in den Willen eintreten. Für die unmittelbare Gotteserfahrung heißt das, dass Gott selbst in den *apex affectus* eintreten muss als das informierende Objekt.[361] Später wird Rahner das, wie Nikolaus Schwerdtfeger zurecht feststellt, in der Rede von der quasi-formalen Ursächlichkeit ausbuchstabieren: Die Möglichkeit, dass Gott sich selbst dem Menschen zeigt, liegt darin, dass er der tiefste Grund des menschlichen Herzens ist und es bewegt.[362]

Insgesamt zeigt sich also, dass Rahner durch Bonaventura zwei Aspekte der Gottesbegegnung noch genauer erfassen kann. Gottesbegegnung kennt kein *intelligere,* verstanden als ausdrückliches Erkennen und aktiv-ergreifende Wahrnehmungsweise, sondern ein *cognoscere* als passiv-rezeptive Weise, etwas wahrzunehmen, und ereignet sich als unmittelbare Gotteserfahrung.[363]

Das ist der Ansatzpunkt, den Rahner später mit Hilfe des Exerzitienbuches noch weiterdenkt, und zwar in der Reflexion der sogenannten "Anwendung der Sinne", die im Prozess der Exerzitien eine entscheidende Rolle spielen. Ignatius beweist nach Rahner in der Übung der "Anwendung der Sinne" ein Gespür dafür, dass in den sinnlich wahrnehmbaren Dingen das Geistige anwesend ist

---

[358]   Vgl. Rahner, K., Die Lehre von den "geistlichen Sinnen" im Mittelalter, 152-154. Rahner spielt hier auf das bonaventurianische "cognoscitur Deus in se" an.
[359]   Vgl. Rahner, K., Die Lehre von den "geistlichen Sinnen" im Mittelalter, 158.
[360]   Vgl. Rahner, K., Die Lehre von den "geistlichen Sinnen" im Mittelalter, 159.
[361]   Vgl. Rahner, K., Die Lehre von den "geistlichen Sinnen" im Mittelalter, 160f.
[362]   Vgl. Schwerdtfeger, N., Gnade und Welt, 316.
[363]   Vgl. dazu Zahlauer, A., Karl Rahner, 105-113.

und aufgespürt werden kann. In ihr geht es also nicht darum, eine rational geschulte Phantasie zu aktivieren. Die Anwendung der Sinne zielt vielmehr auf die "wahre Einbildungskraft", die sich als "innerlich geschlossene Ganzheit der menschlichen Erkenntnis" zeigt.[364] Diese Vorstellungskraft darf nach Rahner nicht auseinanderdividiert werden in Verstand und Sinnlichkeit, sondern umfasst vielmehr beide Dimensionen des Menschen. Sie wird von innen her aktiv, indem sie gleichsam in das Innerste des Menschen hineinfällt, sich mit ihm identifiziert und von dort aufsteigt, "wo unser Geist ... die Sinnlichkeit ursprünglich aus sich heraussetzt, sich in ihr einbildet und ausdrückt und so erst seiner ganz mächtig wird."[365]

Versucht man eine Synthese der Gedanken zu erreichen, die Rahner im Anschluss an Bonaventura und Ignatius formuliert, ergibt sich für das Verständnis von Gotteserfahrung und der Sinne Folgendes. Gerade dort, wo Rahner den "Ort" für die Gotteserfahrung ausmacht — also im *apex affectus* — entspringt die Einbildungskraft, die sich als Anwendung der Sinne zu erkennen gibt. Beides wird für Rahner zur Weise, Gott im Menschen aufzuspüren. Beides ist auch von daher aufeinander verwiesen, so dass sich sagen lässt, dass sich das eine im anderen zu erkennen gibt. Die Gotteserfahrung, die sich im *apex affectus* ereignet, ist auf die Anwendung der Sinne verwiesen, insofern sich in ihnen gleichsam ein "Organ" findet, Gott im Menschen zu entdecken. Und die Anwendung der Sinne bzw. die Einbildungskraft kommt dort auf ihren Grund, wo sich Gotteserfahrung im Menschen ereignet.

4.3.1.5 Gotteserfahrung — verwiesen auf Praxis

Indem sich nun die Gotteserfahrung, wie Ignatius das im Exerzitienbuch ausgeführt hat, im Leben des Einzelnen zu entfalten hat und über die Sinne zugänglich wird, wird gleichsam eine weitere Akzentuierung von Gotteserfahrung thematisch. Gotteserfahrung zielt nach Ignatius darauf, im Handeln, also in der Praxis ausgedrückt zu werden. Es geht darum, dass der Einzelne immer mehr (magis) den Willen Gottes vollzieht und in seiner Lebensgestaltung konkretisiert.[366]

Rahner greift diese Akzentuierung für seine Theologie auf. Gotteserfahrung ist nicht ein mystisches Erleben, das sich im Inneren der Seele abspielt und in den Raum des Privatissimum verwiesen ist. Gotteserfahrung hat sozialen Charakter und braucht einen Ausdruck im konkreten Vollzug. Die Praxis ist der Ort, an

---

364   Vgl. Rahner, K., Betrachtungen zum ignatianischen Exerzitienbuch, 95.
365   Rahner, K., Betrachtungen zum ignatianischen Exerzitienbuch, 96.
366   Vgl. GÜ 20: Ignatius spricht davon, dass man durch die Geistlichen Übungen disponiert wird, "seinem Schöpfer zu dienen und seiner eigenen Seele zu nützen". In der Betrachtung "Ad amorem" (GÜ 230) wird dieser Aspekt am deutlichsten.

dem sich die Authentizität von Gotteserfahrung beweist. Damit werden zwei Gedanken virulent. Zum einen stellt sich die Frage, welcher heuristische Wert der Praxis zuzueignen ist oder anders gesagt, ob die Praxis damit auch zum "locus theologicus" avanciert und als Weise von Gotteserfahrung zum kritischen Potenzial für theologische Reflexion wird. Zum anderen ist die Frage zu behandeln, wie der Bezug der Gotteserfahrung zur Gemeinschaft der Glaubenden zu denken ist, die als Ort von christlich verstandener Praxis in den Blick kommt.

Die Christologie als Grund für die Priorität des Handelns
Zunächst soll der Frage nachgegangen werden, welche Bedeutung der Praxis für Gotteserfahrung zukommt. Die Betrachtung "Ad amorem", in der das Exerzitiengeschehen zu seinem Höhe- und Zielpunkt kommt (GÜ 230), beginnt mit der Bemerkung, dass die Liebe mehr in die Werke als in die Worte gelegt werden muss. Wie weiter oben schon deutlich wurde, findet Ignatius in Christus selbst das Vorbild für dieses Prinzip. Die Priorität der Praxis leitet Ignatius also aus der Christologie ab. Das ist ebenso für Rahners Verständnis von Gotteserfahrung und damit von Mystagogie relevant. Er erläutert diesen Gedanken vor allem in der Reflexion, was Nachfolge bedeutet, der im Folgenden kurz skizziert und dann für das Verständnis von Gotteserfahrung ausgelotet werden soll.
Um zu zeigen, was Nachfolge heißt, verweist Rahner auf ihren theologischen Grund, den er im Christusgeschehen ausmacht. Rahner setzt die Christologie an einen neuen Ausgangspunkt, insofern er die Selbstaussage Gottes in der zweiten göttlichen Person, also die Subsistenz des Sohnes und die Menschwerdung des Logos als den Grund versteht, dass überhaupt Welt werden kann.[367] Welt ist somit schon immer ausgewiesen als "Umwelt" und "Lebensraum" für den "weltwerdenden" Gott.[368] Welt und Menschheit sind von vornherein auf Jesus Christus als ihre Sinnmitte, als ihren Dreh- und Angelpunkt verwiesen. Zugleich ist dieser auch die Innerlichkeit Gottes. Wer sich also auf diesen Jesus von Nazaret einlässt, der nimmt teil am innergöttlichen Leben. Und gerade dadurch wird Nachfolge charakterisiert. Nachfolge ist also nicht zu verstehen als ein an den Menschen von außen ergehender Ruf. Nachfolge bedeutet eine "konkrete Angleichung" an Jesus Christus, eine Anteilnahme an seinem Leben,[369] die grundsätzlich bedingt ist durch die Menschwerdung und die damit schon entworfene Struktur bzw. Grammatik des Menschen. Nachfolge, so könnte man sagen, ist das Einlassen auf die "existentielle Bestim-

---

[367]   Vgl. Rahner, K., Grundkurs des Glaubens, 221: "Die immanente Selbstaussage Gottes in ihrer ewigen Fülle ist die Bedingung der Selbstaussage Gottes aus und von sich weg, und diese offenbart in Identität eben gerade jene."
[368]   Vgl. Rahner, K., Betrachtungen zum ignatianischen Exerzitienbuch, 117.
[369]   Vgl. Rahner, K., Betrachtungen zum ignatianischen Exerzitienbuch, 118.

mung"[370] des Menschen. Ist damit der Grund und die Möglichkeit von Nachfolge beschrieben, so bleibt Nachfolge dennoch leer, solange sie nicht von der Freiheit des Menschen aktualisiert wird.

Obwohl Rahner, ausgehend von Jesus Christus selbst, der sich öffentlich und offenbar gemacht hat, darauf verweist, dass Christusnachfolge nur dort zu ihrer eigentlichen Fülle wachsen kann, wo sie ihren Blick auf diesen Jesus von Nazaret richtet und sich davon durchdringen und formen lässt,[371] gilt doch: Nachfolge geschieht nicht nur dort, wo sich ein Mensch auf diese existentielle Bestimmung in bewusster Bezogenheit auf das Evangelium und die Lehre der Kirche einlässt, sondern auch dort, wo er dies ohne die reflexiv und explizit gemachte Bezogenheit vollzieht.[372]

Insgesamt lässt sich also festhalten, dass Nachfolge an Jesus von Nazaret verwiesen ist, und zwar aufgrund der Grammatik und Grundstruktur von Welt und Menschheit, die nur adäquat verstanden werden kann, wenn sie als durch die Inkarnation bedingte in den Blick rückt.

Damit wird deutlich, dass Nachfolge nicht einen von außen an den Menschen ergehenden Ruf meint, dass Nachfolge auch nicht als ein singulärer Akt des Menschen verstanden werden kann, sondern vielmehr das Einlassen auf die existentielle Bestimmung des Menschen und deren Entfaltung meint. Als solche braucht sie im Leben des Einzelnen einen Ausdruck.

Zur Grundgestalt von Praxis

Wurde im letzten Abschnitt deutlich, dass in der Christologie der Grund für die Praxis, hier der Nachfolge, auszumachen ist, stellt sich die Frage, welche Gestalt und Ausdrucksweise ihr zukommt.

Schon oben wurde deutlich, dass Nachfolge auf das konkrete Leben des Jesus von Nazaret verwiesen ist. An seinem Schicksal lässt sich ablesen, wie Nachfolge zu konkretisieren ist. Zugleich bedeutet das nicht, dass der Weg Jesu zu imitieren sei, dass die Menschen heute aufgefordert wären, all das, was Jesus getan hat, genauso nachzumachen. Rahner stellt heraus, dass Menschwerden — und das gilt auch für den göttlichen Logos — nur geht, wenn der Mensch seinen Mitmenschen als Anderen hat. Das Werden am Anderen, am Differenten, am Du, bedeutet auch, dass diese Differenzerfahrung die jeweilige Gestalt von Nachfolge prägt. Mit anderen Worten heißt das, dass echte Nachfolge dort geschieht, wo das innerste Prinzip des Lebens und des Weges Jesu im eigenen Leben aktualisiert und damit je neu kontextuiert wird.

---

370   Rahner, K., Betrachtungen zum ignatianischen Exerzitienbuch, 119.
371   Vgl. Rahner, K., Betrachtungen zum ignatianischen Exerzitienbuch, 120.
372   Vgl. Rahner, K., Betrachtungen zum ignatianischen Exerzitienbuch, 119f.

Zusammenfassend kann man festhalten, dass die Grundgestalt von Nachfolge von zwei Dimensionen geprägt ist: Zum einen findet sie ihre Gestalt im Schicksal Jesu von Nazaret, der sich selbst entäußerte und den Weg nach unten beschritt, der ein Mensch des Ärgernisses war gerade auch wegen seiner Armut, seiner Bescheidenheit, Gebundenheit und Sensationslosigkeit.[373]
Zum anderen ist der Einzelne aufgerufen, dieses Schicksal Jesu im eigenen Leben und seinen unterschiedlichen Herausforderungen einzulösen und zu übersetzen. Das zu finden, ist nach Rahner die individuelle, unvertretbare Entscheidung, die keinem von einem anderen abgenommen werden kann, weil sich hier ein "individueller Imperativ"[374] formuliert, der nur vom Einzelnen im Gegenüber zu seinem Schöpfer gehört und eingelöst wird.

Praxis und Gotteserfahrung

Versucht man diese Ausführungen für das Verhältnis von Praxis und Gotteserfahrung fruchtbar zu machen, ergibt sich, dass die Selbstaussage Gottes in die Welt hinein der Grund und die Ermöglichung von Praxis überhaupt ist. Die Selbstaussage Gottes bzw. die Einwohnung Gottes in der Welt ist nach Rahner christologisch gewendet.

Daraus lassen sich mehrere Schlussfolgerungen ableiten. Wer Gott begegnen will, wer ihn erfahren will, der ist auf Jesus Christus und die Begegnung mit ihm verwiesen. Das kann bedeuten, ihn im Wort der Schrift zu suchen, ihm in den Sakramenten zu begegnen und in der Verkündigung der Kirche wieder zu finden. Das bedeutet aber noch grundsätzlicher, ihn mitten im Geschaffenen, in der Welt, im Anderen und in der eigenen Tiefe zu entdecken. Sich darauf einzulassen, das ist im eigentlichen Sinne Nachfolge und das meint christlich verstanden Praxis. Insofern kann als erster Punkt festgehalten werden, dass Praxis bedeutet, sich auf Jesus Christus als Sinnmitte von Welt einzulassen und so am innergöttlichen Leben teilzuhaben.

Nun gilt freilich auch, dass Praxis erst dort zu ihrer Fülle reift, wo sie sich explizit an diesem Jesus Christus orientiert und wo dies auch im Leben des einzelnen Menschen konkret wird. Das Schicksal Jesu muss, wie oben deutlich wurde, im konkreten Lebensvollzug durchbuchstabiert werden. Praxis braucht also den Vollzug durch die Freiheit des Einzelnen. So kann als weiterer Punkt ausgemacht werden, dass Praxis dort umso voller anzutreffen ist, wo sie umso mehr auf Jesus Christus zielt und sich an ihm orientiert.

Als dritter Punkt bleibt festzuhalten, dass die konkrete Lebensgestalt des Einzelnen zum Ort und Ausdruck für die Christusbeziehung wird. Gotteserfahrung, die sich als Begegnung mit Christus ausweist, kann an der Praxis abgelesen

---

[373]   Vgl. Rahner, K., Betrachtungen zum ignatianischen Exerzitienbuch, 125-128.
[374]   Rahner, K., Betrachtungen zum ignatianischen Exerzitienbuch, 123.

werden, wie auch umgekehrt die Praxis zum Ort wird, auf Gotteserfahrung zu verweisen und über ihre Authentizität Auskunft zu geben.

Damit zeichnet sich eine Antwort auf die eingangs gestellte Frage ab. Praxis wird insofern zum "locus theologicus" und zum kritischen Potenzial für Gotteserfahrung, als sich an ihr erweist, inwiefern die Gotteserfahrung das konkrete Leben des Einzelnen schon oder noch nicht durchdringt. Weil sich der Weg Jesu als Weg der Entäußerung zeigte, bedeutet das, dass Gotteserfahrung ein Kriterium für ihre Authentizität in der Bereitschaft des Menschen findet, sich auf diesen Weg der Entäußerung einzulassen bzw. inwiefern sich in der konkreten Gestalt des Lebens der Weg Jesu widerspiegelt. Das wiederum weitet die Gedanken, so dass, wie Rahner immer wieder betont, Christuserfahrung nicht nur dort gemacht wird, wo sich der Einzelne explizit von Christus her versteht, sondern überall dort, wo Menschen den Weg der Entäußerung gehen und wo sie an den Grund von Welt rühren.

Mit den Ausführungen zum Verhältnis von Praxis und Gotteserfahrung wurde schon ein weiteres Thema angesprochen, das unmittelbar mit dem Handeln zusammenhängt. Im Exerzitienbuch verweist Ignatius darauf, dass es darum geht, den konkreten Willen Gottes für den Einzelnen zu erkennen und ihn immer mehr zu vollziehen. Diese Praxis ist eingebettet in die Gemeinschaft der Glaubenden, so dass im Folgenden zu fragen ist, wie das Verhältnis von Gotteserfahrung und Gemeinschaft der Glaubenden zu denken ist.

4.3.1.6 Die Gemeinschaft der Glaubenden — verwiesen auf Gotteserfahrung

Für Ignatius ist die Kirche im Geschehen der Exerzitien der Rahmen, in dem sich die Verwirklichung des Willens Gottes ereignet. Als Gemeinschaft der Glaubenden ist sie für den Einzelnen sozusagen der Kommunikationsraum, in dem er nach Gottes Willen tasten und ihn verwirklichen kann.[375]

Bei einer genauen Analyse stellt sich heraus, dass der Gemeinschaft der Glaubenden nicht das Apriori zukommt, sondern dass Ignatius vielmehr in der Gotteserfahrung des Einzelnen den Ausgangspunkt aller theologischen Reflexion und allen Betens festmacht.[376] Ignatius nimmt damit gegenüber dem Mittelalter

---

[375] GÜ 170: "Es ist notwendig, daß alle Dinge, über die wir eine Wahl treffen wollen, indifferent oder in sich gut seien und daß sie innerhalb der hierarchischen heiligen Mutter Kirche Kriegsdienst leisten, nicht aber schlecht noch ihr widerstreitend seien." Hierher gehören auch die sogenannten Regeln des "sentire cum ecclesia" (GÜ 352-370). Sie dienten wohl in erster Linie dazu, in einer Zeit, die durch die Alumbrados und deren subjektiven Mystizismus hypersensibilisiert war, Ignatius als rechtgläubigen Christen auszuweisen. Man kann sie aber auch mit Peter Knauer, Geistliche Übungen, 139, Anm. 82, als Anwendung des sogenannten Präsupponendum (GÜ 22) auf Institutionen verstehen.

[376] Vgl. dazu Kiechle, S., Kreuzesnachfolge, 151-155.342

eine Neugewichtung vor. Nicht die Sozietät, sondern das Subjekt bildet den Ausgangspunkt, so dass nunmehr gilt, dass die Sozietät vom Subjekt aus in den Blick kommt. Freilich bedeutet das für Ignatius nicht, dass die Gemeinschaft — hier die Kirche — zur widerstreitenden Größe gegenüber dem Subjekt wird. Es ist für ihn klar, dass sich der Wille Gottes nicht widersprechen kann. Das bedeutet, dass der Einzelne, wenn er den Willen Gottes im eigenen Leben vollzieht, letztendlich auch mit der Kirche übereingeht.[377] Dennoch wird deutlich, dass Gotteserfahrung ein Phänomen ist, das über die Kirche hinausgeht.

Karl Rahner setzt bei diesem Gedanken an und verdeutlicht ihn noch. Er verteidigt Ignatius zurecht gegen eine Vereinnahmung durch einen subjektiven Mystizismus. Dennoch werden für Rahner der Ansatz bei der Individualität, wie ihn die ignatianischen Exerzitien vorgeben, und die Worte Ignatius' im Bericht des Pilgers zu einem Eckdatum, von dem aus er Theologie treibt. In der "Rede des Ignatius von Loyola an einen Jesuiten von heute" lässt er Ignatius folgende Worte sprechen, die den Sachverhalt in nuce zum Ausdruck bringen: "Seid ihr eigentlich nicht darüber erschrocken, daß ich in meinem Bericht des Pilgers sagte, meine Mystik habe mir eine solche Gewißheit des Glaubens gegeben, daß er auch unerschüttert bliebe, wenn es keine Heilige Schrift gäbe?"[378] Die Möglichkeit von Gotteserfahrung und die wirklich geschehene Gotteserfahrung ist für Rahner der Weg, der sozusagen von innen kommt, und der immer schon "früher" ist, als die "Bewässerungssysteme der Kirche", die den Boden des Herzens sozusagen von außen bewässern, wie Rahner in einem Bild verdeutlicht.[379] Rahner weist damit das Tun der Kirche sowohl in der Verkündigung des Evangeliums als auch im Vollzug der Sakramente als nachrangig aus gegenüber der Möglichkeit der Gotteserfahrung, die jedem Menschen zugeeignet ist. Er geht davon aus, dass "solche Indoktrinationen und solche Imperative von außen, solche Zuleitungen der Gnade von außen ... im letzten nur [nützen], wenn sie der letzten Gnade von innen her begegnen."[380] Theologie wird so von einem neuen Ausgangspunkt entworfen. Die Gemeinschaft der Glaubenden ist verwiesen auf die Gotteserfahrung, die jedem Menschen zukommt. Rahner kehrt in den Spuren des Ignatius hervor, dass die Beziehung von Einzelnem und Gemeinschaft so zu verstehen ist, dass die Gotteserfahrung die Gemeinschaft der Glaubenden begründet und sich in ihr erweist und nicht umgekehrt.[381] Gotteserfahrung hat also sozialen Charakter, aber die Umkehrung der

---

377 Vgl. GÜ 170.
378 Rahner, K., Rede des Ignatius von Loyola an einen Jesuiten von heute, 374.
379 Vgl. Rahner, K., Rede des Ignatius von Loyola an einen Jesuiten von heute, 378f.
380 Rahner, K., Rede des Ignatius von Loyola an einen Jesuiten von heute, 379.
381 Vom gleichen Standpunkt aus argumentiert Rahner, K., Sendung und Gnade, 95, wenn er schreibt: "... ist zunächst ausdrücklich zu sagen, daß es den gnadenhaft und übernatürlich Einzelnen gibt, der die höchste, radikalste Ausprägung der Einzelheit innerhalb

Gleichung, nämlich dass die Sozietät die Gotteserfahrung begründet und macht, ist nicht aufrecht zu erhalten, auch wenn die Gemeinschaft der Glaubenden für den Einzelnen heilsbedeutsam ist.[382]

4.3.1.7 Gotteserfahrung — verwiesen auf Kommunikation

Obwohl im letzten Abschnitt deutlich wurde, dass die Gemeinschaft der Glaubenden nach Ignatius und der Theologie Karl Rahners nicht als glaubensbegründend, sondern als den Glauben auslegend und den Einzelnen darin unterstützend charakterisiert werden kann, war dennoch schon angeklungen, dass Gotteserfahrung auf Kommunikation verwiesen ist.

Dieses Grunddatum von Gotteserfahrung kann im Exerzitienbuch an der Rolle des Exerzitienbegleiters festgemacht werden[383] und, wenn auch untergeordnet, an den wenigen Bemerkungen, die Ignatius in Bezug auf die Teilnahme am Gebet der Kirche und der Eucharistiefeier einfließen lässt.

Zur Aufgabe des Exerzitienbegleiters in den Geistlichen Übungen

Das eindrücklichste Bild, das Ignatius für die Funktion des Exerzitienbegleiters wählt, ist das der Waage.[384] Als Aufgabe des Exerzitienbegleiters schält sich heraus, dass es darum geht, die Kommunikation zwischen Schöpfer und Geschöpf fließen zu lassen, Raum und Zeit zu schaffen, dass Gott im Menschen ankommt und sich der Mensch von Gott berühren lässt.

Diese Grundregel spezifiziert Ignatius in zwei Richtungen. Zum einen muss der Exerzitienbegleiter die Aktivität des Schöpfers zur Geltung bringen, insofern

---

des Kreatürlichen ist, und daß der Vollzug dieser Einzelheit eigentlich das ist, dem die Kirche als gesellschaftliche Organisation zu dienen hat und demgegenüber sie als eine gesellschaftliche, äußere und rechtliche Institution das Niedrigere und darum das Dienende ist." Vgl. auch Rahner, K., Sendung und Gnade, 103: "Die wirklich religiösen Akte, die dies nicht nur zu sein scheinen, sondern es wirklich vor Gott als Akte der geistigen und gnadenhaften Individualität sind, sind nun dasjenige, wodurch das Leben der Kirche in ihrem innersten Kern und im Eigentlichsten ihres Wesens konstituiert und vollzogen wird."

[382] Vgl. dazu auch Wassilowsky, G., Kirchenlehrer der Moderne, 225; vgl. Schmolly, W., Eschatologische Hoffnung in Geschichte, 64; vgl. Möbs, U., Das kirchliche Amt, 68-71.

[383] Interessant ist an dieser Stelle, was Karl Rahner in dem Aufsatz, Rede des Ignatius von Loyola an einen Jesuiten von heute, 376, über die Rolle des Exerzitienleiters sagt. Er versteht ihn nicht als denjenigen, der im Prozess der Exerzitien das Wort der Kirche als solches einbringen soll. Seine Funktion besteht allein darin, "Hilfestellung" zu geben, dass der Einzelne offen wird für Gott: "Der Exerzitienmeister (wie ihr ihn später nanntet) vermittelt vom letzten Wesen dieser Exerzitien bei all ihrer Kirchlichkeit her nicht amtlich das Wort der Kirche als solches, sondern gibt nur (wenn er kann) ganz vorsichtig von ferne eine Hilfestellung dafür, daß Gott und der Mensch sich wirklich unmittelbar begegnen."

[384] GÜ 15: "Der die Übungen gibt, soll sich also weder zu der einen Seite wenden oder hinneigen noch zu der anderen, sondern in der Mitte stehend wie eine Waage *unmittelbar* den Schöpfer mit dem Geschöpf wirken lassen und das Geschöpf mit seinem Schöpfer und Herrn."

das Innewerden Gottes der Grund und das Ziel des Exerzitienprozesses ist. Zum anderen ist er gehalten, die Eigenart des Einzelnen anzuerkennen, indem die Individualität zum Ausgangspunkt sowohl des Exerzitienprozesses im Gesamten als auch der Art und Weise wird, wie einzelne Übungen gegeben werden. Im Exerzitienbuch macht Ignatius Anmerkungen, wie der Exerzitienbegleiter diesen beiden Richtungen gerecht werden kann.

Damit Gott die erste Stelle im Exerzitienprozess einnehmen und sich seiner Seele *unmittelbar* mitteilen kann,[385] ist es wichtig, dass sich der Exerzitienbegleiter zurücknimmt und nicht in das Geschehen zwischen Gott und den Menschen direktiv eingreift. Ignatius konkretisiert das für verschiedene Bereiche.

Zum einen heißt das, dass der Exerzitienbegleiter sich darauf beschränken soll, den "Stoff", in der Regel also die biblischen Geschichten, zusammenfassend und entsprechend der Intentionen der Schrift darzulegen, ohne jedoch alle Sinngehalte auszulegen und erschöpfend zu erklären.[386] Nicht der Exerzitienbegleiter anstelle des Übenden, sondern der Übende selbst soll in ihnen den Anruf Gottes entdecken und den Schatz heben, den Gott für ihn in die biblischen Texte gelegt hat.

Zum anderen soll sich der, der die Exerzitien gibt, zurückhalten, jemanden bei einer Lebensentscheidung zu beeinflussen. Selbst wenn die Wahl auf etwas geht, das objektiv als etwas Verdienstvolleres angesehen werden kann als der jetzige Zustand, so zielen die Exerzitien darauf, dass der Einzelne das entdeckt, was der Wille Gottes je für ihn ist.[387]

Den einzelnen Menschen als Ausgangspunkt des Exerzitienprozesses und des konkreten Ablaufs der Exerzitien anzuerkennen, löst Ignatius ebenfalls in verschiedenen konkreten Anmerkungen ein. Ignatius wird nicht müde zu wiederholen, dass der Exerzitienbegleiter die Übungen nach der Fassungskraft des Einzelnen, also entsprechend dem Alter, der Bildung und Begabung, geben soll,[388] dass genau darauf zu achten ist, wann welcher "Stoff" thematisiert wird,[389] wie lange die einzelnen Phasen des Exerzitienprozesses zu dauern haben,[390] und wie lange es überhaupt für den Einzelnen möglich ist, die Geistlichen Übungen durchzuführen.[391] Um der Individualität des Einzelnen gerecht zu werden und ihn in seiner Unverfügbarkeit und seinem Geheimnis vor Gott zu respektieren, gibt Ignatius auch einige Hinweise, wie Kommunikationsregeln

---

[385] Vgl. GÜ 15.
[386] Vgl. GÜ 2.
[387] Vgl. GÜ 15.
[388] Vgl. GÜ 18.
[389] Vgl. GÜ 6.7.8.9.10.18
[390] Vgl. GÜ 4.89.162.
[391] Vgl. GÜ 19. In der 19. Anmerkung ist die Grundlage für die sogenannten "Exerzitien im Alltag" auszumachen.

zwischen dem, der die Übungen gibt, und dem Übenden aussehen sollen. Grundlage dieser Regeln ist der Respekt vor dem Anderen und das Bemühen, ihn auch in seiner Fremdheit zu verstehen, ihn aber dort, wo er Missdeutungen erliegt und seinen Weg zu Gott gefährdet, zu korrigieren.[392]

Zusammenfassend lässt sich für die Aufgabe des Exerzitienbegleiters festhalten, dass es ihm darum gehen muss, die Bewegungen im Einzelnen zu stärken, durch die er freier wird, den Willen Gottes für sich zu erkennen und im konkreten Lebensvollzug zu verwirklichen. Dass das auch bedeuten kann, dass der Exerzitienbegleiter darauf achtet, inwieweit der Exerzitant sich wirklich auf die Gebetsübungen eingelassen hat und sie realisiert,[393] gehört genauso dazu wie, dass er dem Übenden entdecken hilft, wo er noch von ungeordneten Beweggründen umhergetrieben wird, die ihn daran hindern, gegenüber der eigentlichen Wahl indifferent zu sein.[394]

Akzentuierungen des mystagogischen Dienstes — Einige Anmerkungen

Für Rahner war gerade die Rolle, die Ignatius dem zuschreibt, der die Exerzitien gibt, inspirierend, sein Verständnis vom priesterlichen Dienst zu artikulieren. Priestersein meint für Rahner, den Menschen zu helfen, immer weiter in das Geheimnis Gottes und der Welt einzudringen und sich davon gestalten zu lassen.[395] Damit beschreibt Rahner die Aufgabe des Mystagogen. Die verschiedenen Akzentuierungen, die diesen Dienst ausmachen, sollen im Folgenden kurz aufgezeigt werden.

Zum einen muss sich der Mystagoge selbst bewusst sein, dass Gott schon immer die Spur seines Lebens durchzogen hat, also dass er gleichsam von Gott ergriffen wurde, noch bevor er auf ihn ausgreift. Als in diesem Sinne Frommer,[396] der auch die Nacht des Glaubens kennt und den Sprung in das Gottvertrauen in seiner Radikalität gelten lässt,[397] muss er versuchen, den Menschen Zugänge zum Geheimnis Gottes zu eröffnen.

Damit ist schon ein zweiter Aspekt angesprochen. Um den Menschen wirklich zu helfen, an ihre Grunderfahrungen und damit auch an die Gotteserfahrung heranzukommen, braucht es eine Sprache, die sich nicht damit begnügt, "alte

---

[392] GÜ 22: "... ist vorauszusetzen, daß jeder gute Christ bereitwilliger sein muß, die Aussage des Nächsten zu retten, als sie zu verurteilen; und wenn er sie nicht retten kann, erkundige er sich, wie jener sie versteht; und versteht jener sie schlecht, so verbessere er ihn mit Liebe; und wenn das nicht genügt, suche er alle angebrachten Mittel, damit jener, indem er sie gut versteht, gerettet werde."

[393] Vgl. GÜ 6.12.

[394] Vgl. GÜ 8.9.21.

[395] Vgl. Rahner, K., Einübung priesterlicher Existenz, 7.

[396] Vgl. Rahner, K., Einübung priesterlicher Existenz, 166; vgl. ders., Frömmigkeit früher und heute, 22.

[397] Vgl. Rahner, K., Einübung priesterlicher Existenz, 169.

Klischees"[398] weiterzugeben, sondern danach sucht, das Gottesgeheimnis und die Botschaft von Jesus Christus so zu sagen, dass die Menschen davon berührt werden.[399]

Voraussetzung dafür ist — und hier kommt ein dritter Aspekt zum Tragen —, dass der Mystagoge die Situation, in der die Menschen stehen, wahrnimmt. Er muss sensibel sein, zu hören und zu sehen, was die Menschen bewegt und umtreibt,[400] wo sie an die Grenzen des Vorfindlichen stoßen im Tod, in der Hoffnung, in der Liebe, der Treue und der absoluten Wahrhaftigkeit, um nur einige Beispiele zu nennen.[401] Damit verbunden ist als vierter Aspekt, dass der Mystagoge versteht, das Christliche gleichsam als Interpretationspotenzial für Grenzerfahrungen in den Diskurs einzubringen und plausibel zu machen.[402] War dieser Aspekt in den Exerzitien thematisch geworden, insofern der, der die Exerzitien gibt, dem Übenden ab der Zweiten Woche die Mysterien des Lebens Jesu als Stoff vorlegt, gilt es nach Rahner, die angemessene Artikulation des Christlichen je neu zu finden. Spielten in der Vergangenheit in diesem Zusammenhang die Gottesbeweise eine Rolle, so kann es heute wohl nur noch auf dem Hintergrund geschehen, das eigene Leben als sinnvoll zu erfahren und von diesem erfahrenen Sinn her zu argumentieren.[403] Auch wenn Rahner ähnlich wie das Exerzitienbuch in Bezug auf den Mystagogen nur sehr zurückhaltend von seinen kultischen Aufgaben spricht, resümiert er dennoch, dass letztlich weder das Kultische und Sakramentale im engeren Sinn vernachlässigt werden darf, noch zu den Menschen zu gehen und von ihren Lebensverhältnissen auszugehen, gering zu schätzen ist.[404]

Zur Bedeutung der Liturgie und der Sakramente im Kommunikationsprozess des Glaubens

Liturgie und Sakramente spielen im ignatianischen Exerzitienbuch nur eine untergeordnete Rolle. Ignatius erwähnt sie eher beiläufig, als dass er ihnen für den Exerzitienprozess eine gewichtige Bedeutung zumessen würde. In der 20. Anmerkung ist beispielsweise davon die Rede, dass derjenige, der sich aus dem gewohnten Umfeld zurückzieht, um in einer abgesonderten Umgebung die Exerzitien zu machen, auch unbeobachteter jeden Tag an der Messe und der Vesper teilnehmen kann.[405] Einige Male verweist Ignatius auch auf das Bußsak-

---

[398]   Rahner, K., Einübung priesterlicher Existenz, 175.
[399]   Vgl. Rahner, K., Einübung priesterlicher Existenz, 175f.
[400]   Vgl. Rahner, k., Einübung priesterlicher Existenz, 174.
[401]   Vgl. Rahner, K., Atheismus und implizites Christentum, 205.
[402]   Vgl. Rahner, K., Atheismus und implizites Christentum, 211f.
[403]   Vgl. Rahner, K., Atheismus und implizites Christentum, 211f.
[404]   Vgl. Rahner, K., Betrachtungen zum ignatianischen Exerzitienbuch, 207.
[405]   Vgl. GÜ 20.

rament und den Empfang der Kommunion sowie die Teilnahme an der Tagzeitenliturgie.[406]
Auch wenn sich die Gotteserfahrung des Einzelnen immer wieder in der Teilnahme an der Liturgie und den Sakramenten aktuieren soll, wenn sie gleichsam darin einen Ort finden soll, öffentlich zu werden und sich in den Kommunikationsraum der Gemeinschaft der Glaubenden hinein erschließt, so heben die Exerzitien des Ignatius doch in erster Linie darauf ab, die Beziehung von Schöpfer und Geschöpf in den Blick zu nehmen. Damit soll keinem subjektiven Mystizismus das Wort geredet werden. Der Dienst, den die Kirche in ihrer liturgischen Dimension einbringt, ist aber von hier aus einzuschätzen.
In einem letzten Punkt soll nun die Verwiesenheit von Gotteserfahrung auf die affektive und intellektuelle Durchdringung reflektiert werden. Schon an dieser Stelle bleibt festzuhalten, dass Ignatius wie auch Rahner Affektion und Reflexion nicht als einander ausschließende, sondern vielmehr als komplementär zu verstehende Dimensionen des Menschen versteht, die je auf ihre Weise das Angekommensein Gottes im Menschen wahrnehmen und zum Ausdruck bringen.

4.3.1.8 Gotteserfahrung — verwiesen auf Affektion und Reflexion

Die Verwiesenheit von Gotteserfahrung auf Affektion und Reflexion wird besonders im Phänomen der Wahl deutlich, das Rahner als Kernstück der Exerzitien begreift. Wie weiter oben schon ausgeführt wurde, unterscheidet Ignatius im Exerzitienbuch drei Wahlzeiten (GÜ 175-177). Während die erste Zeit ganz von der Gottunmittelbarkeit gekennzeichnet ist und alle Dimensionen des Menschen von dieser Gottunmittelbarkeit betroffen sind, enthalten sowohl die zweite als auch die dritte Wahlzeit bewusst eingeschaltete affektive Erprobungen im Sinne von Trost- bzw. Trostlosigkeitserfahrungen als auch rationale Erwägungen, die dem Menschen helfen sollen, den Willen Gottes je für sich herauszufinden.
Die zweite Zeit ist geradezu dadurch charakterisiert, dass der Einzelne zu einer Wahlentscheidung kommt, indem er sich der Reaktionen vergewissert, die sich in Bezug auf die sich bietenden Möglichkeiten ergeben. Trost bzw. Trostlosigkeit werden gewissermaßen zu Wahlkriterien, die durch die Regeln zur Unterscheidung der Geister (GÜ 313-327 als Unterscheidungsregeln für die Erste Woche und GÜ 328-336 für die Zweite Woche) ausfindig gemacht werden können.

---

[406] Vgl. z. B. GÜ 18.44: Hier empfiehlt Ignatius die Generalbeichte mit Kommunion; vgl. GÜ 354.355.

Die Kraft der Vernunft wird vor allem in der dritten Zeit aktiviert. Durch die Methode des Abwägens und der Distanzierung soll der Einzelne erkennen können, was Gott von ihm will.[407]

Ignatius und Rahner im Anschluss an ihn gehen insgesamt davon aus, dass in der Zeit der Gottunmittelbarkeit die Tätigkeit des Intellekts genauso wie des Affekts und des Willens durch die Gegenwart Gottes überboten werden und von daher keinen eigenen Beitrag leisten, um eine Wahl zu treffen. Fällt der Mensch jedoch aus dieser Gottunmittelbarkeit heraus, dann ist die Gotteserfahrung auf das affektive Vermögen des Menschen und die Reflexion verwiesen. Diese beiden Dimensionen des Menschen werden dann zu Hilfen, die einerseits selbst an die Gotteserfahrung zurückgebunden sind,[408] andererseits den Menschen an die Gotteserfahrung als Tatsache seines Lebens erinnern können und sein Leben von daher ordnen helfen.

Wurde nun in diesem Abschnitt die Verwiesenheit der Gotteserfahrung konturiert und damit deutlich, dass sie in ihren verschiedenen Akzentuierungen der Grund und das Ziel des mystagogischen Geschehens ist, soll im Folgenden der Fokus auf die Art und Weise gerichtet werden, also auf die *Methode,* in der sich der Exerzitienprozess vollzieht. An ihm lässt sich sozusagen die Methodologie von Mystagogie ablesen. Rahner selbst erwähnt gegen Ende seines theologischen Schaffens öfters, dass es Aufgabe der gegenwärtigen Theologie sein muss, eine "neue Mystagogie" zu entwickeln.[409] Auch wenn er selbst dieses Desiderat nie explizit durchbuchstabiert hat, so wies er dennoch darauf hin, dass dieses seiner Meinung nach von den Exerzitien her einzuholen ist, weil sie selbst von der Gotteserfahrung ausgehen und dafür disponieren wollen, sich von ihr gestalten zu lassen.[410]

4.3.2 Der Exerzitienprozess — Eine "Methodologie" von Mystagogie

Ignatius hat die Exerzitien als Weg und Prozess verstanden, also als dynamisches Geschehen, das von verschiedenen Strukturmomenten geprägt ist. Diese Strukturmomente können als Strukturprinzipien eines mystagogischen Pro-

---

[407] Knauer, P., Die Wahl in den Exerzitien des Ignatius von Loyola, 326, spricht von der Methode der Subjektivation (zweite Zeit) und Objektivation (dritte Zeit).

[408] Vgl. GÜ 336.

[409] Vgl. erstmals in der Mitte der 1960er z. B.: Rahner, K., Die grundlegenden Imperative für den Selbstvollzug der Kirche, 269-271; vgl. ders., Einübung priesterlicher Existenz, 6. Dass Rahner es als "Mitte" seines Theologietreibens versteht, von der Erfahrung Gottes auszugehen und zu ihr hinzuführen, formuliert er vor allem gegen Ende seines Lebens. Vgl. z. B. ders., Vorwort, in: SzTh 12, 8f.

[410] Vgl. Rahner, K., Vorwort, in: SzTh 12, 8; vgl. auch Rahners letzten Brief vor dem Antritt des letzten Krankenhausaufenthaltes: KRA I, A. 1191, fol. 1 u. 3, zitiert nach Zahlauer, A., Karl Rahner, 186.

zesses verstanden werden, die auch für eine Methodologie des mystagogischen Lernens inspirierend sein können.

4.3.2.1 Zur Bedeutung der Individualität

Schon wiederholt wurde darauf hingewiesen, dass das Exerzitienbuch des
Ignatius als Dokument der Neuzeit beim Menschen und seiner Verfasstheit ansetzt. Das "Prinzip und Fundament" (GÜ 23) verweist schon mit seinen An-
fangsworten darauf, dass es bei dem Exerzitienprozess um den Menschen
geht, und zwar um den Menschen als Geschöpf Gottes. So sehr also Gott und
die Erfahrung Gottes der Grund und das Ziel der Exerzitien sind, so ist der
Mensch in seiner Individualität derjenige, von dem aus sich der Exerzitienprozess entspinnt. Mystagogische Wege gehen vom Einzelnen aus, setzen bei ihm
und seiner Verfasstheit an und haben auch ihr Maß an der Individualität des
Einzelnen zu nehmen.

Übungen, Zeiten und Orte sind jeweils so zu wählen, dass der Übende davon
Nutzen hat und auf seinem Weg vorankommt. Ignatius bringt in diesem Zusammenhang das heilsgeschichtliche "magis" ein und akzentuiert es als subjektiven Imperativ. Die Mystagogie der Exerzitien setzt mit anderen Worten
darauf, dass jeder Einzelne das wählen soll, was ihm mehr hilft, der zu werden,
als der er von Gott gedacht ist.

4.3.2.2 Zur Bedeutung der eigenen Lebenswahrheit

Fängt der Prozess der Exerzitien beim Einzelnen an, so ist ein wichtiges Moment, das dieser Perspektive Rechnung trägt, dass der Einzelne durch den
mystagogischen Prozess immer mehr mit seiner eigenen Lebenswahrheit vertraut wird. Das klingt im Exerzitienbuch in der Formulierung des "Prinzips und
Fundaments" an, in der der Mensch als Geschöpf tituliert wird (GÜ 23). Das
wird vor allem aber im Geschehen der Ersten Woche deutlich, in der der Übende angehalten wird, zurückzublicken und sich seiner Situation als Mensch bewusst zu werden. Das bedeutet auch wahrzunehmen, wo der Einzelne die Beziehung zu sich, zu den Anderen, zur Mit-Welt und zu Gott gestört hat und sündig geworden ist.[411] Für Rahner zeigt sich darin ein Grunddatum des Menschen,
das er in seine Wahrnehmung integriert haben muss, will er sich selbst angemessen sehen und auch die Beziehung zu Gott und Welt adäquat vollziehen
lernen. Die grundlegende Versuchung besteht nämlich darin, dass der Mensch

---

[411]   Vgl. z. B. die Ausführungen über die Gewissenserforschung GÜ 32-43, die General-
         beichte GÜ 44, die drei Hauptübungen der ersten Woche als Betrachtungen der drei
         Sünden GÜ 45-52.

die Absolutheit, auf die er angelegt ist, im Endlichen einzulösen versucht und den Sprung ins Unendliche nicht wagt.[412]
Dass der Mensch nun der eigenen Lebenswahrheit ins Gesicht schauen kann und dabei nicht umkommt, ist nach Rahner nur möglich im Gegenüber zum Gekreuzigten.[413]

4.3.2.3 Jesus Christus als Sinnmitte mystagogischer Wege

Wie oben schon angedeutet wurde, ist die Begegnung mit der eigenen Lebenswahrheit christlich gesprochen nur aufgrund des Kreuzes Christi zu wagen und auszuhalten.[414] Das klingt im Exerzitienbuch sowohl im sogenannten Gespräch mit dem Gekreuzigten nach der Betrachtung der Sünden an (GÜ 53f), als es auch in der Zweiten Woche entfaltet wird, in der der Übende sein Leben vom Leben Jesu her reflektiert (GÜ 91-189). Wer der Mensch ist und wer er werden soll, das ist im Schicksal Jesu deutlich geworden. Lässt er sich auf dieses Schicksal ein und versucht er, es im eigenen Leben Gestalt annehmen zu lassen, dann bedeutet das aufgrund der Inkarnation, in der das Schicksal der Menschheit unlösbar an das Schicksal des göttlichen Sohnes gebunden wurde und umgekehrt, dass der Mensch in der Nachfolge Jesu das entfaltet, was er schon immer ist. Sich an den Weg Jesu zu binden und sich von ihm bestimmen zu lassen, wird deshalb als Sinnmitte mystagogischer Wege deutlich. Ob das explizit geschieht oder "anonym" bleibt, ist dabei nicht die erste Frage. Wichtig ist, dass durch Christus selbst der Weg gebahnt wurde und die Sünde nicht mehr die letzte Aussage über den Menschen ist. Seit dem Christusgeschehen ist der Mensch vielmehr wieder endgültig und unaufgebbar hineingenommen in das Heil Gottes. Was hier seinen Anfang genommen hat, gilt es im Leben des Einzelnen durchzubuchstabieren, bis diese Wirklichkeit am Ende der Zeit schließlich zur Wirklichkeit der ganzen Schöpfung geworden ist.
Die Christologie als Sinnmitte mystagogischer Wege verdeutlicht, dass der Mensch den Weg zum Geheimnis Gottes nicht erst von Grund auf entwerfen und bahnen muss. Hier zeigt sich vielmehr, dass dem Menschen diese "Grundevidenz" qua Menschsein zu- und entgegenkommt. Mystagogische Wege können also grundsätzlich damit rechnen, dass das Gottesgeheimnis sich

---

[412] Vgl. Rahner, K., Betrachtungen zum ignatianischen Exerzitienbuch, 44.
[413] Vgl. Rahner, K., Betrachtungen zum ignatianischen Exerzitienbuch, 46.48.
[414] Rahner, K., Betrachtungen zum ignatianischen Exerzitienbuch, 48: "Wenn diese Betrachtungen [diejenigen über die Sünde] mit dem Zwiegespräch vor dem Kreuz enden sollen, dann ist das nicht nur ein frommer christlicher Abschluß, der an die Betrachtung einer Geschichte, die mit Christus als solchem eigentlich nichts zu tun hätte, angehängt ist. Vielmehr werden wir ... eingeladen, von vornherein den Standort vor dem Kreuz zu wählen, von da aus unsere Situation zu bedenken und so auch schon alle Ereignisse der Sündengeschichte als heilsgeschichtliche Phasen zu sehen, die im Grunde auf das Kreuz Christi hinführen und von ihm her gelöst sind."

selbst eingeschrieben hat in die Geschichte der Menschen und nicht erst durch äußere Aktionen in sie hineingeholt werden muss. Wie weiter oben schon deutlich wurde,[415] braucht die Verkündigung der Glaubensbotschaft Gott nicht in das Leben der Menschen hineinzutragen. Sie ist vielmehr nachrangig gegenüber dem Angekommensein Gottes im Menschen und von daher auch entlastet. Zugleich heißt das, dass die Methodologie von Mystagogie eine ihrer Grenzen in der Unverfügbarkeit Gottes findet.

Dass die Christologie die Sinnmitte mystagogischer Wege ist, impliziert nun als weiteren Aspekt, dass die Richtung der mystagogischen Wege durch das Christusgeschehen vorgegeben ist und sich als Weg nach unten konkretisiert.

4.3.2.4 Der Weg nach unten als Richtung mystagogischer Wege

Die Exerzitien setzen bei der Meditation der Menschwerdung Gottes an und kommen über die Betrachtung der Geheimnisse des Lebens Jesu schließlich zur Passio und zum Kreuzestod Jesu.[416] Das Christusgeschehen rückt also als Weg nach unten in den Blick, für den es offen zu werden und von dem es sich schließlich auch selbst zu gestalten gilt. Weil Christus in seiner Passio zur "Wegscheide der Weltgeschichte"[417] geworden ist, darf seitdem jede Leidensgeschichte mit ihm in Zusammenhang gebracht werden. Jeder Leidende und Geschundene darf mit Gottes Zusage rechnen, nicht in den Abgrund zu fallen, sondern von Gott wieder in das Leben geholt zu werden.

Sind also die mystagogischen Wege von daher zu verstehen, dann bedeutet das zweierlei. Zum einen scheinen Leid und Misserfolg nicht mehr als um jeden Preis zu vermeidende Größen auf, sondern sind offen für die Nähe Gottes. Zum anderen wohnt mystagogischen Wegen eine Dynamik auf die Menschen am Rand inne, auf die Geschundenen und Entrechteten. Christlich akzentuierte mystagogische Wege finden darin ein unterscheidendes Kriterium, inwieweit sie die Solidarität mit den Armen verwirklichen oder nicht.

4.3.2.5 Von Gott her die Kehre erfahren

Ein weiteres Strukturprinzip mystagogischer Wege lässt sich ausmachen, wenn man über den Höhepunkt des Exerzitienprozesses nachdenkt, nämlich die Wahl. Hier zeigt sich für den Einzelnen, was er als Willen Gottes an ihn erkennt, den es im konkreten Alltag umzusetzen gilt. Schon weiter oben wurde darauf hingewiesen, dass es sich dabei um ein Geschehen handelt, in dem der Schöpfer *unmittelbar* an sein Geschöpf rührt (GÜ 15). Selbst wenn der Mensch

---

[415] Vgl. Erster Teil, Drittes Kapitel, 3.5.2, 146-147.
[416] Vgl. die Übungen der Zweiten Woche GÜ 101-189 und auch der Dritten Woche 190-209.
[417] Rahner, K., Betrachtungen zum ignatianischen Exerzitienbuch, 235.

sowohl mit seiner Affektivität als auch Rationalität aufgefordert ist, diesen individuellen Imperativ Gottes an ihn zu entdecken, so bleibt dieses Ereignis letztlich ein Geschehen von Gott her und vom Geheimnis des Menschen und insofern unverfügbar.

Dieser Gedanke wird nicht nur im Phänomen der Wahl deutlich, sondern ebenso in der sogenannten Vierten Woche. Ignatius stellt dem Übenden als Thema die Erscheinung des Auferstandenen vor und lässt ihn die Bewegungen des Trostes fokussieren.[418] So wie dem Gekreuzigten das Leben von Gott her ganz neu zuteil wurde, wie das Gefängnis des Todes durchbrochen wurde und Gott handelte, als jedes Tun an sein Ende gekommen war, so schreibt sich die Unverfügbarkeit und Unauslotbarkeit Gottes in das Leben des Menschen ein.

Mystagogische Wege sind von dieser Unverfügbarkeit Gottes und des Menschen bestimmt. Auch wenn Prozesse strukturiert werden können und müssen, auch wenn Abläufe zu planen sind, ist das Unplanbare als kritisch-produktives Moment gegenwärtig und als solches wahrzunehmen. Mystagogische Wege kennzeichnet von daher das Paradox von Machbarkeit und Unverfügbarkeit, von Linearität und Diskontinuität. Dieser Aspekt wird vor allem für die Konturierung des mystagogischen Lernens in Bezug auf die Gestaltung von Lernwegen von Bedeutung werden.

4.3.2.6 Zur Bedeutung der Welt als Ort Gottes

Der Exerzitienprozess kulminiert in der Aktualisierung der Gotteserfahrung im gewöhnlichen Lebenskontext. Vor allem die sogenannte Betrachtung "Ad amorem" (GÜ 230-237) zielt darauf, das Erfahrene in die alltäglichen Gegebenheiten einzuschreiben, die den Übenden nach den Exerzitien erwarten. Gotteserfahrung bleibt damit nicht reduziert auf bestimmte Momente oder Phasen im Leben, sondern zeigt sich als Grund, der die gesamte Lebensgeschichte des Menschen durchzieht. Auch wenn das zu manchen Zeiten deutlicher wird als zu anderen, so gilt doch, dass Gott in der Welt den Ort bereitet hat, an dem ihm der Mensch begegnen kann. Die Schöpfung wird hier genauso wie der Alltag zur Erfahrensweise Gottes, die als solche vom Menschen entdeckt werden wollen.

Für mystagogische Wege heißt das, dass sie darauf angelegt sein müssen, eine Begegnung mit der Schöpfung, der Welt, dem Gewöhnlichen anzubahnen. Es gilt, zu sensibilisieren für das Vorfindliche und für das, was über das Vorfindliche hinausgeht. Diesen Transzendenzbezug wahrzunehmen und deutlich zu machen, ist charakteristisch für mystagogisches Lernen.

---

[418]   Vgl. GÜ 218-229.299-312.

Um diese verschiedenen Aspekte, die sowohl in Bezug auf die theologischen Grundlagen als auch die Methodologie von Mystagogie thematisiert wurden, nochmals zusammenzulesen, soll im Folgenden versucht werden, Dimensionen und Akzentuierungen für das mystagogische Lernen herauszuarbeiten.

5 Dimensionen und Akzentuierungen von Mystagogie — Impulse für den religionspädagogischen Kontext

Grundlegend für alle Akzentuierungen, die sich in Bezug auf ein Verständnis von Mystagogie im Anschluss an Rahner ausmachen lassen, ist das Verhältnis von Gott und Mensch, das Rahner als ontologische Einheit denkt. Dieser Ansatz revolutionierte die bis dato vorherrschende neuscholastische Theologie in dreifacher Hinsicht. Sie legte einen anderen Ausgangspunkt von Theologie zugrunde, so dass sie sich im Folgenden als anthropologisch gewendete Theologie verstehen konnte. Zweitens reformulierte sie die Konstitutiva von Theologie, indem sie das Erfahrungsmoment wieder einholte, so dass sich Theologie zukünftig als existentielle Theologie zu erkennen gab. Drittens entwarf sie Theologie auch in Bezug auf die Methodologie von Theologie neu, so dass sie zukünftig als mystagogisch gewendete Theologie aufscheinen sollte.

Was diese Theologie nun an Impulsen für das mystagogische Lernen geben kann, soll im Folgenden bedacht werden.

5.1 Gott im Menschen und der Mensch in Gott

Sowohl durch die Reflexion der Grundlagen der Rahnerschen Theologie als auch des Exerzitienprozesses wurde deutlich, dass Mensch und Gott nicht mehr, wie das noch in der neuscholastischen Theologie der Fall war, von ihrer Unterschiedenheit und Andersheit her angedacht werden, sondern von der Bezogenheit aufeinander. Ein Grunddatum der Rahnerschen Theologie ist, Gnade nicht mehr als etwas dem Menschen "Äußerliches" verstehen zu müssen. Gnade scheint vielmehr in der Reflexion des übernatürlichen Existentials als innerstes Prinzip des Menschen auf, wenngleich immer gilt, dass sie nicht mit der Potenzialität des Menschen identisch ist. Das heißt, dass Rahner sehr wohl die Differenz von Gnade und übernatürlichem Existential wahrt, dass er aber, wie gesagt, von deren Bezogenheit und Einheit ausgeht, von der aus die Verschiedenheit in den Blick rückt.

Um das noch einmal mit anderen Worten zu sagen, kann man bei Rahner von einer vorgängigen Einheit von Gnade bzw. Gottesgeheimnis und übernatürlichem Existential bzw. dem Menschen sprechen. Das bedeutet für das Verständnis von Tradition und Situation im religionspädagogischen Kontext, wie weiter oben schon ausführlich reflektiert wurde,[419] dass beide einander nicht mehr als grundsätzlich fremde Größen gegenüberstehen, die erst nachträglich in ein Beziehungsverhältnis zueinander gesetzt werden. Im Anschluss an die Rahnersche Theologie ergibt sich vielmehr, dass beide Größen von ihrer Einheit her angedacht werden können, die dann den Blick auf ihre Unterschiedenheit eröffnet.

Das hat Konsequenzen für das mystagogische Lernen, das versucht, den christlichen Glauben als Deute- und Ausdruckspotenzial von Alltagserfahrungen zu kommunizieren. Tradition ist nicht nur als Gegenüber zur Situation und Erfahrungswelt des Einzelnen einzubringen, sondern kann in ihrer Verwobenheit mit den Erfahrungen der Menschen deutlich werden. Umgekehrt scheint die Erfahrungswelt des Einzelnen als von der Tradition geprägt auf, so dass es in religiösen Bildungsprozessen gilt, diese "Substrate" wahrzunehmen und deuten zu lernen.

5.2 Das Angekommensein Gottes und die Glaubensbotschaft

Für Rahner ist jeder Mensch qua seines Menschseins ausgerichtet auf das Heil. Im übernatürlichen Existential spricht sich diese Fähigkeit des Menschen aus, wie sich in ihm auch der universale Heilswille Gottes artikuliert. Das bedeutet, dass das Anteilnehmen am Heil nicht eine Gabe ist, die erst von außen — etwa durch die Verkündigung der Glaubensbotschaft — an den Menschen herangetragen wird, sondern ihn schon immer ausmacht.[420]

Rahner zieht daraus Konsequenzen, insofern er dem Angekommensein Gottes im Menschen die Priorität vor der Verkündigung der Glaubensbotschaft einräumt. Damit revolutioniert er ein Verstehen, das seit der Barockscholastik unangefochten war. Nicht mehr die Belehrung, sondern vielmehr die Mystagogie rückt mit dieser Akzentsetzung Rahners in den Vordergrund. Es geht nicht mehr darum, Gott den Menschen zu bringen, sondern vielmehr darum, die Menschen zu befähigen, Gott in ihrem Leben zu entdecken. Das bedeutet zunächst eine enorme Entlastung der Verkündigung und auch der Theologie.[421] Gott ist schon immer im Menschen gegenwärtig und kann als solcher auch erfahren werden.

In einem weiteren Sinn zeigt sich in dieser Verhältnisbestimmung, dass es Anliegen der Theologie und der Kirche sein muss, Wege zu finden, mittels derer die Menschen für das Angekommensein Gottes in ihnen und in der Welt sensi-

---

[419]   Vgl. dazu auch Erster Teil, Drittes Kapitel, 3.5.1, 143-146.
[420]   Vgl. Erster Teil, Drittes Kapitel, 3.5.2, 146-147.
[421]   Diese Verhältnisbestimmung fand schon in verschiedenen Dokumenten des Zweiten Vaticanums Eingang, wie z. B. im Missionsdekret "Ad gentes", in der Erklärung über das Verhältnis zu den nichtchristlichen Religionen "Nostra aetate" und im Dekret über den Ökumenismus "Unitatis redintegratio", um nur einige zu nennen.

bel werden. Das heißt, Räume und Zeiten zu eröffnen, das Angekommensein Gottes wahrnehmen zu können, das heißt aber auch, auf ein Interpretationspotenzial hinzuweisen, das hilft, die gemachten Erfahrungen zu deuten. Und gerade darin ist der Anknüpfungspunkt für die Verkündigung der Glaubensbotschaft zu sehen. Über die Überlegungen hinaus, die sie als Moment der Gotteserfahrung kennzeichneten, rückt die christliche Tradition als Interpretationshilfe in das Blickfeld, die eine Sprache genauso wie ein "Reservoir" von Erfahrungen zur Verfügung stellt, die Menschen mit Gott gemacht haben. Mittels dieses Interpretationspotenzials können eigene Erfahrungen im Horizont des jüdisch-christlichen Glaubens gedeutet, vertieft oder auch korrigiert werden. Eine Perspektive religiöser Bildung könnte sich daran inspirieren.

5.3 Plädoyer für eine existentielle Theologie

Schon weiter oben wurde herausgearbeitet,[422] dass mit Rahner das Moment der Erfahrung wieder Eingang in die Theologie fand, insofern sie als für das Offenbarungsgeschehen konstitutiv verstehbar wurde. Rahner hatte verdeutlicht, dass die Selbstmitteilung Gottes auch auf die Möglichkeit der Erfahrbarkeit angelegt ist, dass Gnade nicht mehr nur eine ontische Wirklichkeit ist, sondern eine ontologische und demnach nicht mehr nur als ein bewusstseinsjenseitiges Phänomen aufgefasst werden muss.[423] Mit anderen Worten heißt das, dass der Mensch Gott auch als solchen erfahren kann. Glaubenslehre im Sinne eines systematisierten Lehrgebäudes und mystagogisches Bemühen, das sich darauf richtet, für Gotteserfahrung zu disponieren, Räume und Zeiten zu schaffen, in denen sich Gotteserfahrung ereignen kann, können seit Rahner neu zusammengedacht werden.

Für das mystagogische Lernen bleibt damit im Anschluss an Rahner festzuhalten, dass das Moment der Erfahrung eine bedeutende Rolle spielt. Bei den Erfahrungen der Menschen anzusetzen, sie dafür zu disponieren, Erlebtes zu reflektieren, Vorfindliches auf seine Grenzen hin abzusuchen und Grenzerfahrungen auf das abzutasten, was in ihnen trägt, das sind dringliche Aufgaben für das mystagogische Lernen.

Im Anschluss an Rahner bedeutet das auch, dass diese Erfahrungen als Weisen verstehbar werden, Gott zu erfahren. Die Erfahrungen der Alltagswelt, Selbsterfahrungen und Grenzerfahrungen tragen schon immer das "Gesicht" der Gotteserfahrung, auch wenn sie nicht unbedingt als Gotteserfahrungen interpretiert werden müssen.[424]

---

422 Vgl. Erster Teil, Drittes Kapitel, 3.5.3, 147-149.
423 Vgl. Rahner, K., passim bei: Zahlauer, A., Karl Rahner, 185; KRA I, A. 1191, fol. 1 u. 3, zitiert nach Zahlauer, A., Karl Rahner, 186.
424 Vgl. Erster Teil, Drittes Kapitel, 3.4.1, 136-139.

5.4 Zur Allgemeinheit und Vieldimensionalität von Gotteserfahrung

Sowohl in den letzten Abschnitten als auch in früheren Ausführungen wurde deutlich, dass die Gotteserfahrung nach Rahner nicht als Sondererlebnis zu verstehen ist,[425] sondern das Attribut der Allgemeinheit für sich beanspruchen kann, und zwar in einem zweifachen Sinn.

Gotteserfahrung ist nicht einer bestimmte Gruppe von Menschen vorbehalten, etwa den Mystikern, sondern eignet jedem Menschen qua seines Menschseins an.[426] Zugleich ereignet sich Gotteserfahrung nicht gesondert, sozusagen im Gegenüber zu den Alltagserfahrungen der Menschen und in keinem Zusammenhang zu ihnen stehend. Auch wenn gilt, dass die Gotteserfahrung eine einmalige Eigenart kennzeichnet, insofern ihr Gegenstand Gott ist,[427] so geht sie doch mit jenen existentiellen Erfahrungen des Menschen überein, in denen Akte der Freiheit gesetzt werden wie z. B. in der Treue, der Liebe, der Hoffnung oder letztlich auch dem Tod.

Neben der Charakterisierung der Gotteserfahrung als "allgemeine" kann sie nach Rahner auch als vielgestaltig bezeichnet werden, insofern die verschiedenen Dimensionen des Menschen fähig sind, Gottes Angekommensein zu vernehmen. Der Verstand genauso wie die Affektivität, die Seelenspitze (apex mentis bzw. apex affectus) genauso wie das Gewissen, die Sinne genauso wie das Abstraktionsvermögen, um nur einige zu nennen, sind dazu fähig.

Damit formuliert sich als mystagogische Aufgabe, die verschiedenen Alltagserfahrungen thematisch werden zu lassen und sie auf ihren Grund und ihre Ausgerichtetheit hin auszuloten. Das bedeutet auch, die Sinne, verstanden als Sinnlichkeit und Verstand, als körperliche und geistige Sinnesvermögen, zu sensibilisieren sowie die Seelenspitze des Menschen zu kultivieren und für Gotteserfahrung aufmerksam zu werden.

5.5 Zur Vielgestaltigkeit der Wege von Gotteserfahrung

Anerkennt man mit Rahner die Allgemeinheit und Vielgestaltigkeit der Gotteserfahrung, dann bedeutet das auch, die Allgemeinheit und Vielgestaltigkeit der Wege, Gott zu erfahren, zu respektieren.

Rahner selbst nennt in diesem Zusammenhang die Philosophie und die Poesie als mögliche Zugänge, um für Gotteserfahrung aufmerksam zu werden.[428] Er versteht sie als Modelle, an denen zwei unterschiedliche Ansätze festgemacht

---

[425]   Vgl. Erster Teil, Drittes Kapitel, 3.4.1, 136-139.
[426]   Vgl. Erster Teil, Drittes Kapitel, 3.2, 121-134.
[427]   Vgl. Rahner, K., Gotteserfahrung heute, 163; vgl. Erster Teil, Drittes Kapitel, 3.4.1, 136-139.
[428]   Vgl. Erster Teil, Drittes Kapitel, 3.5.5, 150.

werden können. Wird in poetischen Zugängen wie der Musik, der Kunst und Literatur von der Subjektivität des Menschen ausgegangen, so heben philosophische Wege auf die Exaktheit des Begriffs ab und versuchen, den Menschen dadurch auf den Grund des Daseins zu verweisen.[429]

Insgesamt lässt sich festhalten, dass es keine exklusive Methode gibt, die es in Bezug auf Mystagogie zu befolgen gilt. Bei der zu entwickelnden Perspektive religiöser Bildung, wie sie das mystagogische Lernen verfolgt, muss vielmehr deutlich werden, dass die Zugänge vielgestaltig sind. Ästhetische Lernwege, reflektierende Phasen, praktisches, handlungsbezogenes Lernen muss genauso möglich sein wie erinnerungsgeleitetes Lernen, Lernen mit Symbolen, biographisches Lernen und Stilleübungen, um nur einige Möglichkeiten zu nennen. Es geht darum, ein möglichst breites Spektrum zu entwickeln bzw. aufzugreifen, um die verschiedenen Dimensionen des Menschen anzusprechen, zu sensibilisieren und für Gotteserfahrung zu disponieren.

Weil das Ziel und der Grund von Mystagogie im Anschluss an Rahner die Gotteserfahrung ist, muss darauf gesetzt werden, das Allgemeine und Alltägliche als Ort Gottes verstehen zu lernen, an dem er sich zeigt und an dem er erfahren werden kann. Auch diesem Faktum trägt eine Vielfalt an Zugängen am ehesten Rechnung.

Dennoch soll im Folgenden nochmals eigens auf die Selbsterfahrung als Weise der Gotteserfahrung reflektiert werden, weil hier in nuce deutlich wird, dass für Rahner Gott nicht irgendwo, sondern mitten in der Geschichte der Menschen anzutreffen ist.

5.6 Plädoyer für eine anthropologisch gewendete Theologie

Durch die Rahnersche Theologie wurde die Welt wieder neu als Ort Gottes verstehbar. Rahner spezifizierte diesen Gedanken, indem er nicht nur die Mitwelt, das Du des Anderen, das Beten und Denken als Weisen konturierte, in denen und durch die Gott erfahren werden kann, sondern die Begegnung mit der eigenen Tiefe, also die Selbsterfahrung als Weise von Gotteserfahrung wieder in das Blickfeld der Theologie rückte.[430] Rahner geht von einer Einheit von Selbsterfahrung und Gotteserfahrung aus, die als Erstes festzuhalten ist, bevor auf deren Unterschiedenheit reflektiert wird.[431]

Selbsterfahrung tritt also nicht in Konkurrenz zur Gotteserfahrung und umgekehrt, sondern deckt auf, dass der Mensch dort, wo er sein Menschsein am tiefsten vollzieht, an den Grund seines Lebens rührt. Anthropologie wird damit zum Ernstfall von Theologie, indem der Weg in die Tiefe zum Weg Gottes

---

[429] Vgl. Rahner, K., Gotteserfahrung heute, 166.
[430] Vgl. Erster Teil, Drittes Kapitel, 3.4.1, 136-139.
[431] Vgl. Rahner, K., Selbsterfahrung und Gotteserfahrung, 135.

avanciert, weil nach Rahner alle Akte, in denen der Mensch sein Menschsein in Radikalität vollzieht, von Gott selbst getragen und bewegt sind.[432]

Hierzu müssen noch zwei weitere Aspekte bedacht werden. Zum einen stellt Rahner heraus, dass die Offenheit der Selbsterfahrung auf Gotteserfahrung hin nicht in der Potenzialität der Selbsterfahrung begründet ist, also nicht der Macht des Subjekts unterliegt, sondern dem Menschen von Gott zugeeignet worden ist, also Gnade ist.[433] Zum anderen gibt es nach Rahner sehr wohl eine Zeit, die besser geeignet ist, für Gotteserfahrung aufmerksam zu werden und eine Zeit, die weniger gut dafür geeignet ist.[434] Rahner selbst fügt hier also ein kairologisches Moment ein.

Damit sind schon mehrere Ansatzpunkte thematisiert, die für das mystagogische Lernen relevant sind. Es gilt, nach Wegen Ausschau zu halten, in denen Menschen an ihre eigene Tiefe rühren, die ihnen helfen, mit sich selbst, ihrer eigenen Lebensgeschichte und auch Lebenswahrheit vertraut zu werden. Im Kontakt mit der inneren Tiefe und dem eigenen Selbst kann ein Bewusstsein wachsen, dass sich gerade hier der Kontakt mit Gott ereignet. Die Begegnung mit dem Geheimnis der eigenen Tiefe kann zur Begegnung mit dem Geheimnis Gottes werden. Mystagogische Wege müssen so angelegt sein, dass sie den Menschen Räume und Zeiten bieten, sich auf diese Tiefenerfahrungen einzulassen. Sie müssen aber auch dem Rechnung tragen, dass die Offenheit von Selbsterfahrung auf Gotteserfahrung allein in der Dynamik Gottes selbst begründet ist und damit unverfügbar bleibt. Für das mystagogische Lernen bedeutet das, dass solche Wege in großer Behutsamkeit angebahnt werden müssen, dass sich niemals Zwang und Manipulation in den Zugängen widerspiegeln dürfen, sondern die Freiheit des Einzelnen und der Respekt vor dessen unverfügbarem Geheimnis das Lernarrangement prägen muss.

Als weiterer Aspekt ergibt sich, dass mystagogische Wege das Interpretationspotenzial zur Geltung bringen, das dem Einzelnen die Möglichkeit gibt, die Selbsterfahrung als Gotteserfahrung zu entdecken. Konkret heißt das, dass beispielsweise der Erfahrungsschatz des jüdisch-christlichen Glaubens in diesem Zusammenhang thematisiert wird. Dieser kann einerseits als "Sprachreservoir" dienen, um die eigenen Erfahrungen auszudrücken, und andererseits helfen, die eigenen Erfahrungen zu deuten und mit ihnen umzugehen. Begegnungen mit den biblischen Schriften und der Tradition können thematisch werden lassen und reflektieren helfen, was sich zunächst als "anonyme Erfahrung" zeigt.

---

[432]   Vgl. Rahner, K., Gotteserfahrung heute, 166.
[433]   Vgl. Rahner, K., Gotteserfahrung heute, 164f.
[434]   Vgl. Rahner, K., Kirchliche und außerkirchliche Religiosität, 594.

Damit stellt sich die Frage, worauf dieses Thematischwerden zielt bzw. wie es vonstatten gehen kann. Sowohl in der Rahnerschen Analyse der Exerzitien als auch in den Grundlagen seiner Theologie konnte das in der Christologie festgemacht werden, die sich als Weg nach unten vollzieht.

5.7 Das Christusgeschehen als Sinnmitte mystagogischer Wege

Schon in der Reflexion der Grundlagen der Rahnerschen Theologie wurde deutlich, dass Rahner den universalen Heilswillen Gottes christologisch vermittelt sieht.[435] Weil sich in der Inkarnation eine göttliche Person an die menschliche Natur mitgeteilt und diese damit begnadet hat, hat seitdem jede menschliche Natur Anteil an dieser Begnadung gewonnen.[436] Diese Begnadung ereignet sich nach Rahner im übernatürlichen Existential, so dass dieses insgesamt als christologisch begründet und dynamisiert erscheint. In ihm werden die Menschen auf Jesus Christus ausgerichtet, und zwar auf sein konkretes Schicksal, das sich als Weg nach unten vollzieht. Wie weiter oben schon zitiert wurde, spricht Nikolaus Schwerdtfeger deshalb vom "kreuzigenden" Charakter des übernatürlichen Existentials.[437]

Dieser Gedanke schälte sich auch in der Analyse des Exerzitienprozesses als leitend heraus. Die Exerzitien sind ausgerichtet, dass der Einzelne den individuellen Imperativ, den Gott an ihn gerichtet hat, herausfindet und im eigenen Leben konkretisiert. Das geht nur, weil Christus die durch die Sünde korrumpierte Beziehung des Menschen zu Gott wieder hergestellt hat, weil der Einzelne seine eigene Verfasstheit nur vom Blick des Gekreuzigten her aushalten kann,[438] und weil der Vollzug des individuellen Imperativs nur ausgerichtet auf den Weg Jesu erfolgen kann. Damit wird das Christusgeschehen, das sich als Weg nach unten vollzieht, als Sinnmitte mystagogischer Wege deutlich.

Für das mystagogische Lernen zeigt sich, dass mystagogische Wege das Schicksal Jesu widerspiegeln müssen, und zwar insofern es sich als Kenosis zu erkennen gibt. Begegnungen mit denen, die selbst unten stehen, mit den Entrechteten, Geschundenen und Unterdrückten, mit den Armen und Schwachen, werden zu vorrangigen Weisen, für Gotteserfahrung zu disponieren. Gemäß der Parusierede (Mt 25), in der die Begegnung mit den Leidenden dieser Welt als Kriterium ausgewiesen wird, inwieweit sich der Einzelne auf Gott einlässt, bedeutet das für religionspädagogisches Denken und Handeln, dass reli-

---

[435] Vgl. Erster Teil, Drittes Kapitel, 3.2.4, 125-127.
[436] Vgl. Rahner, K., Grundkurs des Glaubens, 196-202.
[437] Vgl. Schwerdtfeger, N., Gnade und Welt, 188.
[438] Vgl. GÜ 53: Gespräch mit dem Gekreuzigten, mit dem die erste Übung der ersten Woche abgeschlossen wird.

giöse Bildung sozusagen von den Menschen am Rand her anzudenken und anzufragen ist.

5.8 Subjektorientierung und Identitätsbildung als Prinzipien mystagogischer Wege

Zeigt sich die kenotische Christologie als Sinnmitte mystagogischer Wege, so erweist sich die Individualität des Menschen als deren Ausgangspunkt. Was für die Exerzitien und ihre konkreten Übungen als charakteristisch herausgearbeitet wurde,[439] das gilt auch für die Konturierung mystagogischen Lernens. Es muss sich an den Subjekten des Glaubens orientieren und sie in ihren Lebensweltbezügen ernst nehmen.

Das bedeutet, Vorstellungen, Einstellungen, Haltungen und Denkweisen des Einzelnen wahrzunehmen, ihn auch in seiner Religiosität und der Art und Weise, wie er sie artikuliert, zu würdigen. Dazu braucht es Lernwege, die von den Subjekten des Glaubens ausgehen, die ihnen Foren eröffnen, in denen sie sich ihrer eigenen Verfasstheit bewusst werden und sie überdenken können. Ebenso wichtig ist es, diese in einen Dialog mit den Einstellungen, Vorstellungen, Haltungen und Denkweisen anderer zu bringen. Dieses interaktive Geschehen, in dem Eigenes mit Fremdem konfrontiert wird, um dadurch korrigiert, intensiviert und geweitet zu werden, versuchen mystagogische Wege in Gang zu setzen und zu unterstützen. Insofern kann man sagen, dass mystagogisches Lernen sowohl auf einen konfrontativen als auch einen komplementären Ansatz zielt. Auseinandersetzung mit Anderem und Fremdem sowie Begleitung bei der eigenen Suche nach Identität gehen hier überein. Es muss Ziel sein, den je Einzelnen in seiner je eigenen Lebensgeschichte in den Blick zu nehmen, sensibel zu werden für die Brüche und Kontinuitäten im eigenen Leben, um so immer mehr der zu werden, als der man, christlich verstanden, von Gott gedacht ist. Insgesamt kann man deshalb sagen, dass mystagogische Wege dem Prinzip der Subjektorientierung verpflichtet sind und einen Beitrag zur Identitätsbildung zu leisten versuchen.

5.9 Zur Unverfügbarkeit Gottes und des Menschen

Nachdem ausgehend von den Grundlagen der Rahnerschen Theologie und der Analyse des ignatianischen Exerzitienbuches verschiedene Dimensionen und Akzentuierungen herausgearbeitet wurden, die sich für das mystagogische Lernen ergeben können, soll abschließend noch auf seine Grenze reflektiert werden.

---

[439]   Vgl. Erster Teil, Drittes Kapitel, 4.3.2.1, 201.

Vor allem bei der Kommentierung der ignatianischen Exerzitien hatte Rahner wiederholt deutlich gemacht, dass die Dynamik des Prozesses wie auch ihr Höhepunkt, nämlich die Wahl, von Gott und damit von seiner Unverfügbarkeit und Unmittelbarkeit zum Einzelnen getragen sind. Auch wenn die Exerzitien eine Struktur verfolgen, die sich sowohl im Ablauf der vier Wochen als auch im Aufbau der einzelnen Übungen zeigt, so zielen sie auf eine Begegnung des Menschen mit Gott und sind damit verwiesen in das Geheimnis Gottes als auch des Menschen. Darin zeichnet sich ihre Grenze und auch diejenige mystagogischen Lernens ab. Zugleich erfahren sie darin ihr "Plus", ihr Noch mehr, ihr über alles Erwarten hinaus Gehende.

Mystagogische Wege können also auf der einen Seite strukturiert, angelegt, geplant und vorbereitet werden, sind aber auf der anderen Seite verwiesen auf das Nicht-Planbare, Unverfügbare und Utopische. Dieses utopische Moment wird zur Möglichkeit, das Bestehende anzufragen und zu korrigieren im Hinblick auf ein noch Besseres. Mystagogische Wege, die grundsätzlich dynamisch verlaufen, entgehen dadurch der Gefahr, zu stagnieren bzw. zu retardieren, weil das Gewohnte und Gewöhnliche niemals Zweck an sich ist. Indem das Utopische unberechenbar einbricht in Vorhandenes, kann Neues entstehen und anderes werden.

Insgesamt kann deshalb festgehalten werden, dass die Unverfügbarkeit Gottes und des Menschen zur Grenze mystagogischer Wege werden, aber auch zum "Datum", das dem mystagogischen Tun zuvorkommt und es ganz macht.

Zwischenresümee: Mystagogie als Thema von Theologie und Religionspädagogik

Die Untersuchung des mystagogischen Anliegens in verschiedenen Zeiten und Kontexten zeigte, wie Mystagogie einerseits als Thema in der Theologiegeschichte präsent war und ist, wie vielgestaltig es reflektiert und konkretisiert wurde und wie übereinstimmend dennoch die grundlegenden Charakterisierungen von Mystagogie sind. Vergleicht man die Dimensionen und Akzentuierungen von Mystagogie, die für die Alte Kirche, Bonaventura und Karl Rahner herausgearbeitet werden konnten, dann überrascht die Einheitlichkeit des grundsätzlichen Verständnisses von Mystagogie als Disposition für das Gottesgeheimnis. Für Gotteserfahrung aufmerksam zu werden, und das heißt auch, den Menschen als gottesfähig zu verstehen, zeigt sich auf diesem Hintergrund als das Proprium von Mystagogie. Mystagogische Prozesse versuchen, den Menschen an diese seine grundlegende Veranlagung zu erinnern und ihm im christlichen Glauben ein Potenzial zu eröffnen, diese Erinnerung zu deuten und im eigenen Leben Gestalt annehmen zu lassen.

Auffallend war in diesem Zusammenhang, dass die Orte, die als besonders qualifiziert für diese Erinnerung gelten, bei allen drei theologiegeschichtlichen Kontexten bzw. Entwürfen in den Grenzsituationen des Lebens, und hier vor allem in den Leiderfahrungen, ausgemacht wurden. Die Begegnung mit den Geschundenen und Entrechteten, die Erfahrung der Brüchigkeit des eigenen Lebens, kurz die Auseinandersetzung mit dem Kreuz, kristallisierte sich sowohl für die Väter als auch für Bonaventura und Karl Rahner als Weise heraus, in der sich mystagogische Wege konkretisieren.

Dafür lassen sich zwei Gründe finden. Zum einen wird in Leiderfahrungen die Sinnhaftigkeit des Lebens als Ganzes in Frage gestellt. Die Erfahrung der Brüchigkeit von Leben und Welt lässt Ausschau halten, was angesichts von Scheitern und Tod überhaupt noch trägt und zählt. Leiderfahrungen sind Widerfahrnisse, die die Frage nach der Sinnhaftigkeit und Vernünftigkeit der Existenz des Menschen und auch Gottes in kaum zu überbietender Schärfe formulieren. Ist diese Frage erst im Kontext der Neuzeit in dieser Radikalität zur Geltung gekommen und wurde sie in dieser Studie im Zusammenhang der Untersuchungen der Theologie Karl Rahners virulent, so zieht sich der folgende Gedanke bei allen drei Ansätzen durch.

Gott zu erfahren, bedeutet christlich gesprochen, ihn in der Gestalt Jesu Christi zu erfahren. Mystagogie ist also im christlichen Kontext an die Christologie verwiesen. Die Väter, Bonaventura und auch Karl Rahner haben das in der Weise formuliert, dass Mystagogie als Weg an den Weg Jesu Christi gebunden ist. Das wurde in einem satisfaktionstheoretischen Sinn gezeigt, nämlich dass erst in Jesus Christus die Brücke zum Vater und damit die eigentliche Weise, Gott zu erfahren, wieder möglich geworden ist. Das wurde aber auch im Sinne einer physischen Erlösungslehre reflektiert, nämlich dass seitdem der Weg der Erlösung an das Paradigma des Weges Jesu gebunden ist.

Die Studien zu Karl Rahner und vor allem zu seiner Interpretation des ignatianischen Exerzitienbuches, durch die eine Methodologie von Mystagogie deutlich wurde, lenkten den Blick darauf, dass sich das christologische Vorzeichen von Mystagogie auch aufgrund der Offenheit und Transparenz von Leiderfahrungen für das Schicksal Jesu ergibt.

Leiderfahrungen wurden als Erfahrungen gezeichnet, die eine besondere Nähe zum Weg und Schicksal Jesu aufweisen. Sie lassen erleben, was in Jesus Christus Gestalt gewonnen hat. Leiderfahrungen dürfen seitdem vom Schicksal Jesu her gelesen und gedeutet werden. Umgekehrt bedeutet das auch, dass derjenige, der sich auf die Nachfolge Jesu einlässt, an das Paradigma des Weges Jesu gebunden ist. Das aber zeigt sich als Weg nach unten, als Weg ans Kreuz.

Auch wenn in den verschiedenen Kontexten und Zeiten dies in unterschiedlicher Terminologie vorgetragen wurde, so kann doch festgehalten werden, dass mystagogische Wege ihre Richtung im Paradigma des Christusereignisses finden. Mystagogische Wege konkretisieren sich demnach als Wege der Kenosis, der Entäußerung. Umgekehrt aber bedeutete das auch, dass Leiderfahrungen im Sinne einer impliziten Christologie verstanden werden dürfen.

Leiderfahrungen rückten damit sowohl als "qualifizierte Orte" in den Blick, für Gotteserfahrungen aufmerksam zu werden und damit das Proprium von Mystagogie zu aktualisieren als auch als Weisen, die offen sind, vom Schicksal Jesu her wahrgenommen und gedeutet zu werden. Mystagogische Prozesse versuchen das einzubringen.

Das hat Konsequenzen für die Bedeutung von Tradition und die Weise, wie sie in mystagogischen Prozessen zum Tragen kommt. Das hat ebenso Konsequenzen für die Gestaltung mystagogischer Prozesse insgesamt. Die theologiegeschichtlichen Untersuchungen machten dafür aufmerksam, dass die Unverfügbarkeit Gottes und des Menschen Grunddaten von Mystagogie sind, die sich in der Konkretisierung von Mystagogie beweisen müssen. Sowohl der Allgemeinheit also auch der Vieldimensionalität von Gotteserfahrung Rechnung zu tragen, als auch die Vielgestaltigkeit der Wege von Gotteserfahrungen zu garantieren, den Einzelnen in seinem Subjektsein zu respektieren und nach Möglichkeiten zu suchen, zur Identitätsbildung beizutragen, sind Impulse, die für das mystagogische Lernen als Perspektive religiöser Bildung inspirierend sind.

Karl Rahner hat das mystagogische Anliegen wieder zum Thema für die Theologie gemacht. Dennoch hat er selbst seine Umsetzbarkeit nicht bedacht. Dieser Aufgabe haben sich verschiedene praktisch-theologische und religionspädagogische Ansätze gestellt.

Zweiter Teil: Mystagogie in religionspädagogischen Entwürfen

"Mystagogie" ist ein Begriff, der seit dem Desiderat Karl Rahners nach einer neuen Mystagogie[1] und verstärkt seit Mitte der 1980er Jahre in einer unüberschaubaren Anzahl von theologischen Aufsätzen auftritt, die ihn je auf ihre Weise für sich beanspruchen.[2] Obwohl Rahner derjenige war, der auf die Bedeutung von Mystagogie für eine gegenwärtige Theologie und das Glaubenlernen heute hinwies und Mystagogie in die theologische Diskussion einbrachte, beschäftigte er sich explizit kaum damit.

Diese Leerstelle versuchte die praktisch-theologische und näherhin die religionspädagogische Forschung aufzugreifen und zu füllen. Im Folgenden kann es nicht darum gehen, alle Stellen in der religionspädagogischen Literatur aufzuzeigen, an denen der Begriff "Mystagogie" oder das mystagogische Anliegen genannt oder bearbeitet wird.

Es soll vielmehr Ziel sein, an einigen repräsentativen AutorInnen, die ihre Arbeiten in der praktisch-theologischen und näherhin der religionspädagogischen Theologie ansiedeln bzw. für sie auslegen, das mystagogische Anliegen herauszuarbeiten und seine jeweiligen Verstehensweisen ausfindig zu machen.

Diese Verstehensweisen sollen zunächst anhand der AutorInnen, die sie vertreten, vorgestellt und in diesem Zusammenhang auf ihre Intentionen und Impulse das mystagogische Anliegen betreffend kritisch diskutiert und gewürdigt werden (1). In einem abschließenden Abschnitt geht es schließlich darum, diese miteinander abzuwägen und weiterführende Impulse und Fragestellungen herauszuarbeiten (2).

---

[1] Vgl. Rahner, K., Die grundlegenden Imperative für den Selbstvollzug der Kirche, 269-271; vgl. dazu auch die Erwähnung des Wortes Mystagogie in Vorträgen, die Rahner 1961 bei Exerzitien gehalten hat und die später in dem Werk "Einübung priesterlicher Existenz" veröffentlicht wurden.

[2] Vgl. Haslinger, H., Was ist Mystagogie?, 16f, nimmt Stellung zur Konjunktur des Mystagogiebegriffs in beinahe allen theologischen Disziplinen; vgl. Knobloch, S., Mystagogie, 1368f; vgl. Wollbold, A., Therese von Lisieux, 1f. Allein schon die im Rahner-Kapitel aufgezählten Arbeiten, die sich mit der Mystagogie bei Karl Rahner beschäftigen, zeugen von einer intensiven theologischen Auseinandersetzung mit diesem Thema. Auch wenn die Arbeit von Ulrich Günzel, Die mystagogischen Katechesen, als religionspädagogische Dissertation eingereicht wurde, beschränkt sich diese doch vornehmlich auf die Analyse und Interpretation der mystagogischen Katechesen des Ambrosius von Mailand und verbleibt damit im Rahmen der Alten Kirche. Deshalb wurde diese Arbeit in den Abschnitt "Mystagogie in der Alten Kirche" miteinbezogen und dort gewürdigt.

1 Verschiedene Verstehensweisen des mystagogischen Anliegens in der religionspädagogischen Literatur seit 1980

1.1 Akzentuierungen einer liturgisch-sakramentalen Mystagogie

Bei der Sichtung der religionspädagogischen Literatur, die sich mit Mystagogie beschäftigt, fiel auf, dass verschiedene Autoren Mystagogie im Zusammenhang mit den mystagogischen Katechesen sehen, wie sie in der Antike gegen Ende des vierten Jahrhunderts gebräuchlich waren.[3] Weiter oben konnte für diesen Themenkomplex herausgearbeitet werden, dass in der Alten Kirche Mystagogie als vielschichtiges Phänomen zu Tage tritt, das keineswegs auf die Initiationssakramente zu reduzieren ist und auch nicht auf die Einführung in Glaubensgeheimnisse, verstanden als Einführung in Glaubensinhalte, beschränkt werden darf. Mystagogie in der Alten Kirche zielte vielmehr darauf, die Kernfrage des Christlichen, nämlich das Gottesgeheimnis, zu artikulieren und nach Wegen zu suchen, wie die Beziehung von Mensch und Gott kultiviert und intensiviert werden kann.

Im Gegensatz zu diesem weiten Verständnis wurde allmählich der Sprachgebrauch von Mystagogie eingeengt. Mystagogie wurde nach und nach gleichgesetzt mit einer Einführung in die Glaubensgeheimnisse im Zusammenhang mit den Initiationssakramenten. Diese Variante lässt sich in verschiedenen gegenwärtigen praktisch-theologischen bzw. religionspädagogischen Arbeiten wiederfinden.

Hier sind vor allem Forscher zu nennen, die Mystagogie inspiriert durch den patristischen Sprachgebrauch[4] bei der Liturgischen Bewegung um Romano Guardini, Ildefons Herwegen, Odo Casel, Pius Parsch und Anton L. Mayer[5] neu formuliert gefunden haben und sich davon Impulse für das religionspädagogische bzw. katechetische Handeln erhofften.[6]

---

[3] Die Kappadozier Gregor von Nazianz und Basilius von Caesarea wenden den Begriff "Mystagogie" zum ersten Mal auf die Initiationssakramente an. Vgl. dazu Roten, Ph. de, Le vocabulaire mystagogique, 117; vgl. Knupp, J., Das Mystagogieverständnis, 5-23.

[4] Zum Einfluss bzw. zur Normativität des patristischen Denkens auf die Liturgische Bewegung: Vgl. Schilson, A., Theologie als Sakramententheologie, 98-108.

[5] Vgl. Schilson, A., Theologie als Sakramententheologie, 50-97; vgl. ders., Theologie als Mystagogie, 221-223.

[6] Dass Mystagogie vor allem auf den liturgischen Vollzug konzentriert wird, findet sich ferner bei: Gertz, B., Mystagogie, 84; Kunzler, M., Gott, Du bist gut; Merz, M. B., Liturgie und Mystagogie, 298-314; Swayne, S., Mystagogische Liturgie, 81; Tebartz-van Elst, F.-P., Von der Katechese zur Predigt, 422-438; Wekerle, M., Mystagogie, 255f; Zimmermann, D., Die Feier der Liturgie als Mystagogie, 175-179.

Dabei sind zwei Richtungen auszumachen. Während die eine Mystagogie ausschließlich im Zusammenhang der Sakramente und der Einführung in sie reflektiert, lassen sich andere zwar auch von den Praktiken der Alten Kirche inspirieren, fassen Mystagogie allerdings weiter als nur auf die Sakramente im unmittelbaren Sinn bezogen. Sie heben vielmehr das Sakramentale der Wirklichkeit hervor und versuchen, auf die Tiefendimension des Vorfindlichen aufmerksam zu machen. Aufgrund der Fokussierung auf liturgisches Handeln und der Sensibilisierung für das Sakramentale der Wirklichkeit wird diese Lesart des mystagogischen Anliegens als *liturgisch-sakramentale Mystagogie* bezeichnet. Repräsentativ für die erste, engere Richtung sollen im Folgenden Arbeiten von Ralph Sauer herangezogen werden und für die zweite, weitere Richtung solche von Otto Betz.

1.1.1 Mystagogie als Einführung in den liturgischen Vollzug

Ralph Sauer akzentuiert Mystagogie in Anlehnung an die patristische Verstehensweise als Ein- bzw. Hinführung der Eingeweihten in das Mysterium des dreifaltigen Gottes. Ganz im Sinne der Liturgischen Bewegung faltet er diesen Gedanken aus, wenn er besagten Prozess auf den liturgischen Bereich konzentriert und die mystagogische Predigt als Erschließung des Gottesdienstes versteht.[7] Mystagogie geschieht interessanterweise dort für Sauer im expliziten Sinn, wo er auf die Liturgie reflektiert, deren mystagogische Dimension hervorhebt und ihre Wiederentdeckung für die liturgische Praxis einfordert.[8]

Damit fokussiert er Mystagogie einerseits auf eine katechetische Praxis und verengt andererseits auch die originäre patristische Verstehensweise. Mystagogie zielt nach Sauer darauf, den Einzelnen für die Glaubensentscheidung zu disponieren, und zwar im Sinne eines lebenslangen Prozesses.[9] Er verbleibt jedoch nicht bei diesem engen Verständnis, sondern artikuliert in seinem Werk noch weitere Lesarten von Mystagogie, auf die später eingegangen werden soll.

Insgesamt ist aber festzuhalten, dass sowohl Sauer als auch die übrigen Repräsentanten einer liturgisch-sakramentalen Mystagogie wie z. B. Michael Kunzler, Séan Swayne, Michael Wekerle Mystagogie als Weg verstehen, in das schon gegebene Einverständnis zum Glauben noch tiefer hineinzuwachsen und es in der eigenen Lebensgeschichte noch deutlicher zur Geltung zu bringen. Mystagogie scheint damit als bestimmte Weise einer katechetischen Praxis auf, nämlich als Einführung in den liturgischen Vollzug.

---

7   Vgl. Sauer, R., Die Liturgie — Ein Ort des Glaubenlernens?, 13.
8   Vgl. Sauer, R., Die Liturgie — Ein Ort des Glaubenlernens?, 13.
9   Vgl. Sauer, R., Religiöse Erziehung auf dem Weg zum Glauben, 28.

Betz stimmt zwar mit den hier genannten Autoren überein, sich von den Praktiken der Alten Kirche inspirieren zu lassen, begrenzt Mystagogie aber nicht unmittelbar auf die Sakramente.

1.1.2 Mystagogie als Sensibilisierung für das Sakramentale der Wirklichkeit

Otto Betz hebt hervor, dass es bei Mystagogie um eine Einführung in den Glauben geht, wobei die Zustimmung zum Glauben schon als gegeben vorausgesetzt wird. Mystagogie wird verstehbar als eine bestimmte Weise von Katechese, die darauf zielt, in die Glaubensgeheimnisse einzuführen.

Er entwickelt sein Verständnis von Mystagogie von der altchristlichen Theologie her, die Mystagogie als Prozess versteht, die Taufbewerber allmählich und unter Wahrung der Arkandisziplin in den Mysterienbereich einzuführen. Übertragen auf die religionspädagogische Praxis ergeben sich daraus Akzentuierungen für das Profil des Religionslehrers, der Lernformen und der Zugänge zur Wirklichkeit sowie der Zielsetzung religionspädagogischen Handelns überhaupt.

Die Aufgabe des Religionslehrers umschreibt er mit Metaphern wie "Sprachrohr Gottes", "Werkzeug", "Helfer der aktualisierenden Kräfte".[10] Der Religionslehrer avanciert für SchülerInnen zum Modell, an dem eingeübt werden kann, wie Leben und Glauben geht. Er befähigt SchülerInnen dazu, ihren eigenen Weg zu gehen, weil er sich darauf eingelassen hat, sie von ihren Voraussetzungen her zu verstehen.[11]

Das braucht Lernwege und Zugänge zur Wirklichkeit, die dem Umgehen mit Symbolen Raum geben, die eine Sensibilität für die Welt, ihre Transparenz und ihre zusätzliche Aussagekraft anbahnen, die die Sinne und die durch sie eröffnete Sinnhaftigkeit entfalten,[12] die die eigene Person in ihrer Tiefenschicht entdecken helfen und damit dem Schweigenkönnen einen neuen Stellenwert verleihen.[13]

Inspiriert durch Teilhard de Chardin postuliert Betz, einen Sinn für die Transparenz der Welt zu entwickeln, oder anders gesagt, für die religiöse Dimension der Wirklichkeit.[14] Dieser Prozess kennt verschiedene Stufen, die gleichsam diesen religiösen Sensus vorbereiten bzw. einüben: Das staunende Offensein für die Welt, die Ehrfurcht vor den vertraut-unvertrauten Phänomenen, die Dankbarkeit für das Leben, die Erfahrungen von Not und Trauer sowie des

---

10   Vgl. Betz, O., Sich an das Geheimnis herantasten, 650.
11   Vgl. Betz, O., Sich an das Geheimnis herantasten, 650-652.
12   Vgl. Betz, O., Durch Sinneserfahrung zur Sinnerfahrung, 2-6.
13   Vgl. Betz, O., Sich an das Geheimnis herantasten, 647-653.
14   Vgl. Betz, O., Konturen einer Theologie der Erfahrung, 67.

Einsseins mit der ganzen Welt und die Erfahrungen des Betens und sakramentalen Feierns.[15] Der Sinn für die religiöse Dimension von Wirklichkeit tut sich dem Menschen als Spur auf, nicht bei den "Geschlossenheits-Erfahrungen" stehen zu bleiben, sondern das dringliche Verlangen nach dem Offenen einzuholen.[16]

Mystagogie im Handlungsfeld von Religionspädagogik heißt dann, sich auf einen Kommunikationsprozess einzulassen, in dem jeder — LehrerIn wie SchülerIn — seine Erfahrungen mit dem Leben, mit der Welt und ihren Grenzen, mit der Möglichkeit von Transzendenz und mit Gott einbringt und mit den Glaubensgeschichten der Bibel verschränkt. Das kann bedeuten, allmählich ein Sinngewebe zu entdecken, das hilft, die eigene Person immer mehr zu verstehen und zu entfalten.[17]

Insgesamt kann man festhalten, dass Betz seine Überlegungen zur Mystagogie vor allem von der mystagogischen Praxis der Antike her entwickelt, sie aber anders als dies z. B. Sauer tut, nicht auf die liturgische Praxis beschränkt. Betz legt das Augenmerk vielmehr darauf, alle am Lernprozess Beteiligten für die Tiefendimension der Wirklichkeit zu sensibilisieren, wie sie z. B. in den Sakramenten realisiert wird, wie sie aber auch in der staunenden Begegnung mit der Welt zum Ausdruck kommt.

1.1.3   Problematische und prospektive Potenziale einer liturgisch-sakramentalen Mystagogie

Zur Problematik des zugrunde gelegten anthropologisch-theologischen Horizontes

Versucht man eine kritische Würdigung der liturgisch-sakramentalen Mystagogie, stellen sich zunächst einige theologische Anfragen. Auch wenn die Meinung geteilt werden kann, dass Menschen, die Gott schon als Wirklichkeit und Grund ihres Lebens anerkannt haben, in mystagogischen Prozessen noch tiefer in das Gottesgeheimnis und damit auch das Geheimnis von Welt und Mensch insgesamt hineinwachsen können, so bleibt in diesem Vorschlag doch die Frage unbeantwortet, wie die Wirklichkeit Gottes zum Menschen an sich zu denken ist und was dies für das Verstehen und die Gestaltung von Welt und konkretem Leben bedeutet. Hier kommen nur ChristInnen in den Blick, die sich explizit zum Glauben an Gott bekennen. Dass für diese eine Einführung in den liturgischen Vollzug viel vom Geheimnis Gottes aufscheinen lassen kann und die Liturgie damit ein wichtiger Ort des Glaubenlernens ist, ist unbenommen. Was aber ist mit denjenigen, die dieses Einverständnis nicht oder noch nicht

---

[15]   Vgl. Betz, O., Konturen einer Theologie der Erfahrung, 69f.
[16]   Vgl. Betz, O., Konturen einer Theologie der Erfahrung, 77.
[17]   Vgl. Betz, O., Sich an das Geheimnis herantasten, 652f.

gegeben haben? Diese bleiben in dieser Lesart von Mystagogie außer Acht. Es wird nicht darauf reflektiert, dass die Beziehung Gottes zum Menschen weiter reicht als die Beziehung zu Menschen, die das Einverständnis in den Glauben als ChristInnen schon gegeben haben. Es wird auch nicht gesehen, dass Glaubenlernen mehr Dimensionen und vielfältigere Wege kennt, als nur die Einübung in Glaubensgeheimnisse mittels des liturgischen Vollzugs.

Ein Denken, das so sehr auf eine Einführung in die Glaubensgeheimnisse zielt, tendiert dazu, diese Einführung auf ein kognitives Kennenlernen von Glaubensinhalten zu reduzieren. Es ist ungeklärt, ob der Stellenwert der Glaubensverkündigung, der in dieser Lesart als sehr hoch einzustufen ist, dem noch genügend Rechnung trägt, dass Gott die menschliche Existenz als Wirklichkeit schon längst *vor* aller Verkündigung mitbeschreibt. Das wiederum wirft die Frage auf, ob hier nicht zu sehr einer Einstellung zugearbeitet wird, die die Einführung in den Glauben als etwas versteht, das dem Menschen von außen zukommt, das gemacht und geleistet werden kann, ohne sich genügend bewusst zu halten, dass die Gotteserfahrung dem Menschen als übernatürliches Existential aufgrund der freien und ungeschuldeten Selbstmitteilung Gottes schon *vor* jeder Reflexion und Vergewisserung zukommt, allein durch Gnade. Geht man von Letzterem aus, dann muss der freien Entscheidung des Menschen zu diesem Angekommensein Gottes in ihm Raum gegeben und Möglichkeiten eröffnet werden, sich dazu zu verhalten.

Zur Problematik der Relevanz

Außer diesen theologischen Anfragen ergeben sich noch weitere bezüglich der Relevanz dieses Konzepts. Auch wenn diese hier vertretene Position wichtige Impulse für eine Verlebendigung der katechetischen Praxis gibt, so stellt sich die Frage, welche Bedeutung dieses Konzept in einer Zeit hat, in der die christliche Religion für viele zu etwas Fremdem geworden ist. Reduziert man Mystagogie auf eine Einführung in den liturgischen Vollzug, so muss man andererseits auch in Kauf nehmen, dass sie nur für eine bestimmte Gruppe von Menschen zutrifft und z. B. für den Bereich des Religionsunterrichts, der vom weltanschaulich pluralen und neutralen Kontext der Schule ausgehen muss, irrelevant bleibt.

Es ist zu fragen, ob Mystagogie, verstanden als liturgische Katechese, heute noch ein relevanter Weg sein kann, nach Gott zu fragen, wenn man zu unvoreingenommen davon ausgeht, dass das Erfahrungsgut des christlichen Glaubens für die Menschen in einer solchen Weise zur Verfügung steht, dass sie es für ihre alltäglichen Korrelationen auch in Dienst nehmen. Das ist eine der grundsätzlichen Anfragen an heutige religiöse Lernprozesse, die ein Einverständnis in den Glauben voraussetzen bzw. die selbstverständlich von der Fähigkeit das Korrelierens von gemachten Erfahrungen mit den geronnenen Erfahrungen des Christentums ausgehen.

Zur Problematik des Rollenverständnisses des Mystagogen

In den Ausführungen Betz' wird die problematische Rolle des Religionslehrers in mystagogischen Lernprozessen angesprochen. Zwar wird hier das Besondere des Glaubenlernens als personales Geschehen herausgehoben. Das kann aber auch eine Überforderung für die ReligionslehrerInnen bedeuten. Es müsste zumindest mitbedacht werden, dass die ReligionslehrerInnen eingespannt bleiben in das skeptische Zweifeln und An-Grenzen-Stoßen und dass auch diese Erfahrung des Fragmentarischen des Lebens zur Möglichkeit werden kann, nach Gott zu fragen.

Zum Potenzial der Prozesshaftigkeit und Vielgestaltigkeit der Lernwege

Inspirierend und weiterführend ist, dass durch den Verweis auf die mystagogischen Lernprozesse der Alten Kirche, Mystagogie als dynamisches Geschehen zu charakterisieren ist, das verschiedene Phasen kennt und von den Gegebenheiten derjenigen abhängt, die am Kommunikationsprozess beteiligt sind. In diesem Zusammenhang klingt auch die Notwendigkeit an, die Symbolisierungsfähigkeit der Menschen zu fördern und ihren Sinn für die Transparenz der Welt zu schulen. Damit baut Betz Brückenköpfe zu einem Verständnis, das Mystagogie als Weg versteht, auf Transzendenz- und Gotteserfahrungen aufmerksam zu werden. Das bereitet auch eine Lesart vor, die nicht unbedingt von einem schon gegebenen Einverständnis in den Glauben ausgeht.

Betz nimmt ernst, dass Gott mitten in den Erfahrungen der Menschen und den Erfahrungen von Welt anzutreffen ist, so dass Glaubenlernen darauf zielt, für diese Tiefendimension der Wirklichkeit aufmerksam zu werden. Im Unterschied zur engeren Auslegung der liturgisch-sakramentalen Mystagogie versteht er, ein Gottes- und Weltverständnis zu vermitteln, das Gotteserfahrung nicht eingrenzt auf eine bestimmte Gruppe von Menschen, bestimmte Vollzüge oder bestimmte Wege. Er vertritt vielmehr ein Konzept des Glaubenlernens, das prozesshaft und vielgestaltig ist und die Einzigartigkeit des Menschen respektiert. All diese Akzentuierungen können für das Konzept mystagogischen Lernens weiterführend sein.

Fazit

Zusammenfassend kann man festhalten, dass die liturgisch-sakramentale Mystagogie einen bestimmten Duktus aufgreift, der im Phänomen von Mystagogie anzutreffen ist, wie es sich im Laufe der Geschichte des Christentums entwickelt hat. In diesem Sinn können mystagogische Prozesse eine Bereicherung der liturgischen Katechese darstellen. Die Richtung, die die Wahrnehmung des

Sakramentalen der Wirklichkeit zu schärfen versucht und für die Tiefendimension der Wirklichkeit sensibilisieren will, kann wichtige Inspirationen für religiöses Lernen bieten. Dennoch umfasst das mystagogische Anliegen vor allem in den theologischen Implikationen noch viel mehr und reicht weiter als es in dieser Lesart angedeutet wird. Konzepte, die sich von der Rahnerschen Theologie her verstehen, können das zeigen. Bevor aber auf diese Ansätze verwiesen wird, soll im Folgenden noch eine andere Lesart vorgestellt werden, das mystagogische Anliegen zu thematisieren.

1.2 Akzentuierungen einer katechetischen Mystagogie

Neben der liturgisch-sakramentalen Lesart von Mystagogie lässt sich in der religionspädagogischen Literatur eine weitere ausmachen. Sie wird im Folgenden als *katechetische Mystagogie* bezeichnet. Grundlegend für diese Verstehensweise ist, dass Mystagogie als Weg und Weise charakterisiert wird, Menschen zu helfen, Glauben zu lernen und das heißt, immer tiefer in den Glauben hineinzuwachsen. Damit ist freilich ein sehr weites Feld umschrieben, das grundsätzlich für alle religiösen Lernprozesse veranschlagt werden kann. Diese Lesart wird in der religionspädagogischen Literatur in folgender Weise spezifiziert.

Es lassen sich hierzu AutorInnen zuordnen, die ohne den Rückgriff auf die Glaubenspraxis der Alten Kirche darauf reflektieren, was es heißt, Glauben zu lernen und wie sich das für Menschen vollziehen kann, die das "framework des Glaubens"[18] teilen oder auch nicht. Katechetische Mystagogie wird also nicht nur als eine bestimmte Weise des Glaubenlernens von Christen konturiert, sondern auch für Menschen entwickelt, die sich nur "probehalber" auf die Deutungswelt des Glaubens einlassen.[19]

Nun ist aber nicht gesagt, dass alle AutorInnen, die von einem "Probeaufenthalt" in der Welt des Glaubens sprechen, zugleich auch unter der Richtung einer katechetischen Mystagogie subsumiert werden können. Dieses Plädoyer für einen experimentellen Umgang mit religiösen Vollzugsformen findet sich vor allem im Bereich des schulischen Religionsunterrichts,[20] jedoch mit unterschiedlichen Intentionen. Während ReligionspädagogInnen katholischer- wie evangelischerseits[21] damit einerseits die Frage nach dem Religionsunterricht als Ort religiöser Erfahrungen und religiöser Praxis angesichts von Enttraditionalisierung und Entkirchlichung thematisieren und nach Wegen suchen, wie hier ein zukunftsfähiger Religionsunterricht als Schulfach denkbar ist, se-

---

[18]   Vgl. Schoberth, I., Glauben-lernen, 250.
[19]   Vgl. z. B. Schoberth, I., Glauben-lernen heißt eine Sprache lernen, 21-23; vgl. Dressler, B., Darstellung und Mitteilung, 11-19.
[20]   Vgl. Dressler, B., Darstellung und Mitteilung, 16.
[21]   Vgl. z. B. Dressler, B., Darstellung und Mitteilung, 11-19; Schmid, H., Assoziation und Dissoziation, 49-57; Porzelt, B., Religion (in) der Schule, 17-29.

hen andere[22] darin eine Möglichkeit, den schulischen Unterricht wieder zu einem Ort der "Realisation der Gottesbeziehung"[23] werden zu lassen. Diese arbeiten einer Re-katechetisierung des Religionsunterrichts zu und verfolgen mit ihren Ansätzen ein durchaus katechetisches Anliegen des Glaubenlernens, auch für den Religionsunterricht. Sie verstehen Glaubenlernen vorwiegend als Konfrontation der SchülerInnen mit dem Fremden des Christentums und rücken weniger die Anknüpfungen in der Lebenswelt der SchülerInnen in den Blick, um von diesen her nach dem Anderen des christlichen Glaubens Ausschau zu halten.

Erstere dagegen grenzen sich von diesen Re-katechetisierungstendenzen ab und sind damit auch nicht im Sinne einer katechetischen Mystagogie zu verstehen. Ihre Beiträge sollen vielmehr an anderer Stelle befragt werden, nämlich wenn es darum geht, nach neuen, inneren Konturen für den Religionsunterricht zu fragen, die dem Passungsverhältnis von gegebener Wirklichkeit und dem Anspruch des Religionsunterrichts besser gerecht werden als bisherige Entwürfe.[24]

Im Folgenden soll repräsentativ für die Lesart einer katechetischen Mystagogie eine Vertreterin aus der evangelischen Religionspädagogik, nämlich Ingrid Schoberth, und ein Vertreter aus dem Bereich der katholischen Theologie, nämlich Thomas Ruster, herangezogen werden, der seine theologischen Überlegungen auf die Implikationen für religionspädagogisches Denken und Handeln hin reflektierte.

1.2.1 Glauben-lernen als "Erproben der Sprache des Glaubens"
1.2.1.1 Zum Konzept, seinen Bedingungen und Konsequenzen

Glaubenlernen als durch verschiedene Dialektiken charakterisiert

Ingrid Schoberth entwirft in ihren Arbeiten,[25] vor allem in ihrer Habilitationsschrift "Glauben-lernen",[26] eine Theorie des Glaubenlernens, indem sie versucht, eine Grundlage zu konzipieren für die Orientierung katechetischen Handelns bzw. einer katechetischen Theologie. Diese Grundlegung erreicht Schoberth, indem sie nach dem Elementaren des Glaubens fragt und es so zur Geltung bringen will, dass an ihm die "Erfahrung der Wahrheit" aufscheint. Der

---

[22] Vgl. z. B. Biesinger, A., Religionsunterricht im Spannungsfeld von Religiosität, 251-256; vgl. ders., Entschiedene Option für das Paradigma Gottesbeziehung, 283-285.
[23] Biesinger, A., Religionsunterricht im Spannungsfeld von Religiosität, 254; vgl. ders., Entschiedene Option für das Paradigma Gottesbeziehung, 284.
[24] Vgl. die Überlegungen zu einem "performativen Religionsunterricht" in dieser Studie.
[25] Vgl. Schoberth, I., Erinnerung als Praxis des Glaubens; dies., Glauben-lernen heißt eine Sprache lernen, 20-31; dies., Wieviel Religion braucht die Gesellschaft?, 24-26; dies., Wege des Glauben-lernens, 55-63.
[26] Grundlegung einer katechetischen Theologie, Stuttgart 1998.

224

Mensch soll Anteil am Geheimnis Gottes gewinnen und darin heil werden.[27] Das Elementare des Glaubens nun macht sie in verschiedenen Dialektiken aus, die für den Glauben charakteristisch sind.

Zum einen versteht sie das Lernen als ein Moment des Glaubens selbst und bestimmt das Glaubenlernen als Artikulation der Kirche.[28] Damit thematisiert sie die Dialektik von intentionaler religiöser Erziehung einerseits und der Unverfügbarkeit des Glaubens als Ereignis der Gnade Gottes andererseits und bestimmt diese als für das Glaubenlernen grundlegend.[29]

Zum anderen hebt Schoberth eine zweite Dialektik für das Glaubenlernen heraus: Glaubenlernen ist bestimmt von der Dialektik von Offenheit und Bestimmtheit des Glaubens.[30] Das heißt, dass Glaubenlernen ausgeht von der Erfahrung der Menschen, die sie auch in der Konfrontation mit anderen und fremden Lebensentwürfen machen. Das heißt aber auch, dass Glaubenlernen ausgerichtet ist auf und bestimmt wird von der Verheißungsgeschichte Gottes mit den Menschen. Diese hat in der Heiligen Schrift einen Niederschlag gefunden und ist zur qualifizierten und normativen Sprachform geworden, an dem sich das Sprechen der Menschen vom Leben und vom Glauben auszurichten hat.[31] Glaubenlernen geschieht also mit anderen Worten in der Dialektik von Diskurs und Bestimmtheit im Gegenstand des Glaubens.[32] Diskurs wird dabei verstanden als je neu zu aktualisierende Auslegungsgeschichte des Glaubens im Leben der Menschen als Einzelner und im Leben der Menschen miteinander als Kirche. Wichtig und Schoberths Ansatz wiederum verdeutlichend bleibt in diesem Zusammenhang, dass für Schoberth die Wahrheit dem Diskurs schon immer vorausgeht und ihn auch übersteigt. Wahrheit wird also nicht erst in den Kommunikationsvorgängen als solche konstituiert.[33] Die Bestimmtheit im Gegenstand des Glaubens darf nach Schoberth nicht verkürzt werden auf Inhalte des

---

[27]   Vgl. Schoberth, I., Glauben-lernen, 12.139-213.

[28]   Vgl. Schoberth, I., Glauben-lernen, 1-6.

[29]   Vgl. Schoberth, I., Glauben-lernen, 31-49. Ingrid Schoberth setzt sich hier mit dem reformatorischen Gedanken auseinander, der Glauben als exklusiv im Handeln Gottes begründet sieht, so dass es aufgrund der Unverfügbarkeit des Glaubens undenkbar scheint, ihn in einen Zusammenhang mit dem Lernen zu bringen. Die verschiedenen Positionen von Siegfried Vierzig, Hans Jürgen Fraas, Jürgen Werbick auslotend, kommt sie schließlich zu dem Ergebnis, dass Glauben-lernen sehr wohl in der Dialektik von Unverfügbarkeit Gottes und Lernen zu sehen ist. Sie erreicht das aber, indem sie von einem dem Glauben spezifischen Lernen spricht, das "anders" ist.

[30]   Vgl. Schoberth, I., Glauben-lernen, 5.

[31]   Vgl. Schoberth, I., Glauben-lernen, 6.11.

[32]   Vgl. Schoberth, I., Glauben-lernen, 6.

[33]   Vgl. Schoberth, I., Glauben-lernen, 248f; vgl. dies., Erinnerung als Praxis des Glaubens, 116f: Hier erläutert Ingrid Schoberth im Rekurs auf Dietrich Ritschl, dass die "Bewahrheitung des Glaubens" nicht wissenschaftlich und theologisch geleistet werden kann, sondern sich in der Gegenwart Gottes ereignet. Die Theologie ist demnach von der Aufgabe der Verifikation entlastet.

Glaubens oder auf Sozialisationsprozesse. Sie ist charakterisiert durch folgende drei Momente, nämlich als anfängliche Existenz, als peregrinatorische Existenz und als eschatologische Existenz.[34]

Ferner geht Schoberth noch auf eine dritte Dialektik ein, die sozusagen die Dialektik von Offenheit und Bestimmtheit des Glaubenlernens spezifiziert. Schoberth gibt zu verstehen, dass die "fides quae creditur" und die "fides qua creditur" untrennbar aufeinander verwiesen sind.[35] Die Spannung zwischen Subjekt und Objekt, verstanden als kirchliche Gemeinschaft, verstanden aber auch als Glaubensgegenstand, muss gewahrt werden, weil erst dieses Spannungsverhältnis das Glaubenlernen insgesamt zum Ausdruck bringt. Mit anderen Worten wird darin auch thematisch, dass sowohl die Erfahrungs- und Alltagsgeschichte des Menschen als auch die in der Heiligen Schrift geronnene Verheißungsgeschichte Gottes mit den Menschen Offenbarungscharakter hat.

Die kategoriale Unterschiedenheit des Glaubenlernens

Ausgehend von dieser Bestimmung des Glaubenlernens in Form von Dialektiken versteht Schoberth Glaubenlernen als ein grundsätzlich anderes Lernen. Glaubenlernen wird von "alltäglichem" Lernen völlig abgegrenzt und als aufgrund des Gegenstandes, nämlich des Glaubens und damit Gottes, als etwas kategorial anderes gezeichnet.[36] Das ist nun der entscheidende und Schoberths Ansatz von der in dieser Studie vertretenen Theologie unterscheidende Punkt.

Sie anerkennt zwar den Alltag und die Erfahrungen der Menschen in ihrer offenbarungsoffenen Qualität. Das Wort Gottes wird aber als etwas gänzlich anderes verstanden, das "extra nos" zu denken ist und nur in der Kategorie der Unterschiedenheit und Andersartigkeit gegenüber menschlichen Erfahrungen bestimmt wird. Das Wort Gottes ist gekennzeichnet als "verbum externum", das den Menschen von außen erreichen will.[37] Es gilt damit, eine eigene Sprache

---

[34]   Vgl. Schoberth, I., Glauben-lernen, 49-53.
[35]   Vgl. Schoberth, I., Glauben-lernen, 6f.
[36]   Vgl. Schoberth, I., Glauben-lernen, 35.38f.67: Hier setzt sich Schoberth dezidiert ab vom Ansatz Gert Ottos, Lernen, 18, der davon ausgeht, dass Lernen bezogen auf Glaubensinhalte bzw. im Lebenszusammenhang der christlichen Gemeinde prinzipiell vor keine anderen Probleme stellt als Lernen überhaupt. Vgl. Schoberth, I., Glauben-lernen, 138f.
[37]   Vgl. Schoberth, I., Glauben-lernen, 51f.139. Ingrid Schoberth, Glauben-lernen, 97-102, setzt sich auf der Grundlage der kommunitaristischen Kritik an der liberalistischen Gesellschaftstheorie mit dem Begriff und Phänomen der Lebensform auseinander. Sie konturiert Lebensform ebenfalls als Gebilde, das eine bestimmte moralische Grammatik hat, also bestimmte Konventionen für die Mitglieder der jeweiligen Lebensform voraussetzt, die sowohl kognitiver als auch affektiver und normativer Art sind. Diese Konventionen sind nicht so sehr als bestimmte Orientierungen zu verstehen, sondern stellen vielmehr Standards der Bewertung dar und können in diesem Sinn als "Spielräume für Orientierungen" gewertet werden. Entscheidend ist, dass die einer Lebensform eigenen

226

des Glaubens zu lernen, die sich als "Grammatik des Glaubens" (G. A. Lind-beck) zu verstehen gibt[38] und sich bestimmter Sprachformen bedient.[39] Glau-benlernen stellt den Menschen in einen neuen Lebensraum, der allein durch Gott eröffnet ist und ihm eine veränderte Wahrnehmung schenkt. Insofern meint Glaubenlernen auch das Einüben in die dem Glauben eigene Lebens-form.[40]

Mit der Dialektischen Theologie und der kulturell-sprachlichen Religionstheorie G. A. Lindbecks als Grundlage[41] wird Gottes Wort als etwas ganz Anderes ge-genüber dem Menschenwort vernehmbar und Glaubenlernen als etwas ganz Anderes als Leben-Lernen charakterisiert, auch wenn das Glaubenlernen hilft, Leben zu lernen.[42] Glaubenlernen wird vor allem fokussiert auf das Einwurzeln in die Verheißungen Gottes, das neue Erfahrungen und Lebenswege wahr-nehmen lässt.[43]

Obwohl der Aspekt des Anderen und Fremden, den die Verheißungen Gottes gegenüber der menschlichen Erfahrungsgeschichte einbringen, keineswegs geschmälert werden soll, so besteht der Unterschied doch darin, dass dieses Andere und Fremde nicht als das *ganz* Andere und *ganz* Fremde charakteri-siert werden darf. Aufgrund der Verfasstheit des Menschen im übernatürlichen Existential wird dieses vielmehr als Möglichkeit des Menschen deutlich, das ihm

---

Güter bzw. Konventionen durch den andauernden kommunikativen Diskurs gegeben sind. Mit anderen Worten fußt eine Lebensform also auf einer gemeinsamen Sprache. Zusammenfassend kann man deshalb sagen, dass Lebensform eine "Kategorie der Be-schreibung des Zusammenhangs von Sprache, Handlung und gutem Leben" (102) ist.

38 Vgl. Schoberth, I., Erinnerung als Praxis des Glaubens, 116-122.
39 Vgl. Schoberth, I., Glauben-lernen, 227.251.267-275. Als für den Glauben charakteristi-sche Sprachformen weist Ingrid Schoberth, Glauben-lernen, 268-275, das Erzählen aus, die Doxologie, das Memorieren, kreative und bewegliche Formen, die die ästhetische Dimension des Sprechens eröffnen wie z. B. Bilder, Metaphern und Symbole.
40 Vgl. Schoberth, I., Glauben-lernen, 69.102.133.
41 Vgl. den Rekurs auf Karl Barths Kirchliche Dogmatik an entscheidenden Stellen wie z. B. beim Ausweis der Besonderheit des Glaubenlernens, 37, Anm. 86; 39, Anm. 92 oder den Verweis auf Friedrich Mildenbergers Bekenntnisschriften, 51, Anm. 142; 52, Anm. 143. Ähnlich verarbeitet Ingrid Schoberth auch die kulturell-sprachliche Religionstheorie G. A. Lindbecks, dessen Gedanken im deutschsprachigen Raum vor allem von Gerhard Sauter und seinen Schülern wie z. B. Hans Günther Ulrich verbreitet wurden. Lindbeck setzt sich in seiner Theorie sowohl von einem *orthodoxen propositionalen Theorietyp* ab, der vor allem die kognitiven Aspekte von Religion betont und auf die Vermittlung der kirchlichen Lehrsätze (Propositionen) das Gewicht legt; als auch von *einem erfahrungs- und ausdrucksorientierten Theorietyp*, der Lehrsätze als die Gestalt von Erfahrungen versteht. Lindbeck vertritt vielmehr die These, dass die äußeren Merkmale von Religion nicht von inneren Erfahrungen abzuleiten sind, sondern umgekehrt es notwendig ist, sich bestimmte sprachliche Fertigkeiten anzueigen und das Symbolsystem einer be-stimmten Religion zu erlernen, um dadurch innere Erfahrungen abzuleiten. Vgl. dazu Lindbeck, G. A., Christliche Lehre als Grammatik des Glaubens, 34.36.56.57f; vgl. dazu Lachmann, R., Systematische Theologie auf dem religionspädagogischen Prüfstand, 39-42.
42 Vgl. Schoberth, I., Glauben-lernen, 5.9.38f.
43 Vgl. Schoberth, I., Glauben-lernen, 68.

zwar von Gott zugeeignet und in der menschlichen Freiheit einzuholen ist, das aber als im Menschen "anwesend und inwendig" verstanden werden kann. Der Weg der Selbsterfahrung und das Vertrautwerden mit der Wirklichkeit der Welt und der menschlichen Geschichte braucht deshalb nicht nur als Anweg für das eigentliche Glaubenlernen charakterisiert zu werden. Diese Wege sind vielmehr schon selbst Weisen, in denen Gott sich zeigen kann.[44] Glaubenlernen braucht auf diesem Hintergrund nicht zu bedeuten, in eine fremde Sprache und fremde Welt einzuführen, sondern mitten in der Welt und den eigenen Erfahrungen aufmerksam zu werden für das auch noch Andere, das nicht im Vorfindlichen aufgeht und zu einem noch "Mehr" an Leben anstiftet.

Erlernen der Sprache der Bibel als Weise des Glaubenlernens

Ausgehend von dieser Bestimmung des Glaubenlernens sucht nun Schoberth in ihren Arbeiten zu zeigen, dass eine Einübung in den Glauben letztlich heißt, sich in die Verheißungsgeschichte Gottes einzuwohnen (indwelling, M. Polanyi) und in ihr heimisch zu werden.[45] Als Weg dazu macht sie die Einübung in das Leben mit der Bibel aus,[46] die als qualifizierte und normative Sprechweise der Verheißungsgeschichte Gottes mit den Menschen zu verstehen ist. Mit anderen Worten zeigt sich, dass hier eine Alphabetisierung in Bezug auf die Sprache der Bibel als Weg verstanden wird, in den Glauben einzuführen und schließlich Gott als gnädigen Gott zu erkennen.[47]

Dazu schlägt Schoberth verschiedene Phasen vor: Damit die Geschichte Gottes dem Menschen nicht ferne bleibt, soll er beginnen, die Heilige Schrift zu lesen. Schließlich kann er sich den Worten der Schrift anvertrauen, um dann auch das eigene Leben in den Worten der Schrift sehen zu lernen. Die Texte der Schrift werden durch das Lesen, gemeint ist hier auch das laute Lesen, zu Raumerfahrungen, die Lesen und Hören miteinander verbinden, genau wahrnehmen lehren, was die Texte meinen und den Anspruch, der in den biblischen Texten wohnt, zur Geltung bringen. Die individuelle Lebensgeschichte wird dabei vernehmbar in den Kontexten der biblischen Erfahrungen. Von daher erfährt sie eine neue Interpretation, eine Korrektur oder auch eine Neuorientierung.[48] Diese Kontextuierung der eigenen Erfahrungen in den Erfahrungen der Schrift impliziert ebenso die temporale Dimension. In der Schrift sind Erfahrungen von Menschen verschiedener Generationen, Zeiten und Kulturen ver-

---

[44] Vgl. Rahner, K., Gotteserfahrung heute, 166; vgl. ders., Selbsterfahrung und Gotteserfahrung, 135f.

[45] Vgl. Schoberth, I., Glauben-lernen, 5.13f.227.

[46] Vgl. Schoberth, I., Glauben-lernen, 221-255; vgl. dies., Glauben-lernen heißt eine Sprache lernen, 22f.

[47] Vgl. Schoberth, I., Glauben-lernen, 14.

[48] Vgl. Schoberth, I., Glauben-lernen, 222-225.231.

schmolzen, die in ihrer Diskontinuität zum Zeit- und Weltverständnis der gegenwärtigen Menschen, aber auch in Kontinuität zu ihnen, was die Grunderfahrungen des Lebens anbelangt, ein Reservoir bilden, das eigene Erfahrungen in Bewegung zu bringen vermag.[49]

Es geht darum, den Raum der Erfahrungen auszuschreiten, der in den biblischen Texten eröffnet wird, damit das Wort Gottes gegenwärtig werden kann und sich daraus wiederum eigene Erfahrungen mit der Schrift ergeben können.[50] Damit ist angedeutet, was Schoberth als "Ausprobieren der biblisch bezeugten Erfahrungen" benennt.[51] Zumindest probeweise soll man sich auf die Erfahrungen, wie sie im Raum der Schrift zur Geltung kommen, einlassen und experimentieren, was diese für die eigene Lebensgeschichte bedeuten. Dieser Prozess kennt wiederum verschiedene Dimensionen: Die Begegnung mit dem Wort der Schrift eröffnet Erfahrungen, die zu den eigenen Erfahrungen führen können, diese aufschließt, ihnen eine Sprache gibt und sie auch korrigiert. In diesem Sinne kann man sagen, dass die Bibel gegenwärtige Erfahrungen erkennbar macht als Momente der Geschichte Gottes mit dem einzelnen Menschen. Gegenwärtige Erfahrungen im Licht der Bibel wahrzunehmen und zu interpretieren, ist so verstanden eine Weise, Glauben zu lernen.[52] Gerade die Geschichte der Fremden, also derer, die das "framework des Glaubens" nicht teilen, wird dabei zur Möglichkeit, anderes sehen zu lernen, eigene Interpretationen zu korrigieren und auch sich selbst zu vergewissern, wer man als Christ und als Kirche ist.[53] Insgesamt vollzieht sich dieser Weg sozusagen von außen nach innen, also als Hören des Wortes, das dann allmählich verinnerlicht wird.

Glaubenlernen und Praxis christlichen Lebens

Aufgrund dieser Bestimmungsmomente schält Schoberth eine bestimmte Weise christlicher Praxis heraus. Diese gewinnt ihre spezifische Gestalt, indem sie sich an der biblischen Geschichte orientiert. Sie ist deshalb mehr als eine Strategie der "Selbstverwirklichung", die nur das zu realisieren vermag, was sowieso schon als Lebensentwurf gegeben ist, ohne neue Wege und Gottes Handeln integriert zu haben.[54] Die Praxis christlichen Lebens meint eine "Transfiguration" durch Gott, die im Bild Christi ihren Grund hat[55] und auf ein *"Anfangen und Bleiben"*[56] im Lesen der Schrift ausgerichtet ist. Das Erlernen

---

49   Vgl. Schoberth, I., Glauben-lernen, 228-230.
50   Vgl. Schoberth, I., Glauben-lernen, 225.230f; vgl. dies., Glauben-lernen heißt eine Sprache lernen, 23f.
51   Vgl. Schoberth, I., Glauben-lernen, 225.
52   Vgl. Schoberth, I., Glauben-lernen, 225-227.
53   Vgl. Schoberth, I., Glauben-lernen, 250-255.
54   Vgl. Schoberth, I., Glauben-lernen, 232.
55   Vgl. Schoberth, I., Glauben-lernen, 233.
56   Schoberth, I., Glauben-lernen, 235.

der biblischen Sprache und das Kennenlernen ihrer Erfahrungsräume als Entdeckungs- und Deutungspotenziale für eigene Erfahrungen ist die Grundgestalt christlicher Praxis und damit der eigentliche Weg des Glaubenlernens.[57] Glaubenlernen und als Christ leben lernen heißt, anzufangen die Bibel zu lesen, bei einem Text zu beginnen und in ihm schließlich die Verwiesenheit auf das Ganze des Glaubens zu entdecken. Konkret bedeutet das auch, nach jeweils entsprechenden Formen zu suchen, die dem Bibeltext zu einem adäquaten Ausdruck verhelfen. Wichtig ist dabei, dass das Lesen der Bibel nicht nur das Glaubenlernen der Einzelnen beschreibt, sondern ebenso das Glaubenlernen der Kirche insgesamt bestimmt und sie als Gemeinschaft der Lesenden ausweist.[58] Auch weil man den biblischen Text alleine nie verstehen kann, ist das Bibellesen auf das Gespräch mit anderen Lesern verwiesen. Hier entscheidet sich, welche Deutung dem Text unangemessen ist und welche ihm zukommt. Das gemeinsame Lesen und Deuten zielt nicht in erster Linie auf eine richtige oder falsche Interpretation im intellektuellen Sinn, sondern darauf, dass sich die verschiedenen Leser dem Text anvertrauen und die Wahrnehmungs- und auch Handlungsperspektiven in ihm entdecken, die für ihr Leben wichtig sind. Festzuhalten bleibt allerdings, dass der Text in diesem Lese- und Deutungsprozess nicht aufgeht, sondern immer nochmals über ihn hinauszielt.[59] Sich kreativ mit den Texten auseinander zu setzen, die schöpferischen Phasen des Dichtens, Erzählens und Diskutierens zu eröffnen und auszukosten, kurz, Schrift mitzuteilen, kommt als Weise zur Geltung, wie christliches Leben vom Einzelnen und von der Gemeinschaft gelernt und praktiziert wird. Glaubenlernen wird nicht beschränkt auf explizite Lernsituationen, sondern umfasst die diskursive Praxis der Kirche als ganzer.[60]

1.2.1.2 Problematische und prospektive Potenziale für mystagogisches Lernen

Mit der in bestimmter Weise vorgenommenen Konturierung des Glaubenlernens, damit der Gestalt des Glaubens und der Praxis christlichen Lebens, sind problematische Potenziale für religiöses Lernen allgemein und für den Religionsunterricht im Besonderen sowie prospektive formuliert.

---

57 Vgl. Schoberth, I., Glauben-lernen, 236.
58 Vgl. Schoberth, I., Glauben-lernen, 236-240.
59 Vgl. Schoberth, I., Glauben-lernen, 242-244.
60 Vgl. Schoberth, I., Glauben-lernen, 245.

Zur Problematik der kategorialen Unterschiedenheit des Glaubenlernens und den Konsequenzen

Dazu ist in einem ersten Punkt der Bestimmungsversuch Schoberths von Glaubenlernen zu nennen. Wie oben angedeutet wurde, arbeitet Schoberth die Eigenart des Glaubenlernens gegenüber jeglichen Formen "alltäglichen" Lernens heraus, indem sie den Gegenstand des Glaubenlernens, nämlich Gott, als etwas den menschlichen Erfahrungen gegenüber ganz anderes bestimmt. Diese völlige Andersheit, die von der Dialektischen Theologie proklamiert wurde, lässt fragen, wie Gott dann überhaupt in der Geschichte der Menschen vernehmbar wird, da der Mensch doch nur in seiner menschlichen Verfasstheit Hörer des Wortes ist. Diese Bestimmung von Glauben, von Gott und damit von Glaubenlernen hat ein bestimmtes Verständnis von Welt, vom Menschen, von der Beziehung des Menschen zu Gott, kurz von Offenbarung und den Möglichkeiten, Gott zu erfahren, zur Folge. Glaubenlernen kann auf der Basis der von Schoberth zugrunde gelegten Theologie nur bedeuten, in eine völlig andere Welt einzudringen als die in den menschlichen Erfahrungen gegebene und diese für die menschliche Erfahrungswelt auszuloten.

Aufbauend auf der Rahnerschen Theologie, wie sie ebenso von mir vertreten wird, ist aber Gottes Wort auch als im Menschenwort gesagtes deutlich geworden. So kann von "Gott in Welt" geredet werden, oder anders gesagt, avanciert die Welt zum Ort der Erfahrbarkeit Gottes. Glaubenlernen bedeutet demnach nicht vordergründig, die Andersheit in den menschlichen Erfahrungen als Erweis der Offenbarung Gottes verstehen zu lernen, sondern vielmehr aufmerksam dafür zu werden, wie Gott sich mitten in und durch die menschlichen Erfahrungen zu erkennen gibt. So muss religiöses Lernen darauf zielen, Räume für Erfahrungen zu öffnen und diese entsprechend ausdrücken und deuten zu lernen.

Diese grundsätzlichen theologischen Einwände werden unmittelbar relevant für das Verständnis religiöser Lernprozesse. Auf dem Hintergrund der Theologie, die von Schoberth vertreten wird, ist religiöses Lernen zu verstehen als Einführung in eine fremde und ganz andere Welt, in eine fremde Sprache, die sich einer eigenen Grammatik, eines eigenen Symbolsystems bedient. Glaubenlernen und auch Religion als Unterrichtsfach in der Schule sind zu vergleichen mit einem Unterricht in einer fremden Sprache. Anders als beim Fremdsprachenunterricht wird aber beim Unterrichtsfach Religion in einer zunehmend entchristlichen Gesellschaft, wie sie sich heute in Westeuropa zu verstehen gibt, die Legitimations- und Motivationsfrage laut, warum man überhaupt Religion lernen soll. Diese lässt sich nur dann positiv beantworten, wenn erkennbar wird, was

Religion für das persönliche und gesellschaftliche Leben beitragen kann.[61] Religion zu lernen bzw. Glauben zu lernen, kann nur gelingen, wenn die Hinwendung zum Subjekt deutlich und die Frage beantwortbar wird, was Religion an "plus" für die Gestaltung des Lebens beitragen kann. Das aber bleibt im Schoberthschen Ansatz ausgeblendet.

Zur Forderung nach einem neu zu gestaltenden Religionsunterricht
Ein weiterer Gedanke ergibt sich als Konsequenz aus dem Schoberthschen Verständnis von Glauben, von Gott und damit von Glaubenlernen. Er thematisiert die Forderung Ingrid Schoberths nach einem neu zu gestaltenden Religionsunterricht.
Während im gegenwärtig verfassten Religionsunterricht die Lebensvollzüge des christlichen Glaubens allenfalls thematisch, nicht aber realisiert werden können, fordert Schoberth, nach neuen Wegen zu suchen, wie der christliche Glaube als solcher in seinen Grundvollzügen auch in der Schule erlebt werden kann. Dieses Desiderat basiert zum einen auf der Verfasstheit des Glaubenlernens, wie sie von Schoberth bestimmt wird, zum anderen aber auch auf der Situation, dass christlicher Glaube für die meisten SchülerInnen zu etwas Fremdem geworden ist. Weil die Lebensvollzüge des christlichen Glaubens nicht mehr wie früher als in der Familie oder der Gemeinde erlernt und erfahren vorausgesetzt werden können, müsste ein gegenwärtig verfasster Religionsunterricht Räume eröffnen, auch diese kennen zu lernen. Nur so könnte ein angemessenes Verstehenlernen des christlichen Glaubens gewährleistet sein, das Ziel religiöser Bildung ist. Religionsunterricht wird für Schoberth zum Ort, "die Partizipation an der Lebensform der Kirche zu erproben, in ihren Diskurs einzusteigen und eigene Erfahrungen mit der Kirche zu eröffnen."[62]
Obwohl der Gedanke der völligen Andersheit des Glaubenlernens aufgrund der völligen Andersheit des Wortes Gottes von mir nicht geteilt wird und damit einem der Gründe für die Forderung nach einem veränderten Religionsunterricht nicht stattgegeben wird, kann als prospektives Potenzial dieses Plädoyers Folgendes festgehalten werden:
Weil die christliche Religion wohl für die meisten SchülerInnen zu etwas Fremdem geworden ist, muss sich Religionsunterricht dieser veränderten Situation stellen. Wenn ein verantwortungsvolles Denken und Verhalten in Bezug auf den christlichen Glauben weiterhin Ziel des schulischen Religionsunterrichts sein soll, dann müssen Wege gefunden werden, wie das Eigentliche des Glaubens, nämlich das In-Beziehung-Treten mit Gott, relevant werden kann. Das

---

[61]   Vgl. dazu Lachmann, R., Systematische Theologie auf dem religionspädagogischen Prüfstand, 46f.
[62]   Vgl. Schoberth, I., Glauben-lernen, 246.

aber geht nicht anders, als sich auf den Weg der Gotteserfahrungen einzulassen.

Damit ist andererseits schon die Problematik dieses Gedankens angedeutet. Wie können im Kontext einer weltanschaulich pluralen und neutralen Schule Wege gefunden werden, die dieses Einlassen auf Gotteserfahrungen ermöglichen und dennoch die Offenheit des Angebots in Bezug auf die SchülerInnen und LehrerInnen garantieren? Diesen Punkt gilt es bei der Reflexion auf das mystagogische Lernen am Lernort Schule bewusst zu machen. Schon hier kann angedeutet werden, dass das bei den Überlegungen zu einem performativen Religionsunterricht einzuholen ist. Schoberths Verdienst ist es, auf diese Dimension des Religionsunterrichts aufmerksam gemacht zu haben. Wichtig ist in diesem Zusammenhang, dass sie ihre Forderung nach einer veränderten Gestalt des Religionsunterrichts auch als Forderung versteht, Religionsunterricht in ganz unterschiedlichen Lernwegen zu aktualisieren, die die Vieldimensionalität des Menschen ernst nehmen und nicht nur auf kognitive Lernprozesse Wert legen.[63]

Zur Eingrenzung des Glaubenslernens auf das Bibellesen

Schließlich ist die vorgenommene Fokussierung auf das Bibellesen als Grundgestalt christlichen Lebens kritisch zu bedenken. Schoberth geht von einer Bestimmtheit der Praxis aus.[64] Die Frage ist aber, ob diese Bestimmtheit in der Praxis bei aller Ausgerichtetheit auf den Diskurs den christlichen Glauben und das Verständnis einer christlichen Lebensgestaltung nicht zu sehr verengt und sektorialisiert. Obwohl Schoberth davon spricht, dass die Bestimmtheit der Praxis ihre Dialektik im Diskurs findet, so bleibt doch ungeklärt, welche Möglichkeiten für denjenigen bleiben, der sich nicht in den Zirkel des expliziten Glaubens bzw. des Bibellesens stellt. Die Relevanz des Glaubens und damit auch Gottes wird dadurch verkürzt und durch die von Schoberth vorgenommene Bestimmung eingegrenzt auf die Christgläubigen bzw. deren "Aktivität", sich für den Glauben zu öffnen. Gerade die Rahnerschen Überlegungen und ihre Re-

---

63 Vgl. Schoberth, I., Glauben-lernen heißt eine Sprache lernen, 23-31; vgl. zum performativen Religionsunterricht: Englert, R., Religionsunterricht als Realisation, 1; vgl. ders., "Performativer Religionsunterricht!?", 32-36.

64 Man könnte die Bestimmungen, die Schoberth für den Glauben und die christliche Praxis des Glaubens vornimmt, in folgendem Bild zusammenfassen: Glauben-lernen identifiziert sich zum einen durch die Bestimmtheit im Gegenstand des Glaubens und wird andererseits auch charakterisiert durch die Bestimmtheit der Praxis christlichen Lebens. Diese beiden grundlegenden Momente kann man als die beiden Brennpunkte einer Ellipse verstehen. Die Verwiesenheit in die Diskursivität und damit die Offenheit des Gesprächs und der jeweiligen Aktualisierung in der Lebensgeschichte des Einzelnen bzw. der Gemeinschaft ist dann der Raum, der durch die beiden Brennpunkte umschrieben wird, aber zugleich auch die Grenze, die durch die beiden Brennpunkte markiert wird.

zeption durch das kirchliche Lehramt[65] haben aber darauf aufmerksam gemacht, dass das Angekommensein Gottes im Menschen und der Welt weiter reicht als das Angekommensein bei den ChristInnen. Die pneumatologische Dimension wird bei Schoberth zugunsten einer starken Betonung der christologisch-inkarnatorischen Dimension ausgeblendet.

Man kann festhalten, dass der Schoberthsche Ansatz aufgrund der Bestimmung des Wortes Gottes als des ganz anderen Wortes und der "Eingrenzung" der Vernehmbarkeit Gottes auf das Wort der Schrift dazu tendiert, sowohl den christlichen Glauben, die christliche Glaubenspraxis und damit auch das Glaubenlernen zu sektorialisieren und die Universalität des Gottesereignisses nicht genügend zur Geltung zu bringen. Das aber bedeutet eine Isolation und Ghettoisierung der christlichen Glaubensbotschaft, die dem Wesen des Christentums nicht entspricht. Glaubenlernen wird eingeschränkt auf einen Mitteilungsprozess, der sich auf weite Strecken auch als Konfrontationskurs erweist, der das Fremde und ganz Andere des Glaubens in den Vordergrund stellt. Wissenschaftstheoretisch degradiert Religionspädagogik zu einem "Autarkiemodell", das unbeeinflusst von anderen Bezugswissenschaften, sich allein von der Theologie bestimmt und hier näherhin von der Systematischen Theologie verstanden als adäquate Auslegung der Bibel.[66]

Von daher ist der Entwurf des Glaubenlernens von Schoberth mit der von mir vertretenen Theologie und damit auch mit dem Konzept mystagogischen Lernens nicht kompatibel.

1.2.2 Glaubenlernen als "Einführung in das biblische Wirklichkeitsverständnis"

Der Dortmunder Systematiker Thomas Ruster hat in seinen Veröffentlichungen immer wieder eine Entflechtung von Christentum und Religion gefordert.[67] Ähnlich wie Schoberth schlägt er eine "fällige Neubegründung des Religionsunterrichts"[68] vor und entwickelt auf dem Hintergrund einer Theologie, die die Fremdheit und Andersheit Gottes betont, ein Konzept des Glaubenlernens, das

---

[65]   Vgl. z. B. Zweites Vatikanisches Konzil, NA 1f (Rahner, K./Vorgrimler, H., Kleines Konzilskompendium, 355f).

[66]   Vgl. dazu Lachmann, R., Systematische Theologie auf dem religionspädagogischen Prüfstand, 49.

[67]   Vgl. dazu den programmatischen Untertitel "Theologie nach der Entflechtung von Christentum und Religion" seines Buches "Der verwechselbare Gott". Vgl. dazu Ruster, Th., Der verwechselbare Gott, 194-198.

[68]   Vgl. Ruster, Th., Der verwechselbare Gott, 199, Anm. 11; vgl. dazu den kritischen Aufsatz von Hubertus Halbfas, Thomas Rusters "fällige Neubegründung des Religionsunterrichts", 41-53.

234

in der Religionspädagogik auf großen Widerstand gestoßen ist.[69] Vor die Frage gestellt, wie es möglich ist, den Gott der Bibel, der den meisten heutigen Menschen fremd geworden ist, diesen dennoch zu vermitteln, entwickelt Ruster sein Plädoyer, den Gott des biblischen Wirklichkeitsverständnisses in seiner Fremdheit zu entdecken und die SchülerInnen im Religionsunterricht mit diesem fremden Gott zu konfrontieren.[70]

Weil Ruster durch seine Fokussierung auf die Gottesthematik Glaubenlernen konturiert, also ein eindeutig mystagogisches Anliegen verfolgt, soll sein Entwurf im Folgenden als extremes Beispiel einer katechetischen Mystagogie für den katholischen Bereich gelten.

Um eine kritische Würdigung des Rusterschen Konzepts vornehmen zu können, gilt es zunächst, seine theologischen Prämissen zu klären und dann seine religionspädagogischen Folgerungen zu reflektieren.

1.2.2.1 Zu den theologischen Grundlagen und religionspädagogischen Desideraten

Zum Gottesverständnis

Die grundlegende These des Rusterschen Konzepts ist die Unterscheidung zwischen den Göttern bzw. Götzen der Religion und dem Gott der Bibel.[71] Ruster geht davon aus, dass Gott als das "ens absolutum" bzw. "summum bonum" bzw. als die "ultimate reality" keine Gleichsetzung mit dem Gott der Bibel erlaubt. Während Gott hier nämlich von den "Sinngestalten" der Welt erahnt wird, ruft der Gott der Bibel aus vertrauten Vorstellungen heraus, erweist sich als Gott des Exodus, der herkömmliche Machtvorstellungen sprengt, den Menschen unableitbar von sich aus anruft und ihn unmittelbar beansprucht.[72] Der Gott des biblischen Wirklichkeitsverständnisses ist nach Ruster nicht einer, der von den Denk- und Handlungsgewohnheiten der jeweiligen Zeit zu verstehen ist, sondern ein fremder Gott, der sich eher im Widerspruch zu diesen erweist. Von daher ist es nach Ruster nicht entscheidend zu fragen, ob jemand an Gott glaubt, sondern vielmehr sich bewusst zu machen, an welchen Gott er glaubt. Das ist der Fokus, mit dem Ruster verschiedene christliche Denker untersucht, angefangen vom Ersten Petrusbrief über Justin, Marcion, Anselm von Canter-

---

[69] Vgl. z. B. Englert, R., Schief gewickelt?, 11-22; vgl. Baudler, G., Korrelationsdidaktik auf dem Prüfstand, 54-62; vgl. Halbfas, H., Thomas Rusters "fälllige Neubegründung des Religionsunterrichts", 41-53; vgl. Meurer, Th., Bibelkunde statt Religionsunterricht?, 248-255; vgl. Bongardt, M., Unverwechselbares Christentum?, 316-319.

[70] Vgl. Ruster, Th., Die Welt verstehen "gemäß den Schriften", 189.

[71] Vgl. Ruster, Th., Christliche Religion zwischen Gottesdienst und Götzendienst, 57; vgl. Halbfas, H., Thomas Rusters "fällige Neubegründung des Religionsunterrichts"; 41f.45; vgl. Meurer, Th., Bibelkunde statt Religionsunterricht?, 249;

[72] Vgl. Ruster, Th., Der verwechselbare Gott, 16.19-21; vgl. dazu Bongardt, M., Unverwechselbares Christentum?, 317.

bury, Thomas von Aquin, Martin Luther, Blaise Pascal, Adolph von Harnack, bis hin zum Staatsrechtler Carl Schmitt,[73] dem Philosophen Walter Benjamin und schließlich auch dem englischen Ökonomen John Maynard Keynes.[74] Fazit seiner detaillierten theologie- und gesellschaftsgeschichtlichen Untersuchungen ist, dass die Denker meist zu sehr versuchten, Gott innerhalb der jeweils geltenden Denkgewohnheiten zu situieren, so dass die "differentia specifica" des biblischen Gottes nicht erfasst wurde.[75] Den Ausgangspunkt für diesen Prozess, der schließlich zu einer Verflechtung von Religion und Christentum führte, macht Ruster in den Missionsbestrebungen des frühen Christentums aus. Als man die bekannte Welt der hebräisch-biblischen Zusammenhänge verlassen musste und die biblische Botschaft in die neue Welt der Heiden und Heidenchristen transportierte, galt es, den "Referenzrahmen" zu ändern. Ruster versucht hier anschaulich zu machen, dass dieser geänderte Referenzrahmen aufgrund der universalen Ausrichtung des Christentums so verfasst sein musste, dass er künftig allen Menschen zur Verfügung stünde. Das aber konnte nur ein Phänomen leisten, das alle Menschen verbindet und charakterisiert. Dieses wurde in der menschlichen Vernunft ausgemacht. Damit war nach Ruster sozusagen die Geburtsstunde der "Natürlichen Theologie" markiert. Ihr Anliegen war und ist es, die biblische Botschaft auf dem Hintergrund zu konturieren und von daher aufzubauen, was alle Menschen aufgrund der natürlichen Vernunft von Gott wissen und sehen können. In die Vorstellungen vom Höchsten, Wahren und Einen wurde die Vorstellung vom christlichen Gott eingetragen und damit universalisiert, aber nach Ruster auch nivelliert.[76] Ruster prägt dafür die Begrifflichkeit der "gradlinigen Gotteserkenntnis" im Unterschied zum "unterscheidenden Gottesverständnis".[77] Das heißt, dass das, was alle in der jeweiligen Zeit Gott nannten, mit dem christlichen Gottesbegriff übereingebracht wurde.[78]

Der klassische Ausdruck für diesen Weg sind nach Ruster die Gottesbeweise Thomas' von Aquin. In ihnen versucht der hochmittelalterliche Theologe, den biblischen Gott mit der alles bestimmenden Wirklichkeit zu identifizieren. Thomas will in den "fünf Wegen" zeigen, dass Gott das Prädikat des "esse" zukommt und bedient sich dazu der Argumente, die schon bei Aristoteles zum Beweis eines ersten, unbewegten Bewegers und einer ersten Ursache zu fin-

---

[73]   Ruster widmete Schmitt schon in seiner Habilitationsschrift einen Exkurs. Vgl. ders., Die verlorene Nützlichkeit der Religion, 377-386.

[74]   Vgl. Ruster, Th., Der verwechselbare Gott, 27-165.

[75]   Vgl. zu dieser Schlussfolgerung auch Halbfas, H., Thomas Rusters "fällige Neubegründung des Religionsunterrichts", 42.

[76]   Vgl. Ruster, Th., Die Welt verstehen "gemäß den Schriften", 190

[77]   Vgl. Ruster, Th., Der verwechselbare Gott, 62.140.

[78]   Vgl. Ruster, Th., Der verwechselbare Gott, 62.

den sind. Er erreicht, Gott inmitten der Erfahrungen und Denkwege der Scholastik zu verorten, indem er das biblische Gottesverständnis "einpasst" in den Verstehens- und Erfahrungshorizont der damaligen Welt. Thomas brachte freilich die "Unterscheidung im Gottesverständnis" durchaus adäquat zur Sprache.[79] Auf diesem Weg wurde das Christentum aber nach Ruster zur Religion und der biblische Gott verwechselbar mit den Göttern.[80] Diese Ununterschiedenheit und Verwechselbarkeit ist nach Ruster heute fatal geworden. Weil die alles bestimmende Wirklichkeit nicht mehr als "summum bonum" oder als "unbewegter Beweger" zu begreifen ist, sondern im Geld und näherhin im Kapitalismus ihre Konkretion findet, bedeutet eine Identifizierung des biblischen Gottes mit der alles bestimmenden Wirklichkeit des Geldes, die bestehenden Machtverhältnisse zu untermauern. Und das heißt letztlich, zu einer Prolongierung von Unterdrückungs- und Ausbeutungsmechanismen beizutragen.[81] Daraus speist sich das Plädoyer Rusters, nach Wegen zu suchen, die die Fremdheit der Bibel bestehen lassen und sie nicht in die Vertrautheit der Religion auflösen. Das bewirkt ferner, die gläubige Identität der Christen nicht auf eigener, sondern auf fremder Erfahrung zu begründen und nach Möglichkeiten Ausschau zu halten, ihnen eine Teilhabe an fremder Erfahrung zu ermöglichen.[82]

Damit stellen sich nun mehrere Fragen: Zum einen ist zu klären, was Ruster näherhin unter Religion versteht, wenn er so stark auf eine Unterscheidung von Christentum und Religion abhebt. Zum anderen ist zu fragen, was gemeint ist, wenn davon die Rede ist, dass sich christliche Identität über fremde Erfahrungen und eine Anteilnahme an diesen fremden Erfahrungen hin bilden soll.

Zum Religionsbegriff und dem Kapitalismus als Religion

Wie schon erläutert wurde, plädiert Ruster für eine Unterscheidung von Religion und Christentum und setzt damit einen bestimmten Religionsbegriff voraus. Ruster verweist auf die unüberschaubare religionswissenschaftliche Debatte um die Definition des Religionsbegriffs und konstatiert, dass hier letztlich keine eindeutige Begrifflichkeit von Religion ausgemacht werden könne. Sich bewusst machend, dass die Versuche einer objektiven Definition letztlich doch immer auch das religiöse Engagement bzw. die eigene Positionierung des Forschers in einer Religion implizieren, schließt sich Ruster letztendlich der allge-

---

[79] Vgl. Ruster, Th., Die Welt verstehen "gemäß den Schriften", 190; vgl. ders., Der verwechselbare Gott, 62-69.

[80] Vgl. Ruster, Th., Der verwechselbare Gott, 7f; vgl. ders., Christliche Religion zwischen Gottesdienst und Götzendienst, 56-59.

[81] Vgl. Ruster, Th., Christliche Religion zwischen Gottesdienst und Götzendienst, 57; vgl. ders., Jenseits aller Ethik, 194.

[82] Vgl. Ruster, Th., Die Welt verstehen "gemäß den Schriften", 191; vgl. ders., Der verwechselbare Gott, 9.

meinen Definition des Religionswissenschaftlers Gustav Mensching an. Dieser versucht, aus der Geschichte der bekannten Religionen sie kennzeichnende Merkmale zu eruieren.[83] Mensching fasst Religion als "Begegnung mit dem Heiligen und Antwort des Menschen"[84] darauf. Weil diese Antwort tautologisch erscheint, bestimmt Mensching das Heilige vor allem im Rückgriff auf die archaischen Religionen als "das schlechthin Mächtige". Überall dort, wo Menschen einer Macht begegnen, die nicht aus ihnen selbst entspringt, der gegenüber sie sich verhalten und über die sie letztlich nicht oder zumindest nicht ganz verfügen können, ist die Geburtsstunde von Religion markiert. Religion ist dann die Verehrung dieses Mächtigen und gestaltet sich als Praxis, die dem Menschen hilft, das Leben so einzurichten, dass die alles bestimmende Macht günstig gestimmt und Schaden für das eigene Leben oder das der Gemeinschaft vermieden wird. Religiöse Riten, Opfer, Vermittlungstätigkeiten von Priestern usw. haben hier ihren Platz und ihre Funktion.[85]

Auf diesem Hintergrund kommt Ruster zu dem Ergebnis, dass wir heute eine Religion des Geldes haben.[86] Die "ultimate reality"[87], die alle Lebensbereiche bestimmt, ist in der gegenwärtigen Gesellschaft das Geld und noch mehr der Kapitalismus, also eine bestimmte Art und Weise mit dem Geld umzugehen. Das Geld legt den Wert aller Dinge fest, ordnet sie ein in das Gefüge von Warenwerten und macht sie dadurch taxier- und verfügbar. Das gilt nicht nur für den europäischen oder nordamerikanischen Kontext, sondern ist zu einer Wirklichkeit geworden, die die ganze Welt durchwaltet.[88] Diese Omnipräsenz macht einen Teil der religiösen Bedeutung des Geldes aus. Andere religionscharakterisierende Merkmale wie die Symbol- und Kultstiftung, das Opfer, der Tanz und die Musik, schließlich das Gebet und eine entsprechende Lebensgestaltung im Sinne einer Praxis von Religion (Ethik) lassen sich nach Ruster leicht bei der Religion des Geldes wiederfinden.[89] Schon Walter Benjamin, auf den sich Rus-

---

[83] Vgl. Ruster, Th., Jenseits aller Ethik, 184f.
[84] Mensching, G., Religion, 961.
[85] Vgl. Ruster, Th., Jenseits aller Ethik, 185; vgl. eine ähnliche Bestimmung des Religionsbegriffs bei John Hick und David Tracy, die Ruster ebenfalls aufgreift, nämlich in: Ders., Der verwechselbare Gott, 9f.
[86] Vgl. Ruster, Th., Jenseits aller Ethik, 186.188.
[87] Thomas Ruster, Sind Christentum und Kirche pluralismusfähig?, 166, übernimmt diesen Begriff von der pluralistischen Religionstheologie und hier von John Hick, Eine Philosophie des religiösen Pluralismus, 313, der den Begriff der "ultimate reality" für das Phänomen prägte, dass hinter allen großen religiösen Traditionen eine gemeinsame Erfahrung steht, nämlich diejenige "einer grenzenlos größeren und höheren Realität jenseits von uns". Vgl. Ruster, Th., Die Welt verstehen "gemäß den Schriften", 189.
[88] Vgl. Ruster, Th., Jenseits aller Ethik, 186f.
[89] Vgl. Ruster, Th., Jenseits aller Ethik, 188-190. Ruster spricht in diesem Zusammenhang z. B. vom "tiefreligiösen, ekstatischen *Erlebnis*charakter einer Veranstaltung wie der love-parade". Tanz und Musik gewinnen hier ihre eigentlich religiöse und verbindende Kraft wieder. Ebenso weist Ruster hin auf den rituellen Charakter vieler Konsumhand-

ter in seinen Ausführungen wiederholt beruft,[90] stellte in diesem Zusammenhang fest, dass die Religion des Geldes, ebenso wie das früher die alten Religionen taten, die Funktionen der Religion erfüllt.[91] Der Kapitalismus verleiht Menschen Identität, indem sie aufgrund ihres Einkommens und ihrer Kaufkraft in der Gesellschaft taxiert werden. Er ist handlungsführend, als durch ihn das Konsumieren und Haben als Ziel des Handelns allgemein gültig wird. Er hilft zur Kontingenzbewältigung vor allem in der Werbung, in der alles Bruchstückhafte des Lebens überdeckt wird von einem Paradies des Kaufens, das den Möglichkeiten keine Grenzen setzt. Und schließlich legitimiert er Macht und hilft, dass die Welt nicht im Chaos versinkt, sondern als wohlgeordneter Kosmos erfahrbar wird, insofern die Logik des Kapitals und schließlich des Tausches auf der ganzen Welt verstehbar ist und Beziehungen von Dingen und Menschen ordnet.[92] Obwohl die Religion des Geldes nicht alle Merkmale aufweist, die einer sogenannten Hochreligion zukommen, wie z. B. ein reflektiertes Selbstverständnis oder das Gegebensein eines personalen Gottes bzw. personaler Götter, so ist doch nach Ruster festzuhalten, dass die Religion des Geldes ihre Allgemeinheit gerade darin erweist, dass sie allenorts praktiziert wird, ohne sich selbst reflektieren zu müssen.[93]

Aus diesen Ausführungen lässt sich zweierlei resümieren. Zum einen wurde klar, dass Ruster Religion als das versteht, was alle Erfahrungen der Menschen einer bestimmten Zeit umfasst und darum als das "Absolute des Daseins" bezeichnet werden kann.[94] Zum anderen identifiziert Ruster dieses "Absolute des Daseins" in der gegenwärtigen Zeit mit dem Kapitalismus, der die Menschen knechtet und in eine sie entfremdende Abhängigkeit führt.[95] Als Fazit aus diesen Analysen ergibt sich deshalb für Ruster die Forderung, eine Unterscheidung von Christentum und Religion unbedingt vorzunehmen. Die Möglichkeit, die alles bestimmende Wirklichkeit mit dem christlichen Gottesbegriff überein-

---

lungen, auf Konsumsymbole, wie sie sich z. B. in der Markenkleidung finden, auf Konsumtempel, die eine "sakral anmutende Architektur" andeuten, auf eine bestimmte Lebensgestaltung im Sinne einer Ethik, die der Religion des Geldes entspricht.

[90] Vgl. Ruster, Th., Der verwechselbare Gott, 13.142, spricht z. B. davon, dass die Theologie sehr viel von Benjamin lernen könne, weil dieser das Erlösende des christlichen Glaubens zu denken vermochte. Auch aus diesem Grund schließt sich Ruster denjenigen an, "die in Walter Benjamin den bedeutendsten ... Theologen des 20. Jahrhunderts erkennen wollen."

[91] Vgl. Benjamin, W., Kapitalismus als Religion, 100. Benjamin schreibt hier z. B.: "Der Kapitalismus ist die Zelebrierung eines Kultes sans rêve et merci. Es gibt da keinen 'Wochentag', keinen Tag, der nicht Festtag in dem fürchterlichen Sinne der Entfaltung allen sakralen Pompes, der äußersten Anspannung des Verehrenden wäre."

[92] Vgl. Ruster, Th., Jenseits aller Ethik, 190.

[93] Vgl. Ruster, Th., Jenseits aller Ethik, 191.

[94] Vgl. Ruster, Th., Der verwechselbare Gott, 140.

[95] Vgl. Ruster, Th., Die Welt verstehen "gemäß den Schriften", 190f; vgl. ders., Der verwechselbare Gott, 140.

zubringen, wie das früher noch der Fall war, ist heute endgültig zerbrochen. Ruster kleidet dies in das Plädoyer für die Entflechtung von Christentum und Religion und schlägt als Weg dazu vor, die Menschen mit dem ihnen fremd gewordenen biblischen Wirklichkeitsverständnis zu konfrontieren.

Das wiederum stellt vor die Aufgabe zu klären, was Ruster mit dem biblischen Wirklichkeitsverständnis meint und was unter seinem Vorschlag, in das biblische Wirklichkeitsverständnis einzuführen und damit an fremden Erfahrungen Anteil zu gewinnen, zu verstehen ist.

Zum biblischen Wirklichkeitsverständnis

Mit der Chiffre des "biblischen Wirklichkeitsverständnisses", die Ruster von Friedrich-Wilhelm Marquardt übernommen hat,[96] benennt Ruster das Pendant zu dem unter dem Religionsbegriff zusammengefassten Phänomen. Während hier die Totalität der Erfahrungen gemeint ist und damit das Wirklichkeitsverständnis einer bestimmten Zeit, bezeichnet das biblische Wirklichkeitsverständnis die Wirklichkeit des fremden Gottes der Bibel. Theologie insgesamt und die Dogmatik im Besonderen sind nach Ruster der Versuch, "immer tiefer in das Wirklichkeitsverständnis der Bibel einzudringen und in ihrer Weise denken zu lernen."[97] Glaubenlernen bedeutet, einen Perspektivenwechsel vorzunehmen. Es geht darum, sich die fremde Perspektive der Bibel und des Gottes der Bibel anzueignen, um durch sie die Welt neu und anders sehen zu lernen. Die Frage ist nun, was unter dem biblischen Wirklichkeitsverständnis näherhin zu verstehen ist. Ruster versucht eine Klärung auf formale und inhaltliche Weise, auch wenn von vornherein klar ist, wie Ruster konzediert, dass das Unternehmen letztlich unabgeschlossen bleiben muss, weil das sonst hieße, die ganze Bibel auf den Begriff bringen zu müssen.[98]

In formaler Hinsicht wird das biblische Wirklichkeitsverständnis bestimmbar als eigene Lesart der Welt bzw. als eine eigene Wahrnehmungskultur. Indem das AT auf das NT bezogen wird und umgekehrt, also eine intertextuelle Lesart zum Zuge kommt, kann durch das hier angeregte Assoziationspotenzial deutlich werden, was als biblische Gottesbotschaft gilt. Ruster verdeutlicht das in einem Beispiel und verweist auf die Auferstehungsformel im 1 Kor 15,4, die von der Auferstehung am dritten Tag spricht. Dass der dritte Tag aber als Zeit des Handelns Gottes zu verstehen ist, weiß der biblische Leser, indem er sich beispielsweise an Hos 6,1-3 erinnert. Hier ist davon die Rede, dass JHWH die Zerschlagenen nach zwei Tagen neu beleben und am dritten Tag wieder aufrichten wird. Ruster verweist darauf, dass die Auslegung der Schrift durch die

---

[96] Vgl. Marquart, F.-W., Das christliche Bekenntnis zu Jesus, dem Juden, Bd. 1, 172.
[97] Ruster, Th., Die Welt verstehen "gemäß den Schriften", 195.
[98] Vgl. Ruster, Th., Die Welt verstehen "gemäß den Schriften", 195.

Schrift, wie sie schon im Talmud praktiziert wurde oder gegenwärtig von der Semiotik vorgeschlagen wird,[99] zur Weise avanciert, die eigene Wahrnehmungskultur der Bibel zu entdecken und dann auch inhaltlich zu bestimmen.[100] Damit ist schon von der zweiten Bestimmung des biblischen Wirklichkeitsverständnisses die Rede, nämlich der inhaltlichen.

Um die Eigenart des biblischen Wirklichkeitsverständnisses gegenüber dem aktuellen Weltverstehen deutlich zu machen, greift Ruster drei Momente auf, an denen sich die Unterschiedenheit beweist: Erstens zeigt sich die Frage, an welchen Gott man glaubt und welchen Geboten man folgt, als "Krisis", ob man einem Götzen folgt, der menschliche Machtinteressen legitimiert oder einem Gott traut, der das Leben will; ein zweites unterscheidendes Moment ergibt sich aus der Bedeutung, die der Unterschiedenheit und Besonderheit zukommt im Gegensatz zum Prinzip der Abstraktion alles Bestehenden und der Verallgemeinerung. Dies nämlich liegt der Geldwirtschaft zugrunde, die durch den abstrakten Geldwert alles aufeinander beziehbar und austauschbar macht. Und drittens zeigt sich die biblische Grunderfahrung als unterscheidendes Moment, dass Gott die Fülle des Lebens will, so dass jeder Kampf um das Eigene und das Überleben überflüssig wird, weil Gott für alle im Übermaß vorgesorgt hat.[101] Insgesamt wird deutlich, dass das biblische Wirklichkeitsverständnis quer steht zu gegenwärtigen Welterfahrungen, ja diese gleichsam konterkariert und sich nach Ruster eher im Widerspiel zu ihnen zeigt, denn in ihnen.[102]

Die Frage ist nun, wie die Menschen der gegenwärtigen Welt in Kontakt kommen können mit diesen fremden Erfahrungen der Bibel. Ruster schlägt dazu folgenden Weg vor und exemplifiziert ihn am Lernort des Religionsunterrichts.

Glaubenlernen als emergenter Prozess

Nach Ruster ist eine gelingende Glaubensvermittlung nur möglich, wenn die Bibel und ihr Verständnis von Wirklichkeit in ihrer Fremdheit zum Tragen kommen und in ihrer Fremdheit erkundet werden. Das bedeutet, dass religionspädagogische Lernprozesse nicht, wie das seit dem "Dogma" (Th. Ruster) der Erfahrungsorientierung der Fall ist,[103] bei den Erfahrungen der SchülerInnen ansetzen, sondern die Bibel in ihrer Andersheit und ihrer fremden Zeichenwelt zur

---

99   Diese Weise der Schriftauslegung wurde übrigens schon von den Kirchenvätern und Kirchenschriftstellern praktiziert und als durchaus gewöhnlich verstanden. Vgl. dazu Schambeck, M., Contemplatio als Missio, 189-191.207f.
100   Vgl. Ruster, Th., Die Welt verstehen "gemäß den Schriften", 195f.
101   Vgl. Ruster, Th., Die Welt verstehen "gemäß den Schriften", 197; vgl. ders., Jenseits aller Ethik, 202f.
102   vgl. Ruster, Th., Der verwechselbare Gott, 198.
103   Vgl. Ruster, Th., Der verwechselbare Gott, 198.

Geltung zu bringen haben.[104] Ruster schlägt dafür zwei Schritte vor: In einem ersten sollten biblische Texte intertextuell gelesen und bearbeitet werden. Ein Thema, wie z. B. die Rede vom Licht der Welt in Joh 1, dürfte nach Ruster nicht zuerst bei den Lichterfahrungen der SchülerInnen ansetzen, sondern müsste von den Bedeutungszusammenhängen der Lichtmetapher und der Lichtrede in den biblischen Texten her geklärt werden.[105]

Ruster greift dabei auf die semiotischen Ansätze zurück, wie sie in der Religionspädagogik bei Michael Meyer-Blanck, Wilfried Engemann und anderen im Umkreis des Loccumer Instituts auszumachen sind.[106] Diesen Vorschlägen ist gemeinsam, die Welt als einen vornehmlich durch Zeichen gestifteten Bedeutungszusammenhang zu verstehen. Jede Wirklichkeit wird durch einen Zeichencode konstituiert, den Angehörige einer Welt miteinander teilen und sich damit auch verständigen. So hat jede Zeit ihre entsprechende "Enzyklopädie", die ein "Wörterbuch" enthält, bestimmte Koreferenzregeln, ausgewählte Selektionen über das, was bedeutsam ist und ebenso eine Liste von typischen Situationen, die das Alltagsrepertoire darstellen und den Alltag damit auch verfügbar machen.[107] Der Grundgedanke ist also in der Semiotik wie auch im Konstruktivismus, dass es *die* Wirklichkeit nicht gibt, sondern Wirklichkeit vielmehr gedacht, mit Bedeutung versehen und gewonnen wird.

Für den Religionsunterricht heißt das, und hier knüpft Ruster an, dass Religionsunterricht als Begegnung mit einer fremden Welt, mit einem anderen Zeichenuniversum, nämlich dem der Bibel, konzipiert werden soll. Religionsunterricht kann und darf sich nicht mehr an den Erfahrungen der SchülerInnen orientieren, weil diese zu sehr von der "ultimate reality" durchdrungen sind, die

---

[104] Thomas Ruster, Die Welt verstehen "gemäß den Schriften", 194.198f, verweist in diesem Zusammenhang auf zwei Bilder: Zum einen vergleicht er den Religionsunterricht mit der Crew eines Raumschiffes, die die fremde Welt der Bibel zu erkunden hat, deren Gesetze sie nicht kennt und von denen zu rechnen ist, dass sie höchstwahrscheinlich anders sind als die vertrauten. Der Religionslehrer hat hier die Aufgabe, die in der Crew dem Captain zukommt. Allerdings kennt auch er, wie die Crew selbst, diese fremde Welt nicht und muss sich auf diese Fremdheit einlassen. In einem zweiten Bild vergleicht Ruster im Rückgriff auf den Film "Big Night" (USA 1996; Regie: Stanley Tucci/Campbell Scott; Buch: Stanley Tucci/Joseph Tropiano) das Christentum, in dem das biblische Wirklichkeitsverständnis repräsentiert ist, mit einem italienischen Restaurant inmitten einer McDonaldlandschaft. Die italienische Küche (das Christentum) steht vor der Herausforderung, ihre eigenen Ursprünge und damit auch ihre Unterschiedenheit zu wahren. Andererseits kann sie nicht an den Bedürfnissen und "Geschmacksgewohnheiten" der Fast-Food-Gesellschaft vorbeigehen, wenn sie Anklang finden will. Stellt man sich vor, dass der Küchenchef des italienischen Restaurants außerdem kein geborener Italiener ist, die Geheimnisse der italienischen Küche also auch nur aus zweiter Hand weiß, dann würde das nach Ruster die Lage des Religionslehrers treffend widerspiegeln.

[105] Vgl. Ruster, Th., Die Welt verstehen "gemäß den Schriften", 195.

[106] Vgl. Ruster, Th., Die Welt verstehen "gemäß den Schriften", 193.

[107] Vgl. Ruster, Th., Die Welt verstehen "gemäß den Schriften", 193.

sich gegenwärtig als kompromittierender Kapitalismus erweist. Religionsunterricht soll den SchülerInnen vielmehr die Möglichkeit bieten, sich mit dem bislang unbekannten Zeichencode der Bibel auseinander zu setzen und ihn dechiffrieren zu lernen. Mit Hilfe des Dreischritts der Semantik, die die Zeichen zu entschlüsseln versucht, der Syntagmatik, die die Zeichenbeziehungen in den Texten klärt und der Pragmatik, die die Frage nach den Beziehungen zwischen Text und Lesern stellt, sollen die SchülerInnen die Zeichen und ihre Verknüpfungsregeln verstehen.[108] Das impliziert auch, dass ein Text das "kulturelle Gedächtnis" (J. Assmann), in das er verwoben ist und das er zugleich transportiert, mit erschließt, indem er selbst erschlossen wird.

Diese religionspädagogischen Lernprozesse sind dann auch, so vermutet Ruster, nicht mehr so langweilig wie ein Religionsunterricht, der sich vornehmlich am Gewohnten orientiert und dieses affirmiert.[109]

Daran schließt sich nun ein zweiter Schritt bzw. eine zweite Phase an, die Ruster mit dem aus der Systemtheorie stammenden Begriff des "emergenten Prozesses" benennt.[110] Emergenz bezeichnet das Hervorbringen des unableitbar Neuen, so dass das Alte im Licht des Neuen in anderem Zusammenhang aufscheint. Für Ruster wird das in der Emergenz bezeichnete Phänomen zum Ausdruck schlechthin für das, was geschieht, wenn SchülerInnen, die aus einer gegenüber dem biblischen Wirklichkeitsverständnis völlig anderen Welt kommen, der fremden Welt und auch dem fremden Gott der Bibel begegnen. Schließlich und letztlich wird darin nach Ruster das Wirken des Hl. Geistes thematisch, der Neues schaffen und die SchülerInnen zu einer Umbildung ihres Selbst- und Weltbildes bewegen kann. Bildungstheoretische Impulse simplifizierend, die das Gehirn als autopoietisches System verstehen gelehrt haben, kommt Ruster zu der naiv anmutenden Schlussfolgerung, dass man sich also die Aneignung des biblischen Wirklichkeitsverständnisses als allein in den Köpfen der SchülerInnen geschehend vorstellen muss und damit als unabhängig vom Unterricht und nicht von außen steuerbar.

Religionsunterricht wird zum Ort und zur Herausforderung an die SchülerInnen, an fremden Erfahrungen Anteil zu gewinnen. Wie man sich diesen Prozess nun konkret vorzustellen hat, verdeutlicht Ruster anhand der Sakramente.

Zur Bedeutung der Sakramente

Ruster erkennt in den Sakramenten "bewährte Mittel" der Kirche, die der Teilhabe an der fremden Erfahrung dienen.[111] In ihnen werden grundlegende Erfah-

---

[108]   Vgl. Ruster, Th., Die Welt verstehen "gemäß den Schriften", 194.
[109]   Vgl. Ruster, Th., Die Welt verstehen "gemäß den Schriften", 194.
[110]   Vgl. Luhmann, N., Soziale Systeme, 658.
[111]   Vgl. Ruster, Th., Die Welt verstehen "gemäß den Schriften", 199.

rungen des biblischen Wirklichkeitsverständnisses inszeniert, die für die Beteiligten fremd wirken und in ihrem unmittelbaren Erfahrungshorizont nicht vorkommen. Dennoch werden sie aufgrund der Mitfeier der Sakramente mit dem anderen, fremden Erfahrungsraum konfrontiert und gleichsam in diesen mit hineingenommen. Ruster verweist in diesem Zusammenhang z. B. auf die Taufe, in der der Täufling in das Wasser eingetaucht und beinahe "ersäuft" wird, ähnlich wie dies Israel am Schilfmeer widerfuhr; oder auf die Eucharistie, in der gefeiert wird, dass auch das Scheitern des Gerechten den neuen Bund mit seinem neuen Lebensgesetz nicht verunmöglicht, sondern hervorgebracht hat.[112] Sakramente sind nach Ruster Verdichtungen von Erfahrungen, die so nicht in der Lebenswelt der Menschen vorkommen, die aber programmatisch grundlegende Charakteristika des biblischen Wirklichkeitsverständnisses offenlegen. Sakramente zu feiern, bedeutet deshalb, diese fremden Erfahrungen kennen zu lernen und in sie hineingenommen zu werden.

Nachdem das theologische Anliegen Rusters und die religionspädagogischen Desiderate, die er auf dieser Grundlage ventiliert, zumindest skizziert wurden, sollen im Folgenden die problematischen, aber auch prospektiven Potenziale seines Ansatzes für das mystagogische Lernen bedacht werden.

1.2.2.2 Problematische und prospektive Potenziale für mystagogisches Lernen

Thomas Ruster ist vor allem durch seine scharf vorgetragene Kritik an religionspädagogischen Entwürfen der Gegenwart in die Diskussion gekommen. Die Orientierung religiöser Lernprozesse an der Erfahrungswelt der Gläubigen auszurichten, kann als der Kernpunkt der Rusterschen Kritik ausgemacht werden. Dieser ergibt sich aus dem Gottesverständnis, das Ruster in Anlehnung an das Frühwerk Karl Barths formuliert, und damit im Unterschied zur anthropologisch gewendeten Theologie Karl Rahners.

Zur Problematik des Gottesverständnisses

Ähnlich wie bei Ingrid Schoberth wird auch in der Gottesrede Rusters deutlich, dass Gott und die biblische Botschaft in ihrer Unableitbarkeit und Fremdheit betont werden. Sowohl bei den Ausführungen zum Gottesverständnis im Unterschied zum Götzendienertum als auch zum Religionsbegriff verweist er immer wieder darauf, dass der biblische Gott der ganz Andere und Fremde ist, der sich eher im Unterschied zur menschlichen Erfahrungswelt erweist, denn in ihr. Insgesamt bringt Ruster damit einen Zug in die gegenwärtige Theologie ein, der eher in den Hintergrund getreten war. Mit dem Verweis auf die Andersheit

---

[112]   Vgl. Ruster, Th., Die Welt verstehen "gemäß den Schriften", 199.

Gottes kann er seine Unverfügbarkeit ins Bewusstsein rufen und darauf aufmerksam machen, dass von Gott immer noch "mehr" erwartet werden kann als dies unsere gängigen Vorstellungsmuster zulassen würden. Der Gott der Bibel ist einer, der auch dann, wenn die herrschaftlichen Strukturen noch so abgesichert und selbst religiös legitimiert erscheinen, für die Unterdrückten und Entrechteten einsteht, indem er ihr Elend kennt[113] und Menschen bewegt, sich für die Beseitigung des Unrechts einzusetzen.

Reflektiert man auf das Religionsverständnis, das Ruster vorgelegt hat, dann wird deutlich, dass Ruster positiv auf das Widerspruchspotenzial des Christentums, des christlichen Glaubens und des biblischen Gottes im Hinblick auf entfremdende Strukturen verweist. Solange Religion als Totalität der Erfahrungen einer bestimmten Zeit eben auch zur Konsolidierung von (ungerechten) Machtverhältnissen beiträgt, solange gilt es, den biblischen Gott im Unterschied zur Erfahrungswelt der Menschen und in Abgrenzung zur Religion zu bestimmen.

Mit diesem sicherlich einen Grundzug des jüdisch-christlichen Glaubens darstellenden Theologumenon riskiert Ruster allerdings aufgrund der Ausschließlichkeit, mit der er dieses vertritt, dass dieser Gott vom Menschen aus nicht mehr vernehmbar ist. Gott rückt in eine unendliche Ferne, die er selbst aber aufgegeben hat, als er für sich den Weg der Entäußerung wählte und sich dem Menschen kundtat. Beim Rusterschen Gottesverständnis bleibt die Aussage von der Nähe Gottes ungeklärt bzw. fraglich, wie der Mensch als der Geschaffene überhaupt in Beziehung treten kann zum Schöpfer. Ruster kehrt damit, und darin liegt wohl auch ein Grund für die Schärfe der Auseinandersetzung der gegenwärtigen Theologie mit seinen Positionen, zu einem neuscholastischen Begriff der Übernatur zurück, der Natur im Unterschied zur Gnade definiert und nicht als auf die Gnade hin schon immer ausgerichtet.[114]

Mit dem Plädoyer, den eigenen Erfahrungen nicht zu trauen,[115] bringt er sein Gottesverständnis auf den Punkt und verweist Gott und dessen Wirken in einen Bereich, der den Menschen und die menschliche "Gottesfähigkeit", wie das die Kirchenväter formulierten, nicht ernst nimmt. Obwohl auch in einer anthropolo-

---

113   Vgl. Ex 3,7.
114   In der von Thomas Ruster betreuten Dissertation von David Berger, Natur und Gnade, kommt dieser einseitige Natur- bzw. Gnadenbegriff vollends zum Ausdruck. Auch die Theologie Rahners, die zurecht als Ausdruck verstanden wird, das Verhältnis von Gnade und Natur neu zu formulieren, wird letztlich als misslungener Versuch dargestellt, der sich laut Berger den Vorwurf gefallen lassen muss, den Molinismus über die Hintertür wieder ins Haus der Theologie eingelassen zu haben. Trotz dieser starken Behauptung versäumt es Berger jedoch, diese eingängig zu begründen: Vgl. dazu Berger, D., Natur und Gnade, 323-423, näherin z. B. 319-322. Zur kritischen Auseinandersetzung mit Berger: Vgl. Gerwing, M., Rezension zu Berger, D., Natur und Gnade, 64-67.
115   Vgl. Ruster, Th., Der verwechselbare Gott, 198.

gisch gewendeten Theologie das Ausgreifen Gottes auf den Menschen, also das Sich-Kundtun Gottes allein und ursächlich in Gott begründet ist, so wird doch mit ausgesagt, dass Gott selbst in der Schöpfung und letztgültig in der Inkarnation den Menschen und die Welt zum Ort seiner Erfahrbarkeit gemacht hat. Das aber bleibt im Rusterschen Denken ausgespart.

Damit wird einer Verkürzung, weil Ghettoisierung, des christlichen Gottesverständnisses zugearbeitet, die für die christliche Theologie und damit für das aus dem christlichen Glauben motivierte Handeln entscheidende Folgen hat. Christlicher Glaube tendiert in diesem Denken dazu, zum Ansinnen eines kleinen Restes degradiert zu werden, der aufgrund der totalen Fremdheit seiner Sprache in einer pluralen Welt nicht diskursfähig ist und so in seinem Handeln und seinen Handlungsvorschlägen bedeutungslos wird.

Zur Problematik des Religionsverständnisses

Ein weiterer Kritikpunkt entzündet sich an dem Religionsbegriff und -verständnis, das Ruster seinem Plädoyer für eine Entflechtung von Christentum und Religion zugrundelegt. Ruster unterscheidet in seinem aus dem Jahr 1996 datierenden Aufsatz "Christliche Religion zwischen Gottesdienst und Götzendienst" zunächst Religion vom Christentum, rückt sie aber in seinen späteren Schriften in einen ausschließlichen Gegensatz.[116] Auch darin ähnelt Ruster dem Frühwerk Karl Barths. Er egalisiert in seinem Vorschlag die verschiedenen Religionen und arbeitet die konkrete Gestalt der Religionen und die Implikationen, die sich daraus für einen Begriff von Religion ergeben, nicht in seinen Vorschlag ein, Religion zu definieren. Religion wird zu einem Allgemeinbegriff, zu einem Abstraktum, das leer bleibt, weil ihm die Anschaulichkeit fehlt. Damit ist Rusters Religionskritik aber auch anfragbar, weil sie von seiner Definition von Religion abhängt, die nachgewiesenermaßen nicht genügend differenziert ist.[117]

Ein weiterer Kritikpunkt am Religionsverständnis Rusters wird von Seiten religionssoziologischer Studien eingebracht. Die Identifizierung des Kapitalismus mit der alles bestimmenden Wirklichkeit wird z. B. so nicht von Maria Widl akzeptiert. Sie versteht die gegenwärtige Wirklichkeit vielmehr als durch einen "Paradigmenpluralismus" geprägt, also durch eine "Landschaft heterogener Wahrheiten", so dass Theorien mit Universalitätsansprüchen, wie die von Ruster vertretene, als anachronistisch zurückgewiesen werden müssen. Die von Ruster propagierte Deutung, dass der Pluralismus selbst Produkt des kapitali-

---

[116] Vgl. Ruster, Th., Die Welt verstehen "gemäß den Schriften", 189-191; vgl. ders., Der verwechselbare Gott, 28-85; vgl. ders., Jenseits aller Ethik; vgl. ders., Sind Christentum und Kirche pluralismusfähig?, 159-162.174-176.

[117] Vgl. dazu Halbfas, H., Thomas Rusters "fällige Neubegründung des Religionsunterrichts", 46.

246

stischen Wettbewerbs sei und die in den Sonderwelten praktizierten Lebensformen in der Gefahr stünden, wiederum von diesem Wettbewerb funktionalisiert zu werden, weist auf das Paradox hin, das dem Rusterschen Ansatz insgesamt zugrunde liegt. Auch das Christentum kann sein Proprium nach Ruster nur in Form einer Sonderwelt erhalten und steht damit andererseits selbst in Gefahr, wie andere Sonderwelten auch, vom Kapitalismus funktionalisiert zu werden.[118]

Obwohl Ruster öfters anerkennend darauf hinweist, dass sich das Christentum nur so entfalten konnte, weil es sich als "Religion" innerhalb des Erfahrungshorizontes der Menschen etablierte und die Anknüpfungspunkte der jeweiligen Kultur(en) nutzte, wird er doch nicht müde, diesen Verflechtungsprozess eher als Gefahr denn als Chance zu zeichnen. Damit aber nimmt er dem Christentum die Möglichkeit, *mitten in den* Kulturen das Potenzial einzubringen, auf lebensbehindernde und lebensverkürzende Mechanismen hinzuweisen und den lebensfördernden Tendenzen und Perspektiven Raum zu öffnen. Nach ihm müsste sich das Christentum grundsätzlich als Fremdkörper in den Kulturen erweisen, weil die Gefahr einer Überformung des Christentums durch die Religion zu groß ist.

Auch wenn er mit diesem Gedanken wiederum darauf hinweist, dass das Christentum in den vergangenen Jahrhunderten und ebenso heute sein Widerspruchspotenzial zu entfremdeten Strukturen zu wenig eingebracht hat, also die provokative und prophetische Kraft des Christentums einfordert, so stellt sich die Frage, ob Rusters Vorschlag hier zu einer Lösung beiträgt oder vielmehr das andere Extrem formuliert. Wenn das Christentum nur noch als etwas Fremdes inmitten der Kulturen zu verstehen ist, dann verliert es seine Relevanz und seine Gestaltungskraft. Skylla und Charybdis dieses Problems wahrzunehmen, die sich als Frage nach dem Proprium und der Relevanz des christlichen Glaubens zeigt, und eine prospektive Lösung zu finden, bedeutet vielmehr, die christliche Botschaft vom Gott des Lebens auch in einer von Todesmechanismen und Unterdrückungsstrukturen gezeichneten Welt einzubringen, und zwar in einer "Sprache", die verstanden werden kann. Das aber bedeutet, diese Welt immer auch als Gottes Welt zu verstehen und menschliche Erfahrungen als Möglichkeiten wahrzunehmen, die grundsätzlich die Offenheit für Gotteserfahrungen in sich bergen. Damit ist aber ein anderes Gottes- und Weltverständnis formuliert als dasjenige, das von Ruster vertreten wird.

---

[118] Maria Widl trug ihre Ausführungen auf einer Akademietagung auf Burg Rothenfels Ende März/Anfang April 2001 vor. Diese wurden zusammengefasst veröffentlicht von Bongardt, M., Unverwechselbares Christentum?, 316-319.

Zur Problematik des "biblischen Wirklichkeitsverständnisses"

Ein dritter Einwand ergibt sich aus dem Begriff, den Ruster von Friedrich-Wilhelm Marquardt übernommen und als "biblisches Wirklichkeitsverständnis" eingeführt hat. Es stellt sich die Frage, was damit konkret gemeint ist und was nicht. Obwohl Ruster eine formale und in Momentaufnahmen inhaltliche Bestimmung vornimmt, so bleibt doch ungeklärt, was unter der Symbol- und Zeichenwelt der Bibel zu verstehen ist. Man hatte sich zwar in den 1950er bis 1970er Jahren z. B. bemüht, die "Mitte" des AT herauszuarbeiten und verschiedene Lösungsvorschläge dafür gefunden.[119] Letztlich musste man aber feststellen, dass das AT eine Pluralität von Theologien darstellt. Seine Faszination liegt gerade darin, inmitten dieser pluralen Weltentwürfe Erfahrungen von Menschen mit dem Gott Israels zu erzählen und diese in ihrer Verschiedenheit auch an die Nachwelt zu tradieren. Ähnlich verhält es sich mit dem NT. Obwohl hier deutlicher eine Mitte in Jesu Sprechen und Handeln, in seiner Verkündigung des Reiches Gottes und in seinem Schicksal als Inkarnation der Reich-Gottes-Botschaft ausgemacht werden kann, so geht es schließlich darum, verschiedenste Sichtweisen des biblischen Gottes zur Geltung kommen zu lassen (vgl. z. B. die Intention des Jak im Gegensatz zum Gal).[120]

Schließlich tut sich in diesem Zusammenhang noch ein weiterer Fragenkomplex auf. Wo transportiert die Bibel einen Gott der Religion und wo stellt sie einen Gott vor, der Religion radikal in Frage stellt?[121] Kann beides ganz klar voneinander getrennt werden? Oder ist die "Doppelkodierung", wie Ruster diesen Prozess nennt,[122] nicht ein Ausdruck für die Art und Weise, wie dieser biblische Gott gesucht und gefunden werden will, nämlich inmitten der Religion und inmitten des Weltverständnisses der Menschen? Auch hier wird deutlich, dass sich die Akzeptanz oder die Ablehnung von Rusters Positionen an der Gottesfrage entscheidet. Stimmt man zu, dass Gott der ganz Andere ist, dann wird man sich in den Vorschlägen Rusters unterstützt sehen. Geht man aber von einem Gott aus, der diese Welt und den Menschen zum Ort seiner Selbstmitteilung gemacht hat, dann ist Widerspruch angesagt.

---

[119]   Vgl. z. B. Eichrodt, W., Theologie des AT, Bd. 1-3; vgl. Smend, R., Die Mitte des AT; vgl. Zimmerli, W., Biblische Theologie; vgl. Herrmann, S., Die konstruktive Restauration. Zur Problematik, eine "Mitte" des AT zu bestimmen, die fähig ist, die Aussagen des AT zu systematisieren und deren Pluralität zu wahren: Vgl. Schmidt, W. H., Einführung in das AT, 342; vgl. auch die Einwendungen Gerhard von Rads, Theologie des AT, Bd. 1, 134.

[120]   Vgl. dazu Meurer, Th., Bibelkunde statt Religionsunterricht?, 251.

[121]   Vgl. dazu Halbfas, H., Thomas Rusters "fällige Neubegründung des Religionsunterrichts", 45.

[122]   Vgl. Ruster, Th., Der verwechselbare Gott, 33.

Zur Problematik der Wege des Glaubenlernens

Viertens gilt es die Wege kritisch zu befragen, die Ruster vorschlägt, um Anteil an den fremden Erfahrungen des biblischen Gottes zu gewinnen. Wie er selbst zugibt, geht sein Konzept am Stand der entwicklungspsychologischen Forschungen vorbei. Ruster proklamiert, die SchülerInnen mit der Fremdheit des biblischen Wirklichkeitsverständnisses zu konfrontieren, ohne auf deren kognitive, emotionale oder lebensweltbedingte Verfasstheiten zu achten.[123] Dass Lernen so nicht möglich ist, haben die verschiedensten entwicklungspsychologischen und struktural-kognitiven Forschungen seit Jean Piaget gezeigt. Lernen geschieht entweder dort, wo Neues an vorhandene Strukturen angeknüpft und integriert werden kann, oder aber, wo Neues dazu provoziert, die Strukturen, die in Bezug auf die Wirklichkeit ausgebildet worden sind, neu zu gestalten, um der Erfassung von Wirklichkeit so besser gerecht zu werden.[124]

Selbst wenn Ruster hier an die Praktiken des jüdischen Lehrhauses erinnert, in denen dreijährige Jungen schon dazu angehalten wurden, die Texte der Tora zu lesen, deren Buchstaben und Sprache zu lernen und dadurch die jüdische Denk- und Lebenswelt gleichsam mit der Muttermilch einzusaugen, mutet eine Übertragung selbst nur der Tendenz, wie Ruster konzediert,[125] auf den gegenwärtigen schulischen Religionsunterricht weltfremd an. Weder die Behauptung, dass sich Lernen unabhängig vom Unterricht vollziehe, noch der Vergleich des Religionsunterrichts mit dem Auslandsurlaub einer Familie, bei dem eben jeder auf seine Weise und mit seinen Fähigkeiten das fremde Land entdeckt,[126] tragen den institutionellen Gegebenheiten und inhaltlichen Anforderungen des Religionsunterrichts als Schulfach in einer weltanschaulich neutralen Schule Rechnung.

Ebenso werden die SchülerInnen als Subjekte des Glaubenlernens nicht ernst genommen, noch der Anspruch an den Religionsunterricht eingeholt, wie ihn die Synode formuliert, nämlich nicht nur Bibelkunde zu betreiben.[127] Auch wenn Ruster mit seinen Vorschlägen darauf zielt, das Selbst- und Weltverständnis der SchülerInnen zu einem Denken und Handeln umzugestalten, das durch das biblische Wirklichkeitsverständnis perspektiviert wird, so bleibt doch zu fragen, ob der emergente Prozess, durch den das geleistet werden soll, wirklich so viel Interesse und Neugier bei den SchülerInnen weckt, wie das Ruster voraus-

---

[123]   Vgl. Ruster, Th., Die Welt verstehen "gemäß den Schriften", 201.

[124]   Vgl. dazu u. a. Büttner, G., Wie kommen Glaubensvorstellungen in unsere Köpfe?, 30; vgl. ders., Wie könnte ein "konstruktivistischer" Religionsunterricht aussehen?, 158f; vgl. Hilger, G./Ziebertz, H.-G., Allgemeindidaktische Ansätze, 97; vgl. Terhart, E., Konstruktivismus und Unterricht, 632.

[125]   Vgl. Ruster, Th., Die Welt verstehen "gemäß den Schriften", 199f.

[126]   Vgl. Ruster, Th., Die Welt verstehen "gemäß den Schriften", 200.

[127]   Vgl. Der Religionsunterricht in der Schule 2.5.1 (Gesamtausgabe 139f).

setzt.[128] Schließlich bleibt zu fragen, ob mit dem Verweis, dass dieser Prozess letztlich unverfügbar, weil allein durch den Hl. Geist hervorrufbar ist,[129] nicht von vornherein jede Überlegung zu didaktisch verantworteten Lernprozessen aufgehoben wird. Den SchülerInnen bleibt nur noch, den Zeichencode der biblischen Texte zu erschließen, um die Texte decodieren zu können. Die Sinnverbindungen, die durch die Begegnung mit dem Text entstehen, also von den Rezipienten eines Textes produziert werden, interessieren hier nicht. Die SchülerInnen werden zu "Objekten eines Aneignungsprozesses".[130]

Nachdem problematische Aspekte des Rusterschen Vorschlags erörtert wurden, sollen im Folgenden auch prospektive Potenziale herausgearbeitet werden, um aus ihnen Anknüpfungspunkte für das mystagogische Lernen zu ventilieren.

Zum prospektiven Potenzial der Zeitanalyse

Ruster hat darauf aufmerksam gemacht, dass das Christentum heute nicht mehr die herrschende Religion unserer Zeit ist und damit auch das Monopol über den Bereich der Religion verloren hat.[131] Damit verweist Ruster indirekt auch auf eine Grenze der Korrelationsdidaktik. Weil das Christentum nicht mehr mit dem übereinstimmt, was "alle glauben" und weil es kaum noch gelernt wird, kennt man es auch nicht mehr. Es ist für die gegenwärtigen Menschen zu etwas Fremdem geworden.[132] Für die Prozesse des Korrelierens bedeutet das aber, dass das christliche Traditionsgut kaum oder nicht mehr zur Verfügung steht und Korrelationen von daher schon ausfallen. Damit hat Ruster auf ein wichtiges Moment aufmerksam gemacht, das es in den Konzepten religiösen Lernens zu bedenken gilt.

Weitreichender ist die Schlussfolgerung, die er aus seiner Zeitanalyse zieht. Wenn Religionsunterricht dazu beitragen will, dass SchülerInnen ihr Selbst- und Weltverständnis aus der Perspektive des christlichen Glaubens umstrukturieren,[133] dann muss der Religionsunterricht auch eine Möglichkeit bieten, mit dem christlichen Glauben bekannt zu machen. Ruster löst dies auf dem Weg, die SchülerInnen mit dem biblischen Wirklichkeitsverständnis zu konfrontieren. Auch wenn dieser Vorschlag aus mehrfachen Gründen nicht geteilt wird, so bleibt doch angesichts eines breiten Ausfalls christlicher Sozialisation das De-

---

128 Vgl. Ruster, Th., Die Welt verstehen "gemäß den Schriften", 194.198.
129 Vgl. Ruster, Th., Die Welt verstehen "gemäß den Schriften", 200-202.
130 Vgl. Meurer, Th., Bibelkunde statt Religionsunterricht?, 252f. Thomas Meurer weist darauf hin, dass Ruster hier hinter die Ergebnisse der Rezeptionsästhetik zurückfällt. Ihn interessieren nur noch die Sinnstiftungen, die der Autor eines Textes produziert.
131 Vgl. Ruster, Th., Christliche Religion zwischen Gottesdienst und Götzendienst, 55.
132 Vgl. Ruster, Th., Die Welt verstehen "gemäß den Schriften", 199; vgl. ders., Der verwechselbare Gott, 26f.
133 Vgl. Ruster, Th., Die Welt verstehen "gemäß den Schriften", 201.

siderat an den Religionsunterricht, dass in ihm auch Elemente vorkommen müssen, die nicht nur zu einer rationalen Auseinandersetzung mit dem christlichen Glauben anregen und befähigen, sondern die Vieldimensionalität des christlichen Glaubens erfahren lassen. Diese Überlegungen sind für das mystagogische Lernen wichtig. Es geht um das Desiderat, Religionsunterricht so zu gestalten, dass der christliche Glaube in seinen verschiedensten Dimensionen kennen gelernt werden kann. Das aber bedeutet, einen Religionsunterricht zu konzipieren, in dem die Erfahrungsdimension des Glaubens vorkommen kann. Dass das freilich angesichts der institutionellen Verankerung des Religionsunterrichts in einer weltanschaulich neutralen und pluralen Schule eine Gratwanderung ist, liegt auf der Hand. Es müsste ein Weg gefunden werden, der diese Verankerung des Religionsunterrichts als Schulfach unter den Gegebenheiten der Institution Schule garantiert und zugleich auch den geänderten lebensweltlichen Gegebenheiten und (Nicht-)sozialisationsformen des christlichen Glaubens Rechnung trägt. Hier mag die Problemanzeige genügen. Später soll dieser Impuls unter den Überlegungen zu einem performativen Religionsunterricht weiter entfaltet werden.

Es hat sich gezeigt, dass die Vorschläge Rusters durch ein Gottesverständnis geprägt sind, das die Ganzanderheit Gottes unterstreicht und von daher Gott eher im Widerspruch zu den Erfahrungen der Menschen ausmacht, denn in ihnen. Damit vertritt Ruster dieselbe Theologie, die auch schon bei Schoberth begegnete und kommt deshalb zu ähnlichen Schlussfolgerungen. Wie gezeigt wurde, hebt sich davon aber das Gottesverständnis, das ich in dieser Studie vertrete und von der Theologie Karl Rahners entwickelt habe, diametral ab. Dennoch bleibt der Impuls, der bei Ruster ähnlich wie bei Schoberth zu finden ist, dass die jetzige Gestalt des Religionsunterrichts auf dem Hintergrund einer Gegenwartsanalyse zu revidieren ist.

Im Folgenden sollen nun repräsentativ religionspädagogische Ansätze vorgestellt werden, die sich von einer anthropologisch gewendeten Theologie her verstehen und damit Gott und auch die Möglichkeiten, ihm zu begegnen und Glauben zu lernen, anders verstehen. Die Theologie Karl Rahners und die Reflexion der postmodernen Lebenswelt haben dazu verholfen, Mystagogie in einem erweiterten Sinn zu charakterisieren, die im Folgenden als *transzendentale Mystagogie* benannt werden soll.

1.3 Akzentuierungen einer transzendentalen Mystagogie

Anders als in den zuletzt diskutierten Arbeiten verstehen die folgenden Entwürfe "Glaubenskommunikation" nicht primär als katechetisches Unternehmen, sondern als Einübung in die "Logik der existenziellen Erkenntnis"[134], also als Erschließung der Tiefendimension des menschlichen Lebens und deren Deutung im Gottesgeheimnis. Als gemeinsame Wurzel haben sie die Theologie Karl Rahners und gehen mit ihm davon aus, dass die Gotteserfahrung dem Menschen schon immer zu Eigen ist und es nunmehr an ihm liegt, diese, sei es zustimmend oder ablehnend, einzuholen. Mystagogie wird damit in einen weiteren Horizont gerückt als das der auf die Initiation verengte patristische Sprachgebrauch zulässt oder eine Reduzierung von Mystagogie auf die Konfrontation mit der "fremden Welt des Glaubens" vorschlägt. Sie wird offen für alle Menschen, gleich ob ChristInnen oder Nicht-ChristInnen, und scheint als Weise auf, sich der im Leben schon immer ereigneten Gottesspur bewusst zu werden. Diese Lesart von Mystagogie wird in der praktisch-theologischen und näherhin religionspädagogischen Literatur an mehreren Stellen vernehmbar.[135] Folgende Autoren haben sich am ausführlichsten mit dem Verständnis von Mystagogie beschäftigt und sollen deshalb zumindest in ihren grundlegenden Akzentuierungen vorgestellt werden.

---

[134]   Vgl. Rahner, K., Die Logik der existenziellen Erkenntnis, 74.
[135]   Neben den hier dargestellten Arbeiten gehen auch Berk, T. van den, Die mystagogische Dimension religiöser Bildung, 211-229; Bitter, G., Ansätze zu einer Didaktik des Glauben-Lernens, 285-287; Blasberg-Kuhnke, M., Politische Mystagogie der Nachfolge, 44-60; Fuchs, G., Geheimnis des Glaubens, 824-834; Langer, M., Religionspädagogik, 45-77; Mette, N., Religionspädagogik, 265-267; Simon, W., Mystagogie, 571f; ders., Glauben lernen?, 58; Schulte, J., Katechese als Mystagogie, 16-22; ders., Hinführung zum Geheimnis des Glaubens, 216; Werbick, J., Glaubenlernen aus Erfahrung; Wördemann, C., Perspektiven für einen mystagogischen Religionsunterricht, 33, davon aus, dass mystagogisches Handeln darauf zielt, für die "Gottbegegnung im eigenen 'Seelengrund'" (Fuchs, G., Geheimnis des Glaubens, 824.) zu sensibilisieren. Auch sie konzipieren Mystagogie von den theologischen Gedanken her, wie sie von Karl Rahner entwickelt wurden. Die Arbeit von Christa Wördemann, Perspektiven für einen mystagogischen Religionsunterricht, wird im Folgenden nicht näher vorgestellt. Auch wenn Wördemann viele Facetten der allgemeinen religionspädagogischen Diskussion aufgreift (Vgl. z. B. Dies., Perspektiven für einen mystagogischen Religionsunterricht, 18-33.38-50.160-188), wird wenig deutlich, woher sie die einmal festgelegte Charakterisierung eines mystagogischen Religionsunterrichts begründet, dessen oberste Aufgabe sie darin sieht, "Hilfen zu gelingendem Leben durch das Erlernen der Dimension von Lebenswissen als Heilswissen, das vom Religionslehrer personal bezeugt und vermittelt werden soll" (Dies., Perspektiven für einen mystagogischen Religionsunterricht, 9.), zu geben. Auch wenn die Autorin schon zu Beginn deutlich macht (Dies., Perspektiven für einen mystagogischen Religionsunterricht, 1.), dass sie ihr Verständnis von Mystagogie von der Theologie Karl Rahners herleitet, bleibt doch nicht erkennbar, was näherhin unter einem mystagogischen RU zu verstehen ist, wenn man versucht nachzufragen, was die Stichwörter Leben-lernen verstanden als Vorbereitung zum Glaubenlernen konkret bedeuten. Deshalb wurde die Arbeit nicht eigens in ihren Implikationen und Konsequenzen für einen mystagogischen RU vorgestellt.

1.3.1 Lebensdeutung aus dem Glauben und Mystagogie

1.3.1.1 Zum Konzept und seinen Implikationen

Roman Bleistein ist über eine längere Zeit hinweg einer der Mitarbeiter Karl Rahners gewesen. Zusammen mit Elmar Klinger, später in eigener Herausgeberschaft, verfasste er Bibliographien zu Rahners Werk.[136] Mit Karl Heinz Neufeld erarbeitete er das Register zu den ersten zehn Bänden der Rahnerschen Schriften zur Theologie.[137] In verschiedensten Aufsätzen, die dem mystagogischen Anliegen direkt gewidmet sind, und auch in thematisch ganz anders gelagerten Beiträgen, erarbeitet er Grundlagen, die das mystagogische Anliegen konturieren und in der theologischen Diskussion verorten. Auch wenn Bleisteins Werk in der religionspädagogischen Disziplin eher eine Außenseiterrolle zukommt, so hat er doch das Desiderat Rahners nach einer neuen Mystagogie als einer der ersten aufgenommen und in den entscheidenden Weichenstellungen zukunftsfähig angedacht. Es sollen deshalb im Folgenden die wichtigsten Konturen des mystagogischen Anliegens Bleisteins skizziert und auf ihr weiterverweisendes Potenzial hin ausgelotet werden.

Zu den theologischen Grundlagen

Bleistein sieht in dem Anliegen der Mystagogie die Mitte der Rahnerschen Theolgoie einerseits[138] und die Aufgaben der Religionspädagogik andererseits ausgedrückt.[139] Weil Mystagogie einen welthaften Glauben ermöglicht, der die Fülle menschlicher Erfahrung so deutet, dass in ihnen das Heil, die Begegnung mit Jesus Christus aufscheint, kann durch sie auch die religionspädagogische Aufgabe geleistet werden, den Jugendlichen den christlichen Glauben in seiner Funktion als Lebensdeutung und Lebensbedeutung nahe zu bringen.

Der Ausgangspunkt von Mystagogie ist für Bleistein der theologische Gedanke, dass dort, wo der Mensch in Wahrheit auf seine innerste und radikale Selbstverwirklichung zugeht, auf dem Weg zu Gott ist. Mystagogie setzt beim Geheimnis des Menschen an[140] und versucht in menschliche Grunderfahrungen einzuüben, um im "Erleben des Humanum" die Spur "des Divinum" auszumachen.[141] Mystagogie ist also keine Einübung in die Sakramente, wie eine gewisse Variante der liturgisch-sakramentalen Mystagogie das versteht, sondern ei-

---

[136] Vgl. Bleistein, R./Klinger, E. (Hg.), Bibliographie Karl Rahner 1924-1969; Bleistein, R. (Hg.), Bibliographie Karl Rahner 1969-1974.

[137] Vgl. Neufeld, K. H./Bleistein, R. (Hg.), Rahner-Register.

[138] Vgl. Bleistein, R., Mystagogie und Religionspädagogik, 53.

[139] Vgl. Bleistein, R., Mystagogie und Religionspädagogik, 56-60.

[140] Vgl. Bleistein, R, Kurzformel des Glaubens, Bd. 1, 159f; vgl. ders., Hinwege zum Glauben, 9.30.46; vgl. ders., Therapie der Langeweile, 44.97f.141; vgl. ders., Die Kirche von gestern, 76f.

[141] Vgl. Bleistein, R., Kurzformel des Glaubens, Bd. 1, 34.

ne Einübung in sinnerfüllte Lebenserfahrung als Weise eines Hinweges zur Gotteserfahrung.[142] Zu staunen, Situationen zu thematisieren, in denen die existentielle Betroffenheit des Menschen zum Tragen kommt, wie in der Freude und im Glück, genauso aber auch im Leid oder im Übernehmen von Verantwortung, sind nach Bleistein Möglichkeiten, auf das Geheimnis des Menschen hinzuweisen und damit auch auf das Geheimnis Gottes.[143] In besonderer Weise eignet sich die Sinnfrage als Weg, den Menschen auf sein eigenes Geheimnis zu verweisen und an die Grenze des Vorfindlichen und die Einbruchsstelle des Transzendenten zu führen.[144]

Bleistein konkretisiert dieses Anliegen, indem er drei religionspädagogische Postulate als Ansatzpunkte einer mystagogischen Religionspädagogik formuliert.[145] Religionspädagogik muss erstens die Erlebnisfähigkeit Jugendlicher fördern, zweitens dazu beitragen, ihr inneres Erlebnisfeld zu erhellen und sie drittens mit dem Gesamt der Wirklichkeit konfrontieren. Mystagogische Religionspädagogik könnte also bedeuten, die Tiefe und Faszination eines Naturereignisses auszukosten, zwischenmenschliche Beziehungen zu thematisieren und in das Gebet und die Meditation einzuführen.

Zu den Konturen von Mystagogie

Als grundlegend für das Verständnis einer "modernen Mystagogie"[146] ist, dass das Begegnen von Welt und Mensch ein Geheimnis ist, der Mensch schon immer als ein auf das göttliche Du Verwiesener erscheint und das Ernstnehmen seiner Sensibilität für das Transzendente inmitten des Immanenten der Weg ist, an das Geheimnis Gottes zu rühren.

Mystagogie ist von daher als Weg zu konzipieren, in menschliche Grunderfahrungen einzuüben, diese durch den Horizont des Glaubens deuten zu lernen und zu einem anderen Verständnis von Leben und Glauben zu gelangen. Hier spielt vor allem die Begegnung mit Christen, dadurch mit der Kirche und mit dem in Jesus uns nahegekommenen Gott eine bedeutende Rolle.[147] Wichtig ist für Bleistein, dass die transzendentalen Erfahrungen des Menschen in Kontakt kommen mit der Gotteserfahrung, die für ihn die einigende Mitte und das Wor-

---

142   Vgl. Bleistein, R., Die Kirche von gestern, 70.
143   Vgl. Bleistein, Die jungen Christen und die alte Kirche, 68-72.
144   Vgl. Bleistein, R., Hinwege zum Glauben, 75; vgl. ders., Therapie der Langeweile, 44.
145   Vgl. Bleistein, R., Mystagogie und Religionspädagogik, 57; vgl. ders., Mystagogie in den Glauben, 35-40; vgl. ders., Mystagogie in den Glauben. Karl Rahners Anliegen, 292-296.
146   Vgl. Bleistein, R., Therapie der Langeweile, 44; vgl. ders. (Hg.), Tourismus-Pastoral, 119.
147   Vgl. Bleistein, R., Jugend der Kirche — wohin?, 53f.60.

aufhin der menschlichen Grunderfahrungen darstellt.[148] Die Mitteilbarkeit dieser Erfahrung und die Möglichkeit des Austausches ist ein weiteres wichtiges Faktum.[149]

1.3.1.2 Problematische und prospektive Potenziale für mystagogisches Lernen

Bleisteins Verdienst ist es, das mystagogische Anliegen, wie es der Theologie Karl Rahners zugrunde liegt und darin eine seismographische Funktion in Bezug auf die Zeit- und Glaubensanalyse ausweist, als Postulat für die Religionspädagogik formuliert zu haben. Auch wenn Bleistein zu Beginn der 1970er Jahre noch nicht von den Paradigmen der Individualisierung und Pluralisierung ausgeht und die Situation der Jugendlichen noch nicht von einer Hermeneutik einer noch ausstehenden Glaubenszustimmung bzw. einer Indifferenz gegenüber dem christlichen Glauben und der Religion einschätzt, bereitet er dennoch den Weg dorthin und macht deutlich, dass der Ansatz von Mystagogie vielversprechend sein kann. Er versteht Mystagogie als Sensibilisierung für die Tiefendimension der menschlichen Grunderfahrungen, die für die Geheimnishaftigkeit des Menschen und der Welt aufmerksam macht und damit Wege bahnt, diese Erfahrungen mit der Gotteserfahrung in Kontakt zu bringen. Darin kann sie gerade für die Jugendlichen zur adäquaten Weise werden, in der Gotteserfahrung eine Weitung ihrer eigenen Lebenserfahrung zu entdecken.

Bleistein macht deutlich, dass Gotteserfahrung nicht als etwas dem Menschen Fremdes und von außen Zukommendes gedacht werden muss. Gotteserfahrung scheint vielmehr im Sinn des Rahnerschen übernatürlichen Existentials als Konstitutiv des Menschen auf und damit als etwas, das dem Menschen qua Menschsein und qua Schöpfung Gottes zukommt. Mystagogie wird damit verstehbar als ein Weg, der für die menschlichen Grunderfahrungen sensibilisiert und diese auch auf ihre Tiefendimensionen hin befragt. Weil die menschlichen Grunderfahrungen in der Gotteserfahrung ihren Horizont und ihre einigende Mitte haben, ist eine Einübung in menschliche Grunderfahrungen immer auch eine Möglichkeit, für das Geheimnis Gottes aufmerksam zu werden. Anthropologie wird damit zur Weise von Theologie und nicht zu ihrer Rivalin. Mit diesen theologischen Grundlagen ist es Bleistein möglich, das mystagogische Anliegen als einen Weg vorzustellen, der nicht am Menschen vorbeigeht, sondern den Menschen geradezu als Weg versteht, für Gotteserfahrungen zu sensibilisieren.

---

[148] Vgl. Bleistein, R., Zwischen Rekrutierung und Emanzipation, 85; vgl. ders., Freizeit ohne Langeweile, 88.

[149] Vgl. Bleistein, R., Freizeit ohne Langeweile, 62f.96.114f.

Damit wird eine weitere Weichenstellung thematisch, die sich in Bleisteins mystagogischem Anliegen widerspiegelt und auch für weiterführende Studien relevant ist. Die menschlichen Grunderfahrungen werden im Horizont der Gotteserfahrung gelesen. Mystagogie legt es darauf an, die Fragen nach dem Woraufhin und Woher des Menschen in den Blick zu nehmen und mit den Deutungen des christlichen Glaubens in Kontakt zu bringen. Sie zielt auf Gotteserfahrung und versucht, dafür zu disponieren.

Der Kontakt mit der Glaubenserfahrung anderer ChristInnen, die Erfahrungen mit Kirche spielen in diesem Zusammenhang ebenso eine wichtige Rolle. Erfahrungen brauchen die Mitteilung und sind auf diese angelegt. Insgesamt kann man sagen, dass neben dem wahrnehmenden Moment das mystagogische Anliegen bei Bleistein auch ein deutendes und kommunikatives Moment kennt.

Kritisch ist einzuwenden, dass auch bei Bleistein die von Rahner formulierte Leerstelle in Bezug auf die Umsetzbarkeit von Mystagogie bestehen bleibt. Die religionspädagogischen Postulate werden weder eingehend begründet noch entfaltet. Außerdem nimmt er zwar entscheidende theologische Weichenstellungen vor, von denen her sich ein mystagogisches Konzept, das die Freiheit und Unverfügbarkeit des Menschen achtet, entwickeln kann.[150] Um von einem mystagogischen Konzept sprechen zu können, bedürfte es aber noch weitergehendere Ausführungen und Klarstellungen, was die Konturen, Dimensionen und Prinzipien desselben anbelangt.

Wenn im Folgenden das mystagogische Anliegen, wie es in verschiedenen Artikeln Sauers zum Tragen kommt, skizziert wird, dann kann man darin zum einen Spuren des Denkens Rahners und auch der Formulierungen, wie sie Roman Bleistein geleistet hat, entdecken.[151] Zugleich präsentiert Ralph Sauer, wenn er von den Symbolisierungen Jugendlicher in der Alltagswelt spricht, einen Gedanken, der das bisher Referierte weiterdenkt.

1.3.2 Symbolisierungen in der Alltagswelt und Mystagogie

1.3.2.1 Zum Konzept und seinen Implikationen

Ralph Sauer lotet das mystagogische Anliegen in unterschiedlichen Perspektiven aus. Wie schon gezeigt wurde, versteht er zum einen die Liturgie und insbesondere die Hinführung zu den Sakramenten als Weise von Mystagogie. Zum anderen lassen sich bei ihm Spuren finden, die Mystagogie noch in einem

---

[150] Die Kritik, die Augustinus Hendriks, Mystagogie und pastorale Grundaufgaben, 106-109, vorbringt, dass Bleistein die menschlichen Grunderfahrungen zu wenig im Horizont der Gotteserfahrung lese, ist auf dem erarbeiteten Hintergrund m. E. nicht zu halten.

[151] Vgl. Sauer, R., Religiöse Erziehung auf dem Weg zum Glauben, 64, Anm. 17, verweist darauf, dass er der von Roman Bleistein skizzierten Mystagogie viele Anregungen verdanke und seine Ausführungen als Ergänzungen dazu verstehe.

weiteren Rahmen zeigen. Sauer knüpft an das Desiderat Karl Rahners an, sich nicht mit einer "begrifflichen Indoktrination" zu begnügen, sondern eine Mystagogie in den Glauben zu entwickeln, die dafür disponiert, Gott als das den Menschen betreffendes Du zu begreifen.[152]

Zur Differenzierung von Erfahrung
Ralph Sauer versucht über eine Differenzierung des "Erfahrungsbegriffs" Vorschläge zu entwickeln, wie sich religiöses Lernen gestalten kann. Als Ausgangspunkt seiner Überlegungen wählt er die Alltagswelt von Jugendlichen. Inspiriert von Karl Rahner, der den Blick für die "Mystik des Alltags" schärfte,[153] sowie der Entdeckung des Alltags als Thema in der Literatur,[154] den Sozialwissenschaften und der Pädagogik, konstatiert Sauer zunächst die Ambivalenz der Alltagswelt. Es gibt in ihm Formen der Entfremdung ebenso wie Augenblicke, in denen der Alltag durchbrochen wird und über sich auf das Ganze der Wirklichkeit hinausweist.[155] Sauer folgert daraus, dass nicht jedes Überschreiten der empirischen Realität auf ein Mehr an Leben als mystische Erfahrung gelten kann. Das heißt, dass selbst "große Transzendenzen" im Sinne von Thomas Luckmann[156] nicht aufgrund einer inneren Logik vor das Geheimnis Gottes führen. Sauer bezeichnet deshalb in seinem 1990 veröffentlichten Buch mit dem Titel "Mystik des Alltags" Alltagserfahrungen als vorreligiös bzw. vorexistentiell und misst ihnen vorbereitenden Charakter für die "eigentliche Transzendenzerfahrung" zu, die er auch als "mystische Transzendenzerfahrung" bezeichnet und näherhin als durch das Antlitz und den Namen Gottes konkretisierte große Transzendenz versteht.[157]
Die Differenzierung, die Sauer hier zwischen menschlichen Grunderfahrungen, für die es aufmerksam zu werden gilt, und ihrer Transparenz für die religiöse Erfahrung und schließlich der christlichen Erfahrung vornimmt, findet sich schon in einer frühen Arbeit.[158] Erst 1992 faltet er diesen, nicht eindeutigen Punkt seiner Überlegungen aus und zeigt auf, dass sich zwar in den Alltagserfahrungen das "Gottfinden in allen Dingen" ereignet, dieses wiederum aber nur als solches durch den mitgemeinten Horizont, den er als Beziehung zum Chris-

---

152 Vgl. Sauer, R., Diskussion über die "ungläubigen Kinder", 157.
153 Vgl. Sauer, R., Mystik des Alltags, 70.
154 Sauer, R., Mystik des Alltags, 58f; ders., Religionslehrer und Mystik des Alltags, 14f, verweist auf James Joyce und seinen Roman Ulysses, in dem zum ersten Mal in der Literatur der ganz gewöhnliche Alltag eines Menschen thematisiert wird, sowie auf Marcel Prousts zehnbändiges Werk "Auf der Suche nach der verlorenen Zeit".
155 Vgl. Sauer, R., Mystik des Alltags, 121; vgl. ders., Religionslehrer, 15.
156 Vgl. Luckmann, Th., Die unsichtbare Religion, 167f.
157 Vgl. Sauer, R., Mystik des Alltags, 121f.125; vgl. ders., Religionslehrer, 16f.
158 Vgl. Sauer, R, Religiöse Erziehung auf dem Weg zum Glauben, 65-67. 1981 bezeichnete er die Glücks- und Sinnerfahrungen von Jugendlichen als "praeambula fidei". Vgl. ders., Die Erschließung der Sinnfrage in Schule und Gemeinde, 26.

tusereignis definiert, erfahren werden kann.[159] Damit wird klar, dass er durch die Auffassung von Vorstufen bzw. Vorbereitungen von Transzendenzerfahrungen die Welt nicht zu einem Vor-Ort von Gotteserfahrungen degradiert, sondern ihren Charakter, Ort von Gotteserfahrungen zu sein, anerkennen will. Er versuchte durch diese Unterscheidungen darauf hinzuweisen, dass die Transzendenzerfahrung keineswegs aufgrund einer inneren Logik, also unbedingt und ohne einen Freiheitsakt des Menschen zu fordern bzw. ohne durch die Gnade Gottes hervorgerufen zu sein, Gotteserfahrung ist.[160] Damit die Alltagserfahrung auch als religiöse Erfahrung verstanden werden kann, braucht es den sie deutenden Horizont der Gottesbotschaft, die in Jesus Christus ihre konkrete Gestalt findet.

Durch diese differenzierende Begrifflichkeit gelingt es ihm, den Aspekt des Nicht-Machbaren einer mystischen Transzendenzerfahrung einzuholen. Gottesbegegnung in Alltagserfahrungen ist nicht verdienbar, leistbar oder von vornherein gegeben. Außerdem kann er dadurch das kritische Potenzial der mystischen Transzendenzerfahrung für die Alltagswelt sichern. Dieses ermöglicht es, die Entfremdungen und Ambivalenzen der Alltagswelt wahrzunehmen und den anfänglichen Transzendierungsversuchen ein "Mehr an Sinn" zu verleihen.[161]

Zur Kommunikation zwischen den Symbolen des Glaubens und den Symbolen der Alltagswelt

Sauer resümiert deshalb, dass es bestimmte Kommunikationsprozesse braucht, in denen die Symbole des Glaubens zur Sprache kommen, um die Nicht-Selbstverständlichkeit und Fraglichkeit des Alltags wahrzunehmen. Durch die Symbolsprache kann die Ambivalenz der Alltagserfahrungen eine eindeutige Richtung erhalten, indem die sogenannten "großen Transzendenzen" (Th. Luckmann) eine Konkretisierung erfahren, nämlich ein personales Antlitz bekommen, das erst aufgrund der Offenbarung möglich wird.[162]

Er plädiert deshalb dafür, die Symbole aus der Alltagswelt der Jugendlichen ernst zu nehmen und sie mit den christlichen Symbolen zu konfrontieren.[163] Um den Jugendlichen einen Zugang zur Transzendenz im Sinne der großen Transzendenz zu eröffnen, die zudem im Gottesgeheimnis personalisiert ist, muss sich die Religionspädagogik auf ihre Lebenswelten einlassen und sie befragen,

---

[159] Vgl. Sauer, R., Religionslehrer, 16f.
[160] Vgl. Sauer, R., Mystik des Alltags, 121.
[161] Vgl. Sauer, R., Religionslehrer, 17.
[162] Vgl. Sauer, R., Mystik des Alltags, 124f.
[163] Vgl. Sauer, R., Mystik des Alltags, 127f; vgl. ders., Religiöse Phänomene in den Jugendkulturen, 28-30.

inwieweit sie offen sind für "mögliche Spuren des ganz Anderen" (P. L. Berger).[164]

Deshalb untersucht Sauer die Alltagswelten Jugendlicher auf Erlebnisse, die sich mitten im Alltag ereignen und diesen zugleich transzendieren bzw. zumindest die Möglichkeit des Transzendierens aufweisen.[165] Ohne Vollständigkeit in Bezug auf die Liste der eruierten Phänomene zu beanspruchen, verweist er auf die Musik, die peer-group, Liebe und Sexualität, Sport und Spiel, die Zuwendung zur Natur, ein neues Bewusstsein für die Körperlichkeit, Tourismus und Freizeit, soziales Engagement, den Computer, die Science-Fiction-Literatur sowie auf Grenzerfahrungen.[166] Dabei fällt ihm auf, dass die Jugendlichen die Trennung von profan und sakral nicht übernehmen, sondern das "profanum" als für das "sacrum" offen verstehen.[167]

1.3.2.2 Problematische und prospektive Potenziale für mystagogisches Lernen

Obwohl Sauer sein Konzept explizit nicht als mystagogisch bezeichnet, kann man dennoch sein formuliertes Anliegen als solches bezeichnen. Als religionspädagogische Aufgaben ergeben sich, Jugendliche für die Einbruchsstellen der Transzendenz aufmerksam zu machen.[168] Das heißt näherhin, in den Jugendlichen eine Fragehaltung zu wecken, die für Transzendenzerfahrungen sensiblen Erfahrungsfelder ausfindig zu machen und sie für die Glaubenserfahrung aufzuschließen, die offene und verdeckte Sinnfrage bei Jugendlichen aufzugreifen und sie Zeugen gelebter Transzendenz erleben zu lassen.[169]

Sauer plädiert deshalb für eine katechetische und handlungsorientierte Dimension des Religionsunterrichts,[170] mit der er aber nicht einer Re-Kerygmatisierung des Religionsunterrichts das Wort reden will.[171] Allerdings stellt er in Frage, ob die Schule der "Erfahrungsraum" (H. von Hentig) sein kann, der den SchülerInnen den Zugang zum Lebenssinn auftut. Auch wenn es geradezu das Proprium des Religionsunterrichts ausmacht, die großen Fragen des Lebens zu stellen, die SchülerInnen mit den Grenzen des Vorfindlichen zu

---

164   Vgl. Sauer, R., Mystik des Alltags, 57f.

165   Vgl. Sauer, R., Mystik des Alltags, 72.

166   Vgl. Sauer, R., Mystik des Alltags, 73-120; vgl. ders., Religionslehrer, 18f; vgl. ders., Die religiöse Ansprechbarkeit junger Menschen heute, 717-720; vgl. ders., Religiöse Phänomene in den Jugendkulturen, 19-28.

167   Vgl. Sauer, R., Religiöse Phänomene in den Jugendkulturen, 18.

168   Vgl. Sauer, R., Die religiöse Ansprechbarkeit junger Menschen heute, 717; vgl. ders., Mystik des Alltags, 72.

169   Vgl. Sauer, R., Die religiöse Ansprechbarkeit junger Menschen heute, 720f; vgl. ders., Ist der Glaube nur Objekt des Religionsunterrichtes? 98-100; vgl. ders., Religiöse Phänomene in den Jugendkulturen, 28-30.

170   Vgl. Kollmann, R., Brückenfunktionen der Religionspädagogik, 4.

171   Vgl. Sauer, R., Ist der Glaube nur Objekt des Religionsunterrichtes?, 94f.

konfrontieren und das "Unverfügbare" als Wirklichkeit mitzubedenken, geht Sauer davon aus, dass dem Religionsunterricht das aber nur zu einem bestimmten Teil gelingen kann. Er unterstreicht deshalb die Notwendigkeit einer Ergänzung durch die gemeindliche Katechese und die außerschulische Jugendarbeit.[172]

Insgesamt macht er die Dringlichkeit bewusst, die Alltagswelt der Jugendlichen ernst zu nehmen, ihre Symbole, die für Transzendenzerfahrungen offen sind, zu untersuchen und mit den christlichen Symbolen zu konfrontieren. Freilich deutet er nicht an, wie ein solcher Prozess vonstatten gehen kann.

Eine weitere Schwierigkeit ergibt sich aus den Definitionen, von denen er ausgeht. Sauer differenziert im Anschluss an Thomas Luckmann kleine, mittlere und große Transzendenzen[173] und gesteht nur den großen Transzendenzen zu, und zwar nur dann, wenn sie durch das Antlitz des dreifaltigen Gottes konkretisiert sind, die die Alltagswelt kennzeichnende Ambivalenz in die richtige Richtung zu lenken. Auch wenn Sauer versucht, die Alltagserfahrungen gegenüber den Gotteserfahrungen nicht zu degradieren, bleibt doch aufgrund seiner vorgenommenen Phänomenbestimmung die Frage, ob in der Sache Alltagserfahrungen letztlich nicht doch nur An-wege des Glaubens sind und somit als "Orte" des Glaubens nicht ernst genommen werden. Zumindest muss man festhalten, dass hier eine gewisse Unschärfe bestehen bleibt.

In der Dokumentation eines Glaubensseminars, das Sauer mit 14- bis 18jährigen durchführte, deutet sich eine weitere Schwierigkeit an. Kommunikation über den Glauben wird in erster Linie als diskursive, betont rationale Auseinandersetzung über den Glauben verstanden,[174] selbst wenn Sauer immer wieder betont, dass sich die Frage nach Gott nicht ausschließlich im rationalen Diskurs klären lässt.[175] Mit allen Sinnen zu lernen, assoziative Zugänge zu den Symbolisierungen der Jugendlichen und auch des Glaubens zu schaffen, bleibt in den Überlegungen Sauers unterbelichtet.

Dennoch ist es das große Verdienst Sauers, bewusst gemacht zu haben, dass die Symbolisierungen, die Jugendliche in ihrer Alltagswelt vornehmen, Wege sein können, in andere Symbolisierungsräume zu führen, die auch offen sind für den jüdisch-christlichen Glauben.

So ist vor allem der Ansatz Sauers, der von der Alltagswelt der Jugendlichen ausgeht, zukunftsweisend und wirkte auch für die Konzeption des mystagogischen Lernens, wie es hier vorgestellt wird, inspirierend.

---

172   Vgl. Sauer, R., Die Erschließung der Sinnfrage, 28f.
173   Vgl. Luckmann, Th., Die unsichtbare Religion, 167f.
174   Vgl. Sauer, R., Mit jungen Menschen den Glauben bedenken und feiern, 221-225.
175   Vgl. Sauer, R., Ist der Glaube nur Objekt des Religionsunterrichtes?, 99.

1.3.3 Gotteserfahrung in menschlichen Grunderfahrungen

Wenn deutlich geworden ist, dass Gott selbst Grund des Menschen und der Welt ist und er dem Tun des Menschen mit seiner Gnade immer schon zuvorkommt, dann ist Mystagogie zu charakterisieren als Weise, mit dem Gottesgeheimnis vertraut zu werden. Diese Verstehensweise, die in der Rahnerschen Theologie wurzelt, findet sich, wie gesagt, bei verschiedenen Autoren wieder[176] und wurde vor allem von Herbert Haslinger weiterentwickelt.

1.3.3.1 Zum Konzept und seinen Implikationen

Herbert Haslinger beschäftigt sich in verschiedenen Aufsätzen mit dem Thema Mystagogie[177] und versucht es, auf seine Implikationen für die praktische Theologie und hier vor allem für die Pastoraltheologie und die Religionspädagogik auszuloten.

Zu den theologischen Grundlagen von Mystagogie
Haslinger geht von der grundlegenden Aussage Rahners aus, dass die Gotteserfahrung dem Menschen von jeher zu Eigen ist, dass also die Erfahrung der Selbstmitteilung Gottes jeden Menschen angeht. Mystagogie versteht er deshalb als Möglichkeit, Menschen auf ihrem Weg zu diesem Geheimnis, das wir Gott nennen, zu begleiten.[178] Mystagogie wird zum Terminus, den Prozess des "Verstehenlassens" von Gnade zu bezeichnen.[179] Haslinger arbeitet heraus, dass Rahner zwar keine konzeptuelle Praxistheorie einer "neuen Mystagogie" entwirft, aber im Begriff der Mystagogie seine zentralen theologischen Gedanken praktisch-theologisch formuliert. Mystagogie drückt demnach Rahners grundlegende Intention von Theologie aus.[180]

---

[176] Der akademische Lehrer Herbert Haslingers, Stefan Knobloch, Mystagogie und Subjektwerdung, 152, verfolgt das mystagogische Anliegen auf ähnliche Weise wie Haslinger. Auch er versteht Mystagogie als Bemühen, die "lebendige Erfahrung Gottes im einzelnen" aufzusuchen, die dem Menschen aus der Mitte seiner Existenz zukommt. Ähnlich auch in: ders., Mystagogie, 1369-1372. Diesem gedanklichen Duktus entspricht auch Paul M. Zulehner, Pluralität und Mystagogie, 313; vgl. ders., Von der Versorgung zur Mystagogie, 177-182; vgl. ders., "Denn du kommst unserem Tun mit deiner Gnade zuvor ...", 48; vgl. ders., Pastoraltheologie, Bd. 2, 165f.188; vgl. ders., Priestermangel praktisch, 139f. Auch er entwickelt genauso wie Haslinger oder Knobloch das Mystagogieverständnis von dem grundlegenden theologischen Gedanken her, dass Gott immer schon im Menschen da ist, und Mystagogie darauf zielt, das Lebendigsein Gottes in jedem Menschen zu heben.

[177] Vgl. Haslinger, H., Was ist Mystagogie?, 15-75; vgl. ders., Sich selbst entdecken — Gott erfahren; vgl. ders. (Hg.), Praktische Theologie, Bd. 2, 169-184.

[178] Vgl. Haslinger, H., Was ist Mystagogie?, 57f; vgl. ders., Sich selbst entdecken — Gott erfahren, 58-60.

[179] Vgl. Rahner, K., Glaubenszugang, 108f.

[180] Vgl. Haslinger, H., Was ist Mystagogie?, 29.

Konkret wird Mystagogie vor allem dort, wo die "Berührungspunkte" von Gott und Mensch am deutlichsten auffallen, nämlich in den menschlichen Grunderfahrungen. Im Erleben von Freude und Glück, von Hoffnung, Liebe und Verantwortung, aber auch in der Frage nach Sinn und der Erfahrung von Leid und Tod treffen das Geheimnis von Gott und Mensch aufeinander. Die Grunderfahrungen können so zur Krisis werden, die fragen lässt, was im Leben wirklich trägt und was noch zählt angesichts der erlebten Grenzen des Menschseins. Mystagogie zeigt sich hier als Prozess, aufmerksam zu werden für diese Krisenmomente und in ihnen die Offenheit für die Gottesfrage zu entdecken.

Zur Verstehensweise von Mystagogie — Abgrenzungen und erste Charakterisierungen

Haslingers Verdienst ist es, ausgehend von der Rahnerschen Theologie eine Verstehensweise von Mystagogie zu skizzieren, die sich von anderen in der theologiegeschichtlichen Entwicklung auch angelegten Verstehensweisen absetzt und dem universalen Anspruch Rechnung zu tragen versucht.

Mystagogie im Rahnerschen Sinn hat so gesehen nichts mit dem Mystikinteresse und -verständnis der New-Age-Bewegungen zu tun. Im Gegensatz zu diesen dualistisch-gnostischen Tendenzen versteht sich Mystagogie im Rahnerschen Sinn als weltfreudig und antielitär.[181] Haslinger grenzt Mystagogie weiterhin ab von Meditationsarten. Er stellt heraus, dass das, was Mystagogie will, nicht durch bestimmte Übungen und Techniken herbeigeführt werden kann. Mystagogie ist kein machbares Produkt, auch wenn es Umstände gibt, die die Begegnung mit dem Geheimnis Gottes fördern bzw. behindern.[182] Mystagogie darf auch nicht als liturgische Unterweisung verstanden werden, die die Lernenden dazu befähigt, die Grundstrukturen des Gottesdienstes und der in ihm enthaltenen Funktionen zu verstehen.[183] Weiterhin verwehrt sich Mystagogie im Rahnerschen Sinn einem verkürzten Verstehen des Glaubensprozesses als "Glaubensweitergabe". Mystagogie hat nichts mit einem Verständnis von Glauben zu tun, das Glauben als Aneignung von Glaubenswissen begreift, das dem Menschen von außen zukommt. Es kann nach Haslinger "nicht primär [um] das Zur-Kenntnis-Bringen eines Wissensinhalts [gehen], sondern [um] eine Haltung, in der man dem anderen Menschen so begegnet, daß er sich seiner geheimnishaften Existenz in Beziehung zu Gott bewußt wird und daß sich dieses Bewußtsein in einem Mensch-sein-Können auswirkt, das der Würde des Menschen vor Gott gerecht wird."[184] Mystagogie geht davon aus, dass das Geheim-

---

[181] Vgl. Haslinger, H., Was ist Mystagogie?, 61.
[182] Vgl. Haslinger, H., Was ist Mystagogie?, 62.
[183] Vgl. Haslinger, H., Was ist Mystagogie?, 62, gegen Richter, K., Eine mystagogische Liturgie, 114.
[184] Haslinger, H. (Hg.), Praktische Theologie, Bd. 2, 172.

nis Gottes in jedem Menschen wohnt und von diesem auszuloten bzw. je neu zu entdecken ist.[185] Schließlich ist Mystagogie nicht misszuverstehen als Einführungskurs in mystisches Erleben, verstanden als spektakuläre Erfahrungen wie Visionen, Auditionen oder ähnliches.[186]

Durch diese Abgrenzungen ist es Haslinger möglich, einen eigenen Definitionsvorschlag von Mystagogie vorzulegen und einige Prinzipien einer so akzentuierten Mystagogie in praktisch-theologischer Perspektive zu formulieren.[187] Mystagogie ist demnach ein Prozess, in dem es darum geht, den Menschen zu einer immer reflexeren Wahrnehmung seiner unableitbaren Verwiesenheit auf Gott zu befähigen. Diese Verwiesenheit auf Gott kann sich als Möglichkeit einer ursprünglichen, individuellen und unauslotbaren Beziehung zu Gott auftun, die jeder von außen kommenden Initiative zuvorkommt. Mystagogie versteht sich so gesehen als Weg, jedem Menschen seinen unverlierbaren Wert bewusst zu machen und ihn, indem er sich auf diese ihm ursprüngliche Beziehung einlässt, zu seiner Selbstverwirklichung und zu einer selbstverantworteten Gestaltung seines Lebens zu befähigen.[188]

Mystagogie bezeichnet insgesamt gesehen also weder eine Methode, noch einen Inhalt, noch ein definiertes Praxisfeld. Mystagogie ist vielmehr als praktisch-theologisches Paradigma zu verstehen.[189]

Prinzipien des mystagogischen Paradigmas

Ausgehend von diesem Paradigma lassen sich nach Haslinger folgende Prinzipien für ein kommunikatives Handeln im Horizont von Kirche entwickeln: das Prinzip der Wertschätzung und Ernstnahme, der Selbstkongruenz, der Empathie und das Bewusstsein der Alltäglichkeit der Gotteserfahrung, das seelsorgliches Handeln auf den Raum des Alltags fokussiert.[190]

Ein weiteres Prinzip einer mystagogisch verstandenen praktischen Theologie sieht Haslinger darin, eine Maieutik des Transzendenzbezugs zu betreiben, also institutionalisierte Formen des Glaubens dem Menschen so zu eröffnen, dass sie in ihrem Bezug für den Einzelnen deutlich werden. Das heißt, dass Glaubensartikulationen auf ihren Lebensbezug abgesucht werden.

Für die Mystagogin/den Mystagogen bedeutet das, das eigene Leben als Ort der Anwesenheit Gottes für die GesprächspartnerInnen transparent werden zu lassen.[191] Das Prinzip der Befreiung macht deutlich, dass Mystagogie als Mo-

---

[185] Vgl. Haslinger, H., Was ist Mystagogie?, 62f.
[186] Vgl. Haslinger, H., Was ist Mystagogie?, 63.
[187] Vgl. Haslinger, H., Was ist Mystagogie?, 63.
[188] Vgl. Haslinger, H., Was ist Mystagogie?, 64.
[189] Vgl. Haslinger, H., Was ist Mystagogie?, 65.
[190] Vgl. Haslinger, H., Was ist Mystagogie?, 65-68; vgl. ders., Praktische Theologie, Bd. 2, 172f.
[191] Vgl. Haslinger, H., Was ist Mystagogie?, 68f.

ment zu verstehen ist, den Prozess der Selbstverwirklichung und der Freiset-zung zum subjekthaften Leben in Gang zu setzen.[192] Die Prinzipien, die Haslin-ger für ein eigenständiges und situationsgerechtes Handeln im Horizont von Kirche vorschlägt, bündeln sich im Prinzip der universalen Solidarität, in dem deutlich wird, dass das Umgehen von Menschen letztlich in ein kommunikatives Handeln münden muss, in dem sich alle Beteiligten als gleichberechtige Inter-aktionspartner akzeptieren.[193]

1.3.3.2 Prospektive Potenziale für mystagogisches Lernen

Insgesamt schlägt Haslinger das bisher weitreichendste Konzept von Mystago-gie vor. Er versteht es als Paradigma praktisch-theologischer Theoriebildung und leitet von ihm entsprechende Impulse für das Handeln ab. Auch wenn er es in seiner späteren Veröffentlichung "Praktische Theologie"[194] im Rahmen der Sakramentenpastoral erörtert, so gilt Mystagogie für Haslinger doch als umfas-sendes, die Praktische Theologie insgesamt orientierendes Anliegen. Es geht darum, die Beziehung von Gott und Mensch schon als grundsätzlich gegebene anzuerkennen und nun Räume und Möglichkeiten zu schaffen, die Würde des Menschen im Angesicht Gottes und bezogen auf den alltäglichen Kontext zu erhellen. Mystagogie bedeutet letztlich also eine "befreiende Deutung von Le-benswirklichkeit".[195]

Entscheidend für die Konzeption Haslingers von Mystagogie ist die Beantwor-tung der Frage, wie Gott und Mensch sich zueinander verhalten. Diese ist an-gestoßen durch die Rahnersche Verhältnisbestimmung von Natur und Gnade. Von Rahner herkommend versteht Haslinger Mystagogie als Prozess, in dem das bewusst werden soll, was den Menschen aufgrund der Zusage Gottes schon von jeher ausmacht, nämlich gottesfähig zu sein. Haslinger weist in die-sem Zusammenhang die menschlichen Grunderfahrungen als mystagogische Momente aus und schlägt eine Lesart von Mystagogie vor, die das Vorfindliche als "Ort" von Gotteserfahrungen verstehen lässt.

Inspirierend für das mystagogische Lernen sind also sowohl die theologische Grundlegung, die Haslinger vornimmt, als auch die Überlegungen, in denen Haslinger erste Vorschläge macht, wie das zu konkretisieren ist. Die mystago-gischen Prinzipien können zu Leitmotiven auch für religiöse Lernprozesse wer-den und verstehen helfen, dass Mystagogie weder als Inhalt, noch als Metho-de, noch als bestimmtes Praxisfeld, sondern eher als Paradigma zu verstehen ist, das die Beziehung von Gott und Mensch zu fassen versucht. Damit legt

---

[192]   Vgl. Haslinger, H., Was ist Mystagogie?, 69f.
[193]   Vgl. Haslinger, H., Was ist Mystagogie?, 70f.
[194]   Mainz 2000.
[195]   Vgl. Haslinger, H., Praktische Theologie, Bd. 2, 174.

Haslinger entscheidende Weichenstellungen vor, an denen ein Konzept von Mystagogie nicht vorbeigehen kann.

Der Entwurf, der im Folgenden vorgestellt wird, versteht sich einerseits auch von der Theologie Karl Rahners her, insofern er der Theologia naturalis große Bedeutung einräumt und Gott als "Gott in Welt" versteht. Andererseits sind aber die Quellen und Inspiratoren der Symboldidaktik Hubertus Halbfas' weiter und vielfältiger. Da sein Einfluss auf die Religionspädagogik besonders groß ist, soll sein Entwurf in einem eigenen Abschnitt erörtert werden.

1.4 Konkretisierung einer transzendentalen Mystagogie: Mystagogie als "Didaktik des Nichtverfügbaren" (Hubertus Halbfas)

Versucht man das Werk Hubertus Halbfas' zu charakterisieren, dann ist man gut beraten, eine von ihm selbst gewählte Formulierung aufzugreifen und seine religionsdidaktischen Schriften als Entwurf einer "Didaktik des Nichtverfügbaren"[196] zu bezeichnen. Ihm geht es darum, für das "dritte Auge" zu sensibilisieren, das den inneren Raum und die innere Zeit erkundet und fähig ist, den verborgenen Sinn inmitten der sinnenhaften Erfahrungen zu entdecken.[197] Er konkretisiert damit, was oben als transzendentale Mystagogie vorgestellt wurde. Halbfas versucht ins Bewusstsein zu heben, dass es dem Religionsunterricht daran gelegen sein muss, Sinn für den Sinn zu entwickeln und die SchülerInnen zu befähigen, die "Doppelbödigkeit der Wirklichkeit"[198] zu erahnen. Ziel ist es, in diesem Erspüren des tieferen Sinns bzw. im Weg in das Zentrum, das nicht von außen, sondern nur dem Einzelnen allein verfügbar ist, die Unmittelbarkeit zu Gott, die hier ihren Ort hat, zu entdecken.

Halbfas' Anliegen kann deshalb auch als mystagogischer Entwurf bezeichnet werden.[199] Inspiriert durch Impulse aus der Montessoripädagogik,[200] von den mystischen Traditionen verschiedener Religionen,[201] vor allem aber auf der Grundlage der Eckhartschen Theologie[202] und die Rahnersche Theologie ver-

---

[196] Halbfas, H., Das dritte Auge, 201.
[197] Vgl. Halbfas, H., Das dritte Auge, 209.
[198] Halbfas, H., Das dritte Auge, 209.
[199] Auch Erich Feifel, Entwicklungen in der Symboldidaktik, 297f, kommt zu dem Ergebnis, dass die Symboldidaktik, wie sie Halbfas entwickelt, der Sehnsucht nach Ganzheit und nach einer Mystagogie entgegenkommt.
[200] Vgl. z. B. Halbfas, H., Das dritte Auge, 192-210; vgl. ders., Zur Rezeption der Montessori-Pädagogik, 403-408.
[201] Vgl. die Auseinandersetzung Halbfas' mit den großen Weltreligionen, aber auch den sogenannten Naturreligionen in seinem Schulbuchwerk: Religionsunterricht in der Grundschule mit entsprechenden Schulbüchern und Lehrerkommentaren; Religionsunterricht in Sekundarschulen mit entsprechenden Schulbüchern und Lehrerkommentaren; Das Welthaus; Das Menschenhaus; Lehrerhandbuch Religion u. a.
[202] Vgl. Halbfas, H., Das dritte Auge, 156-158.

arbeitend,[203] entwickelt Halbfas eine Symboldidaktik, die er als Möglichkeit kennzeichnet, die Begabung des Einzelnen zu fördern, um den "metasinnenhaften Sinn"[204] zu entdecken. Die SchülerInnen sollen lernen, im Begrenzten das Unbegrenzte und im Augenblick "das Nadelöhr der Ewigkeit"[205] zu erfassen.

Wenn deshalb die Symboldidaktik Halbfas' in dieser Studie als mystagogischer Entwurf charakterisiert wird, dann heißt das, dass seine Konzeption einer Symboldidaktik als Weg und Weise von Mystagogie verstanden wird. Freilich wurde der Entwurf Halbfas' von späteren Ansätzen stark kritisiert und bedarf auch mancher Ergänzungen.[206] Der wohl gewichtigste und von Halbfas letztlich nicht zur Genüge ausgeräumte Vorwurf ist, ob Halbfas der Archetypenlehre C. G. Jungs nicht einen derartigen Vorrang einräumt, dass die geschichtliche Hermeneutik unterbelichtet bleibt. Die Frage ist, ob die konkrete geschichtliche Individualität gegenüber einer "übergeschichtlich[n], archetypische[n] Universalität"[207]

---

203   Vgl. dazu Halbfas' Ausführungen in der Fundamentalkatechetik.
204   Halbfas, H., Das dritte Auge, 209.
205   Halbfas, H., Das dritte Auge, 209.
206   Vgl. dazu z. B. die Befürchtungen Erich Feifels, Entwicklungen in der Symboldidaktik, 297f, dass die gesellschaftskritische Relevanz des Religionsunterrichts zu stark in den Hintergrund tritt, wenn sich der RU vor allem als Hermeneutik der Symbole vollzieht. Er mahnt auch an, dass die Reflexion und Interpretation der Symbole zu kurz kommt, und dass grundsätzlich das theologische Argumentieren und Diskutieren keinen adäquaten Stellenwert mehr im Gefüge des Religionsunterrichts hat. Ähnlich argumentiert Peter Biehl, Festsymbole, 1-23, der die vermittelnde Funktion der Symbole betont und eine kritische Symbolkunde, auch in Abgrenzung zu Hubertus Halbfas, fordert. Vgl. dazu ders., Erfahrungsbezug und das Symbolverständnis, 37-121; vgl. ders., Die Chancen der Symboldidaktik, 168-173; vgl. Weidinger, N., Elemente einer Symboldidaktik, Bd. 1, 490; vgl. dazu Hilger, G., Symbollernen, 334. Anton A. Bucher, Symbol — Symbolbildung — Symbolerziehung, 372-398, kritisiert v. a., dass Halbfas die entwicklungspsychologischen Gegebenheiten nicht berücksichtigt und spricht deshalb von einer "Verfrühung". Halbfas verkenne den Zustand, dass Kinder Symbole selbst "konstruieren", wie sie sich auch die übrige Welt aufbauen. Das aber geschieht, indem sie mit der Welt bzw. den Symbolen umgehen, sie "ergreifen", um sie dann auch "begreifen" zu können. Ein anderer Kritikpunkt wird von Georg Hilger, Schüler-Rollen, 374, und Bernhard Grom, Kerygma, Symbol, Struktur — oder Erfahrung?, 482, vorgetragen, die die Gefahr sehen, dass das Konzept Halbfas' die SchülerInnen überformt, so dass die Perspektive der Schülerorientierung verloren gehen kann. Weitere Kritikpunkte sind, dass Halbfas zu wenig Alltagssymbole mitbedenke und auch zu wenig darauf reflektiere, dass Symbole auch weiterentwickelt bzw. transformiert werden müssen. Vgl. dazu z. B. Spiegel, Y., Glaube, wie er leibt und lebt, Bd. 1, 74-85; vgl. dazu das Diskussionsforum zwischen Hubertus Halbfas, Jürgen Heumann, Yorick Spiegel, Joachim Scharfenberg, Paul Schwarzenau, Wolfgang Thorns und Horst Heimemann, das veröffentlicht wurde unter dem Titel: Symbol und Symboldidaktik, 140-146. Ebenso wird bemängelt, dass der Bezug zur konkreten sozialen Wirklichkeit zugunsten einer Rückbesinnung auf den Weg nach innen verloren gehen könne. Vgl. dazu Hilger, G., Leben und Lernen in der Grundschule, 205.
207   Halbfas, H., Wurzelwerk, 59.

überhaupt noch Beachtung findet,[208] bzw. ob das geschichtliche Ereignis der christlichen Offenbarung überhaupt noch als ungeschuldete und freie Selbstmitteilung Gottes an den Menschen thematisch zu werden braucht angesichts der Bestimmung der Symbole und ihrer Gehalte, wie sie Halbfas vornimmt. Auch wenn dieser Vorwurf nach wie vor bleibt, soll es dennoch im Folgenden darum gehen, das mystagogische Anliegen, das Halbfas in seiner Symboldidaktik grundlegt, herauszuarbeiten und für eine zu entwickelnde Perspektive religiöser Bildung, wie sie das mystagogische Lernen verfolgt, fruchtbar zu machen.

1.4.1 Zur Symboldidaktik und ihren Implikationen

Hubertus Halbfas hat mit seinem 1982 erschienenen Buch "Das dritte Auge" als erster den Begriff der "Symboldidaktik" in die religionspädagogische Diskussion eingebracht.[209] Symboldidaktik ist nach ihm mehr als eine Einführung in den Symbolbegriff oder eine Erklärung elementarer religiöser Symbole.[210] Ausgehend von der Beobachtung, dass Kinder und Jugendliche kaum mehr fähig sind, hinter die Dinge zu sehen und deren tieferen Grund zu entdecken, plädiert Halbfas für eine Schulung des "dritten Auges", das die Tiefen- und Innendimension des Vorfindlichen ergründet und das Transzendente inmitten des Immanenten wahrnimmt. Religionsunterricht wird so verstanden zu einer "Sehschule", die die SchülerInnen befähigt, Symbolsinn zu entwickeln und für den genuin religiösen Sinn aufmerksam zu werden.

Annäherungen an den Symbolbegriff und erste Charakterisierung

Für Halbfas steht fest, dass eine Definition des Symbols ex se nicht möglich ist. Weil es dem Symbol eigen ist, die gegenständliche Welt zu transzendieren, kann es nicht in einer Begrifflichkeit ausgesagt werden, die sich allein am rational Nachvollziehbaren ausrichtet.[211] Dennoch lassen sich verschiedene Merkmale ausmachen, die ein Symbol ausmachen. Halbfas nennt unter anderem die Vieldeutigkeit eines Symbols. Symbol kann nur etwas sein, das in einer Gegebenheit eine andere mit einschließt.[212] In der Vieldeutigkeit der Symbole ist auch ihre Verwiesenheit auf Sprache angelegt. Selbst dort, wo Symbole im Sinne Ricoeurs von der ersten Naivität noch intuitiv erfasst werden, müssen sie

---

[208] Vgl. Biehl, P., Festsymbole, 7; vgl. Bucher, A. A., Symbol — Symbolbildung — Symbolerziehung, 384f. Eine der theologisch profiliertesten Kritiken formuliert Georg Baudler, Die Bedeutung Karl Rahners für die neuere Religionspädagogik, 114f.

[209] Vgl. Feifel, E., Entwicklungen in der Symboldidaktik, 296; vgl. Hilger, G., Symbollernen, 333.

[210] Vgl. Halbfas, H., Das dritte Auge, 209.

[211] Vgl. Halbfas, H., Das dritte Auge, 85; vgl. ders., Symboldidaktik, 459.

[212] Vgl. Halbfas, H., Das dritte Auge, 85; vgl. ders., Symboldidaktik, 458.

gedeutet und in Bezug zur Sprache gebracht werden. Erst die Interpretation von Symbolen vermag es, sie im Alltagsgeschehen verfügbar und wirksam zu machen. Im Gegensatz zu Zeichen, die genau festgelegte Reaktionsmuster hervorrufen und gleichsam im Verhältnis eins zu eins übersetzt werden, erfordern Symbole ein offenes Kommunikationssystem. Erst durch individuelle Übersetzung des Symbols und durch kreative Auseinandersetzung mit ihm gelingt es, bei Wahrung der Vieldeutigkeit des Symbols seine Bedeutungen zu eruieren und von ihnen zu lernen. Wichtig bleibt für Halbfas in diesem Zusammenhang, dass der Bezug der Symbole auf die Sprache im Raum des Schweigens sein Komplementär findet. Weil Symbole letztlich eben nicht "versprachlicht" werden können, lassen sie das Schweigen ahnen, aus dem sie entspringen und in das sie verweisen.[213]

Als weiteres Merkmal lässt sich anführen, dass Symbole nicht willentlich gemacht werden können, sondern entstehen.[214] Das hat auch damit zu tun, dass Symbole eine Vermittlungskategorie zwischen Innen und Außen, zwischen dem Vorfindlichen und dem Transzendenten sind. Sie zeigen auf, was ist und ergeben sich aus einem inneren Zusammenhang zwischen der Symbolwahrnehmung einerseits und der Erfahrungsfähigkeit andererseits. In diesem Sinne werden Symbole zur Erfahrungskategorie schlechthin.[215]

Weiterhin bemerkt Halbfas, dass Symbole nicht geschichtslos sind. Als Weg und Erkenntnismodus des Unbewussten unterliegen sie dennoch dem geschichtlichen Wandel.[216] In ihnen werden die verschiedenen Zeitdimensionen miteinander vermittelt. Sie verschränken regressive Phasen mit progressiven, Vergangenes mit Gegenwärtigem, insofern sie als Manifestationen einer menschheitlichen, unbewussten Lerngeschichte vergangene Erfahrungen ins Heute transportieren und im konkreten Alltag und in der konkreten Existenz des Einzelnen auf Übersetzung warten. Halbfas sieht diese Verschränkung der Zeiten vor allem in religiösen Symbolen eingefangen.[217]

Symbole sind deshalb nach Halbfas die authentische Sprache der Religion, bilden gerade als narrative Symbole in Form von Mythen, Legenden und Märchen die Sprache des Volkes und sind auch, insofern sie mit den "Inhalten der Seele" korrespondieren und sich in den Träumen einen Ausdruck suchen, die Sprache der Seele.[218] Anders als das bei Klischees der Fall ist, die Halbfas im

---

213   Vgl. Halbfas, H., Das dritte Auge, 114-116.
214   Vgl. Halbfas, H., Das dritte Auge, 86.
215   Vgl. Halbfas, H., Das dritte Auge, 117f.
216   Vgl. Halbfas, H., Das dritte Auge, 105f. Halbfas modifiziert zwar in seinem 1989 erschienenen Werk "Wurzelwerk", 59-61, seinen Ansatz, hält aber grundsätzlich am Vorrang der archetypischen vor der geschichtlichen Hermeneutik fest.
217   Vgl. Halbfas, H., Das dritte Auge, 118f.
218   Vgl. Halbfas, H., Das dritte Auge, 107-113; vgl. ders., Bibel und Mythos/Symbol, 76.

Rückgriff auf Sigmund Freud und Alfred Lorenzer als aus dem Bewusstsein ex-kommunizierte Symbole versteht,[219] fordern Symbole zu einer kreativen Aus-einandersetzung heraus und zu einer aktiven Deutung.

Desiderat für die Sensibilisierung des "Dritten Auges"
Aufgrund dieser ersten Annäherung an den Symbolbegriff folgert Halbfas, dass es nicht genügt, die Kritikfähigkeit und rationale Intelligenz zu schulen, um mit Symbolen umzugehen. Es braucht vielmehr eine Sensibilisierung des Symbol-sinns, den er metaphorisch in der Rede vom "dritten Auge" fasst. Das gilt ins-besondere für religiöse Symbole.[220] Verschiedenste psychoanalytische, religi-onswissenschaftliche, soziologische, philosophische, theologische und sprach-wissenschaftliche Denktraditionen untersuchend,[221] kommt Halbfas zu dem Er-gebnis, dass eine zukunftsfähige Symboldidaktik, die nicht nur Teilansichten produziert, sondern möglichst das Gesamtphänomen des Symbols zum Aus-gangspunkt nimmt, nur auf der Basis einer die verschiedenen Verständnisse integrierenden Theorie möglich ist.[222] Diese ist aber erst noch zu entwickeln. Den gemeinsamen Nenner dieser Integrationstheorie sieht er darin, den inne-ren Sinn, also das dritte Auge, zu berücksichtigen.[223] Halbfas plädiert in diesem Zusammenhang für das Wiedergewinnen der "zweiten Naivität". Die erste Nai-vität versteht er als Wahrnehmung der Wirklichkeit allein mittels einer entmy-thologisierenden Rationalität. Die "zweite Naivität" kennzeichnet er dagegen als die Bereitschaft, nunmehr mit einem kritischen Bewusstsein auch das nicht durch logisches Schlussfolgern Begreifbare der Wirklichkeit anzuerkennen und ihm zu begegnen.[224]

Zu den Wirkungen des Symbols
Indem Halbfas verschiedene Wirkungen des Symbols beschreibt, liefert er zu-gleich eine Skizze für dessen verschiedenen Handlungsbezüge. Kritisch disku-tiert er in diesem Zusammenhang die Entlastungsfunktion der Symbole. Auch wenn das Konfliktlösungsvermögen von Symbolen nicht zu unterschätzen ist, so gilt doch gerade für den schulischen Religionsunterricht, dass die eigentliche

---

[219]   Vgl. ders./Heumann, J./Spiegel, Y. u. a., Symbol und Symboldidaktik, 141f; vgl. ders., Eine Sprache, die Ereignis werden will, 908.
[220]   Vgl. Halbfas, H., Das dritte Auge, 86f.
[221]   Hubertus Halbfas, Das dritte Auge, 87-103, untersucht dazu den Symbolbegriff bei Sig-mund Freud, Friedrich Hacker, Alfred Lorenzer, Carl Gustav Jung, George Mead und der Richtung des Symbolischen Interaktionismus, den philosophischen Symbolbegriff bei Ernst Cassirer und Susanne K. Langer, denjenigen Paul Tillichs, Paul Ricoeurs, Ja-mes George Frazers und Mircea Eliades.
[222]   Vgl. Halbfas, H., Das dritte Auge, 104.
[223]   Vgl. Halbfas, H., Das dritte Auge, 104.
[224]   Vgl. Halbfas, H., Bibel und Mythos/Symbol, 79; vgl. ders., Auf dem Weg zur zweiten Unmittelbarkeit, 446f.

Leistung des Symbols nicht auf Konflikte und damit auf ein negatives Potenzial eingeengt werden darf. Es sollte vielmehr prospektiv entworfen werden. Halbfas plädiert deshalb dafür, den Umgang mit den öffentlichen Symbolen des Christentums und der gesamtgeschichtlichen Tradition zu institutionalisieren, so dass eine Kommunikation zwischen Symbol und Alltag wieder voll möglich wird.[225] Damit kann eine Beziehung von Symbol und Alltagserfahrung gestiftet und die gestaltende Kraft von Symbolen eingeholt werden. Diese sieht Halbfas in der orientierenden Funktion von Symbolen gegeben. Symbole können zur Selbstfindung beitragen, weil sie immer auch Vergegenwärtigungen von Sinn sind. Mit anderen Worten ermöglicht ein Kontakt mit der Tiefe von Symbolen den Kontakt mit der eigenen Seelentiefe und dem, was die Wirklichkeit in ihrer Tiefe ausmacht. Mit Symbolen umzugehen, kann deshalb heißen, mit Sinnstiftungen umzugehen und sie für das eigene Leben fruchtbar werden zu lassen.

Damit ist eine weitere Funktion von Symbolen angesprochen, nämlich ihre Vermittlungsfunktion. Symbole vermitteln als Möglichkeiten, die Wirklichkeit in ihrer mehrsinnigen Komplexität zu erfassen, zwischen Gegenständlichem und Transzendentem, zwischen den Zeitdimensionen, der tradierten Erfahrung und dem eigenen Leben, zwischen dem Zeugnis der Glaubensgemeinschaft und dem existentiellen Mühen des Einzelnen. Als solche vermitteln sie zwischen Theologie und Anthropologie, ja inkarnieren sozusagen, vor allem in Form der Sakramente, das Ineinander von Göttlichem und Geschöpflichem.[226]

Zugänge zum Symbol und didaktische Prinzipien

Weil Symbole rational nicht erklärt werden können, ist nach einer Weise der Begegnung mit ihnen Ausschau zu halten, die die Vieldimensionalität repräsentiert, die in den Symbolen angelegt ist. Halbfas verweist in diesem Zusammenhang auf die aus der altkirchlichen Tradition her bekannte und im Frühmittelalter weiter ausgebaute Interpretationspraxis des vierfachen Schriftsinns.[227] In ihr wird sowohl die Dimension des Faktischen und Praktischen als auch die Dimension des Symbolischen bzw. Transzendenten berücksichtigt. Vor allem für die Begegnung mit den biblischen Texten kann der sogenannte vierfache Schriftsinn eine Möglichkeit sein, die im Text angelegten "Botschaften" zu entdecken.

Obwohl Halbfas durchaus für eine kritische Symbolanalyse eintritt, plädiert er dennoch, vor allem auf dem Hintergrund der Erfahrung eines auf die kognitiven Fähigkeiten ausgerichteten Unterrichts, für einen Religionsunterricht, der Raum schafft, Symbolsinn zu stiften. Es geht darum, im Erzählen, Spielen, Betrach-

---

[225]   Vgl. Halbfas, H., Das dritte Auge, 121.
[226]   Vgl. Halbfas, H., Das dritte Auge, 121-123; vgl. dazu Biehl, P., Symboldidaktik, 2075.
[227]   Vgl. Halbfas, H., Das dritte Auge, 125-127; 137-140.

ten, Musik hören und Musik machen u. a., in den Umgang mit Symbolen einzuüben und das "dritte Auge" zu schulen. Letztlich heißt das für den Religionsunterricht insgesamt, dessen symbolische Dimension zu profilieren und auf diese Weise die SchülerInnen mit dem Geheimnis der Welt und damit Gottes vertraut zu machen.[228] Halbfas schlägt deshalb vor, eine "religiöse Sprachlehre" zu entwickeln, die für das Geheimnis Gottes mitten in der Welt sensibilisiert und befähigt, das Wahrgenommene in einen Ausdruck zu bringen.[229] Mythos und Logos unterscheidend und aufeinander beziehend,[230] fordert Halbfas, dass die assertorischen Sprechakte und das diskursive Sprechen angesichts der Vielgestaltigkeit der Wirklichkeit, wie sie gerade die Religion ins Bewusstsein hebt, zu erweitern sind um Sprechweisen, die auch das über das Vorfindliche Hinausgehende mit einschließen. Halbfas verweist konkret auf das Paradoxon als adäquates Sprachspiel der mystischen Wirklichkeit[231] und stellt die Legende als Beispiel einer Rede vor, die in ihrer Bildersprache einen spezifischen Wahrheitsanspruch artikuliert.[232] Den Königsweg eines solchen Sprechens sieht Halbfas jedoch im Symbol gegeben, weil in ihm, wie er im Titel eines Aufsatzes formuliert, Sprache Ereignis werden will.[233]

Als Praxisfelder macht Halbfas dafür den Umgang mit Märchen, mit elementaren Symbolen, wie dem Menschen selbst, der Bibel oder auch den Sakramenten aus als Verdichtungen des Göttlichen mitten in der Welt.[234]

Symboldidaktik als mystagogischer Weg
Insgesamt wird deutlich, dass Halbfas in der Symboldidaktik eine Weise sieht, mit dem in Kontakt zu kommen, was über das Vorfindliche hinausgeht. Das sind zum einen die "mittleren" Transzendenzen, wie die Erfahrungen, dass Brot mehr ist als ein Mittel, um satt zu werden. Das sind aber auch die "großen Transzendenzen", die erkennen lassen, dass Brot zum Sinnbild Gottes werden kann, der sich selbst für die Menschen gibt und sie nähren will. Das dritte Auge ermöglicht es dem Einzelnen, hinter die Dinge zu sehen bzw. in den Dingen den Verweis auf das Letzte und Eigentliche auszumachen, das der christliche Glaube mit Gott benennt. In Symbole einzuführen, ist bei Halbfas als Einfüh-

---

[228] Vgl. Halbfas, H., Das dritte Auge, 128-130.
[229] Vgl. Halbfas, H., Symboldidaktik, 459.
[230] Vgl. Halbfas, H., Bibel und Mythos/Symbol, 68-80; vgl. ders., Wurzelwerk, 57-61. Vgl. in diesem Zusammenhang auch das Plädoyer Halbfas', in der Auseinandersetzung um die Positionen Eugen Drewermanns nicht einer falschen Gegenüberstellung von Mythos und Geschichte zu erliegen: Vgl. ders., Das Universale und das Konkrete, 119-121.
[231] Vgl. Halbfas, H., Paradoxe Sprechweise und mystische Erfahrung, 542-544.
[232] Vgl. Halbfas, H., Das Lesende, 632-641.
[233] Vgl. Halbfas, H., Eine Sprache, die Ereignis werden will, 907-911; vgl. dazu ders., Bibel und Mythos/Symbol, 76.
[234] Vgl. Halbfas, H., Das dritte Auge, 131-141; vgl. ders., Warum Märchen im Religionsunterricht?, 165-170.

rung in die Gotteserfahrung zu verstehen. Kann die Symboldidaktik Halbfas' also sozusagen als mystagogischer Weg charakterisiert werden, so ist ihr Ziel im "Sprung in den Brunnen" auszumachen. Der Mensch soll vertraut werden mit dem Geheimnis des Menschen und damit mit dem Geheimnis Gottes und soll erfahren, dass im Vertrautwerden mit dem Geheimnis Gottes das Geheimnis der Wirklichkeit aufscheint. Wenn im Folgenden deshalb das Anliegen Halbfas' skizziert wird, das er in seiner Gebetsschule "Der Sprung in den Brunnen" vorgelegt hat, dann bedeutet das, das Ziel seiner Symboldidaktik zu beschreiben und damit auch das Ziel von Mystagogie in Worte zu fassen.

"Der Sprung in den Brunnen" als mystagogisches Ziel
In seinem Buch "Der Sprung in den Brunnen", das Halbfas 1981 veröffentlichte und als Gebetsschule vorstellte, entwickelte er die Theorie eines didaktischen Modells, das darauf aus war, für religiöse Erfahrung zu sensibilisieren. Halbfas wählte dazu das Prinzip des Dialogs. Im sokratischen Dialog machte er das hervorragende literarische Genus aus, das dem Anliegen, zu eigenem Tun und zu eigener Erfahrung zu führen, am besten gerecht wird.[235] Der Dialog entspinnt sich zwischen Lehrer und Schüler. Der Lehrer gibt dabei nicht nur Wissen weiter, sondern ist einer, der bei sich selbst zu Hause ist und den Schüler zu sich selbst führen kann. Das heißt, dass der Lehrer den Schüler zu einem Wissen anstiftet, das besser als Weisheit betitelt werden kann, weil es auf Erfahrung angelegt ist und aus der Erfahrung stammt. Damit wird auch etwas vom Ziel der Gebetsschule deutlich. Sie will zu innerer Erfahrung führen und versucht das durch den Umgang mit Symbolen zu erreichen. Durch sie werden innere Vorgänge angestoßen und die Vielschichtigkeit der Wirklichkeit bewusst. Halbfas zeigt in diesem Zusammenhang auf, von welchen theologischen Grundlagen her er sich versteht. Er geht von einer Theologia naturalis aus, und zwar in folgendem Sinn. Weil die innere und unbedingte Hinordnung des Menschen ein Konstitutiv seiner Natur ist, ohne das der Mensch als Mensch nicht gedacht werden kann, ist auch davon auszugehen, dass der Weg zu Gott der Weg zu sich selbst ist. Wie auch umgekehrt gilt, dass der Weg zu sich selbst Weg zu Gott ist.[236] Die Gotteserkenntnis wird in diesem Zusammenhang verstehbar als Erfahrung, die das Ganze von Gott, Mensch und Welt umgreift und nicht nur als partielle Erfahrung aufscheint, sondern vielmehr als Horizont, auf den hin Alltagserfahrungen ausgerichtet sind und als Weise, in der sich Alltagserfahrungen ereignen. Der Weg der Gotteserfahrung steht also nicht neben oder hinter den regulären menschlichen Erfahrungen, sondern vollzieht sich in diesen selbst. Religionsdidaktisch stellt sich deshalb nach Halbfas die Aufgabe,

---

[235] Vgl. Halbfas, H., Das dritte Auge, 142.
[236] Vgl. Halbfas, H., Das dritte Auge, 155f.

"die Erfahrungen selbst auf ihren inneren Kern hin freizulegen, sie über die vordergründige Faktizität hinwegzuführen an eine Schwelle, hinter der sie im 'Geheimnis' gründen."[237] Das aber kennzeichnet das mystagogische Anliegen. Halbfas bezieht sich hier explizit auf die Theologie Meister Eckharts. Zugleich erinnern Halbfas' Ausführungen an das bei Karl Rahner ausgeführte Theologumenon vom "übernatürlichen Existential" bzw. an seine Theologie, die von "Gott in Welt" ausgeht.[238] Insgesamt wird deutlich, dass es Halbfas darauf ankommt, für einen Weg aufmerksam zu machen, der ernst nimmt, dass Gott mitten in den Alltagserfahrungen der Menschen präsent ist und dass es religionsdidaktisches Anliegen sein muss, für diese Gegenwart Gottes zu sensibilisieren und nach möglichen Zugängen Ausschau zu halten, dieser Wirklichkeit zu begegnen. Damit kann Halbfas' Symboldidaktik als auch seine Gebetsschule als Ansatz verstanden werden, die auch das mystagogische Anliegen verfolgen: Es geht darum, für die Wirklichkeit Gottes aufmerksam zu werden und daraus das eigene Leben zu gestalten.

1.4.2 Prospektive Potenziale für mystagogisches Lernen

Der Entwurf der Symboldidaktik Hubertus Halbfas' kann insgesamt als Plädoyer für eine Symbolisierungsdidaktik verstanden werden. Halbfas zeigt auf, dass der Umgang mit Symbolen Weg ist, die Vielschichtigkeit der Wirklichkeit zu erfassen und für das Geheimnis der Wirklichkeit zu sensibilisieren. Für die Perspektive religiöser Bildung, wie sie in dieser Studie entworfen wird, ergibt sich daraus der Hinweis, dass der Umgang mit Symbolen als eine Weise mystagogischen Lernens in den Blick kommt. Mit Symbolen umzugehen, kann heißen, über das Vorfindliche hinauszutasten und das, was dem Menschen entgegenkommt, mit den geronnenen Erfahrungen des christlichen Glaubens in Kontakt zu bringen. Das Sinnpotenzial, das den Symbolen innewohnt, kann zur Anstiftung werden, selbst nach dem Sinn zu fragen bzw. in der Begegnung mit der Sinntiefe der Symbole Sinnpotenziale für das eigene Leben zu gewinnen. Für mystagogisches Lernen, das dadurch charakterisiert wird, für Gotteserfahrungen aufmerksam zu werden, heißt das, nach "Verdichtungen" Ausschau zu halten, in denen die Sinnerfahrung besonders markant zum Tragen kommt. Das kann in elementaren Symbolen wie Brot, Wasser, Hand, Haus geschehen. Das findet aber einen besonderen Anspruch im "Gottessymbol schlechthin", nämlich in Jesus Christus selbst. Für mystagogisches Lernen wird deshalb das Schicksal Jesu und vor allem sein Weg, der als kenotischer Weg erfahrbar

---

237   Halbfas, H., Das dritte Auge, 156.
238   Vgl. dazu Halbfas, H., Das dritte Auge, 157.

wurde, zu seinem Kristallisationspunkt. In Jesu Schicksal können menschliche Leiderfahrungen als implizite Christologie versteh- und deutbar werden.

Mit der Vieldeutigkeit der Symbole ist ein weiterer Aspekt angesprochen, der für das mystagogische Lernen inspirierend ist. Die Vieldeutigkeit der Symbole fordert dazu auf, nach vielfältigen Zugängen Ausschau zu halten, um der Nicht-Eindeutigkeit der Symbole gerecht zu werden und sich dennoch nicht in einer beliebigen Willkür zu verlieren. Halbfas verwies in diesem Zusammenhang auf die Erzählung von Mythen, Legenden usw. oder auch auf das Spielen, die Musik, die Kunst und Poesie. Mystagogisches Lernen, das für Gotteserfahrungen sensibilisieren will, wie sie uns in der Vielfalt der Alltagserfahrungen entgegenkommen, muss deshalb auf vielfältige und prozesshafte Lernwege setzen.

Damit ist ein weiterer Impuls verbunden. Halbfas versteht seine Symboldidaktik als Weise, für das dritte Auge zu sensibilisieren und den Sinn im Sinn zu entdecken. Es geht darum, aufmerksam für die Gegenwart Gottes zu werden und die Sinne auch auf die Wirklichkeit zu lenken, die in den Dingen *noch* gegeben ist. Religionsunterricht kann so als "Sehschule" charakterisiert werden, die dazu anstiftet, Wirklichkeit wahrzunehmen, und zwar in ihrer Vielschichtigkeit. Die Schulung des "dritten Auges" als Dispositiv für die Wahrnehmung Gottes mitten in der Welt ist auch für das mystagogische Lernen ein zu erhebendes Desiderat.

Halbfas bleibt aber nicht nur dabei stehen, in seiner Symboldidaktik eine Wahrnehmungsschulung einzufordern. Er verweist auch darauf, wie wichtig es ist, eine "religiöse Sprachlehre" zu entwickeln, die das wahrgenommene Transzendente in einen Ausdruck zu heben vermag. Mit der Rede von einer "religiösen Sprachlehre"[239] meint Halbfas jedoch nicht eine Verengung oder Zuspitzung auf das Wort. Das Erzählen hat hier genauso einen Platz, wie das Gestalten, das Bereiten einer angemessenen Umgebung, das Umgehen mit Bildern, die Musik und die Kunst. In all diesen Formen geht es darum, das Sinnpotenzial des Symbols in die eigene Lebensgeschichte zu übersetzen. Für das mystagogische Lernen kann das einerseits heißen, eine pluriforme Sprachfähigkeit zu kultivieren, die neben der assertorischen Rede auch auf performative Sprechakte setzt und zu selbstimplizierendem Sprechen befähigt. Andererseits ist damit ausgesagt, dass sich die Perspektive des mystagogischen Lernens auch darum bemühen muss, in vielfältigen Zugängen und unterschiedlichsten Ausdrucksweisen das Erfahrene kommunikabel zu machen. Das bedeutet, dass nach Wegen Ausschau gehalten werden muss, wie das Wahrnehmen Gottes ins Wort, ins Spiel, in die Tat, ins Leben geholt werden kann. Auch von

---

[239]   Vgl. Halbfas, H., Symboldidaktik, 459.

diesem Aspekt her ergibt sich das Plädoyer, Lernwege vielgestaltig und prozessorientiert anzulegen.

Schließlich haben die Symbole nach Halbfas ihren Sinn vor allem in ihrer orientierenden Funktion. Sie können zur Identitätsbildung des Einzelnen beitragen, insofern sie durch ihre eigene Tiefe den Menschen anstiften, in seine Tiefe zu steigen und schließlich der zu werden, als der er von Gott gedacht ist. Mystagogisches Lernen, das im Umgang mit Symbolen einen Ausdruck findet, kann so als Beitrag zur Identitätsbildung konturiert werden. Symbole können darauf aufmerksam machen, dass diese "Vermittlung von Sinn" keineswegs einlinig, das heißt in einem Übersetzungverhältnis von eins zu eins erfolgt, sondern offen ist, Brüche aufweist, auf Geschichte bezogen und damit wandelbar ist.

Insgesamt kann die Symboldidaktik als Konkretisierung mystagogischen Lernens verstanden werden, dessen Merkmale auch für die in dieser Studie zu entwickelnde Perspektive religiöser Bildung wegweisend sind.

Nachdem verschiedenste "Lesarten" des mystagogischen Anliegens in der religionspädagogischen Literatur vorgestellt und kritisch diskutiert wurden, sollen die folgenden Überlegungen dazu dienen, Ergebnisse nochmals zusammenzufassen und weiterführende Impulse für das mystagogische Lernen festzuhalten.

2 Ergebnisse und weiterführende Impulse

2.1 Unterschiedliche Lesarten des mystagogischen Anliegens

In der religionspädagogischen Theoriebildung, die seit Mitte der 1980er Jahre das Postulat Karl Rahners nach einer "neuen Mystagogie" aufgegriffen hat, konnten drei grundlegende Weisen herausgearbeitet werden, das mystagogische Anliegen zu verstehen: eine *liturgisch-sakramentale Mystagogie,* eine *katechetische Mystagogie* und eine *transzendentale Mystagogie.*

Unter den Repräsentanten der *liturgisch-sakramentalen Mystagogie* wurden zwei unterschiedliche Richtungen ausgemacht. Beiden gemeinsam ist — meist inspiriert durch die Anstöße der Liturgischen Bewegung um Romano Guardini, Ildefons Herwegen, Pius Parsch, Anton Meyer und aktualisiert beispielsweise von Arno Schilson[240] — die Orientierung an einem Mystagogiebegriff, wie er in der Literatur des ausgehenden vierten Jahrhunderts allmählich zu Tage trat und im Zusammenhang der sogenannten mystagogischen Katechesen bekannt wurde.

Während die engere Richtung Mystagogie ausschließlich auf den liturgischen Vollzug begrenzt und damit einschränkt auf die Einführung in die Glaubensge-

---

[240]   Vgl. Schilson, A. (Hg.), Gottes Weisheit im Mysterium.

heimnisse, verstanden als Einführung in die Sakramente, versucht die weitere Richtung, auf die Sakramentalität der Wirklichkeit aufmerksam zu machen. Vertreter dieser Richtung betonen die Offenheit der Wirklichkeit für das Transzendente und versuchen, für die Tiefendimension von Wirklichkeit zu sensibilisieren.

Anders vor allem als die weitere Richtung einer liturgisch-sakramentalen Mystagogie betonen Vertreter einer *katechetischen Mystagogie* die Fremdheit des Glaubens gegenüber den Erfahrungen des Menschen. Mystagogie wird als Glaubenlernen konturiert, das in die fremde Welt des Glaubens einführt und zumindest zu "Probeaufenthalten" in der Deutewelt des Glaubens anstiftet, um schließlich das eigene Selbst- und Weltbild mittels des christlichen Glaubens neu zu perspektivieren. Mystagogie ereignet sich als katechetischer Prozess, und zwar auch am Lernort des schulischen Religionsunterrichts. Eine Unterscheidung von Gemeindekatechese und religiösem Lernen im Religionsunterricht fällt in dieser Lesart aus.

Schließlich gibt es eine Reihe von Autoren, die sich an der Theologie Karl Rahners inspirieren und sein Desiderat einer "neuen Mystagogie" unmittelbar aufgreifen. Auf dem theologischen Gedankengut Rahners aufbauend wird Mystagogie verstehbar als Weise, für Gotteserfahrungen aufmerksam zu werden, die im Menschen schon immer angelegt, aber entdeckt und gedeutet werden wollen. Mystagogie wird als Prozess des Gewahrwerdens der Gotteserfahrung begreifbar, die im Menschen immer schon da, aber meistens verschüttet ist.[241] Mystagogische Wege zu beschreiten, heißt demnach, Räume und Zeiten zu eröffnen, über die eigene Tiefen- und Welterfahrung zu staunen, sie als Ort der Gotteserfahrung verstehen und deuten zu lernen und sie zu gestalten. Deshalb wurde diese Lesart als *transzendentale Mystagogie* benannt.

2.2 Abschließende Bemerkungen und Ausblick

Liturgisch-sakramentale Mystagogie

In der liturgisch-sakramentalen Mystagogie wird das mystagogische Anliegen von allen vorgestellten Entwürfen am deutlichsten begrenzt, und zwar vor allem dort, wo Mystagogie allein auf den liturgischen Vollzug eingeengt wird. Die Einführung in den Glauben und das Glaubenlernen wird allein im Zusammenhang der Einführung in die Sakramente verstanden, die aber für die meisten Menschen und auch Christen zu etwas Fremdem geworden sind.

Auch wenn in den Sakramenten Verdichtungen des Glaubens eine Gestalt gefunden haben und die mystagogische Einführung in sie gewiss eine hervorragende Weise darstellt, mit dem Proprium des christlichen Glaubens in Berüh-

---

[241] Vgl. Rahner, K., Rede des Ignatius von Loyola an einen Jesuiten von heute, 378.

rung zu kommen, darf diese dennoch nicht wie in der liturgischen Mystagogie verabsolutiert werden. Außerdem ist zu fragen, ob die Sakramente wirklich geeignet sind, sozusagen den Ausgangspunkt mystagogischer Wege zu bilden. Angesichts der den Sakramenten eigenen und auch fremden Gestalt, die entdeckt und erfahren werden will, stellt sich die Frage, ob eine Umkehrung des vorgeschlagenen Weges nicht besser wäre, nämlich von menschlichen Grunderfahrungen auszugehen und die Sakramente als Verdichtungen von Welt und Gott, von Immanenz und Transzendenz, in den Blick zu rücken. Sie könnten somit als Ausdruck und geronnene Gestalt gefeiert werden, dass Gott die Wirklichkeit gesegnet hat.

Dafür hat die sakramentale Mystagogie, wie sie z. B. Otto Betz vorschlägt, den Blick geöffnet, der auch von den Entwürfen einer transzendentalen Mystagogie nochmals geweitet wurde. Eine liturgisch-sakramentale Mystagogie kann den Impuls geben, nach Wegen zu fragen, die das Umgehen mit menschlichen Grunderfahrungen, das Tasten nach der Tiefendimension der Wirklichkeit, die Frage nach dem, was im Leben auch angesichts von Leid und Tod hält und trägt, mit einem Ausdruck zusammendenkt und zusammenbringt, der Mensch und Gott, Vorfindliches und das, was über das Vorfindliche hinausgeht, vereint.

Katechetische Mystagogie

Die Ansätze von Ingrid Schoberth und Thomas Ruster, die in dieser Studie als Lesarten einer katechetischen Mystagogie vorgestellt wurden, gehen sowohl von denselben theologischen Voraussetzungen aus, als sie auch dieselben Forderungen für religiöses Lernen zeitigen.

Beide betonen, den Wurzelboden der Dialektischen Theologie durchaus zu erkennen gebend, die Ganz-Andersheit des Wortes Gottes und Gottes selbst, so dass den menschlichen Erfahrungen gegenüber eher zu misstrauen, denn zu trauen ist. Gottes Wort bzw. das biblische Wirklichkeitsverständnis, wie Thomas Ruster schreibt, kommt dem Menschen nur von außen zu und kann nur im Sinne der Konfrontation angeeignet werden. Der Religionsunterricht wird vergleichbar mit einem Fremdsprachenunterricht, in dem die SchülerInnen bisher nicht Gewusstes lernen, sich aneignen und ihr Selbst- und Weltbild dann entsprechend umorientieren sollen.

Auffallend ist in diesem Zusammenhang, welche Bedeutung sowohl Schoberth als auch Ruster dem Bibellesen bzw. dem Umgang mit der Bibel im Zuge des Glaubenlernens beimessen. Schoberth sieht darin den Weg, in den Glauben einzuüben. Ruster versteht die Auseinandersetzung mit dem biblischen Wirklichkeitsverständnis als Weise, sich den christlichen Glauben anzueignen und einer Vermischung und Verflechtung mit Religion entgegenzuarbeiten.

Ohne die problematischen Einwände gegen diese Entwürfe hier nochmals wiederholen und deren prospektive Potenziale nochmals eingehend reflektieren zu wollen, soll trotzdem festgehalten werden, dass die beiden Autoren hier auf Wichtiges hinweisen.

Zum einen machen sie bewusst, dass das Christentum für die meisten Menschen von heute zu etwas Fremdem geworden ist. Darin liegt ohne Zweifel eine große Schwierigkeit für religiöse Lernprozesse, die auf Korrelationen zwischen der Erfahrungswelt der SchülerInnen und den geronnenen Erfahrungen des christlichen Glaubens setzen. Das Traditionsgut des Christentums ist weitgehend nicht mehr verfügbar, so dass unterrichtliches religiöses Lernen sich dieser Herausforderung stellen und nach Wegen suchen muss, wie der christliche Glaube nicht nur als rationales Phänomen, sondern in seiner Vieldimensionalität zur Geltung kommen kann.

Zum anderen lassen es beide Autoren bei dieser Analyse nicht bewenden, sondern schlagen erste Lösungen vor. Wenn Religionsunterricht auch heute noch dazu beitragen will, dass SchülerInnen den christlichen Glauben als Möglichkeit verstehen lernen, ihr Selbst- und Weltbild daraus zu gestalten, dann braucht das auf dem Hintergrund der Entkirchlichung und Enttraditionalisierung andere Wege. Ingrid Schoberth formuliert dazu im Zuge ihrer Ausführungen zu einem performativen Religionsunterricht erste Denkansätze, die für das mystagogische Lernen inspirierend sind.

Folgte man hingegen den Vorschlägen, die Ruster für den Religionsunterricht proklamiert, würde der Religionsunterricht als Schulfach aus der Schule eliminiert werden. Es würde nicht mehr nur um "Probeaufenthalte" gehen, die didaktisch verantwortet sind, wie das Schoberth vorschlägt,[242] sondern um eine Einführung in die fremde Welt des biblischen Wirklichkeitsverständnisses, die so angelegt sein müsste, dass in einem emergenten Prozess schließlich durch den Hl. Geist das Neue des christlichen Glaubens in den SchülerInnen gewirkt wird.[243] Religionsunterricht würde ausschließlich darauf ausgerichtet, Religion in der Schule zu vollziehen.

Insgesamt wohnt diesen Ansätzen aufgrund der theologischen Prämissen, von denen sie ausgehen, die Gefahr inne, nicht nur das mystagogische Anliegen, wie das in einer liturgisch-sakramentalen Mystagogie der Fall ist, sondern den christlichen Glauben insgesamt zu sektorialisieren und damit letzten Endes zu ghettoisieren. Der christliche Glaube wird grundsätzlich von der menschlichen Erfahrungswelt ab- und als das ganz Andere hervorgehoben. Seine Relevanz für die Gestaltung einer pluralen Welt wird so geschmälert.

---

242   Vgl. Schoberth, I., Glauben-lernen heißt eine Sprache lernen, 20-31.
243   Vgl. Ruster, Th., Die Welt verstehen "gemäß den Schriften", 200-202.

Transzendentale Mystagogie und Symboldidaktik von Hubertus Halbfas'

Die Entwürfe, die der transzendentalen Mystagogie zugeordnet wurden, konnten ebenso wie die Symboldidaktik Hubertus Halbfas' zeigen, dass das Gottesverständnis, von dem sie ausgehen, ein Verstehen des mystagogischen Anliegens zeitigt, das gegenüber anderen Entwürfen weiter ist, sowie Mensch und Gott besser zueinander vermittelt. In ihnen wird die Frage nach der Beziehung von Gott und Mensch durch die Rahnersche Verhältnisbestimmung von Natur und Gnade beantwortet. Mystagogie wird als Prozess verstehbar, der nicht von außen zu leisten oder nur im Außen angesiedelt ist, sondern der sich als im Menschen angelegtes Potenzial zeigt, für Gotteserfahrungen aufmerksam zu werden. Gemäß der Rahnerschen Theologie und Anthropologie gelten die menschlichen Grunderfahrungen als "Orte" von Gotteserfahrung und können in ihrer Tiefendimenision befragt werden. Mystagogie wird nicht eingeschränkt auf einen bestimmten Bereich oder eine bestimmte Methode, z. B. den liturgischen Vollzug, oder auf bestimmte Menschen, z. B. die Gläubigen, oder auf etwas dem Menschen von außen Zukommendes, z. B. die fremde Botschaft des fremden, ganz anderen Gottes. Mystagogie beschreibt vielmehr die grundsätzliche Bewegung Gottes zum Menschen wie auch das Ausgreifen des Menschen auf Gott. Dieser Prozess kennt unterschiedliche Phasen und unterschiedliche Intensitäten, die aber alle als Momente von Gotteserfahrung qualifiziert werden können.

Damit werden mystagogische Prozesse zum einen entlastet, weil die Gotteserfahrung als Möglichkeit der menschlichen Existenz der Reflexion dieser (Theologie) und auch der Vermittlung (Glaubensverkündigung, Katechese, religiöses Lernen) und dem Ausdruck dieser (Ethik) schon immer vorausgeht. Zum anderen stehen mystagogische Prozesse unter dem Anspruch, dem Einzelnen Raum zu eröffnen, auf je seine Weise über das Vorfindliche hinauszufragen und mitten in dieses Tasten hinein die Gottesfrage zu formulieren. Der soziale Aspekt spielt insofern eine Rolle, als sich der Einzelne in seiner Suche nach dem, was im Leben trägt, mit anderen verbunden wissen darf. Er kommt auch dort zur Geltung, wo Tradition als Gut geronnener Erfahrungen einer bestimmten Gemeinschaft in den Blick rückt. In der Tradition wird Gemeinschaft explizit, insofern sich hier über die Zeiten hinweg ein Deutepotenzial von Erfahrungen entwickelt hat und damit die Gemeinschaft der Vergangenheit mit derjenigen der Gegenwart und Zukunft verbindet, als auch dass der Einzelne in der Tradition als Ausdruck der Gemeinschaft der Gläubigen Interpretations- und Partizipationskompetenzen begegnet, die er sich aneignen kann, um mit gemachten Erfahrungen umzugehen.

Insgesamt kann die transzendentale Lesart des mystagogischen Anliegens das Proprium des christlichen Glaubens zur Geltung bringen, nämlich für Gotteserfahrung aufmerksam zu werden, wie sie in der Welt des Alltags verborgen da ist und im Schicksal Jesu Christi ein "Gesicht" gefunden hat. Und zugleich kann sie auch die Relevanz des christlichen Glaubens verdeutlichen, indem grundsätzlich der Alltag Ort von Gotteserfahrung sein kann, also alle menschlichen Lebensbereiche sich als für den christlichen Glauben relevant erweisen und sich von ihm gestalten. Das Christliche erweist sich in diesem Entwurf nicht als das "Besondere", im Sinne eines eigenen, abgesonderten Geltungsbereiches, sondern vielmehr als das "Allgemeine", das aufgrund des christlichen Schöpfungs- und Erlösungsgedankens die Welt durchzieht, aber vom Menschen entdeckt, aufgedeckt und schließlich angenommen und umgesetzt werden will.

Die Relevanz des christlichen Glaubens wird auch insofern plausibel, als in einer transzendentalen Mystagogie die orientierende Funktion, aus der Gotteserfahrung heraus Welt zu gestalten, als Antwort auf die im Menschen gegebene Nähe Gottes erfolgt.

Vor allem die Symboldidaktik Hubertus Halbfas' hat zudem einen konkreten Entwurf geliefert, wie sich mystagogisches Lernen vollziehen kann. Durch den Umgang mit Symbolen, wie ihn Halbfas vorschlägt, wird eine Möglichkeit deutlich, wie Menschen mit der Tiefe der Symbole, ihrer eigenen Seelentiefe und damit auch mit Gott in Berührung kommen können. Die Impulse, die sich daraus für religiöses Lernen insgesamt ergeben, gelten auch für das mystagogische Lernen und können für die Entwicklung eines Entwurfs inspirierend sein. Ohne diese nochmals vollständig aufzulisten, sollen folgende Akzente in Erinnerung gerufen werden: Mystagogische Lernprozesse sind so zu konzipieren, dass deutlich wird, dass Gott mitten in den menschlichen Alltagserfahrungen präsent ist, dass Lernwege plural und prozesshaft sind, dass es darum gehen muss, die Sinne für den Sinn zu sensibilisieren, eine pluriforme Sprachfähigkeit zu kultivieren und dass schließlich dieses Vorgehen insgesamt darauf zielt, zur Subjektwerdung und Identitätsbildung beizutragen.

Damit stellt sich die Frage, wie sich mystagogisches Lernen gestalten kann, wie es akzentuiert ist, von welchen Prämissen es ausgeht und auf welche Fragen es reagiert.

Dritter Teil: Zum Proprium mystagogischen Lernens

Nach der Durchsicht verschiedener theologiegeschichtlicher und religionspädagogischer Positionen der Vergangenheit und der Gegenwart soll nun das Proprium des mystagogischen Lernens, wie es im religionspädagogischen Kontext situiert ist, herausgearbeitet werden. Es gilt, sowohl zu beschreiben, was mit dem mystagogischen Lernen gemeint ist, seine es charakterisierenden Konturen in den Blick zu nehmen, als auch Dimensionen und Prinzipien des mystagogischen Lernens zu formulieren.

Das stellt vor folgende Schwierigkeit. Zum einen bezieht sich das mystagogische Lernen auf grundlegende religionspädagogische Themen, wie die Bedeutung von Erfahrung, von christlicher Tradition, von dem, was unter Subjektorientierung oder Identitätsbildung gemeint ist, und perspektiviert sie von seinem Proprium her. Zum anderen würde aber jedes einzelne dieser Themen eine eigene Studie rechtfertigen. Im Folgenden kann es deshalb nicht darum gehen, alle Facetten, die dem mystagogischen Lernen als Perspektive religiöser Bildung zugehören, in allen Details auszuloten. Das würde den vorliegenden Rahmen bei weitem sprengen.

Es kann nur geleistet werden, die Konturen des mystagogischen Lernens in den Blick zu nehmen und dadurch sein Proprium mehr und mehr zu profilieren. Der Gang der Untersuchung setzt bei dem Bemühen ein, die Gottesfrage als Kerncurriculum religiöser Bildungsprozesse zu thematisieren. Die Frage ist, wie diese im religionspädagogischen Kontext eingebracht, platziert und zur "Sprache" gebracht werden kann.

Die religionspädagogische Debatte der jüngeren Zeit hat dazu die Richtung vorgegeben, in der eine Antwort zu suchen ist. Mit Beginn der 1980er Jahre wurde endgültig deutlich, dass die Erfahrungsthematik für religiöse Bildungsprozesse von grundlegender Bedeutung ist und als Schlüssel- und Fundierungskategorie der Religionspädagogik fungiert.[1] Konzepte religiöser Bildung finden darin ihre Grundlage und müssen versuchen, diesen Anspruch zur Geltung zu bringen.

Zeigt sich die Erfahrungsorientierung als religionspädagogische Prämisse von Konzepten religiöser Bildung und als Kriterium, bisher herausgearbeitete Dimensionen und Akzentuierungen des mystagogischen Anliegens für eine Theorie religiöser Bildung zu reflektieren sowie deren Relevanz für die Lebensdeutung und Lebensgestaltung der Subjekte des Glaubens aufzuzeigen, so ergibt sich die Fokussierung auf die Gottesfrage, und zwar in der Weise der Gotteser-

---

[1] Vgl. Feifel, E., Die Bedeutung der Erfahrung, 86-107; vgl. Reents, C., Religion — Primarstufe, 14, Anm. 14; vgl. Ritter, W. H., Glaube und Erfahrung, 209.

fahrung als Prämisse von systematisch-theologischer Seite her. Das hat die Auseinandersetzung mit der Theologie Karl Rahners und seiner Methodologie von Mystagogie verstehen lassen. Mit Karl Rahner ist davon auszugehen, dass der Kern des christlichen Gottesglaubens die Gotteserfahrung ist.[2] Das heißt, dass jeder nachdenkenden Vergewisserung Gottes schon immer das Berührt-sein durch Gott vorausgeht. Damit ist ein Plädoyer für die Existentialisierung von Theologie ausgesprochen. Die Relevanz Gottes in der eigenen Lebensge-schichte und für sie muss zum Tragen kommen. Die Gottesfrage zu stellen, heißt im mystagogischen Lernen, für Gotteserfahrungen zu disponieren. Mysta-gogisches Lernen konturiert sich von diesem Ziel her und erweist sich in die-sem Sinn als Weise "erfahrungseröffnenden Lernens"[3]. Es geht darum, Erfah-rungen, und zwar Gotteserfahrungen, zu eröffnen und für die eigene Lebens-deutung und -gestaltung relevant werden zu lassen.

Diese Prämissen halfen, das mystagogische Anliegen, das in den ersten bei-den Teilen der Studie theologiegeschichtlich verortet und in der religionspäda-gogischen Literatur herausgearbeitet wurde, zu perspektivieren. Als solche be-stimmten sie den folgenden Gang der Untersuchung.

Wenn das Proprium des mystagogischen Lernens darin besteht, für Gotteser-fahrungen aufmerksam zu machen, dann ist zu fragen, was mit Erfahrung ge-meint ist, was Alltagserfahrungen kennzeichnet, wie religiöse Erfahrungen zu charakterisieren sind und was es schließlich bedeutet, wenn von christlicher Gotteserfahrung die Rede ist (1).

Es soll deshalb die Diskussion um den Erfahrungsbegriff, wie sie in der reli-gionspädagogischen Disziplin geführt wurde, zumindest in den wichtigsten Ak-zentuierungen verdeutlicht werden. Im Gang dieser Untersuchungen muss der Blick darauf gerichtet werden, wo nicht nur Differenzierungen zwischen den Alltagserfahrungen, den religiösen Erfahrungen und der christlichen Gotteser-fahrung vorzunehmen sind, sondern wo Übereinstimmungen ausgemacht wer-den können, bzw. mit anderen Worten gesagt, wie Alltagserfahrung und Got-teserfahrung zusammenzudenken sind.

Von daher werden sich für das mystagogische Lernen wichtige Aspekte erge-ben, wie sie z. T. schon in den skizzierten theologiegeschichtlichen bzw. reli-gionspädagogischen Entwürfen anklangen.

Wenn einerseits deutlich ist, dass mystagogisches Lernen darauf zielt, für Got-teserfahrungen zu disponieren, dann stellt sich andererseits die Frage, wo "Orte" ausfindig gemacht werden können, an denen Gott erfahren werden kann. Ein zweiter Abschnitt (2) sucht diesem Anliegen nachzugehen. Auf dem

---

2   Vgl. Rahner, K., Anonymes Christentum und Missionsauftrag der Kirche, 507; vgl. ders., Gotteserfahrung heute, 162; vgl. ders., Überlegungen zur Methode der Theologie, 122.
3   Vgl. Englert, R., "Performativer Religionsunterricht"!?, 32.

Hintergrund der Studien des ersten Teils, in denen der Alltag in all seinen Erscheinungsweisen als Weise der Vernehmbarkeit Gottes verstehbar wurde, soll danach gefragt werden, welche "Orte" und Möglichkeiten sich als besonders geeignet für mystagogische Lernprozesse im religionspädagogischen Handlungskontext erweisen.

Die menschlichen Erfahrungen des Leids als verdichtete Orte, an denen sowohl die Frage nach dem Menschen als auch nach Gott aufeinander treffen, sind gerade in diesem Zusammenhang zu untersuchen, inwieweit sie zu "qualifizierten Orten" für mystagogisches Lernen werden. Es gilt zu überlegen, inwiefern Leiderfahrungen dechiffrierbar werden im Sinne einer impliziten Christologie, so dass erahnbar wird, dass im Schicksal Jesu Christi das menschliche Leid endgültig aus der absoluten Sinnlosigkeit herauskatapultiert wurde.

Auch wenn im Zusammenhang der Klärung des Erfahrungsbegriffs bzw. was mit christlicher Gotteserfahrung gemeint ist, schon eine Verhältnisbestimmung von Glaubensbotschaft und Gotteserfahrung vorgenommen wurde, soll in einem weiteren Abschnitt eigens geklärt werden, welche Bedeutung der christlichen Tradition im mystagogischen Lernen zukommt (3). Dieser Frage gilt es auf dem Hintergrund nachzugehen, welche Rolle Tradition in posttraditionalen Gesellschaften überhaupt beanspruchen kann, welche Möglichkeiten der jüdisch-christlichen Tradition im Kommunikationsprozess der Gotteserfahrung angesichts des Phänomens der Enttraditionalisierung zukommen und wie sie in mystagogischen Lernprozessen virulent werden kann und soll. Das Desiderat, christliche Tradition so einzubringen, dass ihre Relevanz für die Lebensorientierung und Lebensgestaltung der Subjekte des Glaubens deutlich wird, sie aber auch als differenziertes Phänomen zur Geltung kommt, in dem die verschiedenen Wahrheiten des christlichen Glaubens aufeinander verweisen, perspektivierte das mystagogische Lernen von einer weiteren Seite her.

Wird in diesen Abschnitten der Studie versucht, das Phänomen des mystagogischen Lernens zu beschreiben und seinen theoretischen Rahmen abzustecken, der die theologischen und religionspädagogischen Implikationen umfasst, sollen in den folgenden die Dimensionen und Prinzipien des mystagogischen Lernens herausgearbeitet werden (4). Während in den Dimensionen gleichsam wie in Fluchtlinien die Richtung angedeutet wird, in der sich mystagogisches Lernen entfaltet, verweisen die Prinzipien auf das "Fundament", von dem mystagogisches Lernen ausgeht und das es schließlich in mystagogischen Lernprozessen immer mehr zu verwirklichen gilt.

Hier nun ist es geboten, den heutigen Kontext religiöser Bildungsprozesse, der durch die Phänomene von Individualisierung, Pluralisierung und Enttraditionali-

sierung geprägt ist,[4] gleichsam als heuristischen Horizont in den Blick zu nehmen, von dem her und auf den hin Bildungsprozesse zu konkretisieren sind.
Das lässt die Prozesshaftigkeit und Vielgestaltigkeit mystagogischer Wege erkennen und fordern, die Bedeutung von Erfahrungsräumen und -zeiten für Gotteserfahrung reflektieren, der Bedeutung der Glaubenskommunikation nachgehen und überlegen, welche Desiderate sich daraus für das religiöse Sprechen
ergeben.
Das wiederum rückt die Frage in den Mittelpunkt, worauf mystagogisches Lernen gründet und zielt. Die Prinzipien der Subjektorientierung und Identitätsbildung gilt es auf diesem Hintergrund in den jeweiligen Akzentuierungen auszuloten, die sie für das mystagogische Lernen einbringen.
Insofern mystagogische Lernprozesse ein kommunikatives und interaktives
Geschehen sind, ist die Bedeutung des "Mystagogen" (5) zu klären, wie auch
die Grenzen mystagogischen Lernens zu bedenken sind (6). Diese müssen
sowohl vom Proprium, den Dimensionen und Prinzipien des mystagogischen
Lernens als auch von der Realisierung mystagogischer Lernprozesse her reflektiert werden. Weil der schulische Religionsunterricht eine besondere Herausforderung für das mystagogische Lernen darstellt, schließen Überlegungen
zur Konkretisierung mystagogischen Lernens im Religionsunterricht diesen Teil
ab.

1 Aufmerksam werden für Gotteserfahrungen als Proprium mystagogischen Lernens

Mystagogisches Lernen zielt darauf, für Gotteserfahrungen zu disponieren. Mit
der Besinnung auf die Erfahrungsorientierung der Theologie im Allgemeinen
und der Religionspädagogik im Besonderen seit Beginn der 1970er Jahre wurde auch das Plädoyer nach einer "Mystagogie in religiöse Erfahrung" laut.[5] Religionspädagogisches Handeln als Mystagogie in das Glaubensgeheimnis zu
verstehen, wurde seitdem zwar immer wieder angemahnt. Dieses Plädoyer
blieb allerdings eigentümlich leer. Es wurde weder deutlich, was man darunter
inhaltlich verstehen kann, noch wie diese Mystagogie konkret vorzustellen ist.
Der folgende Abschnitt stellt sich deshalb die Aufgabe, sowohl zu klären, was in
dieser Studie gemeint ist, wenn von einer Mystagogie als "Aufmerksam werden
für Gotteserfahrungen" gesprochen wird, als auch welche Implikationen sich

---

[4]   Vgl. dazu Einführung, 1-3.
[5]   Erich Feifel, Die Bedeutung der Erfahrung, 88, konstatierte z. B. 1973, dass die noch
ausstehende eingehende Beschäftigung mit dem Erfahrungsbegriff von theologischer
Seite aus auch darin zum Ausdruck kommt, dass zwar von einer "Mystagogie in die religiöse Erfahrung" geredet werde, allerdings nur schwer fassbar sei, was damit gemeint
ist.

daraus für eine Konkretisierung und Operationalisierung mystagogischen Lernens ergeben.

Deshalb soll der Gang der Untersuchung mit einer Diskussion des Erfahrungsbegriffs beginnen, wie sie in der Religionspädagogik geführt wurde (1.1 und 1.2), um die Merkmale von Alltagserfahrungen (1.3), religiösen Erfahrungen (1.4) und der christlichen Gotteserfahrung (1.5) herauszuarbeiten, die schließlich für die Perspektive des mystagogischen Lernens zusammengefasst und auf Konsequenzen hin bedacht werden (1.6).

1.1 Das Thema Erfahrung in der Religionspädagogik — Eine Vergewisserung

Bis auf wenige Ausnahmen, die sich zu Beginn des 20. Jahrhunderts beispielsweise im Denken der Reformpädagogik und hier wiederum in der Auseinandersetzung um die sogenannte Münchener Methode ausmachen lassen,[6] ist das Thema der Verhältnisbestimmung von Erfahrung und Glaube in der religionspädagogischen Diskussion nicht anzutreffen. Erst seit Ende der 1960er bzw. seit Beginn der 1970er Jahre finden sich erste Spuren dazu. Innerhalb weniger Jahre aber avanciert Erfahrung zu einem "Schlüsselbegriff"[7] in der Religionspädagogik und wird schließlich seit Beginn der 1980er Jahre zu deren "Grund- und Fundierungskategorie"[8].

Auch wenn es interessant wäre, der Frage nachzugehen, warum die Erfahrungsthematik in der Religionspädagogik wie in der Theologie allgemein so lange ausgeblendet wurde, soll dies hier zurückgestellt werden. Zum einen wurde das andernorts schon geleistet,[9] zum anderen ist das für die hier zu behandelnde Thematik nur indirekt ertragreich.

Im Folgenden soll vielmehr nachgezeichnet werden, wie das Verhältnis von Glaube und Erfahrung seit Beginn der 1970er bis Mitte der 1980er Jahre in der Religionspädagogik verstanden wurde, bis also Erfahrung endgültig zu einer Grund- bzw. Fundierungskategorie in der Religionspädagogik geworden ist.

---

6   Vgl. Hilger, G./Kropac, U./Leimgruber, S., Konzeptionelle Entwicklungslinien, 48f.

7   Christine Reents bezeichnet Erfahrung in ihrem 1975 veröffentlichten Werk: Religion — Primarstufe, 14, Anm. 14, als "Schlüsselbegriff", der seit 1968 eine religionspädagogische Wende einleitete. Peter Biehl, Festsymbole, 4, konstatiert für die evangelische Religionspädagogik, dass ab 1975 der Erfahrungsbegriff die Leitvorstellungen "Tradition" und "Emanzipation" abzulösen beginnt.

8   Werner H. Ritter, Glaube und Erfahrung, 301, prägte diese Begrifflichkeit, die aber durchaus auch terminologisch variiert z. B. in "Schlüssel- und Fundierungskategorie" (302). Die Bedeutung des Erfahrungsbegriffs für die Religionspädagogik wird durchaus auch von Seiten der Systematischen Theologie wahrgenommen. Vgl. dazu Hoye, W. J., Gotteserfahrung?, 70.

9   Vgl. Ritter, W. H., Glaube und Erfahrung, 23-38.109-123.

Dadurch soll der Ort markiert werden, von dem die Diskussion um einen Entwurf religiöser Bildung heute ausgehen kann.

1.1.1 Erfahrung auf dem Weg zu einer "Grund- und Fundierungskategorie" der Religionspädagogik (1972-1983)

Auch wenn Christine Reents die Wende der Religionspädagogik zur Erfahrung auf das Jahr 1968 datiert,[10] können mit Werner H. Ritter[11] die kurzen, aber entscheidenden Ausführungen von Dietrich Zilleßen im Jahr 1972[12] und der wichtige Aufsatz von Erich Feifel "Die Bedeutung der Erfahrung für religiöse Bildung und Erziehung"[13] als Beginn einer reflektierten Auseinandersetzung mit dem Erfahrungsbegriff in der Religionspädagogik veranschlagt werden. Seitdem ist die Erfahrungsthematik in der religionspädagogischen Diskussion präsent und bestimmt ihr wissenschaftstheoretisches Verständnis.[14] Werner H. Ritter konnte drei verschiedene Modelle ausmachen, die zeigen, wie unterschiedlich die Verhältnisbestimmung von Glaube und Erfahrung gedacht wurde.[15] Diese Unterschiedlichkeit ergibt sich aus einer anfänglichen Abwehr des Phänomens der Erfahrung bis schließlich zu einem Verständnis hin, das Glauben selbst als Niederschlag von Erfahrungen denkt. Indem diese drei Modelle, das disjunkte, das relationale und das integrierte Modell, skizziert werden, kann zugleich deutlich werden, welchen Stellenwert Erfahrung in der religionspädagogischen Diskussion eingenommen hat bzw. was unter ihr verstanden wurde.

1.1.2 Zur Charakterisierung des disjunkten Modells

Religionspädagogische Positionen, die Glauben und Erfahrung "disjunkt" verstehen, anerkennen Erfahrung zwar als einen Pol des Auslegungsgeschehens gegenwärtiger Wirklichkeit, begreifen aber den christlichen Glauben von einem Offenbarungsverständnis her, das leer von Erfahrungen ist.[16] Glaube wird im

---

10 Vgl. Reents, C., Religion — Primarstufe, 14, Anm. 14.
11 Vgl. Ritter, W. H., Glaube und Erfahrung, 209.
12 Vgl. Zilleßen, D. (Hg.), Religionspädagogisches Werkbuch, 179-183.
13 Vgl. Feifel, E., Die Bedeutung der Erfahrung, 86-107.
14 Peter Biehl, Problem- oder bibelorientierter Religionsunterricht, 39, merkt 1978 z. B. an, dass er für die Religionspädagogik keine "neue Wende" erforderlich sieht, wohl aber eine Verschränkung der unterschiedlichen religionspädagogischen Ansätze zu einem "theologischen Gesamtkonzept". Dieses erkennt er in einer erfahrungsbezogenen Religionspädagogik. Erich Feifel, Die Bedeutung der Erfahrung, 86f.88, spricht schon 1973 von einem wiedererwachten theologischen Interesse an der Erfahrung, auch wenn eine differenzierte Sprechweise z. B. in Abgrenzung zum Erlebnis noch nicht sichtbar ist.
15 Vgl. Ritter, W. H., Glaube und Erfahrung, 195f.
16 Vgl. Ritter, W. H., Glaube und Erfahrung, 197. Werner H. Ritter, Glaube und Erfahrung, 198-209, charakterisiert in diesem Sinn die Positionen von K. Dienst, H. Schmidt und F. Weidmann. Zugleich macht Ritter Abstufungen aus, so dass F. Weidmann zwar als grundsätzlich dem Differenzmodell verpflichtet interpretiert wird, aber weniger beispielsweise als H. Schmidt. Vgl. Ritter, W. H., Glaube und Erfahrung, 206.

Sinne einer Botschaft akzentuiert, die sich in satzhaften Wahrheiten zu erkennen gibt, aber nicht auf personale Kategorien setzt. Mit anderen Worten wird die christliche Botschaft bzw. die Offenbarung als etwas verstanden, das nicht von menschlichen Erfahrungen durchdrungen ist und deshalb in menschlichen Erfahrungen nicht aufgespürt werden kann. Offenbarung und Erfahrung werden zunächst als beziehungsloses Gegenüber gedacht, das erst nachträglich miteinander korreliert werden muss.

Neu ist an diesen religionspädagogischen Positionen, dass sie zwar Erfahrung als eine Weise anerkennen, in der sich die Wirklichkeit auslegt. Sie verbleiben letztlich aber noch in einem (dualistischen) Differenzdenken von Glaubensbotschaft und Erfahrung, insofern Erfahrung ganz auf die menschliche Zugangsweise von Wirklichkeit reduziert und nicht auch als Weise gezeichnet wird, in der sich Gott selbst auslegt. Erfahrung wird nivelliert auf das Verständnis einer Voraussetzung.

1.1.3 Zur Charakterisierung des relationalen Modells

Anders als im disjunkten Modell gehen religionspädagogische Ansätze, die die Verhältnisbestimmung von Glaubensbotschaft und Erfahrungen relational denken, davon aus, dass sich Glaube in, mit bzw. unter Erfahrungen konstituiert.[17] Erfahrungen werden zur Weise, in denen sich die Glaubensbotschaft auch ausdrückt. Dietrich Zilleßen stellt in diesem Zusammenhang fest, dass der Gegensatz von Glauben und Erfahrung, wie er in einer bestimmten theologischen Tradition, nämlich vor allem der Dialektischen Theologie, vertreten wurde, als nur "theroetisches Postulat" eingestuft werden könne und von der Wirklichkeit selbst widerlegt werde.[18]

Schon hier finden sich erste Hinweise dafür, dass sich Theologie nicht damit begnügen kann, sich auf ein "besonderes", "regionalisiertes" Erfahrungsverständnis zu berufen. Auch wenn gilt, dass nicht jede Erfahrung eine Glaubenserfahrung ist, so muss sich Glaube dennoch in Erfahrungen konstituieren,[19] und diese sind allgemein menschlich. Von daher gilt es, den Glauben in Beziehung zu bringen zur Erfahrung.

Ähnlich argumentiert Erich Feifel, wenn er davon ausgeht, dass in der religiösen Erfahrung die Sinn-, Tiefen- und Transzendenzdimension von Wirklichkeit aufscheint.[20] Religiöse Erfahrung wird auch von ihm nicht als Sonderwelt ver-

---

17   Vgl. Ritter, W. H., Glaube und Erfahrung, 209. Ritter ordnet hier die Ansätze D. Zilleßens, E. Feifels, P. Jansens und Th. Eggers ein. Vgl. Ritter, W. H., Glaube und Erfahrung, 209-238.
18   Vgl. Zilleßen, D. (Hg.), Religionspädagogisches Werkbuch, 180.
19   Vgl. Zilleßen, D. (Hg.), Religionspädagogisches Werkbuch, 181.
20   Vgl. Feifel, E., Die Bedeutung der Erfahrung, 95f.

standen, sondern als Weise, in der sich Glaube ereignet. Glaube und Erfahrung dürfen nicht auseinandergerissen werden, wenngleich der Glaube ebenso nicht auf die gegenwärtige Erfahrungswirklichkeit nivelliert werden darf. Das unterscheidende Merkmal des Glaubens im Gegensatz zur Welterfahrung macht Feifel im Krisismotiv aus.[21] Das heißt, dass in der Glaubensbotschaft immer auch ein prophetisches und utopisches Potenzial wohnt, das die Begrenztheit von Welterfahrung aufbricht, verändert und korrigiert.

Insgesamt zeichnet also das relationale Modell aus, dass es Glauben schon sehr wohl als von Erfahrungen gezeichnet versteht. Erfahrungen werden somit zum "locus theologicus", den es in der theologischen und näherhin religionspädagogischen Theoriebildung in den Blick zu nehmen gilt. Zugleich wird aber der Gedanke, dass sich die Glaubensbotschaft selbst als Erfahrung zeigt, erst angedeutet und noch nicht zu Ende gedacht. Dieser Schritt wird schließlich von den religionspädagogischen Ansätzen vollzogen, die Glaubensbotschaft und Erfahrung im Sinne eines integrierten Modells verstehen.

1.1.4 Zur Charakterisierung des integrierten Modells

Charakteristisch für Entwürfe dieses Modells ist, dass sie Erfahrungen nicht nur als Weise kennzeichnen, in denen sich der Glaube auslegt, sondern als Vollzug des Glaubens selbst. Glaube wird verstehbar als "Erfahrung mit der Erfahrung", um mit Gerhard Ebeling[22] und Eberhard Jüngel[23] zu sprechen.

Karl Ernst Nipkow: Den Erfahrungsgrund der theologischen Texte fruchtbar machen

Karl Ernst Nipkow kann deshalb vom "Erfahrungsgrund" aller theologischen Texte sprechen[24] und die Bibel als Sammlung von Erfahrungen bezeichnen.[25] Die Texte der Bibel enthalten nach Nipkow "elementare Gotteserfahrungen"[26], wie sie auch menschliche Alltags- und Grunderfahrungen transportieren. Dieser "Zirkel der Erfahrung", wie Nipkow das bezeichnet,[27] lässt Tradition als Weitergabe eines Erfahrungszusammenhangs von Alltags-, Grund- und Gotteserfahrung verstehbar werden.[28] Mit anderen Worten ist die Tradition eine Bewegung von Erfahrung zu Erfahrung, wie auch der Glaube von der Erfahrung herkommt und auf Erfahrung aus ist. Den spezifischen Beitrag des christlichen Glaubens

---

21 Vgl. Feifel, E., Die Bedeutung der Erfahrung, 101.
22 Vgl. Ebeling, G., Die Klage über das Erfahrungsdefizit in der Theologie, 25.
23 Vgl. Jüngel, E., Unterwegs zur Sache, 8.
24 Vgl. Nikow, K. E., Das Problem der Elementarisierung, 73.
25 Vgl. Nipkow, K. E., Elementarisierung biblischer Texte, 45.
26 Nipkow, K. E., Grundfragen, Bd. 3, 216.
27 Vgl. Nipkow, K. E., Grundfragen, Bd. 3, 92.212.
28 Vgl. Nipkow, K. E., Grundfragen, Bd. 3, 92.

macht Nipkow darin aus, dass er den christlichen Glauben als "bestimmten Horizont" versteht, von dem aus die Alltagserfahrungen interpretiert werden.[29] Insgesamt wird Erfahrung nicht mehr nur auf die Seite des Menschen reduziert, sondern kommt auch dem Glauben selbst zu. Religionspädagogisches Bemühen zielt deshalb darauf, die elementaren Erfahrungen, die als "Erfahrungsgrund" den biblischen Texten zugrunde liegen, zu entdecken und für die gegenwärtige Erfahrungswelt der Menschen fruchtbar zu machen. Erfahrung ist in diesem Denken bereits zu einer Schlüsselkategorie geworden.

Peter Biehl: Neue Erfahrungen mit der Erfahrung ermöglichen
Peter Biehls Verdienst ist es, dazu die umfangreichsten Grundsatzreflexionen angestellt und entscheidend beigetragen zu haben, Erfahrung als Grund- und Fundierungskategorie für religionspädagogische Theoriebildung zu verankern.[30] In verschiedensten Studien[31] arbeitet Biehl heraus, dass die Prinzipien der Bibel-, Problem- und Schülerorientierung in der Erfahrung eine gemeinsame Wurzel haben, so dass Erfahrung zur übergreifenden Kategorie wird und die Gegenstände der Religionspädagogik bestimmt. Aufgabe des Religionsunterrichts im Besonderen und des religionspädagogischen Handelns im Allgemeinen ist es von daher, den SchülerInnen neue Erfahrungen mit der Erfahrung zu ermöglichen.[32] Erfahrung wird in diesem Sinn von Biehl als die fundamentale Begegnungskategorie mit der Wirklichkeit akzentuiert und als *die* Weise konturiert, in der sich uns Wirklichkeit zeigt und Wahrheit erschließt.[33] Religiöse Erfahrung ist nicht mehr etwas kategorial anderes, sondern eine Vertiefung der Alltagserfahrungen, insofern in ihr die Lebenserfahrung des Menschen auf das hin radikalisiert wird, was ihn unbedingt angeht.[34]
Mit diesem Denken, das sowohl die Diastase von Lebenserfahrung und christlicher Erfahrung aufhebt, als auch die Diastase von Glaubensbotschaft und Erfahrung überwindet, insofern der Glaube selbst als bestimmter Erweis von Erfahrungen verstanden wird, kommt es endgültig zu einer Neubewertung von Erfahrung. Erfahrung wird verstehbar als Phänomen, das Wirklichkeit erschließt, das den Gottesbezug inkarniert und dadurch zur Weise wird, sich

---

29 Vgl. Nipkow, K. E., Religionsunterricht und Ethikunterricht, 182.
30 Vgl. dazu die Einschätzung Werner H. Ritters, Glaube und Erfahrung, 246f.
31 Vgl. Biehl, P./Kaufmann, H. B., Die Bedeutung der biblischen Überlieferung, 330-340; vgl. dies., Abschließende Bemerkungen zum thematischen Zusammenhang der Beiträge, 157-168; vgl. Biehl, P., Problem- oder bibelorientierter Religionsunterricht, 39-75; vgl. ders., Erfahrungsbezogener, themenzentrierter Religionsunterricht, 32-55; vgl. ders., Erfahrungsbezug und Symbolverständnis, 37-121; vgl. ders., Natürliche Theologie als religionspädagogisches Problem, 53-74; vgl. ders., Was ist Erfahrung?, 15-52.
32 Vgl. Biehl, P., Erfahrungsbezogener, themenzentrierter Religionsunterricht, 37.40.
33 Vgl. Biehl, P., Was ist Erfahrung?, 16-18.
34 Vgl. Biehl, P., Was ist Erfahrung?, 24-28.

selbst, Welt und Mitwelt zu begreifen. Im Horizont dieses Denkens ist es möglich zu sagen, dass die Erfahrungen selbst zu den Gegenständen der Religionspädagogik werden.[35]

Erfahrung als eigenständige Kategorie religionspädagogischer Theoriebildung
Überblickt man den Zeitraum von Beginn der 1970er Jahre bis zur Mitte der 1980er Jahre, so lässt sich ein gesteigertes Reflexionsniveau der Erfahrungsthematik im religionspädagogischen Kontext verzeichnen. Je länger, je mehr wird Erfahrung als eigenständige Kategorie religionspädagogischer Theoriebildung wahrgenommen und reflektiert. Die Debatte ist hier aber nicht zu Ende.
Wurde nun der Weg nachgezeichnet, der Erfahrung schließlich zu einer Fundierungskategorie der Religionspädagogik machte, stellt sich die Frage, was damit ausgesagt ist, dass Erfahrungen zum eigentlichen Thema in der Religionspädagogik geworden sind. Oder anders gesagt, was kennzeichnet Erfahrungen, was ist unter Erfahrung zu verstehen und welche Strukturelemente konstituieren sie?

1.2 Erfahrung: Abgrenzungen und Bestimmungsversuche

Dem Erfahrungsbegriff hängt aufgrund seines vielfältigen Gebrauchs eine große Unbestimmtheit und Komplexität an. Walter Kasper z. B. zählt Erfahrung "zu den allerdunkelsten philosophischen Begriffen überhaupt"[36]. Diese Unschärfe macht den Diskurs über Erfahrung zum einen schwierig, zum anderen steckt in ihm aber auch eine Chance.[37] Im Folgenden soll deshalb zunächst ein, wenn auch nur auf markante Positionen bezogener, Zugang über philosophiegeschichtliche Anmerkungen versucht werden (1.2.1). Dieser ist nach einer ersten Zusammenfassung (1.2.2) um etymologische Anmerkungen zu ergänzen (1.2.3). Es geht darum, die Gründe für die Unschärfe des Erfahrungsbegriffs zumindest anzudeuten und so die Komplexität beim Gebrauch des Erfahrungsbegriffs bewusst zu machen.

---

[35]   Vgl. Ritter, W. H., Glaube und Erfahrung, 319.
[36]   Kasper, W., Möglichkeiten der Gotteserfahrung heute, 124; vgl. Ebeling, G., Die Klage über das Erfahrungsdefizit, 5; Hans-Georg Gadamer, Wahrheit und Methode, 329, schreibt dazu: "Der Begriff der Erfahrung scheint mir — so paradox es klingt — zu den unaufgeklärtesten Begriffen zu gehören, die wir besitzen." Vgl. Richter, L., Erfahrung, 551.
[37]   Vgl. Mieth, D., Was ist Erfahrung?, 10; vgl. zum Erfahrungsbegriff Lehmann, K., Erfahrung, 1117.

1.2.1 Zur Unschärfe des Erfahrungsbegriffs — Philosophiegeschichtliche Anmerkungen

Auch wenn der Begriff der Erfahrung schon seit Aristoteles als Weise charakterisiert wurde, mit Wirklichkeit umzugehen,[38] konnotierte ihn die Neuzeit neu. Francis Bacon (1561-1626) gilt in diesem Zusammenhang als Vordenker dieses neuen Verständnisses. Er fordert eine "experientia ordinata", also eine methodisch strukturierte Erfahrung, die die Natur experimentell auf ihre Gesetzmäßigkeiten hin untersucht.[39] Damit ist ein wichtiges Merkmal des neuzeitlichen Erfahrungsbegriffs benannt. Erfahrung wird zu etwas Machbarem, dessen Ziel es ist, die Gesetzmäßigkeiten der Natur zu eruieren, und zwar kontrolliert, nach logischen Regeln nachvollziehbar und unabhängig von Ort, Zeit und Operateur wiederholbar. Diese Tendenz einer positivistischen Einengung des Erfahrungsbegriffs wurde durch den englischen Empirismus noch weiter vorangetrieben. Erfahrung (experience) ist etwas, das unmittelbar aus der Wahrnehmung (perception) abgeleitet oder sogar mit ihr gleichgesetzt wird.[40] Erst die Überlegungen Kants halfen, diese Engführung aufzubrechen. Erfahrung kann nicht mit dem identifiziert werden, was unmittelbar empirisch gegeben ist. Sie kommt vielmehr zustande, indem Sinneswahrnehmungen nach allgemeinen, apriorischen Regeln zu Verstandeskategorien synthetisiert werden. Sie ist damit eine Weise der *Erkenntnis,* die auf sinnliche Wahrnehmung bezogen ist, und nicht die Wirklichkeit selbst.[41] Auch wenn Kant seinen Erfahrungsbegriff im Zusammenhang mit der Reflexion auf die Möglichkeiten naturwissenschaftlicher Erkenntnis entwickelte und erst die Südwestdeutsche Schule des Neukantianismus diesen im Sinne einer verstehenden Erfahrung weitete,[42] kann man schon für Kant festhalten, dass er die Kategorie des Subjektes in den Er-

---

[38] Vgl. Aristoteles, Zweite Analytiken II, 19, 100a (Elementa-Texte 1, 195-197), spricht hier von der "empeiria", charakterisiert sie als Wissen des Besonderen, das orientierende und regulierende Relevanz für die Praxis des Alltagslebens hat. Im Unterschied zur bloßen sinnlichen Einzelwahrnehmung versteht er unter Erfahrung die Zusammenfassung vieler "Blicke" und Erinnerungen in Bezug auf analoge Situationen. Im Erfahrungsbegriff werden also Einzelwahrnehmungen sozusagen abstrahiert, schematisiert und synthetisiert. Die Frage allerdings, was diese Synthese bedeutet bzw. warum die inneren Gründe so sind, wie sie sind, wird hier noch nicht gestellt, geschweige denn beantwortet. Das unmittelbare Gegebensein der Wirklichkeit in der Erfahrung bringt ihr aber so viel Evidenz bei, dass diese vom kritisch verfahrenden Denken wenig angezweifelt werden kann. Vgl. dazu Walter, K., Möglichkeiten der Gotteserfahrung heute, 125.

[39] Vgl. Bacon, F., Neues Organon I 82 (Philosophische Bibliothek 400a, 175-177).

[40] Vgl. Kembartel, F., Erfahrung, 613.

[41] Vgl. Kant, I., Kritik der reinen Vernunft, B 75, 98. Hier findet sich folgendes berühmte Wort: "Gedanken ohne Inhalt sind leer, Anschauungen ohne Begriffe sind blind. Daher ist es ebenso notwendig, seine Begriffe sinnlich zu machen (d. i. ihnen den Gegenstand in der Anschauung beizufügen), als, seine Anschauungen sich verständlich zu machen (d. i. sie unter Begriffe zu bringen)."

[42] Vgl. Simon, W., Religiöse Erfahrung, 6.

fahrungsbegriff eintrug und Erfahrung als etwas von den Bedingungen des Subjekts Abhängiges dachte.[43] Erfahrung ist nach Kant eine Weise menschlichen Verstehens von Wirklichkeit, die auch eine Leistung des Subjekts ist und damit eine aktive Komponente miteinschließt.[44]

Zur Überwindung der Kluft von Lebenswelt und Philosophie trug endgültig Hegel bei. Er unterscheidet zwischen einem vorreflexen Sammeln von Erfahrungen, das die alltäglichen Situationen kennzeichnet, und dem Machen von Erfahrungen im wissenschaftlichen Sinn. Mit Letzterem meint Hegel eine philosophische Reflexion, die durch das Prinzip des Zweifels prüft, inwiefern eine Differenz besteht zwischen dem konkret erfahrenen Gegenstand und seinem Begriff. Ziel ist es nach Hegel, diesen Widerspruch letztlich zu versöhnen und zu einer Identität des Wissens zu gelangen.[45] Noch einen Schritt weiter geht die Hermeneutische Philosophie mit Dilthey, Heidegger und Gadamer, indem sie auf die Geschichtlichkeit menschlicher Existenz und damit auf die Endlichkeit von Erfahrung aufmerksam macht. Das Verstehen zielt auf das konkret Einzelne und erfährt Sinn als das, was gilt. Dieser in der Erfahrung zugängliche Sinn währt solange, bis die Erfahrung durch eine andere widerlegt, korrigiert oder auch erweitert wird. Damit ist Erfahrung keine Kategorie mehr, die im Sinne eines szientistischen Verständnisses nach dem Allgemeingültigen fragt, das unabhängig von Zeit und Ort gilt, sondern beschreibt eine Zugangsweise zur Wirklichkeit, die fundamental vom Subjekt abhängig ist.

1.2.2   Eine erste Zusammenfassung

Versucht man ein Fazit aus diesen, in groben Strichen angedeuteten philosophiegeschichtlichen Anmerkungen zu ziehen, kann man festhalten, dass die Unschärfe des Erfahrungsbegriffs auch damit zusammenhängt, dass er auf strukturell verschiedene Bereiche bezogen wird.[46] So versucht eine empirisch akzentuierte Erfahrung allgemeine objektive Gesetzmäßigkeiten zu entdecken, während die hermeneutische Erfahrung auf Sinnzusammenhänge und Sinnverweise zielt. Lebensgeschichtliche Erfahrung verarbeitet Ge- und Misslingen

---

43   Vgl. Kant, I., Kritik der reinen Vernunft, B 7, 49f; B 1f, 45f; B 244, 233; vgl. ders., Prolegomena zu einer jeden künftigen Metaphysik § 20 (Philosophische Bibliothek 540, 65-68).

44   Insgesamt muss aber auch für Kant festgehalten werden, dass der Erfahrungsbegriff zu den "unaufgeklärtesten" Begriffen bei Kant zählt. Vgl. dazu Holzey, H., Kants Erfahrungsbegriff, 13: "Das Dunkel, in das der kantische Erfahrungsbegriff trotz zahlloser Untersuchungen zur kantischen Philosophie gehüllt ist, bildet überdies nur ein, wenngleich besonders groteskes Paradigma für die allgemeine Unaufgeklärtheit dessen, was mit 'Erfahrung' gesagt und gemeint wird."

45   Vgl. Hegel, G. W. F., Phänomenologie des Geistes (Philosophische Bibliothek 414, 164-171).

46   Vgl. Mieth, D., Was ist Erfahrung?, 11.

des eigenen Lebens und des Lebens anderer.[47] Gemeinsam ist diesen verschiedenen Bezugspunkten von Erfahrung, dass in all diesen Eindrücken Wirklichkeit unmittelbar erschlossen wird. Wenn deshalb im Folgenden auf Strukturelemente von Erfahrung reflektiert wird, muss klar sein, auf welche Verstehenszusammenhänge bei den entsprechenden Ausführungen gezielt wird.

Bedeutsam ist in diesem Kontext auch, dass aus einer noch bei Aristoteles anzutreffenden Orientierung für das praktische Leben des Einzelnen der Weg in der Neuzeit zunächst über eine Verobjektivierung des Erfahrungsbegriffs läuft. Hier war es wichtig, zu allgemeingültigen, von äußeren Bedingungen unabhängigen Aussagen über die Natur zu kommen, also sozusagen zu einer Entkoppelung von Subjekt und Objekt, wobei der Erfahrungsbegriff für das unmittelbar, objektiv Gegebene stand. Erst durch den durch Kant eingeleiteten Paradigmenwechsel wurde neu bewusst, dass Erfahrung als von den Bedingungen der Möglichkeiten des Subjekts abhängig gedacht werden muss. Erfahrung wird verstehbar als ein durch das Subjekt und Objekt ausgelöster Prozess, in dem sich der Einzelne als unmittelbar Betroffener erfährt, so dass sich die Wirklichkeit als Wirklichkeit für ihn selbst erschließt, die der Kommunikation mit anderen bedarf.

Ein weiterer Akzent, den dieser knappe Überblick andeutet, zeigt sich darin, dass der neuzeitliche Erfahrungsbegriff als "anti-metaphysischer Begriff" konnotiert wird.[48] Als Gegenbegriff zur Tradition und ihrer Autorität, aber auch zur bloßen Reflexion wurde versucht, im Erfahrungsbegriff die "Evidenz" der sich zeigenden Wirklichkeit auszudrücken.[49] Kennzeichnend für Erfahrung ist also einerseits das Spannungsverhältnis von Subjekt und Objekt, das, wie gesagt, in den verschiedenen philosophiegeschichtlichen Positionen unterschiedlich ausgelegt wurde. Andererseits ist, wenn von Erfahrung die Rede ist, das Moment der Unmittelbarkeit von Wirklichkeit angesprochen.[50]

Damit ist ein weiteres Thema aufgeworfen, nämlich die Frage nach dem Verhältnis von unmittelbarer Begegnung und Reflexion. Auch hier lassen sich verschiedene Positionen ausfindig machen. Gehen die einen davon aus, dass Erfahrung der Reflexion vorausgeht und durch diese erst nachträglich geordnet und strukturiert wird,[51] machen gerade die Ausführungen Karl R. Poppers oder Jürgen Habermas' neu bewusst, dass wissenschaftliche Erfahrung von vorn-

---

47 Vgl. Simon, W., Religiöse Erfahrung, 7.
48 Vgl. Ebeling, G., Die Klage über das Erfahrungsdefizit, 5; vgl. Biehl, P., Erfahrungsbezogener, themenzentrierter Religionsunterricht, 37.
49 Vgl. Biehl, P., Glaube und Bildung, 16; vgl. Ebeling, G., Die Klage über das Erfahrungsdefizit, 3.
50 Vgl. Biehl, P., Glaube und Bildung, 16.
51 Vgl. Simon, W., Religiöse Erfahrung, 8.

herein als "theoriegeladen" und "interessegeleitet" verstanden werden muss.[52] Bei einer Reflexion von religiöser Erfahrung und Gotteserfahrung gilt es deshalb, auch diese Fragestellung im Blick zu behalten.

Insgesamt kann durch den philosophiegeschichtlichen Zugang gezeigt werden, dass der Erfahrungsbegriff sozusagen im Schnittpunkt eines technokratisch-naturwissenschaftlichen Weltverständnisses und eines personal-religiösen liegt. Darin liegt ein wichtiger Faktor für seine Unschärfe, aber auch eine Chance für seine vermittelnde Funktion in der gegenwärtigen Theologie.

1.2.3 Zur Unschärfe des Erfahrungsbegriffs — Etymologische Anmerkungen

Das Wort "erfahren" weist zurück auf das mittelhochdeutsche "ervarn", das so viel bedeutet wie reisend erkunden, durch Gehen oder Fahren kennen lernen.[53] Die Silbe "er-" lässt anklingen, dass der Vorgang des "ervarn" etwas mit Neugier zu tun hat und etwas Dynamisches, Prozesshaftes ("-varn") mit einschließt.[54] Wer etwas erfahren will, muss sich auf den Weg machen, aktiv werden und sich auf das Nichtvorhersehbare, Ungewohnte und Fremde einlassen. Erfahrung hat deshalb auch etwas mit Gefahr zu tun.[55] Dieser aktiven Konnotation steht im Erfahrungsbegriff selbst eine passive gegenüber. Wer unterwegs ist, dem widerfährt etwas. Das heißt, dass er mit etwas konfrontiert wird, dass er sich etwas aussetzen muss, dass er vielleicht sogar von dem, was ihm entgegenkommt, überwältigt wird. Dieser Aspekt wird im Sprachgebrauch deutlich, wenn man zum einen davon spricht, dass jemand etwas erfahren muss, zum anderen jemanden als Erfahrenen bezeichnet, der viel erfahren hat.

Das Zueinander von aktiven und passiven Momenten ist also charakteristisch für das Phänomen der Erfahrung[56] und weist darauf hin, dass es sich um ein Geschehen handelt, in dem der Betroffene herausgefordert ist, mit dem Widerfahrenen umzugehen. Das kann in einer produktiven Weise geschehen, indem sich der Einzelne für neue Erfahrungen öffnet. Das kann aber auch eine Reaktion des Sich-Verschließens hervorrufen. Im Unterschied zu den experimentellen Wissenschaften impliziert der Erfahrungsbegriff, wie er hier vorgestellt wird,

---

52   Vgl. z. B. Popper, K. R., Conjectures and Refutations, 21f; vgl. Habermas, J., Wissenschaft und Technik als "Ideologie", 224.260. Vor allem die Entdeckungen der Quantentheorie und deren Kopenhagener Interpretation machten die Abhängigkeit naturwissenschaftlicher Erkenntnisse vom Erkenntnisinteresse des Menschen deutlich. Vgl. dazu Kropac, U., Naturwissenschaft und Theologie, 28-75.267-287; vgl. Kasper, W., Möglichkeiten der Gotteserfahrung heute, 127-129.
53   Vgl. Richter, L., Erfahrung, 551.
54   Lexer, M., Mittelhochdeutsches Handwörterbuch 1, 688f; vgl. Grewel, H., Grundzüge einer religiösen Didaktik im Erfahrungsbezug, 74.
55   Vgl. Biehl, P., Erfahrung, 422.
56   Vgl. Feifel, E., Die Bedeutung der Erfahrung, 89.

also ein "betreffendes Moment", das, um mit Franz Courth zu sprechen, auch als "persönliche Bezogenheit" oder als "ganzheitliche Erfahrung"[57] deklariert werden kann.[58]

Grundsätzlich gilt, dass Erfahrung einen unabschließbaren, dialektischen Prozess zwischen Subjekt und Objekt bezeichnet, in dem beide in einer wechselseitigen Beziehung zueinander stehen und sich auch verändern.[59]

Ein weiterer Aspekt des Erfahrungsbegriffs, der ebenfalls durch den etymologischen Zugang deutlich wird, zeigt, dass "erfahren", also etwas durch Wandern und Fahren kennen lernen, bedeutet, sich damit nicht nur theoretisch zu beschäftigen, sondern praktisch. Erfahrung ist ein Wissen, das man sich durch den konkreten Umgang mit Personen und Sachen erwerben kann im Sinne, dass man etwas erprobt.[60] Weil also Erfahrung auf Wirklichkeit ausgerichtet ist, und zwar auf den praktischen Umgang mit ihr, wird deutlich, dass Erfahrung und Praxis wesentlich zusammengehören.[61]

Auch in diesem Zusammenhang wird Erfahrung wiederum als Begegnungskategorie klassifiziert, mittels derer sich dem Einzelnen Welt erschließt bzw. durch die der Einzelne von der Welt betroffen und mitgestaltet wird. Kann und soll also einerseits die Unschärfe des Erfahrungsbegriffs nicht aufgehoben werden, lässt sich andererseits sowohl mittels der philosophiegeschichtlichen als auch der etymologischen Anmerkungen als Gemeinsamkeit herausschälen, dass Erfahrung als Weise zu verstehen ist, in der sich die Wirklichkeit zeigt und sich in ihrer Wahrheit erschließt. Dies ist ein grundsätzlich offener und unabschließbarer, wenn auch kontingenter, also durch die Bedingtheiten der Zeit geprägter Prozess.[62] Das kann gleichsam als der gemeinsame Ausgangspunkt für die folgenden Ausführungen gelten. In ihnen soll es darum gehen, ausgehend von der Alltagserfahrung und ihren Strukturelementen danach zu fragen, was religiöse Erfahrung und schließlich die christliche Gotteserfahrung konstituiert. Auf dieser Grundlage bleibt schließlich zu fragen, wie diese für den Menschen im Kontext religionspädagogischen Handelns "gezeigt" werden können.

---

57   Vgl. Courth, F., Erfahrung — ein theologischer Begriff?, 211-218.

58   Vgl. Welte, B., Religiöse Erfahrung, 123.

59   Vgl. Biehl, P., Erfahrung, Glaube und Bildung, 16f; vgl. Mieth, D., Was ist Erfahrung?, 12.

60   Vgl. Walter, K., Möglichkeiten der Gotteserfahrung heute, 125.

61   Vgl. Feifel, E., Die Bedeutung der Erfahrung, 90.

62   Vgl. Walter, K., Möglichkeiten der Gotteserfahrung heute, 126. Walter Kasper stellt hier treffend fest, dass die Erfahrung "der jeweilige vorreflexe Horizont und die Gesamtheit dessen [ist], wie wir unmittelbar unserer Welt begegnen und wie sie uns begegnet. Sie ist die jeweilige geschichtliche Weise der praktischen Welthabe und des Wirklichkeitsverständnisses."

1.3 Merkmale von Alltagserfahrungen

Alltag bzw. Lebenswelt sind nicht nur in der Religionspädagogik zu den herausragenden Gegenständen der Reflexion geworden. Obwohl hier nicht der Ort sein kann, eine differenzierte Analyse des "Alltags-" bzw. des Lebensweltbegriffs vorzunehmen, soll zumindest in einem Exkurs das Assoziationspotenzial nachgezeichnet werden, das mit diesen Begriffen zu verbinden ist. Dieses spielt in das Verständnis der Alltagserfahrungen herein und kann helfen, deren Strukturelemente zu erheben.

1.3.1 Exkurs zum Alltags- bzw. "Lebensweltbegriff" in der Religionspädagogik

In der Studie über die "Lebenswelt und Alltäglichkeit in der Praktischen Theologie"[63] bemerkt Wolf-Eckart Failing, dass die Phänomene "Alltag" und "Lebenswelt" in der Theologie Konjunktur haben. Nachdem sowohl der Alltag als auch die Lebenswelt lange Zeit in der Theoriebildung der Praktischen Theologie ausgeblendet blieben, forderte erstmals Jürgen Matthes, dass auch die "inhärenten Bestimmungen jener Lebenswelten, an die sich pfarramtliches Handeln richtet,"[64] in den Blick genommen werden müssen. Matthes formulierte damit einen Perspektivenwechsel für die Theoriebildung der Praktischen Theologie. Er verwies darauf, dass kirchensoziologische Untersuchungen, wie sie in den frühen 1970er Jahren durchgeführt wurden, mit ihrer Analyse der Kasualnutzung des Festtagschristentums nicht mehr ausreichen. Was Matthes für die Praktische Theologie in den 80er Jahren des 20. Jahrhunderts anmahnte, hatte sich bereits in den 1970er Jahren in den Sozialwissenschaften abgezeichnet.

Der Begriff der Lebenswelt, der einen Schlüsselbegriff in der Phänomenologie Edmund Husserls darstellt, wanderte über die Sozialwissenschaften in die Geisteswissenschaften und damit schließlich in die Theoriebildung der Praktischen Theologie. Deshalb soll im Folgenden der Blick zunächst auf die Entwicklungen in den Sozialwissenschaften gelenkt werden, die wiederum durch die Wende zum Alltag bzw. zur Lebenswelt die Geisteswissenschaften beeinflussten. Von hier aus gilt es die Frage zu klären, welche Bedeutungen dem Alltags- bzw. Lebensweltbegriff zukommen, und was das für eine Strukturanalyse von Alltagserfahrungen bedeuten kann.

Zur Alltagswende in den Sozial- und Geisteswissenschaften
Was James Joyce in seinem Roman "Ulysses" zu Beginn des 20. Jahrhunderts durchbuchstabiert hatte, indem er einen gewöhnlichen Tag im Leben des Mr. Bloom, genauer den 16. Juni 1904, zum Gegenstand von über 1000 Seiten machte, gewann in den Sozial- und Geisteswissenschaften seit den 1970er Jahren an Gewicht. Der Alltag, und zwar der ganz gewöhnliche, banale, nicht-heldenhafte Alltag, rückte in den Mittelpunkt des Interesses und ließ damit wieder das Konkrete, Einzelne, Subjektive gegen eine Überbewertung des Allgemeinen, Institutionellen, Objektiven zur Geltung kommen.[65] Diese Wende zum Alltag bzw. zur Lebenswelt, die mit dem Roman "Ulysses" in der Literatur einen bedeutenden Ausdruck fand, bestimmte und bestimmt die Sozial- und

---

[63] In: Ders./Heimbrock, H.-G., Gelebte Religion wahrnehmen, 145-176.
[64] Vgl. Matthes, J., Wie praktisch ist die Praktische Theologie?, 152.
[65] Vgl. Luther, H., Religion und Alltag, 184-186.

Geisteswissenschaften auf zwei Ebenen, wie Henning Luther konstatiert,[66] die Gegenstands- und die methodische bzw. wissenschaftstheoretische Ebene, die folgende Intentionen beinhalten.

Mit der Wende zum Alltag kann eine Geschichtsschreibung "von unten" proklamiert werden, die die Geschichten der kleinen Leute und ihren Alltag thematisiert im Gegensatz zu einer Geschichtsschreibung über herausragende Persönlichkeiten und weltübergreifende Ereignisse. Nicht die großbürgerliche Welt steht im Mittelpunkt des Interesses, sondern der Arbeitsalltag vor allem der unteren Schichten. Diese Geschichtsschreibung von unten legt ihr Augenmerk auf die tatsächlichen Bedingungen und Restriktionen des Alltags und nicht auf Zielvorstellungen, Rahmenrichtlinien usw., die am sogenannten grünen Tisch entworfen werden. Hier stehen die Erfahrungen der Betroffenen im Mittelpunkt, ihr individuelles Privatleben und nicht die gesellschaftlichen Strukturen, die Institutionen und ihr abstraktes Eigenleben.[67]

Wurde damit sozusagen die materiale Ebene mit Beispielen belegt, ermittelt Luther die wissenschaftstheoretische Ebene, indem er das Verhältnis von Theorie und Praxis untersucht. Wenn die Relevanz des Alltags und der Lebenswelt neu bedacht wird, dann bringt das mit sich, so resümiert Luther im Anschluss an W. Lippitz, dass der "Überlegenheitsanspruch von Theorie (Wissenschaft) selbstkritisch relativiert und die sog. 'vorwissenschaftliche Erfahrung' rehabilitiert [wird]."[68] Das methodische Konzept, das die Ethnomethodologie vorgelegt hatte, schien dafür am geeignetsten. Sie versuchte, das Wissen über eine Gesellschaft nicht aus Theorien zu gewinnen, die sozusagen von außen an die zu untersuchende Gesellschaft heran getragen wurden, sondern über die Rekonstruktion des Alltagswissens der Gesellschaftsmitglieder zu ermitteln. Für die wissenschaftstheoretische Analyse, die den Alltag ernst nahm, bedeutete das nicht, den Alltag zum Gegenstand von Theorie zu machen, sondern die Verflochtenheit von Alltag bzw. Lebenswelt und Theorie zu thematisieren. Luther weist auch darauf hin, dass damit implizit von der neuzeitlichen Subjekt-Objekt-Spaltung Abstand genommen wird.[69] Mit anderen Worten wurde also in diesem Zusammenhang bewusst, dass schon der Alltag von Deutungsmomenten durchzogen ist, die die jeweilige gemeinsame Welt, in der der Alltag geteilt wird, (mit-)konstituiert, wie auch umgekehrt die Abhängigkeit der Deutungen von den alltäglichen Erfahrungen ersichtlich wurde. Für eine Analyse der Alltagserfahrungen kann also schon hier festgehalten werden, dass auch Alltagserfahrungen als durch Deutung vermittelte Erfahrungen zu reflektieren sind.

Im Folgenden gilt es, von diesen Vorzeichen aus das Augenmerk darauf zu richten, was der Alltag bzw. die Lebenswelt "leisten" bzw. was durch ihre Aufwertung für die Theorie und Praxis der Lebensgestaltung gewonnen werden kann. Dazu ist es hilfreich, marxistische wie phänomenologische Ansätze zu untersuchen.

Kritik am Alltag oder Alltag als Kritik — Zum Widerstreit marxistischer und phänomenologischer Ansätze

In der Einschätzung der Bedeutung des Alltags bzw. der Lebenswelt lassen sich zunächst zwei verschiedene Perspektiven ausmachen. Die eine formuliert sich in marxistischen Theorien, die den Alltag als "falsches Bewusstsein" deklarieren, das ideologie-

---

66   Vgl. Luther, H., Religion und Alltag, 186.
67   Vgl. Luther, H., Religion und Alltag, 186f.
68   Luther, H., Religion und Alltag, 187.
69   Vgl. Luther, H., Religion und Alltag, 187.

kritisch beleuchtet werden muss, dass es also zu kritisieren gilt. Eine zweite, die sich in phänomenologischen Ansätzen andeutet, versteht den Alltag als kritisches Potenzial, von dem her Theorien angefragt werden können. Bevor in einem weiteren Abschnitt darüber nachgedacht werden soll, wie eine Verstehensweise des Alltags aussehen kann, die diese beiden Perspektiven in ihren Engführungen aufbricht und über sie hinausweist, sollen markante Positionen marxistischer und phänomenologischer Ansätze in Bezug auf den Alltag zumindest skizzenhaft vorgestellt werden.

Kritik am Alltag — Zum Stellenwert des Alltags bzw. der Lebenswelt in der marxistisch beeinflussten Theorie von Henri Lefebvre

Henri Lefebvre ist es zu verdanken, den Alltag als Thema in die marxistische Diskussion eingebracht zu haben.[70] Er analysiert das moderne Alltagsleben vor allem der französischen Nachkriegsgesellschaft und gebraucht dafür die Kategorie der Entfremdung. Lefebvre weist darauf hin, dass in der modernen Gesellschaft der Alltag nicht mehr Raum des Subjekts, sondern vielmehr des Objekts sei, weil er vor allem durch bürokratische Verwaltung und manipulierende Werbung geprägt ist. Die Wünsche und Bedürfnisse des Subjekts werden, so Lefebvre, von der Werbung fast vollständig aufgesogen und in die von ihr vorgegebene Richtung gelenkt, so dass es keine Unterscheidung mehr gibt zwischen eigenen und suggerierten Wünschen und Bedürfnissen. Das wird dadurch deutlich, dass nicht mehr die konkrete Wirklichkeit der Raum ist, in dem gelebt und der erlebt wird, sondern eine virtuelle, durch Zeichen vermittelte Wirklichkeit. Lefebvre macht das an einem sehr plausiblen Beispiel deutlich, wenn er darauf hinweist, dass ein Tourist in Venedig nicht Venedig, sondern das Reden über Venedig verschlingt: nämlich die geschriebenen Worte des Reiseführers, die gesprochenen Worte der Führungen, die Tonbänder, Schallplatten usw.[71]

Dieser Entfremdung, die sich im Alltagsleben breit macht, stellt Lefebvre die Hoffnung gegenüber, dass mitten im Alltäglichen auch die Revolution beginnt, die eine "Transformation des Alltäglichen" bewirkt. Weil es dem Alltag eigen ist, sich nicht zu einem geschlossenen System institutionalisieren zu lassen, weil er brüchig und unabgeschlossen ist, weil der Alltag immer auch Wünsche hervorbringt, birgt er in sich selbst das Potenzial, sich zu kritisieren und damit auch, sich zu verändern.[72] Der Alltag ist damit einerseits Ort der Entfremdung als auch der Kritik.[73] Alltagserfahrungen sind von daher als ambivalent einzustufen. Sie bergen sowohl den Menschen knechtende Tendenzen in sich, insofern sie ihn zum Sklaven suggerierter bzw. von außen transportierter Bedürfnisse machen. Ihnen wohnt aber auch durch die Heterogenität der Bereiche, die sie umschließen, die Möglichkeit inne, Engführungen aufzubrechen.[74] Dieses "Vermögen" des Alltags wird von phänomenologischen Ansätzen hervorgehoben und reflektiert.

Alltag als kritisches Potenzial für die Theorie — Zum Stellenwert des Alltags bzw. der Lebenswelt in phänomenologischen Ansätzen

Anders als in marxistisch beeinflussten Entwürfen gilt der Alltag bzw. die Lebenswelt in phänomenologischen Ansätzen nicht als Ort der Entfremdung, sondern als Potenzial,

---

70   Vgl. die Einschätzung Prodoehls, H. G., Theorie des Alltags, 47.
71   Vgl. Lefebvre, H., Das Alltagsleben in der modernen Welt, 186.
72   Vgl. Lefebvre, H., Das Alltagsleben in der modernen Welt, 272-274.
73   Vgl. Luther, H., Religion und Alltag, 190.
74   Vgl. Biehl, P., Erfahrung, Glaube und Bildung, 22f.

das die Theorie zu kritisieren vermag. Die Hinwendung zum Alltag wird gleichsam zum Korrektiv, an dem sich die Theorie messen lassen muss. Vor allem für die sozialwissenschaftliche Theorie beinhaltete dieses Denken viele neue Impulse.

Die soziologische Theorie des Alltags z. B. veränderte sich durch die Phänomenologie insofern, als deutlich wurde, dass nicht externe Theorien oder auch nur Kategorien (wie z. B. die Kategorie der Entfremdung oder die Konflikttheorie) auf Alltagsphänomene angewandt werden dürfen. Es ging vielmehr darum, den Alltag möglichst gut zu rekonstruieren, um aus ihm selbst die Strukturen zu ermitteln, die dann theoretisch zu verarbeiten sind.[75] Wie oben schon angemerkt wurde, wurde dieser Ansatz unter Zuhilfenahme anderer theoretischer Ansätze, vor allem durch die Ethnomethodologie in Amerika, weiterentwickelt und in ein konkretes soziologisches Forschungsinstrumentarium in Bezug auf den Alltag umgesetzt.[76]

An der Verschränkung von Alltag bzw. Lebenswelt und Theorie als Feld, das neue Möglichkeiten auftut für die Theoriebildung der Soziologie, artikulierte sich auch die Kritik. Sowohl von Vertretern objektiver gesellschaftstheoretischer Konzepte als auch von empirisch-analytisch arbeitenden Soziologen wurde kritisiert, dass das sogenannte "weiche Datenmaterial", das die Ethnomethodologie zu Tage fördert, konturlos und schwammig sei. Genauso blende sie sozusagen die objektive Perspektive aus, wie z. B. historische und strukturelle Faktoren, und laufe damit Gefahr, den Alltag selbst nicht genügend, weil zu sehr der Binnenperspektive verhaftet, wahrzunehmen.

Inspiriert durch diese Vorwürfe stellte Erving Goffmann fest, dass die Untersuchungen der Interaktionen im alltäglichen Bereich die makrostrukturellen Ansätze nicht aufheben, sondern komplementär ergänzen.[77]

Während in dieser Phase die Phänomenologie als tragender Hintergrund kaum thematisiert, geschweige denn problematisiert wurde, setzen vor allem die Beiträge von Bernhard Waldenfels und Richard Grathoff bei diesem Defizit an. Ihnen geht es darum, die Struktur des Alltagslebens nicht auf die Wechselbeziehung von Makro- und Mikroebene zu beschränken.[78]

Die Bedeutung der Lebenswelt in der radikalisierten Phänomenologie von Bernhard Waldenfels

In der sogenannten radikalisierten Phänomenologie, wie sie der Bochumer Sozialphilosoph Bernhard Waldenfels vertritt, wird darauf Wert gelegt, dass das Eigenrecht der Alltags- bzw. Lebenswelt geltend gemacht wird, dass aber andererseits auch das "marxistische Erbe" zum Tragen kommt, den Alltag bzw. die Lebenswelt kritisch zu betrachten.

Waldenfels geht zunächst gegen die von Husserl vorgelegte Beschreibung der Lebenswelt als "einheitliches und eindeutiges Fundament ... für alle alltäglichen Sinnbildungen, wissenschaftlichen Konstruktionen und institutionellen Regelungen"[79] an. Er macht deutlich, dass die Lebens- und Alltagswelt immer mehrdeutig ist und verweist auch darauf, dass die von Husserl postulierte Vernunftteleologie, die alle historischen und kulturellen Relativitäten der Lebenswelt auffange, nicht denkbar ist. Gegen diesen "unumschränkten Überblick" stellt Waldenfels die "schräge Rede" und den "schrägen

---

75   Vgl. Luther, H., Religion und Alltag, 194.
76   Vgl. Luther, H., Religion und Alltag, 194.
77   Vgl. dazu Goffmann, E., Stigma; vgl. ders., Wir alle spielen Theater.
78   Vgl. Grathoff, R./Waldenfels, B. (Hg.), Sozialität und Intersubjektivität.
79   Waldenfels, B., In den Netzen der Lebenswelt, 8.

Blick", die den Alltag neu erscheinen lassen.[80] Damit wird deutlich, dass die Kritik am Alltag nicht von einem archimedischen Punkt aus zu denken ist, geschweige denn in nur *einer* Perspektive und Zielrichtung geschieht. Es braucht nach Waldenfels vielmehr viele Blicke auf den Alltag, die auch seine Vielgestaltigkeit ernst nehmen, und nur eine "dosierte Kritik", keinesfalls aber eine totale Kritik bewerkstelligen können. Diese Kritik setzt an den Schnittfeldern der verschiedenen Lebenswelten an, denn gerade sie bergen das Potenzial, über die je erlebte Lebenswelt hinauszugehen.[81] Waldenfels kann das so sagen, weil er die Lebenswelt in viele, einander überschneidende "Sonderwelten" aufgeteilt sieht. Diese bergen in sich immer auch für die jeweils andere Sonderwelt Fremdes.

Es ist sein Verdienst, diese Vielgestaltigkeit des Alltags in den Blick gerückt und verdeutlicht zu haben, dass es sich immer nur um eine Annäherung an den Alltag bzw. die Lebenswelt handeln kann, dass Rekonstruktionen der Lebenswelt immer mit dem Vorzeichen des Fragmentarischen, Vorläufigen und Brüchigen zu sehen sind, dass alles auch anders, wenn auch nicht *ganz* anders sein kann. Für das Phänomen der Alltagserfahrungen lässt sich in diesem Zusammenhang festhalten, dass trotz des Momentes der Wiederholung und der Routine, das den Alltag kennzeichnet, seine Vielgestaltigkeit ein herausragendes und im Bewusstsein zu haltendes Charakteristikum ist.

Hier stellt sich nun die Frage, wie ein Ansatz aussehen kann, der zum einen die produktiven Momente dieser soeben vorgestellten Perspektiven aufgreift, zum anderen aber der Gefahr entgeht, in ihren Engführungen stecken zu bleiben.

M. E. kann hier die Theorie Jürgen Habermas' über die Lebenswelt Entscheidendes beisteuern. Deshalb soll diese im Folgenden zumindest in ihren Konturen vorgestellt werden, um dann insgesamt die Frage zu ventilieren, welche Strukturelemente von Alltagserfahrungen sich aus diesen verschiedenen Positionen ausfindig machen lassen.

Anmerkungen zur Theorie kommunikativen Handelns von Jürgen Habermas als Weiterentwicklung einer kritischen Gesellschaftstheorie

Jürgen Habermas legt seinem zweibändigen Hauptwerk "Theorie des kommunikativen Handelns"[82] den Gedanken zugrunde, dass die ökonomische und bürokratische Systemrationalität immer mehr in die Lebenswelt eindringt, diese kolonialisiert und damit einen Sinn- und Freiheitsverlust hervorruft.[83] Er stellt so die Perspektive, die die Gesellschaft als System versteht, neben diejenige, die sie als soziale Lebenswelt begreift, und synthetisiert damit zwei bisher auseinander liegende Traditionen. Mit diesem Ansatz gelingt es ihm, fruchtbare neue Aspekte für die Analyse der Gesellschaft zu gewinnen.

Indem er die Lebenswelt von der Gesellschaft als System abgrenzt, benennt er die Unterscheidung zwischen nachvollziehender (rekonstruierender) Teilnehmerperspektive und analytischer Beobachteranalyse (oben, außen).[84] Zugleich differenziert Habermas zwischen Lebenswelt und dem sogenannten kommunikativen Handeln, wenn dieses auch die Lebenswelt als sein Fundament voraussetzt. Anders gesagt fasst Ha-

---

80   Vgl. Waldenfels, B., In den Netzen der Lebenswelt, 53.
81   Vgl. Waldenfels, B., In den Netzen der Lebenswelt, 172.
82   Bd. 1: Handlungsrationalität und gesellschaftliche Rationalisierung; Bd. 2: Zur Kritik der funktionalistischen Vernunft, Frankfurt a. M. 1999³.
83   Vgl. Reese-Schäfer, W., Jürgen Habermas, 48.
84   Vgl. Luther, H., Religion und Alltag, 200.

bermas im Begriff des kommunikativen Handelns den Prozess des Sich-Verständigens, während die Lebenswelt gewissermaßen den Raum umschreibt, in dem dieser Prozess stattfindet, der ihn prägt und ihn ermöglicht. Damit ist nicht gemeint, dass die Lebenswelt etwas Vorgefertigtes im Sinne von etwas Statischem sei. Die Lebenswelt wird vielmehr durch die Prozesse des kommunikativen Handelns, die in ihr ablaufen, selbst wieder verändert.[85] Diese letzte Aussage versucht Habermas durch folgende Überlegungen argumentativ abzustützen:

Der Wechselbezug von Lebenswelt und kommunikativem Handeln
Die Lebenswelt gilt bei Habermas zunächst als "Reservoir von Selbstverständlichkeiten oder unerschütterlichen Überzeugungen"[86], das denjenigen, der in ihr kommunikativ handelt, schon immer mit sozusagen selbstverständlichen Hintergrundüberzeugungen versorgt. Habermas macht damit deutlich, dass jede Kommunikation *über* etwas darauf angewiesen ist, dass ihr etwas vorausliegt, über das man sich nicht verständigen muss, das vielmehr Kommunikation ermöglicht. Habermas erkennt diesen vorgängigen Horizont in der gemeinsam geteilten Lebenswelt.[87]
Geht Habermas an dieser Stelle noch nicht über das phänomenologische Lebensweltkonzept hinaus,[88] das die von der Lebenswelt gebotenen Hintergrundüberzeugungen als Raum für die jeweiligen situativen Sinndefinitionen beschreibt, so erweitert er es durch folgende Differenzierung.[89]
Für ihn ist die Lebenswelt nicht nur als Kultur zu begreifen, sondern auch als Gesellschaft und Person. Der Prozess des kommunikativen Handelns, der in der Lebenswelt stattfindet und eine Verständigung zwischen den kolonialisierten Lebenswelten anbahnt, kann nämlich nicht nur auf den Aspekt Kultur reduziert werden, sondern leistet auch einen Prozess der Integration und Solidaritätsherstellung (Gesellschaft), sowie einen Prozess der Sozialisation und Identitätsbildung (Person).[90]
Habermas erreicht dadurch, dass der Begriff der Lebenswelt von einem ihm in der Phänomenologie zugedachten Universalitätsanspruch losgelöst wird. Es wird klar, dass die Lebenswelt geprägt ist von der jeweiligen Kultur und Epoche und nicht unabhängig von ihnen gilt. Damit ergibt sich außerdem, dass die Verständigung nicht mehr nur von einer vorgegebenen, anonymen Lebenswelt abhängig ist, sondern sich auch "eigenen Interpretationsleistungen"[91] der TeilnehmerInnen am kommunikativen Handeln verdankt. Diese eigenen Interpretationsleistungen bergen das kritische Potenzial gegenüber einem Begriff von Lebenswelt, wie er in der Phänomenologie zum Tragen kam. Die Lebenswelt ist vorgegeben, wird aber auch von den eigenen Sinndeutungen geprägt und verändert. Die Alternative zwischen Lebensweltvergessenheit und Le-

---

85   Vgl. Habermas, J., Theorie des kommunikativen Handelns, Bd. 2, 182. Habermas erläutert den komplexen Zusammenhang am Beispiel eines älteren Bauarbeiters, der einen jüngeren, neu hinzugekommenen Kollegen kurz vor der Frühstückspause zum Bierholen schicken will (Bd. 2, 184-188). Das Beispiel, das zum Schmunzeln anregt, zeigt, wie Lebenswelt "als ein Reservoir von Selbstverständlichkeiten oder unerschütterten Überzeugungen, welche die Kommunikationsteilnehmer für kooperative Deutungsprozesse benutzen" (Bd. 2, 189) unangefragt erscheint.
86   Vgl. Habermas, J., Theorie des kommunikativen Handelns, Bd. 2, 189.
87   Vgl. Luther, H., Religion und Alltag, 200; vgl. Reese-Schäfer, W., Jürgen Habermas, 60.
88   Habermas hatte den Lebensweltbegriff aus dem Spätwerk Husserls übernommen. Vgl. dazu Reese-Schäfer, W., Jürgen Habermas, 60.
89   Vgl. Luther, H., Religion und Alltag, 200.
90   Vgl. Luther, H., Religion und Alltag, 201; vgl. Reese-Schäfer, W., Jürgen Habermas, 50.
91   Habermas, J., Theorie des kommunikativen Handelns, Bd. 2, 203.

bensweltverfallenheit ist damit aufgebrochen. Habermas fasst das in seinem Konzept der Rationalisierung der Lebenswelt zusammen, mit dem er die "Moderne" charakterisiert. In ihr ist es nach Habermas möglich geworden, die strukturellen Komponenten (Kultur, Gesellschaft, Person) stärker zu differenzieren und die Lebenswelt selbst nicht mehr nur als Vorgängiges zu begreifen, sondern sie auch zu reflektieren.

Der Wechselbezug von Lebenswelt und System

Wie oben schon angedeutet wurde, grenzt Habermas die Lebenswelt vom System ab[92] und löst damit die vorschnelle Identifizierung von Lebenswelt und Gesellschaft auf. Hintergrund für diese Differenzierung ist die Meinung Habermas', dass die Binnenperspektive, die die Lebenswelt zu rekonstruieren hilft, allein nicht genügt, um wirklich wahrzunehmen, was gesellschaftliches Handeln ausmacht. Er plädiert vielmehr dafür, das Lebensweltkonzept (Binnenperspektive) durch die Außenperspektive zu ergänzen, die darauf reflektiert, von welchen Bedingungen der Prozess der Rekonstruktion abhängig ist (Analyse des Systems einer Gesellschaft).
Binnenperspektive und Außenperspektive werden damit zu komplementären Größen, die einander bedingen und nicht ausschließen, oder anders gesagt, das Lebensweltkonzept wird ergänzt durch die Systemperspektive und umgekehrt.[93]
Habermas leistet darin eine Synthese von marxistisch beeinflussten Alltagstheorien und phänomenologischen Ansätzen. Das Moment, das in den marxistischen Alltagstheorien zum Tragen kommt, nämlich dass der Alltag kritisch betrachtet und in seinen Entfremdungen wahrgenommen wird, greift Habermas in der Systemperspektive auf, die nach den Bedingungen des Reproduktionsprozesses fragt und unterdrückende Faktoren bzw. Strukturen aufdecken hilft.
Das Moment, das die phänomenologischen Ansätze auszeichnet, nämlich den Alltag bzw. die Lebenswelt als Korrektiv für die Theorie einzuholen, findet sich in den habermas'schen Überlegungen, die den phänomenologischen Lebensweltbegriff aufgreifen. Habermas tut das aber, wie weiter oben schon deutlich wurde, indem er ein Konzept der Rationalisierung von Lebenswelt vorlegt und die unhistorische Grundannahme des phänomenologischen Lebensweltbegriffs aufhebt. Die Lebenswelt ist zum einen als Reservoir von Hintergrundwissen zu begreifen und konstituiert sich zum anderen durch die jeweiligen Interpretationsleistungen der TeilnehmerInnen am Prozess des kommunikativen Handelns.
Habermas hat damit ein fruchtbares Instrumentarium entwickelt, mit dem er Unterdrückungsmechanismen in der Alltags- bzw. Lebenswelt ausmachen und zugleich differenzieren kann, inwieweit diese vom System produziert wurden. Er fasst diese Defizite des modernen Alltagslebens unter dem Begriff der "inneren Kolonialisierung der Lebenswelt" zusammen.[94] Damit beschreibt er, dass die Lebenswelt einerseits von den komplexer werdenden ökonomischen und politischen Systemen abgekoppelt, andererseits aber in ein Abhängigkeitsverhältnis manövriert wird. Diese Kolonialisierung wird demnach in zweifacher Weise erlebt, nämlich als Verarmung und Verödung bzw. als

---

[92]   System ist für Habermas der Gegenbegriff zu Lebenswelt. Mit System ist jeder soziale Kontakt bis hin zur Ganzheit sozialer Kontakte, nämlich der Gesellschaft gemeint. Habermas teilt darin die Grundannahme Niklas Luhmanns, dass nämlich die Gesellschaft als System betrachtet wird, obwohl nicht gilt, dass die Gesellschaft ein System *ist*. Vgl. dazu Reese-Schäfer, W., Jürgen Habermas, 61.
[93]   Vgl. Luther, H., Religion und Alltag, 203.
[94]   Vgl. Habermas, J., Theorie des kommunikativen Handelns, Bd. 2, 452.

Verdinglichung und Abstraktion.[95] Die Verdinglichung macht Habermas daran fest, dass die moralisch-praktischen Momente sowohl aus dem Privatleben als auch der politischen Öffentlichkeit verdrängt werden. Die Verarmung erkennt er darin, dass die kulturelle Überlieferung nur noch von professionellen Experten bearbeitet wird und im Alltagsleben selbst kaum mehr zum Bewusstsein kommt.[96]

Neben der Analyse der Bedingungen des Reproduktionsprozesses der Lebenswelt und der Kritik am Alltag, kann Habermas durch die Gegenüberstellung von System (Außenperspektive) und Lebenswelt (Binnenperspektive) zugleich auch die Kritik der Lebenswelt bzw. des Alltags (Außenperspektive) in dieser bzw. diesem selbst verankern. Gegentendenzen werden nicht von außen verordnet, sondern vom Alltag bzw. der Lebenswelt selbst produziert.

Ertrag und kritische Würdigung

Ohne den Anspruch erheben zu wollen, dass diese kurze, skizzenhafte Darstellung der Gedanken Habermas' zum Verständnis und zur Bedeutung von Lebenswelt dieses und diese umfassend reflektieren, bleiben für die Frage, was sich daraus für die Bestimmung des Alltags und damit letztlich der Alltagserfahrung ergibt, folgende Punkte maßgeblich.

Synthese marxistischer und phänomenologischer Ansätze in Bezug auf die Lebenswelt

Zum einen zeigt Habermas, dass die Alternative, wie sie die marxistischen und die phänomenologischen Ansätze zur Geltung bringen, in Bezug auf den Alltag bzw. die Lebenswelt in eine beide Ansätze integrierende Synthese überführt werden können. Habermas überwindet dadurch die Situation, dass sich beide als einander ausschließende Alternativen gegenüberstehen.

Ihm geht es bei der Reflexion der Lebenswelt sowohl darum, diese durch die analytische Beobachterperspektive (Analyse des Systems einer Gesellschaft) in ihren Unterdrückungsmechanismen zu entlarven, also die "Entfremdungen des Alltags" aufzudecken und den Alltag zu kritisieren (marxistische Perspektive), als auch die Lebenswelt selbst als Phänomen zu beschreiben, das durch die, die am Prozess des kommunikativen Handelns teilnehmen, rekonstruiert wird (Anliegen der phänomenologischen Ansätze).

Dadurch gelingt Habermas sowohl eine Erweiterung der marxistischen Ansätze als auch der phänomenologischen, wie im Folgenden kurz angedeutet werden soll.

Erweiterung der marxistischen Ansätze

Die Kritik des Alltags, die für marxistische Ansätze kennzeichnend ist, integriert auch Habermas in seinen Entwurf. Allerdings setzt er dabei nicht auf Kategorien, die von außen an den Alltag bzw. die Lebenswelt herangetragen wurden, wie das z. B. Henri Lefebvre mit der Kategorie der "Entfremdung" tat. Habermas fragt vielmehr nach den Bedingungen des Reproduktionsprozesses und erreicht dadurch, dass die Außenperspektive nicht von der Innenperspektive isoliert wird. Anders gesagt wird im habermas'schen System die Außenperspektive bzw. die Systemperspektive zum komplementären Moment der Innenperspektive und umgekehrt. Damit klingt schon an, dass

---

95   Vgl. Luther, H., Religion und Alltag, 203.
96   Vgl. Habermas, J., Theorie des kommunikativen Handelns, Bd. 2, 521.

Habermas auch die phänomenologischen Ansätze durch sein Verständnis von Lebenswelt zu erweitern vermag.

Erweiterung des "Lebensweltbegriffs" phänomenologischer Ansätze
Wie oben schon gezeigt wurde, löst Habermas den Begriff der Lebenswelt vom Universalitätsanspruch, der ihm in phänomenologischen Ansätzen zugedacht wird. Mit der Lebenswelt ist zwar nach wie vor ein "Reservoir von Hintergrundüberzeugungen" gemeint, das die jeweiligen situativen Sinndefinitionen prägt. Habermas gelingt es aber auch zu zeigen, dass die eigenen Interpretationsleistungen auf die Lebenswelt zurückwirken. Die Lebenswelt scheint damit nicht mehr als überzeitlicher Raum auf, auf den letztlich alles hinzielt und den es als Ideal anzuvisieren gilt, sondern wird verstehbar als von der jeweiligen Kultur und Epoche geprägt.
Sowohl die marxistischen, phänomenologischen Ansätze als auch die Überlegungen Habermas' zum Alltag bzw. zur Lebenswelt sollen auf der Grundlage dieser kurzen Skizzen in einem nächsten Schritt daraufhin ausgelotet werden, welchen Ertrag sie für die Strukturelemente von Alltagserfahrungen ergeben.

1.3.2 Strukturelemente von Alltagserfahrungen

Versucht man nun zu fragen, welche Strukturelemente sich aus diesen Ausführungen in Bezug auf die Alltagserfahrungen ausfindig machen lassen, so zeigen sich folgende Momente.

1.3.2.1 Zusammenhang von Alltag bzw. Lebenswelt und Deutung

Sowohl die marxistischen Ansätze als vor allem der Entwurf Jürgen Habermas' machten deutlich, dass ein Zusammenhang von Lebenswelt bzw. Alltag und Deutung besteht. Habermas spezifiziert diesen noch insofern, als er die Lebenswelt selbst nicht nur als Reservoir von Hintergrundüberzeugungen, als den eigenen Sinndeutungen Vorgegebenes versteht, sondern ebenso die Rückkoppelung der eigenen Interpretationsleistungen auf die Lebenswelt in den Blick nimmt. Alltagserfahrungen werden als abhängig von subjektiven Interpretationsleistungen verstanden, wie diese zugleich durch sie konstituiert sind.
Weil es keine Wirklichkeit an sich gibt, weil sie also nicht als objektiv vorgegebene, fixe, selbstverständliche *ist,* sondern entdeckt, gefunden bzw. erstritten werden muss,[97] bedarf sie immer auch der Deutung. Damit konstituiert sich Erfahrung im Unterschied zum Erleben als Prozess der Wahrnehmung von Wirklichkeit, in dem schon immer das Deutungsmoment mitgedacht werden muss.[98]
Das gilt auch für die Alltagserfahrungen. Wenn später auf die Charakteristika der religiösen und christlichen Erfahrung reflektiert werden soll, bleibt deshalb festzuhalten, dass allen drei Weisen der Begegnung mit Wirklichkeit das Phä-

---

[97]   Vgl. Ebeling, G., Glaube und Unglaube, 393.
[98]   Vgl. Ritter, W. G., Glaube und Erfahrung, 140f; vgl. ders., Der Erfahrungsbegriff, 150; vgl. Welte, B., Religiöse Erfahrung, 123.

nomen der Deutung als gemeinsames Element innewohnt. Je nach Deutegemeinschaft und Deutehorizont fällt diese jedoch unterschiedlich aus.

1.3.2.2 Geschichtlichkeit der Alltagserfahrung

Ein weiteres Merkmal von Alltagserfahrungen zeigt sich in deren Geschichtlichkeit, die sich in zweifacher Weise artikuliert. Erfahrungen sind zum einen an
den Horizont einer bestimmten Zeit gebunden, also an einen Kairos, in dem sie
sich ereignen. Erfahrungen sind also *"immer schon geschehen"*[99]. Gerade für
die Alltagserfahrungen ist es charakteristisch, dass sie schon immer so waren
und damit vor allem der Vergangenheit angehören. Peter L. Berger und Thomas Luckmann sprechen deshalb davon, dass bei den Alltagserfahrungen alles
schon gelaufen ist, "bevor ich auf der Bühne erschien"[100].
Zum anderen weisen sie aber auch über diesen Horizont hinaus, insofern sie in
der Geschichte weiterleben. Sie sind auf Auslegung angewiesen, gehen so in
das Traditionsgut einer Deutegemeinschaft ein und verändern dieses. Erfahrungen sind deshalb sowohl als einmal gemachte charakterisierbar als auch als
je sich neu interpretierende und damit weiterentwickelnde Erfahrungen.[101]
Besonders die Überlegungen Habermas' haben dafür den Blick geschärft. Habermas machte deutlich, dass dem Lebensweltbegriff kein Universalitätsanspruch zugeschrieben werden dürfe, wie das in phänomenologischen Ansätzen
der Fall ist. Er zeigte vielmehr, dass auch die Lebenswelt aufgrund der Veränderung durch die subjektiven Interpretationsleistungen der am Kommunikationsprozess Beteiligten als geschichtlich und kulturell geprägte erscheint. Der
Alltag ist also auch insofern geschichtlich, als er abhängig ist von denen, die
ihn leben.
Insgesamt bleibt festzuhalten, dass Erfahrungen konkret sind und als geschichtliche Ereignisse, in denen Zeit individuell wahrgenommen und verarbeitet wird, zu dem *"Modell* [werden], *Wirklichkeit zu verstehen"*[102].

1.3.2.3 Allgemeinheit und Selbstverständlichkeit von Alltagserfah-
rungen

Versteht man unter dem Alltag das "Gewöhnliche, Ordentliche, Vertraute, das
sich vom Unalltäglichen als dem Außergewöhnlichen, Außerordentlichen, Un-
vertrauten abhebt"[103], dann ist für Alltagserfahrungen kennzeichnend, dass sie
zum einen allgemein sind, im Sinne, dass sie jede und jeder machen kann, und

---

[99]   Casper, B., Alltagserfahrung und Frömmigkeit, 48f.
[100] Berger, P. L./Luckmann, Th., Die gesellschaftliche Konstruktion der Wirklichkeit, 24.
[101] Vgl. Mieth, D., Was ist Erfahrung?, 19-21.
[102] Feifel, E., Die Bedeutung der Erfahrung, 88.
[103] Vgl. Waldenfels B., Der Stachel des Fremden, 193.

dass sie zum anderen selbstverständlich sind. Sie vollziehen sich, wie soeben ausgeführt wurde, in einer gemeinsamen Welt gesellschaftlicher Interaktion, die sozusagen den Interpretationsrahmen für die Alltagserfahrungen darstellt und durch Sozialisation angeeignet wird.[104] Sie prägen diesen Interpretationsrahmen aber andererseits auch und verändern ihn stetig.

Damit spiegelt sich in den Alltagserfahrungen eine Dialektik von Routine und Unbewusstheit des Handelns wider, die zum einen eine Ökonomie und einen Pragmatismus des Alltagslebens erlaubt,[105] zum anderen aber auch die Gefahr in sich birgt, zur Anpassung bzw. Entfremdung des Individuums beizutragen.

1.3.2.4 Zur Ambivalenz des Alltags

Die marxistische Analyse der Lebenswelt, wie sie im Exkurs anhand des Ansatzes von Henri Lefebvre vorgestellt wurde, schärfte den Blick für die Ambivalenz des Alltags. Der Routine und dem unbewussten Handeln auf der einen Seite, die auch zur Entlastung der normalen Lebensabläufe beitragen, stehen die Entfremdungsmechanismen auf der anderen Seite entgegen, die den Menschen von seinen eigenen Bedürfnissen entfernen und ihn zu einer Marionette außengeleiteter Suggestionen und Vorstellungen verkümmern lassen.[106] Der Alltag selbst zeigt sich also als ambivalentes Phänomen.[107] Er birgt die Gefahr in sich, den Menschen abhängig zu machen durch die "bürokratische Gesellschaft des gelenkten Konsums"[108]. Zum anderen wohnt im Alltäglichen selbst das Potenzial zur Transformation des Alltäglichen[109], insofern sich der Alltag wegen seiner Unabgeschlossenheit von sich aus jeder endgültigen Institutionalisierung versagt. Die Ambivalenz des Alltags hängt also auch mit der Offenheit und Vielgestaltigkeit des Alltags zusammen, die sich als weiteres Strukturelement von Alltagserfahrungen ausfindig machen lässt.

---

[104] Vgl. Biehl, ·P., Erfahrung, Glaube und Bildung, 19. Biehl bezieht sich hier auf die Ausführungen Heideggers zum "Man" bzw. zur Alltäglichkeit, bedenkt die Analysen der Wissenssoziologen wie der marxistisch orientierten Soziologie und hebt auch das Assoziationspotenzial, das das NT mit dem "Alltag" verbindet. Martin Heidegger, Sein und Zeit, 127, bestimmt z. B. die Alltäglichkeit folgendermaßen: "Das Man, das kein bestimmtes ist und das Alle, obzwar nicht als Summe, sind, schreibt die Seinsart der Alltäglichkeit vor."

[105] Die Routinemäßigkeit des Alltags hat vor allem Garfinkel beschrieben. Er konnte durch seine Analysen zeigen, dass der Alltag so etwas wie eine "Faustregelorientierung" hervorbringt, die es dem Einzelnen erlaubt, auch ungewohnte Situationen zu meistern. Vgl. dazu Garfinkel, H., Studies in Ethnomethodology.

[106] Vgl. Casper, B., Alltagserfahrung und Frömmigkeit, 46-48.

[107] Vgl. Feifel, E., Die Bedeutung der Erfahrung, 91f.

[108] Vgl. Lefebvre, H., Das Alltagsleben in der modernen Welt, 88.

[109] Vgl. Lefebvre, H., Das Alltagsleben in der modernen Welt, 248-251.

1.3.2.5 Zur Vielgestaltigkeit des Alltags

Das Verdienst phänomenologischer Ansätze und darunter vor allem Bernhard Waldenfels' ist es, auf die Vielgestaltigkeit des Alltags hingewiesen zu haben. Wie weiter oben schon deutlich wurde, inhäriert gerade der Heterogenität der verschiedenen Bereiche, die den Alltag ausmachen, auch das Potenzial, sich selbst zu erneuern. Engführungen und Vereinseitigungen können so korrigiert werden, indem diese Vielgestaltigkeit immer wieder neu bewusst gemacht wird. Der "schräge Blick" bzw. die "schräge Rede", wie Waldenfels formuliert,[110] helfen, Abstand zu gewinnen, von einem archimedischen Punkt aus den Alltag verstehen zu wollen, und verweisen vielmehr darauf, die verschiedenen Lebenswelten und ihre vielgestaltigen Erscheinungsweisen in den Blick zu nehmen.

Das kann z. B. geschehen, indem Alltagserfahrungen und ihre Strukturen, wie beispielsweise die Zeitstruktur, problematisiert werden. Das kann sich auch vollziehen, indem die in der Alltagssprache verborgene Poesie neu zum Bewusstsein kommt, oder indem die Möglichkeit der Selbstverwirklichung des Menschen ins Spiel gebracht wird, die sich schon vor dem moralischen Verhalten in der religiösen Erfahrung des Menschen zeigt.[111]

1.3.2.6 Alltagserfahrungen als "Ort" von religiösen Erfahrungen

Die Ausführungen über die verschiedenen Modelle der Verhältnisbestimmung von Glauben und Erfahrung haben zum Ausdruck gebracht, dass letztlich der Alltag selbst der Ort ist, an dem Theologie "erfunden" wird. Das begründet sich darin, dass im Alltäglichen trotz seiner Tendenz der Entfremdung, die es im Auge zu behalten gilt und die auch von der Gotteserfahrung her zu korrigieren ist, die Potenzialität auf Transzendenz angelegt ist. Diese gilt es zu entdecken und mit dieser gilt es umzugehen. Mit anderen Worten heißt das, dass Alltagserfahrung und religiöse Erfahrung keine kategorial anderen Erfahrungen sind, sondern eine einheitliche Struktur aufweisen.[112] Die Alltagserfahrungen sind die *Weise*, in denen sich religiöse Erfahrungen zeigen. Sie werden als "Ort" von religiösen Erfahrungen verstehbar.[113] Damit ist ein weiteres Thema angespro-

---

[110] Vgl. Waldenfels, B., In den Netzen der Lebenswelt, 53.

[111] Vgl. Biehl, P., Erfahrung, Glaube und Bildung, 22f.

[112] Karl Rahner, Grundkurs des Glaubens, 31f, artikuliert dieses Verständnis, wenn er davon ausgeht, dass die transzendentale Erfahrung, die sich in einer Begegnung ereignet, der "anonyme Anknüpfungspunkt" für jedwede religiöse Erfahrung ist.

[113] Vgl. Biehl, P., Erfahrung, Glaube und Bildung, 24. Schon Martin Luther ging davon aus, dass die alltäglichen Erfahrungen selbst theologisches Gewicht erhalten, indem sie in ihrer Tiefendimension zu Gotteserfahrungen werden. Vgl. dazu Ebeling, G., Die Klage über das Erfahrungsdefizit in der Theologie, 10.

chen, was nämlich unter religiösen Erfahrungen zu verstehen ist und welche Strukturelemente sich hier ausfindig machen lassen.

1.4 Merkmale religiöser Erfahrung

Wie weiter oben schon gezeigt werden konnte, sind religiöse Erfahrungen nicht jenseits von Alltagserfahrungen anzutreffen, sondern werden in, mit und unter ihnen gemacht.[114] Damit liegt auf der Hand, dass sich als Strukturelemente für religiöse Erfahrungen nicht nur unterscheidende, sondern auch mit Alltagserfahrungen gemeinsame Merkmale zeigen werden.[115] Diese gleichsam selbstverständlich klingende Aussage war in der Theologie keineswegs unumstritten. Die zu Beginn dieses Kapitels skizzierten Modelle in Bezug auf die Verhältnisbestimmung von Glauben und Erfahrung ließen erkennen, dass in der Theologie erst wieder neu entdeckt werden musste, dass religiöse Erfahrungen als bestimmte Erfahrungen, das heißt als in einem bestimmten Interpretationsrahmen gedeutete Erfahrungen mit aller Erfahrung zu verstehen sind.[116] Das ist sozusagen die grundlegende Annahme, die sich ebenso in der Unterschiedenheit der Strukturelemente religiöser Erfahrung durchhält. Obwohl religiöse Erfahrung sowohl das Moment der Integrierung als auch der Durchkreuzung kennzeichnet, wird also im Folgenden das Prinzip der Analektik von Alltags- und religiöser Erfahrung dem Prinzip der Dialektik vorgezogen. Mit anderen Worten werden religiöse Erfahrungen im vorliegenden Entwurf nicht zuerst als Widerlegung, Durchkreuzung, als das "ganz Andere" gegenüber Alltagserfahrungen verstanden, sondern vielmehr von einer "innerkritischen Einheit" (D. Mieth) von Alltags- und religiöser Erfahrung her reflektiert. Die Wirklichkeit des Glaubens wird als in der Wirklichkeit der Welt angelegt gesehen und die Wirklichkeit der Welt als von der Wirklichkeit des Glaubens durchdrungen geglaubt.[117] Die Idee der "strukturellen Entsprechung" (P. Tillich) prägt demnach die nachfolgenden Ausführungen zum Charakter der religiösen und auch christlichen Gotteserfahrungen. Dennoch bleibt schon hier festzuhalten, dass religiöse Erfahrungen sich dadurch auszeichnen, dass sie "die auf das Unbedingt-Angehende hin vertiefte und radikalisierte Lebenserfahrung des Menschen"[118] sind, oder mit anderen Worten gesagt, das Vorfindliche auf das Transzendente hin überschreiten.

---

[114] Vgl. Biehl, P., Erfahrung, Glaube und Bildung, 24.
[115] Vgl. ähnlich Casper, B., Alltagserfahrung und Frömmigkeit, 55.
[116] Vgl. dazu Feifel, E., Die Bedeutung der Erfahrung, 93-95.
[117] Vgl. Mieth, D., Was ist Erfahrung?, 19.
[118] Biehl, P., Erfahrungsbezogener, themenzentrierter Religionsunterricht, 40.

1.4.1 Der unmittelbare Charakter religiöser Erfahrungen

Religiösen Erfahrungen, wie den Erfahrungen insgesamt, eignet der Charakter der Unmittelbarkeit an.[119] Das heißt, dass Menschen, die solche Erfahrungen machen, unmittelbar von diesen betroffen sind, während z. B. andere, die denselben Erlebnissen ausgesetzt waren, von diesen unbehelligt blieben. Damit ist schon mitgesagt, dass religiöse Erfahrungen in ihrer Unmittelbarkeit trotzdem nur als durch Interpretation vermittelte zugänglich sind. Jemand deutet ein Widerfahrnis als Anspruch Gottes an ihn, interpretiert es also aufgrund eines bestimmten Deuterahmens und erinnert es damit als Gottesereignis.[120]

1.4.2 Grenzerfahrungen als religiöse Erfahrungen

Das Transzendierungspotenzial des Alltags wird besonders deutlich in den sogenannten Grenzerfahrungen. Damit sind zum einen Situationen gemeint, in denen das Leben im Sinne von Angst, Trauer, Brüchen und Tod an seine Grenze kommt. Hier sind zum anderen aber auch Ereignisse angesprochen, in denen das Leben über sich selbst hinausgeht in der Weise des Glücks, der Freude, Hoffnung und der Kreativität.[121] Gemeinsam ist beiden Varianten, dass das Vorfindliche in seinen Grenzen deutlich wird, erscheinen sie nun bedrohlich oder vollendend. Diese Grenzen provozieren die Anfrage, was damit gemeint sein kann, also welcher Sinn darin verborgen liegt.[122] Peter Biehl stellt zurecht fest, dass in den Grenzerfahrungen das ganze Leben thematisch wird. Sie zentrieren und intensivieren Lebenserfahrungen auf die Erfahrung des ganzen Lebens hin[123] und stellen die Frage nach dem roten Faden im Leben bzw. nach dem, was sich sowohl im Glück als auch in schweren Situationen durchhält. Peter L. Berger prägte in diesem Zusammenhang die Rede von den Zeichen der Transzendenz im Alltagsleben.[124]

---

[119] Vgl. Bernet, W., Gebet, 65.
[120] Vgl. Biehl, P., Erfahrung, Glaube und Bildung, 24f; vgl. ders., Erfahrungsbezug und Symbolverständnis, 43; vgl. Mieth, D., Was ist Erfahrung?, 15.
[121] Vgl. Biehl, P., Erfahrung, Glaube und Bildung, 25.
[122] Thomas Luckmann, Die unsichtbare Religion, 167f, unterscheidet in diesem Zusammenhang kleine, mittlere und große Transzendenzen. Indem er von einem substantiellen Religionsbegriff absieht und auf eine inhaltliche Bestimmbarkeit von Religion verzichtet, definiert er als sogenannte mittlere Transzendenzen Ereignisse, in denen sich der Mensch für andere öffnet. Große Transzendenzen eröffnen die Frage nach dem Sinn des Ganzen und seiner Teile und überschreiten damit das unmittelbar Eindeutige. In ähnlicher Weise verfährt Günter Lange, Erwägungen zum Gegenstand des Glaubens, 733-750, der eine empirische Dimension der Wirklichkeit (x-Dimension) von einer religiösen Dimension (y-Dimension) und schließlich der Glaubensdimension (z-Dimension) unterscheidet. Auch er bestimmt als religiöse Dimension Erfahrungen, die die Alltäglichkeit unterbrechen und das faktisch Mögliche übersteigen.
[123] Vgl. Biehl, P., Erfahrung, Glaube und Bildung, 25.
[124] Vgl. Berger, P. L., Auf den Spuren der Engel.

1.4.3 Erschließungssituationen als religiöse Erfahrungen

Eng zusammen mit dem Phänomen, dass sich religiöse Erfahrungen in Grenz-situationen zeigen, hängt das folgende Merkmal religiöser Erfahrung. Auch "Erschließungssituationen" (I. T. Ramsey) können zu Ereignissen werden, Er-fahrungen als religiöse Erfahrungen zu verstehen.[125] Aussprüche wie "da geht mir ein Licht auf", "da fällt der Groschen" u. a. helfen verdeutlichen, was mit Er-schließungssituationen gemeint ist. In ihnen wird etwas enthüllt, das zwar in ih-nen angelegt ist, aber über sie hinaus weist. Auch wenn man für sie disponie-ren kann, sind sie doch nicht machbar, sondern begegnen, verändern und er-neuern den Menschen im Sinne eines Widerfahrnisses.[126] Das kann bedeuten, dass der Einzelne etwas aufgrund dessen, was sich ihm in der Erschließungs-situation aufgetan hat, in neuen Zusammenhängen sieht, so dass er neue Per-spektiven gewinnt, Tiefenschichten entdeckt, Aufbruch riskiert, Handeln verän-dert.

1.4.4 Vergangenheits- und Zukunftsbezug religiöser Erfahrun-gen

Religiösen Erfahrungen wohnt sowohl ein Vergangenheits- als auch ein Zu-kunftsbezug inne. Damit ist gemeint, dass sie sowohl dem Verlangen des Men-schen entgegenkommen, durch Ursprungsvergewisserung Identität zu stiften, als auch dem Bedürfnis nach Zukunft entsprechen. In der religiösen Erfahrung greift der Mensch auf das aus, was über das zeitlich Vorfindliche hinausgeht und schafft einen Raum für das Mögliche und Utopische. Damit wohnt der reli-giösen Erfahrung ein prophetisches Potenzial inne, insofern durch sie das Reale immer auch auf seine Begrenztheiten hin angefragt und versucht wird, diese auf ein noch "Mehr" an Leben hin zu überschreiten.[127]

Bernhard Casper macht diesen orientierenden Zeitbezug religiöser Erfahrungen im Symbol des Festes fest. Ohne religiöse Feste, also ohne Tage, die frei von Geschäften sind, gäbe es nur ein "bloßes, endloses Weiterfließen der Zeit"[128]. Diese Orientierung ist eine notwendig religiöse, weil es nicht reicht, dass sich in ihr nur ein bedingter, fragmentierter Sinn zeigt. Feste können ihre Funktion, die Alltagszeit auszurichten, nur dann wahrnehmen, wenn sie auf den unbedingten Sinn hinweisen, der es auch vermag, die einzelnen Teil-Sinne zu integrieren und von einem umfassenden Horizont her als sinnvoll zu bestimmen. Im Fest-

---

125 Vgl. Baudler, G., Korrelationsdidaktik, 25.43; vgl. ders., Religionsunterricht im Primarbe-reich, 13-33.
126 Vgl. Biehl, P., Erfahrung, Glaube und Bildung, 25f.
127 Vgl. Biehl, P., Erfahrung, Glaube und Bildung, 26.
128 Casper, B., Alltagserfahrung und Frömmigkeit, 61.

tag gewinnt das, was jedem Tag Sinn geben soll, symbolisch Gestalt.[129] Zudem artikulieren Feste die letzten Fragen des Menschen, indem sie für die Frage nach dem Woher und Wohin des Menschen Raum schaffen und es in dem der jeweiligen Religion eigenen Interpretationsrahmen deuten.

1.4.5 Die integrative Funktion religiöser Erfahrung

Die integrative Funktion religiöser Erfahrung wird angesichts von Erfahrungen der Desintegration, von Brüchen und Scheitern, deutlich. Gerade in Grenzerfahrungen wie z. B. in Ängsten, in Not und Tod steigt die Frage auf nach dem, was hier noch trägt und dem Leben Sinn gibt. Religiöse Erfahrungen können so verstanden als Antworten aufscheinen, die helfen, dem Menschen ein Sinnpotenzial zugänglich zu machen, das auch im Leiden noch anhält. Als Sinnerfahrungen erzeugen sie einen Hoffnungsüberschuss, der ermöglicht, aus dem bedrohten Jetzt auszubrechen und Kraft zu sammeln für einen Ausweg.[130] Religiöse Erfahrungen ermöglichen es also, aus dem Erlebten Sinn abzuleiten und für das Leben fruchtbar zu machen.[131] Sie thematisieren dazu das Transzendente und bieten es dem Einzelnen als Möglichkeit an, daraus das Gegebene des Alltags und gerade das Leidvolle des Lebens in einen größeren Horizont zu integrieren.

1.4.6 Religiöse Erfahrungen und Deutekompetenz

Damit Erfahrungen als religiöse Erfahrungen qualifiziert werden können, braucht es eine Deutekompetenz, durch die es möglich ist, Symbolisierungen der Tradition verfügbar zu machen und auf die jeweilige Situation hin auszulegen.[132] Es wird sich vor allem als religionspädagogische Schlüsselaufgabe zeigen, diese Deutekompetenz zu profilieren, indem dem Einzelnen die "Erfahrungen", wie sie in der Tradition gespeichert sind, so verfügbar sind, dass sie auch für die Interpretation eigener Erfahrungen herangezogen werden können. Dazu braucht es sowohl eine religiöse Symbolisierungs- als auch eine religiöse Sprachkompetenz. Diese ist in einer doppelten Weise zu verstehen. Es geht sowohl darum, den Einzelnen zu befähigen, das, was er wahrnimmt, in den entsprechenden Bildern und Worten auszudrücken, um damit eigene Erfahrungen mit anderen teilen zu können. Es geht aber auch darum, zu religiösen Symbolisierungen und zu religiöser Sprache zu befähigen, die es ermöglichen,

---

[129] Vgl. Casper, B., Alltagserfahrung und Frömmigkeit, 61f. Bernhard Casper, Alltagserfahrung und Frömmigkeit, 63, sieht außerdem im Gebet als "Zeit-haben für das die Zeit Überschreitende in der Zeit" diese Aspekte verwirklicht, die auch das Fest kennzeichnen.
[130] Vgl. Biehl, P., Erfahrung, Glaube und Bildung, 27.
[131] vgl. Feifel, E., Die Bedeutung der Erfahrung, 95.
[132] Vgl. Biehl, P., Erfahrung, Glaube und Bildung, 27.

die eigenen Wahrnehmungsmuster zu profilieren und sensibel dafür zu werden, wo sich das Transzendente in der eigenen Welt- und Lebensgeschichte einge-schrieben hat. So wie Erfahrungen insgesamt auf Sprache angewiesen sind, um kommunikabel zu werden, so sind religiöse Erfahrungen davon abhängig, inwieweit eine "Sprache" zur Verfügung steht, das, was über das Vorfindliche hinausgeht, aufzuspüren und zu kommunizieren.

1.4.7 Religiöse Erfahrungen und intersubjektive Kommunikation

Weil religiöse Erfahrungen auf Deutung angewiesen sind, brauchen sie immer auch eine Deutegemeinschaft, in der sich diese Interpretation vollzieht. Das heißt zum einen, dass religiöse Erfahrung als soziale Erfahrung verstehbar wird, insofern die Deutegemeinschaft die Symbolisierungen liefert, die für die Interpretation der eigenen Erfahrungen herangezogen werden können. Das bedeutet aber auch, dass die individuellen religiösen Erfahrungen intersubjektiv kommunikabel werden. Sie werden ausgedrückt in einem gemeinsam erlernten Sprachspiel bzw. auf eine Weise gestaltet, die auch andere verstehen und da-mit in ihr Wirklichkeitsverständnis integrieren können.

1.4.8 Fazit: Religiöse Erfahrungen als radikalisierte Alltagserfahrungen

Für religiöse Erfahrungen konnte als sie charakterisierend ausgemacht werden, dass sie sich als unmittelbare Erfahrungen zu erkennen geben, als Grenzerfahrungen, als Erfahrungen, die in "Erschließungs-Situationen" entstehen und insofern auch Widerfahrnischarakter haben. Sie weisen eine vorwärts- und rückwärts gewandte Struktur auf, weil sie zum einen auf die Zukunft ausgreifen, zum anderen aber auch das Moment kennen, durch einen Rückgriff auf die Vergangenheit Identität zu stiften. Religiöse Erfahrungen haben eine integrative Funktion, weil sie auch Sinnloses und Sinnwidriges in einen größeren Sinnhorizont zu integrieren vermögen, indem sie immer wieder dazu anstiften, erfahrenen Sinn neu zu erwarten. Schließlich fordern sie die Kompetenz ein, Erfahrungen symbolisch zu deuten und zu verarbeiten und sind damit an eine Interpretationsgemeinschaft verwiesen. Auch darin wird der soziale Charakter religiöser Erfahrungen deutlich. Nur im Dialog, in der intersubjektiven Kommunikation können Erfahrungen symbolisiert, interpretiert und tradiert werden.[133] Als authentische Erfahrungen können sie dann auch Alltagserfahrungen verändern und evtl. korrigieren, wo sie Menschsein verkürzen.

Insofern die religiöse Erfahrung an einen bestimmten Interpretationsrahmen gebunden ist, in dem Alltagserfahrungen gedeutet werden, wird auch verständ-

---

[133] Vgl. Biehl, P., Was ist Erfahrung?, 24-28.

lich, dass selbst die christlich religiöse Erfahrung keine gegenüber der Alltagserfahrung kategorial andere Erfahrung ist. Sie kann vielmehr charakterisiert werden als bestimmte Qualität einer neuen Erfahrung mit der Erfahrung, die in spezifischer Weise inhaltlich geprägt ist. Der Interpretationshorizont und der Grund dieser neuen Erfahrung ist die Selbstoffenbarung Gottes in Jesus Christus.[134] Christliche Erfahrung bringt also nicht etwas gegenüber den Alltagserfahrungen kategorial anderes, sondern ist nach Karl Rahner und Peter Biehl im Sinne eines Komparativs zu verstehen. In ihr werden menschliche Lebenserfahrungen intensiviert, auch in ihrer Ambivalenz aufgedeckt und auf jene Erfüllung hin ausgerichtet, auf die der Mensch angelegt ist. Resümierend lässt sich deshalb festhalten, dass religiöse Erfahrungen und eben auch christliche Gotteserfahrung Lebenserfahrungen verdichten, konzentrieren und radikalisieren.[135]

Obwohl grundsätzlich alle Strukturelemente, die für religiöse Erfahrungen gelten, auch für christliche Gotteserfahrungen in Anschlag gebracht werden können, deutete sich vor allem bei den letzten beiden Merkmalen an, dass hier Anknüpfungspunkte zu finden sind, die das Proprium christlicher Gotteserfahrungen hervorheben.

1.5 Merkmale christlicher Gotteserfahrung

Wenn im Folgenden nach den Merkmalen christlicher Gotteserfahrung gefragt wird, dann sollen hier frühere Ausführungen nicht mehr im Einzelnen wiederholt werden. Im Zusammenhang der Untersuchung des Ignatianischen Exerzitienbuches als Methodologie von Mystagogie konnten schon wichtige Akzentuierungen von Gotteserfahrungen ausgemacht und begründet werden. Gotteserfahrung wurde dort verstehbar als Phänomen, das auf Gott selbst verweist wie auf den Menschen, die Individualität des Einzelnen respektiert, auf die Sinne ausgerichtet ist wie auf die Praxis. Weiter konnte herausgearbeitet werden, dass die Gemeinschaft der Glaubenden auf Gotteserfahrung verwiesen ist, dass Gotteserfahrung auf Kommunikation angelegt ist und sich in den Dimensionen der Affektion und Reflexion beweist.[136]

Diese Einsichten markieren im Folgenden die Basis, auf der Merkmale christlicher Gotteserfahrung formuliert werden sollen, die auch diese Akzentuierungen nochmals zusammenfassen.

Dabei gilt es in einem ersten Schritt, nach dem Kontext zu fragen, der überhaupt die Frage nach Gotteserfahrung aufkommen lässt. Im Gegensatz zum antiken oder mittelalterlichen Weltbild ist das Weltverstehen seit der Neuzeit

---

[134]   Vgl. Biehl, P., Was ist Erfahrung?, 28.
[135]   Vgl. Rahner, K., Gotteserfahrung heute, 166; vgl. Biehl, P., Was ist Erfahrung?, 31.
[136]   Vgl. Erster Teil, Drittes Kapitel, 4.3.1, 183-200.

eben nicht mehr von einer Durchsichtigkeit für Gott geprägt. Die Welt wird vielmehr als aufgegebene, werdende Geschichtswelt erfahrbar, in der wir den Spuren des Menschen begegnen und in der Gott zunächst nicht vorkommt.[137] Den neuzeitlichen, modernen und postmodernen Kontext bestimmt von daher die grundsätzliche Problematik, wie Gott in unserer Welterfahrung vernehmbar ist und entdeckt werden kann.

Als mögliche "Orte" der Gottesfrage rücken neben der "naturwissenschaftlichen Erfahrung", die heutiges Weltverstehen prägt, vor allem die Erfahrung von Sinn bzw. Sinnlosigkeit, die Erfahrung des Nichts und die Umkehrung des Nichts in das Blickfeld.[138] Auch wenn die naturwissenschaftliche Erkenntnisweise und ihre philosophische Vermittlung ein interessantes Thema wäre, um nach den Bedingungen und Möglichkeiten von Gotteserfahrung zu fragen,[139] soll im Folgenden die Sinnfrage als möglicher Ort von Gotteserfahrungen untersucht werden (1.5.1), bevor es grundlegende Merkmale christlicher Gotteserfahrung zu bedenken gilt (1.5.2 - 1.5.7).

1.5.1 Die Sinnfrage als Kontext und Evokation von Gotteserfahrungen

Versucht man in einem ersten Zugang nach dem Stellenwert der Sinnfrage heute zu fragen, fällt auf, dass die Sinnfrage einerseits dringlich diskutiert wird, andererseits aber die Erfahrung des Nichts und das Ausbleiben von Sinn sowohl individuelle Lebensentwürfe charakterisiert als auch zum kollektiven Phänomen geworden ist.[140] Der Mensch erfährt sich in seinem praktischen Handeln auf die Sinnfrage verwiesen und muss sich doch entscheiden, ob er in ihr das "nichtende Nichts" (M. Heidegger) wählt oder das, was heute zwar weithin namenlos geworden, in der Tradition aber den Namen Gott hat.

Die Erfahrung des Nichts, das Ausbleiben von Sinn drängt sich dem Menschen in den sogenannten Grund- und Grenzerfahrungen auf. In ihnen stellt sich die Frage nach dem Sinn des Lebens und der Welt überhaupt. Sowohl in Situationen, in denen das Leben durch Tod, durch Gefahr, durch Not, durch Leid und Krankheit angefragt ist, als auch in Ereignissen, in denen das Leben in seiner Fülle zum Zuge kommt, in Glück, in der Verwirklichung der begründeten Hoffnung, in der Liebe, im Vertrauen, greift der Mensch bewusst oder unbewusst auf etwas aus, das über die Fragmente des Lebens hinausgeht. Auch wenn

---

[137]   Vgl. Kasper, W., Möglichkeiten der Gotteserfahrung heute, 122.
[138]   Vgl. Welte, B., Religiöse Erfahrung heute, 124-131.
[139]   Vgl. dazu Kropac, U., Naturwissenschaft und Theologie, 326-338.
[140]   Vgl. dazu die Analyse des Nichts bei Martin Heidegger, Sein und Zeit, die Beschreibung des kollektiven Nichts bei Friedrich Nietzsche oder auch die noch religiös gedeutete Erfahrung des Abgrundes des Nichts als Erfahrung des Abgrundes des Unendlichen bei Blaise Pascal.

sich der Einzelne in seinem Denken diesem Vorgriff auf das Ganze, das die Fragmente integriert, verweigert, so kann er sich dessen im praktischen Verhalten doch nicht entziehen. Leben geht nicht anders als im Rückgriff auf irgendwelche, wenn auch vielleicht noch unreflektierte Sinnerfahrungen.[141] Mit anderen Worten rührt der Mensch überall dort, wo sich ihm das Ganze seines Lebens auftut, wo Handlungen Leben in der Tiefe berühren, an einen, wenn auch noch nicht näher definierten Sinn. In ihm wird die Frage nach dem Woher und Woraufhin des Lebens artikuliert und durch das praktische Handeln und die jeweilige Entscheidung konkretisiert.

Dabei ist es nun nicht gleichgültig, ob der Mensch in diesen Situationen einen Sinn "zur Verfügung" hat, der verspricht, das Leben glücken zu lassen, oder ob er das Ganze des Lebens in ein "nichtendes Nichts" hinein entwerfen muss. Wäre das nämlich gleichgültig, so wäre es gleichgültig, ob man ein gutes oder ein böses Leben leben würde. Bernhard Welte konnte in einer Analyse des Nichts zeigen, dass das Nichts keineswegs nur als "nichtendes Nichts" verstanden werden muss. Es bleibt zwar zweideutig, weil wir nichts erfahren und weil das Nichts, wenn es erfahren wird, dennoch die Weise unseres Daseins verwandelt.[142] Zugleich haftet ihm aber etwas Unendliches und Unbedingtes an, das letztlich auch zur Chiffre für Gott werden kann. Er verweist in diesem Zusammenhang auf die ethische Grunderfahrung, die zeigt, dass das Böse und das Gute auf keinen Fall gleich*gültig* sind. Dem Handeln wohnt die Aufforderung inne, dass man gut sein soll und nicht böse, dass man dem Sinn des Guten glauben und nicht dem Sinnlosen verfallen soll. Mit anderen Worten steht das praktische Verhalten des Menschen schon immer unter dem Postulat, das Gute zu verwirklichen und das Böse zu meiden, um darin der Eigentlichkeit des Menschen, oder anders gesagt, seinem Sinn näher zu kommen. Welte kommt zu dem Ergebnis, dass auch das Nichts positiv verstanden werden kann und die verborgene, geheimnisvolle Erscheinung einer "unendlichen und unbedingten und uns und alles einfordernden positiven Macht"[143] sein kann, die in der Tradition Gott genannt wird.

Insgesamt zeigen sich menschliche Grund- und Grenzerfahrungen als "Orte", an denen sich selbst in der Gestalt des Nichts, verstanden als Abgrund und Unendlichkeit des Geheimnisses, die Sinnfrage artikuliert, die letztlich nur durch einen Ausgriff auf das Ganze wirkliche Aktuation von Sinn sein kann. Diese totale und universale Dimension der Sinnfrage eröffnet einen Horizont, auf den sich der Mensch entwerfen kann. Das aber braucht Offenheit, sich auf dieses

---

141   Vgl. Kasper, W., Möglichkeiten der Gotteserfahrung heute, 130.
142   Vgl. Welte, B., Religiöse Erfahrung heute, 127; vgl. ders., Religionsphilosophie, 45-75; vgl. dazu Lenz, H., Mut zum Nichts als Weg zu Gott.
143   Welte, B., Religiöse Erfahrung heute, 129.

Unendliche einzulassen und sich ihm anzuvertrauen.[144] Und hier ist auch der Ort, an dem die Gottesfrage anklingt. Mit anderen Worten stellt sich in menschlichen Grund- und Grenzerfahrungen, wie dem Tod und dem Leid als den grundlegendsten Anfragen an das Leben, die Frage nach dem, was trotz all der Brüche und des Scheiterns im Leben noch trägt. Sie sind die provozierendsten "Orte" der Gottesfrage. Zugleich inkarniert sich in der Sinnfrage, und zwar in Form von erfahrenem und verwirklichtem Sinn, letztlich das Heil des Menschen. Hier kommt der Mensch zum Ganzsein seines Lebens, hier spitzt sich die Frage nach dem Woher und Wohin des Menschen zu und findet in der Erfahrung des Bejaht- und Angenommenseins eine Antwort. Damit wird die Sinnfrage in der gegenwärtigen Zeit zum Ort, von dem her sowohl die Anthropologie als auch die Theologie zu entwickeln sind. Im Blick auf eine zu entwickelnde Perspektive religiöser Bildung, die die Gotteserfahrung in den Mittelpunkt des Interesses stellt, heißt das, dass ein besonderes Augenmerk auf die Sinnfrage und die Orte zu legen ist, durch die sie provoziert wird. Das heißt, dass vor allem Leiderfahrungen als qualifizierte Orte von Gotteserfahrung zu untersuchen sind. Bevor das aber getan wird, sollen Merkmale der christlichen Gotteserfahrung bedacht werden, um diese auf Konsequenzen für die Perspektive des mystagogischen Lernens hin auszuloten.

1.5.2 Zur Allgemeinheit und Ursprünglichkeit von Gotteserfahrung

Schon weiter oben war wiederholt davon die Rede, dass Gotteserfahrungen eine innere Einheit bilden mit den Alltags- bzw. religiösen Erfahrungen des Menschen. Gotteserfahrungen wurden schon dort charakterisiert als Erfahrungen, die gegenüber den Alltagserfahrungen des Menschen keine "kategorial anderen Erfahrungen" sind, sondern sich vielmehr in den Erfahrungen des Menschen zeigen und dort entdeckt werden können. Dieser Gedanke wird aber erst artikulierbar, wenn Gott nicht mehr als etwas verstanden werden muss, das dem Menschen fremd ist, das ihm nur von außen zukommt, gleichsam ein "Sondervermögen"[145] des Menschen darstellt und im Menschen selbst nicht vernommen werden kann.

Es war im katholischen Bereich das Verdienst Karl Rahners, dafür die theologischen Grundlagen geschaffen zu haben. Ausgehend vom Theologumenon der Selbstmitteilung Gottes und des übernatürlichen Existentials,[146] konnte Rahner

---

[144]   Karl Rahner, Meditation über das Wort "Gott", 18, versteht den Ausgriff auf das Ganze als konstitutiv für den Menschen. Würde dieser Ausgriff oder auch die Frage nach dem Ganzen ausfallen, hätte sich der Mensch nach Rahner zurückentwickelt zu einem findigen Tier.

[145]   Neumann, K., Der Praxisbezug der Theologie, 146.

[146]   Vgl. Erster Teil, Drittes Kapitel, 3.1, 115-121; 3.2, 121-134.

zeigen, dass die Gotteserfahrung eine Möglichkeit ist, die grundsätzlich jeden Menschen ausmacht. Im übernatürlichen Existential ist dem Menschen die Fähigkeit gegeben, die Selbstmitteilung Gottes zu vernehmen und das Angekommensein Gottes im Menschen auch zu erfahren.[147]

Rahner geht schon in den frühen Schriften "Geist in Welt" und "Hörer des Wortes" von der Subjekthaftigkeit des Menschen aus, um von daher seine Gottesbezogenheit zu reflektieren und sie als grundlegendes Vermögen des Menschen auszuweisen. Der Vorgang des Urteilens ist dabei der Akt, in dem sich der Mensch vom Gegenstand ab- und den Objekten gegenübersetzt. Dies geschieht in der Weise der Abstraktion, die Rahner als die Fähigkeit versteht, das Allgemeine im Besonderen zu erfassen. Dass nun aber dieser Ausgriff auf das Einzelne und das Erfassen des Einzelnen überhaupt möglich ist, verweist darauf, dass es mehr geben muss als das Einzelne. Rahner sieht in diesem Ausgriff einen Verweis auf die Weite eines Horizonts. Dieser kann mit Heidegger als Nichts bestimmt werden, mit Kant als das grundsätzlich Unthematisierbare oder mit Thomas von Aquin und der Scholastik als das Sein schlechthin.[148]

In streng scholastischer Argumentation zeigt Rahner, dass die Bejahung des real Endlichen die Behauptung des real Unendlichen voraussetzt, so dass der Vorgriff nur sinnvoll als Vorgriff auf Gott zu verstehen ist und nicht auf ein Nichts oder einen leeren, weil unbenennbaren Horizont zielen kann.

Rahner vermeidet dadurch zwei Extreme. Zum einen begegnet Gott dem Menschen nicht nur zufällig und von außen sowie in Form einer lediglich aposteriorischen Gotteserkenntnis. Zum anderen vermeidet er aber auch das Extrem einer apriorischen Gotteserkenntnis im Sinne des Ontologismus, der Gott als das Ersterkannte des Menschen dechiffriert, durch das dann erst alles andere erkannt werden kann.[149]

Rahner differenziert hier noch genauer. Es ist zwar möglich, von der Gotteserfahrung als einer aposteriorischen Erfahrung zu reden, aber nur insofern sie als eine in der Begegnung mit der Welt sich ereignende und durch sie vermittelte verstanden wird. Sie ist aber auch in diesem Sinn schon immer eine transzendentale, weil der Mensch ursprünglich auf Gott verwiesen ist und diese Verwie-

---

[147] Im Unterschied zur neuscholastischen Gnadenlehre zeigt Rahner, dass Gnade nicht nur etwas Bewusstseinsjenseitiges ist, sondern vielmehr als Datum der transzendentalen Erfahrung versteh- und erfahrbar wird. Die Ausrichtung des Menschen auf Gott ist also nicht nur ein ontischer, sondern ein ontologischer Satz. Vgl. dazu Rahner, K., passim bei: Zahlauer, A., Karl Rahner, 185; vgl. ders., Geburtstagsbrief, 8; vgl. Neumann, K., Der Praxisbezug der Theologie, 171.

[148] Vgl. Rahner, K., Hörer des Wortes, 70-73. Interessant ist, dass Rahner in dieser frühen Schrift, und zwar in der ersten Auflage, den Horizont noch als absolute "Seinshabe" benennt. In der zweiten Auflage dagegen klammert er den philosophischen Begriff des Seins aus und zeigt, dass der Vorgriff auf Gott geht.

[149] Vgl. Rahner, K., Grundkurs des Glaubens, 61-63.

senheit ein "dauerndes Existential des Menschen als eines geistigen Subjektes"[150] ist.

Insgesamt zeigt sich, dass die Gotteserfahrung eine dem Menschen ursprünglich und allgemein zukommende Möglichkeit ist.[151] Auch wenn die Gotteserfahrung nicht unbedingt reflektiert werden muss bzw. wenn es sein kann, dass jemand die Reflexion über die ihm eigene Gotteserfahrung verweigert, so macht sie nach Rahner doch die Wirklichkeit des Menschen aus und gehört damit zu seiner Eigentlichkeit.

Alles, was es über Gott zu sagen gibt, ist damit rückgebunden an das, was von ihm erfahren werden kann. Anders gesagt formuliert Rahner damit, dass jede Gottesaussage und das "Ganze der christlichen Glaubensbotschaft" rückverweist auf das, was in einer "transzendentalen Erfahrung gegeben"[152] und als wirklich erfahren wird. Weil alle Dogmatik letztlich Anruf jener "ursprünglich transzendentalen Gnadenerfahrung"[153] ist, werden die Erfahrungen des Menschen zum Ort, an dem Theologie entspringt und von dem her Theologie entworfen werden muss.

Freilich benennt Rahner diesen Gedanken noch genauer, indem er darauf verweist, dass das nicht ein Überflüssigwerden der Gottesrede und der Glaubensbotschaft bedeutet. Er geht vielmehr davon aus, dass die Offenbarungs- und Glaubensgeschichte die "Geschichte des Zusichselbergekommenseins dieser gnadenhaft transzendentalen Erfahrung"[154] ist. Die Tiefe und Eigentlichkeit der Erfahrungen des Menschen verwirklicht sich also mit anderen Worten dort, wo sie durch die Offenbarungsgeschichte ausgelegt und konkretisiert wird.

Auch wenn für den frühen Rahner, der sich sowohl von einem immanentistischen Offenbarungsbegriff des Modernismus und der liberalen Theologie absetzte als auch gegen eine Verengung des Offenbarungsbegriffs opponierte, wie sie in der Neuscholastischen und Dialektischen Theologie gegeben war, noch nicht deutlich war, dass auch die Alltagserfahrungen die Potenzialität in

---

[150]   Rahner, K., Grundkurs des Glaubens, 61.
[151]   Vgl. Erster Teil, Drittes Kapitel, 3.2.2, 123-124. Dort wurde der Gedanke eingehender reflektiert, dass Rahner sehr wohl zwischen Natur, verstanden als Geistnatur, und Personhaftigkeit des Menschen, verstanden als seine Freiheitsgeschichte, unterscheidet und von beiden das übernatürliche Existential abgrenzt. Er erreicht das, insofern er das übernatürliche Existential zum einen nicht auf die Geistnatur des Menschen reduziert und dadurch die Unverfügbarkeit und Geschenkhaftigkeit der Gottesfähigkeit des Menschen wahrt. Und zum anderen es aber auch in einer unmittelbaren Einheit mit der "Zwei-Einheit" von Natur und Personhaftigkeit des Menschen denkt, insofern im übernatürlichen Existential die "realontologische Bestimmung des Menschen" zum Ausdruck kommt als Ausgerichtetsein und Bezogensein des Menschen auf Gott.
[152]   Rahner, K., Überlegungen zur Methode der Theologie, 122.
[153]   Rahner, K., Überlegungen zur Methode der Theologie, 122.
[154]   Rahner, K., Überlegungen zur Methode der Theologie, 122.

sich tragen, Gotteserfahrungen zu sein,[155] wird das je länger umso deutlicher. Die Gotteserfahrung wird schließlich als Erfahrung von transzendentaler Notwendigkeit verstehbar, die zum Wesen des Menschen gehört und das Maß und die Bedingung jeder anderen Erfahrung und Erkenntnis ist. Gott wird nicht von außen andoziert, sondern tut sich als Grund des Menschen auf. So gilt, dass der Mensch umso mehr zu seiner Wesentlichkeit kommt, je mehr er diesen Grund entdeckt und anerkennt. Anders gesagt wird der Mensch als einer verstehbar, der sein Leben schon in einer dauernden Offenheit auf das Absolute, auf Gott hin lebt, so dass man schließlich sagen kann, dass die Verwiesenheit auf Gott mit dem Geistwesen des Menschen zusammenfällt.[156]

Von daher stellt sich nun die Frage, was das Proprium der Gotteserfahrung ist, insofern sie ja als "Gegenstand" der Erfahrung nicht nur irgendetwas, sondern Gott hat.

1.5.3   Zur Besonderheit von Gotteserfahrung

Gotteserfahrung ist auf dem Hintergrund dieser Ausführungen nicht mehr nur als eine Einzelerfahrung neben anderen Erfahrungen zu deuten oder als ein Widerfahrnis, das nur bestimmten Menschen zukommt oder als ein Korrelat einer religiösen Anlage im Menschen, die ihren Sitz entweder im Intellekt, im Gefühl oder sonst einer singulären Dimension des Menschen hat. Gotteserfahrung wird vielmehr verstehbar als der Grund der menschlichen Wirklichkeit, die zugleich aber nicht ein Objekt unter anderen Objekten ist.[157]

Die Besonderheit der Gotteserfahrung, die durch ihren "Gegenstand", nämlich Gott, gegeben ist, zeigt sich als zweifache. Zum einen ist die Gotteserfahrung im Gegensatz zu anderen existentiellen Erfahrungen nicht einfach abgrenzbar und damit unumgänglich feststellbar. Weil Gott etwas anderes ist als das, was unsere Welt ist, kann Gott auch leicht übersehen bzw. nicht als solcher mitten in unserer Welt entdeckt werden. Das dafür nötige Sensorium kann sozusagen nicht genügend geschärft sein, um mitten in den Alltagserfahrungen Gott zu entdecken.[158]

Zum anderen ist aber die Gotteserfahrung ebenfalls nicht als ein Ergreifen Gottes zu verstehen, durch das sich der Mensch Gottes sozusagen bemächtigte. Gotteserfahrung meint vielmehr, sich vom Geheimnis Gottes durchdringen zu lassen, das den Menschen schon grundsätzlich und ursprünglich trägt.[159] Die Dynamik der Gotteserfahrung liegt also nicht in der Macht des

---

155   Vgl. Rahner, K., Vom Sinn der häufigen Andachtsbeichte, 219.
156   Vgl. Rahner, K., Hörer des Wortes, 76.
157   Vgl. Rahner, K., Grundkurs des Glaubens, 63; vgl. dazu Neumann, K., Der Praxisbezug der Theologie, 145.
158   Vgl. Rahner, K., Grundkurs des Glaubens, 63.
159   Vgl. Rahner, K., Grundkurs des Glaubens, 63.

Subjekts begründet, sondern ist eine durch Gott eröffnete und getragene, also eine "begnadigte Erfahrung".[160] Die Gotteserfahrung zeigt sich damit als Grund aller anderen existentiellen Erfahrungen und ist in diesen anwesend als das letzte Woraufhin, auf das andere existentielle Erfahrungen zielen, wie die Erfahrung der Liebe, der Hoffnung und des Glaubens, des Todes, der Zuversicht, der Einsamkeit, der Verantwortung u. a.[161]

Das bedeutet, dass Gotteserfahrung zwar aufgrund ihres Gegenstandes "etwas Besonderes" ist, dass sie aber nicht auf Einzelerlebnisse reduziert werden darf, sondern vielmehr als transzendentale Gotteserfahrung charakterisiert werden kann, in der "die letzte Tiefe und Radikalität *jeder* geistig-personalen Erfahrung"[162] artikuliert wird. Von daher kann Rahner auch die Selbst-, die Du- und die Gotteserfahrung als drei Aspekte einer einzigen Erfahrung beschreiben.[163] Damit ist ein weiteres Merkmal von Gotteserfahrungen angesprochen, nämlich dass die Tiefenerfahrung des Menschen zum Vollzug der Gotteserfahrung wird. Bevor das jedoch thematisiert wird, soll noch auf die Unmittelbarkeit der Gotteserfahrung reflektiert werden.

1.5.4 Zur Unmittelbarkeit von Gotteserfahrung

Die obigen Ausführungen konnten zeigen, dass Gotteserfahrung als vermittelte erscheint, insofern nämlich die Transzendierung der Welt von etwas Vorgegebenen ausgeht. Die Welt bzw. im gegenwärtigen Kontext eher noch die Existenz des Menschen wird zum Anlass, die Frage nach dem Horizont zu stellen, von dem her die Frage nach dem Woher und Wohin des Menschen beantwortet wird. Gotteserfahrung hat also mit Welterfahrung zu tun, insofern die Welterfahrung zur Weise wird, Gott auszusagen.

Die Frage stellt sich nun, wie diese Weise des Aussagens Gottes zu verstehen ist. Kann das Geschöpfliche wirklich Gott erfahren oder ist es nur möglich, etwas an Gott zu erfahren? Mit anderen Worten heißt das, dass die Vermitteltheit der Gotteserfahrung die Frage nach der Unmittelbarkeit der Gotteserfahrung stellt.

Diese macht Rahner deutlich, indem er zwei Extreme abwehrt. In den Reflexionen über die Selbstmitteilung Gottes, die hier nur in ihrem Ergebnis wiederholt werden sollen,[164] konnte gesehen werden, dass Gott nicht nur etwas von sich zeigt, sondern sich selbst zu erkennen gibt. Der Mensch kann Gott selbst erfahren, und zwar weil Gott den Grund und die Möglichkeit dafür gelegt und es ge-

---

160   Vgl. Rahner, K., Gotteserfahrung heute, 165.
161   Vgl. Rahner, K., Gotteserfahrung heute, 166.168-170.
162   Rahner, K., Gotteserfahrung heute, 166.
163   Vgl. Rahner, K., Selbsterfahrung und Gotteserfahrung, 139.
164   Vgl. Erster Teil, Drittes Kapitel, 3.1, 115-121.

wollt hat, dass er selbst vom Menschen erfahren wird. Gott zu erfahren, meint also nicht nur, eine Gabe von ihm zu erfahren, sondern ihm selbst in der Gabe zu begegnen und das heißt letztendlich, ihn als Geheimnis zu erfahren.

Ist damit sozusagen der einen Tendenz pariert, indem Gotteserfahrung deutlich wird als Erfahrung Gottes selbst und nicht nur als Erfahrung von etwas an ihm, kann das Rahnersche Verständnis von Gotteserfahrung auch das andere vermeiden.

Rahner macht klar, dass die Unmittelbarkeit der Gotteserfahrung nicht heißen kann, dass darin "das Nichtgöttliche schlechterdings verschwindet"[165]. Gottes Unmittelbarkeit, also dass er sich selbst dem Menschen zeigt, hat vielmehr zur Folge, dass der Mensch sein eigenes Wesen radikal vollzieht und das heißt, dass er sich in Freiheit Gott gegenüber und in seiner Verwiesenheit auf ihn begreift. Selbst in der Visio beatifica, die als radikalste Begegnung mit Gott gilt, bleibt dieses Geschehen vermittelt durch das erfahrende endliche Subjekt.[166] In der Terminologie Rahners formuliert, gibt es also eine "echte Vermittlung zur Unmittelbarkeit bezüglich Gottes"[167] und das heißt, dass Gott nicht mehr ohne die Welt und die Existenz des Menschen ausgesagt werden kann, wie auch umgekehrt. Gerade darin zeigt Gott, wer er selbst ist.

Damit tritt ein weiterer Aspekt von Gotteserfahrung in das Blickfeld, nämlich was es bedeutet, dass die Existenz des Menschen zur Weise wird, Gott auszusagen oder anders gesagt, wie die Tiefenerfahrung des Menschen der Weg sein kann, Gott zu erfahren und auszusagen.

1.5.5 Die Tiefenerfahrung des Menschen als Vollzug der Gotteserfahrung

Gotteserfahrung und Tiefenerfahrung des Menschen sind in der Theologie Rahners keine Konkurrenten mehr, sondern legen sich gegenseitig aus. Alle Akte, in denen der Mensch sein Menschsein in Radikalität vollzieht, werden auf dem Hintergrund des zuvor Ausgeführten verstehbar als von Gott selbst getragen und auf ihn verweisend.[168] Erst in Gott selbst finden die Taten, in denen sich der Mensch als Person ganz vollzieht und seine Freiheit bis in die Tiefe auslotet, ihr Ziel und ihr Ganzes. Man kann deshalb sagen, dass zwischen der Tiefenerfahrung des Menschen und der Gotteserfahrung eine innere Einheit besteht.[169] Diese Einheit ist jedoch in einem akzentuierten Sinn zu verstehen. Dass nämlich Selbsterfahrung des Menschen überhaupt möglich ist, hat ihren

---

[165]   Rahner, K., Grundkurs des Glaubens, 90.
[166]   Vgl. Rahner, K., Grundkurs des Glaubens, 91.
[167]   Rahner, K., Grundkurs des Glaubens, 91.
[168]   Vgl. Rahner, K., Gotteserfahrung heute, 166.
[169]   Vgl. Rahner, K., Selbsterfahrung und Gotteserfahrung, 135.

Grund in der Gotteserfahrung, die letztlich erst die Selbsterfahrung des Menschen begründet.[170] Die Eigentlichkeit des Menschen formuliert, profiliert und konkretisiert sich also am Gottsein Gottes, wie das Gottsein Gottes verstehbar wird im Horizont des Menschen. Theologie erscheint deshalb als anthropologisch gewendet, so dass die Rede vom Menschen die Rede von Gott mitformuliert.[171]

Das bedeutet aber nicht, dass Selbsterfahrung und Gotteserfahrung miteinander identifiziert werden dürften. Die Endlichkeit und Begrenztheit, also die Verfasstheit des Subjekts, löst sich in der Gotteserfahrung nicht auf. Vielmehr konkretisiert und verdichtet sich in der absoluten Verwiesenheit auf Gott die Eigentlichkeit des Menschen.[172] In der Gotteserfahrung wird der Mensch seines Geheimnisses inne, das als Geheimnis eines in Freiheit sich vollziehenden endlichen Subjekts aufscheint. Von diesem Blickpunkt aus betrachtet kann die Erfahrung der Verwiesenheit des Menschen schon als wirkliche Gotteserfahrung bezeichnet werden, wenngleich sie noch "unthematisch" bleibt.[173]

Eine besondere Rolle spielt in diesem Zusammenhang ebenso die Du-Erfahrung, in der sich die radikale Verwiesenheit des Menschen auch horizontal verdichtet.[174] Existentielle Erfahrungen wie Einsamkeit, Verantwortung, das Erleben der durch den Tod gegebenen Grenze und der Hoffnung, die selbst diese Grenze noch überschreitet, das Sich-Selbst-Überantworten in der Liebe, die Erfahrung der "nichtigenden Angst", dass der letzte Horizont doch durch das leere Nichts bezeichnet wird, all diese Erfahrungen werden zum Ort und zur Weise von Gotteserfahrung. So wie die Gotteserfahrung anonym in jedem geistigen Vollzug anwesend ist, so wird sie gerade in den Situationen thematisch, in denen der Mensch auf sich selbst zurückgeworfen wird.

1.5.6 Gotteserfahrung als Verdichtung der Eigentlichkeit des Menschen

Die Rahnersche Theologie konnte verständlich machen, dass die Selbst-, Welt-, die Du- und die Gotteserfahrung nicht in Konkurrenz zueinander stehen.

---

[170] Vgl. Rahner, K., Selbsterfahrung und Gotteserfahrung, 136.
[171] Karl Rahner, Selbsterfahrung und Gotteserfahrung, 133, führt dazu aus, dass die Selbsterfahrung wie auch die Gotteserfahrung von vornherein "das Ganze der menschlichen Erfahrung und des menschlichen Wissens" meinen. Der Mensch kann sich nämlich nur verstehen in dieser Ganzheit und lässt sich nicht subsumieren unter die Summe von partikulären Wissensbeständen. Mit anderen Worten heißt das, dass die Anthropologie verstanden als Philosophie des Seienden, diese Philosophie unter dem bestimmten Ausgangspunkt des endlichen Subjekts betreibt, das es jedoch als für das Unendliche offenes begreift.
[172] Vgl. Rahner, K., Selbsterfahrung und Gotteserfahrung, 136.
[173] Vgl. Rahner, K., Selbsterfahrung und Gotteserfahrung, 134.
[174] Vgl. Rahner, K., Selbsterfahrung und Gotteserfahrung, 139.

Rahner bleibt aber nicht dabei, diese verschiedenen Dimensionen von Wirklichkeitserfahrung nur einfach nebeneinander zu konturieren. Er geht vielmehr davon aus, dass sich die Eigentlichkeit des Menschen und der Welt umso radikaler verwirklicht, je mehr in ihr der Gottesbezug eingelöst wird. Die Beziehung ist also gleichsam durch ein reziprokes Verhältnis zu charakterisieren. Die theologischen Grundlagen dafür sind wiederum im Theologumenon vom übernatürlichen Existential zu suchen und in der Weise, wie Rahner die Selbstmitteilung Gottes beschreibt.

Weil die menschliche Existenz gekennzeichnet ist als eine, die schon immer ausgreift auf einen Horizont, der in Gott beschrieben wird, und weil die Bedingungen dieser Bezogenheit durch Gott selbst konstituiert sind, ereignet sich die Wesentlichkeit des Menschen auch dort umso mehr, je mehr der Mensch diesem "Horizont", nämlich Gott, Raum gibt anzukommen. Dass Gott dabei nicht auf die Dynamik und Potenzialität des Menschen reduziert wird, dass dieses Ankommen Gottes genauso wie die Bedingungen der Möglichkeit, sein Ankommen zu vernehmen, in der Initiative Gottes liegen, drückt Rahner in der Rede von der quasi-formalen Ursächlichkeit aus.[175] Mit anderen Worten könnte man sagen, dass Gott das "Prinzip des Menschen" ist, ja dass er sich sogar den Bedingungen des Menschen ausliefert, ihm nicht mehr äußerlich bleibt,[176] was in Jesus Christus dann endgültig und ewig ausgesagt worden ist,[177] dass das aber in der Unverfügbarkeit, Unnennbarkeit Gottes begründet liegt, oder wie Rahner sagt, im "heiligen Geheimnis"[178] und nicht von der Dynamik des Menschen gemacht werden kann.

Gotteserfahrung wird so einerseits zur Bedingung der Möglichkeit, die Eigentlichkeit des Menschen zu verwirklichen, als sie andererseits als Ziel verstehbar wird, das den Menschen einlädt, immer wesentlicher zu werden. Von daher ergibt sich der Appell an die Theologie allgemein und die Religionspädagogik im Besonderen, Möglichkeiten zu schaffen und zu reflektieren, die den Menschen helfen, die Erfahrung Gottes in sich zu entdecken, zu entfalten und richtig zu interpretieren. Das ist der originäre Ort für Mystagogie und mystagogisches Lernen.

Von daher rückt ein weiterer Gesichtspunkt von Gotteserfahrung in den Blick, der auch das mystagogische Anliegen genauer einzugrenzen hilft.

---

[175] Vgl. dazu Erster Teil, Drittes Kapitel, 3.1.2, 117-119.
[176] Vgl. Rahner, K., Grundkurs des Glaubens, 129f. Rahner führt hier aus, dass die Selbstmitteilung Gottes nur als "Akt höchster personaler Freiheit" denkbar ist, als absolut "gnadenhaft" und "ungeschuldet" und dass das aber trotzdem nicht heißen darf, dass Gott dem Menschen äußerlich bleibt.
[177] Vgl. Rahner, K., Die theologische Dimension der Frage nach dem Menschen, 403.
[178] Vgl. Rahner, K., Grundkurs des Glaubens, 73: Dieses "heilige Geheimnis" buchstabiert sich aus in der Liebe.

1.5.7 Grenzerfahrungen und der entäußerte Gottessohn

Auch wenn der Gottesbezug in jedem geistigen Vollzug des Menschen anonym anwesend ist, so fordern doch gerade die Situationen, in denen sich der Mensch existentiell auf sich selbst zurückgeworfen erfährt, heraus, die Frage nach dem Woraufhin und Woher seiner Existenz zu stellen. Besonders deutlich wird das an drei Grundphänomenen, nämlich der Liebe, dem Tod und der Hoffnung.

Die menschliche Liebe setzt zwar ein Grundvertrauen in die Wirklichkeit und in das Du des Anderen voraus, wird jedoch immer wieder enttäuscht. In diesen Enttäuschungen und der Erfahrung, trotzdem das Verlangen nach Liebe einlösen zu wollen, spiegelt sich die Ur-sehnsucht und die Ur-bewegung des Menschen wider nach einem "Menschen unbedingten Vertrauens". Mit anderen Worten sucht der Mensch in der Nächstenliebe also schon immer den, in dem Gottes- und Nächstenliebe zur Einheit verbunden sind. Dieser aber wird deutlich im Gottmenschen Jesus Christus.[179] In ihm kommt also zum einen die Sehnsucht des Menschen auf unverbrüchliches, ewiges Angenommen- und Geliebtwerden überein, als in ihm zum andern das Unterpfand der Verheißung realisiert wird, dass diese Zusage des Angenommen- und Geliebtseins nicht wieder zurückgenommen wird. Die Ur-sehnsucht des Menschen nach ewigem Geliebtwerden und die konkreten Situationen, die diese Ur-sehnsucht schon jetzt einlösen, dürfen demnach als christologisch vermittelte gelesen werden bzw. als solche, die verstehbar machen, dass der Gottesbezug in Jesus Christus ein Gesicht findet.

Eine analoge Bewegung wird im Phänomen des Todes deutlich.[180] Weil der Tod nicht nur Ereignis für ein menschliches Leben ist, sondern weil menschliches Sein als Ganzes ein Sein zum Tod meint, sucht der Mensch nach einer Antwort für dieses Rätsel. Der äußere Abbruch des Lebens im Tod und die innere freie Vollendung des Lebens, die Erfahrung der letzten und absoluten Ohnmacht und die Erfahrung des Todes als Tat des Lebens und Vollzug der Freiheit können nur gelingen, wenn der Tod nicht das Absurde für den Menschen meint.[181] Das aber kann sich der Mensch nicht selbst geben, sondern ist ein Phänomen, das ihm widerfährt und höchstens geschenkt wird. In diesem muss beides begründet liegen, die Erfahrung der absoluten Ohnmacht und die Kehre eines Lebens, das überhaupt nicht mehr durch den Tod eingegrenzt wird. Christlich kann das gedeutet werden durch den Tod und die Auferstehung Jesu Christi.

---

[179] Vgl. Rahner, K., Grundkurs des Glaubens, 289; vgl. Schilson, A./Kasper, W., Christologie im Präsens, 84.
[180] Vgl. Rahner, K., Grundkurs des Glaubens, 290; vgl. ders., Zur Theologie des Todes.
[181] Rahner, K., Zur Theologie des Todes, 73-106, macht in diesem Zusammenhang deutlich, dass für den Christen die "Höchstform" des Vollzuges des Todes das Martyrium ist.

Auch hier wird die Gerichtetheit des Menschen auf den Tod, die sein ganzes Leben durchzieht und alle seine Vollzüge prägt, mit dem Geschenk eines unvergleichlichen, weil nie mehr endenden Lebens verschränkt.

Das Geschick des Todes, die Erfahrung des absoluten Sich-Überantwortens und Sich-Aus-der-Hand-Geben-Müssens sucht nach der Erfahrung, bejaht und mit unzerbrechlichem Leben erfüllt zu werden. In Jesus Christus ist das schon zum geschichtlichen Ereignis geworden, das nunmehr als Zusage für jeden Menschen gilt. So wird auch das jeden Menschen beschreibende Phänomen des Todes als christologisch vermitteltes deutlich und auslegbar.

Die Grenze, die dem Menschen im Tod aufgerichtet ist, weist hin auf eine weitere existentielle Grunderfahrung, die in ähnlichem Sinn gedeutet werden kann, nämlich die Hoffnung.[182]

Die Hoffnung scheint in diesem Zusammenhang im Wechselspiel mit der Kraft zum Handeln auf. In der Welt so zu handeln, dass diese einer heilen Zukunft näher kommt, ist motiviert aus einer Hoffnung und einem Vertrauen, dass nicht das "nichtende Nichts", sondern die alles ganzmachende Sinnfülle am Ende von Welt und Geschichte stehen. Dass dem so ist, und dass dieser Hoffnung dann auch die Kraft zum Handeln entspringt, kann sich der Mensch aber wiederum nicht selbst geben. Auch hier ist er verwiesen auf etwas bzw. jemanden, der ihm entgegenkommt und ihm zusagt, dass diese Hoffnung nicht ins Leere geht, sondern aus einem Grund lebt, der verspricht, dass Welt und Geschichte letztlich doch gelingen. Anders gesagt kann man also bei Menschen, die von einer solchen Hoffnung getragen sind und bei denen eine solche Kraft zum Handeln gefunden wird, auch sagen, dass sie auf der Suche nach Gottes endgültiger Zusage an die Welt sind. Diese aber ist geschichtlich und endgültig geworden im Gottmenschen Jesus Christus, so dass die Potenzialität zur Hoffnung, die der Mensch in sich vernimmt, auch schon immer als christologisch vermittelte, weil in Jesus Christus endgültig gewordene gedeutet werden kann. Das Christusereignis zeigt, dass die verwirklichte Hoffnung als Verwirklichung der Geschichte gesehen werden darf, die sich in ihrem Ziel bewegt, und nicht mehr unter der nagenden Frage zu stehen braucht, ob die Zusage wirklich unwiderruflich ist.

All diese Phänomene zeigen, dass der Mensch, der sich als auf Gott finalisiertes Wesen begreift, in den Erfahrungen, in denen er existentiell auf sich selbst zurückgeworfen ist, auch schon immer den erfährt, in dem Gottes endgültige und heilbringende Zusage an die Welt eingelöst wurde, Jesus Christus. Diese Erfahrungen tragen die Offenheit auf Gott in sich und können dechiffriert werden als Orte, an denen Gottes Entäußerung in Welt und Geschichte hinein in

---

182   Vgl. Rahner, K., Grundkurs des Glaubens, 290f.

Jesus Christus deutlich wird. Umgekehrt werden sie dadurch auch zu "qualifizierten Orten", die die Welt auf ihren Grund zurückverweisen können, weil sie "Gottes so voll sind" (A. Delp).[183] Sie können die Gotteswirklichkeit aufdecken und in ihrer Relevanz für die Existenz des Menschen verstehbar machen helfen.

1.6 Zusammenfassung und Impulse für das mystagogische Lernen

1.6.1 Zur Gotteserfahrung als Kern des christlichen Glaubens

Fasst man die Ausführungen zum Charakter von Alltagserfahrungen, religiösen Erfahrungen und der christlichen Gotteserfahrung zusammen, so zeigt sich, dass christlich verstanden die Gotteserfahrung den Kern des christlichen Glaubens ausmacht. Sie ist die lebendig bleibende Quelle von Offenbarung, so dass man letztlich mit Karl Rahner formulieren kann, dass das Christentum "nichts anderes [ist] ... als die deutliche Aussage dessen, was der Mensch undeutlich in der konkreten Existenz erfährt."[184] Nicht erst die durch die christliche Glaubensbotschaft gedeutete Erfahrung bzw. die Glaubensbotschaft selbst verdienen die Bezeichnung von Offenbarung. Es ist vielmehr umgekehrt, dass die Botschaft und sogar der *Begriff* Gottes auf die Erfahrung verwiesen sind und gleichsam nur als Platzhalter zu verstehen sind für die Gotteserfahrung und auf sie hinweisen. Die Gotteserfahrung ist damit sowohl gegenüber der Botschaft des Glaubens als auch der Reflexion des Glaubens vorgängig.[185] Es gilt zwar, dass sich die Erfahrung von innen und die Tradition von außen gegenseitig bedingen. Zugleich sind aber die Glaubenszeugnisse als gegenüber der Gnadenerfahrung sekundär zu betrachten.[186] Nur wenn nämlich die Existenz des Menschen als eine verstanden wird, die fähig ist, die Offenbarung zu vernehmen, rückt überhaupt erst die Rede von der Offenbarung in den Blick. Mit anderen Worten bleibt die Offenbarung leer, solange sie nicht im Menschen ankommen und von ihm vernommen werden kann. Es geht also auch darum, dass die Offenbarung nicht nur als ontische Größe zu verstehen ist, sondern als ontologische, also als eine, die vom Menschen erfahren werden kann und

---

[183]   Alfred Delp, schreibt am 17.11.1944, Gesammelte Schriften, Bd. 4, 26, aus dem Gefängnis: "die Welt ist Gottes so voll."

[184]   Rahner, K., Über die Möglichkeit des Glaubens heute, 16.

[185]   Karl Rahner, Anonymes Christentum und Missionsauftrag der Kirche, 507, formuliert hier folgendermaßen: "Glaubensgnade ist Voraussetzung für Glaubenslehre." Vgl. ders., Grundkurs des Glaubens, 75.64.

[186]   Vgl. dazu Rahner, K., Grundkurs des Glaubens, 61-64; 32-34. Rahner geht in diesem Zusammenhang auch davon aus, dass die Gottesbeweise nur als nachträgliche Reflexionen gewertet werden können von dem, was ihnen grundlegend vorausgeht, nämlich der Gotteserfahrung. Vgl. ders., Grundkurs des Glaubens, 76-79.

nicht nur bewusstseinsjenseitig bleibt.[187] Dass diese Fähigkeit des Hörens und der Bereitschaft, sich durch das Wort der Offenbarung umgestalten zu lassen, freilich durch Gott selbst bedingt ist und nicht von der Dynamik des Menschen gemacht werden kann, ist hier ebenso mitzubedenken.

Insgesamt wird deutlich, dass sich die christliche Glaubensbotschaft sozusagen in der Gotteserfahrung und ihrer Möglichkeit zusammenfassen und ergreifen lässt. Christsein bedeutet deshalb letztendlich, die Möglichkeit, Gott zu erfahren, realisiert zu haben und aus dieser Erfahrung heraus nach einer Erhellung für die konkrete Lebensgestaltung zu suchen. Das Interpretationspotenzial für diese Erfahrung bietet die christliche Tradition.

Für die Fragestellung, was das für eine zu entwickelnde Perspektive des mystagogischen Lernens bedeutet, können zwei Punkte festgehalten werden. Zum einen heißt Einführung in das Christsein auf diesem Hintergrund zuerst eine Einführung in die Gotteserfahrung, weil in ihr das Gesamte des christlichen Glaubens gegeben ist. Daraus ergibt sich auch der zweite Punkt. Die Frage nach dem Zueinander bzw. nach der Priorität von Erfahrung und Tradition wird so zu entscheiden sein, dass der Erfahrung und der Einführung in sie der Vorrang einzuräumen ist. Auch wenn Gotteserfahrung und christliche Tradition nicht gegeneinander ausgespielt werden dürfen, sondern in ihrer Komplementarität wahrzunehmen sind, so lässt sich dennoch sagen, dass einer neuscholastischen Katechismusverengung bzw. einer Reformulierung dieses Denkens auf diesem Hintergrund eine Absage zu erteilen ist.[188] Es gilt sich vielmehr in religiösen Bildungsprozessen zu bemühen, nach Wegen zu fragen, wie die Gotteserfahrung, die jedem Menschen eigen ist, von ihm auch entdeckt und für die eigene Lebensgestaltung fruchtbar werden kann.

1.6.2 Zur Gerichtetheit von Alltagserfahrungen

Durch den Versuch, Strukturelemente sowohl von Alltagserfahrungen als auch von religiösen und christlichen Gotteserfahrungen auszumachen, wurde deutlich, dass Gotteserfahrungen keine "kategorial" anderen Erfahrungen sind als Alltagserfahrungen, sondern sich vielmehr in ihnen erweisen und diese auf den letzten Horizont der Frage nach dem Woher und Wohin der menschlichen Existenz ausrichten, nämlich auf Gott.

---

[187] Vgl. Rahner, K., Grundkurs des Glaubens, 153.

[188] Vgl. in diesem Zusammenhang die Auseinandersetzung mit Thomas Ruster, Der unverwechselbare Gott, 200, und seinem Plädoyer, die Schülerinnen und Schüler, in das "Fremde, Unableitbare, Unvermutete biblischer Erfahrungen" einzuführen. Es ist interessant, dass Ruster sich hier auch explizit vom Ansatz Rahners verabschiedet, den er zwar als formal richtig ausweist, aber als Ansatz deklariert, der aufgrund des durch die "kapitalistische Religion" bewirkten Hiatus zwischen Gott und der "alles bestimmenden Wirklichkeit" dem christlichen Glauben nicht mehr zugute kommt.

Wenn man also fragt, wie es möglich sein kann, Gott zu erfahren, ist man auf die Existenz des Menschen, seinen Alltag und seine Grenzerfahrungen verwiesen. Weil Gotteserfahrung in diesem Sinn immer eine "vermittelte" ist, denn Gott hat sich in diese Welt hinein entäußert, so dass diese zur Aussage über ihn geworden ist, gilt es, eine Begegnung mit der Welt und ihrem Grund, mit der Existenz des Menschen und seinen Grenzerfahrungen anzubahnen. Dort, wo das Vorfindliche nicht mehr alles sein kann und sich von den Grenzen her die Frage nach dem stellt, was das Ganze überhaupt ausmacht und trägt, drängt sich eine Deutung dieser Frage auf. Die christliche Glaubensbotschaft kann hier zum Potenzial *von* Erfahrungen werden, das hilft, die eigenen Erfahrungen zu deuten und ihnen im konkreten Leben Ausdruck zu verschaffen.

Gerade darin formulieren sich Konturen des mystagogischen Lernens. Es geht darum, in den Alltagserfahrungen die Offenheit auf den letzten Grund aufzudecken und den christlichen Glauben als Deutepotenzial sowie als Prägegrund von Erfahrungen ins Spiel zu bringen.

1.6.3 Zum Sinnüberschuss von Alltagserfahrungen

Obwohl sich religiöse Erfahrungen und auch die christliche Gotteserfahrung in den Alltagserfahrungen erweisen, so charakterisiert jene doch, dass sie die Alltagserfahrungen auf den größeren Horizont aufbrechen, der in den Alltagserfahrungen angelegt ist. Das wird besonders deutlich in der Sinnerfahrung bzw. in der Suche nach Sinn. Hier geht es darum, das Leben auf ein Ganzes hin zu entwerfen bzw. von einem Ganzen her verstehen zu lernen. In der Sehnsucht nach Sinn drückt sich das Verlangen aus, die Fragmente des Lebens in einen umfassenden Horizont einbergen zu können, der damit auch die unverstehbaren, widersprüchlichen Teile und Erfahrungen des Lebens nicht mehr als sinnlos und "nichtigendes Nichts" zu erleben veranlasst, sondern sie als Teile und Wegstrecken eines größeren Ganzen verstehen lässt. Dieses kann zwar nicht erfasst, aber erahnt und geglaubt werden und von daher Sinn stiften. Mit anderen Worten bergen also Alltagserfahrungen und hier vor allem Grenzerfahrungen einen Sinnüberschuss, der in den religiösen Erfahrungen und der christlichen Gotteserfahrung thematisiert und gedeutet wird. In der christlichen Gotteserfahrung erfolgt diese Deutung durch das Erfahrungs- *und* Aussagepotenzial der christlichen Tradition.

Für das mystagogische Lernen ergibt sich daraus die Notwendigkeit, diesen Sinnüberschuss in Alltagserfahrungen aufzuspüren, zu fragen, wo das Vorfindliche auf seine Grenzen hin thematisiert wird, und Grenzerfahrungen als Anlässe wahrzunehmen, die die Potenzialität für Gotteserfahrungen in sich tragen.

1.6.4 Zur Bedeutung von Grenz- und besonders Leiderfahrungen

Im Laufe der obigen Untersuchungen kristallisierte sich heraus, dass gerade Grenzerfahrungen zu qualifizierten Orten für Gotteserfahrungen werden können. Dabei sind sowohl jene Grenzerfahrungen gemeint, in denen der Mensch zur Fülle seines Lebens entgrenzt wird, nämlich im Glück, im Erleben gelungener Begegnung, in der Liebe, im Erfahren begründeter Hoffnung als auch jene Erfahrungen, in denen der Mensch sich an seine Grenzen verwiesen weiß, wie im Sterben, im Scheitern, im Erfahren des Leids, das jeden Lebenssinn zunichte zu machen droht.

Liegt es bei den Erfahrungen des Glücks und des gelingenden Lebens nahe, die eigene Existenz als stimmig und von einem positiven, guten Horizont her zu lesen, stellen Erfahrungen des Scheiterns und des Leids als Vorauserfahrungen des Todes das radikal in Frage.

Gerade in der christlichen Gotteserfahrung brauchen solche Erfahrungen aber nicht ausgeblendet zu werden, sondern können vielmehr zu "qualifizierten Orten" für die Erfahrung Gottes werden. Seit Gott selbst den Weg der Entäußerung in Jesus Christus bis zum Tod am Kreuz gegangen ist, seit die Erfahrungen des Leids, des Scheiterns und auch des in keine Hoffnung entlassenen Todes zu den gelebten Erfahrungen Jesu wurden, seitdem ist auch endgültig geworden, dass alle Leiderfahrungen von der Gottesspur gezeichnet sind.

Mit anderen Worten kann man sagen, dass die Erfahrungen von Tod, von Widersinn, von Zerstörung und Auslöschen seit dem Weg Jesu, der als Weg nach unten verstehbar wurde, nämlich als Weg in die Tiefe eines gottverlassenen Todes, Erfahrungen sind, die offen sind, vom Schicksal Jesu Christi her gelesen zu werden. Gerade das Scheitern und das Leid, die Kenosiserfahrungen des Menschen können zur Möglichkeit für eine implizite Christologie werden.

Gilt das für die Existenz des Menschen in einem ontologischen Sinn, so lässt sich diese Analogie auch für die praktische Existenz des Menschen ausmachen. Auch das Handeln des Menschen an den Entrechteten und Schwachen, der Einsatz für die Unterdrückten dieser Welt wird im christlichen Sinn zum "unmittelbaren Ort" und zur qualifizierten Begegnung mit Gott. Was in der matthäischen Parusierede in narrativer Weise ausgestaltet wird, wenn die Gabe an die Hungernden und Dürstenden, die Herberge für die Fremden und Obdachlosen, die Kleidung für die Nackten, der Besuch bei den Kranken und Gefangenen (vgl. Mt 25, 31-46) zur Entscheidung für oder gegen Gott deklariert wird, kann seitdem als Kriterium für das Handeln gelten. Nicht nur im Leid, das in der eigenen Existenz erfahren wird, sondern im Engagement für die Leidenden und Entrechteten ist die Möglichkeit für Gotteserfahrung gegeben.

Für das mystagogische Lernen ergibt sich damit zweierlei. Zum einen stellt sich die Aufgabe, dafür zu sensibilisieren, dass die eigenen Leiderfahrungen vom Schicksal Jesu Christi her wahrgenommen und gedeutet werden können. Zum anderen zielt das mystagogische Lernen darauf, ein Engagement für die Geschundenen und Entrechteten dieser Welt anzubahnen und diesen Einsatz als Weise der Gotteserfahrung verstehen zu lernen.

1.6.5   Zur Bedeutung der Einzigartigkeit des Menschen

Eher indirekt als explizit ergibt sich als weiteres Fazit aus den angestellten Überlegungen zum Phänomen von Erfahrung, religiösen Erfahrungen und christlicher Gotteserfahrung, dass die Wege und Weisen für Gotteserfahrung vielgestaltig und abhängig von der Individualität des Einzelnen sind.

Damit ist gemeint, dass sich der Alltag trotz aller gesellschaftlicher Bedingtheit und aller strukturellen Geprägtheit ebenso von den subjektiven Interpretationsleistungen des Einzelnen her gestaltet und verändert. Alltag ist also nie gleich Alltag, auch wenn mehrere denselben Lebensrhythmus im selben Lebensraum pflegen. Von daher muss im Abstraktum "Alltag" immer schon die Vielgestaltigkeit der alltäglichen Wege und Zeiten mitbedacht werden. Das bedeutet, dass sehr unterschiedliche Zugehensweisen auf alltägliche Erfahrungen notwendig sind, dass unterschiedliche Vermögen angesprochen werden müssen, um der Vielgestaltigkeit des Alltags gerecht zu werden, und dass auch die eigene lebensgeschichtliche Gewordenheit als Konstitutivum des Alltags wahrgenommen werden muss. Diese subjektiven Anteile gilt es auch bei den Überlegungen zur Gotteserfahrung zu berücksichtigen.

Hier spitzt sich die Sache noch zu, insofern Gott nicht bei einer anonymen Masse ankommt, sondern den Menschen beim Namen ruft und ihn als Einzelnen in seiner innersten Eigentlichkeit anspricht (vgl. Jes 43,1). Für Gotteserfahrung zu disponieren, wie es Anliegen des mystagogischen Lernens ist, bedeutet also, von der Individualität des Einzelnen her die je eigene Lebensgeschichte wahrzunehmen und sensibel zu werden, wie sie von Gott durchzogen und durchdrungen ist.

1.6.6   Zum Proprium mystagogischen Lernens

Insgesamt lässt sich also festhalten, dass sich mystagogisches Lernen auf Gotteserfahrungen konzentriert. Es geht darum, in den Alltagserfahrungen den Horizont zu thematisieren, von dem her die letzten Fragen des Menschen ausgerichtet werden. Dieser Horizont ist im mystagogischen Lernen, wie es hier konturiert wird, definiert im Gott des christlichen Glaubens.

Damit sind mehrere Dinge ausgesagt. Es geht dem mystagogischen Lernen dezidiert um die Gottesfrage, und zwar in der Weise, für Gotteserfahrungen aufmerksam zu machen. Das macht geradezu das Charakteristikum des mystagogischen Lernens aus, mitten in den Welt- und Du-Bezügen des Menschen auf den Gottesbezug aufmerksam zu machen. Gerade dort, wo das Ganze des menschlichen Lebens in den Blick rückt, wo die Einzelerfahrungen von Sinn und auch von Sinnlosigkeit nach etwas rufen, das es vermag, dem ganzen Leben Sinn und Richtung zu geben, gerade dort finden sich "qualifizierte Orte" für das mystagogische Lernen.

Damit ist auch ausgesagt, dass mystagogisches Lernen den Bezug von Alltags- und Gotteserfahrung wahrnimmt, indem es Alltagserfahrungen als Weisen und Ausdrucksformen von Gotteserfahrungen verstehen lehrt, und zugleich die Dimension, die über das Vorfindliche hinausgeht, thematisiert und durch den Gottesbezug des christlichen Glaubens deutet.

Drittens lässt sich schlussfolgern, dass zwar grundsätzlich alle Alltagserfahrungen offen sind für Gotteserfahrung, dass es aber sozusagen "qualifizierte Orte" gibt, in denen der Gottesbezug umso dringlicher aufscheint. Diese qualifizierten Orte sind all jene, in denen sich, wie gesagt, die Frage nach dem integrierenden Ganzen des Lebens stellt. Hier scheint vor allem die Frage von Sinn angesichts des Leids als die drängendste Frage auf.

Gotteserfahrung selbst ist verstehbar als allgemeine und dem Menschen ursprüngliche Erfahrung, als Erfahrung, die durch ihren besonderen "Gegenstand", nämlich Gott, zwar in anderen Erfahrungen anzutreffen ist, aber dennoch eine Besonderheit im oben skizzierten Sinn darstellt. Sie zeigt sich als unmittelbare Gotteserfahrung, die Gott selbst erfahren lässt und den Menschen als je Einzelnen meint.

Mit anderen Worten heißt das also, dass der Einzelne in seiner Gewordenheit in den Blick kommen muss, wenn es darum geht, nach mystagogischen Wegen Ausschau zu halten. Mystagogisches Lernen kann von daher zwar in seinen Konturen und seinem Proprium beschrieben werden, verwehrt sich aber wegen der Verwiesenheit und Gebundenheit an die Individualität des Einzelnen einer Charakterisierung als Methode oder Rezeptur. Die Unterschiedlichkeit der Menschen, die Verschiedenheit ihrer Ausdrucks- und Ansprechweisen wird in der Perspektive des mystagogischen Lernens immer auch der Faktor sein, der jeweils neu herausfordert und Kreativität in Bezug auf Lernwege und Kommunikationsformen einfordert.

Konnte mit diesen Ausführungen angedeutet werden, von welchen Abgrenzungen, aber auch Konturen in Bezug auf das Phänomen der Erfahrung auszugehen ist, und was dies für die Bestimmung von religiösen Erfahrungen und der christlichen Gotteserfahrung bedeutet, so muss der Blick im Folgenden auf die Orte gerichtet werden, die besonders qualifiziert sind für Gotteserfahrungen.

2 Auf der Suche nach "qualifizierten Orten" von Gotteserfahrung — Leiderfahrungen als implizite Christologie deuten lernen

Die vorausgegangenen Untersuchungen haben dafür sensibilisiert, in den Leiderfahrungen als Erfahrungen der Grenze des menschlichen Daseins "qualifizierte Orte" für die Frage nach dem Sinn des Lebens, dem Woher und Wohin des Menschen zu finden.

Das Phänomen des Leids ist ein allgemein Menschliches und fordert nicht nur den Intellekt, sondern die ganze Person des Menschen heraus. Ebenso provoziert es zum Widerspruch angesichts des Postulats eines gütigen und allmächtigen Gottes, wie es im Christentum vertreten wird. Das Leid ist also ein Widerfahrnis, das sowohl die Frage nach dem Menschen als auch die Frage nach Gott in besonderer Dringlichkeit aufwirft. Im Leid steht das Ganze der menschlichen Existenz und der Existenz Gottes an. Von daher werden die Leiderfahrungen geradezu zu "qualifizierten" Orten für Mystagogie, weil in ihnen sowohl Mensch und Gott in sonst nur noch im Glück gekannter Weise aufeinander treffen und die Frage nach der wechselseitigen Beziehung von Gott und Mensch gestellt ist.

Auch diese Überlegungen motivierten, den Gang der Untersuchung auf die Bedeutung von Leiderfahrungen als mögliche Orte von Gotteserfahrung zu lenken. Dazu war es notwendig, sich zumindest exkursorisch zu vergegenwärtigen, welches Verständnis dem Leiden im christlichen Glauben innewohnt (2.1), bevor danach gefragt wird, was das für das mystagogische Lernen heißt bzw. wie sich diese unmittelbare Konfrontation von Mensch und Gott im Leid als Erweis einer impliziten Christologie zu verstehen gibt (2.2).

2.1 Exkurs zum Verständnis des Leids im christlichen Glauben — Einige Eckdaten

In der Theologie- und Philosophiegeschichte haben sich verschiedene Bedeutungen und Deutungen des Leides herausgebildet. Alle Versuche zielen darauf, das Paradoxe des Leids, das unausweichlich zum Leben des Menschen gehört, als Teil des menschlichen Geschicks verstehen bzw. bestehen zu helfen. Die Absurdität, die durch das Phänomen des Leids sowohl an die Sinnhaftigkeit der menschlichen Existenz als auch der Existenz Gottes formuliert wird, wird dadurch nicht aufgelöst, sondern in ihrer Schärfe deutlich. Dennoch bleibt der christliche Glaube, will er nicht von vornherein als widervernünftig klassifiziert werden, vor das Tribunal der Leiderfahrungen gestellt und muss nach Denkwegen suchen, um die Sinnhaftigkeit der menschlichen Existenz und der Existenz Gottes davor zu verteidigen. Gottfried W. Leibniz prägte dafür den Begriff der Theodizee.

Im Folgenden sollen verschiedene Deutungen des Leids, wie sie aus der Tradition bekannt sind, skizziert werden, um den Hintergrund zu entwerfen, auf dem die Frage zu stellen ist, wie Leiderfahrungen in Bezug auf die Gotteserfahrung gedacht, gelebt und erlitten werden können.

Die Unterscheidung in malum morale, physicum und metaphysicum

Gottfried W. Leibniz nahm eine Unterscheidung des Übels in das *malum morale* vor, mit dem er die Sünde bezeichnete, in das *malum physicum* und das *malum metaphysicum*. Während mit dem *malum physicum* ein Begriff für das Leiden schlechthin gefunden war, wollte Leibniz mit dem *malum metaphysicum* das Phänomen bezeichnen, dass es auch eine ontologische Unzulänglichkeit gibt, die allem Geschaffenen und Geschöpflichen aneignet.[189] Die Unterscheidung von *malum morale* und *malum physicum* beruht auf einer Wahrnehmung der Ursachen, die Leid hervorrufen. Sind beim *malum morale* verkehrte willentliche Entscheidungen die Auslöser für das Leid, so erkennt Leibniz in natürlich verursachten Prozessen die Wurzel für das *malum physicum*.

Auch wenn die Bestimmung des *malum morale* als Sünde in einem vieldeutigen Sinn verstehbar ist, also keine Eindeutigkeit besitzt,[190] kann man zusammenfassend festhalten, dass etwas deshalb ein Übel ist, "weil es entweder in sich leidvoll ist oder Leid verursacht."[191]

Diese Unterscheidungen können nach wie vor den Charakter des Übels nicht erklären. Sie sind aber dennoch ein Versuch zu zeigen, dass das Übel und das Böse deshalb als solche erlebt werden, weil sie als leidvoll erlitten werden. Das Leid bzw. genauer gesagt, das Vermögen, Leid zu empfinden, ist ausschlaggebend dafür, auch das Böse und das Übel als solches wahrzunehmen und schließlich zu demaskieren.

Das klingt zunächst lapidar, bedeutet aber Entscheidendes. Das Leid ist keine physikalische Messkategorie, die objektiv überprüft werden kann, sondern ist eindeutig als Erfahrungs- und Empfindungsqualität eines empfindungsfähigen Lebewesens charakterisiert.[192] Es ist abhängig von der Wahrnehmungsfähigkeit und der Erfahrungsfähigkeit eines Menschen bzw. eines Tieres und prägt in diesem Sinn das Welt- und Wirklichkeitserfahren des entsprechenden Lebewesens. Anthropologisch gewendet heißt das, dass die Realität des Leids immer auch auf die Subjektivität des Menschen verweist, wie diese umgekehrt durch die Realität des Leids geprägt und ausgeprägt wird. Leiderfahrungen sind dabei nicht nur als körperlicher Schmerz zu verstehen, sondern zeigen sich als Erleben von Angst, Panik, Bedrohtheit, Verzweiflung, Ausweglosigkeit, Todesenge u. a. Der Tod selbst kann zwar in dem vorgestellten Sinn für den, der tot ist, nicht mehr als Leid bezeichnet werden, wird aber im Erleben des Sterbens zum Leid schlechthin. Der Mensch wird in seiner ganzen Existenz in das Loslassen des Lebens verwiesen. Er wird gezwungen, die innerste Vitalität, selbst den Willen zum Leben loszulassen in ein Gegenüber, das sich als Nichts und Finsternis zeigt, solange es sich nicht als Du zu erkennen gibt. Diese Auflösung in das Du Gottes kann aber nur geschenkt und geglaubt, keineswegs aber erwirkt werden.

---

189   Vgl. Leibniz, G. W., Die Theodizee I, 21 (Philosophische Schriften 2, 241-243).

190   Widersprüchlich dazu ist z. B., dass man Gott gegenüber zwar sündigen kann, dass das aber sicher nicht in dem Verständnis Leid auslöst, wie eine Sünde das Leid von Mitgeschöpfen verursacht. Außerdem kann man auch Gedanken und Intentionen als sündig bezeichnen, auch wenn sie noch keine unmittelbare Verursachung von Leid sind. Vgl. dazu Kreiner, A., Gott im Leid, 29-31.

191   Vgl. Kreiner, A., Gott im Leid, 31.

192   Vgl. Kreiner, A., Gott im Leid, 29.

Das Leid als praktische Herausforderung

Artikuliert sich bei Leibniz die Frage nach der Bedeutung und Deutung des Leids als theoretisches Problem, das durch die Widersprüchlichkeit der konkreten Leiderfahrung einerseits und dem christlichen Postulat eines gütigen, allmächtigen und gerechten Gottes andererseits entsteht, so gibt es andere geistesgeschichtliche Ansätze, die das Leid als praktische Herausforderung zeichnen. Kenneth Surin ist einer der Hauptfiguren dieser Position, die sich breiter theologischer Zustimmung erfreut.[193] Kern dieser Argumentationsrichtung ist, dass das Leiden nicht durch einen theoretischen Diskurs verstanden werden kann, sondern höchstens im Leben und durch konkrete Hilfe zu bestehen ist.[194] J. Wetzel schälte dabei vier Spezifika heraus, die für diese Position charakteristisch sind. Man konzentriert sich auf besondere, historisch festzumachende Übel (1). Ferner wird der Gottesbegriff durch den Glauben an einen Gott ersetzt, der leidet bzw. mitleidet (2). Drittens steht der Gedanke im Vordergrund, dass es eher gilt, das Leid zu beseitigen denn zu erklären. Und viertens werden andere Versuche, mit dem Problem des Leids umzugehen, danach beurteilt, inwiefern sie politische und gesellschaftliche Konsequenzen haben.[195]

Theoretische Ansätze sowohl der Tradition als auch der Gegenwart werden insofern abgewertet, als sie von Vertretern der praxisorientierten Kritik als Versuche gewertet werden, dem Leid nicht gerecht zu werden, es auf einer distanzierten, intellektuellen Ebene zu verhandeln und damit in seiner Schärfe für das menschliche Leben nicht genügend wahrgenommen zu haben.[196] Auch wenn an dieser Position richtig ist, dass das Leid als Realität zu akzeptieren ist, die Leben bedroht und vernichtet, so dass alle Versuche, das Leid zu verharmlosen, dem Menschen und auch dem Glauben an Gott nicht gerecht werden, so steht diese Position dennoch in der Gefahr, dem theistischen Bekenntnis die Vernünftigkeit abzusprechen bzw. das Bemühen für absurd zu erklären, das theistische Bekenntnis auch intellektuell zu verstehen.[197]

Obwohl diese Position also viel Plausibilität für sich beanspruchen kann, weil sie auf eine praktische Bewältigung des Leids zielt und damit das Lebensbehindernde und Lebensvernichtende versucht klein zu halten, so muss sie sich dennoch den Vorwurf gefallen lassen, ob das Leid hier wirklich als anthropologisches Datum ernst genommen wird, das es gilt, in das menschliche Leben trotz seiner Absurdität zu integrieren. Es stellt sich die Frage, ob mittels dieses Argumentationstyps die Denkmöglichkeit nicht eher behindert denn gefördert wird, das Leid in einen, wenn auch nicht produzierbaren, sondern nur widerfahrenden Sinnhorizont zu integrieren, der es ermöglicht, das Leid als Teil des eigenen Lebens und des Daseins in dieser Welt zu verstehen und evtl. sogar anzunehmen.

Eine andere Weise, das Leid als Phänomen des Lebens wahrzunehmen, stellt der folgende Denkweg dar, der das Leid als letztlich nicht zu verstehendes Geheimnis charakterisiert.

---

[193]   Vgl. Surin, K., Theology and the Problem of Evil, 70-141.
[194]   Vgl. Kreiner, A., Gott im Leid, 36.
[195]   Vgl. Wetzel, J., Can Theodicy be Avoided?, 351-354.
[196]   Vgl. dazu z. B. Ammicht-Quinn, R., Von Lissabon bis Auschwitz, 230.282; vgl. Berger, K., Wie kann Gott Leid und Katastrophen zulassen?, 168; vgl. Zenger, E., Die Botschaft des Buches Hiob, 14; vgl. Ricoeur, P., Evil, a Challenge to Philosophy an Theology, 345.
[197]   Vgl. zu einer detaillierten Argumentation Kreiner, A., Gott im Leid, 39-44.

Das Leid als Geheimnis

Eine Weise, dem Phänomen des Leids zu begegnen, ist, es als Geheimnis zu verstehen. Das Leid als unumstößliche Erfahrung des menschlichen Lebens ragt hinein in das Geheimnis des Menschen und das Geheimnis Gottes. Karl Rahner hat das in seiner Theologie verdeutlicht, indem er einerseits die theoretische Unlösbarkeit des Theodizeeproblems zugestand, andererseits aber den Glauben an einen gütigen und allmächtigen Gott dennoch nicht aufgab. Der Widerspruch, der sich auftut zwischen der Leiderfahrung und der Erfahrung eines guten Gottes, weist hinein in das Geheimnis, so dass die "Unbegreiflichkeit des Leids" auch zur Aussage der "Unbegreiflichkeit Gottes" wird.[198]

Das Leid wird also erfahren als Widerfahrnis, das das menschliche Leben und auch die Existenz Gottes in die Absurdität führt und damit den Gottesglauben in Frage stellt, das als Geschehen intellektuell in dieser Zeit nicht durchdrungen werden kann, das aber zugleich mit der Hoffnung einhergeht, in der letzten Tiefe nicht sinnlos zu sein und zumindest im Eschaton in seinem Grund und Sinn entfaltet zu werden. Die Theologie ist deshalb angesichts des Leids in das Schweigen verwiesen,[199] auch wenn dieses Schweigen kein Verstummen meint, sondern bedeutet, sich dem Geheimnis zu stellen.

Obwohl sich bei dieser Position die Frage stellt, was den Einzelnen überhaupt noch bewegt, angesichts dieser Gedankengänge am Bekenntnis eines gütigen Gottes festzuhalten und nicht vielmehr als Konsequenz die Position des Atheismus einzunehmen, eröffnet die Beschreibung des Leids als Geheimnis im Rahnerschen Sinn die Möglichkeit, einer Wirklichkeit zu begegnen, die mehr Dimensionen hat als das Vorfindliche, Denk- und Vorstellbare.

Die verschiedenen Varianten dieser Position, die auch als "reductio in mysterium" bezeichnet wird,[200] kommen in dem Gedanken überein, dass Gott als Geheimnis dem Verstehen des Menschen entzogen bleibt. Während bestimmte Vertreter dieses Denkens einen sich je vom Menschen distanzierenden Gott vermitteln, so dass jede gedankliche Durchdringung des Theodizeeproblems aufgrund theologischer Gründe von vornherein als widersinnig bzw. unangemessen erscheint,[201] versuchen andere — wie

---

[198] Vgl. Rahner, K., Warum läßt uns Gott leiden?, 463.

[199] Vgl. Küng, H., Credo, 123; vgl. Brantschen, J. B., Leiden, 47, der diesen Gedanken noch um den Akzent erweitert, dass sich Gott selbst am Ende der Zeit rechtfertigen wird. Vgl. ähnlich Groß, W./Kuschel, K. J., "Ich schaffe Finsternis und Unheil!", 211. Bei manchen Vertretern dieser Position gewinnt die Argumentation sogar einen moralistischen Akzent, insofern die intellektuelle Bemühung um eine "Lösung" des Theodizeeproblems als Angriff auf die Souveränität und Unfassbarkeit Gottes gewertet wird. Vgl. dazu z. B. Brunner, E., Dogmatik, Bd. 2, 201-221; vgl. Weiland, J. S., La théodicée, 37-50. Vgl. zu dieser Frage Kreiner, A., Gott im Leid, 53-55.

[200] Vgl. Kreiner, A., Gott im Leid, 49-78.

[201] Vgl. dazu beispielsweise den Beitrag von Hans Zahrnt, Luther deutet Geschichte, 199, oder John Hicks, An Interpretation of Religion, 359f, die die Unzulänglichkeit von Begriffen wie "gut" oder "gerecht" in Bezug auf Gott als Grund verstehen, das Theodizeeproblem letztlich auf die Geheimnishaftigkeit Gottes zurückzuführen. Andere wie z. B. Knauer, P., Der Glaube kommt vom Hören, 69, begreifen Gott selbst als Ursache von allem und damit auch des Leids. Alle theologischen Probleme im Zusammenhang mit dem Leid gehen hier sozusagen im Geheimnis Gottes auf. Wieder eine andere Variante findet sich z. B. bei Fitzpatrick, F. J., The Onus of Proof in Arguments about the Problem of Evil, 27, der davon ausgeht, dass der Sinn des Leids in dieser Zeit nicht eruiert werden kann. Gott hüllt sich in Bezug auf die Bedeutung des Leids in Schweigen, so dass

beispielsweise Karl Rahner — in der Rede vom Geheimnis Gottes aufzuzeigen, dass Gottes Unbegreiflichkeit die Weise ist, in der Gott dem Menschen nahe ist. Gottes Unbegreiflichkeit ist nicht ein Zustand, der sich irgendwann einmal auflöst, wenn der Mensch genug Geisteskraft hat, um diese Unfassbarkeit zu durchdringen. Sie charakterisiert Gott vielmehr in seiner Eigentlichkeit, der als solcher vom Menschen erfahren wird. Die Unfassbarkeit und Unbegreiflichkeit Gottes wird bei Rahner gleichsam zur Chiffre für die Nähe Gottes.[202]

Anders als in den Varianten, die in ihrer Position immer auch einen dem Menschen fernen und letztlich willkürlichen Gott vermitteln, zielt das Rahnersche Denken darauf, die theoretischen Versuche, sich dem Theodizeeproblem zu stellen, keineswegs zu diskreditieren. Der Mensch ist mit all seinen Dimensionen — und die Rationalität ist eine der hervorstechendsten — geworfen auf die Herausforderung des Leids und muss sich deshalb auch in all seinen Dimensionen dem Leid stellen. Dennoch bleibt das Leid theoretisch nicht auflösbar, weil es dem Menschen zu groß und zu mächtig entgegenkommt und sowohl sein Geheimnis als auch das Geheimnis Gottes in sich trägt und zueinander vermittelt. Die Rede vom Leid als Geheimnis bei Rahner will das verdeutlichen. Rahners Position achtet also sowohl die rationalen Versuche, mit dem Theodizeeproblem umzugehen, als sie auch die Wucht und Unauflösbarkeit der Leidfrage und ihre Antinomie zur Gottesfrage ernst nimmt.[203]

Dualistische Konzepte

Vorstellungen, die das Böse als Gott gleichursprünglich und gleichmächtig verstanden, wurden im Christentum seit jeher als häretisch verurteilt.[204] Es wurde abgelehnt, das Leid und das Übel als durch ein böses Prinzip verursacht zu denken, während das Gute und Schöne als von Gott geschaffen geglaubt wurde. Positionen, die so argumentieren, verabschieden letztlich den Glauben an einen allmächtigen Gott, wenn sie auch die Rede von der Güte Gottes wahren. Das christliche Gottesbekenntnis wird damit aufgegeben. Die wohl bekanntesten dualistischen Ansätze sind die Lehren Marcions und Manis aus der Antike oder in der gegenwärtigen Zeit die New-Age-Bewegung bzw. auf intellektuell hohem Niveau die sogenannte Prozesstheologie.[205]

---

weder eindeutig klar ist, ob das Leid in allen Facetten ein Übel ist, noch ob es nicht auch eine Funktion im Heilsplan Gottes hat. Deshalb kann auch nicht mit letzter Sicherheit gesagt werden, ob es gilt, das Leid auf jeden Fall zu vermeiden oder ob es sogar in Gottes Willen liegt, das Leid zu suchen. Anders gesagt folgt aus der theoretischen Unsicherheit in Bezug auf die Einschätzung des Leids eine praktische Orientierungslosigkeit, wie man mit dem Leid umgehen kann. Vgl. zu dieser Auseinandersetzung Kreiner, A., Gott im Leid, 60.

[202] Vgl. Rahner, K., Grundkurs des Glaubens, 63.69-75; vgl. Dirscherl, E., Die Bedeutung der Nähe Gottes, 177-181.

[203] In dieser Hinsicht meine ich, greift die Kritik Armin Kreiners, Gott im Leid, 62f, in Bezug auf die Rede vom Leid als Geheimnis zu kurz, auch wenn er an späterer Stelle, 68, diese modifiziert und davon ausgeht, dass die Rede vom Geheimnis des Leids den Gedanken garantiert, dass die theoretischen Antworten, die gefunden werden, nicht endgültig und erschöpfend sind. Meine Position dagegen zielt in dieselbe Richtung, die auch L. Stafford Betty, Aurobindo's Concept of Lila and the Problem of Evil, 322, thematisiert.

[204] Vgl. DH 199.325.1336.3624.

[205] Vgl. Kreiner, A., Gott im Leid, 79-124.

336

Auch wenn in der Religionsgeschichte verschiedene mythologische Varianten dualistischer Konzepte ausgemacht werden können,[206] soll im Folgenden der Fokus auf der prozesstheologischen Position liegen. Diese ist wohl die zur Zeit provozierendste und spannendste Anfrage an das christliche Gottesbekenntnis in Bezug auf das Theodizeeproblem. Obwohl sie nicht im strengen Sinn als dualistisches Konzept verstanden werden kann, weil ihr Ausgangspunkt nicht der Antagonismus zwischen einem guten und bösen Prinzip ist, sondern zwischen Gott und Welt, transportiert sie dennoch einen dualistischen Grundzug.[207]

Grundlegende Gedanken der Prozesstheologie zum Theodizeeproblem
Auslösend für die prozesstheologische Position war die Kritik, die Alfred North Whitehead an die Lehre von der "creatio ex nihilo" richtete.[208] Whitehead greift die platonische Idee eines göttlichen Demiurgen auf, der zwar als Weltgestalter, nicht aber als alleiniger Weltschöpfer zu verstehen ist.[209] Neben Gott gibt es nach Auffassung der Prozesstheologen[210] die Materie als ebenso ewig existierende Macht.[211] Diese wurde weder von Gott erschaffen, noch kann er, der reiner Geist ist, zwingend in sie eingreifen.[212] Gott vermag lediglich die Materie zu inspirieren bzw. zu überreden, Strukturen und damit Ordnung anzunehmen und so das ihr eigene Chaos zu überwinden.[213]
Schwingt die Materie in diesen Prozess ein, vermag sie zu immer komplexeren und damit höheren Existenzformen zu gelangen, die ihr wiederum einen größeren Erlebnisspielraum und Machtradius eröffnen.[214] Implizit wird vorausgesetzt, dass Ordnung identisch ist mit der Möglichkeit, Gutes hervorzubringen und Gutes zu verwirklichen. Die Prozesstheologie vermochte damit den Gedanken der naturgeschichtlichen und biologischen Evolution, der für die traditionelle Theologie eine unüberwindliche Herausforderung darstellte,[215] in ihr Denken produktiv zu integrieren: Gott bringt in der Welt Gutes hervor, indem er die Materie anregt, Ordnungen aufzubauen und dadurch das Chaos zu verringern.

---

[206] Vgl. z. B. den Zoroastrismus, die valentinianische Gnosis, die Lehre der Katharer u. a. Vgl. dazu z. B. Jonas, H., Gnosis und spätantiker Geist, Bd. 1, 267-283; Rottenwöhrer, G., Unde malum?, 362-428; Borst, A., Die Katharer, 74-88.110-132.

[207] Vgl. z. B. die Bezeichnung, die David R. Griffin, Evil Revisited, 24, seiner prozesstheologischen Theodizee verleiht, indem er sie als kosmologischen Semi-Dualismus bezeichnet.

[208] Vgl. Whitehead, A. N., Prozeß und Realität, 611-627; vgl. Hartshorne, C., Das metaphysische System Whiteheads, 39-42.

[209] Vgl. Whitehead, A. N., Prozeß und Realität, 182-189.

[210] Wenn im Folgenden von "Prozesstheologie" gesprochen wird, wird damit ein Überbegriff für eine bestimmte Denkrichtung verwendet, die sich je nach Denker in unterschiedliche Varianten unterteilt. Weil es aber hier nicht um eine detaillierte Darstellung prozesstheologischer Positionen gehen kann, sondern das Augenmerk darauf liegt, das Anliegen prozesstheologischen Denkens als eine Möglichkeit vorzustellen, mit dem Theodizeeproblem umzugehen, wird diese Vereinfachung in Kauf genommen. Vgl. ausführlicher dazu Kreiner, A., Gott im Leid, 101-124; vgl. Cobb, J. C./Griffin, D. R., Prozess-Theologie.

[211] Vgl. dazu Pailin, D. A., God and the Processes of Reality, 118-132.

[212] Vgl. Whitehead, A. N., Prozeß und Realität, 611.

[213] Vgl. Whitehead, A. N., Wissenschaft und moderne Welt, 223; vgl. dazu Hartshorne, C., Das metaphysische System Whiteheads, 44.

[214] Vgl. Griffin, D. R., Evil Revisited, 23; vgl. Schmidt-Leukel, P., Grundkurs Fundamentaltheologie, 115; vgl. Kreiner, A., Gott im Leid, 104.

[215] Vgl. zu dieser Kritik Griffin, D. R., Creation out of Chaos and the Problem of Evil, 208.

Auch wenn das Anliegen der Prozesstheologie hier nur stark vereinfacht dargestellt werden kann, wird an diesen wenigen Gedankenzügen schon deutlich, welche Schwierigkeiten dieser Ansatz mit sich bringt. Weil die Materie grundsätzlich als eigenständige Macht neben Gott zu verstehen ist, bleibt offen, ob sie sich auf Gottes persuasive Kraft einlässt und Gutes hervorbringt, oder ob sie sich dieser versagt, im Chaos bleibt, es dadurch vergrößert und so die Möglichkeiten vervielfacht, Leid hervorzurufen.

Damit läge es nahe, was das Theodizeeproblem und die Frage nach der Ursache des Übels anbelangt, allein die Materie dafür verantwortlich zu machen. Dieser Zusammenhang wird in der Prozesstheologie aber komplexer gedacht. Gott ist nicht als ein Prinzip zu verstehen, das nur für sich neben der Materie existiert und sich damit in keiner Relation zu ihr befindet. Obwohl die Prozesstheologie die Erstursächlichkeit Gottes für die Schöpfung aufgibt, geht sie dennoch davon aus, dass Gott als inspirierende Kraft hinter der Entwicklung der Schöpfung steht. Daraus folgt, dass Gott zumindest theoretisch die Entwicklung der Welt hätte verhindern und damit die Entstehung von Übel und Leid hätte ausschließen können. Kehrseite dieses Gedankens ist, dass auch niemals Gutes hätte verwirklicht werden können, weil es keine Welt gegeben hätte, in der dies möglich gewesen wäre.

Zusammenfassend kann man festhalten, dass in der Prozesstheologie die Überzeugung vorherrscht, dass Gott zwar an der Entwicklung der Schöpfung beteiligt ist, es aber nicht in seiner Macht steht, eine Welt zu erschaffen, in der nur Gutes verwirklicht wird. Gott ist so jedoch nur indirekt verantwortlich für die Entwicklung der Welt auch zum Bösen hin. Nach Auffassung der Prozesstheologie kann er aber trotzdem als gut bezeichnet werden, weil die Ermöglichung des Guten, die er initiiert hat, sowie seine Intention, Gutes zu bewirken, höher zu werten sind als die zwangsläufige, indirekte Verkettung mit der Ursächlichkeit des Bösen.[216] Außerdem ist Gott als der zu verstehen, der mit jedem Menschen, der Schmerz und Leid empfindet, mitleidet und die Menschen bewegt, Leid zu lindern und das Übel in der Welt zu verringern.[217]

Versucht man, die Konsequenzen der Prozesstheologie für das Problem der Theodizee zu bedenken, ergeben sich folgende Überlegungen. Zum einen wird deutlich, dass Gott im System der Prozesstheologie weiterhin als gütiger, aber nicht mehr als allmächtiger Gott gedacht werden kann. Gott leidet zwar daran, dass in der Welt Böses geschieht, dass Menschen leiden und Schmerz empfinden. Er selbst kann aber nichts dagegen tun, so dass jede Bitte an ihn, Leid zu verhindern bzw. jede Anfrage an ihn, warum er Leid nicht verhindert hat, von vornherein widersinnig ist. Weil Gottes Macht in Bezug auf die Materie nur eine persuasive ist, wird sich daran nach prozesstheologischer Vorstellung auch im Eschaton nichts ändern. Auch in Zukunft und selbst für die Ewigkeit ist nicht zu erwarten, dass Gott eine endgültige Überwindung des Leids bewirken wird.[218] Der Gedanke eines letztlich ohnmächtigen Gottes wird dadurch noch verschärft.

---

[216]   Vgl. Griffin, D. R., God, Power, and Evil, 286; vgl. ders., Creation out of Chaos and the Problem of Evil, 110; vgl. Hartshorne, C., A New Look at the Problem of Evil, 208; vgl. dazu Kreiner, A., Gott im Leid, 111f.114.

[217]   Vgl. Schmidt-Leukel, P., Grundkurs Fundamentaltheologie, 115.

[218]   Vgl. z. B. Ely, S., The Religious Availability of Whitehead's God; vgl. Griffin, D. R., God, Power, and Evil, 312. Zur Kritik dieser prozesstheologischen Gottesvorstellung: Vgl. Barbour, I., Religion in an Age of Science, 264; vgl. Basinger, D., Divine Power in Process Theism, 69-84. Zur kritischen Darstellung dieser Frage: Vgl Kreiner, A., Gott im Leid, 116-121.

Versteht die Prozesstheologie mit ihren Überlegungen zwar zu einer rational saubereren Lösung des Theodizeeproblems beizutragen, indem sie Gott weiterhin als sympathischen und gütigen Gott zu denken vermag und ihn nur indirekt für die Entstehung von Übel und Leid verantwortlich macht, so kann sie dennoch die Frage nach Gott angesichts des Leids nur unzureichend befriedigen.[219] Im Denken der Prozesstheologie wird letztlich im selben Maß, wie das Phänomen des Leids in die Existenz des Menschen hineinschlägt, auch das Verständnis eines allmächtigen Gottes zerschlagen und damit ein wichtiges Gottesprädikat des christlichen Bekenntnisses aufgegeben.[220]

Insgesamt kann man festhalten, dass die Prozesstheodizee genau dort denkerische "Lösungen" anbietet, wo der traditionelle Theismus versagt, nämlich in der Integration eines evolutionistischen Weltbildes und bei der Frage, wie ein allmächtiger Gott dennoch Übel und Leid zulassen kann. Sie fordert die Menschen auf, alles in ihrer Macht Stehende zu tun, um Übel zu vermeiden, und lädt sie ein, dort, wo das Übel nicht vermieden werden kann, wenigstens das Leid miteinander zu teilen.[221] Die logisch einsehbaren Vorschläge der Prozesstheologie eindeutig zurückweisen zu können, bedarf einer Alternative, die es vermag, die metaphysichen Notwendigkeiten der Prozesstheologie, also das Verständnis von Materie und Gott und deren Beziehung zueinander, in logische Notwendigkeiten der klassischen Gotteslehre zu übersetzen.[222]

Arnim Kreiner hält diesen Versuch nicht für aussichtslos, weil diese "Übersetzung" dann gelingen kann, wenn die metaphysischen Notwendigkeiten der Prozesstheologie als "freiwillige Setzungen Gottes" anerkannt und verstehbar werden. Wenn eben in einer Welt Kreativität, Spontaneität und freier Wille existent sein sollen, dann kann das nur sein, wenn diese Welt nicht bis ins Letzte kontrolliert und determiniert ist. Dieses Weltverständnis kann in der Lehre von der "creatio ex nihilo" gedacht werden und scheint dann als Freiheitstat Gottes auf.[223] Die Freiheit der Schöpfung wird denkbar als Selbstbeschränkung Gottes, der seine Macht zurückzieht und das Geschaffene einlädt, sich aus Liebe für das Gute zu entscheiden.

Die Impulse der Prozesstheologie können also von einem christlichen Gottesbekenntnis übersetzt werden, und zwar mit dem Vorteil, dass durch die Integration prozesstheologischer Denkanstöße bisherigen Denkschwierigkeiten, wie z. B. der Bedeutung des evolutiven Schöpfungsverständnisses für die Theodizeefrage, besser begegnet werden kann. Zugleich stellt sich aber auch die Frage, ob das Paradox, das sich in den Leiderfahrungen in dramatischer Schärfe für die Schöpfung formuliert, nicht letztendlich wieder auf das Geheimnis der Schöpfung, des Menschen und Gottes verweist, wie es Karl Rahner vorgedacht hat. Leiderfahrungen würden damit wiederum als "Orte" verstehbar, die das Geheimnis aufscheinen lassen, das Ausdruck der Wesenhaftigkeit der geschaffenen Existenz und derjenigen Gottes ist.

---

[219] Vgl. Schmidt-Leukel, P., Grundkurs Fundamentaltheologie, 116.
[220] Es ist ein Kennzeichen prozesstheologischer Positionen, die traditionellen Gottesaussagen über die Allmacht, Einfachheit, Veränderlichkeit und Ewigkeit Gottes zu kritisieren. Vgl. dazu Pailin, D. A., God and the Processes of Reality, 57-75; vgl. Kreiner, A., Gott im Leid, 103.
[221] Vgl. Mesle, C. R., John Hick's Theodicy, 104.
[222] Vgl. Kreiner, A., Gott im Leid, 123.
[223] Vgl. Kreiner, A., Gott im Leid, 123.

Das Übel als "privatio boni"

Einer der in der Theologiegeschichte bedeutendsten Versuche, das Phänomen des Übels zu bedenken, ist das Verständnis des Übels als "privatio boni", das die Grundlage schafft für eine eigene Variante der Theodizee.[224]

Diese Argumentation setzt bei den Überlegungen zum ontologischen Status des Übels an. Bedeutende christliche Denker wie Augustinus,[225] Pseudo-Dionysius-Areopagita,[226] Thomas von Aquin,[227] Leibniz[228] und auch der "moderne" Thomismus[229] machten sich diese These zu Eigen, die auch als Erbe antiker Philosophie bezeichnet werden kann.[230]

Ausgangspunkt für diese These ist die Annahme, dass ein guter Gott nur wiederum eine gute Welt erschaffen kann. "... sowohl der Schöpfer als auch das Geschaffene, alles ist gut;"[231] oder anders formuliert ist alles Seiende qua Seiendes gut. Das wiederum veranlasste zu denken, dass das erfahrene Übel bzw. das Leid keinen ontologischen Status beanspruchen kann, sondern anders erklärt werden muss. In der These von der "privatio boni" wurden dazu zwei Gedankengänge herangezogen.

Zum einen wurde das Gutsein des Geschaffenen als gestuftes Gutsein gedacht. Obwohl alles Geschaffene an sich gut ist, bedeutet das nicht, dass alles Geschaffene in gleichem Maß gut ist. Man ging vielmehr von einer "Hierarchie des Seins"[232] aus, die sich durch die unterschiedliche Teilhabe der verschiedenen Seinstufen an der Vollkommenheit und Güte des göttlichen Grundes ergibt. Wichtig ist, dass diese Verschiedenheit nicht als Defizienz oder gar als Übel ausgelegt wird. Sie ist vielmehr Zeichen und Ausdruck für die Vollkommenheit des Schöpfers, der alles so angeordnet hat, dass das Eine der Vervollkommnung des Anderen dient.[233]

Zum anderen, und hier artikuliert sich der zweite Gedankengang, der unmittelbar zur These der "privatio boni" führt, ist alles Geschaffene verderblich und wandelbar. Dass die Schöpfung vergänglich ist, ergibt sich aus der "creatio ex nihilo". Augustinus stellt dazu folgende Gedanken an:[234] Weil die Schöpfung aus dem Nichts hervorging, ist sie auch wandelbar. Weil sie selbst nicht das höchste Gut ist, ist ihr die Wandelbarkeit und Verderblichkeit eigen. Sie muss aber auch ein Gut sein, weil es sonst keinen Verlust darstellen würde, wenn sie verdirbt. Daraus ergibt sich für Augustinus, dass das Übel selbst keinen eigenen ontologischen Zustand beschreibt, sondern einen Mangel, ein

---

224   Arnim Kreiner, Gott im Leid, 126, qualifiziert deshalb die These von der "privatio boni" nicht schon als eigenständigen Ansatz einer Theodizee, sondern versteht sie als Grundlage, auf der sich eine Theodizeeargumentation entwickelte.

225   Vgl. Augustinus, Confessiones 7,7 (CChr.SL 27, 96); vgl. ders., Enchiridion 10 (CChr.SL 46, 53).

226   Vgl. Pseudo-Dionysius-Areopagita, De divinis nominibus IV (BGrL 26).

227   Vgl. Thomas von Aquin, De malo q. 1, a. 1 (Opera omnia 3, 269f); vgl. ders., Summa contra gentiles 3,4-15 (Opera omnia 2, 62-65).

228   Vgl. Leibniz, G. W., Die Theodizee I, 29-33 (Philosophische Schriften 2, 253-261).

229   Vgl. z. B. Maritain, J., Dieu et la permission du mal, 16-19; vgl. Sertillanges, A.-.D., Le problème du mal, Bd. 2, 6f.

230   Vgl. dazu Kreiner, A., Gott im Leid, 125, Anm. 6.

231   Vgl. Augustinus, Confessiones 7,7: ... et creans et creata bona sunt omnia. (CChr.SL 27, 96); vgl. die Weiterführung dieses Gedankens in: Enchiridion 10 (CChr.SL 46, 53).

232   Zu den platonischen und plotinischen Ursprüngen der Idee der Seinshierarchie: Vgl. Lovejoy, A. O., The Great Chain of Being, 24-66.

233   Vgl. Thomas von Aquin, Summa contra gentiles 2,45 (Opera omnia 2, 37).

234   Vgl. Augustinus, Confessiones 7,6 (CChr.SL 27, 95).

Fehlen von Gutem ausdrückt.[235] Verwirklicht ein Seiendes die Eigenschaften, die seiner Seinstufe zukommen, ist es nicht nur an sich, sondern auch aktuell gut. Kommt es dem nicht nach, sondern fällt es in der Verwirklichung auf eine tiefere Stufe zurück, so geschieht Übel.[236]

Insgesamt besagt die Privationsthese also nicht, dass das Übel nicht existent und nur eingebildet wäre. Sie versucht vielmehr zu zeigen, dass das Übel nicht substantiell, sondern nur akzidentiell, also Zustand an einem Seienden ist. Von daher kann auch kein "summum malum" gedacht werden; denn dort, wo die Natur immer mehr ins Böse hineingerät, verliert sie immer mehr an Sein, so dass einer ganz und gar bösen Natur gar kein Sein mehr zukommt. Sowohl die natürlichen als auch die moralischen Übel können von diesen Gedanken her erklärt werden.[237]

Auch wenn in diesem Denken Gott nicht direkt für die Existenz des Übels verantwortlich gemacht werden kann, so bleibt doch die Frage, wie es in einer von Gott gut geschaffenen Welt überhaupt dazu kommen kann, dass es zu einem Mangel an Gutem und damit an Sein kommt. Wie kann es geschehen und warum geschieht es, dass ein Seiendes nicht das ihm von der Norm zukommende Sein verwirklicht, sondern dahinter zurückbleibt? Damit ist die Grenze der Leistungskraft der Privationsthese markiert. Durch sie kann zwar ein neben Gott existierendes zweites ursprüngliches Prinzip, das böse ist, ausgeschlossen werden.[238] Die Theodizeefrage aber bleibt weiterhin als Anfrage an einen guten und allmächtigen Gott gestellt.

Leid als Folge der Sünde und als Strafe für sie

Eine der weit verbreitetsten und m. E. menschen- und gottunwürdigsten Verstehensweisen des Leids ist diejenige, die Leid als Sünde oder Strafe für die Sünde begreift.[239] Ausgangspunkt dieser Deutung ist der Versuch, das Leid als Vergeltung zu verstehen. In eine an sich gute und leidfreie Schöpfung kam das Übel erst nachträglich hinein. Der Mensch hatte gesündigt und damit Übel verursacht. Anstelle Gottes wird nun der Mensch für das Böse verantwortlich gemacht. Es wird ein Zusammenhang von Sünde, Schuld, Strafe, Sühne und Leid aufgerichtet, der den Gedanken an einen allmächtigen und auch gütigen, weil nicht für das Böse verantwortlichen Gott garantiert, der dennoch die Tatsache des Leids nicht zu leugnen braucht. Das Theodizeeproblem schien so auf Kosten des Menschen gelöst.[240]

Weil der Einzelne oder auch die Gemeinschaft fehlte, fällt die Vergeltung auf ihn selbst zurück. Auch wenn der Zusammenhang von Tun und Ergehen unterschiedlich eng

---

[235]   Vgl. Augustinus, Enchiridion 11 (CChr.SL 46, 53f).
[236]   Vgl. dazu Thomas von Aquin, De malo, q. 1, a. 1 (Opera omnia 3, 269f).
[237]   Vgl. Kreiner, A., Gott im Leid, 130f.
[238]   Zur weiteren kritischen Würdigung der Privationsthese: Vgl. Kreiner, A., Gott im Leid, 132-139.
[239]   Vgl. zu dieser Verstehensweise z. B. Augustinus, De libero arbitrio 1,1 (CChr.SL 29, 211).
[240]   Vgl. Kreiner, A., Gott im Leid, 141-143.

gefasst werden kann,[241] so gilt er in der Vorstellung vom Leiden als Sündenstrafe doch uneingeschränkt.[242]
Als eine Variante dieses Verständnisses gilt die Vergeltungslogik, die in traditionellen Vorstellungen von der Erbsünde zum Ausdruck kommt. Herman Schell sprach in diesem Zusammenhang beispielsweise von einer "Theodicee der Erbsünde".[243] Tod und Leid galten hier als Strafe für die Ursünde des Menschen. Vor allem die augustinische Interpretation der für die Erbsündenlehre klassischen neutestamentlichen Stelle Röm 5,12, trug dazu bei, Leid und Übel als moralisches Verschulden der Menschen zu deuten. Hier wurde "in quo" fälschlicherweise so ausgelegt, dass alle Menschen in Adam gesündigt hatten. Auch das Leid Unschuldiger fand so eine "Erklärung", indem es als Strafe für eine ererbte Schuld verstanden wurde.[244]
Insgesamt bleibt von dieser Deutung des Leids als Sündenstrafe, dass letztlich demjenigen, der leidet, auch noch das Gewicht der Schuld aufgelastet wird. In die Einsamkeit hinein, in die der Leidende durch das widerfahrene, lebennehmende Schicksal gestellt ist, wird er auch noch moralisch isoliert,[245] insofern er als einer verstanden wird, der gegen Gott und Mensch gesündigt hat und deshalb "gerechterweise" zu leiden hat. Die Ungeheuerlichkeit des Unrechts, das hier verübt wird, lässt von daher von dieser Deutung, auch wenn sie bedenkenswerte Elemente enthält, Abstand nehmen.

Gott als mitleidender Gott
Während der traditionelle Theismus die Vorstellung ablehnte, dass Gott leiden könne,[246] bewogen vor allem die Erfahrungen des maßlosen Leides, wie es im Namen von Auschwitz verdichtet wird,[247] Gott als mitleidenden Gott zu denken.[248] Wenn Gott ein Liebender ist, einer, den das Schicksal des Menschen nicht unberührt lässt, dann kann man nur schwerlich denken, dass Gott sich nicht auch vom Leiden des Menschen betreffen lässt und selbst zum Mitleidenden wird.[249]
Ein weiteres Argument, das die Rede von der Leidensfähigkeit Gottes rechtfertigt, findet sich in der Interpretation des Kreuzestodes Christi. Obwohl in der herkömmlichen

---

241   Vgl. dazu die unterschiedlichen alttestamentlichen Zeugnisse wie z. B. Ez 18,20 oder Jer 31,29, die den Gedanken einer kollektiven Bestrafung ablehnen. Zu den verschiedenen Strängen alttestamentlichen Denkens in Bezug auf die Frage von Tun und Ergehen: Vgl. Preuß, H. D., Theologie des Alten Testaments, Bd. 1, 209-220; vgl. ders., Theologie des Alten Testaments, Bd. 2, 149-155.

242   Auch in der Lehre von der Wiedergeburt, vor allem dort, wo sie von vergeltungslogischen Argumenten geprägt wird, ist ein Zusammenhang mit dem Denken des Tun-Ergehen-Zusammenhangs auszumachen. Vgl. dazu Kreiner, A., Gott im Leid, 148-151.

243   Vgl. Schell, H., Katholische Dogmatik, Bd. 2, 326f; vgl. dazu Kreiner, A., Gott im Leid, 151-155.

244   Augustinus entwickelte daraus die brutal anmutende Lehre, dass schon Kinder und auch Ungeborene schuldig sein müssen. Vgl. dazu Fürst, A., Zur Vielfalt altkirchlicher Soteriologie, 147-149.

245   Vgl. dazu auch die Reden der "Freunde" Ijobs und ihre Entkräftung durch Gott selbst im Buch Ijob 38,1-41,26.

246   Vgl. dazu Kreiner, A., Gott im Leid, 165-173. Kreiner behandelt hier vor allem das Theologumenon von der Ewigkeit und Unveränderlichkeit Gottes als Hintergrund für die Rede von der Leidensunfähigkeit Gottes.

247   Vgl. Jonas, H., Der Gottesbegriff nach Auschwitz, 46f.

248   Vgl. z. B. Moltmann, J., Der gekreuzigte Gott; vgl. Sölle, D., Leiden; vgl. den Überblick über die protestantische Theologie bei McWilliams, W., The Passion of God.

249   Vgl. dazu die Formulierung Alfred N. Whiteheads, Prozeß und Realität, 626, der Gott als "companion and fellow-sufferer" bezeichnet.

Theologie Versuche als häretisch abgelehnt wurden,[250] das Leiden Christi auch in Bezug auf die göttliche Natur Christi oder den Vater zu denken, so stellt sich diese Frage seit den modernen trinitätstheologischen Überlegungen in einem neuen Licht. Eberhard Jüngel z. B. geht davon aus, dass "das Wort vom Kreuz ... die in menschlicher Sprache ausgesagte Selbstdefinition Gottes [ist], die eine Definition des Menschen impliziert."[251] Das Kreuz Christi sagt also nicht nur etwas über den Weg aus, den Jesus gegangen ist, sondern über Gott selbst und damit auch über die Eigentlichkeit des Menschen. Das Leiden und die Leidensfähigkeit können nicht einfach aus Gott herausgenommen und nur auf die menschliche Natur reduziert werden. Zu leiden, sich vom Schicksal und der Schöpfung betreffen zu lassen, ist Ausdruck des freien Handelns Gottes selbst, der sich selbst in die Schöpfung hinein entäußert hat. Die Leidensfähigkeit Gottes ist also nicht Ausdruck für einen Mangel an Vollkommenheit oder Ewigkeit, sondern freie Setzung Gottes selbst.

Für das Theodizeeproblem bedeutet dieser Gottesgedanke, dass Gott sich nicht mehr in eine kühle Distanz zum Leid des Menschen begibt.[252] Das Mitleiden ist vielmehr Ausdruck seiner Güte. Seine Allmacht verdeutlicht sich letztlich darin, dass er selbst dort, wo er Übel und Leid verhindern kann, die Willensfreiheit des Menschen so sehr respektiert, dass er nicht ex se eingreift.[253] Weil der Kreuzestod in der Geschichte Jesu nicht die Besiegelung seines Schicksals war, ist seit seiner Auferstehung allen Leidenden die Verheißung gewiss, dass Tod und Schrecken zumindest in der Geschichte Gottes nicht das letzte Wort haben. Das lässt gegen das Leid ankämpfen und gegen die Übel protestieren.[254] Die Rede vom mitleidenden Gott zielt also auch darauf, alle Kräfte zu mobilisieren, Leid und Unheil zu überwinden, wie es das Ziel Gottes selbst war.[255]

Auch wenn gewichtige Argumente gegen die Vorstellung eines mitleidenden Gottes eingebracht werden können,[256] so überzeugt doch der Gedanke, dass Gott sich in Jesus Christus nicht gescheut hat, die tiefsten Dunkel der menschlichen Geschichte als seine eigenen anzunehmen. Damit braucht sich kein Leidender mehr als von Gott verlassen zu erfahren. Zudem trägt jedes Dunkel in Jesu Tod und Auferstehung die Verheißung, hinübergerettet zu werden ins Licht.[257]

---

[250] Vgl. die Auseinandersetzungen um den sogenannten Patripassianismus: DH 284.

[251] Jüngel, E., Gott als Geheimnis der Welt, 312.

[252] Vgl. z. B. Moltmann, J., Der gekreuzigte Gott, 213; vgl. Sölle, D., Gottes Schmerz und unsere Schmerzen, 276.

[253] Mit diesem Gedanken wird m. E. der Vorwurf ausgeräumt, dass die Vorstellung vom Mitleiden Gottes die Allmacht Gottes ausschalte. Dem Einwand, dass damit noch nicht erklärt würde, warum Gott nicht schon jetzt gegen das Leid angeht, ist zwar intellektuellerweise stattzugeben. Die Vielschichtigkeit des Leids wird damit aber m. E. zu wenig berücksichtigt und zu eindimensional angegangen, so dass hier also gegen Kreiner, A., Gott im Leid, 184f, m. E. festzuhalten ist.

[254] Vgl. Moltmann, J., Der gekreuzigte Gott, 157.

[255] Kenneth Surin, Theology and the Problem of Evil, 124, schlussfolgert aus dem Gedanken der Leidensfähigkeit Gottes, dass es bei der Theodizeefrage nicht darum geht, Gott zu verstehen, sondern sein Erlösungshandeln; und dieses besteht eben darin, das Unheil zu überwinden.

[256] Zur kritischen Diskussion: Vgl. Kreiner, A., Gott im Leid, 182-189.

[257] Damit widerlege ich den Vorwurf Kreiners, A. Gott im Leid, 182f, z. B. an Moltmann, was es denn überhaupt für einen Sinn habe, dass Gottes Mitleiden für die leidenden Menschen Heil bringt. Ich meine hier auch, dass die ungewöhnlich scharfe Kritik Rahners an der Vorstellung vom Mitleiden Gottes den existentiell bedeutsamen und Gesamtwirklich-

Den Exkurs zu den philosophie- und theologiegeschichtlichen Deutungen des Leids soll eine Reflexion auf die Willensfreiheit und ihre Implikationen für ein Verstehen des Übels abschließen.

Die These von der Willensfreiheit
Intuitiver und formaler Ausgangspunkt der These von der Willensfreiheit
Die These von der Willensfreiheit hat einen "intuitiven"[258] und einen formalen Ausgangspunkt. Den intuitiven Hintergrund bildet die Überzeugung, dass die Übel in irgendeiner Weise dazu dienen, etwas Gutes bzw. das Gute zu erreichen. Der formale Ausgangspunkt findet sich in der menschlichen Willensfreiheit. Bevor darauf näher eingegangen wird, soll zunächst kurz der intuitive Ausgangspunkt beleuchtet werden. Ein verdichteter Ausdruck für dieses Denken findet sich beispielsweise in der auf Augustinus zurückgehenden Rede von der "felix culpa". Die Schuld des Menschen zeitigte das Erlösungswerk Christi, das den Menschen noch viel reicher begnadet als das im Urzustand des Paradieses der Fall gewesen ist.[259]
Die Übel werden sozusagen zum Instrumentarium, den Menschen und die Welt besser zu machen und mehr auf Gott hin zu bewegen.[260] Damit ist nicht gemeint, dass jegliche Art von Übel in diesem Sinn verstanden werden kann. Diese Argumentation trifft nur diejenigen Übel, die notwendigerweise von Gott zugelassen werden müssen bzw. in Kauf zu nehmen sind, damit sich das Gute Bahn bricht.[261] Dennoch bleibt für den Menschen, der das Leid erfährt, der Schmerz und die Unverständlichkeit bestehen. Ebenso unfassbar ist die Gottesvorstellung, die letztlich hinter diesem Gedanken steht. Gott wird zu demjenigen, der das Übel in Kauf nimmt, auch das Leid Unschuldiger, um Erlösung und Glück zu schaffen.[262] Die Anfrage bleibt, ob dieser Preis nicht zu hoch ist bzw. ob es gerechtfertigt ist, das Leid Einzelner in Kauf zu nehmen, um sozusagen

---

keit verändernden Wert dieses Gedankens zu wenig sieht. Rahner formuliert hier in: Imhoff, P./Biallowons, H. (Hg.), Im Gespräch, Bd. 1, 245: "Um — einmal primitiv gesagt — aus meinem Dreck und Schlamassel und meiner Verzweiflung herauszukommen, nützt es mir doch nichts, wenn es Gott — um es einmal grob zu sagen — genauso dreckig geht." Karl Rahner hebt m. E. zu sehr darauf ab, dass das Mitleiden Gottes nur gefühlsmäßig etwas bewirken könne. M. E. ist damit aber eine die vieldimensionale Wirklichkeit betreffende Aussage gemacht. Gottes Mitleiden be-wirkt, dass sich das Leiden der Geschöpfe nicht in diesem verschließen muss, sondern durch die Auferstehung Christi hineingebrochen wird ins Leben.

[258] Kreiner, A., Gott im Leid, 207-212.
[259] Vgl. Augustinus, De Civitate Dei 14,27 (CChr.SL 48,450f).
[260] Vgl. dazu beispielsweise die Position des Lactantius, De ira Dei, 15.13: "Gott kann alles, was er will, und Schwäche oder Mißgunst ist nicht in ihm. Er kann also die Übel hinwegnehmen, aber er will nicht, und doch ist er darum nicht mißgünstig. Er nimmt sie aus dem Grunde nicht hinweg, weil er ... dem Menschen zugleich die Weisheit (Vernünftigkeit) verliehen hat, und weil mehr Gutes und Annehmliches in der Weisheit liegt, als Beschwerlichkeit in den Übeln. ... Aber das hat weder Epikur noch irgendein anderer sich klar gemacht, daß mit der Aufhebung der Übel zugleich die Weisheit hinweggenommen würde, und daß keine Spur von Tugend mehr im Menschen bliebe; denn das Wesen der Tugend liegt im Ertragen und Überwinden der Bitterkeit der Übel. So müßten wir also wegen des geringfügigen Vorteils der Aufhebung der Übel des größten und wahren und uns ausschließlich zukommenden Gutes entbehren."
[261] Vgl. dazu Thomas von Aquin, Compendium theologiae 1,142 (Opera omnia 3, 615); vgl. ähnlich in Summa Theologiae 1, q. 48, a. 2, ad 3 (Opera omnia 2, 257).
[262] Vgl. dazu Kreiner, A., Gott im Leid, 211f.

344

das Glücksquantum der Menschheit bzw. der Welt, das ein Abstraktum bleibt, zu vermehren.

Wird in diesen angedeuteten Splittern der atmosphärische Horizont beschrieben, in dem die These von der Willensfreiheit in Bezug auf die Frage nach dem Verständnis des Leids und der Übel verhandelt wird, so soll im Folgenden der Gedanke von der Willensfreiheit in seinen Konsequenzen zumindest angedeutet werden.

Ausgangspunkt des Gedankens von der Willensfreiheit ist die Behauptung, dass der Schöpfer Geschöpfe mit Willensfreiheit ausgestattet hat, selbst auf die Gefahr hin, dass diese nicht das Gute, sondern das Böse wählen und tun. Im angloamerikanischen Raum wird dieses Denken unter dem Namen "free will defense" diskutiert.[263]

Die Prämissen, die diesem Denken zugrunde liegen, hat Arnim Kreiner prägnant folgendermaßen zusammengefasst:

"Prämisse [1]: Es gibt Wesen bzw. Personen mit einem freien Willen (= Existenzurteil).

Prämisse [2]: Die Existenz von Personen, die in Freiheit das moralisch Richtige wählen können, ist besser im Sinne von wertvoller als die Existenz von Personen, deren Handeln durchgängig determiniert ist (= Werturteil).

Prämisse [3]: Die Freiheit, das moralisch Richtige wählen zu können, setzt die Fähigkeit voraus, auch das moralisch Falsche wählen zu können. Es ist daher logisch unmöglich, jemandem die Freiheit zu eröffnen, ohne ihm gleichzeitig die Möglichkeit zu geben, auch das moralisch Falsche wählen zu können.

Prämisse [4]: Die Möglichkeit, das moralisch Falsche wählen zu können, impliziert die Möglichkeit, daß das moralisch Falsche irgendwann auch faktisch getan wird, wobei die Realisierung dieser Möglichkeit ausschließlich von den Entscheidungen der freien Subjekte abhängt.

Prämisse [5]: Der positive Wert des freien Willens kann unter bestimmten Bedingungen das damit verbundene Risiko falscher bzw. leiderzeugender Entscheidungen aufwiegen."[264]

Insgesamt lässt sich festhalten, dass die These von der Willensfreiheit auf der Annahme beruht, dass es wertvoller ist, dass Wesen bzw. Menschen existieren, die frei entscheiden können und das heißt auch, dass sie sich für das Böse entscheiden können, als dass man die Menschen als in ihrem Denken und Handeln vorherbestimmt denken müsste. Die Frage bleibt freilich, ob die logische Konsequenz, die in der These von der Willensfreiheit aufgerichtet wird, nämlich, dass Willensfreiheit auch die Freiheit impliziert, das Böse zu wählen, von einem allmächtigen Gott zusammen mit der Möglichkeit der Willensfreiheit erschaffen werden musste. Anders gesagt bleibt die Frage, ob die Möglichkeit der Willensfreiheit die Inkaufnahme des Bösen rechtfertigt.[265]

Die These von der Willensfreiheit gesteht also zu, dass es "freie Subjekte" gibt, die ihre Entscheidungen und Handlungen zumindest zum Teil frei, das heißt als eigenständige Wahl zwischen möglichen Alternativen bestimmen. Folge dieses Denkens ist, dass das Handeln und auch Denken der Subjekte nicht völlig vorhersehbar ist. Auch wenn Ent-

---

[263] Der Ausdruck geht zurück auf Antony Flew, Divine Omnipotence and Human Freedom, 146. Vertreter der "free will defense" sind z. B. Alvin Plantinga, Richard Swinburne, Clement Dore und Stephen T. Davis.

[264] Kreiner, A., Gott im Leid, 213f.

[265] Vgl. dazu Kreiner, A., Gott im Leid, 214.255-258.

scheidungen und Handlungen nicht "grundlos" erfolgen, sondern durch den jeweiligen Charakter, das Umfeld, die eigene Lebensgeschichte etc. geprägt sind, so sind sie doch vom jeweiligen Subjekt so und nicht anders gewollt. John Locke hat diesen Aspekt präzise erfasst, indem er sagt, dass die richtige Frage eigentlich nicht lautet, ob der Wille frei ist, sondern ob die Person frei ist.[266] Harry G. Frankfurt hat deshalb vorgeschlagen, zwischen Intentionen (volitions) erster und zweiter Ordnung zu unterscheiden. Nicht nur zu tun, was man tun will und das entsprechend durchzusetzen (Intentionen erster Ordnung), sondern sich auch gegenüber den Intentionen erster Ordnung verhalten zu können, und zwar entweder zustimmend oder ablehnend, ergibt das Phänomen, das mit der Rede von der Willensfreiheit bezeichnet wird (Intentionen zweiter Ordnung).[267]

In Bezug auf die Frage nach der Bedeutung des Leids ist die Annahme der Willensfreiheit insofern relevant, als sie aussagt, dass das Subjekt bzw. hier der Mensch für das, was er tut, zumindest zum Teil verantwortlich ist, weil er sich dafür frei entschieden und es frei herbeigeführt hat. Die Willensfreiheit ist also von ethischer Signifikanz.[268] Der Mensch kann anderen aus freier Entscheidung heraus Leid zufügen bzw. er kann es aus freier Entscheidung heraus ablehnen, das zu tun.[269]

Varianten dieses Denkens: Erbsünde und Willensfreiheit — Soul-making-theodicy
Eine Variante dieses Denkens findet sich in der Frage, inwiefern die Erbsünde und die Willensfreiheit miteinander zu denken sind. Grundlegend sind dafür die Ausführungen bei Augustinus. War dieser in einer mittleren Phase, wie sie in *De libero arbitrio* festgehalten ist, noch von einem harmonischen Zueinander von Gnade und Freiheit überzeugt, auch wenn die Erbsünde selbst da als auslösender Faktor für die Schwächung und Verkehrung der Willensfreiheit des Menschen verstanden wurde,[270] so geht er vor allem seit 397 davon aus, dass Gnade und Erwählung so dominant sind, dass alles Gute allein durch Gott geschieht. Augustinus behält hier zwar die Rede von der Willensfreiheit bei, sie bleibt aber dennoch leer.

Auch wenn theologisches und kirchliches Denken von diesem radikalisierten Ansatz Abstand genommen haben,[271] so bleibt doch dem Faktum Rechnung zu tragen, dass sich die Willensentscheidungen des Menschen nicht im völlig freien Raum vollziehen. Sie sind z. B. bedingt von Neigungen, Charakterzügen, vom Milieu, in dem der Einzelne lebt, von Überzeugungen und schon geschehenen Handlungen. Das Schwierige dabei ist, dass sich diese Neigungen nicht nur auf das Gute, sondern auch das Böse beziehen und damit die Willensentscheidungen in einen Raum des Bösen und Negativen hineinstellen.[272]

Ein weiteres Denken, dem die These der "free will defense" zugrunde liegt, hat John Hick ausgearbeitet und mit dem Ausdruck des "soul-making"[273] bzw. "person-making"[274] bezeichnet.

---

[266] Vgl. Locke, J., An Essay Concerning Human Understanding, 2,21.71f (Yolton, J. W., 235-237); vgl. dazu Kreiner, A., Gott im Leid, 215-219.

[267] Vgl. Frankfurt, H. G., Freedom of Will, 81-90.

[268] Vgl. dazu Swinburne, R., The Problem of Evil, 85.

[269] Vgl. dazu Kreiner, A., Gott im Leid, 219-222.

[270] Vgl. Augustinus, De libero arbitrio, 3,56 (CChr.SL 29, 284).

[271] Zur Auseinandersetzung mit der Wirkungsgeschichte der Prädestinationslehre: Vgl. Kraus, G., Vorherbestimmung.

[272] Vgl. dazu Kreiner, A., Gott im Leid, 229-231.

[273] Vgl. Hick, J., Evil and the God of Love, 253-261.

Anders als das augustinische Denken knüpft Hick an das irenäische Denken an[275] und geht davon aus, dass die Schöpfung unterwegs ist, sich von einem leidvollen zu einem vollkommeneren Zustand hin zu bewegen. Hick greift die antike, bei den Kirchenvätern geläufige Unterscheidung von *imago* und *similitudo* in Gen 1,26 auf. Der Mensch ist laut dieser Vorstellung unterwegs, der zu werden, als den Gott ihn gedacht hat. Das geschieht in langwierigen Reifungsprozessen und zielt darauf, immer freier zu werden von einer Ichzentriertheit, die sich in sich selbst verschließt, auf ein Zusammenleben, das von freien, einander wertschätzenden Wesen geprägt ist und durch die Beziehung zu Gott getragen und gehalten wird.[276]

Grenzen der These von der Willensfreiheit
Ungeachtet der plausiblen Vorschläge, die die These von der Willensfreiheit für die Frage nach dem Verständnis des Leids macht, sind in diesen wenigen Ausführungen auch die Grenzen der These von der "free will defense" deutlich geworden. Dort, wo es um die Erklärung natürlicher Übel geht und nicht mehr nur der sittlichen Übel, kann auch die "free will defense" keine Antworten mehr geben. Warum hat jemand genau den Vater oder die Mutter? Warum befindet er sich gerade zu dem Zeitpunkt in der Nähe eines Vulkans, als dieser unerwartet Lava speit?
Ein anderer Vorwurf an die These der "free will defense" formuliert sich darin, ob durch sie nicht ein missverständliches Gottesverständnis transportiert wird. Gott wird nämlich als derjenige vorgestellt, der es um eines größeren Gutes willen, nämlich der Verwirklichung der Willensfreiheit, in Kauf nimmt, Leid geschehen zu lassen.[277] Dieser Einwurf ist aber so nicht gerechtfertigt. M. E. ist vielmehr die Gottesvorstellung die größere, die einen Gott denkt, der von seinen Geschöpfen selbst eine Entscheidung gegen ihn respektiert. Darin verwirklicht sich das wohl größtmögliche Maß an Respekt vor dem Anderen und letztlich an Liebe. Die Liebe, die sogar riskiert, dass sich der Andere gegen den Liebenden entscheidet und sich sogar von ihm abwendet, die sich, wie es die neutestamentlichen Schriften sagen (vgl. Röm 5,7f; Lk 23,34), als Liebe für die Feinde realisiert, deutet in ihrem innersten Geheimnis das an, was hier gemeint ist. Gott zwingt nicht zum Guten, sondern eröffnet den Menschen den Raum, sich für das Gute zu entscheiden. Er entlässt sie in die Freiheit und die Liebe und eröffnet ihnen das Höchstmaß an Freiheit, indem er auch die Möglichkeit zulässt, dass sich die Herzen der Menschen ihm gegenüber verhärten[278] und das Böse anstelle des Guten wählen.
Diesem Vorwurf gegen die "free will defense" kann auch noch von einer anderen Seite her begegnet werden, nämlich von moralphilosophischer. Eine an sich gute Handlung wird auch dann noch als sittlich gut bewertet, wenn sie negative Konsequenzen zeitigt, obwohl diese nicht intendiert waren. In der ethischen Diskussion gibt es außerdem die These, dass selbst dann, wenn zur Erreichung eines guten Zieles Negatives in Kauf

---

274   "Person-making" ist der inzwischen von Hick bevorzugte Begriff, weil der Terminus "Seele" s. E. zu vieldeutig und unbestimmt ist. Vgl. Hick, J., An Interpretation of Religion, 119. Seine Variante ist aber in die Literatur vor allem unter dem Ausdruck "soul-making" eingegangen.

275   Vgl. Hick, J., Response to Mesle, 118.

276   Vgl. Hick, J., Evil and the God of Love, 382f.

277   Vgl. dazu Schlesinger, G., The Problem of Evil, 244; vgl. Penelhum T., Divine Goodness and the Problem of Evil, 95-107; vgl. zur Diskussion Kreiner, A., Gott im Leid, 223-227.

278   Vgl. dazu die Erfahrung Jesu selbst Joh 1,9-11; vgl. die prophetische Warnung vor verhärteten Herzen beispielsweise in Ez 36,25-27; Ps 95,8.

genommen werden muss, die ursprüngliche Handlung noch gut ist.[279] Dieser Gedanke findet eine Variante in der eher abstrakten Ausführung, dass selbst dann, wenn die negativen Konsequenzen, die eine Handlung hervorruft, gegenüber dem Wert, den eine Handlung in sich hat, überwiegen, die Handlung dennoch sittlich gut ist.[280] Übertragen auf die "free will defense" ergibt sich also für die Gottesvorstellung und die Rechtfertigung der Rede von einem guten Gott Folgendes: Es kann als das Bessere verstanden werden, dass Gott einen Freiheitsraum eröffnet hat, der freilich auch die Möglichkeit birgt, missbraucht zu werden, als alles zu determinieren, um sicher gehen zu können, dass Übel und Leid nicht realisiert werden.

2.2 Leiderfahrungen und mystagogisches Lernen

Nachdem verschiedene Deutungen des Leids, wie sie im Raum der christlichen Tradition gegeben werden, skizziert wurden, gilt es im Folgenden, den Ertrag für das mystagogische Lernen zu bedenken. Welche Bedeutung haben Leiderfahrungen, die unausweichlich zu jedem menschlichen Leben gehören, für die Gotteserfahrung? Welche Möglichkeiten gibt es, sie gerade wegen ihrer unausweichlichen Verwobenheit mit der Gottesfrage als Ansatzpunkte verstehen zu lernen, die Gottesfrage zu stellen und sich ihr existentiell zu nähern?

2.2.1 Mit Leiderfahrungen umgehen als Weise erfahrungs- und subjektorientierten Lernens

Allen Ausführungen und Varianten, die sich denkerisch und praktisch um ein "Verständnis" des Leids bemühen, ist es zu Eigen, das Leid als eine Erfahrung des Menschen zu deuten. Es ist in diesem Sinn kein messbares und auch kein habhaftbares Phänomen, das objektiv überprüft werden kann, sondern widerfährt dem Menschen bzw. den Lebewesen. Leid zu erleben, vom Leid zu sprechen, Leid zu reflektieren, heißt also, eine Erfahrung zu machen, von einer Erfahrung zu sprechen und Erfahrung zu reflektieren. Mit anderen Worten wird überall dort, wo Leid thematisch wird, Erfahrung thematisiert. Schon von daher ergibt sich, dass Leiderfahrungen für das mystagogische Lernen als erfahrungsorientiertes Lernen von großer Bedeutung sind. Sich mit Leiderfahrungen auseinander zu setzen, kann ein "qualifizierter Ort" sein für mystagogisches Lernen als Erfahrungslernen.

Das gilt auch von einer zweiten Sichtweise her. Das Leid verweist in die Subjektivität des Menschen, insofern es von der Empfindungs- und Erfahrungsfähigkeit des Menschen abhängt, wie leidvolle Situationen wahrgenommen werden und wie damit umgegangen wird. Dass jemand leidet, kann zwar in einem gewissen Maß von außen gesehen werden; was die leidvolle Situation für

---

[279]   Siehe dazu z. B. die Überlegungen zum Tyrannenmord.
[280]   Vgl. Kreiner, A., Gott im Leid, 225.

den Einzelnen aber bedeutet, ist allein vom Einzelnen selbst zu ermessen und bleibt insofern unvergleichbar.

Dem Leid haftet also die Antinomie von Objektivität und Subjektivität, von Erfahrung und Inhalt an. Auch von daher haben Leiderfahrungen für das mystagogische Lernen Bedeutung, insofern sich mystagogisches Lernen als subjektorientiertes Lernen konturiert. An Leiderfahrungen wird der Prozess eingeholt, der sich beim subjektorientierten Lernen vollzieht. Es gilt, vom Subjekt auszugehen und ihm Hilfen in der jeweiligen Situation zuteil werden zu lassen, die ihm ermöglichen weiterzuwachsen auf den hin, als den — christlich gesprochen — Gott ihn gedacht hat. Übertragen auf Leiderfahrungen bedeutet das, von demjenigen auszugehen, der sich in einer leidvollen Situation befindet und ihm zu helfen. Das kann heißen, ihm reflektieren und deuten zu helfen genauso wie ihm aushalten zu helfen, indem man sich nicht entzieht, sondern ihm beisteht und da ist. An Leiderfahrungen selbst und am Umgang mit ihnen vollzieht sich in konziser Weise, was mystagogisches Lernen sein kann: Lernen, das vom Subjekt ausgeht, es in der Brüchigkeit seines Seins wahrnimmt und Hilfen gibt, diese Brüchigkeit nicht als zu eliminierendes Etwas zu verstehen, sondern als Beschreibung der eigenen Identität, die es zu entwickeln gilt.

2.2.2 Leiderfahrungen als Frage nach Gott und dem Menschen

Von daher deutet sich eine andere Perspektive für das mystagogische Lernen an, die sich aus dem Phänomen der Leiderfahrungen ergibt. Leiderfahrungen stellen sowohl die Frage nach der Bedeutung und Sinnhaftigkeit der menschlichen Existenz als sie auch die schärfste Anfrage an die Sinnhaftigkeit des Glaubens an einen guten und allmächtigen Gott sind. Die Frage nach dem Menschen und die Frage nach Gott treffen in Leiderfahrungen in einer ungeahnten Dichte aufeinander. Wer leidet, wem Leben eingeschränkt oder gar genommen wird, der wird sich selbst und auch allen anderen zum lebendigen Mahnmal, was menschliches Leben bedeutet und welches Recht es überhaupt gibt, vernünftigerweise an einen Gott zu glauben, wie ihn das christliche Bekenntnis vorstellt.

Sich Leiderfahrungen zu stellen, bedeutet also, sich der grundlegenden Frage nach der Sinnhaftigkeit menschlicher Existenz und der Frage nach der Existenz Gottes auszuliefern. Insgesamt heißt das, dass in Leiderfahrungen das Proprium des mystagogischen Lernens eine "Gestalt" findet, insofern hier die Gottesfrage als Frage nach dem Menschen und umgekehrt aufscheint. Auch von dieser Perspektive her zeigt sich, dass Leiderfahrungen zu "qualifizierten" Orten mystagogischen Lernens werden können.

2.2.3 Die Unbegreiflichkeit des Leids und die Unbegreiflichkeit Gottes

Eng mit dieser Perspektive, die an Leiderfahrungen angelegt wurde, ist eine weitere verbunden. Vor allem der Ansatz, der im Sinne der *"reductio in mysterium"* dem Phänomen des Leids auf die Spur kommen wollte, zeigte, dass die Unbegreiflichkeit des Leids zur Aussage für die Unbegreiflichkeit Gottes wird. Obwohl das Leid alle denkerischen, praktischen und affektiven Bemühungen auf den Plan ruft, bleibt das Paradoxe des Leids doch existent. Im Leid wird der Abgrund, der den Menschen ausmacht, ebenso explizit, wie der Abgrund Gottes laut wird. Beides bleibt unbegreiflich, nicht im Sinn einer nicht einzubrechenden Wand, sondern als das, was von den Vermögen des Menschen (Ratio, Affekt, Handeln usw.) zwar vorgefunden, entdeckt und in einem gewissen Sinn auch erkannt wird, aber dennoch unverfügbar bleibt. Dies zeigt nicht die Ohnmächtigkeit der menschlichen Existenz, sondern verweist sie in einen Horizont, der uneinholbar ist. Die Unbegreiflichkeit ist demnach nicht Ausdruck für die Defizienz des Menschen und seiner Vermögen, sondern Ausdruck für das Woraufhin des Menschen.

Wie oben schon bemerkt wurde, sieht Karl Rahner darin einen Ausdruck für die Unbegreiflichkeit Gottes. So wie das Leid im eben skizzierten Sinn uneinholbar ist, artikuliert sich die Uneinholbarkeit des Menschen und auch Gottes. Nun ist diese nicht so zu verstehen, als ob Gott sich darin und dadurch dem Menschen entzöge. Vielmehr zeigt sich gerade darin die Nähe Gottes zum Menschen. Gott, der unaussprechlich ist und für den alle Worte zu kurz greifen, gibt sich dem Menschen als Wort. Oder nochmals anders gesagt, erweist sich Gott als Grund des Menschen und als dessen Woraufhin, auf das hin der Mensch unterwegs ist, auch wenn er es nie einholen wird. Mitten in der menschlichen Geschichte aber hat das in Jesus von Nazaret Gestalt angenommen. Sein Schicksal wird zur gefüllten Aussage, was es heißen kann, dass der unbegreifliche Gott als solcher dem Menschen nahe ist.

2.2.4 Leiderfahrungen und Christuserfahrung

Damit tritt ein weiterer Aspekt zu Tage, der sich aus dem Phänomen der Leiderfahrungen für das mystagogische Lernen ergibt. Das Leid wird im Schicksal Jesu von Nazaret selbst zur Gottesaussage. Im Kreuz Jesu Christi bleibt das Leid nicht mehr nur Ereignis, das das Schicksal eines einzelnen Menschen bezeichnet. Gott selbst hat sich hineinbegeben in das Leid. Er hat das Leid und damit die ganze menschliche Geschichte und Existenz zu seiner Aussage werden lassen, indem er sich in freier Setzung entäußert und auf diesen Weg begeben hat.

Das bedeutet dreierlei. Zum einen muss überall dort, wo von Gott geredet wird, auch vom Menschen geredet werden, und zwar ebenso vom Leid des Menschen. Die Leiderfahrungen werden geradezu zur verdichteten Gottesrede und zur verdichteten Rede vom Menschen. Das wird deutlich in der Christologie als Rede über Jesus, den Christus, die immer auch Rede von seinem Kreuz sein muss.

Zum anderen verweisen Leiderfahrungen auf das Schicksal Jesu, das ebenso vom Leid bestimmt war, und werden vom Schicksal Jesu her deutbar.

Drittens schließlich hat gerade die matthäische Parusierede (Mt 25,31-46) das Schicksal des Gekreuzigt-Auferweckten noch in einer weiteren Weise charakterisiert, die seitdem zum Modell christlichen Handelns geworden ist. Dort wird in narrativer Weise ausgestaltet, dass die Begegnung mit dem Gekreuzigten hineinverweist in das Engagement für die Entrechteten und an den Rand Gedrängten. Menschen in Not zu helfen oder sich diesem Dienst zu verweigern, wird zum Kriterium, ob Christusbegegnung geschieht oder nicht. Was Deutungen des Leids als praktische Herausforderung deutlich machten oder Theologien proklamierten, die durch die Interpretation der Erfahrungen des Holocausts angestoßen wurden, wird christologisch eingeholt. Leid beheben zu helfen und für das Leben einzutreten, kann gelesen werden als Weise, Christus zu begegnen und seinen Weg nachzuvollziehen. Dafür zu sensibilisieren, kann eine Chance mystagogischen Lernens sein.

2.2.5 Fazit: Leiderfahrungen als implizite Christologie verstehen lernen

Insgesamt lässt sich festhalten, dass aufgrund des Schicksals Jesu Leiderfahrungen als "qualifizierte" Orte von Gotteserfahrung verstehbar werden. In ihnen ereignet sich Gotteserfahrung, weil sich Gott selbst in Jesus von Nazaret dem Leid gestellt hat. In der Passio des Menschen spiegelt sich seitdem die Passio Christi, so dass man sagen kann, dass die Leiderfahrungen zu Orten einer impliziten Christologie werden.

Für das mystagogische Lernen bedeutet das, dass immer dort, wo Leiderfahrungen thematisch werden, wo auf sie reflektiert wird, wo sie gedeutet werden, wo praktisch versucht wird, dem Leid zu begegnen und es zu beheben, dass immer dort Christuserfahrung geschehen kann und auch Christologie vollzogen wird, insofern Leiderfahrungen vom Schicksal Jesu her deutbar werden. Das Christusereignis wird damit geradezu zu *dem* Interpretationspotenzial für Leiderfahrungen.

Eine Weise und ein Ziel mystagogischen Lernens ist es also, Kenosiserfahrungen des Menschen als implizite Christologie wahrzunehmen und aufdecken zu lernen und durch die Kenosiserfahrung Jesu Christi deuten zu helfen.

Damit ist neben der Konturierung des mystagogischen Lernens als Aufmerksam machen für Gotteserfahrung der "Ort" ausgemacht, auf den sich mystagogisches Lernen konzentriert. Mystagogisches Lernen spezifiziert sich darin als erfahrungs- und subjektorientiertes Lernen, in dem es Leiderfahrungen als implizite Christologie wahrnehmen und deuten hilft und damit Gotteserfahrung an dem allgemein menschlichen Phänomen des Leids als Christuserfahrung zu verstehen versucht.

Im Folgenden kann deshalb der Blick geweitet werden, wie die christliche Tradition in mystagogischen Prozessen zum Tragen kommt (3) und welche Dimensionen und Prinzipien für das mystagogische Lernen ausgemacht werden können (4).

3 Zur Bedeutung der christlichen Tradition im mystagogischen Lernen

Spricht man vom mystagogischen Lernen als erfahrungsorientiertem Lernen, so gilt es, nachdem in einem breit angelegten ersten Teil das Verständnis von Erfahrung reflektiert wurde, zu fragen, welche Bedeutung der christlichen Tradition im mystagogischen Lernen zukommt. Das soll geschehen auf dem Hintergrund der Konturierung der christlichen Gotteserfahrung, die dieser Studie zugrunde liegt. Schon hier wurde eine Bestimmung von Glaubensbotschaft und Glaubenserfahrung vorgenommen, in der die Gotteserfahrung als Kern des christlichen Glaubens herausgearbeitet wurde, der von der Glaubensbotschaft ausgelegt wird.

Die Frage nach der Bedeutung der christlichen Tradition für den Kommunikationsprozess von Gotteserfahrung stellt sich ferner im Kontext der Enttraditionalisierung, verstanden als Fremdwerden der christlichen Semantik[281] einerseits und posttraditionaler Gesellschaften mit ihrem je eigenen Umgang mit Traditionen andererseits (3.1). Sucht man die christliche Tradition als Potenzial zu reflektieren, das für die Kommunikation von christlicher Gotteserfahrung unabdingbar ist, heißt das zu fragen, was mit christlicher Tradition gemeint ist (3.2 - 3.4), als auch aufzuzeigen, wie sie für die Lebensorientierung und Lebensgestaltung der Subjekte des Glaubens relevant werden kann (3.5).

3.1 Zur Bedeutung von Tradition in post-traditionalen Gesellschaften — Einige Anhaltspunkte

Die Frage nach der Bedeutung von Tradition bzw. näherhin der christlichen Tradition stellt sich im Zusammenhang mit der Theorie religiöser Lernprozesse

---

[281] Vgl. Porzelt, B., Neuerscheinungen und Entwicklungen in der deutschen Religionspädagogik, 61.

vor allem als Frage nach der Kommunikabilität religiöser Inhalte, religiöser Lebensdeutung, Lebensorientierung und Lebensvollzüge und deren Kraft, die sie für die alltägliche Orientierung und Lebensgestaltung einbringen.

Dabei ist zunächst zu beobachten, dass diese soeben formulierte Frage, was Traditionen überhaupt noch leisten können und sollen, erst im postmodernen und damit auch post-traditionalem Kontext virulent geworden ist. In sogenannten traditionalen Gesellschaften ist der Stellenwert von Traditionen unangefragt.[282] Dennoch geht beispielsweise Anthony Giddens davon aus, dass Traditionen auch im Zeitalter der Globalisierung eine wichtige Bedeutung haben. Diese können sie aber nur beanspruchen, wenn sie auf "nicht-traditionale" Weise bewahrt werden.[283] Das wiederum braucht eine kritische Auseinandersetzung mit Traditionen, ihre immer wieder neue Interpretation, kontroverses Gespräch und kreative Transformation.[284]

Der Unterschied zwischen traditionalen und post-traditionalen Gesellschaften kann also in einem ersten Punkt als Unterschied in Bezug auf den Umgang mit Traditionen ausgemacht werden. Während in traditionalen Gesellschaften Traditionen von vornherein und unangefragt exklusive Gültigkeit beanspruchen, allgemeine Zustimmung finden und umfassend relevant sind, müssen Traditionen — sofern man die These Giddens teilt, dass Traditionen auch in posttraditionalen Gesellschaften Bedeutung haben — ihre Bedeutung im kritischen Diskurs erweisen.[285]

Dazu ist ein zweiter Aspekt zu bedenken: Untersucht man die Bedeutung von Tradition im Kontext der Frage nach der Religiosität, zeigt sich, dass sich religiöse Orientierung heute nicht mehr als Orientierung an einem gemeinsamen Bekenntnis zu erkennen gibt, sondern als Ausrichtung an Bauplänen Einzelner.[286] Traditionen spielen im Alltag eine immer geringer werdende Rolle. Das gilt auch und gerade für die christliche Tradition. Ihre Symbole, Riten, Sprachformen und Praktiken sind kaum mehr kommunikabel, geschweige denn als alltags- und lebensgestaltende Impulse relevant. Mit anderen Worten kann man sagen, dass die christliche Semantik weitgehend aus dem allgemeinen Kommunikationszusammenhang verschwindet und bedeutungslos zu werden droht. Dieses Phänomen kann als Enttraditionalisierung bezeichnet werden, wobei

---

[282] Vgl. Giddens, A., Leben in einer posttraditionalen Gesellschaft, 123.
[283] Vgl. Giddens, A., Tradition, 61.
[284] Jürgen Habermas, Der philosophische Diskurs der Moderne, 10, zeigt, dass auch E. Durkheim und G. H. Mead die "rationalisierten Lebenswelten ... durch einen reflexiv gewordenen Umgang mit Traditionen, die ihre Naturwüchsigkeit eingebüßt haben" geprägt sahen.
[285] Vgl. Giddens, A., Leben in einer posttraditionalen Gesellschaft, 183.
[286] Vgl. Stolz, F. (Hg.), Religiöse Wahrnehmung der Welt, 10; vgl. Englert, R., Auf einmal gar nicht mehr von gestern, 70.

"Entkirchlichung" und "Entkonfessionalisierung" Teilaspekte dieser Wirklichkeit sind.[287]

Zugleich ist festzuhalten, dass die Beschäftigung mit Tradition im kulturwissenschaftlichen Diskurs an Bedeutung gewinnt. Jan Assmann beispielsweise spricht von der Wichtigkeit des "kulturellen Gedächtnisses" und meint damit die Prägekraft von Traditionen, die in post-traditionalen Gesellschaften als etwas Eigenes wahrgenommen und in ihrer kontextuellen und historischen Bedingtheit erkannt werden.[288] Auch die Ausführungen zur kommunikativen Theorie Jürgen Habermas' haben als ein Ergebnis gezeigt, dass die Lebenswelt und die gesellschaftlichen Strukturen Hintergrundüberzeugungen zur Verfügung stellen, die die subjektiven Interpretationsleistungen der am Kommunikationsprozess beteiligten Subjekte prägen bzw. vor-prägen.[289]

Für die christliche Offenbarung bedeutet das, dass auch sie in diesem Sinn als Tradition erkannt werden kann, so dass ein historisches Verhältnis zu ihr möglich ist. Im Unterschied zur modernen Gesellschaft, die sich vor der (Über-)macht der Traditionen schützen musste, weil eine kritisch-produktive Entflechtung und Distanzierung noch nicht in genügendem Maß stattgefunden hatte, kann es sich die Postmoderne leisten, die Funktion von Tradition für den kulturwissenschaftlichen Diskurs zu reflektieren und zu würdigen. In diesem Zusammenhang ist beispielsweise die Rede Jürgen Habermas' zur Verleihung des Friedenspreises des Deutschen Buchhandels anzuführen. Habermas weist darauf hin, dass sich auch eine säkulare Gesellschaft "einen Sinn für die Artikulationskraft religiöser Sprachen"[290] bewahren muss.

Insgesamt kann man festhalten, dass Traditionen sehr wohl von Bedeutung sind, und zwar auch in sogenannten post-traditionalen Gesellschaften, wie sie im postmodernen Kontext zu finden sind. Sie müssen aber ihre Relevanz erweisen, was zum einen die Distanz der kritischen Reflexion braucht und zum anderen sich an der Frage entscheidet, was eine Tradition für den jeweiligen Lebenskontext einbringt. Es geht also mit anderen Worten darum, dass eine Tradition ihre Lebensrelevanz erweisen muss, und zwar kraft des Interpretationspotenzials, das ihr in Bezug auf die Lebenswirklichkeit aneignet.

---

[287] Vgl. dazu Porzelt, B., Neuerscheinungen und Entwicklungen in der deutschen Religionspädagogik, 61; vgl. ders., Bibeldidaktik in posttraditionalen Zeiten, 33.36-38; vgl. Dressler, B., Darstellung und Mitteilung, 11-19; vgl. Giddens, A., Leben in einer posttraditionalen Gesellschaft, 113-194; vgl. Beck, U., Risikogesellschaft, 121-160.205-219.

[288] Vgl. Assmann, J., Religion und kulturelles Gedächtnis.

[289] Dritter Teil, 1.3.1, 296-304.

[290] Habermas, J., Glaube und Wissen, 22; in der SZ-Fassung, Glaube, Wissen — Öffnung, 17, wird Sinn mit "Gespür" widergegeben.

Damit rückt eine andere Frage in den Mittelpunkt. Es gilt zu überlegen, was das für das Phänomen von religiösen Traditionen heißt und wie christliche Offenbarung auf diesem Hintergrund zu verstehen ist.

Dazu soll zunächst eine Beobachtung vor Augen gestellt werden, die Yves Congar schon zu Beginn der 1960er Jahre vorgetragen hat, bevor dann der eben gestellten Frage in einem weiteren Horizont nachgegangen wird.

3.2 Tradition zwischen Inhalt und Bewegung

Yves Congar wies in der zweibändigen Schrift "La Tradition et les Traditions" darauf hin, dass es sich bei dem lateinischen Wort *traditio* um ein Compositum handelt, das zwei Phänomene umschließt. Er stellte heraus, dass in dieser Substantivbildung sowohl das Verb *tradere* als auch das Abstraktum *traditum* miteinander verschmolzen sind. Ist beim Verb *tradere* der Prozess des Weitergebens herauszuhören, so hebt das *traditum* auf den Inhalt des Weitergegebenen ab.[291] Congar analysiert die Theologiegeschichte unter diesem Fokus und kommt zu dem Ergebnis, dass es bis in das 20. Jahrhundert hinein zu einer Verschiebung gekommen ist, die dem *traditum,* also dem Inhalt des Weitergegebenen, immer mehr an Bedeutung beimaß und den Prozess des Weitergebens, also das *tradere,* immer weiter in den Hintergrund rücken ließ. Die Frage ist nun, ob bei einer Perspektive religiöser Bildung, für die der Bezug auf Tradition wie beim mystagogischen Lernen eine Rolle spielt, der Akzent auf dem Inhalt oder dem Vorgang des Weitergebens liegt.

Auch wenn klar ist, dass das *tradere* nicht gegen das *traditum* ausgespielt werden darf und umgekehrt, machen diese Überlegungen Congars doch dafür aufmerksam, dass das *traditum* keineswegs als feststehende, statische Größe zu verstehen ist, sondern durch den Prozess des Weitergebens mit konstituiert wird und dadurch als dynamische Größe in Erscheinung tritt.

Traditum ohne den Prozess des *tradere* ist undenkbar, wie auch das Weitergeben bedingt wird durch das *traditum.* Das gilt es zu bedenken, wenn vom Bezug auf Tradition beim mystagogischen Lernen gesprochen wird. Noch gilt es aber der eingangs gestellten Frage nachzugehen, welche Bedeutung nämlich in einer post-traditionalen Gesellschaft wie der unseren überhaupt noch religiösen Traditionen und speziell der christlichen Tradition zukommt und wie die christliche Tradition auf diesem Hintergrund zu verstehen ist.

---

[291] Vgl. Congar, Y., La tradition et les traditions, 2 Bde. Zur terminologischen Unterscheidung: Vgl. Bd. 2, 15-74, vor allem 56-58.74.

3.3 Tradition zwischen "Lesarten-Konzept" und "Struktur-Konzept"

Rudolf Englert hat in diesem Zusammenhang den Blick dafür geschärft, dass für die Einschätzung religiöser Traditionen bzw. der christlichen Offenbarung im Kontext post-traditionaler Gesellschaften zwei Konzepte in Frage kommen. Er nennt das eine das "Lesarten-Konzept" und das andere das "Struktur-Konzept".[292]

Einige Charakteristika des Lesarten-Konzepts

Beim Lesarten-Konzept wird davon ausgegangen, dass sich religiöses Lernen als Umgehen mit den Tiefendimensionen von Wirklichkeit vollzieht. Dies wird z. B. in der Symboldidaktik eingelöst, aber auch in Formen des ästhetischen Lernens.[293] Das theologische Denken, das dafür Pate steht, ist ein Verständnis von natürlicher Theologie, die die Akte der Selbstmitteilung Gottes nicht mehr nur an Akte des kategorialen Offenbarungsempfangs geknüpft sieht und Offenbarung nicht mehr nur als geschichtliches Tradierungsgeschehen versteht. Hier wird vielmehr dafür sensibilisiert, dass die Wirklichkeit als Ganze der Spiegel ist für die Wirklichkeit Gottes, so dass Gott auch mitten in der Welt gefunden werden kann. Für die Frage nach dem Stellenwert von Traditionen bzw. der christlichen Offenbarung ergibt sich demnach, dass sie als mögliche Deutung religiöser Grunderfahrungen aufscheint. Mit anderen Worten kommen Traditionen als konkrete Lesarten allgemeiner Erfahrungen in den Blick. Diametral entgegengesetzt denkt und verfährt das sogenannte "Struktur-Konzept".

Einige Charakteristika des Struktur-Konzepts

Das Struktur-Konzept versteht Wirklichkeit so, dass wir in konkrete Traditionen hineingestellt sind, so dass diese unsere Erfahrungen prägen und in diesen präsent werden. Ganz anders als beim Lesarten-Konzept sind nicht die Erfahrungen die vorgängige Größe, sondern die Traditionen. Damit werden Erfahrungen als schon immer von Traditionen geprägt verstanden. Ihre epiphanische Qualität, dass in ihnen etwas von der Wirklichkeit der Welt und der Wirklichkeit Gottes aufscheint, haben sie hier eingebüßt. Für die religionsunterrichtliche Praxis bedeutet dieses Konzept, dass die unterrichtlichen Prozesse nicht mehr darauf zielen dürfen, für die Erfahrungen der SchülerInnen aufmerksam zu werden und ihnen einen Artikulationsrahmen zu verschaffen. Es geht vielmehr darum, die Wahrnehmungs- und Sinnsysteme heutiger SchülerInnen zu reorganisieren, indem sie mit dem Gott der Bibel konfrontiert werden. Dieser wird sozusagen als fremdes Sinngefüge in die Lebenswelt der SchülerInnen trans-

---

[292] Vgl. Englert, R., Auf einmal gar nicht mehr von gestern, 71-74.
[293] Vgl. dazu Hilger, G., Symbollernen, 333-339; vgl. ders., Ästhetisches Lernen, 305-318.

portiert, um von ihnen in einem Transformationsprozess angeeignet zu werden.[294]

Tradition als Interpretationspotenzial und Prägegrund von Erfahrung

Auch wenn hier nur die groben Konturen der jeweiligen Konzepte angedeutet wurden, zeigte sich doch, dass der Stellenwert von Erfahrung und Tradition und deren Relation zueinander völlig anders gedacht werden.

Im Folgenden soll nicht das eine Konzept gegen das andere ausgespielt werden. Es gilt vielmehr, die Stärken der jeweiligen Ansätze aufzugreifen und in ein Verständnis von Tradition zu integrieren, das in mystagogischen Lernprozessen artikuliert wird.

Dazu ist in einem ersten Punkt festzuhalten, dass im Zuge der Ausführungen zur Erfahrung, zum Verständnis religiöser Erfahrungen und christlicher Gotteserfahrung deutlich geworden ist, dass die Gotteserfahrung als Kern des christlichen Glaubens ausgemacht werden konnte, mit der es vertraut zu werden gilt. Darauf zielt mystagogisches Lernen. Es geht darum, für diese Erfahrungen zu disponieren, ihnen Räume und Zeiten zu eröffnen, damit sie sich ereignen können und dann schließlich "sprachfähig" zu werden, um sie auch weiter zu verleiblichen.

Tradition und näherhin christliche Offenbarung bzw. Glaubens*botschaft* übernehmen von daher die Aufgabe, diese Erfahrungen mit der Tiefendimension von Wirklichkeit zu deuten. Das kann heißen, dass sie solche Erfahrungen mit Bildern der Sprache oder des künstlerischen Ausdrucks, mit Erzählungen der Bibel, mit Figuren der Kirchengeschichte, mit Verstehenszusammenhängen des kirchlichen Lebens belegt. Das kann aber auch heißen, dass sie Erfahrungen dort, wo sie auch lebensbehindernde oder gar -bedrohliche Momente in sich tragen, korrigieren und weiten hilft. Zusammengefasst kann man also in einem ersten Punkt festhalten, dass Tradition als Interpretationspotenzial von Erfahrungen verstehbar wird.

Zugleich, und damit artikuliert sich ein zweiter Punkt, hat das Struktur-Konzept den Blick dafür geschärft, dass wir Erfahrungen sozusagen nicht in einem luftleeren, nicht auch schon vorgeprägten Raum machen. Für Erfahrungen sensibel zu werden und sie zu machen, bedeutet, mit einem bestimmten, in irgendeiner Weise "geprägten" Blick Dingen, Menschen bzw. der Wirklichkeit zu begegnen. Bernhard Dressler beispielsweise wies wiederholt darauf hin, dass religiöses Lernen nicht nur von außen nach innen verläuft, also über Gestaltungsformen zu Tiefenerfahrungen, sondern ebenso umgekehrt. Das heißt,

---

[294] Vgl. dazu beispielsweise die Vorschläge Thomas Rusters, Der verwechselbare Gott.

dass Religionssysteme und ihre Ausdrucksformen religiöse Erfahrungen auch konstituieren.[295]

Mit anderen Worten kann man sagen, dass in Erfahrungen schon Traditionen mitschwingen, und zwar in Form von Wahrnehmungsmustern, von Wirklichkeitsbegegnung, von Ausdrucksvermögen, von Analyse und Synthese. Tradition bzw. näherhin verstanden christliche Glaubens*botschaft* prägt Erfahrungen im eben genannten Sinn.[296] Beide Komponenten gilt es beim mystagogischen Lernen zu berücksichtigen.

3.4 Tradition als "Niederschlag geronnener Erfahrungen"[297]

Bevor abschließend die verschiedenen Akzentuierungen des christlichen Traditionsverständnisses auf Impulse für das mystagogische Lernen ausgelotet werden und damit die Relevanz christlicher Tradition für die Lebensdeutung und Lebensgestaltung der Subjekte des Glaubens in den Blick kommt, muss nochmals die Frage ventiliert werden, welche Bedeutung der christlichen Tradition in post-traditionalen Gesellschaften überhaupt zukommt. Eingangs wurde deutlich, dass Traditionen nur insofern relevant sind, als sie ihre interpretative und lebensgestaltende Kraft für die konkrete Lebenswelt der Menschen erweisen. Das gilt auch für die christliche Tradition bzw. die christliche Glaubensbotschaft. Sie kann ihre Lebensrelevanz in post-traditionalen Gesellschaften nur insofern

---

[295] Vgl. z. B. Dressler, B., Darstellung und Mitteilung, 15f; vgl. ders./Meyer-Blank, M. (Hg.), Religion zeigen. In der systematischen Theologie wird seit einiger Zeit ein Diskurs über das Verständnis von Tradition und die Bedeutung der Überlieferung für das Glaubensgeschehen und damit die Kirche geführt. Vgl. dazu v. a. die Arbeiten von Johann Baptist Metz, Glaube in Geschichte und Gesellschaft; Siegfried Wiedenhofer, Grundprobleme des theologischen Traditionsbegriffs; vgl. ders., Kulturelles Gedächtnis und Tradition; vgl. ders., Die Tradition in den Traditionen; Peter Hünermann, Tradition — Einspruch und Neugewinn; Hermann Josef Pottmeyer, Die Suche nach der verbindlichen Tradition und die traditionalistische Versuchung der Kirche; Dietrich Wiederkehr, Das Prinzip Überlieferung; vgl. ders. (Hg.), Wie geschieht Tradition?, und auch von Knut Wenzel, Kirche als lebendige Überlieferung, der "das Wesen der Kirche von der Thematik der Überlieferung her" zu erschließen versucht (188). Er zeigt, dass Überlieferung als Geschehen zu charakterisieren ist, das höchst aktiv ist, das alle Glieder der Kirche betrifft, sich in vielen "Einzelakten" vollzieht, das keinesweges reduziert werden darf auf eine "Archivierung" eines bestimmten Stands des Überlieferungsprozesses, sondern als Tun zu verstehen ist, das im Hier und Jetzt geschieht zugunsten einer zu gestaltenden Gegenwart und einer zu entwerfenden Zukunft (191-193). Das Prinzip, von dem her sowie die Perspektive, woraufhin das Handeln des Überlieferns geschehen soll, gibt sich in Zeichen zu erkennen, die die "Bejahung des Anderen" realisieren und in denen "im Maß des menschlichen Tuns Gott selbst sich vergegenwärtigt: [nämlich in] Umkehr, Schuldbekenntnis, Vergebungsbitte, Nächstenliebe." (203)

[296] Vgl. dazu die Verarbeitung dieses Denkens in den Ausführungen zur abduktiven Korrelation, die vom Würzburger Lehrstuhl mit Hans-Georg Ziebertz betrieben werden. Vgl. Ziebertz, H.-G./Heil, S./Prokopf, A. (Hg.), Abduktive Korrelation.

[297] Damit wird ein Wortspiel aufgegriffen und modifiziert, das Werner H. Ritter prägte, wenn er religiöse Texte als "geronnene Niederschläge" bezeichnet. Vgl. Ritter, W. H., Der Erfahrungsbegriff, 159-162.

zeigen, als deutlich wird, was sie zur Wahrnehmung, Deutung und Gestaltung von Lebenswelten beiträgt. Damit wird ein bestimmter Traditionsbegriff relevant. Dieser muss zeigen, dass Tradition selbst schon in der Lebenswelt und ihrem Erfahrungsschatz vorkommt. Anders gesagt kann hier ein Traditionsbegriff, der Tradition selbst schon als Verdichtung von Erfahrungen versteht, besonders viel einbringen.

Schon weiter oben wurde eine eingehende Analyse verschiedener Verstehensmodelle von christlicher Tradition und Erfahrung vorgenommen, die auch darauf abhob, die jeweiligen Verstehensweisen von Tradition zumindest im Wesentlichen zu skizzieren.[298]

Das sogenannte "integrierte Modell" ließ Tradition, Glauben bzw. christliche Offenbarung, verstanden als Glaubens*botschaft,* vorstellbar werden als Sammlung von Erfahrungen. Tradition ist also mit anderen Worten nicht als eine gegenüber der Glaubenserfahrung diametral entgegengesetzte Größe zu verstehen. Sie zeigt sich vielmehr als verdichtete Erfahrung, die Menschen mit Gott, mit ihrer Mit-Welt und mit dem Du des Anderen gemacht haben. Die christliche Gotteserfahrung wurde darin zur unterscheidenden Erfahrung, die verengende Lebens- und Glaubenserfahrungen korrigieren und weiten hilft. Tradition wird mit Karl Ernst Nipkow charakterisierbar als Weitergabe eines Erfahrungszusammenhangs von Alltags-, Grund und Gotteserfahrung.[299] Das heißt, dass dem Glauben insgesamt Erfahrungscharakter zukommt, also auch der Glaubensbotschaft.

Dieses Verständnis, das Tradition als Erfahrungszusammenhang versteht, kann dazu beitragen, dass die christliche Tradition in ihrer wahrnehmenden, deutenden und lebensgestaltenden Kraft für die jeweilige Lebenswelt der Menschen interessant, weil von den eigenen Erfahrungen her andenkbar wird. Anders gesagt kann die christliche Tradition so verstanden zum Stimulator für die Wahrnehmung von Lebenskontexten und zum Interpretator von Lebenswelten werden, indem durch sie gelernt wird zu sehen, vielleicht auch manches anders zu sehen und damit ein "Mehr an Leben" zu gewinnen.

3.5   Impulse für mystagogisches Lernen

Will man aus diesen Ausführungen Impulse für das mystagogische Lernen gewinnen, legen sich folgende Überlegungen nahe.

Mystagogisches Lernen versucht, die christliche Tradition als etwas Dynamisches und Prozesshaftes aufzuzeigen und in die Kommunikation über Gotteserfahrung einzubringen. Dieser erste Impuls wird verstehbar, wenn man Tradi-

---

[298]   Vgl. dazu Dritter Teil, 1.1, 285-290.
[299]   Vgl. Nipkow, K. E., Grundfragen, Bd. 3, 92.

tion als "verdichtete Erfahrung" bzw. als Niederschlag geronnener Erfahrung begreift. Sie gilt als etwas, das selbst geworden ist, indem bestimmte Erfahrungen, die Menschen mit Gott gemacht haben, auch als *unter*scheidend verstanden wurden. Diese Gotteserfahrungen wurden unter dem Aspekt der Gewordenheit, der Bezogenheit auf Lebensgeschichten und dennoch der Verbindlichkeit weitergegeben und haben als solche im mystagogischen Lernen einen Ort. Tradition selbst ist, und damit wird ein zweiter Impuls deutlich, schon eine Ansammlung von Erfahrungen, die als solche sowohl in ihrer Fremdheit angefragt als auch in ihrer Möglichkeit wahrgenommen werden können, tiefe menschliche Erfahrungen mit Gott zu bergen, die darauf warten, je neu aufgebrochen und für die eigenen Gotteserfahrungen als Deutehorizont wahrgenommen zu werden. Zugleich gilt ebenso, dass Tradition als dynamische Größe durch diese Prozesse des Angefragt- und Aufgebrochenwerdens auch selbst je neu zur Wirkung gebracht wird. Mystagogisches Lernen kann christliche Tradition so verstanden als "Reservoir von Erfahrungen" kommunizieren, das hilft, eigene Erfahrungen wahrnehmen, deuten als auch gestalten zu lernen.

Insofern wird also Tradition, und damit zeigt sich ein dritter Impuls, als Interpretationspotenzial für die Erfahrungen des Menschen verstehbar und im mystagogischen Lernen als solche aktualisiert. Die christliche Tradition hilft, für Erfahrungen zu sensibilisieren, sie wahrzunehmen, zu deuten und auszudrücken. Soll die christliche Offenbarung auch in unserer post-traditionalen Gesellschaft relevant bleiben, bedeutet das, dass der Blick für dieses Vermögen der christlichen Offenbarung in Bezug auf das Wahrnehmen und Deuten der Lebenswirklichkeit der Menschen geschärft werden muss. Anders gesagt wird sich die Lebensrelevanz der christlichen Offenbarung insofern erweisen oder auch ausfallen, insofern deutlich wird, was sie für die Interpretation der Lebenswirklichkeit der Menschen (semantische Funktion) leistet und die konkrete Lebensgestaltung (pragmatische Funktion) einbringt. Dass der Gottesgedanke des christlichen Glaubens, das Verständnis vom Menschen als freies, von Gott seit jeher angenommenes und damit unverzweckbares Du, von Welt als Schöpfung Gottes auch zum kritischen Maßstab wird, lebenshinderliche und lebensbedrohliche Mechanismen zu entlarven, ist hier mitgesagt. Es gilt deshalb, das Sinngefüge der christlichen Offenbarung, das von seiner innersten Mitte her immer neu zu ordnen ist, in den jeweiligen Lebenskontexten der Menschen zum Klingen zu bringen. Dass durch das Wechselspiel dynamischer Resonanzräume auch immer wieder neue Klänge entstehen werden, ergibt sich daraus von selbst.[300]

---

[300] Hintergrund dieser Überlegungen ist die im 2. Vaticanum offiziell gemachte Rede von der Hierarchie der Wahrheiten (UR 11, in: Rahner, K./Vorgrimler, H., Kleines Konzilskompendium, 240). Die christliche Glaubensbotschaft wird in diesem Sinn verstehbar als

Traditionen sind aber auch — und darin artikuliert sich ein vierter Impuls für das mystagogische Lernen — Prägefaktoren von Erfahrungen, insofern sie die Wahrnehmung für Erfahrungen prägen, das Geschehen von Erfahrungen und auch deren Ausdruck. Interessant ist in diesem Zusammenhang, dass diese Prägekraft nicht nur für die Gegenwart und damit für die gegenwärtigen Erfahrungen besteht, sondern Auswirkungen auf die Zukunft hat. Genauso gilt es zu bedenken, dass gegenwärtige Erfahrungen durch das, was in der Vergangenheit geworden ist, gestaltet werden. Die Prägekraft von Traditionen umspannt also alle Artikulationsweisen von Zeit, so dass ihr auch von daher besondere Bedeutung zukommt. Mystagogisches Lernen kann christliche Tradition als Potenzial verstehen lernen, das gleichsam als "Grammatik" eigene Wahrnehmungs-, Denk- und Handlungsmuster durchzieht. Diese "Wahrnehmungen" können zum Anlass werden, darüber zu kommunzieren, was die christliche Tradition noch ausmacht und was das Sinngefüge des Glaubens überhaupt für die eigene Lebensorientierung und Lebensgestaltung bedeuten kann.

Insgesamt zeigen diese Ausführungen, dass den Glauben zu kommunzieren das Desiderat begleitet, die christliche Tradition einerseits als für die Lebensorientierung und Lebensgestaltung der Subjekte des Glaubens relevant zu erweisen als sie andererseits als differenzierten Klangraum zu zeigen, in dem die verschiedenen Wahrheiten und Erfahrungen des christlichen Glaubens aufeinander verweisen. Darauf wird noch eigens zu reflektieren sein.[301]

Im Folgenden gilt es zunächst zu fragen, nach welchen Dimensionen und Prinzipien das mystagogische Lernen als Aufmerksam werden für Gotteserfahrungen angesichts der angestellten Überlegungen vorstellbar wird.

4   Dimensionen und Prinzipien mystagogischen Lernens

Wurde in den bearbeiteten Abschnitten der theoretische Rahmen gesetzt, der sowohl die theologischen als auch religionspädagogischen Prämissen des mystagogischen Lernens reflektiert, geht es im Folgenden darum, seine Ausgestaltung in den Blick zu nehmen. Das heißt, nach Dimensionen und Prinzipien zu fragen und sie für das mystagogische Lernen jeweils auszuloten. Der gegenwärtige Kontext, der durch die Phänomene von Individualisierung, Pluralisierung und Enttraditionalisierung gekennzeichnet ist, stellt für die folgenden

---

[301]   intertextuelles Gewebe einerseits, in dem sich Traditionen untereinander auslegen. Andererseits wird deutlich, dass erst die Verschiedenheit der Traditionen und ihr Zusammenspiel das Ganze ausmachen. Hans Urs von Balthasar, Die Wahrheit ist symphonisch, hat dafür ein dynamischeres Bild gewählt, wenn er von der Wahrheit des Glaubens als "symphonischer" spricht.
Vgl. dazu Dritter Teil, 4.4, 372-374.

Überlegungen den heuristischen Horizont dar, von dem her und auf den hin die mystagogischen Lernprozesse zu entwickeln sind. Im Einzelnen legte das nahe, die Prozesshaftigkeit und Vielgestaltigkeit mystagogischer Wege, die sowohl bei den theologiegeschichtlichen Entwürfen als auch religionspädagogischen Ansätzen anklangen, nochmals zu reflektieren (4.1), als auch die Bedeutung von Erfahrungsräumen (4.2) und -zeiten (4.3) für Gotteserfahrungen zu bedenken.

Wurde in einem eigenen Abschnitt schon auf die Bedeutung der Tradition für das mystagogische Lernen eingegangen, soll im Folgenden konkret danach gefragt werden, wie der christliche Glaube als Ausdrucks- und Deutepotenzial von Erfahrungen eingebracht werden kann (4.4), und wie sich das in dem Desiderat niederschlägt, eine pluriforme Sprachfähigkeit zu kultivieren (4.5). Das mystagogische Lernen zeigt sich als Perspektive religiöser Bildung v. a. auch durch die Prinzipien der Subjektorientierung (4.6) und Identitätsbildung (4.7), die ihm zugrunde liegen. Welche Impulse diese Prinzipien für das mystagogische Lernen zeitigen und wie dessen Ziel dadurch deutlicher wird, soll abschließend erörtert werden.

4.1 Zur Prozesshaftigkeit und Vielgestaltigkeit mystagogischer Wege

Allein der Begriff "Mystagogie" weist durch seine Komposita (*myein:* einweisen, unterrichten; und *agein:* führen, leiten) schon darauf hin, dass es sich um ein prozesshaftes, dynamisches Geschehen handelt. Mystagogisches Lernen meint prozesshaftes Lernen, das verschiedene Phasen kennt, fortschreitende ebenso wie retardierende.

Sowohl der Durchgang durch theologiegeschichtliche Entwürfe der Antike als auch die Analyse des theologischen Ansatzes Bonaventuras und Karl Rahners zeigten, dass Mystagogie als Prozess zu denken ist. Es geht darum, dass im Menschen etwas ausgelöst wird, sei es durch eine zufällige Begegnung, sei es durch ein intentional angelegtes Geschehen, das ihn über das Vorfindliche hinaus nach dem Grund seiner selbst oder der Welt fragen lässt und ihn schließlich mit der Gottesfrage konfrontiert. Mystagogische Lernwege kennzeichnet also Bewegungscharakter. Das heißt zum einen, dass sie auf ein bestimmtes Ziel hin ausgerichtet sind und damit lineare Akzente beinhalten. Weil sie aber letztlich eine Begegnung zwischen dem Menschen und Gott anzielen, bedeutet das zum anderen, dass sie nicht vorhersehbare Phasen kennen, dass sie Umwege kennzeichnen, dass assoziatives Denken hier genauso einen Platz hat wie sequentielles Lernwissen.

Ebenso wie mystagogische Lernprozesse dynamisch verlaufen, sind sie auch durch die Vielgestaltigkeit der Lernwege charakterisiert. Weil sie sich als Vermittlungsgeschehen von Gott und Mensch bezeichnen lassen, müssen sie so angelegt sein, dass sie der Unterschiedlichkeit der einzelnen Subjekte des Glaubens Rechnung tragen, als auch die vielgestaltige Erfahrbarkeit Gottes widerspiegeln.

Machte sich das in der Antike bemerkbar, indem die Schriftauslegung als Weise mystagogischen Lernens neben der moralischen Unterweisung oder allgemein der Ordnung der Leidenschaften und deren Ausrichtung auf Gott verstanden wurde, ließ sich auch bei Bonaventura und dem Mystagogieverständnis Karl Rahners zeigen, dass mystagogische Prozesse pluriform zu denken sind.[302]

Konkret heißt das, dass sich mystagogisches Lernen einem Methodenmonismus widersetzt. Es kommt darauf an, dass möglichst viele Vermögen des Menschen und in möglichst unterschiedlicher Weise zur Geltung kommen. Das kann sein, indem diskursive, reflektierende Lernphasen abwechseln mit assoziativen, Phantasie eröffnenden Einheiten, in denen Wirklichkeit entworfen und vorgestellt wird. Das bedeutet aber auch, dass mystagogisches Lernen praktischem, handlungsbezogenem Lernen Raum gibt und sich in Formen des ästhetischen Lernens oder auch des Symbollernens aktuiert.

Wichtig ist, dass die verschiedenen Dimensionen des Menschen in den mystagogischen Lernprozessen zum Tragen kommen, damit möglichst viele verschiedene Perspektiven auf das Gottesgeheimnis und das Geheimnis des Menschen ermöglicht werden. Aus diesen grundsätzlichen Dimensionen der Prozesshaftigkeit und Vielgestaltigkeit mystagogischer Wege ergeben sich nun eine Reihe anderer Desiderate für die Gestalt mystagogischen Lernens.

4.2 Erfahrungsräume für Gotteserfahrungen erschließen

Die Vielgestaltigkeit von Räumen, wie sie im täglichen Leben begegnen, prägen unsere Wahrnehmung und Begegnung mit Wirklichkeit. Räume werden in diesem Sinn zu Erfahrungsträgern, weil mit ihnen konkrete Ereignisse, Gerüche, Gefühle, Eindrücke verbunden sind. Betritt man Räume, die in der Lebensgeschichte eine Rolle gespielt haben, rufen die Licht- und Dunkeleffekte des Raums, genauso wie der Geruch, das vorhandene Mobiliar etc. Erinnerungen wach. An Räume sind also Erfahrungen gebunden, wie sie auch Erfahrungen auslösen oder zumindest für Erfahrungen disponieren. Das gilt sowohl von konkreten Räumen verstanden als Zimmer, als auch vom Leib/Körper oder von virtuellen Räumen.[303]

---

302 Vgl. dazu Erster Teil, 18-215.
303 Vgl. Prokopf, A./Ziebertz, H.-G., Wo wird gelernt?, 234-236, vgl. dazu Josuttis, M., Vom Umgang mit heiligen Räumen, 242-246.

Räume werden zum einen als physikalische Räume wahrgenommen, zum anderen sind sie immer auch "Ergebnis einer situativen Syntheseleistung"[304] insofern sich ein Raum durch Zuschreibungen konstituiert, die ihm aufgrund von Kontextuierungen und eigenen Erlebnissen mit ihm gegeben werden.[305]

Mit anderen Worten haben Räume eine Oberflächen- und eine Tiefenstruktur.[306] Beschreibt die Oberflächenstruktur das, was an Ausgestaltung der Räume wahrnehmbar im Sinne von zähl- und messbar ist, sagt die Tiefenstruktur von Räumen etwas darüber aus, was sie an tieferer Ladung und Bedeutung transportieren.

Oberflächen- und Tiefenstruktur korrespondieren miteinander. Das heißt, dass die konkrete Gestaltung eines Raums Bedeutung(en) auslöst, wie umgekehrt bedeutungsvolle Räume, wie z. B. sakrale Räume, rückwirken auf die Ausstattung und den Entwurf von Räumen.

Im Zusammenhang des mystagogischen Lernens interessiert vor allem die Tiefenstruktur von Räumen. Es geht zum einen darum, das bedeutungsschwangere Potenzial von Räumen zu heben, um sozusagen die Tiefe des Raums zum Anlass zu nehmen, selbst in die Tiefe zu steigen und nach dem zu fragen, was die Tiefe ausmacht. Zum anderen stellt sich die Aufgabe, mitten in den Alltagsräumen Räume aufzutun, die zu Erfahrungsräumen werden können für das, was über das Vorfindliche hinausgeht.

4.2.1 Das Bedeutungspotenzial von Räumen zugänglich machen

Wie oben schon kurz angedeutet wurde, tragen Räume eine Bedeutung in sich, die ihnen zum einen zugeschrieben wird (Das ist ein Raum, in dem gegessen wird. Das ist ein Raum, in dem gelernt wird. Das ist ein Raum, in dem Vorräte aufbewahrt werden.), die sie andererseits aber auch selbst z. B. durch ihre Gestaltung evozieren. Dieses Bedeutungsgefüge kommt Räumen dann zu, wenn man ihnen begegnet, wenn man in Kommunikation zu Räumen tritt.

Je nach Art des Raums und je nach Art der Kommunikation kann eine Begegnung ausgelöst werden, die den Menschen auf sich selbst zurückwirft und ihn mit den grundlegenden Fragen seiner Existenz konfrontiert: Woher komme ich? Wohin gehe ich? Woher erfahre ich Sinn?[307]

Die Tiefenerfahrung von Räumen ist möglicherweise Anlass, nach der Tiefenerfahrung des Menschen zu fragen. Reflektiert man darauf, wie im Anschluss

---

304   Klie, Th., Geräumigkeit und Lehrkunst, 201.
305   Vgl. Klie, Th., Geräumigkeit und Lehrkunst, 200f.
306   Vgl. Meyer, H., Schulpädagogik, Bd. 1, 261.
307   Sprachanalytisch interessant ist, dass diese existentiellen Fragen des Menschseins in diesem Sinne auch als "räumliche Fragen" formuliert sind: Woher? Wohin? etc.

an Karl Rahner herausgearbeitet wurde, dass Tiefenerfahrung des Menschen auch der Ort für Gotteserfahrung ist, kann eine Begegnung mit den Tiefenstrukturen von Räumen zu einer Begegnung mit Gott werden.

Das, was in den Atmosphären eines Raums angelegt ist, was seine "innere Botschaft" ist, kann zur Sprache werden, die auch Gott formuliert. Besonders deutlich wird das in "gerichteten Räumen" wie den Sakralräumen.[308] Mystagogisches Lernen versucht, in eine Begegnung mit bedeutungsschwangeren Räumen einzuführen und ein Sensorium zu entwickeln, das die Tiefenstruktur von Räumen wahrzunehmen hilft. Das hat mit einer Kultur des Staunens zu tun, des verweilenden Sehens, des Erlauschens und Ertastens. Das braucht Zeit und ist darauf angewiesen, nachwirken zu können. Das bedarf aber auch der Reflexion über das, was wahrgenommen wurde, was irritiert und Fragen aufwirft, was inspiriert und zur Gestaltung anregt.

Die Begegnung mit Räumen ist in diesem Sinn Auslöser, nach dem Grund der menschlichen Existenz zu fragen, nach dem Grund der Welt und damit auch nach Gott. Freilich ist schon hier anzumerken, dass diese Begegnung nur angebahnt werden kann und grundsätzlich offen bleiben muss. Der Weg zur Gotteserfahrung ist nicht automatisierbar. Die Tiefe von Räumen kann aber zum Resonanzraum für Gotteserfahrung werden[309] und beschreibt darin eine Dimension des mystagogischen Lernens.

4.2.2 Für Erfahrungsräume im Alltag aufmerksam werden

So wie durch die konkrete Begegnung mit Räumen eine Kommunikation ausgelöst wird, die nach dem fragt, was über das Vorfindliche hinausgeht, können sich diese Räume, nun im übertragenen Sinn verstanden, auch im konkreten Alltagsgeschehen auftun. Damit ist artikuliert, was Johann Baptist Metz als "Unterbrechung"[310] beschrieb und als Definition von Religion deklarierte. Es

---

[308]   In den vergangenen 15 Jahren zeichnete sich in der Religionsdidaktik ein wachsendes Interesse am Kirchenraum ab. Der vor allem in der evangelischen Religionsdidaktik entwickelte Ansatz einer Kirchenraumpädagogik wurde mittlerweile auch im katholischen Bereich in verschiedenen Veröffentlichungen aufgegriffen. Aufschlussreiche Arbeiten zu diesem Bereich sind z. B.: Degen, R./Hansen, I. (Hg.), Lernort Kirchenraum; Goecke-Seischab, M. L./Ohlemacher, J., Kirchen erkunden — Kirchen erschließen; Glockzin-Bever, S./Schwebel, H. (Hg.), Kirchen — Raum — Pädagogik; Klie, Th. (Hg.), Der Religion Raum geben; Julius, C.-B./Kameke, T. von/Klie, Th. u. a., Der Religion Raum geben; vgl. dazu Simon, W., Besprechungen zur Kirchenraumpädagogik, 329-334.

[309]   Das lässt sich z. B. auch an der wachsenden Bedeutung zeigen, die auratische Räume in unserer gegenwärtigen Kultur einnehmen, sei es in Gestalt von Kunsträumen, Ausstellungsräumen von Museen, öffentlichen Räumen wie z. B. in Form der Gestaltung des Vorplatzes der Pinakothek der Moderne in München oder nicht zuletzt in Form der Kirchenräume. Gerade in letzteren wird deutlich, wie sich Religion zeigt. Vgl. dazu Meyer-Blank, M., Religion zeigen im Heiligen Raum, 4-7.

[310]   Metz, J. B., Glaube in Geschichte und Gegenwart, 150f.

geht darum, mitten in alltäglichen Handlungen sensibel zu werden für Situationen, die die Meta-Ebene thematisieren.

Das kann der Fall sein im alltäglichen Gespräch, in dem der eine Kommunikationspartner plötzlich innehält und nachfragt, was der andere gemeint hat. Das kann in alltäglichen Handlungsabläufen in Form von Erinnerungen geschehen, die wiederum eine Kette von Fragen oder Handlungen auslösen. Das kann aber auch bewusst herbeigeführt werden, indem die Frage nach dem Sinn des Ganzen angesichts der Banalität des Alltags, nach dem Woher und Wohin des Menschen angesichts des Leids, nach dem Grund der Welt angesichts der Erfahrung von Zufällen und des Chaos gestellt wird.

Erfahrungsräume in diesem Sinn zu eröffnen, hat also sowohl einen passiven als auch aktiven Charakter. Eine Unterbrechung des Alltags geschieht zum einen, sie widerfährt, ohne vorher geplant worden zu sein. Sie kann zum anderen aber auch bewusst herbeigeführt werden, indem an die Stelle von Arbeit die Freizeit tritt, anstelle des Geplanten das Spiel, anstelle des linearen Handlungsablaufs das assoziative Imaginieren. Für das mystagogische Lernen sind beide Momente relevant, die passiven und die aktiven.

Mystagogisches Lernen versucht zu sensibilisieren und darauf aufmerksam zu machen, dass solche Unterbrechungen des Alltags einfach geschehen können. So kann derjenige, dem das widerfährt, vielleicht in der Situation, vielleicht auch erst im Nachhinein, darauf reflektieren, was hier passiert ist und in ihr eine Wegspur zum tieferen Grund des Lebens und eventuell auch zu Gott entdecken.

Zugleich wird in intentionalen Lernprozessen versucht, eine Unterbrechung des Alltags anzubahnen. Das kann sich z. B. aktualisieren in einem Unterricht, in dem bewusst auf eine Kultur des Fragens und Philosophierens gesetzt wird, der versucht, Nachdenklichkeit zu wecken, Unangefragtes zu überprüfen, den Dingen auf den Grund zu gehen. Das Überschreiten der Wirklichkeit, das durch die Reflexion, aber auch durch praktisches Handeln ausgelöst wird (indem z. B. Eindrücke in Farbe und Form, in Klang und Spiel ausgedrückt werden), eröffnet einen Raum, in dem die Horizontale des Alltags gekreuzt wird von der Vertikalen des Transzendenten. Mystagogisches Lernen versucht, sowohl für solche Situationen zu disponieren als auch, sie zu evozieren und den christlichen Glauben als Deutepotenzial für diese Transzendenzerfahrung einzubringen.

Dass diese wiederum nicht gemacht oder verfügt werden kann, dass dies eine Offenheit aller am Kommunikationsprozess Beteiligten braucht, wird hier vorausgesetzt.

4.3 Zeiten für Erfahrungen eröffnen

Ebenso vielgestaltig und vielschichtig wie Räume sind auch Zeiten. Nicht nur der Spannungsbogen von Vergangenheit, Gegenwart und Zukunft macht sie aus, sondern auch die Qualität, wie Zeit erfahren wird. Das schlägt sich auch im Wortgebrauch nieder, der den Chronos als verlaufende Zeit vom Kairos als erfahrener Zeit unterscheidet.

Mystagogisches Lernen zielt darauf, den Chronos in seinen kairologischen Momenten wahrzunehmen und für die Tiefendimension der Zeit zu sensibilisieren. Im Unterschied zu "kolonialisierten und ökonomisierten Zeiten" versuchen mystagogische Lernprozesse, Zeiten zu eröffnen, die zu sinnerfüllten und erlebten Zeiten werden können. Vor allem die Erfahrungen von sinnentleerter Zeit, auch im Kontext von Schule, haben die Zeit zum neuen Schlüsselthema der Religionspädagogik werden lassen.[311] Zum einen brauchen Bildungsprozesse Ruhe, Muße sowie das retardierende und verweilende Moment. Zum anderen hat sich das Zeitverständnis in der Schule weitgehend abgekoppelt von Inhalten, von der Subjektivität der Lernenden und Lehrenden, von den Rhythmen der Natur, von heiligen Zeiten und sozialen Gegebenheiten und ist eingegrenzt auf einen 45- oder bestenfalls noch 90-Minuten-Takt.[312]

In diesem Spannungsbogen ist das mystagogische Lernen zu konturieren. Deshalb sollen im Folgenden vier verschiedene Verstehensweisen von Zeit vorgestellt werden, wie sie gegenwärtig schulisches Lernen bestimmen, um dann das Zeitverständnis zu profilieren, um das es dem mystagogischen Lernen geht.

4.3.1 Verstehensweisen von Zeit im religionspädagogischen Kontext — Einige Anmerkungen

Ludwig Duncker hat bei seiner Analyse der schulischen Lernsituation auf vier Verstehensweisen von Zeit aufmerksam gemacht. Er unterscheidet ein lineares Zeitverständnis, das von einer festgelegten Zukunft ausgeht. Anfang und Ende sind eindeutig definiert, so dass das Ziel in der Zukunft die Gegenwart dominiert. Alles, was getan und gedacht wird, wird im Sinne des zu erreichenden Zieles getan und gedacht. Spontaneität, Kreativität, die nur in einem freien Raum möglich sind, Zufall und Unerwartetes haben keinen Platz.[313] Davon unterscheidet sich ein lineares Zeitverständnis mit offener Zukunft. Hier herrscht ein geschichtliches Zeitbewusstsein vor. Das heißt, dass die Gegenwart sehr wohl in Beziehung steht zur Vergangenheit, aber auch zu einer Zukunft, die

---

311   Vgl. Schweitzer, F., Zeit; vgl. Hilger, G., Wann wird gelernt?, 248.
312   Vgl. Hilger, G., Wann wird gelernt?, 249.
313   Vgl. Duncker, L., Zur Komplexität der Zeitverhältnisse, 156f.

nicht determiniert ist. Die Gegenwart enthält viele Möglichkeiten, die zur Entscheidung herausfordern und Gestaltungsräume eröffnen. Auch Überraschendes und Nicht-Geplantes hat einen Ort. Lernen selbst ist offen für Suchbewegungen, für Probehandeln, für das Experiment und das Utopische.[314] Ganz anders wird in einem occasionalen und horizontalen Zeitverständnis verfahren. In ihm wird Zeit unterschieden in Jetzt-Zeit und Nicht-Jetzt-Zeit. Es herrscht ein präsentisches, auf die Gegenwart fixiertes Zeitverständnis vor, das alles Erleben und damit auch die Qualität des Lebens vom Erleben der Gegenwart abhängig macht. Viele Lebensstile Jugendlicher sind davon geprägt.[315] Auch wenn es bedeutungsvoll ist, die Gegenwart auf den Sinn hin abzutasten, den sie birgt, wird durch das Ausblenden von Vergangenheit und Zukunft der Druck auf die Gegenwart übermäßig erhöht. Im schlimmsten Fall bedeutet das ein Eingesperrtsein in die Zeit. Als vierte Verstehensweise von Zeit lässt sich schließlich das zyklische Zeitverständnis ausmachen. Zeit erscheint als wiederscheinende Folge von Rhythmen und Ereignissen, die zum einen etwas Stabilisierendes haben, zum anderen aber auch den Eindruck einer unveränderlichen Zukunft vermitteln.[316] Schaffen Wiederholungen, retardierende Momente und Rituale Sicherheit und Verlässlichkeit, so wohnt diesem Zeitverständnis auch die Tendenz inne, Innovatives von vornherein als unmöglich abzutun, sich im Gegebenen festzuschreiben und für das Mögliche und noch Utopische keine Energien freizusetzen.

Die Frage ist nun, welches Zeitverständnis mystagogischen Lernprozessen zugrunde liegt bzw. welche Räume und Qualitäten von Zeit mystagogische Lernprozesse zu eröffnen versuchen.

4.3.2 Gerichtete Zeiten und mystagogische Lernprozesse

Gerichtete Zeiten, wie sie z. B. durch den Wochenrhythmus, den Monats- oder Jahresrhythmus vorgegeben sind, ermöglichen durch ihren wiederholenden Charakter Verlässlichkeiten und Sicherheiten. In mystagogischen Lernprozessen spielen solche gerichteten Zeiten insofern eine Rolle, als sie zum einen für die am Kommunikationsprozess Beteiligten klare Strukturen schaffen. Sie eröffnen von vornherein einen Raum, sich auf etwas einstellen und vorbereiten zu können. Diese Gegebenheiten wiederum können dafür disponieren, sich aufgrund der vertrauten Umgebung, der gewohnten Rituale zu öffnen für die Begegnungen, die geschehen und evtl. auch für die Tiefendimension, die in ihnen zum Ausdruck kommt.

---

[314] Vgl. Duncker, L., Zur Komplexität der Zeitverhältnisse, 159.
[315] Vgl. Duncker, L., Zur Komplexität der Zeitverhältnisse, 158.
[316] Vgl. Duncker, L., Zur Komplexität der Zeitverhältnisse, 164.

Zum anderen können solche gerichtete Zeiten, wenn sie mit bestimmten Anlässen belegt werden, durch ihre inhaltliche Konnotation schon dafür bereiten, sich mit etwas auseinander zu setzen. Das kann durch gerichtete Zeiten wie das Kirchenjahr geschehen. Das kann aber auch durch gerichtete Zeiten, wie sie im Wochenplan einer Schule, der Themenreihe in einem Erwachsenenbildungsprogramm o. ä. vorgegeben sind, initiiert werden.

Von großer Bedeutung sind in diesem Zusammenhang Rituale.[317] Sie ermöglichen durch ihren wiederholenden Charakter, durch ihre bekannten Gesten oder Worte, dass Zeit begrenzt und damit Raum geschaffen wird, der frei macht für eigene Kreativität, eigenes Denken, Nach-denken und Gestalten. Gerichtete Zeiten im Sinne von begrenzten Zeiten werden zur Möglichkeit, offene Zeiten zu begründen.

4.3.3 Offene Zeiten und mystagogische Lernprozesse

Komplementär zu gerichteten Zeiten sind für mystagogische Prozesse offene Zeiten wichtig. Beide bedingen und konstituieren einander. Freiraum, Kreativität und Spontaneität, die sich in offenen Zeiten Raum verschaffen, werden als solche erst wahrnehmbar, wenn sie von gerichteten Zeiten begrenzt sind. Diese Grenzen schaffen den Raum für das Offene und Freie. Mystagogische Lernprozesse zielen darauf, solche offenen Zeiten mitten in begrenzten Zeiten zu eröffnen. Durch sie wird aber auch versucht, die offenen Zeiten gleichsam zu tiefen.

Gerichtete Zeiten müssen, wenn sie nicht totalitär werden sollen, immer wieder unterbrochen werden. Das kann geschehen, indem Gewohntes und Eingeübtes auf der Metaebene reflektiert und auf sein unangefragtes Gewordensein hin beleuchtet wird. Das kann aber auch erfolgen, indem durch das Staunen über das Alltägliche das Geheimnishafte des Alltags aufscheint.

Sind diese Unterbrechungen eher spontan und zufällig, wird in mystagogischen Lernprozessen versucht, diese auch intentional herbeizuführen. Das kann z. B.

---

[317] Die Bedeutung von Ritualen wurde in der letzten Zeit in der Religionspädagogik stark diskutiert. Nach einer zunächst skeptischen Phase, in der vor allem der vereinheitlichende, konditionierende Charakter von Ritualen thematisiert wurde, werden Rituale zunehmend in ihrer religiöse Lernprozesse strukturierenden Funktion gesehen. Sie sind Chance religiösen Lernens im Sinne eines Mediums der Identitätsfindung, solange man sich der Ambivalenz von Ritualen bewusst ist. Vgl. dazu Bizer, Ch., Liturgik und Didaktik, 83-115; vgl. Hauschild, E., Was ist ein Ritual?, 24-35; vgl. Luckmann, Th., Phänomenologische Überlegungen zu Ritual und Symbol, 11-28; vgl. Dressler, B., Religion ist mehr als Worte sagen können, 50-58; vgl. Heimbrock, H.-G., Ritual als religionspädagogisches Problem, 45-81; vgl. ders., Rituale in religionspädagogischer Perspektive — Chancen und Gefahren, 135-147; vgl. ders., Rituale: Unsinn oder Beitrag zu religiöser Sinn-Bildung, 25-47; vgl. Meyer-Blanck, M., Liturgie und Ritual, 349-358; vgl. Sustek, H., Rituale in der Schule, 34-38; vgl. Themenheft Rituale: Schule und Unterricht Gestalt geben.

gelingen, wenn in bestimmten religiösen Bildungsvorgängen Raum geschaffen wird für das Nach-denken, für das Sinnieren und Imaginieren, für den Ausdruck des Gegebenen und dessen, was sein könnte. Bewusstes Nachfragen, kontroverses Diskutieren, weitere Informationen einholen und den Wahrnehmungshorizont weiten, haben ebenso Raum wie phantasierendes Erzählen oder der gestalterische Ausdruck.

Wurde in wenigen Akzenten angedeutet, was es meint, dass mystagogische Lernprozesse versuchen, in gerichteten Zeiten offene Zeiten zu ermöglichen, soll im Folgenden noch darüber nachgedacht werden, was es heißt, diese offenen Zeiten zu tiefen.

Dort, wo Stille und Schweigen ist, wo sich Zwischenräume auftun, die sich beispielsweise durch das Hören von Musik, durch das Sehen von Bildern der Kunst ergeben, dort stellt sich die Frage nach dem, was über das Vorfindliche hinausgeht. Stille, die nicht nur als Abwesenheit von Lärm verstanden wird, sondern als Weise, die Wirklichkeit sein zu lassen und als solche wahrzunehmen, entwirft einen Raum, der die Frage nach ihrem Grund eröffnen kann. Das Suchen nach dem Woher und Wohin und danach, womit bzw. auch mit welchem Namen dieser Grund der Wirklichkeit belegt und gedeutet wird, hat hier einen Platz.

Ähnlich möglich ist es beim Hören von Musik oder beim Sehen von Bildern und Skulpturen. Musik als Klanggebilde eröffnet einen Raum, der über das akustisch und physikalisch Hörbare hinausgeht und mit der Subjektivität des Hörenden korrespondiert. Bildende Kunst hebt in Farbe, Form und Gestalt, was der Künstler als Wirklichkeit wahrnimmt bzw. als solche entwirft, die durch den Betrachtenden zum Anlass wird, Welt zu konstruieren bzw. neu zu deuten.

Diesen "Zwischenraum" zu entdecken, kann eine Weise von Gotteserfahrung, von Contemplatio sein.[318] Diesen Zwischenraum wiederum durch den christlichen Glauben zu deuten, kann eine Weise sein, in das Gegebene hinein die Gottesfrage zu formulieren und die erfahrene Wirklichkeit als Gotteswirklichkeit deuten zu lernen. Auch wenn es hier nicht darum gehen kann, konkrete Beispiele anzuführen, wie das andernorts schon geschehen ist,[319] sollte dennoch der Hinweis erfolgen, dass das Eröffnen von offenen Zeiträumen und der Versuch, sie mit der Gotteswirklichkeit in Dialog zu bringen, eine Dimension des mystagogischen Lernens ausmacht.

---

[318] Vgl. Dembowski, H., Musik als Friedensspiel, 346.
[319] Vgl. z. B. König, K., Hindurch-Hören; vgl. ders., Religiöses Lernen mit absoluter Musik, 45-57; vgl. ders., Religiöses Lernen durch Musikhören, 306-310; vgl. Schambeck, M., Wohin Bilder führen können, 208-214.

4.3.4 Für die Sakramentalität des Augenblicks sensibilisieren

In der Spiritualitätsgeschichte ist der Augenblick seit jeher die Zeit gewesen, der für die Gotteserfahrung eine besondere Bedeutung zukommt.[320] Die Gegenwart als "verfügbare Zeit" wird zur Möglichkeit, die Zeit zu gestalten, zu erleben und zu erfahren. Weil das Erleben der Gegenwart und das Erfüllen der Gegenwart mit sinnerfüllter Zeit gerade auch für viele Jugendliche eine große Rolle spielt und in nicht wenigen Lebensstilen Jugendlicher sogar die dominante Weise ist, mit Zeit umzugehen,[321] haben mystagogische Lernprozesse, die ebenfalls auf die Bedeutung des Augenblicks abzielen, eine große Chance.

Neben dem Aspekt der Entsprechung mit dem Zeitverständnis vieler junger Leute versucht mystagogisches Lernen, diese zu erweitern und zu vertiefen. Indem Gegenwart als von der Vergangenheit geprägt aufscheint und im Sinne einer vorgestellten Zukunft gestaltbar wird, wird der Fixierung auf den Augenblick entgegengearbeitet. Der Augenblick, der Repräsentation von dem ist, was noch möglich ist oder von Gott selbst, der im Jetzt dem Menschen begegnet, kann zum Ereignis werden, in dem der Einzelne vom Gottesgeheimnis berührt wird. Dieses Geschehen kann durch nachdenkendes Vergewissern oder durch andere Möglichkeiten der Deutung zur Erfahrung werden.

Auch diese Dimension charakterisiert mystagogische Lernprozesse, wenngleich schon hier festzuhalten ist, dass solche Geschehen höchstens angelegt, nie aber automatisierbar, plan- oder machbar sind.

Für die Sakramentalität des Augenblicks zu sensibilisieren, bedeutet im religionspädagogischen Kontext noch anderes. Es geht darum, dass religiöse Lernprozesse so angelegt sein müssen, dass sie "rechtzeitig", also "pünktlich" (R. Englert) kommen.[322] Das ist auch so zu verstehen, dass religiöse Lernprozesse die Entwicklungsphasen der Subjekte religiösen Lernens berücksichtigen müssen. Nur da, wo der Verlauf und die Bedingungen glaubensgeschichtlicher Entwicklungen zur Geltung kommen, nur da kann überhaupt von der Möglichkeit ausgegangen werden, dass ein Lernprozess in Gang kommt.[323] Das heißt, dass man den Konstruktionsprozess der Subjekte des Glaubens wahrnehmen und die Art und Weise kennen muss, wie in der jeweiligen Lebensphase konstruiert wird. Das gilt nicht nur für die individuelle Glaubensgeschichte, sondern

---

[320] Vgl. z. B. Jean-Paul Caussade, Hingabe an Gottes Vorsehung; oder Madeleine Delbrêl, auf die gerade in der letzten Zeit wieder aufmerksam gemacht wurde: Vgl. Schleinzer, A., Die Liebe ist unsere einzige Aufgabe; vgl. Boehme, K., Gott aussäen.

[321] Vgl. Mollenhauer, K., Zeitschemata, 107-128.

[322] Vgl. Englert, R., Glaubensgeschichte und Bildungsprozeß, 12-29.

[323] Aus der vielfältigen Literatur zu diesem Thema soll exemplarisch zitiert werden: Schweitzer, F., Lebensgeschichte und Religion, 216-263; Fowler, J. W., Stufen des Glaubens, 136-323; Oser, F./Gmünder, P., Der Mensch — Stufen seiner religiösen Entwicklung; Oser, F./Reich K. H. (Hg.), Eingebettet ins Menschsein; Wagener, H.-J., Entwicklung lebendiger Religiosität.

ebenso für die "soziale Glaubensgeschichte", die in ihrer Gewordenheit und jeweiligen Gestalt sowie prägenden Kraft berücksichtigt werden muss.

4.4   Den Glauben kommunizieren

Ein weiterer Gedanke, dem sich die Perspektive des mystagogischen Lernens verdankt, ist die Frage, wie es dazu kommen kann, dass Religion und Glauben nicht in den Raum des "Privaten" abgedrängt werden, sondern kommunikabel bleiben. Rudolf Englert konstatierte, dass die Tendenz zur Individualisierung und zur Privatisierung von Religion letztendlich auch die Gefahr mit sich bringe, dass Menschen ihren Lebensglauben ganz ins *"privatissimum"* einschließen.[324] Je weniger über den Glauben kommuniziert wird, desto wahrscheinlicher ist es, dass Menschen an Sprachvermögen einbüßen und das, was über das Vorfindliche hinausgeht und den Einzelnen im Leben trägt und hält, kaum noch benennen können.

Daran knüpfen sich mehrere Überlegungen an. Zum einen wird hier nochmals der Gedanke angesprochen, der schon im Zusammenhang mit der Bedeutung der christlichen Tradition für das mystagogische Lernen bedacht wurde. Dort wurde deutlich, dass christliche Tradition, will sie etwas zur Lebensdeutung und Lebensorientierung der Subjekte des Glaubens beitragen, ihre Relevanz als Interpretationspotenzial für die Lebenswelt beweisen muss. Das aber ist nur möglich, wenn sie diskursfähig bleibt, wenn sie als "Sprachvermögen" auf dem "Markt der Sinndeutungen" präsent ist und zugleich zeigt, was sie als Sinndeutungs- und Sinnausdruckspotenzial leisten kann. Zum anderen muss christliche Tradition so zur Sprache kommen, dass man ihrem eigenen Sinngefüge Rechnung trägt und sie als differenzierter Klangraum verstehbar wird, in dem die verschiedenen Klänge der Wahrheiten des christlichen Glaubens als aufeinander verwiesen wahrgenommen werden. Den christlichen Glauben zu kommunizieren heißt also, diesen beiden Anliegen nachzukommen. Das wiederum legt folgende Wege der Glaubenskommunikation, hier bezogen auf Gotteserfahrung, nahe.

Es geht zum einen darum, dass individuelle Grenzerfahrung, die eventuell auch zur Gotteserfahrung geworden ist, in "Kontakt" kommt mit den Glaubenserfahrungen der Alten, der Tradition, und sich im Hin- und Herbewegen, im Hin- und Herbegegnen vergewissert, was die eigenen Grenz- bzw. Gotteserfahrungen ausmacht und wo sie ergänzt und erweitert werden müssen im Hinblick auf ein je befreiteres Gottesbild und einen je hilfreicheren Lebensglauben. Den bibli-

---

[324]   Englert, R., Skizze einer pluralitätsfähigen Religionspädagogik, 100.

schen Zeugnissen und der Auseinandersetzung mit ihnen kommt dabei besonderes Gewicht zu.[325]

Zum anderen heißt das, dass der Kontakt mit anderen Glaubenserfahrungen ein Sprachpotenzial bietet, eigene Erfahrungen auszudrücken, ins Wort, ins Symbol bzw. in den kreativen Ausdruck zu bringen. Mit anderen Worten bedeutet das, dass sich eine religionspädagogische Aufgabe darin formuliert, zu Erfahrens- und Verstehensweisen zu befähigen, die intersubjektives Verstehen beanspruchen können, und zwar auch für den Bereich des Glaubens.

Damit hängt ein weiterer Gedanke zusammen, der in der Reflexion auf das Traditionsverständnis des mystagogischen Lernens schon aufgegriffen wurde. Der Ansatz des mystagogischen Lernens geht davon aus, dass es eine Verwobenheit gibt zwischen individueller Religiosität und einer Religiosität, die durch die Tradition transportiert wird.

Das heißt, dass sich die eigene Religiosität — sei es bewusst oder unbewusst — immer auch Sprachspiele, Gedanken, Vorstellungen bedient, die sie einem brain-trust entliehen hat, der auch durch die abendländisch-christliche Tradition geprägt ist.[326] Diese Verwobenheit sowohl in sprachlicher Hinsicht als auch hinsichtlich der gemachten Erfahrungen positiv aufzugreifen, und das bedeutet, sie wertschätzend wahrzunehmen, ist einer der Ansatzpunkte mystagogischen Lernens. Es versucht, die in den Erfahrungen "verarbeitete" Tradition des christlichen Glaubens aufzudecken, dazu zu provozieren, sie als Sprachschatz auch für die Artikulation der eigenen Glaubenserfahrungen zu verwenden, um sowohl in den eigenen existentiellen Fragen weiterzukommen als auch die Erfahrungen, die sozusagen in der Tradition geronnen sind, wieder neu lebendig werden zu lassen.

Der theologische Grund für dieses Denken wurde weiter oben herausgearbeitet.[327] Die Verhältnisbestimmung von übernatürlichem Existential und Selbstmitteilung Gottes und damit die Beziehung von Gotteserfahrung und Glaubens-

---

325 Das findet auch in der aktuellen Gewichtung bibeldidaktischer Studien in der religionspädagogischen Literatur einen Ausdruck. Vgl. dazu in Auswahl: Bee-Schroedter, H., Neutestamentliche Wundergeschichten im Spiegel vergangener und gegenwärtiger Rezeptionen; Bucher, A. A., Gleichnisse verstehen lernen; ders., Verstehen postmoderne Kinder die Bibel anders?; ders./Oser F., "Wenn zwei das gleiche Gleichnis hören ..."; Kropac, U., Bibelarbeit als Dekonstruktion; ders., "Da rang mit Jakob ein Mann ..." ; Lämmermann, G./Morgenthaler, Ch./Schori, K. u. a. (Hg.), Bibeldidaktik in der Postmoderne; Meurer, Th., Begegnung mit dem fremden Bibel; ders., Bibeldidaktik als ästhetische Rekonstruktion; Schweitzer, F., Kinder und Jugendliche als Exegeten?; ders., Die Konstruktion des Kindes in der Bibeldidaktik; Wegenast, K./Wegenast, Ph., Biblische Geschichten dürfen auch "unrichtig" verstanden werden.

326 Vgl. dazu die Ausführungen zum sogenannten "Struktur-Konzept" in dieser Studie, sowie die Arbeiten am Würzburger Lehrstuhl für Religionspädagogik zur Abduktion: Prokopf, A./Ziebertz, H.-G., Abduktive Korrelation, 19-50; Ziebertz, H.-G./Heil, S./Prokopf, A. (Hg.), Abduktive Korrelation.

327 Vgl. Erster Teil, Drittes Kapitel, 3.5.1, 143-146.

botschaft, wie sie Karl Rahner vorgenommen hat, verdeutlicht, dass Tradition und Situation im Sinne einer Einheit-In-Verschiedenheit zu verstehen sind. Sie sind nicht als voneinander unabhängige Größen zu denken, die erst im Nachhinein zueinander vermittelt werden. Tradition und Situation, Gotteserfahrung und Glaubensbotschaft, Gott und Mensch, werden vielmehr als Einheit verstehbar, wenn auch in Unterschiedenheit, so dass gilt, die Verwiesenheit beider als grundsätzliche anzunehmen (wenngleich die Verwiesenheit Gottes auf den Menschen als von ihm gewollte und gesetzte zu deuten ist) und zu versuchen, sie durch den konkreten Ausdruck, also durch Kommunikation im weiten Sinn, zu gestalten.

Der christliche Glaube kommt in diesem Sinn sowohl als Ausdruckspotenzial von Erfahrungen als auch als Deutepotenzial für Erfahrungen in den Blick. Das kann deshalb gelingen, weil die christliche Tradition selbst als verdichtete Erfahrung von Menschen mit Gott wahrgenommen wird.

Insgesamt wird damit versucht, dem Fremdwerden der christlichen Semantik in der gegenwärtigen Lebenswelt Rechnung zu tragen. Tradition gilt nicht mehr unangefragt, sondern muss sich im kritischen Diskurs, in einem ständig zu leistenden Interpretations- und kreativen Transformationsprozess als Interpretationspotenzial von Erfahrungen erweisen. Christlichen Glauben zu kommunizieren, heißt deshalb, ihn als relevant für die eigene Lebensdeutung und Lebensgestaltung zu erweisen. Das bedeutet aber auch, den Niederschlag von Erfahrungen, die in ihm transportiert werden, in ihrer Verwobenheit ineinander und Verwiesenheit aufeinander aufscheinen zu lassen.

4.5   Pluriforme Sprachfähigkeit kultivieren

Das Postulat, den christlichen Glauben als Ausdrucks- und Deutepotenzial von Erfahrungen einzubringen, lenkt den Blick auf die Bedeutung der Kommunikation von Religion und christlichem Glauben. Auch wenn diese hier nur angesprochen werden kann, soll zumindest das Desiderat deutlich werden, dass Glaube kommunikabel bleiben muss, will er zur Lebensorientierung und Lebensdeutung beitragen. Das heißt, dass die Subjekte des Glaubens fähig sein müssen, eigene Erfahrungen, in denen sie an Gott rühren, auszudrücken wie auch Erfahrungen anderer verstehen zu können.

Entgegen einer Tendenz, die Religion ins Privatissimum drängt und damit auf die Sprachlosigkeit eingrenzt,[328] setzt religiöse Bildung darauf, eine Sprachfähigkeit in Bezug auf den Glauben einzuüben. Entsprechend dem "Wittgensteinschen Gebrauchsargument", das darauf aufmerksam macht, dass sich die Be-

---

[328]   Vgl. Englert, R., Skizze einer pluralitätsfähigen Religionspädagogik, 100.

deutung eines Wortes durch seinen Gebrauch in der Sprache ergibt,[329] ist religiöse Bildung darauf bedacht, den Glauben ins "Sprechen" und damit in "den Gebrauch" zu bringen, um so seinen Gehalt und seine Relevanz für die Menschen verfügbar zu halten.

Dabei ist zu bedenken, dass religiöses Sprechen auf performative, selbstimplizierende und expressive Sprechakte angewiesen ist. Performative und selbstimplizierende Sprechakte vollziehen Handlungen z. B. des Bekennens, des Lebens, in denen der Sprecher mit seiner Person selbst involviert ist. Durch den sprachlichen Ausdruck wird eine Handlung vollzogen und Wirklichkeit gesetzt.[330] Ein solches Sprechen ist erfahrungsgesättigt und drückt innere Affinitäten des Sprechenden zum Gesagten bzw. Geschriebenen aus.[331]

Religiöse Erziehung und Bildung und damit auch mystagogisches Lernen muss es darauf anlegen, neben konstatierendem, lehramtlichem oder fachtheologischem Sprechen auch Sprechakte einzuüben, in denen die Sprechenden in ihrer Erfahrungswelt zum Ausdruck kommen und durch das Ausdrücken ihrer Erfahrungen Handlungen setzen.

Das bedeutet, dass religiöse Erziehung und Bildung darauf zielen muss, dem Einzelnen ein Sprachpotenzial zu eröffnen, das ihm hilft, seine alltäglichen Erfahrungen, seine Fragen nach dem Woher und Wohin, nach dem Sinn und dem, was über das Vorfindliche hinausgeht, auszudrücken sowie fähig zu werden, vorgegebene Erfahrungen von Religion — sei es durch die Tradition, sei es durch Erfahrungen anderer — zu erfassen.

4.6   Subjektorientierung als Prinzip mystagogischen Lernens

Man kann sagen, dass seit Mitte der 1980er Jahre das Prinzip der Schülerorientierung (als eine bestimmte Weise der Subjektorientierung) im Prinzip der Erfahrungsorientierung aufgegangen ist. Damit wurde eine verkürzende Sicht, die Schülererfahrungen gegen Glaubenserfahrungen der Schrift oder der Tradition ausspielte, aufgehoben.[332] Was aber Erfahrungsorientierung bedeutet, und welches Profil sich daraus für das mystagogische Lernen ergibt, wurde schon eingehend behandelt.[333]

Im Folgenden geht es nicht darum, den religionspädagogischen Diskurs um die Subjektorientierung in seinen einzelnen Differenzierungen aufzurollen. Das geschah zum einen schon andernorts[334] und ist zum andern für den hier zu erör-

---

329   Vgl. Wittgenstein, L., Philosophische Untersuchungen 43 (Schriften 1, 311).
330   Vgl. Ernst, P., Germanistische Sprachwissenschaft, 241-243.
331   Vgl. dazu Wagner, K. R., Pragmatik, 122f.
332   Vgl. Rothgangel, M./Hilger, G., Schüler, Schülerorientierung, 1934.
333   Vgl. dazu Dritter Teil, 1.1-1.6, 285-331.
334   Vgl. z. B. Luther, H., Religion und Alltag, 62-87; vgl. Goßmann, K., Identität und Verständigung, 252-265; vgl. Mette, N., Religionspädagogik, 156-160.

ternden Gedanken nur insofern relevant, als die Akzentuierungen deutlich werden, auf die sich das mystagogische Lernen bezieht.

4.6.1 Subjektwerdung als Ziel von Bildung — Einige Akzentuierungen

Mystagogisches Lernen verpflichtet sich einem Bildungsgedanken, der die Subjektwerdung des Menschen in den Mittelpunkt stellt. Es geht um die Frage, wie die gegebenen Verhältnisse so anzulegen sind, dass sie dem Einzelnen helfen, zum mündigen und verantwortlichen Gestalter seiner Geschichte und schließlich der Gesellschaft zu werden.[335] Die seit der Aufklärung sich abzeichnende Option, den Wert und die Würde des Individuums zu verteidigen, hat schließlich in dem von Immanuel Kant geäußerten Gedanken einen Niederschlag gefunden, den Menschen nicht als "Mittel", sondern als "Zweck an sich" zu verstehen.[336] Es geht darum, den Menschen als Menschen zu würdigen und zu fördern, ohne ihn durch Funktionen zu verzwecken, die von außen an ihn herangetragen werden.

Die Vernunfttätigkeit des Menschen und ihre Förderung spielte dabei eine besondere Rolle. Es ging darum, das Autonomiebestreben des Menschen, das ihn gegenüber vereinnahmenden Einflüssen schützt, zu fördern und so das Fundament für ein neues soziales Miteinander zu schaffen. Gerade die Kantsche Formulierung einer Handlungsnorm, die garantiert, dass der andere niemals zum Mittel degradiert,[337] stellt sicher, dass die Selbstbestimmung nicht zum Solipsismus verkehrt, sondern auf ein gutes Zusammenleben ausgerichtet bleibt. Subjektwerden bedeutet in diesem Sinn, so handeln und sich verhalten zu lernen, dass der andere als auch man selbst je freier wird, das Gute zu verwirklichen.

Für Erziehungs- und Bildungsprozesse ergibt sich das Postulat, alle pädagogischen Einflüsse sowohl auf dieses Ziel auszurichten, als sie von ihnen her bestimmen zu lassen. Konkret heißt das z. B. für mystagogische Lernprozesse, dass das Ziel, nämlich aufmerksam für Gotteserfahrungen zu werden, sich auch in den Lernwegen widerspiegeln muss. Lernwege dürfen dieses Ziel niemals erzwingen oder irgendwie verordnen. Sie müssen vielmehr zeigen, dass der Mensch nicht als Mittel, sondern als Zweck an sich zu verstehen ist.

Ursula Peukert hat in diesem Zusammenhang vorgeschlagen, dass unterrichtliche Kommunikation so angelegt sein muss, dass sie sozusagen im "Vorgriff"

---

[335] Vgl. Mette, N., Religiöse Bildung zwischen Subjekten und Strukturen, 33.

[336] Vgl. Kant, I., Grundlegung zur Metaphysik der Sitten, 429 (Philosophische Bibliothek 41, 51f).

[337] Kant, I., Grundlegung zur Metaphysik der Sitten, 429 (Philosophische Bibliothek 41, 51f).

auf die noch zu erwerbende Autonomie von Heranwachsenden diese schon durch die Art und Weise der Kommunikation ausdrückt.[338]

Das entspricht zutiefst dem christlichen Menschenbild, das von der Würde jedes Einzelnen ausgeht, den Gott beim Namen gerufen und zur Freiheit der Kinder Gottes berufen hat. Es geht darum, den Beitrag, den Religion zu dieser Subjektwerdung leisten kann, einzubringen.[339]

4.6.2 Theologische Begründungen der Subjektorientierung — Einige Akzentuierungen

Der christliche Glaube stellt einen Gott vor, der selbst Beziehung ist und als solcher den Menschen in Freiheit geschaffen hat. Die Beziehung Gottes zum Menschen ist also grundsätzlich als freie, geschenkte und nicht von irgendwelchen Zweckrationalismen einholbare zu denken. In dieser freien Beziehung ist der Mensch nach jüdisch-christlicher Vorstellung aufgerufen, als gottebenbildlich geschaffen immer mehr in die Gottähnlichkeit hineinzuwachsen.[340]

In der Theologiegeschichte wurde dieser Gedanke in der Diskussion um den Personbegriff ausgeführt. Ohne diesen Diskurs hier entfalten zu können, soll doch so viel festgehalten werden: Das Gottes- und Menschenbild des christlichen Glaubens geht vom Einzelnen und nicht von einem sozialen Gebilde aus. Gott hat jeden beim Namen gerufen, so dass jeder Einzelne als von Gott schon seit jeher angenommenes Wesen einen Wert und eine Würde hat. Das ist nicht von äußeren Gegebenheiten abhängig, von Gesundheit oder Krankheit, von Leistungsfähigkeit oder irgendeinem anderen Nutzen. Die Würde des Menschen ergibt sich aus der Beziehung Gottes zum Menschen und ist von unermesslichem und unbedingtem Wert. Darin drückt sich die Geheimnishaftigkeit und Nichtauslotbarkeit Gottes wie auch des Menschen aus.

Zugleich redet der christliche Personbegriff mit seiner Betonung des Einzelnen nicht einer solipsistischen Verengung des Menschen das Wort. Das Personsein des Menschen ergibt sich aus der von Gott her eröffneten Beziehung und ist deshalb schon immer auf das Du Gottes verwiesen. Dieses aber wird erfahrbar im Du des Mitmenschen wie auch im Gegebensein der Mitwelt. So meint Personsein also auch, in Beziehung zu stehen und Beziehung zu gestalten. Mit

---

338 Vgl. Peukert, U., Interaktive Kompetenz und Identität, 53f.
339 Vgl. Luther, H., Religion und Alltag, 12.
340 In der Vätertheologie spielte in diesem Zusammenhang die Auslegung von Gen 1,26 eine große Rolle. In der Unterscheidung von Gottebenbildlichkeit (imago) und Gottähnlichkeit (similitudo) sahen sie einen Hinweis darauf, dass der Mensch schon als gottebenbildlich geschaffen ist, dass er aber zugleich noch darauf hinwachsen muss, der zu werden, als den ihn Gott gedacht hat. In der gegenwärtigen Theologie wird dieser Gedanke z. B. in der sogenannten "soul-making-theodicy" aufgegriffen: Vgl. z. B. Hick, J., Response to Mesle, 118.

anderen Worten wohnt der Zusage, dass der Mensch Person ist, auch der Anspruch inne, Person zu werden, das heißt, sich durch Beziehung gestalten zu lassen und Beziehungen zu gestalten.

Deshalb ist dem Plädoyer Johann Baptist Metz' zuzustimmen, der dafür plädiert, die Rede vom Subjektsein mit derjenigen des Subjekt-werdens zu ergänzen.[341] Für religiöse Lernprozesse heißt das, dass religiöse Bildung unter das Ziel der Subjektwerdung zu stellen ist.[342]

Das hat Auswirkungen auf die Gestaltung religiöser Lernprozesse. Gerade in den letzten Jahren wurde deshalb eine Weise von Didaktik ausgearbeitet, die Lernen und Lehren nicht mehr als Vermittlungsdidaktik begreift, sondern als Aneignungsdidaktik entwirft. Was damit gemeint ist, soll im Folgenden näher erklärt werden, wenn davon die Rede ist, dass Lernen und Wirklichkeitsaneignung in einer konstruktivistischen Perspektive verstanden werden.

4.6.3   Religiöses Lernen und Subjektorientierung

Wie oben schon angedeutet wurde, sind die wesentlichen Charakteristika, die mit dem Stichwort der Subjektorientierung verbunden sind, im Prinzip der Erfahrungsorientierung aufgehoben. Dennoch garantiert das Prinzip der Subjektorientierung und bringt sozusagen als bleibende Qualität in Bezug auf die Erfahrungsorientierung ein, dass alle Bemühungen religiösen Lernens von den Subjekten des Glaubens her zu entwerfen sind. Das bedeutet, dass der aktive Konstruktionsprozess der Lernenden im Vordergrund steht bzw. die Frage, wie dieser initiiert und gefördert werden kann.

Was mit konstruktivistischer Perspektive im Folgenden gemeint ist und welche theoretischen Annahmen diese enthält, soll in einem Exkurs skizziert werden. Dabei spielen die Begriffe Konstruktion, aktiver Prozess, Rekonstruktion und Irritation eine Rolle.[343] Auch an dieser Stelle kann wiederum keine differenzierte Analyse geleistet werden, was sich im wissenschaftlichen Diskurs unter diesen Phänomenen zu erkennen gibt. Das würde den Rahmen und die Fragestellung

---

[341]   Metz, J. B., Glaube in Geschichte und Gesellschaft, 42f.57-59.

[342]   Vgl. Hilger, G./Ziebertz, H.-G., Wer lernt?, 156f; vgl. Mette, N., Religionspädagogik, 131-134; Der Religionsunterricht in der Schule 2.3.4 (Gesamtausgabe 135): "Es muß demnach Religionsunterricht in der Schule geben, ... weil die Schule dem jungen Menschen zur Selbstwerdung verhelfen soll. ..."; vgl. Die bildende Kraft des Religionsunterrichts, 26-29; vgl. Grundlagenplan, 17.

[343]   Kersten Reich, Systemisch-konstruktivistische Pädagogik, 118-145, hat dazu den Dreischritt von Konstruktion, Rekonstruktion und Dekonstruktion vorgeschlagen. Weil aber durch die Theorien Derridas das Phänomen der Dekonstruktion ein weitreichenderes darstellt, als im System Reichs verwendet (auch wenn Reich anmerkt, dass er teilweise auf den Dekonstruktivismus bei Derrida zurückgreift: Vgl. Reich, K., Systemisch-konstruktivistische Pädagogik, 121, Anm. 3), werde ich im Folgenden an dieser Stelle von "Irritation" sprechen.

der vorliegenden Arbeit bei weitem sprengen.[344] Es sollen aber zumindest die wichtigsten Akzente herausgearbeitet werden, die aufzeigen helfen, was Subjektorientierung im Sinne des mystagogischen Lernens meint.

Konstruktion als Weise des Umgehens mit Wirklichkeit
Wenn man Lernen und Lehren bzw. den Aufbau von Wissen als Konstruktion versteht, dann verändert das herkömmliche Vorstellungen von Unterricht und Lernen so sehr, dass man von einem Perspektivenwechsel sprechen kann.[345] Lernen wird nicht mehr als Vermittlung, sondern als Aneignungsprozess bzw. als Konstruktion gesehen.[346] Mit dem Begriff der Konstruktion ist in diesem Zusammenhang ausgesagt, dass Wirklichkeit vom Subjekt entworfen wird und abhängig ist von den Wahrnehmungsweisen, den Vorstellungen, Werturteilen des Subjektes und auch den Kontexten, in denen sich das Subjekt bewegt. Bezogen auf das Verständnis von Lernen heißt das, dass Lernen als subjektabhängige Konstruktion von Wirklichkeit charakterisiert werden kann. Objektive Wirklichkeit gibt es in der Sicht sogenannter radikaler Konstruktivisten nicht, nur eine intersubjektive, die dadurch entsteht, dass Menschen sich auf das verständigen, was gilt.[347] Es geht also mit anderen Worten darum, dass erst unsere Wahrnehmung den Sinneseindrücken eine Gestalt verleiht. Verständigung geschieht dort, wo es möglich ist, eigene Interpretationen mit anderen zu teilen und somit ein Stück "geteilter Wirklichkeit" zu gewinnen.[348] Konstruktionen ereignen sich demnach in sozialen Kontexten als Ko-Konstruktionen und müssen sich hier bewähren.[349] Dies ist ein andauernder Prozess, weil Interpretationen von Wirklichkeit immer wieder daraufhin überprüft wer-

---

[344] Auch wenn es einzelne Vorgänger gibt, wie z. B. Hiller, G. G., Konstruktive Didaktik, der schon 1973 im Zusammenhang mit dem CIEL-Projekt (Curriculum Integrierte Elementarerziehung) den Konstruktivismus für die Didaktik thematisierte, wurden erst seit den 1990er Jahren theoretische Grundlagen konstruktivistischen Argumentierens in der Didaktik formuliert. Grundlegende Arbeiten dazu sind: Siebert, H., Lernen als Konstruktion von Lebenswelten; Glasersfeld, E. v., Aspekte einer konstruktivistischen Didaktik; ders., Radikaler Konstruktivismus; Müller, K. (Hg.), Konstruktivismus; Reich, K., Systemisch-konstruktivistische Pädagogik; Kösel, E., Subjektive Didaktik. Vgl. in diesem Zusammenhang auch das Themenheft "Pädagogik und Konstruktivismus" der Zeitschrift Pädagogik 50 (1998), H.7/8 oder den Thementeil "Konstruktion von Wissen" ebenfalls in der Zeitschrift Pädagogik 47 (1995), H. 6. In der Religionspädagogik wird der Konstruktivismus als Theorie religiösen Lernens und Lehrens erst in der letzten Zeit aufgenommen. Vgl. dazu Mendl, H., Konstruktivismus, pädagogischer Konstruktivismus, konstruktivistische Religionspädagogik, 21-23; vgl. dazu auch Mendl, H. (Hg.), Konstruktivistische Religionspädagogik.

[345] Gerhard Büttner, Wie kommen Glaubensvorstellungen in unsere Köpfe?, 31, geht davon aus, dass der Schritt in Richtung Konstruktivismus in der Religionspädagogik auch mit dem durch die EKD-Synode geforderten Perspektivenwechsel zu tun hat, die diesen zugunsten der kindlichen Sichtweise angemahnt hatte. Vgl. dazu Stoltenberg, A., Perspektivenwechsel, 236-240.

[346] Vgl. Büttner, G., Wie könnte ein "konstruktivistischer" Religionsunterricht aussehen?, 159; vgl. Terhart, E., Konstruktivismus und Unterricht, 637.

[347] Auch der Radikale Konstruktivismus ist allerdings kein simpler Solipsismus. Hier wird nur vertreten, dass alles, was der Mensch von der äußeren Realität weiß, eine Konstruktion ist. Vgl. Terhart, E., Konstruktivismus und Unterricht, 632.

[348] Vgl. Büttner, G., Wie kommen Glaubensvorstellungen in unsere Köpfe?, 30; vgl. ders., Wie könnte ein "konstruktivistischer" Religionsunterricht aussehen?, 158f; vgl. Hilger, G./Ziebertz, H.-G., Allgemeindidaktische Ansätze, 97.

[349] Vgl. Terhart, E., Konstruktivismus und Unterricht, 632.

den müssen, inwieweit sie passen, also viabel sind, bzw. wo sie als die Wirklichkeit unzureichend erfassend entlarvt und damit korrigiert werden müssen.[350] Insgesamt kann es damit weder einen sicheren Anfang noch ein sicheres Ende von Erkenntnis geben.[351] Argumentierend mit gehirnphysiologischen Theorien, die das Gehirn als System zeichnen, das Sinnesreize nach eigenen Wahrnehmungsmustern und Kriterien ordnet,[352] und systemtheoretischen Überlegungen,[353] wird auch Lernen als subjektive Konstruktion verstanden.[354]

Eine weitere Konsequenz des Konstruktivismus in seiner radikalen Form ist die Aussage, dass es keine Religion in einem objektiven Sinn gibt. Religiöse Tradition hat keinen eigenen Wert, sondern wird nur insofern relevant, als der Mensch in ihr Momente findet, die sich für ihn als Religion abzeichnen.[355]

Weniger extreme Varianten gehen von einer Wechselbeziehung zwischen den "erkennenden Subjekten" und "außer-subjektiven Realitäten" aus. Eine individual-konstruktivistische Sicht wird mit einer sozial-konstruktivistischen verbunden.[356] Übertragen auf den religionspädagogischen Kontext zeigt sich diese gemilderte konstruktivistische Perspektive in dem Desiderat, SchülerInnen nicht als Objekte einer zu vermittelnden Botschaft oder eines zu lernenden Inhalts zu verstehen, sondern sie als aktive Subjekte zu begreifen, die selbst "religiösen Sinn" konstruieren.[357]

Dieses Moment charakterisiert auch das mystagogische Lernen. Es geht darum, die lebensweltlichen Äußerungen, die die Einzelnen tätigen, in ihrem konstruktivistischen Charakter zu erkennen. Das heißt wahrzunehmen, wo aktiv vorgestellt, gedacht, analysiert und synthetisiert wird. In einer konstruktivistischen Didaktik, wie sie hier zugrunde gelegt und für das mystagogische Lernen proklamiert wird, wird danach gefragt, wie die Subjekte des Lernens bzw. des Glaubens mit Welt umgehen und wie sie die Tie-

---

[350]   Vgl. Büttner, G., Wie kommen Glaubensvorstellungen in unsere Köpfe?, 30. Auch die Ergebnisse des Entwicklungspsychologen Jean Piaget verweisen in diese Richtung. Er versteht die Auseinandersetzung des Erkenntnisapparates mit der Welt als Äquilibrationsprozess, der einen Ausgleich zwischen den vorhandenen Schemata und der Wirklichkeit erfordert. Das kann einmal heißen, dass die Schemata geändert werden. Das kann ein andermal heißen, dass die Sinneswahrnehmungen an die Schemata assimiliert werden. Vgl. dazu Glasersfeld, E. von, Piagets konstruktivistisches Modell, 16-42. Dieses Modell des Verstehens von Wirklichkeit hat vor allem in der Mathematik und den Naturwissenschaften Aufnahme gefunden. Vgl. dazu Duit, R., Zur Rolle der konstruktivistischen Sichtweise in der naturwissenschaftlichen Lehr- und Lernforschung, 905-923. Letztlich geht es deshalb bei Theorien darum, welche Leistungsfähigkeit sie bezogen auf ein konkretes Problem haben und nicht mehr, welchen Wahrheitsgehalt sie transportieren. Vgl. dazu Klewitz, E., Verwirrendes Wissen, 57-69.

[351]   Vgl. Terhart, E., Konstruktivismus und Unterricht, 632.

[352]   Vgl. z. B. Roth, G., Das Gehirn und seine Wirklichkeit; vgl. dazu Terhart, E., Konstruktivismus und Unterricht, 633; vgl. Büttner, G., Wie kommen Glaubensvorstellungen in unsere Köpfe?, 30; vgl. Roth, G., Erkenntnis und Realität, 229-255; vgl. Büttner, G., Wie könnte ein "konstruktivistischer" Religionsunterricht aussehen?, 158.

[353]   Vgl. z. B. Luhmann, N., Soziale Systeme.

[354]   Vgl. Terhart, E., Konstruktivismus und Unterricht, 635f; vgl. Weinert, F. E., Lerntheorien und Instruktionsmodelle, 1-48; vgl. ders., Für und Wider die "neuen Lerntheorien", 1-12.

[355]   Vgl. Hilger, G./Ziebertz, H.-G., Allgemeindidaktische Ansätze, 98.

[356]   Vgl. dazu die Ausführungen des Neutestamentlers Peter Lampe, Wissenssoziologische Annäherungen an das Neue Testament, 347-366, die er dem Wissenssoziologie entnimmt. Auch er fragt danach, wie eine soziale, intersubjektive Wirklichkeit zustande kommen kann.

[357]   Vgl. Hilger, G./Ziebertz, H.-G., Allgemeindidaktische Ansätze, 98.

fendimension von Welt (Religion) erfassen. Für das mystagogische Lernen heißt das, Räume und Zeiten zu eröffnen, in denen die Einzelnen dieser Tiefendimension von Wirklichkeit auf die Spur kommen und diese Konstruktion mit der Gottesvorstellung des jüdisch-christlichen Glaubens in einen Dialog bringen können. Weil Lernprozesse immer von den Lernbedingungen der Lernenden ausgehen müssen, heißt das für mystagogische Lernprozesse, nach solchen "qualifizierten" Orten Ausschau zu halten, die jeden Menschen zu einer Stellungnahme herausrufen und denen auch das Potenzial innewohnt, bisherige Erklärungsschemata von Wirklichkeit umzubauen. Das aber ist vor allem in Krisensituationen der Fall, so dass sich auch von diesem Gesichtspunkt her, Leiderfahrungen zu thematisieren, als besonders geeignet für mystagogische Lernprozesse erweist.

Zur Bedeutung des aktiven Momentes der Konstruktion
Neben der Charakterisierung von Religion und theologischer Produktivität als Konstruktion bzw. Ko-Konstruktion zeigt die konstruktivistische Perspektive noch einen weiteren für religiöse Bildungsprozesse wichtigen Aspekt. Lernen wird konsequent als Selbsttätigkeit verstanden und zeigt sich als aktiver Prozess.[358] Es geschieht individualisiert und braucht von daher auch einen Rahmen, der es zumindest ermöglicht, dass Lernende je ihre Konstruktion von Wirklichkeit finden. Das hat Auswirkungen auf die Raumgestaltung, wie auf den Umgang mit Zeit. Das hat auch Konsequenzen für die Lernwege, die vielgestaltig, weil individualisiert angelegt, sein müssen, um die unterschiedlichen Vermögen des Menschen anzusprechen. Außerdem sollen sie einen Kommunikationsraum eröffnen, in dem sich die Einzelnen über ihre Konstruktionen austauschen und diese dadurch wiederum weiten können. Das heißt auch, dass der Verlauf und das Ergebnis von Lernprozessen nicht völlig vorhersehbar ist.[359]

Rekonstruktion als Weise des Umgehens mit Wirklichkeit
Anders als in der radikal konstruktivistischen Perspektive wird in dieser Studie die Aneignung von Wirklichkeit nicht nur als Konstruktion, also als allein vom Subjekt her zu leistender und damit je neu zu erfindender Prozess verstanden, sondern als Wechselspiel von Konstruktion und Rekonstruktion. Das heißt, dass das Subjekt auch auf bereits existierende "Sprachen" und Verstehensweisen von Wirklichkeit zurückgreift und sie in seinem Konstruktionsprozess als konstitutive Momente verwendet.
Das gilt ebenso in Bezug auf die tradierten Symbolsysteme der Religionen. Auch sie enthalten Deutungen und Interpretationen von Wirklichkeit, die re-konstruiert werden müssen, wenn man ihre Relevanz für die eigene Weltsicht befragen will.[360] "Tradition" und speziell "religiöse Tradition" kann zum Stimulus werden, eigene Konstruktionen von Religion zu entwickeln oder auch nur zum Moment, das in die eigenen Konstruktionen integriert wird. Damit wird die Wahrheitsfrage, die im radikalen Konstruktivismus verabschiedet wurde, wieder eingeholt. Religiöse Konstruktionen müssen sich immer auch auf ihre intersubjektive Gültigkeit hin befragen lassen. Das bedeutet im Verständnis des Konstruktivismus, das dieser Studie zugrunde liegt, ebenso in die Kommunikation mit der Tradition des christlichen Glaubens zu treten.[361]

---

[358] Vgl. Dubs, R., Konstruktivismus, 890.
[359] Vgl. dazu Mendl, H., Konstruktivismus und Religionspädagogik, 176; vgl. ders., Religiöses Lernen als Konstruktionsprozess, 150f.
[360] Vgl. Hilger, G./Ziebertz, H.-G., Allgemeindidaktische Ansätze, 98f.
[361] Dieses Thema wird beispielsweise aufgenommen von Ammermann, N., Wahrheit und Sinn als Konstruktdimensionen des Religionsunterrichts, 51-66, allerdings in einem an-

Im religionspädagogischen Kontext wird vor allem diese Variante des Konstruktivismus aufgegriffen.[362] Es geht darum, die Eigenaktivität und die Konstruktionsleistung der Lernenden anzuerkennen, diesen Prozess zugleich aber durch Momente der Tradition anzureichern. Das kann, wie gesagt, geschehen, indem Tradition zum Inspirator eigener religiöser Konstruktionen wird bzw. zur Möglichkeit, eigene Konstruktionen zu weiten, zu tiefen oder auch zu korrigieren. Das kann aber auch bedeuten, in den eigenen Konstruktionen auf die "Versatzstücke" aufmerksam zu werden, die aus der Tradition genommen und dann weitersynthetisiert werden.[363]

Insgesamt wird in dieser gemäßigten Form also anerkannt, dass es Phänomene als etwas Vorgegebenes und Eigenes gibt. Es wird aber genauso deutlich, dass diese Phänomene nur als gedeutete für das Subjekt zugänglich sind.[364] Deshalb bedarf es einer Interaktion zwischen Subjekt und Phänomen, zwischen Subjekt und Subjekt und auch zwischen Subjekt, Gesellschaft und Kultur, die mit anderen Worten als Kommunikationsprozess unterschiedlicher Konstrukteure von Wirklichkeit bezeichnet werden kann.

Irritation von rekonstruierter Wirklichkeit

Mit dem Moment der Irritation wird darauf aufmerksam gemacht, dass selbst in so prozesshaften Weltvorstellungen wie sie in der konstruktivistischen Perspektive gegeben sind, die Gefahr nicht gebannt ist, in den getätigten Konstruktionen zu verharren.[365] Das Moment der Irritation arbeitet hier dagegen.

Gerade aus theologischer Sicht, in der das Utopische des Reiches Gottes als Korrektur gegenwärtiger Gegebenheiten zu lesen ist, muss schon Gedachtes, Gewusstes, Getanes immer wieder angefragt werden auf das hin, was noch besser zu denken, noch mehr zu wissen und noch besser zu tun ist.

Für den Prozess der Konstruktion bzw. Rekonstruktion heißt das, dass Raum sein muss für Imaginationskräfte, um Gewissheiten immer wieder in Frage zu stellen, falsche Gewissheiten zu zerstören, zu enttarnen, um wieder (vorläufig) neue Möglichkeiten zu entdecken.[366] Dieses Moment der Irritation kann von den verschiedenen Kommunikationspartnern eingebracht werden. Im Zusammenhang religiösen Lernens wird diese Aufgabe auch der christlichen Tradition des Glaubens zufallen. Erfahrungen

---

[362] deren Sinn als den von mir hier angesprochenen diskutiert. Ammermann zielt aber auch darauf, dass es eine entscheidende Frage des Religionsunterrichts ist, die Wahrheits- bzw. Sinnfrage zu stellen.
Vgl. Hilger, G./Ziebertz, H.-G., Allgemeindidaktische Ansätze, 99; vgl. Büttner, G., Wie könnte ein "konstruktivistischer" Religionsunterricht aussehen?, 155-170; vgl. Mendl, H., Religiöses Lernen als Konstruktionsprozess, 139-152; vgl. ders., Religionsunterricht als Hilfe zur Selbstkonstruktion des Glaubens, 13-23.

[363] In diesem Zusammenhang ist auch auf die abduktive Korrelation zu verweisen, wie sie am Würzburger Lehrstuhl von Hans-Georg Ziebertz erforscht wird. Auch hier geht es u. a. darum zu eruieren, wie in religiösen Konstruktionsleistungen Momente aus der christlichen Tradition verarbeitet werden. Vgl. dazu Ziebertz, H.-G./Heil, S./Prokopf, A. (Hg.), Abduktive Korrelation.

[364] Vgl. Hilger, G./Ziebertz, H.-G., Allgemeindidaktische Ansätze, 99.

[365] Humberto Maturana und Francisco Varela, Der Baum der Erkenntnis, 262, die dem biologisch fundierten Zweig des Konstruktivismus zugerechnet werden, gehen z. B. davon aus, dass die Erkenntnis, dass wir dauernd an der Konstruktion der eigenen Wirklichkeit tätig sind, uns "verpflichtet ... zu einer Haltung ständiger Wachsamkeit gegenüber der Versuchung der Gewissheit."

[366] Vgl. Reich, K., Systemisch-konstruktivistische Pädagogik,143-145.

mit Gott, wie sie die Menschen des Glaubens gemacht haben und wie sie in den Zeugnissen der Schrift und der Tradition einen "geronnenen Niederschlag" gefunden haben, können zum Korrektiv für eigene Welt- und Lebensdeutungen werden und helfen, diese auf je befreitere und lebensfähigere Vorstellungen hin zu weiten.

4.6.4 Impulse für mystagogisches Lernen

Versucht man abschließend zusammenzufassen, was das Prinzip der Subjektorientierung für die Konturen des mystagogischen Lernens bedeutet, ergeben sich folgende Akzentuierungen:

Bei mystagogischen Lernprozessen wird davon ausgegangen, dass sich Lernen als konstruktiver Prozess gestaltet. Das heißt, dass das Subjekt sich Wirklichkeit durch Konstruktion aneignet, indem es Wirklichkeit entwirft. Das bedeutet aber auch, dass das Subjekt in diesem Konstruktionsprozess auf "Sprachen" der Tradition, auf gesellschaftlich Gewordenes und Relevantes zurückgreift und synthetisiert.

Ferner wird dieser Konstruktionsprozess als aktives Geschehen vorstellbar. Das Subjekt handelt, indem es entwirft, analysiert, synthetisiert. Lernen bzw. Umgehen mit Wirklichkeit geschieht also individualisiert.

In diesem Prozess der Konstruktion und Rekonstruktion spielt nun das Moment der Irritation eine große Rolle. Es garantiert, dass Bisheriges nicht einfach aufgrund seines Gewordenseins unangefragt weitertradiert wird. Durch die Irritation werden auch schon geleistete Konstruktionen immer wieder auf das hin angefragt, was sie wirklich für ein Verstehen der Wirklichkeit leisten und wo sie wirklich inspirierend sind für ein Handeln, das die Welt besser macht.

Mystagogisches Lernen greift diese an sich unentscheidbaren Fragen, wie eben Welt zu deuten und zu gestalten ist, auf und zeigt, dass hier die Entscheidung des Einzelnen gefordert ist.[367] Zugleich wird im mystagogischen Lernen versucht, einen Raum zu eröffnen, der es ermöglicht, in diese unentscheidbaren Fragen hinein die Gottesfrage, und zwar in ihrer existentiellen Dimension als Gotteserfahrung, zu formulieren und Wege zu eröffnen, dass sich der Einzelne mit diesen letzten Fragen auseinander setzt. Dass dabei Krisensituationen und Leiderfahrungen eine besondere Rolle spielen, wurde weiter oben schon ausgeführt. Gerade in ihnen wird der Einzelne provoziert, sein bisheriges

---

367 Heinz von Foerster, Lethologie, 29, zeigt die Bedeutung von prinzipiell unentscheidbaren Fragen, wenn er sagt: "Nur die Fragen, die prinzipiell unentscheidbar sind, können wir entscheiden. Warum? Einfach, weil über entscheidbare Fragen schon immer durch die Wahl des Rahmens, in dem sie gestellt werden, entschieden wird. Der Rahmen selbst mag sogar eine Antwort auf die von uns gestellte prinzipiell unentscheidbare Frage sein. Diese Beobachtung verdeutlicht den Unterschied zwischen diesen beiden Arten von Fragen. Antworten auf entscheidbare Fragen sind von Notwendigkeiten diktiert, während Antworten auf unentscheidbare Fragen durch die Freiheit unserer Wahl bestimmt werden. Aber für diese Freiheit der Wahl müssen wir die Verantwortung tragen."

Wirklichkeitsverständnis zu revidieren und nach dem zu fragen, was im Leben trägt und hält, auch angesichts der Brüchigkeit von Welt.

Damit ist eine weitere Implikation angesprochen: Im Kontext des mystagogischen Lernens übernimmt der Horizont der jüdisch-christlichen Gottesvorstellung den Part, Gegebenes immer wieder darauf hin anzufragen, inwieweit es dem Leben dient oder es verhindert, inwieweit es das Gute fördert oder das Böse produziert. Die Gottesvorstellung des christlichen Glaubens wird zum Korrektiv für Konstruktionen, aber auch zum Stimulator, um Konstruktionen auszulösen.

In mystagogischen Lernprozessen geht es also darum, Räume und Zeiten zu eröffnen, die die Einzelnen zu religiösen Konstruktionen inspirieren, indem sie sich der Tiefendimension von Wirklichkeit stellen. Darin wird versucht, die Gottesfrage als Gotteserfahrung zu kontextuieren, und zwar als mögliches Sprach- und Deutepotenzial für Tiefenerfahrungen. Das Subjekt wird in seiner Eigenaktivität ernst genommen, indem es eingeladen wird, die Gottesvorstellung des jüdisch-christlichen Glaubens in seinen Konstruktionsprozess aufzunehmen. Es wird begleitet, indem Raum geschaffen wird, die Veränderung des Konstruktionsprozesses durch die Gottesvorstellung zu reflektieren und gestaltend auszudrücken.

Das bedeutet auch, dass mystagogische Lernprozesse vielgestaltig, weil individualisiert angelegt, sein müssen und sich jedem Methodenmonismus versagen. Ist mit dem Stichwort der Subjektorientierung zum einen also der Ausgangspunkt mystagogischen Lernens formuliert, so zeigt die Rede von der Subjektwerdung das Ziel mystagogischen Lernens an. Mystagogische Lernprozesse zielen darauf, dem Einzelnen zu helfen, der zu werden, als der er von Gott gedacht wird. Subjekt werden heißt in diesem Kontext, mündig und verantwortlich die eigene Lebensgeschichte zu gestalten und auch die sozialen Geschichten zu formen, und zwar in der Perspektive, die die Gotteswirklichkeit vorgibt: Menschen und Welt freier zu machen und immer mehr Lebensmöglichkeiten für alle zu schaffen. Das bedeutet, dass die Uneinholbarkeit des Menschen und auch seine Unverzwecktheit durch mystagogische Lernprozesse offen gelegt werden soll. Die Würde des Menschen ist nicht von äußeren, an ihn herangetragenen Faktoren abhängig, sondern ergibt sich — christlich gesprochen — aus seinem Angesprochensein durch Gott. Dafür gilt es zu sensibilisieren und das gilt es, in konkreten Lernwegen einzuholen.

Ferner wurde oben genannt, dass das Personsein des Menschen sowohl als Zuspruch an ihn als auch als Anspruch zu verstehen ist. Der Mensch ist durch Beziehung ins Dasein gerufen worden und zugleich konstituiert sich sein Personsein als Beziehungsgeschehen. Für mystagogisches Lernen bedeutet das wiederum, dass Lernprozesse von diesem Beziehungscharakter her zu gestalten sind. Das betrifft sowohl die Beziehungen derer, die unmittelbar am Kommunikationsprozess beteiligt sind, also z. B. die Beziehungen zwischen LehrerInnen und SchülerInnen. Das ist aber auch in einem weiteren Horizont zu denken und umfasst die gesellschaftlichen, sozialen und politischen Bedingungen, von denen die Einzelnen bedingt werden. Mystagogisches Lernen gewinnt sowohl den Impuls als auch die Richtung für die Gestaltung der Lernwege von der christlichen Gotteserfahrung her. Prozesse müssen etwas von dem Gott ausdrücken, für den sie aufmerksam machen wollen: einen Gott, der den Menschen zur Freiheit und zur Fülle (vgl. Joh 10,10) gerufen hat trotz aller Fragmentarizität, die geschöpfliches Dasein charakterisiert.

4.7 Identitätsbildung als Prinzip mystagogischen Lernens

Seit dem 20. Jahrhundert ist der Identitätsbegriff aus der pädagogischen Literatur nicht mehr wegzudenken. Dazu haben vor allem die Forschungen des Philosophen und Sozialpsychologen George Herbert Mead (1863-1931)[368] und des Psychoanalytikers, Pädagogen und Anthropologen Erik H. Erikson (1902-1994)[369] beigetragen. In der Religionspädagogik wird seit den 1980er Jahren ein breiter Diskurs über das Phänomen und die Bedeutung von Identität für religiöse Bildungsprozesse geführt.[370] Gerade der Kontext der Postmoderne stellte dabei Identitätskonzepte in Frage, die Identität vor allem mit Begriffen wie Kohärenz, Stimmigkeit und Dauerhaftigkeit bzw. Stabilität verbinden.[371] Nicht aber nur von dieser, sondern auch von theologischer Seite wurde Kritik laut. Der Gedanke, dass Identität letztlich als etwas Abschließbares erschien und durch die Momente der Vollständigkeit, Ganzheit und Dauerhaftigkeit charakterisiert wird, und zwar schon in dieser Zeit, rief die Ahnung von Gigantentum in den Sinn. Dagegen aber opponiert das christliche Menschenverständnis. Wenn im Folgenden von Identitätsbildung als Prinzip des mystagogischen Lernens gesprochen wird, wird ein bestimmter Identitätsbegriff zugrunde gelegt. Eine in der Religionspädagogik und -didaktik nachhaltig rezipierte Position hat Henning Luther (1948-1992) vorgelegt. Der schon mit 44 Jahren verstorbene

---

368   Vgl. Mead, G. H., Geist, Identität und Gesellschaft.

369   Vgl. Erikson, E. H., Identität und Lebenszyklus; vgl. ders., Der vollständige Lebenszyklus.

370   Um nur einige Studien zu erwähnen: Fraas, J., Glaube und Identität; Schweitzer, F., Lebensgeschichte und Religion; Preul, R., Religion — Bildung — Sozialisation; Stachel, G. (Hg.), Sozialisation — Identitätsfindung — Glaubenserfahrung; Ziebertz, H.-G., Wozu religiöses Lernen?, 123-135; Mette, N., Identität, 847-854; Bucher, A. A., Religionspädagogik und empirische Entwicklungspsychologie, 28-46.

371   Vgl. z. B. das Identitätskonzept von Erik H. Erikson, das er vor allem in seiner Schrift "Identität und Lebenszyklus" entwickelte. Sowohl Eriksons Studien als auch die Arbeiten von George Herbert Mead suggerieren, dass Identität als konstitutives Ziel zu verstehen ist und zeichnen es weniger als regulatives Prinzip einer Entwicklung. Vgl. dazu Luther, H., Religion und Alltag, 163.

Religionspädagoge hat in dem Band "Religion und Alltag", der zwar noch vor seinem Tod fertig gestellt, aber erst posthum veröffentlicht werden konnte, sein religionspädagogisches Vermächtnis formuliert. Luther begreift Identität als Fragment und redet damit einem bestimmten Bildungsverständnis das Wort, dem sich auch das mystagogische Lernen verpflichtet. Bevor darauf abgehoben wird, die Impulse für das mystagogische Lernen auszuloten, sollen die Eckpunkte des Identitätsverständnisses Henning Luthers skizziert werden.

4.7.1 Identität als Fragment — Wichtige Bausteine des Entwurfs Henning Luthers

Für Henning Luther (1948-1992) ist Identität kein fixierbarer Zustand, sondern eine Bewegung.[372] Identität wird verstehbar als etwas Dynamisches und Offenes, das unabschließbar bleibt und in dem es darum geht, "den verborgenen Menschen an das Licht zu bringen, ihn aus seiner Geschichte auftauchen zu lassen."[373] Erziehungs- und Bildungsprozesse werden nach Luther von dieser Sehnsucht nach Identität motiviert, werden aber zugleich von dem Faktum begrenzt, dass Identität in dieser Zeit ein uneinholbares Phänomen bleibt. Der Mensch ist nach Luther ein Leben lang unterwegs, der zu werden, als der er von Gott gedacht ist. Insofern ist Identität also nicht Bedingung für gelingendes Leben, sondern eine Vision von der her und auf die hin sich gelingendes Leben entwirft.[374]

Damit ist schon ein zweiter Grundzug des Identitätsverständnisses Luthers angesprochen. Luther deutet die Bewegung, die Identität ausmacht, in der emanzipatorischen Tradition der Aufklärung als Prozess des "Herausgehens aus Unmündigkeit". Mit "Identität als Leitbild der Bildung" wird die Unterwerfung des Individuums unter die Regeln der Herkunftswelt oder der herrschenden Traditionen und Autoritäten problematisiert. Der Identitätsbegriff als Bildungsziel intendiert nach Luther Kritik an dem, was Menschen hindert, zur menschenwürdigen Fülle ihres Lebens zu gelangen.

Die "Freilegung und Rettung von Subjektivität"[375] hat allerdings nichts mit einer Missachtung von Gemeinschaft zu tun. Luther betont, dass das Subjekt auf Gemeinschaft verwiesen ist, insofern es auf Verständigung angewiesen ist. In theologischer Perspektive ist das durch die Gottebenbildlichkeit des Menschen garantiert. Die Subjekt-Perspektive beinhaltet, dass für PädagogInnen der einzelne Mensch im Vordergrund steht. Erst dann, und zwar von der Subjekt-

---

[372]   Luther, H., Religion und Alltag, 151.
[373]   Heydorn, H. J., Erziehung, 153, hier wörtlich zitiert von Luther, H., Religion und Alltag, 151.
[374]   Vgl. Luther, H., Religion und Alltag, 151.
[375]   Luther, H., Religion und Alltag, 151.

Perspektive aus, wird der Blick auf die Gesellschaft ausgedehnt. Es geht Luther nicht darum, Subjekt und Gesellschaft gegeneinander auszuspielen. Sein Anspruch ist vielmehr, ein Identitätsverständnis zu entwickeln, in dem die Autonomie des Einzelnen mit seiner Integration in die Gesellschaft zusammen gedacht werden kann, ohne dass die Integration auf Zwang beruht. Luther gelang es damit auch, die kirchentheoretischen, handlungstheoretischen, zeichentheoretischen Ansätze in der Pastoraltheologie und der Religionspädagogik mittels des subjektorientierten Ansatzes weiterzuentwickeln.[376]

Für die Zielorientierung von Lernprozessen bedeutet das, Identität nicht ausschließlich durch Begriffe wie Einheit, Ganzheit und Geschlossenheit zu füllen, sondern die Zerrissenheit, Fragmentierung und Widersprüchlichkeit des "wirklichen Lebens" zuzulassen und edukativ als jene "Bewegung" aufzugreifen, in der Heranwachsende lernen können, sich zu finden. Luther bringt seinen Anspruch auf den Punkt, wenn er sagt, dass Heranwachsende gerade dann betrogen werden, wenn man sie sicher macht und ihre Identitätssuche inhaltlich füllt.[377] Gegen dieses, seiner Meinung nach, falsche Sicherheitsdenken und gegen diese falsche Positivität will Luther das Bewusstsein für Differenz wach halten: Gerade in der Negativität des Daseins, in den Widersprüchen (Aporien), Endlichkeitserfahrungen (Kontingenzen) und in der Vergänglichkeit alles Lebenden werde der Mensch mit seiner ganzen Existenz auf Gott verwiesen. Luther fasst diese Aussagen prägnant zusammen, wenn er von "Identität als Fragment" spricht.[378]

Gott wird im Konzept Luthers zur kritischen Instanz, die alle gesellschaftlichen Ideale in Frage stellt und zu einer neuen Sicht der Welt herausfordert. Bildungstheoretisch bedeutet dies, Gott nicht als Inhalt von Lernprozessen zur Sprache zu bringen, um das Leben zu legitimieren, zu stabilisieren, zu bestätigen oder zu überhöhen, sondern Gott zur Sprache zu bringen, um der Fraglichkeit des Daseins auf die Spur zu kommen. Im ersten Fall würde Identität als abschließbar betrachtet und inhaltlich definiert, im zweiten Fall ist Identität eo ipso unabschließbar und inhaltlich offen.

4.7.2 Impulse für mystagogisches Lernen

Ziel nun ist die Entwicklung einer Kompetenz, in der die Welt erstens als "fragliche Welt" sehen gelernt und in der zweitens diese Frage selbst als die entscheidende religiöse Frage verstanden wird, um sie drittens mit Hilfe des Traditionsüberschusses der christlichen Überlieferung deuten zu können. Posi-

---

[376] Vgl. Otto, G., Luther, Henning, 1276.
[377] Luther, H., Religion und Alltag, 158.
[378] Vgl. Luther, H., Religion und Alltag, 160, hier in der Redewendung "Identität und Fragment".

tiv kann mystagogisches Lernen zeigen, dass es im Sinne des christlichen Glaubens ist, Ich-Stärke in Auseinandersetzung mit der Fraglichkeit der realen Welt auszubilden. Das Proprium des mystagogischen Lernens kann dazu Entscheidendes beitragen. Indem nämlich gerade in die Erfahrung der Brüchigkeit der Welt und der eigenen Lebensgeschichte die Gottesfrage gestellt wird, kann vielleicht ein Raum entstehen, der den Einzelnen aufmerksam werden lässt, dass die Brüche und Widersprüchlichkeiten nicht mehr als Momente verstanden werden müssen, in denen von vornherein jeglicher Sinn abwesend ist. Die Erfahrung des christlichen Gottes, der in Jesus Christus selbst das Leid als seine Geschichte angenommen hat, kann zur Krisis werden, mitten in der Verunsicherung des Daseins (S. Kierkegaard) Gott als Du zu erleben, durch den das Leid und die Sinnlosigkeit nicht das letzte Wort über das Leben haben.

Damit wird ein zweiter Akzent deutlich, der durch das mystagogische Lernen in Bezug auf die Identitätsbildung eingebracht werden kann: Mystagogisches Lernen kann dazu anleiten, unterschiedliche Möglichkeiten von Wirklichkeitserfahrung auszuhalten. Es kann Lernwege anbahnen, sich auf die Realität einzulassen, die Spannung zwischen Wunsch und Wirklichkeit zu thematisieren und Schritte zu überlegen, wie die "gewünschte" Welt ein Stück mehr verwirklicht werden kann. Grenzen müssen erkannt werden, um sie verlegen und schließlich übersteigen zu können. Mystagogisches Lernen kann aufzeigen, wie glaubende Menschen diese Probleme bewältigt haben. Dieses Erfahrungspotenzial kann motivieren, die eigene Lebensgeschichte zu entwerfen und damit einen wichtigen Schritt auf dem Weg zur religiösen Mündigkeit zu tun.

Der existentielle Gottesbezug, der durch das mystagogische Lernen in Prozesse der Identitätsbildung eingebracht wird, kann außerdem helfen, die eigene Identität als Geschenk und als etwas Aufgegebenes zu erfahren. Dies macht der Glaube an einen Gott möglich, der sich gemäß seiner Offenbarung radikal auf die Andersheit des Anderen einlässt und so dessen Identität grundlegt. Das kann von der Last befreien, die eigene Ganzheit und Vollkommenheit selbst hervorbringen zu müssen.

Sich auf die erlösende und befreiende Wirklichkeit Gottes einzulassen, sich von ihm prinzipiell geliebt und in Freiheit gesetzt zu wissen und diese Erfahrung praktisch im Mitteilen und Teilen anderen zuteil werden zu lassen, dies lässt die Erfahrung aller Fragmentarizität bei der Suche nach der eigenen Identität aushalten.

Dass damit freilich große Stichwörter genannt sind, die im Einzelnen auszubuchstabieren sind, versteht sich von selbst. Mit diesen Überlegungen sollte aber zumindest deutlich werden, dass sich das mystagogische Lernen von diesem Denken her versteht, das Bildung als Hilfe zur Subjektwerdung und Identitätsbildung zu verwirklichen sucht.

5 Zur Bedeutung des "Mystagogen"

Die Bedeutung, die dem Mystagogen in mystagogischen Lernprozessen zukommt, wurde in den im ersten Teil vorgestellten theologiegeschichtlichen Entwürfen weitgehend ausgespart. Von der Antike her ist das Bewusstsein tradiert, dass in einer christlich verstandenen Mystagogie letztlich nur Gott als Mystagoge gilt und der Mensch allein aufgrund der Gnade zum Eingeweihten wird.[379] Der Mystagoge spielt zwar als Begleiter des mystagogischen Prozesses eine Rolle, ist aber weder der eigentliche Initiator, noch der Träger des mystagogischen Prozesses.

Die Bedeutung des "Mystagogen" wurde selbst in den religionspädagogischen Entwürfen, die hinsichtlich des mystagogischen Anliegens untersucht wurden, kaum angesprochen.

Versucht man, das Thema weiter zu fassen und nach der Bedeutung des Religionslehrers als klassischem Initiator von Lern- und Bildungsprozessen zu fragen, dann tut sich jedoch ein weites Feld auf. 1967 klagte Karl Ernst Nipkow zwar noch, dass in der Pädagogik die Bedeutung des Lehrers und seiner Rolle ausgeblendet werde.[380] Ausgelöst durch diese Problemanzeige und angestoßen durch ein zunehmendes Interesse am Biographischen[381] ist die Reflexion auf die Bedeutung und die Rolle des Religionslehrers inzwischen ein wichtiges Thema in der religionspädagogischen Diskussion geworden.[382] Im Folgenden kann es deshalb wiederum nicht darum gehen, die Bedeutung des Religionslehrers und die Brisanz seiner Rolle in allen Facetten zu reflektieren, die sich aus den verschiedenen Ansprüchen ergeben, die an ihn von staatlicher, kirchlicher, gesellschaftlicher Seite, von Seiten der SchülerInnen und Eltern sowie von den Gegebenheiten der Schule herangetragen und nicht zuletzt von den

---

[379] Vgl. Rahner, H., Griechische Mythen, 52.
[380] Vgl. Nipkow, K. E., Beruf und Person des Lehrers, 98-126.
[381] Vgl. Biehl, P., Beruf: Religionslehrer, 161.
[382] Um nur einige Titel zu nennen (chronologisch geordnet): Hilger, G., Der Religionslehrer im Erwartungshorizont didaktischer Entwürfe (1978); Exeler, A., Der Religionslehrer als Zeuge (1981) 3-14; Meyer, J., Das Berufsbild des Religionslehrers (1984); Lämmermann, G., Religion in der Schule als Beruf (1985); Biehl, P., Beruf: Religionslehrer (1985), der einen umfangreichen Literaturbericht vorlegt über die wissenschaftliche Reflexion der Bedeutung des Religionslehrers bzw. ihren Ausfall bis zu Beginn der 1980er Jahre; Sekretariat der Deutschen Bischofskonferenz (Hg.), Zum Berufsbild und Selbstverständnis des Religionslehrers (1983). Für die letzten zehn Jahre s. v. a.: Ziebertz, H.-G., Lehrerforschung in der empirischen Religionspädagogik; ders., Wer initiiert religiöse Lernprozesse?; Mette, N. Zum Selbstverständnis von Religionslehrerinnen und -lehrern heute; Simon, W., Der Religionslehrer im Brennpunkt des religionspädagogischen Interesses; ders., Kirchlichkeit des Religionsunterrichts; Sekretariat der Deutschen Bischofskonferenz (Hg.), Zur Spiritualität des Religionslehrers; Schreiner, M., Mit Begeisterung und Besonnenheit; Schoberth, I., Der unwillige Zeuge?, 118-133; Feige, A./Dressler, B./Lukatis, W. u. a., 'Religion' bei ReligionslehrerInnen; vgl. Schweitzer, F., Selbstauskunft oder Unterrichtsbeobachtung?, 320-326, vgl. Themenheft "Der Religionslehrer", in: CpB 117 (2004) H. 3, um nur einige zu nennen.

eigenen Ansprüchen ausgelöst werden.[383] Das Augenmerk der folgenden Ausführungen soll vielmehr darauf liegen, wie die Rolle des Religionslehrers bzw.
weiter gefasst, des "Mystagogen", im mystagogischen Lernen pointiert werden
kann.

Dazu legten sich zwei Perspektiven nahe. Die eine versucht, die Position des
Mystagogen "von außen" zu reflektieren, während die andere sozusagen die
"Innenseite" beleuchtet. Stellt die Außenperspektive den Mystagogen als
"Regisseur von Kommunikationsprozessen" vor und rücken so die Initiativen
und Aktionen in den Blick, die dem Mystagogen in mystagogischen Lernprozessen zukommen (5.1), so fragt die andere nach seiner "Zeugenschaft", nach
seiner Spiritualität, und wie er selbst im Brennpunkt der verschiedenen Ansprüche mit diesen zurechtkommt (5.2).

5.1 Der Mystagoge als "Regisseur von Kommunikationspro-
zessen"

Lenkt man den Blick auf das Handeln des Mystagogen im mystagogischen Lernen, dann erscheint der Mystagoge als "Regisseur von Kommunikationsprozessen"[384]. Damit wird deutlich, dass das "Lehrerverständnis" des mystagogischen Lernens sowohl Anleihen bei der bildungstheoretischen, der lerntheoretisch orientierten sowie der kommunikativen Didaktik macht und Momente
konstruktivistischer Ansätze integriert.[385]

Demjenigen, der andere in mystagogischen Prozessen begleitet, kommt es zu,
Lernwege so anzulegen, Räume und Zeiten so zu eröffnen, dass zumindest die
Möglichkeit nicht verhindert wird, für Gotteserfahrungen aufmerksam zu werden. Damit ist sozusagen eine Minimalbedingung formuliert. Besser wird es
natürlich sein, dass der Mystagoge darauf achtet, Räume so zu gestalten, dass
sie auch die Frage nach der Tiefendimension von Wirklichkeit aufkommen lassen. Ebenso geht es darum, Zeiten so zu eröffnen, dass sie Möglichkeit geben,
nach dem Woher und Wohin des Menschen zu fragen, eine "Unterbrechung
des Alltags" (J. B. Metz) zu riskieren und dem Uneinholbaren und Ewigen
Raum zu geben. Es geht darum, und hier wird sozusagen ein Moment der bildungstheoretischen Didaktik aufgegriffen, den allgemeinen Bildungsgehalt im

---

[383] Vgl. Mette, N., Zum Selbstverständnis von Religionslehrerinnen und -lehrern heute, 67-
73. In dem Aufsatz, Welche Kompetenzen und Qualifikationen benötigt die Lehrerschaft?, 370-382, fokussiert Mette diese Frage auf moralische Konflikte. Vgl. außerdem
Simon, W., Der Religionslehrer im Brennpunkt des religionspädagogischen Interesses,
64-78; vgl. Adam, G., Religionslehrer, 163-169; vgl. Sekretariat der Deutschen Bischofskonferenz (Hg.), Zur Spiritualität des Religionslehrers, 7-15.
[384] Prokopf, A./Ziebertz, H.-G., Wo wird gelernt?, 237.
[385] Vgl. Ziebertz, H.-G., Wer initiiert religiöse Lernprozesse?, 186-188.

Bildungsinhalt zu ermitteln.[386] Dieser ist im mystagogischen Lernen als Bezug auf Gotteserfahrungen spezifiziert, so dass es Aufgabe des "Arrangeurs der Lernumgebung" ist, die Fragen und Themen, die sich stellen, auf die Gottesfrage hin zu tiefen.

Das impliziert zugleich ein Verständnis des Lehrers, wie es in der lerntheoretisch orientierten Didaktik anzutreffen ist. Der Lehrer wird zum "Manager von Lernsituationen"[387] im Prozess des mystagogischen Lernens, der z. B. darauf achten muss, dass Lernsituationen möglichst gut dafür disponieren, überhaupt die Frage nach dem aufzuwerfen, was über das Vorfindliche hinausgeht. Daraus ergibt sich als weitere Akzentuierung des Mystagogen, dass er auch derjenige ist, der die Prozesshaftigkeit und Vielgestaltigkeit der Lernwege garantiert. Er muss darauf achten, dass alle Vermögen des Menschen zur Geltung kommen, dass sequentielles, informierendes Lernen abwechselt mit offenen Lernformen. Ebenso muss er die Lernwege so arrangieren, dass diskursives Nachdenken ebenso Platz hat wie assoziierendes Imaginieren oder praktisches Tun. Erzählen und erfinden, lesen, schreiben, reflektieren, ergründen, ahnen, Ausschau halten nach dem Utopischen, staunen und fragen, stille werden und in Farben und Formen, in Klang und Ton gestalten, können Momente mystagogischen Lernens sein, für die der Mystagoge Raum und Zeit schafft.

Damit artikuliert sich eine weitere Charakterisierung des Mystagogen. Er wird in mystagogischen Lernprozessen vermutlich auch derjenige sein, der mitten in die Frage nach dem, was über das Vorfindliche hinausgeht, die Gottesfrage einträgt. Das Deutepotenzial des christlichen Glaubens und auch die Artikulationsfähigkeit von Erfahrungen, wie sie in der Schrift und der Tradition gegeben sind, können vom Mystagogen in den Diskurs eingebracht werden als eine Möglichkeit, Erfahrungen zu deuten bzw. zu artikulieren. Dass das auf dem Erfahrungshintergrund des Fremdgewordenseins der christlichen Semantik etwas besonders Schwieriges ist, ist hier mitzubedenken.

Mystagogisches Lernen ist demnach in hohem Maß auf die soziale und kommunikative Kompetenz der am Lernprozess Beteiligten angewiesen und somit auch des Mystagogen. Was in der kommunikativen Didaktik als Anspruch an den Lehrer gerichtet wird, nämlich Kommunikation zu stimulieren und zu erhalten,[388] das gilt auch für das mystagogische Lernen. Ähnlich wie in der kommunikativen Didaktik formuliert sich auch bei mystagogischen Lernprozessen als

---

[386] Vgl. Wolfgang Klafki, Neue Studien zur Bildungstheorie und Didaktik, 97, hat diesen Sachverhalt immer wieder unter der Rede von der Allgemeinbildung thematisiert, verstanden als "Aneignung *von* und in der Auseinandersetzung *mit* dem die Menschen gemeinsam Angehenden, mit ihren gemeinsamen Aufgaben und Problemen ..." Vgl. Klafki, W., Studien zur Bildungstheorie und Didaktik, 53.

[387] Vgl. Ziebertz, H.-G., Wer initiiert religiöse Lernprozesse?, 187.

[388] Vgl. Ziebertz, H.-G., Wer initiiert religiöse Lernprozesse?, 187.

Ideal eine symmetrische Kommunikation. Das heißt, dass es durchaus im Sinne dieses Lernens ist, dass die Grenzen zwischen Lehrer und Schülerrolle fließend sein können.[389] Kommunikation meint in diesem Unterricht eine Interaktion zwischen SchülerInnen und LehrerInnen,[390] die von beiden Partnern beeinflusst wird und im Gruppengeschehen nochmals eine eigene Dynamik gewinnt. All diese Momente mystagogischen Lernens ergeben sich von dem Ziel her, zur Subjektwerdung und Identitätsbildung des Einzelnen beizutragen. Die Gottesfrage und die Möglichkeit, Gott zu erfahren, werden als Potenzial verstanden, diese Ziele Wirklichkeit werden zu lassen, weil Gott selbst als derjenige vorgestellt wird, der den Menschen zum Subjektwerden berufen und ihn als sein Gegenüber geschaffen hat.

Insgesamt heißt das nun nicht, dass der Mystagoge im Sinne des Sender-Empfänger-Modells gleichsam außerhalb der Lernprozesse steht. Weil mystagogische Lernprozesse auf die Gotteserfahrung zielen und den Menschen in seinem Innersten angehen, lassen sie keinen am Kommunikationsprozess Beteiligten unberührt. Mit anderen Worten wird also auch der Mystagoge, der sich zunächst mit der Distanz des Erfahrenen in den Prozess einlässt, dennoch von dem, was der andere erfährt, herausgefordert und evtl. in seiner eigenen Erfahrung verändert. Der Mystagoge ist also sehr wohl "Arrangeur von Lernchancen"[391] als auch Betroffener. Das lässt nach der "Innenseite" fragen und den Mystagogen selbst in den Blick nehmen.

5.2 Die eigenen Gottes(-nicht)erfahrungen anklingen lassen

Mystagogisches Lernen als kommunikatives Geschehen ist in entscheidendem Maß von den am Kommunikationsprozess Beteiligten abhängig. Darauf wurde schon wiederholt reflektiert. Das heißt auch, dass der Mystagoge selbst, wie es ihm geht, welche Erfahrungen er mit Gott gemacht hat und welche Fragen und Zweifel ihn begleiten, das mystagogische Lernen prägt. Seine eigene Verfasstheit wird — vergleichbar mit dem Bild eines Resonanzraumes — den Suchprozess nach Gott, den das mystagogische Lernen ausmacht, mitbestimmen. Adolf Exeler hat in diesem Zusammenhang und im Anschluss an den Synodenbeschluss "Der Religionsunterricht in der Schule" auf die "Zeugenschaft" des Religionslehrers hingewiesen.[392] Auch wenn damit ein problematischer Be-

---

389 Vgl. Boettcher, W./Otto, G./Sitta, H., Lehrer und Schüler machen Unterricht, 80; vgl. Schäfer, H. H./Schaller, K., Kritische Erziehungswissenschaft und kommunikative Didaktik.

390 Vgl. dazu auch die Rolle des Religionslehrers in einem schülerorientierten Unterricht. Vgl. dazu Hilger, G., Der Religionslehrer im Erwartungshorizont didaktischer Entwürfe, 135-138.

391 Vgl. Ziebertz, H.-G., Wer initiiert religiöse Lernprozesse?, 187.

392 Vgl. Exeler, A., Der Religionslehrer als Zeuge, 3-14.

griff eingeführt wird, der vor Missverständnisses zu schützen ist,[393] birgt er aufgrund seiner existentiellen Konnotation, die auch dem mystagogischen Lernen als Aufmerksam werden für die existentielle Dimension der Gottesfrage anhaftet, wichtige Impulse.

Der Mystagoge als einer, der Zeugnis über seine Gottes(-nicht)erfahrungen gibt
Wenn der Mystagoge als Zeuge seiner Gottes(-nicht)erfahrungen gesehen wird, dann heißt das, dass er als jemand befragt wird, der selbst Erfahrungen mit Gott gemacht hat bzw. die Grenzen, Zweifel und Fragen, die er erlebt hat, wahrnehmen und aushalten gelernt hat und sie anerkennt.[394] Er kommt als Person in den Blick, die nicht auf die Vereinnahmung des Anderen zielt, sondern ihm vielmehr ermöglicht, in Freiheit Stellung zur Glaubensüberzeugung des Mystagogen zu beziehen.[395] Damit ist ein hoher existentieller Anspruch an den Mystagogen formuliert, der sich aus der Sache des Glaubens selbst ergibt. Glauben zu leben, Gott zu erfahren, bedeutet, sich in der Tiefe der eigenen Person berühren zu lassen. Glauben zu kommunizieren, ist von daher schon immer darauf verwiesen, die eigenen Erfahrungen mit Gott bzw. die Krisen und Brüche in der eigenen Gottesbeziehung mitzuteilen.[396] Das nun lässt fragen, worauf sich diese Zeugenschaft näher bezieht.
Weil sich diese Zeugenschaft vom Gott des christlichen Glaubens her versteht, heißt Zeugnis von ihm zu geben, seine Wirklichkeit zu kommunizieren. Das kann bedeuten, die Freiheit, in die der Gott Israels und Jesu die Menschen geführt hat, als Ziel des Lebens, aber auch der konkreten religiösen Bildungsprozesse aufscheinen zu lassen. Das kann heißen, die eigenen Brüche im Leben, das Scheitern, das Lebenswidrige nicht als Zeichen der Abwesenheit Gottes verstehen zu müssen, sondern aufgrund des Weges Jesu als dennoch von der Anwesenheit Gottes durchzogen zu verstehen. Das kann schließlich auch veranlassen, das prophetische Potenzial des christlichen Glaubens, das gegen Ungerechtigkeit und lebensbehindernde Strukturen aufstehen lässt, in den gesellschaftlichen Diskurs einzubringen und beizutragen, Lebensumstände lebensdienlicher zu gestalten. Den Gott des christlichen Glaubens zu kommunizieren, heißt, für ein bestimmtes Welt- und Menschenverständnis einzutreten, hat sowohl Auswirkungen auf das Selbst, das Du, das Wir und die Mitwelt im

---

393   Vgl. dazu Schoberth, I., Der unwillige Zeuge?, 122-128. Vgl. zum Begriff des Religionslehrers als Zeugen auch: Sekretariat der Deutschen Bischofskonferenz (Hg.), Zum Berufsbild und Selbstverständnis des Religionslehrers, 18-20, mit entsprechenden Hinweisen auf die Verwendung dieses Terminus in kirchlichen Dokumenten.
394   Vgl. Exeler, A., Der Religionslehrer als Zeuge, 4.
395   Vgl. Exeler, A., Der Religionslehrer als Zeuge, 4.
396   Vgl. in diesem Zusammenhang die Aussage, die Paul VI. in Evangelii nuntiandi, 46, tätigte: "Wird es im Grund je eine andere Form der Mitteilung des Evangeliums geben als die, in der man einem anderen seine eigene Glaubenserfahrung mitteilt?"

Sinne einer bestimmten, eben vom Gottesverständnis des christlichen Glaubens her pointierten Lebensorientierung, Lebensdeutung und Lebensgestaltung. Damit rückt die Frage in den Mittelpunkt, welche Wege es gibt, sich des Gottesverständnisses zu vergewissern, und zwar auch in einem existentiellen Sinn.

Auf der Suche nach angemessenen Formen der Spiritualität
Damit Mystagogen ihre Erfahrungen mit Gott, ihre Zweifel und Fragen, ihre Erfahrungen der Krise und der Brüche, in den Kommunikationsprozess von Gotteserfahrung einbringen können, braucht es einen lebendigen Kontakt zur Quelle des Glaubens. Mit anderen Worten gilt es, nach Formen Ausschau zu halten, die dem Mystagogen helfen, in seiner Spiritualität zu wachsen. Diese müssen den besonderen Herausforderungen, denen sich der Mystagoge gegenübersieht, Rechnung tragen. Übertragen auf den Religionsunterricht bedeutet das z. B.,[397] dass die Spiritualitätsformen das Wechselspiel zwischen ReligionslehrerIn, Schüler, Gotteserfahrung widerspiegeln müssen. Ebenso müssen sie dem Wechselspiel von ReligionslehrerIn und den Ansprüchen der Schule bzw. mittels der Schule auch der Gesellschaft und der Eltern Rechnung tragen. Schließlich haben sie das Wechselspiel von ReligionslehrerIn und Kirche zu berücksichtigen: In all dem gilt es schließlich zu fragen, wohin sich der Religionslehrer angesichts der Ansprüche entwickeln will, die er selbst an sich stellt und die sich durch seine konkrete Lebensgeschichte und die konkreten Lebenskontexte (Familie etc.) ergeben.
Ohne hier ein Konzept vorlegen zu können, das eine mögliche Spiritualität für Mystagogen konturiert, könnten dennoch folgende Fragen gleichsam als heuristische Momente fungieren. Angesichts der Beziehung zu den SchülerInnen und zur Sache des Glaubens könnte die Frage: Was ist mir wichtig? zum Anlass werden, Prioritäten zu setzen, Lebensvollzüge zu gewichten und Haltungen einzuüben. Bezogen auf die Interaktion mit der Schule und das heißt mit den KollegInnen, aber auch den Ansprüchen, die die Schule formuliert, sowie den gesellschaftlichen Interessen und denjenigen der Eltern, könnte die Frage: Was will ich einbringen?, Akzente setzen helfen. In Bezug auf die Erwartungen und Bedingungen, die durch die Verantwortung gegenüber der Kirche entstehen, könnten die Fragen: Was hilft mir? und was hindert mich? zu einem Unterscheidungsprozess beitragen. Schließlich gilt es, alle diese Fragen damit zu konfrontieren, wer ich selbst bin und wer ich werden will. Dass hier wiederum

---

397   Vgl. dazu auch Sekretariat der Deutschen Bischofskonferenz (Hg.), Zum Berufsbild und Selbstverständnis des Religionslehrers, 21f; vgl. dass. (Hg.), Zur Spiritualität des Religionslehrers, 7-15.

das Proprium des mystagogischen Lernens, nämlich aufmerksam für Gotteserfahrungen zu werden, eine besondere Rolle spielt, liegt nahe.

Zu fragen, wie die eigene Lebensgeschichte von der Gottesspur durchzogen ist, sich Zeit zu nehmen und Räume zu erschließen, die diese Fragen aufkommen lassen, kann ebenso geboten sein, wie in der Befragung der Schrift und der Geschichte der christlichen Tradition nach einem Deute- und Ausdruckspotenzial für diese Erfahrungen Ausschau zu halten.

Stille zu werden, sich ins Staunen einzuüben, Wirklichkeit wahrnehmen zu lernen, aber auch der Klage Ausdruck zu geben, Widerspruch gegen Ungerechtigkeit zu artikulieren, im Engagement für Menschen am Rand Gotteserfahrung Gestalt annehmen zu lassen, können konkrete Formen von Spiritualität sein.

Erfahrungen mit dem Glauben zu machen, sich auf bestimmte Zugänge einzulassen, wie auch nach einem adäquaten Ausdruck für diese Erfahrungen zu suchen, kann so zur Quelle werden, aus der sich die Kommunikation über den Glauben mit anderen speist und zum Maßstab für die Art und Weise der Glaubenskommunikation insgesamt wird.

In der Spannung von Kirchlichkeit und Kirchenkritik

Fragt man nach der Bedeutung des Mystagogen in religiösen Lernprozessen, dann wird auch seine Beziehung zur Gemeinschaft der Glaubenden virulent. Auch wenn gilt, dass der Kirche als Interpretationsgemeinschaft der christlichen Tradition eine unaufgebbare Rolle im Glaubenlernen zukommt, so fordert gerade die Sache des Glaubenlernens selbst dazu heraus, kritisch anzufragen, wo Kirche hinter diesem Anspruch zurückbleibt und von daher zu reformieren ist.[398] In diese Spannung ist der Mystagoge hineingestellt. Zum einen wird er im mystagogischen Lernen als einer verstanden, der das Deutepotenzial des christlichen Glaubens in den Kommunikationsprozess von Gotteserfahrung einbringt und damit auch die Gemeinschaft der Kirche vergegenwärtigt. Zum anderen kommt ihm als einem, dem es um die Sache des Glaubens geht, die Aufgabe zu, die verbesserungsbedürftigen Seiten der Kirche aufzudecken. Andreas Feige prägte in diesem Zusammenhang die Rede, dass ReligionslehrerInnen sich selbst in einer "symbiotischen Distanz" zur Kirche sehen,[399] die Karl Gabriel aufgrund empirischer Studien als "unerwartet günstige Bedingung für religiöse Kommunikation" ausweisen konnte.[400]

Dieses Spannungsverhältnis hatte schon der Synodenbeschluss "Der Religionsunterricht in der Schule" angesprochen und in der Formulierung einer Hal-

---

[398] Vgl. dazu auch Exeler, A., Der Religionslehrer als Zeuge, 10f.
[399] Vgl. Feige, A., Christliche Tradition auf der Schulbank, 5-62.
[400] Vgl. Gabriel, K., Religionsunterricht und Religionslehrer, 878.

tung der kritischen Sympathie zu synthetisieren versucht.[401] Für den Mystagogen heißt das, dass er seine Fragen und seine Kritik an der Kirche nicht zu verstecken braucht, dass sie vielmehr in den mystagogischen Lernprozessen zum Tragen kommen sollen, dass sie zugleich aber von dem Vertrauen geprägt sind, dadurch die konkrete Gestalt der Gemeinschaft der Glaubenden im Sinne Jesu zu verbessern. Umgekehrt ergibt sich daraus eine besondere Verantwortung der Kirche für die Mystagogen,[402] die sich auch in der Sorge artikulieren muss, Bedingungen für eine "authentische Zeugenschaft" zu ermöglichen.[403]

Insgesamt wird der Mystagoge verstehbar als einer, der Lernsituationen so anzulegen versucht, dass die Tiefendimension von Wirklichkeit thematisiert und mit der Gottesfrage in Zusammenhang gebracht wird. Das braucht Risikobereitschaft, sich selbst auf diesen Prozess einzulassen, setzt voraus, dass der Mystagoge ein Erfahrener ist, der Gott schon in seinem Leben gesucht hat und sucht und Lebenssituationen als Gotteserfahrungen deuten gelernt hat. Das braucht außerdem eine profilierte methodisch-didaktische Kompetenz, mittels derer Lernwege so arrangiert werden können, dass sie Raum für die Gottesfrage in ihrer existentiellen Dimension eröffnen.

Auch wenn in diesen Überlegungen die Bedeutung des Mystagogen für die mystagogischen Lernprozesse beleuchtet wurde und so die möglichen Überforderungen deutlich geworden sind, darf sich der Mystagoge trotz all der Ansprüche, die an ihn herangetragen werden und der Bemühungen, die er selbst anlegt, aufgrund der Zusage entlastet sehen, dass die Gotteserfahrung schon jedem Menschen qua Menschsein zukommt und nicht erst von außen vermittelt werden muss.

Damit ist schon ein Hinweis auf die Grenzen mystagogischen Lernens gegeben worden, die im Folgenden reflektiert werden sollen. Diese zeigen sich vor allem dort, wo es um mystagogische Lernprozesse im schulischen Religionsunterricht geht.

6   Zu den Grenzen mystagogischen Lernens

Nachdem es in den letzten Punkten darum ging, Dimensionen und Prinzipien mystagogischen Lernens aufzuzeigen, soll im Folgenden das Augenmerk auf die Grenzen des mystagogischen Lernens gerichtet werden. Diese klangen in den obigen Abschnitten schon immer wieder an und sollen nun in dreifacher Hinsicht zusammengefasst werden. Es geht um die Grenzen, die sich aufgrund

---

[401]   Vgl. Der Religionsunterricht in der Schule, 2.8.5 (Gesamtausgabe, 148).
[402]   Vgl. Schmälzle, U. F., Religionslehrer/in, 1701.
[403]   Vgl. Sekretariat der Deutschen Bischofskonferenz (Hg.), Zur Spiritualität des Religionslehrers.

der Unverfügbarkeit Gottes und des Menschen ergeben (6.1). Eng damit hängen die Grenzen zusammen, die sich überhaupt aus der Frage ergeben, ob Glaubenlernen machbar oder nicht eigentlich unverfügbar ist (6.2). Weiterhin sollen Grenzen angesprochen werden, die sich durch die konkrete Situation des schulischen Religionsunterrichts ergeben (6.3).

6.1 Mystagogisches Lernen zwischen der Unverfügbarkeit Gottes und der Unverfügbarkeit des Menschen

Diese Grenze wurde im Laufe der Studie schon wiederholt angesprochen. Deshalb sollen im Folgenden nur die Eckpunkte kurz in Erinnerung gerufen werden.

Mystagogisches Lernen zielt darauf, für Gotteserfahrungen aufmerksam zu werden und erfährt damit sowohl von der Unverfügbarkeit Gottes, des Menschen und deren Beziehung zueinander seine Grenzen. Obwohl Gott selbst den Weg zu den Menschen beschritten hat, obwohl er sich selbst eingeschrieben hat in das Geschöpfliche und sich in Jesus Christus mitgeteilt hat, bleibt er dennoch derjenige, der nie eingeholt und gewusst werden kann in einem endgültig definitorischen Sinn. Anwesenheit und Abwesenheit, Aussage und Negation sind deshalb nur in ihrer wechselseitigen Bezogenheit Aussageweisen von Gott.[404] Das macht deutlich, dass selbst dort, wo sich Gott zu erfahren gibt, er sich auch entzieht.

Damit ist eine wesentliche Grenze des mystagogischen Lernens markiert. Selbst dort, wo das Aufmerksam werden auf die Tiefendimension von Wirklichkeit zum Ort wird, nach Gott zu fragen und ihn zu erfahren, ist das ein offenes, entwicklungsfähiges Geschehen. Weil es hier um Begegnung, also eine personale Kategorie geht, rührt Geheimnis an Geheimnis und kann deshalb auch nie ganz ausgesagt oder eingeholt werden.

Das zeigt eine weitere Grenze mystagogischen Lernens. Als Begegnungsgeschehen von Gott und Mensch ist es verwiesen auf die Initiative Gottes, also die Gnade, und die Freiheit des Menschen. Auch wenn z. B. das Leid ein "qualifizierter Ort" für Gotteserfahrungen ist, ist das nicht automatisch und von vornherein der Fall. Im Gegenteil! Als das an sich "Wider-Gute" wird es eher zur Erfahrung der Abwesenheit als der Gegenwart Gottes. Weil Jesus Christus sich aber nicht gescheut hat, gerade diesen Weg zu gehen, um auch das Dunkle und Abgründige in das Licht und das Leben hineinzuverwandeln, bergen diese Orte der Abgeschiedenheit vom Leben die Chance, auf den Grund des Lebens

---

[404] Vgl. die Bedeutung der analogen Rede in der Theologie, wie sie z. B. auf dem IV. Laterankonzil bekräftigt wurde: DH 806.

zu treffen und darin Gott zu erfahren. Das gilt im Sinne einer Verheißung, jedoch nicht eines Automatismus.

Ist diese Verheißung von Gott gegeben, so steht es dem Menschen frei, sie anzunehmen oder abzulehnen. Für Gotteserfahrungen aufmerksam zu werden, ist abhängig von der freien Entscheidung des Menschen und erfährt in ihr sowohl einen Möglichkeitsraum als auch eine Grenze. Es kann niemand gezwungen werden, Gott in seinem Leben zu entdecken bzw. eigene Lebenssituationen als von der Gottesspur durchzogen zu deuten. Das hat zu tun mit der grundsätzlichen Frage, inwieweit der Mensch auf die Gottesfrage verwiesen werden kann, oder anders gesagt, inwieweit Glauben lehr- und lernbar oder unverfügbar ist.

6.2 Mystagogisches Lernen zwischen der Unverfügbarkeit des Glaubenlernens und intentionaler religöser Erziehung und Bildung

Die Frage nach den Grenzen mystagogischen Lernens verweist auf das fundamentaltheologische Problem, inwieweit es überhaupt möglich ist, Glauben zu lernen. Hier ist nicht der Ort, um genauer darauf einzugehen, was sich als Skylla und Charybdis für diese Fragestellung formuliert; wer und was sich hinter Positionen verbirgt, die den Glauben als Ergebnis aufgeklärter Rationalität betrachten bzw. als unverfügbares Ereignis deklarieren, das weder vorbereitet, noch begleitet, geschweige denn gelernt werden könnte.[405] Dennoch sollen zumindest Eckpunkte der Diskussion aufgezeigt sowie der Ort markiert werden, den das mystagogische Lernen einnimmt.

Glaube als Ergebnis aufgeklärter Rationalität

Aus theologischen Gründen ist Skepsis angebracht gegenüber der erziehungsoptimistischen Vorstellung, Glaube könne "gelernt" werden, etwa im Sinne der Aufklärung, so dass sich die Notwendigkeit einer übernatürlichen Offenbarung und eines übernatürlichen Glaubens an den Gott der Offenbarung zugunsten einer sich selbst verantwortenden aufgeklärten Rationalität auflöst.[406] Ein Gott, der sich aus der menschlichen Vernunft erschließen oder aus der menschlichen Erfahrung ableiten lässt, brauchte sich nicht mehr zu offenbaren bzw. geglaubt zu werden.[407] Radikal aufklärerisch würde Glaube reduziert auf menschliche Leistung und menschliches Glücksstreben. Man könnte ihn aus den Kindern herausfragen. Er wird als "natürliche Religion" zum Produkt des Menschen und

---

405   Vgl. dazu u. a. Bitter, G., Ansätze zu einer Didaktik des Glauben-Lernens, 276-290; vgl. Werbick, J., Glauben als Lernprozeß?, 3-18.

406   Vgl. Waldenfels, H., Kontextuelle Fundamentaltheologie, 172f.

407   Vgl. Werbick, J., Glauben als Lernprozeß?, 4-6.

verliert somit auch seinen "Mehrwert" und seine Provokation. Programmatisch formulierte das Gotthold E. Lessing, indem er Erziehung und Offenbarung miteinander identifizierte, als er schrieb: "Was die Erziehung bei dem einzelnen Menschen ist, ist die Offenbarung bei dem ganzen Menschengeschlechte."[408]

Glaube als Erlernen und Für-Wahr-Halten von Glaubenssätzen

Ebenso abwegig ist eine Vorstellung, die Glauben-Lernen identifiziert mit dem Auswendiglernen z. B. von Katechismus-Sätzen. Glauben wird hier gleichbedeutend mit dem Für-Wahr-Halten des Gelehrten und Gelernten und gleichgesetzt mit dem Erlernen und Akzeptieren eines von Gott geoffenbarten übernatürlichen Wissens, das er der Kirche anvertraut hat.[409] Bei einer solchen Engführung wird zwar die Gnadenhaftigkeit des Glaubens gewahrt, weil es sich um ein von Gott der Kirche geoffenbartes Wissen handelt. Den Glauben zu kennen, bedeutet aber noch lange nicht, sich existentiell von der Gotteserfahrung betreffen zu lassen und das eigene Leben entsprechend zu gestalten.[410]

"Glauben kann man nicht lernen"

Die Extremposition des Fideismus[411] aberkennt der menschlichen Vernunft die Möglichkeit, sittliche oder religiöse Wahrheiten zu erkennen. Diese, wie gesagt, extreme Position wurde auf dem I. Vaticanum abgelehnt, indem die dogmatische Konstitution "Dei Filius" ausdrücklich die Möglichkeit einer natürlichen Theologie einräumt.[412]

Unter dem Vorzeichen der "Dialektischen Theologie", wie sie maßgeblich Karl Barth geprägt hatte, wurde der Gedanke, den schon der Fideismus artikuliert hatte, in den 1920er Jahren wieder aktuell. Die Eignung der natürlichen Vernunft für die Erkenntnis Gottes wurde bestritten. Gegen jede Funktionalisierung und Vereinnahmung Gottes wird radikal die unüberbrückbare Andersheit Gottes und seine Unverfügbarkeit betont. Der Ansatz der "Evangelischen Unterweisung", der ganz von diesem theologischen Denken geprägt ist, unterscheidet deshalb zwischen der Glaubensentscheidung und den Möglichkeiten, die menschliche Persönlichkeit durch Lernen zu entwickeln. Unterweisung kann lediglich Hilfe sein, auf das Wort Gottes hören zu lernen.[413] Christlicher Glaube ist unverfügbares Geschenk, man kann sich ihm öffnen, ihn annehmen oder sich ihm verweigern.[414]

---

[408] Lessing, G. E., Gesammelte Werke, Bd. 8, 591.
[409] Vgl. Werbick, J., Glauben als Lernprozeß?, 6f.
[410] In seinem Extrem wird diese Meinung im sogenannten Traditionalismus vertreten. Vgl. dazu Breuning, W., Traditionalismus, 517.
[411] Vgl. Breuning, W., Fideismus, 155.
[412] DH 3004.3026. Vgl. dazu Fries, H., Fundamentaltheologie, 305-312.
[413] Vgl. Hammelsbeck, O., Evangelische Lehre von der Erziehung, 103.
[414] Vgl. Werbick, J., Glauben als Lernprozeß?, 8f.

Mystagogisches Lernen zwischen Disponieren für Gotteserfahrungen und Erleben der Unverfügbarkeit von Gotteserfahrungen

Ähnlich wie also Glaubenlernen insgesamt weder als lernbares und damit herbeiführbares Ereignis angesehen werden kann, noch als völlig unverfügbares, die menschlichen Gegebenheiten missachtendes und damit auch von den Lernräumen, Lernzeiten und Lernmöglichkeiten völlig unabhängiges Widerfahrnis, so ist es auch mit dem mystagogischen Lernen. Obwohl die Gotteserfahrung ein sowohl wegen der Unverfügbarkeit Gottes als auch des Menschen freies Geschehen ist, ist sie zugleich eine von Gott an den Menschen und die gesamte Schöpfung gegebene Zusage. Das heißt, dass aufgrund der Initiative Gottes schon immer mit Gott mitten in der menschlichen Lebensgeschichte und der Mit-Welt zu rechnen ist. Mystagogische Lernprozesse entwickeln sich von einem Grund her, den Gott selbst gelegt hat, nämlich seiner Selbstentäußerung in diese Welt hinein.

Das bedeutet nun andererseits, dass diese Welt, die "Gottes so voll"[415] ist, auf diesen Gott hin befragt und ausgelotet werden kann. Ob Gott in dieser Welt gefunden wird, ist deshalb auch mitbedingt von den Weisen, wie mit Welt umgegangen wird, wie die eigene Lebensgeschichte reflektiert wird u. a. Mit anderen Worten heißt das, dass das Innewerden der Gotteserfahrung auch davon abhängt, wie Lernwege, Lernräume und -zeiten gestaltet sind. Sie können für Gotteserfahrungen disponieren, sie aber auch verhindern.[416] Sie sind abhängig von Entwicklungsbedingungen, die ein kairologisches religionspädagogisches Handeln erfordern.[417]

Damit rückt eine dritte Komponente in das Blickfeld. Ob der Einzelne sich darauf einlässt, die Tiefendimension der Welt mit Gott zu deuten bzw. genauer gesagt, mit dem Gott des jüdisch-christlichen Glaubens, ist seine Entscheidung. Diese ist Akt der Freiheit des Menschen, der zwar vorbereitet, aber nie automatisiert werden kann. Mystagogisches Lernen ist wie Glaubenlernen überhaupt ein Zusammenspiel von Gnade Gottes und Freiheit des Menschen, von unverfügbarem Geschehen und eröffnenden Gegebenheiten.

Zusammenfassend kann man festhalten, dass in mystagogischen Lernprozessen einerseits die Unverfügbarkeit des Glaubens geachtet werden muss. Andererseits ist aber auch anzuerkennen, dass man für Glaubenserfahrungen disponieren kann, indem man sozusagen Räume und Zeiten eröffnet sowie ein Sprachpotenzial anbietet, in dem sich Gotteserfahrungen ereignen bzw. ausdrücken können. Das hat Konsequenzen für die konkrete Gestaltung mystagogischer Lernprozesse. Der Religionsunterricht in der öffentlichen Schule zeigt

---

[415] Delp, A., Gesammelte Schriften, Bd. 4, 26.
[416] Vgl. Werbick, J., Glauben als Lernprozeß?, 13.
[417] Vgl. Englert, R., Glaubensgeschichte und Bildungsprozeß, 45.

400

die Brisanz dieser Fragestellung besonders deutlich. In ihm werden sowohl die Grenzen relevant, die das mystagogische Lernen an sich bestimmen, als auch jene, die sich durch den Lernort Schule ergeben.

6.3 Mystagogisches Lernen in den Grenzen des Religionsunterrichts als Schulfach

6.3.1 Formale Rahmenbestimmungen des schulischen Religionsunterrichts

Durch Artikel 7, Absatz 3 des Grundgesetzes wird der Religionsunterricht als ordentliches Lehrfach verankert, der nach den Grundsätzen der Religionsgemeinschaften zu erteilen ist.[418] Das bedeutet für den Religionsunterricht eine rechtliche Absicherung, garantiert ihm einen festen Platz im Fächerkanon und unterwirft ihn zugleich den formalen Bedingungen, denen auch andere Fächer in der Schule gerecht werden müssen, wie z. B. der Leistungskontrolle, dem Anspruch an die Qualifikation der ReligionslehrerInnen etc. Der Religionsunterricht steht unter Aufsicht des Staates und wird inhaltlich als auch von seiner Zielsetzung von den Kirchen verantwortet.[419] Damit zeichnet sich eine Verschränkung von Interessen ab. Die Inhalte und Ziele religiöser Bildung sind zum einen von den Kirchen und der Theologie mitzutragen.[420] Zum anderen müssen sie aber auch im Kontext des schulischen Bildungsanspruchs verankert sein, will Religionsunterricht in der Schule integriert bleiben.[421]

Die bis heute noch ausschlaggebende und in manchen Teilen immer noch nicht eingeholte Grundlage für den Umgang mit diesem Sachverhalt bildet das Dokument "Der Religionsunterricht in der Schule" der Würzburger Synode.[422] Der Beitrag des Bischofswortes "Die bildende Kraft des Religionsunterrichts. Zur Konfessionalität des katholischen Religionsunterrichts" hat diese weitergeschrieben und lediglich die Bedeutung eines nach Konfessionen getrennten Religionsunterrichts nochmals hervorgehoben.[423] Deshalb soll im Folgenden auf

---

[418] GG Art. 7, Abs. 3: "Der Religionsunterricht ist in den öffentlichen Schulen mit Ausnahme der bekenntnisfreien Schulen ordentliches Lehrfach. Unbeschadet des staatlichen Aufsichtsrechtes wird der Religionsunterricht in Übereinstimmung mit den Grundsätzen der Religionsgemeinschaften erteilt. Kein Lehrer darf gegen seinen Willen verpflichtet werden, Religionsunterricht zu erteilen."

[419] Die sogenannte "Übereinstimmungsklausel" sichert die Rechte der Kirche angesichts der staatlichen Aufsichtspflicht. Vgl. dazu auch Hofmeier, J., Fachdidaktik, 22-26.

[420] Vgl. GG Art. 7, Abs. 3, Satz 2.

[421] Vgl. Ziebertz, H.-G., Wer initiiert religiöse Lernprozesse?, 184f; vgl. Kalbheim, B./Ziebertz, H.-G., Unter welchen Rahmenbedingungen findet religiöses Lernen statt?, 282-287; vgl. Adam, G./Baus, K./Bucher, A. A. u. a., Religionsunterricht in Deutschland, 1780-1789.

[422] Der Religionsunterricht in der Schule (Gesamtausgabe 123-152).

[423] Vgl. den Untertitel des Papiers sowie die bildungstheoretische und theologische Argumentation in den Kapiteln 2 - 5 und die Beschreibung der Rechtslage in Kapitel 7. Die-

das Anliegen, das die Würzburger Synode formulierte, näher eingegangen werden. Der Fokus richtet sich vor allem auf die Frage, ob es in einem Religionsunterricht in der öffentlichen Schule überhaupt möglich und legitim ist, mystagogische Lernprozesse zu initiieren.

6.3.2 Zwischen Glaubensreflexion und Vertrautmachen mit der Wirklichkeit des Glaubens

Die Würzburger Synode legte mit dem Beschluss zum Religionsunterricht eine Neukonzeption religionsunterrichtlichen Handelns in der Schule vor. Wegen der vielfältigen Umbrüche der Nachkriegszeit, der veränderten Stellung von Religion und Kirche in der Gesellschaft und vor allem aufgrund der schwindenden Selbstverständlichkeit, warum Religionsunterricht in die öffentliche Schule gehöre, war dies notwendig geworden. Viele SchülerInnen konnten außerdem nicht mehr oder kaum noch erkennen, welche Bedeutung der Religionsunterricht für ihr Leben hatte. Weitgehend wurde der Religionsunterricht als Ausdruck der Privilegierung der Kirchen gesehen, der dem modernen Anspruch der öffentlichen Schule nicht mehr gerecht wurde.[424]

Religionsunterricht als Beitrag zur Verwirklichung schulischer Ziele

Die Würzburger Synode schuf auf diesem Hintergrund eine Basis, die es wieder ermöglichte zu verstehen, wie und warum der Religionsunterricht einen Beitrag zur Verwirklichung schulischer Ziele leistet. Sie tat dies im Rückgriff auf die von Karl Ernst Nipkow vorgeschlagene Konvergenzargumentation.[425] In ihr wird sowohl die pädagogische als auch die theologische Begründung des Religionsunterrichts reflektiert[426] und Religionsunterricht in der "Schnittlinie von pädagogischen und theologischen Begründungen, Auftrag der öffentlichen Schule und Auftrag der Kirche"[427] angesiedelt. Religionsunterricht wird als wichtige Möglichkeit gesehen, die schulischen Ziele zu erreichen, wie z. B. zur Individuation des Menschen, zu seiner Vergesellschaftung beizutragen, die Schüle-

---

[424] sen Grundduktus nimmt auch das jüngste Papier der Dt. Bischofskonferenz, Der Religionsunterricht vor neuen Herausforderungen, auf, auch wenn v. a. der Abschnitt 3.2: Der Religionsunterricht macht mit Formen gelebten Glaubens vertraut und ermöglicht Erfahrungen mit Glaube und Kirche, kritisch diskutiert werden muss. S. dazu auch die Ausführungen zum performativen Religionsunterricht und seiner Grenzen in dieser Studie. Vgl. Dritter Teil, 6.3.5, 411-415.

[424] Vgl. Volz, L., Einleitung zu "Der Religionsunterricht in der Schule", 113; Bernhard Dressler, Darstellung und Mitteilung, 11, spricht hier vom Selbstverständlichkeitsverlust der christlichen Religion. Oftmals wird dieses Phänomen mit dem durchaus problematischen Begriff des "Traditionsabbruchs" versehen. Vgl. z. B. Bergau, W., Die neuen Schüler, 636-654.

[425] Vgl. Nipkow, K. E., Grundfragen der Religionspädagogik, Bd. 1, 173-178.

[426] Vgl. Der Religionsunterricht in der Schule, 2.1, 2.3, 2.4 (Gesamtausgabe 131-138); vgl. dazu Fox, H., Schule und Religionsunterricht, 396-398.

[427] Der Religionsunterricht in der Schule, 2.1 (Gesamtausgabe 131).

rInnen mit den kulturellen Gegebenheiten vertraut zu machen u. a. Begründungen des Religionsunterrichts werden also sowohl anthropologisch, gesellschaftlich, kulturgeschichtlich, bevölkerungsdemographisch als auch politisch gegeben.[428]

Anliegen des Synodenbeschlusses war es, dem Religionsunterricht einen festen Platz in der öffentlichen Schule unter den Vorzeichen der Entwicklungen der Moderne zu garantieren. Es ging darum, ausgehend von einer angemessenen Situationsanalyse, Handlungsräume für einen zukunftsfähigen Religionsunterricht zu schaffen. Das konnte nur erreicht werden, wenn Religionsunterricht sowohl als ein Fach konturiert wurde, das Anknüpfungspunkte mit der Lebenswelt der SchülerInnen aufzeigte, mit den Zielen der öffentlichen Schule einherging und zu ihrer Profilierung beitragen konnte, als auch mit dem "spezifisch Christlichen" vertraut zu machen[429] verstand.

Ohne hierauf noch weiter einzugehen, kann festgehalten werden, dass sich die Würzburger Synode mit diesem Dokument verabschiedete, Religionsunterricht als Glaubensunterweisung zu konzipieren, wie das bis dato der Fall gewesen war.[430] Durch die Situationsanalyse im ersten Teil des Dokuments wird deutlich, dass Religionsunterricht nicht mehr von gläubigen oder glaubenswilligen SchülerInnen ausgehen kann, wie das in der materialkerygmatischen Katechese selbstverständlich vorausgesetzt wurde.[431] Auch die Person des Religionslehrers kann nicht mehr als diejenige verstanden werden, die "in den Glauben und in das Leben der Kirche einzuweisen und einzuüben"[432] hat. Der Synodenbeschluss unterscheidet deshalb den Religionsunterricht in der Schule vom katechetischen Handeln in der Gemeinde. Religionsunterricht kann nicht mehr "Kirche in der Schule" sein,[433] sondern muss mitten in einer pluralen Schule sein Proprium einbringen und Schule dadurch profilieren helfen.

Religionsunterricht zwischen Reflexion des Glaubens und Vertrautmachen mit dem Glauben

Genau an dieser Stelle nun spiegelt der Synodenbeschluss die Umstände seiner Entstehung wider als auch die Vieldimensionalität des christlichen Glaubens insgesamt. Wie oben schon angedeutet wurde, musste der Religionsunterricht, wollte er weiterhin an der öffentlichen Schule einen Platz haben, be-

---

[428]   Vgl. Kalbheim, B./Ziebertz, Unter welchen Rahmenbedingungen findet religiöses Lernen statt?, 286.
[429]   Der Religionsunterricht in der Schule 2.4.1 (Gesamtausgabe 136).
[430]   Vgl. Hilger, G./Kropac, U./Leimgruber, S., Konzeptionelle Entwicklungslinien, 62.
[431]   Vgl. Der Religionsunterricht in der Schule, 1.1.1 (Gesamtausgabe 124f).
[432]   Der Religionsunterricht in der Schule, 1.1.1 (Gesamtausgabe 125).
[433]   Der Religionsunterricht in der Schule 1.4 (Gesamtausgabe 130f). Der Rahmenplan für die Glaubensunterweisung (1967) dagegen hatte versucht, Religionsunterricht als "Kirche in der Schule" zu konzeptualisieren.

weisen, inwieweit er von sich aus zur Bildung der jungen Menschen in der Schule beitragen kann. Die bis in die Nachkriegszeit noch weitgehend anzutreffende Privilegierung der Kirchen und der kirchlichen Anliegen wich einer schwindenden gesellschaftlichen Akzeptanz. Es war nicht mehr selbstverständlich, dass die öffentliche Schule Mittel und Wege bereitstellen sollte, um Religionsunterricht zu gewährleisten. Von daher war der Religionsunterricht herausgefordert, seine Plausibilität nicht nur in Bezug auf "gläubige Schüler" zu zeigen, sondern ebenso für die "suchenden oder im Glauben angefochtenen Schüler" oder auch für den "sich als ungläubig betrachtenden Schüler"[434] relevant zu sein. Auf der Spur, die im Synodenbeschluss gelegt wurde, und auf dem Hintergrund des gesellschaftlichen Kontextes der 1960er und 1970er Jahre wurde das vor allem in religionsdidaktischen Konzeptionen versucht, die der Kognition, dem Diskurs und der Reflexion des christlichen Glaubens bzw. der Lebenssituation der SchülerInnen fast ausschließliche Bedeutung einräumten.[435] Die vor allem analytische und reflektierende Betrachtungsweise des Glaubens konnte die Anschlussfähigkeit des Religionsunterrichts an andere Fächer in der Schule und den Wissenschaftsanspruch des Religionsunterrichts zu den damaligen Gegebenheiten veranschaulichen. So dominierte in den letzten 40 Jahren ein Verständnis, das Lernen im Religionsunterricht vor allem als Sprechen über den Glauben fasste.[436]

Obwohl damit ein wichtiges Anliegen des Synodenbeschlusses garantiert war, ist damit nicht das ganze Spektrum ausgeschöpft, das dem Religionsunterricht zukommt. Religionsunterricht muss die Vieldimensionalität des christlichen Glaubens zur Geltung bringen und das heißt, dass er sich nicht nur mit Reflexion und Analyse zufrieden geben kann. In den Zielen, die für den Religionsunterricht formuliert werden, kommt das klar zum Ausdruck. Hier geht es zum einen darum, dass der Religionsunterricht die Frage nach Gott "weckt und reflektiert", ebenso "nach der Deutung der Welt, nach dem Sinn und Wert des Lebens und nach den Normen für das Handeln des Menschen" fragt und hilft, "den Glauben denkend zu verantworten".[437] Es ist zum anderen aber auch davon die Rede, dass Religionsunterricht "eine Antwort aus der Offenbarung und aus dem Glauben der Kirche" ermöglicht, dass er vertraut macht "mit der Wirklichkeit des Glaubens und der Botschaft, die ihm zugrunde liegt ...", zu "persönlicher Entscheidung in Auseinandersetzung mit Konfessionen und Reli-

---

434   Der Religionsunterricht in der Schule 2.5.1 (Gesamtausgabe 139).

435   Vgl. z. B. die Konzeption des hermeneutischen Religionsunterrichts, des religionskundlichen und auch in weiten Teilen die Konzeption des problemorientierten Religionsunterrichts. Vgl. dazu Hilger, G./Kropac, U./Leimgruber, S., Konzeptionelle Entwicklungslinien, 51-57.

436   Vgl. Schmid, H., Mehr als Reden über Religion, 2.

437   Der Religionsunterricht in der Schule 2.5.1 (Gesamtausgabe 139f).

gionen, mit Weltanschauungen und Ideologien" befähigt, "Verständnis und Toleranz gegenüber der Entscheidung anderer" fördert und "zu religiösem Leben und zu verantwortlichem Handeln in Kirche und Gesellschaft"[438] motiviert. Insgesamt sollen "Mensch und Welt in ihrem Bezug zu Jesus Christus im Licht des kirchlichen Glaubens und Lebens"[439] aufgezeigt werden. Es geht neben der intellektuellen Dimension des christlichen Glaubens im Religionsunterricht also immer auch schon um die Erfahrungsdimension und die Dimension der religiös motivierten Lebensgestaltung. Auch wenn diese im Synodenbeschluss sozusagen nur angelegt sind, ohne näher ausgeführt zu werden, sind sie dennoch präsent.

Das zeigt sich auch noch an anderen Stellen, z. B. an der Beschreibung der Rolle des Religionslehrers. Dieser wird eingeladen, "die Sache des Evangeliums zu seiner eigenen zu machen und sie — soviel an ihm liegt — glaubwürdig zu bezeugen".[440] Das lässt erkennen, dass dem Religionslehrer auch ein initiierender und aktiver Teil in der Auseinandersetzung mit der "Botschaft" des Evangeliums zukommt. Seine existentielle Betroffenheit durch den Glauben und auch seine Zweifel sollen im Unterrichtsgeschehen, wenn möglich, zum Tragen kommen.[441]

Insgesamt geht es also nicht nur darum, Religion und Glauben zu reflektieren, sondern auch in einen verantwortlichen Umgang mit ihm einzuüben und das heißt, die praktische Komponente von Religion zumindest in diesem Sinn einzubringen. Das aber hat Konsequenzen für mystagogische Lernprozesse im Religionsunterricht, die im Folgenden noch skizziert werden sollen.

Grenzen und Möglichkeiten mystagogischer Lernprozesse nach dem Synodenbeschluss

Wenn nun das Proprium mystagogischen Lernens darin ausgemacht werden kann, für Gotteserfahrungen aufmerksam zu machen und Leiderfahrungen als "qualifizierte Orte" von Gotteserfahrung wahrnehmen und deuten zu lernen, dann gilt freilich auch, dass mystagogisches Lernen, insofern es sich am Lernort Schule vollzieht, über den Synodenbeschluss "Der Religionsunterricht in der Schule"[442] hinaus geht. Mystagogisches Lernen schwingt zwar ein in das Ziel, wie es im Synodenbeschluss deklariert wurde, "zu einem verantwortlichen Denken und Verhalten im Hinblick auf Religion und Glauben zu befähigen"[443]. Es geht aber über dieses hinaus, insofern es auch in der Zielperspektive mysta-

---

438   Der Religionsunterricht in der Schule 2.5.1 (Gesamtausgabe 140).
439   Der Religionsunterricht in der Schule 2.5.1 (Gesamtausgabe 139).
440   Der Religionsunterricht in der Schule 2.8.3 (Gesamtausgabe 147).
441   Vgl. dazu Hilger, G./Kropac, U./Leimgruber, S., Konzeptionelle Entwicklungslinien, 62f.
442   Vgl. Der Religionsunterricht in der Schule 2.5.1 (Gesamtausgabe 139).
443   Der Religionsunterricht in der Schule 2.5.1 (Gesamtausgabe 139).

gogischen Lernens liegt, für eine Begegnung mit dem Gott Israels und Jesu zu disponieren und evtl. sogar Religion zu vollziehen.

Das ist eine schwierige Sache, vor allem in Zeiten, in denen der Religionsunterricht neu in die Diskussion gekommen ist, ob er überhaupt in einer öffentlichen Schule einen Platz haben kann (vgl. die Diskussionen um LER).[444] Ist es angemessen in der öffentlichen Schule von heute, in der von einer weltanschaulichen Pluralität auszugehen ist, die nicht mehr unbedingt durch die christliche Religion pointiert wird, einen Religionsunterricht zu vertreten, der in seinen mystagogischen Momenten auch mit der Wirklichkeit des jüdisch-christlichen Glaubens *vertraut* zu machen sucht? Kann in einer weltanschaulich pluralisierten Gesellschaft überhaupt noch der gesellschaftliche Konsens erreicht werden, dass Religion zu jedem Menschen gehört und als Kulturgut zu entfalten ist? Voraussetzungen wie diese, auf denen das Synodenpapier zum Religionsunterricht fußte, sind heutig brüchig geworden und werden wohl noch weitere Risse bekommen. Es stellt sich deshalb die Frage, ob gerade heute der Kairos ist, die Perspektive des mystagogischen Lernens, die auch missverstanden werden kann, in die Diskussion einzubringen. Ohne die Tragweite und Relativität in Gänze ausloten zu können, sollen zumindest einige Anmerkungen hierzu gemacht werden.

Das mystagogische Lernen versteht sich grundsätzlich vom Synodenbeschluss "Der Religionsunterricht in der Schule" her und kann sich am Lernort Schule nur dann einbringen, insofern klar ist, dass es einen Beitrag zur *öffentlichen* Schule leistet. Es kann also nicht angehen, Kirche in der Schule zu vollziehen. Allerdings greift das mystagogische Lernen auch jene Passagen im Synodenbeschluss auf, die davon sprechen, dass Religionsunterricht in die Wirklichkeit des Glaubens einführt, "hilft sie zu verantworten und [deutlich macht], daß man die Welt im Glauben sehen und von daher seine Verantwortung in ihr begründen kann."[445] Mystagogisches Lernen versteht sich als eine Möglichkeit, zur "Weltdeutung" oder auch "Sinngebung durch Transzendenzbezug"[446] beizutragen, wie sie der Synodenbeschluss empfiehlt.

Wie es dem Religionsunterricht insgesamt aufgegeben ist, so ist auch für das mystagogische Lernen klar, dass solche Momente nur angelegt sein können, dass es nie darum gehen kann, jemanden "in Dingen des Glaubens [zu] zwingen"[447] und dass mystagogisches Lernen wie der Religionsunterricht insgesamt

---

[444] Vgl. z. B. Simon, W., Ethikunterricht — Philosophieunterricht — Religionskunde — Religionsunterricht, 90-99; vgl. ders., "Lebensgestaltung — Ethik — Religion", 29-40; vgl. Scheilke, Ch./Schweitzer, F. (Hg.), Religion, Ethik, Schule; vgl. Schwillus H., Ethik-Unterricht in der Bundesrepublik Deutschland.

[445] Der Religionsunterricht in der Schule 2.5.1 (Gesamtausgabe 139).

[446] Vgl. Der Religionsunterricht in der Schule 2.3 (Gesamtausgabe 132).

[447] Vgl. Der Religionsunterricht in der Schule 2.5.1 (Gesamtausgabe 138).

auch schon sein Ziel erreicht hat, wenn die SchülerInnen ihre Entscheidung für und auch gegen den Glauben *verantwortungsvoll* fällen.[448]

Kontextuiert man mystagogisches Lernen im Religionsunterricht der öffentlichen Schule und fragt man, was es für die Zielsetzung der öffentlichen Schule einbringt, ergibt sich Folgendes: Insofern Individuation wie auch Vergesellschaftung zu den Zielen der öffentlichen Schule gehören, kann hier mystagogisches Lernen einen Beitrag leisten, als es den Prozess der Selbstwerdung immer auch im Horizont der Gottesfrage, und zwar in ihrer existentiellen Dimension, versteht. Mystagogische Momente im Religionsunterricht können die Gottesfrage als ein mögliches Diskurselement in den Prozess der Selbstwerdung einbringen und bewusst halten. Das gilt auch für den Prozess der Vergesellschaftung. Damit leistet das mystagogische Lernen im Religionsunterricht einen Beitrag, die Wirklichkeit als grundsätzlich offen zu verstehen und nicht vorschnell in einen begrenzten Horizont einzufügen. Es spezifiziert sozusagen, was Religionsunterricht ausmacht, indem es die Gottesfrage, und zwar als Gotteserfahrung, einbringt und zu verhindern sucht, dass eine Gesellschaft die Offenheit aufgibt und sich von Totalitarismen besetzen lässt. Mit einem Bild ausgedrückt, das aus dem Judentum kommt, heißt das, dass das mystagogische Lernen mithilft, den "leeren Stuhl", der für den Messias gehört, eben nicht durch jemand Zweitrangigen oder etwas Vorletztes zu besetzen.[449]

Hieran schließt sich ein weiteres Problem an, mit dem sich die Inhalts- und Zielbestimmung des Religionsunterrichts insgesamt auseinander setzen muss. Es stellt sich die Frage, ob es (noch) genügt, die "intellectual dimension" von Religiosität im Religionsunterricht einzubringen, oder ob diese nicht auch um andere Dimensionen ergänzt werden müsste, nämlich der "experiential dimension", "ideological dimension", "ritualistic dimension", "consequential dimension".[450] Genügt es, die SchülerInnen zu religiöser Kompetenz zu befähigen, und zwar (lediglich, obwohl auch das schon enorm viel ist) in Hinsicht auf die Dimension religiöser Inhaltlichkeit, religiöser Kommunikation und eventuell noch religiöser Sensibilität? Müssten diese nicht um die Dimension des religiösen Ausdrucksverhaltens und der religiös motivierten Lebensgestaltung ergänzt werden?[451] Mystagogisches Lernen könnte hier in den Religionsunterricht, wie er an der öffentlichen Schule stattfindet, viel einbringen. Es muss sich aller-

---

[448]   Vgl. Der Religionsunterricht in der Schule 2.5 (Gesamtausgabe 138).

[449]   Vgl. dazu Homeyer, J., Religion als Stachel der Moderne. Eine ähnliche Aussage findet sich im Synodenbeschluss in einer Zitation H. Roths. Dort heißt es, Der Religionsunterricht in der Schule 2.3 (Gesamtausgabe 138): "Kein Mensch, auch nicht der einfache Mensch, kann ohne Weltdeutung, sei sie noch so primitiv oder pauschal, geistig leben. Wo ihm nicht die Religion zu einer solchen Deutung verhilft, greift er zu Visionen, die diese ersetzen sollen."

[450]   Vgl. dazu Glock, Ch., Über die Dimensionen der Religiosität, 150-168.

[451]   Vgl. dazu Hemel, U., Ziele religiöser Erziehung, 672-690.

dings mit denselben Anfragen auseinander setzen, die auch an LER gestellt werden, nämlich ob die weltanschauliche Neutralität des Staates dadurch unterlaufen wird.[452] Auf diesen Aspekt soll weiter unten noch deutlicher eingegangen werden.

Zunächst soll der Blick auf die SchülerInnen gelenkt und von ihnen her gefragt werden, inwieweit für sie mystagogische Lernprozesse im Rahmen des Religionsunterrichts überhaupt möglich oder sogar hilfreich sein können, aber auch ihre Grenzen finden.

6.3.3 Was können mystagogische Lernprozesse SchülerInnen "nützen"?

Der Frage, was mystagogische Lernprozesse SchülerInnen nützen, kann im Folgenden nur ansatzweise nachgegangen werden. Es soll nicht um eine erschöpfende Analyse gehen, die eigener empirischer Überprüfungen bedürfte, sondern vielmehr um einige Anmerkungen, die helfen, mystagogisches Lernen von den SchülerInnen her zu kontextuieren. Dabei soll nicht wiederholt werden, was weiter oben schon unter den Prinzipien der Subjektorientierung und Identitätsbildung erläutert wurde. Der Fokus der folgenden Ausführungen richtet sich vielmehr darauf, wie das mystagogische Lernen überhaupt für SchülerInnen hilfreich sein kann bzw. wo sich hier Grenzen auftun.

Empirische Untersuchungen haben darauf aufmerksam gemacht, dass die Gottesfrage, wenn auch nicht im Sinne einer christlich-kirchlichen Begrifflichkeit, für Jugendliche nach wie vor eine große Rolle spielt.[453] Das mystagogische Lernen, das religiöse Bildungsprozesse auf die Gottesfrage, und zwar in ihrer existentiellen Dimension fokussiert, kann hier evtl. helfen, zu einer Weitung der Gottesvorstellung beizutragen.

Im Zusammenhang mit dem Phänomen des Selbstverständlichkeitsverlustes der christlichen Religion kann man davon ausgehen, dass für die meisten SchülerInnen die christliche Religion zu etwas Fremdem geworden ist.[454] Für viele Kinder und Jugendliche müssen die Gehalte und die Gestalten der christlichen Religion erst erschlossen werden. Was SchülerInnen unter christlicher Religion verstehen, ist auf diesem Hintergrund oftmals das, was sie im Religionsunterricht als christliche Religion kennen lernen. Mystagogisches Lernen kann für diese SchülerInnen eine Chance sein, sich mit der christlichen Religion

---

452   Vgl. dazu Kalbheim, B./ Ziebertz, H.-G., Unter welchen Rahmenbedingungen findet religiöses Lernen statt?, 297.

453   Vgl. Ziebertz, H.-G./Prokopf, A., Jugendreligiosität auf der Basis von Tiefeninterviews; vgl. ders., /Kalbheim, B./Riegel, U., Religiöse Signaturen heute.

454   Vgl. Dressler, B., Darstellung und Mitteilung, 11.13; vgl. Porzelt, B., Die Religion (in) der Schule, 24.

nicht nur intellektuell und diskursiv auseinander zu setzen, sondern für die Erfahrungsdimension des Glaubens disponiert zu werden. Mystagogisches Lernen trägt so verstanden dazu bei, dass SchülerInnen zu einer umfassenderen Begegnung mit der christlichen Religion eingeladen werden und sich ihr existentiell zu stellen.

SchülerInnen kommen beim mystagogischen Lernen zudem als Fragende in den Blick. Kinder und Heranwachsende, die auf der Suche sind, die sich nicht mit dem Vorfindlichen zufrieden geben, die ahnen, dass es etwas gibt, das über das "Greif- und Wägbare" hinausgeht und die sich damit konfrontieren wollen, können vermutlich durch mystagogische Momente im Religionsunterricht angeregt werden, sich mit der Sinnfrage zu konfrontieren.

Für SchülerInnen, die selbst mit Leiderfahrungen konfrontiert sind und aufgrund dieser Erfahrungen die Sinnfrage nochmals neu und anders artikulieren, könnte das mystagogische Lernen eine Chance sein, das Leben nicht vom Horizont eines "nichtigenden Nichts" (M. Heidegger) begreifen zu müssen, sondern die Leiderfahrungen als Erfahrungen zu erahnen, die nicht unbedingt und von vornherein die Sinnlosigkeit des Lebens buchstabieren. Im mystagogischen Lernen könnte ein Deutehorizont eröffnet werden, der dazu anstiftet, auch in Brüchen und im Scheitern etwas zu erahnen, das das Leben in seiner Tiefe trägt und hält. Vielleicht kann das sogar ein Weg werden, in dieser Tiefe Gott zu vernehmen, der sich im Schicksal Jesu von Nazaret als einer erfahren lässt, der auch das Leid und den Tod kennt und sich zu Eigen gemacht hat.

Dabei ist es nachrangig, ob diese SchülerInnen ihr Einverständnis in den Glauben gegeben haben, noch nicht gegeben haben[455] oder es aus einer verantwortungsbewussten Entscheidung heraus auch nicht geben werden. Es kommt darauf an, dass sie sich einlassen, das Fremde, Sperrige und Andere und damit letztlich auch den Fremden und Anderen, nämlich Gott, als eine mögliche Wirklichkeit zuzulassen und sie auf ihr eigenes Leben hin zu befragen. Spannend wird das mystagogische Lernen mit SchülerInnen, die in diesem Sinne bereit sind, die Grenzen ihres Lebens und der Welt in den Blick zu nehmen und von da aus nach Antworten zu suchen. Dass mystagogisches Lernen damit insgesamt von der Bereitschaft der SchülerInnen abhängt, inwieweit sie sich auf diese Prozesse einlassen, sich selbst ins Spiel bringen, sich betreffen lassen und evtl. auch bereit sind, Sichtweisen neu zu entwerfen und sich entsprechend zu engagieren, lässt die Grenzen mystagogischen Lernens im Religionsunterricht deutlich werden.

---

[455]   Vgl. Nipkow, K. E., Bildung als Lebensbegleitung und Erneuerung, 383.

6.3.4 Der Religionslehrer als Mystagoge?

Insofern sich mystagogische Lernprozesse als Begegnung von Schüler und Lehrer vollziehen, kommen sie durch die Person des Religionslehrers zum einen zur Entfaltung, aber auch an eine Grenze. Das wurde weiter oben schon ausgeführt.[456] Im Folgenden sollen Letztere nochmals kurz zusammengefasst werden. Diese werden beispielsweise in den assoziierenden Weisen des Umgangs mit Religion und Glauben deutlich, die beim Religionslehrer selbst einen Erfahrenshintergrund mit Gott und Glauben voraussetzen, der in den mystagogischen Lernprozessen auch gestaltend mitklingt. Der Religionslehrer wird in der Rolle des "Regisseurs von Kommunikationsprozessen" als einer verstehbar, der zu erkennen geben muss, wie er mit den letzten Fragen nach Sinn und Widersinn des Lebens umgeht, und das heißt letztlich, dass er zu erkennen geben muss, wie er sich zur Gottesfrage in ihrer existentiellen Dimension verhält. Die Spiritualität des Religionslehrers ist dabei in all ihren Dimensionen angefragt. Weil mystagogische Lernprozessse darauf zielen, für Gotteserfahrungen zu disponieren, bedeutet das für den Religionslehrer als Initiator, Kommunikator und als einer, der das Deutepotenzial des christlichen Glaubens ins Spiel bringt, auch, dass seine eigenen Gotteserfahrungen und Gottes-nicht-erfahrungen zum Tragen kommen. Der Religionslehrer muss also damit rechnen, dass er in seinem tiefsten Welt- und Lebensverständnis angefragt wird. Mit anderen Worten wird im mystagogischen Lernen die Zeugenschaft des Religionslehrers virulent. Obwohl damit einerseits die Rolle des Religionslehrers beschrieben wird, wie sie ebenso der Synodenbeschluss zum Religionsunterricht formuliert,[457] so verdeutlichen diese wenigen Bemerkungen andererseits eine mögliche Überforderung des Religionslehrers. Nicht jeder Religionslehrer wird sich als Mystagoge verstehen wollen. Und diese Freiheit gilt es zu achten.

Zudem ergeben sich Einschränkungen an die Rolle des Religionslehrers als Zeuge des Evangeliums von einer anderen Seite her. Auf dem Hintergrund, dass christliche Religion für viele SchülerInnen zu etwas Fremdem geworden ist, kann sich die Zeugenschaft des Religionslehrers nur in einer sehr diskreten Art und Weise artikulieren.[458] Weisen des Erzählens biblischer Geschichten,

---

[456] Vgl. dazu Dritter Teil, 5, 389-396.

[457] Die Rolle des Religionslehrers nach dem Synodenbeschluss zum Religionsunterricht wird z. B. ausgedrückt in Formulierungen wie, Der Religionsunterricht in der Schule, 2.8.1 (Gesamtausgabe 147): "Ein Religionslehrer soll sensibel sein für die religiöse Dimension der Wirklichkeit ... [und muss] zugleich existentiellen Bezug zu dieser 'Sache' [haben.]; Der Religionsunterricht in der Schule, 2.8.2 (Gesamtausgabe 147): "Ein Lehrer ohne eigene Glaubensposition würde den Schülern nicht das gewähren, was er ihnen in diesem Bereich schuldet."; Der Religionsunterricht in der Schule, 2.8.3 (Gesamtausgabe 147): "Ein Religionslehrer soll bereit sein, die Sache des Evangeliums zu seiner eigenen zu machen und sie — soviel an ihm liegt — glaubwürdig zu bezeugen."

[458] Vgl. dazu Schmid, H., Mehr als Reden über Religion, 6.

das Singen von Liedern, die Einführung in Momente der Stille, mögliche Deutungen für Erfahrungen anzubieten, braucht eine "Sprache", in der der Zweifel
mitklingt und die Suche nach Gott vernehmbar wird. Diese Suche nach Gott
müsste in einen Horizont des Ausschauhaltens und Vertrauens eingespannt
sein und deutlich machen, dass ihr das Habbare und fest Umrissene fremd ist.
Damit wird deutlich, dass mystagogische Lernprozesse nicht von jedem Religionslehrer im Unterrichtsgeschehen initiiert werden können. So wie SchülerInnen die Freiheit haben müssen, sich auf mystagogische Momente einzulassen
oder nicht, haben mystagogische Lernprozesse mit der Freiheit und der Kompetenz der ReligionslehrerInnen in Bezug auf den Umgang mit Gotteserfahrungen zu tun. Auch diese gilt es unbedingt zu respektieren.

6.3.5 Mystagogische Momente innerhalb eines "performativen Religionsunterrichts"?

In den letzten Jahren ist in der religionspädagogischen Literatur das Desiderat
nach "erfahrungseröffnendem religiösen Lernen"[459] laut geworden. Mystagogisches Lernen versteht sich in diesem Horizont, nicht nur Erfahrungen, und
zwar Gotteserfahrungen, zu erörtern, sondern für sie zu disponieren. Insofern
kann man sagen, dass das mystagogische Lernen den Formen erfahrungseröffnenden Lernens zugehört und sich sowohl mit deren Anliegen als auch deren Grenzen trifft. Die Grenzen mystagogischen Lernens im Religionsunterricht
sollen deshalb abschließend im Horizont der Grenzen eines performativen Religionsunterrichts reflektiert werden.

---

[459] Vgl. Englert, R., "Performativer Religionsunterricht!?", 32. Dieses Plädoyer, das sich
auch in der Formulierung "Schule als Erfahrungsraum" findet, ist alt und lässt sich schon
bei Comenius, Rousseau, Diesterweg, Dewey u. a. nachweisen. M. E. hat es aber seit
der Forderung Hartmut von Hentigs 1973 wieder neues Gewicht bekommen, Schule als
"Erfahrungsraum" zu konzipieren. Vgl. dazu Hentig, H. von, Schule als Erfahrungsraum?
In diesem Zusammenhang sind auch Ansätze zu nennen, wie sie z. B. in der Kirchenraumpädagogik von Roland Degen eingebracht werden. Der phänomenologische Ansatz Hans-Günter Heimbrocks und sein Plädoyer, Religionspädagogik als Wahrneh-
mungswissenschaft zu verstehen, der semiotische Ansatz von Michael Meyer-Blanck
oder auch die "katechetische Theologie" von Ingrid Schoberth u. a. können ebenfalls als
Ansätze verstanden werden, die versuchen, Religion nicht nur als Reflexion über religiöse Erfahrungen zu begreifen, wodurch den lehrhaften Aussagen besonderes Gewicht
zufiele. Auch wenn diese verschiedenen Ansätze durchaus unterschiedliche Intentionen
verfolgen und den Ansätzen Schoberths, aber auch Meyer-Blancks m. E. mit Vorbehalt
zu begegnen ist, ist ihnen gemeinsam, die Gestaltwerdung von Religion und die Erfahrungsdimension von Religion als deren Zentrum zu verstehen. So kommt den ästhetischen, rituellen, liturgischen und praktischen Formen von Religon besondere Bedeutung
zu. Vgl. dazu Englert, R., "Performativer Religionsunterricht!?", 34.

Zum Anliegen des performativen Religionsunterrichts

Rudolf Englert hat für dieses Anliegen das Stichwort "performativer Religions-unterricht"[460] andiskutiert und versteht darunter ein religiöses Lernen, das "heutigen Schülerinnen und Schülern in der tätigen Aneignung und Transfor-mation vorgegebener religiöser Ausdrucksgestalten (insbesondere aus der jü-disch-christlichen Tradition) eigene religiöse Erfahrungen zu eröffnen"[461] sucht. Ausgehend von einem Selbstverständlichkeitsverlust der christlichen Religion, vor allem in ihrer institutionalisierten Form,[462] der auch unter dem Terminus des sogenannten "Traditionsabbruchs"[463] verhandelt wird, kann Religion in der Schule nicht mehr einfach darauf zurückgreifen, dass SchülerInnen in der Fa-milie oder der Gemeinde das Phänomen des Glaubens auch als christliche Praxis kennen gelernt haben. Christliche Religion erscheint für viele SchülerIn-nen gleichsam als fremde Religion, der sie im Religionsunterricht der Schule eventuell zum ersten Mal begegnen.[464] Religiöse Bildung kann deshalb im Raum der Schule nicht mehr nur reflexiv-nachdenkend bedenken, was Schüle-rInnen als religiöse Praxis andernorts erfahren haben.[465]

Von daher gilt es neue Weisen zu entwickeln, wie Religion in der Schule nicht nur "dissoziierend" gelernt, reflektiert und diskutiert wird, sondern auch

---

[460] Vgl. Englert, R., "Performativer Religionsunterricht!?", 32-36; vgl. ders., Religionsunter-richt als Realisation, 1. Michael Domsgen, Der performative Religionsunterricht, 31-49, fragt sogar, ob es sich beim performativen Religionsunterricht um eine neue religionsdi-daktische Konzeption handelt.

[461] Englert, R., "Performativer Religionsunterricht!?", 32.

[462] Empirische Studien (R. Schuster, K. E. Nipkow, G. Schmidtchen, Jugendwerk der Deut-schen Shell, A. Feige, H. Barz, I. und W. Lukatis u. a.), kamen zu dem Ergebnis, dass heute von einer Unterbrechung religiöser Sozialisationsprozesse auszugehen ist. Den-noch ist die Gottesfrage ein nach wie vor wichtiges Thema für Jugendliche. Vgl. dazu Kuld, L., Kirchenfern und religiös wild?, 4-7; vgl. Foitzik, A., Autonomie gegen Institution, 411-417; vgl. Knoblauch, H., Die unsichtbare Religion im Jugendalter, 65-97; vgl. Schweitzer, F., Die Suche nach eigenem Glauben, 37-41; vgl. Sziegaud-Roos, W., Reli-giöse Vorstellungen von Jugendlichen, 334-386; vgl. Ziebertz, H.-G., Hungry for Hea-ven, 375-383; vgl. ders., Gesellschaftliche Herausforderungen der Religionsdidaktik; vgl. Ziebertz, H.-G./Kalbheim, B./Riegel, U., Religiöse Signaturen heute.

[463] Auch wenn das Phänomen des Selbstverständlichkeitsverlustes der christlichen Religion oftmals und gerade in kirchlichen Kreisen mit dem Phänomen des "Traditionsabbruchs" in Zusammenhang gebracht wird (Vgl. Bergau, W., Die neuen Schüler, 636-654.), ist es freilich problematisch. Das Wort suggeriert, dass es sich hier um ein passives Ereignis handelt und blendet zu stark aus, dass dieser Mechanismus auch von den Verhaltens-mustern der Tradenten abhängt. Positiv wird an diesem Begriff aber deutlich, dass christliche Religion auch durch einen Überlieferungszusammenhang konstituiert wird und von daher an Kraft verliert, wenn dieser Überlieferungszusammenhang "verdunstet" bzw. wenn religiöse Praxis abreißt. Vgl. dazu Dressler, B., Darstellung und Mitteilung, 11.

[464] Vgl. Dressler, B., Darstellung und Mitteilung, 11.13; vgl. Mendl, H., Religionsunterricht als Hilfe zur Selbstkonstruktion des Glaubens, 14.

[465] Vgl. Dressler, B., Darstellung und Mitteilung, 12; vgl. Schmid, H., Assoziation und Disso-ziation als Grundmomente religiöser Bildung, 52.

412

"assoziierend" wahrgenommen werden kann.[466] Hans Schmid versuchte mit diesem Begriffspaar aufzuzeigen, dass Religion, und damit auch die jüdisch-christliche Religion, mehr ist als die intellektuelle Vergewisserung des Glaubens. Sie ist angewiesen auf das Sprechen mit Gott bzw. den praktischen Vollzug des Glaubens. Im Religionsunterricht der Schule, der sich über lange Jahre vor allem der dissoziierenden Weise der Auseinandersetzung mit dem Glauben bediente, und zwar in einer Weise, die dem Reden über Religion und Dinge des Glaubens den Vorrang einräumte,[467] gilt es, Wege zu entwickeln, die auch der assoziierenden Zugangsweise Räume auftun. Mit anderen Worten muss es in Zukunft darum gehen, einen Religionsunterricht zu konturieren, der es ermöglicht, Erfahrungen mit Religion zu machen.[468] Bernhard Dressler kommt auf diesem Hintergrund zu dem Ergebnis, dass Religion nicht mitgeteilt werden kann, ohne gezeigt zu werden.[469]

Zusammenfassend lassen sich damit folgende Desiderate verbinden, die ein performativer Religionsunterricht einbringen will: Religionsunterricht muss SchülerInnen in die Fremdheit von Religion einführen und die Chance des Fremden als Möglichkeit artikulieren lernen, für die Individualisierung etwas beizutragen. Weil Religion aber nicht reduziert werden kann auf lehrhafte Aussagen, muss Religionsunterricht in der Schule Wege eröffnen, zur praktischen Dimension des Glaubens[470] und zur Mitte des Glaubens Zugänge zu schaffen. Konkret bedeutet das, dass diesen Zugängen sogar ein Vorrang einzuräumen ist gegenüber der diskursiven Auseinandersetzung. Es muss demnach zuerst darum gehen, Symbole zu gebrauchen,[471] Möglichkeiten zur Erfahrung zu er-

---

[466] Vgl. Schmid, H., Mehr als Reden über Religion, 2f; vgl. Schmid, H., Assoziation und Dissoziation als Grundmomente religiöser Bildung.

[467] Vgl. Schmid, H., Mehr als Reden über Religion, 1-3. In einer empirischen Untersuchung niedersächsischer ReligionslehrerInnen konnte eruiert werden, dass jüngere LehrerInnen vor allem auf expressive Formen von Religion Wert legen, während sich die Lernwege, je älter die Unterrichtenden werden, immer mehr auf den Diskurs, das Wort, den Text verschieben. Vgl. dazu Feige, A./Dressler, B./Lukatis W. u. a., Religion bei ReligionslehrerInnen.

[468] Vgl. Schmid, H., Mehr als Reden über Religion, 5.7; vgl. ähnlich Dressler, B., Darstellung und Mitteilung, 13. Dressler argumentiert, dass eine hervorragende Aufgabe der Religionsdidaktik darin besteht, "Religion allererst zu zeigen". Das heißt, Religion in ihren Ausdrucksformen zugänglich zu machen und als "Kultur symbolischer Kommunikation" zu erfahren. Vgl. dazu Dressler, B./Meyer-Blanck, M. (Hg.), Religion zeigen; vgl. Schoberth, I., Glauben-lernen heißt eine Sprache lernen, 21; vgl. dies., Glauben-lernen, 287-294.

[469] Vgl. Dressler, B., Darstellung und Mitteilung, 13; vgl. Dressler, B./Meyer-Blanck, M. (Hg.), Religion zeigen; vgl. Dressler, B., Religion ist mehr als Worte sagen können, 55.

[470] Vgl. Dressler, B., Darstellung und Mitteilung, 13; vgl. Schoberth, I., Glauben-lernen heißt eine Sprache lernen, 21. Ingrid Schoberth verhandelt dieses Thema des Erfahrungs-Machens unter dem Stichwort des "Performing the scriptures" und versteht als Ziel der Performance, die SchülerInnen in Räume des Glaubens hineinzunehmen. Vgl. Schoberth, I., Glauben-lernen heißt eine Sprache lernen, 23-30.

[471] Vgl. Dressler, B., Darstellung und Mitteilung, 13.

öffnen, um diese dann reflektierend, diskursiv zu erörtern. Mit anderen Worten muss religionsunterrichtliche Praxis darauf zielen, religiöse Phänomene in ihrer Vielgestaltigkeit zu vergegenwärtigen. Insofern der Religionsunterricht "Anwalt des Unverfügbaren"[472] im Raum der Schule ist, muss er versuchen, diesem Unverfügbaren einen Ort zu verschaffen und Erfahrungen mit ihm zu ermöglichen. In Momenten mystagogischen Lernens wird gerade dieses Anliegen aufgegriffen. Es geht darum, Räume und Zeiten zu eröffnen, in Alltagserfahrungen und lebensgeschichtlichen Ereignissen Gott selbst aufzuspüren und ihn mitten in dieser Welt und der je eigenen Geschichte als gegenwärtig zu entdecken. Dass damit freilich auch der performative Religionsunterricht und die mystagogischen Momente in ihm an eine Grenze kommen, liegt auf der Hand.

Zu den Grenzen eines performativen Religionsunterrichts mit mystagogischen Momenten

Auch wenn ein performativer Religionsunterricht die verschiedenen Dimensionen von Religion zur Geltung bringen will, kann es doch nicht darum gehen, einen Religionsunterricht wieder einzuführen, der sich als "Kirche in der Schule" versteht. Es geht nicht um eine Re-Katechetisierung der Schule, sondern darum, die christliche Religion, die für die meisten SchülerInnen zu etwas Fremdem geworden ist, als das vorzustellen, was sie ist. Das bedeutet aber, wie oben schon gezeigt wurde, dass Religion nicht nur in ihrer intellektuellen Dimension, sondern beispielsweise auch in ihrer Erfahrungsdimension, ihrer rituellen und praktischen Dimension zur Geltung kommen muss. Der Vollzug von Religion in der Schule ist aber nicht unmittelbar möglich ohne reflexiven Vollzug bzw. ohne "Distanzspielräume".[473] Weisen des Erfahrens Gottes müssen verbunden werden mit reflektierenden, diskursiven Phasen des Unterrichtens, in denen versucht wird, das, was sich ereignet hat, auch intellektuell nachzuvollziehen und didaktisch zu verantworten.

Insgesamt zeigt sich, dass performativer Religionsunterricht und die mystagogischen Momente in ihm nur angelegt und nie automatisiert werden können. Es geht sozusagen darum, die Möglichkeit aufzutun, Erfahrungen mit Gott zu machen.[474] Das braucht Freiwilligkeit. Das kann nur punktuell geschehen und sich von daher immer nur in mystagogischen *Momenten* vollziehen, nicht aber in einem alle Phasen des Religionsunterrichts bestimmenden Programm.[475] Es kann

---

[472] Dressler, B., Darstellung und Mitteilung, 14.
[473] Vgl. Dressler, B., Darstellung und Mitteilung, 14; vgl. Schmid, H., Mehr als Reden über Religion, 5.
[474] Manche Autoren (Dressler, Schoberth) sprechen in diesem Zusammenhang von einem "religiösen Probehandeln" im Religionsunterricht. M. E. kann man aber Gotteserfahrungen nicht nur auf Probe machen.
[475] Vgl. dazu Schmid, H., Mehr als Reden über Religion, 5.

in den mystagogischen Momenten im Religionsunterricht nicht darum gehen, sich in den Glauben einzuwohnen, sondern durch das Aufmerksam werden für Gotteserfahrungen einen Suchprozess auszulösen, der auch angewiesen ist auf andere Lernorte und Lernweisen, an und in denen dieser Suchprozess vertieft und erweitert wird.

Damit ist schon eine weitere Grenze angesprochen. Für Gotteserfahrungen im Religionsunterricht zu disponieren, birgt auch die Gefahr einer Grenzüberschreitung zu authentischer religiöser Praxis in sich.[476] Lernarrangements müssen so angelegt sein, dass sowohl die Person des Religionslehrers, des Schülers als auch die Sache des Glaubens in einer stimmigen Weise zur Geltung kommen. Das braucht Sensibilität und bleibt ein Stück weit unverfügbar. Das braucht aber auch ein Wissen um die "spirituelle Tiefenstruktur" von Erfahrungen, also um das, was diese in ihrer Mitte zusammenhält, nämlich um Gott selbst.[477]

Mit diesen Ausführungen zu den Grenzen mystagogischen Lernens ist auch die Beschreibung des mystagogischen Lernens als Perspektive religiöser Bildung zum Ende gekommen. In der folgenden Schlussreflexion gilt es lediglich, nochmals Abgrenzungen vorzunehmen und Absichten zu formulieren, die das grundlegende Desiderat dieser Studie artikulieren.

---

[476] Vgl. Dressler, B., Darstellung und Mitteilung, 16; vgl. Englert, R., "Performativer Religionsunterricht!?", 35f.
[477] Vgl. dazu auch Englert, R., "Performativer Religionsunterricht!?", 36.

Schluss: Abgrenzungen und Absichten

In der folgenden Schlussreflexion soll die Perspektive des mystagogischen Lernens darauf hin reflektiert werden, welchen Ort es in der religionspädagogischen Theoriebildung einnimmt. Das bedeutet, sowohl die Konzeptualisierungsebene zu bedenken als auch Abgrenzungen gegenüber anderen Vorschlägen religiöser Bildung vorzunehmen. Gleichsam als Fazit, das das Anliegen der gesamten Studie artikuliert, soll nochmals der Lernort Schule und die Desiderate, die sich durch ihn ergeben, in den Blick genommen werden. Wenn Religionsunterricht *auch* als Ort religiöser Erfahrungen gedacht und gestaltet wird, dann kann das eine Chance sein, die freilich Fragen offen lässt, ob ein solches Lernen in der Schule legitim, angemessen oder geboten ist bzw. eben nicht.

1 Abgrenzungen

Zur Konzeptualisierungsebene

Mystagogisches Lernen als Perspektive religiöser Bildung ist kein Universalentwurf im Sinne eines grundlagentheoretischen Neuansatzes. Es wird kein neuer Theorierahmen vorgestellt, wie das der religionstheoretische, handlungstheoretische, bildungstheoretische[1] oder phänomenologische Ansatz geleistet hat.[2] Die vorliegende Perspektive ordnet sich vielmehr in das bildungstheoretische Konzept ein und greift Elemente einer kommunikativen Didaktik und eines gemilderten Konstruktivismus auf. Die Orientierung am Einzelnen als Subjekt von Bildung und somit des Glaubenlernens, die Betonung der Freiheit und Unverfügbarkeit des Subjekts, die Bedeutung kommunikativer Prozesse für das Glaubenlernen, die Aneignung von Wirklichkeit als Konstruktion zu verstehen und damit das Plädoyer, Lernwege möglichst vielgestaltig zu konzipieren, sind wichtige Elemente des mystagogischen Lernens.[3]

Mystagogischem Lernen kommt auch nicht der Rang einer religionspädagogischen bzw. religionsdidaktischen Konzeption zu. Diese konnten für sich beanspruchen, den gesamten Bereich des Religionsunterrichts, die Lehrpläne und Unterrichtsmaterialien einschließlich konkreter Handlungsempfehlungen zu beschreiben.[4] Mystagogisches Lernen will zwar einen Vorschlag machen, religiöse Bildungsprozesse zu perspektivieren, ist sich aber bewusst, dass es

---

[1] Vgl. Englert, R., Glaubensgeschichte und Bildungsprozeß, 57-87.
[2] Vgl. Nipkow, K. E./Hemel, U./Rickers, F. u. a., Religionspädagogik, 1735.
[3] Vgl. Dritter Teil, 281-415.
[4] Vgl. Hilger, G./Leimgruber, S./Ziebertz, H.-G., Religionsdidaktik, 303; vgl. Nipkow, K. E./Hemel, U./Rickers, F. u. a., Religionspädagogik, 1721f.1728f.1735-1746.

höchstens darum gehen kann, für mystagogische *Momente* zu disponieren. Es ist ausgerichtet auf *ein,* wenn auch entscheidendes Ziel religiösen Lernens. Zugleich ist die vorliegende Perspektive nicht im Sinne einer Praxeologie zu verstehen, die verschiedene Wahlmöglichkeiten des Handelns für einen be- stimmten Gegenstandsbereich von Praxis mittels maßgeblicher *Prinzipien* un- tersucht.[5] Die *Ziel*richtung des mystagogischen Lernens, für Gotteserfahrungen aufmerksam zu machen, macht den Unterschied deutlich.

Ferner ist es zu wenig, mystagogisches Lernen auf konkrete Handlungsanwei- sungen zu reduzieren. Gleichwohl soll durch das mystagogische Lernen die Praxis beispielsweise des Religionsunterrichts oder der Erwachsenenbildung beeinflusst werden.

Mystagogisches Lernen zeigt sich eher auf einer "Zwischenebene", so dass es als Perspektive religiöser Bildung vorgestellt wird. Charakterisiert durch das Ziel, auf Gotteserfahrungen aufmerksam zu machen und gerade Leiderfah- rungen als qualifizierte Orte von Gotteserfahrung dechiffrieren zu lernen, er- weist es sich als Weise erfahrungsorientierten und erfahrungseröffnenden Ler- nens. Von daher erschließen sich die theoretischen Implikationen als auch die praktischen Folgerungen.

Abgrenzung von katechetischen Handlungen und materialkerygmatischen Ent- würfen

Das mystagogische Lernen ist von katechetischen Handlungen ebenso wie von materialkerygmatischen Entwürfen abzugrenzen. Es geht nicht von vornherein von Adressaten aus, die ihr Einverständnis in den Glauben schon gegeben ha- ben, sondern versteht sich einer Hermeneutik eines erst noch zu suchenden Einverständnisses verpflichtet.[6]

Bei dieser Perspektive religiöser Bildung kann es deshalb bezogen auf den Re- ligionsunterricht nicht darum gehen, der Realisation von Glaube in der Schule das Wort zu reden und zu einer Re-katechetisierung des Religionsunterrichts beizutragen. Auch wenn heute eine gegenüber dem Synodenbeschluss andere Situation gegeben ist und Glaubenlernen in der Schule angesichts des Fremd- werdens des Christlichen neu zu perspektivieren ist,[7] garantierte gerade die Unterscheidung von Gemeindekatechese und Religionsunterricht die Stellung des Religionsunterrichts in der Schule.[8] Diese schützte ihn vor der Überforde- rung, "das Leben aus dem Glauben" als Ziel des religiösen Lernens in der Schule zu verstehen, wie das noch der Rahmenplan für die Glaubensunterwei-

---

5   Vgl. Mette, N., Theorie der Praxis, 321.
6   Vgl. Nipkow, Karl Ernst, Bildung als Lebensbegleitung und Erneuerung, 383.
7   Vgl. Englert, R., Der Religionsunterricht, 4-12.
8   Der Religionsunterricht in der Schule 1.4 (Gesamtausgabe 130f).

sung von 1967 vorsah,[9] und schuf eine Grundlage, die den Religionsunterricht als Teil schulischer Bildung profilierte. An dieser Unterscheidung von Katechese und Religionsunterricht orientiert sich das mystagogische Lernen.

Die vorliegende Perspektive religiöser Bildung will die subjektive Religion und den persönlichen Lebensglauben der Kinder, Jugendlichen und Erwachsenen wahrnehmend und achtend, zugleich die religiöse Tradition des Christentums für diese Suchbewegungen dienstbar machen. Das wird konkret, indem mystagogisches Lernen die Subjekte des Theologisierens in den Mittelpunkt stellt, versucht, ihre theologischen Konstruktionen wahrzunehmen und sie in diesem Konstruktionsprozess durch die Widerständigkeiten, die sich aus der Tradition ergeben, zu provozieren. Das gilt auch umgekehrt für die Tradition, die durch das Theologisieren der Subjekte immer neu in Frage zu stellen ist.

Damit grenzt es sich von materialkerygmatischen Konzepten ab. Anders als diese, die zwar auch darauf zielen, mit einer "heiligen Wirklichkeit"[10] vertraut zu machen, geht das mystagogische Lernen nicht davon aus, dass die Subjekte des Glaubens sozusagen in die Haltung von HörerInnen gegenüber dem Kerygma versetzt werden. Es wird vielmehr versucht, Räume und Zeiten für ihr Theologisieren aufzutun und sie mit dem in Kontakt zu bringen, was über das Vorfindliche hinausgeht.

Abgrenzung zu anderen erfahrungsorientierten Weisen religiöser Bildung

Damit drängt sich eine weitere Frage auf. Ist das mystagogische Lernen mit diesen Vorzeichen überhaupt vom ästhetischen Lernen oder beispielsweise vom Symbollernen zu unterscheiden? Auch hier gilt es wiederum zunächst festzuhalten, dass das mystagogische Lernen wie alle erfahrungsorientierten Prinzipien bei den Subjekten religiöser Erziehung und Bildung ansetzt. Damit findet sich hier wie dort sowohl eine bestimmte Fragehaltung, ein bestimmtes Wirklichkeitsverständnis als auch ein gewisses Methodenrepertoire.

Unterscheidendes Kriterium ist aber, dass beim mystagogischen Lernen die Artikulation bzw. das Explizitwerden der Gottesfrage immer Thema ist, und zwar in der Weise, für Gotteserfahrung aufmerksam zu werden. Kann das ästhetische Lernen z. B. durch die Perspektiven der Aisthesis, Katharsis und Poiesis[11] auch an die Grenzen der vorfindlichen Welt heranführen und sie auf ein transzendentes Du hin überschreiten, so gehört das Thematisieren der Grenze und das In-Dialog-Bringen dieser mit der Gotteserfahrung konstitutiv zum mystagogischen Lernen. Das artikuliert seine Chance, aber auch seine Grenze in Bezug auf den Religionsunterricht, der von daher neu perspektiviert werden könnte.

---

9   Vgl. Rahmenplan für die Glaubensunterweisung 8.
10   Vgl. Tilmann, K., Das Werden der neuen katechetischen Methode, 104.
11   Vgl. Grözinger, A., Praktische Theologie und Ästhetik, 209-213.

2 Absichten — Plädoyer für einen Religionsunterricht *auch* als Ort religiöser Erfahrungen

Schule und Religionsunterricht als Erfahrungsraum

Die Rede von der Schule als "Erfahrungsraum", die durch die Studien Hartmut von Hentigs große Breitenwirkung in der pädagogischen und näherhin schulpädagogischen Diskussion gefunden hat,[12] ist auch für den Religionsunterricht als Schulfach relevant geworden. Gerade in jüngster Zeit melden sich vermehrt Stimmen zu Wort, die den Religionsunterricht nicht nur als Reflexion von Erfahrungen begreifen wollen, sondern dafür plädieren, Rahmenbedingungen religiösen Lernens zu schaffen, die es ermöglichen, im Religionsunterricht auch Erfahrungen mit dem christlichen Glauben zu machen.[13]

Kontextuierung des mystagogischen Lernens im schulischen Religionsunterricht

Die Perspektive des mystagogischen Lernens, wie es in dieser Studie erarbeitet wurde, ist in diesem Sinne ebenso als Plädoyer zu sehen, den Religionsunterricht *auch* als Ort religiöser Erfahrungen zu begreifen. Das mystagogische Lernen versteht sich als eine Weise, das Religionsverständnis von SchülerInnen zu weiten, sich explizit mit Religion und Glauben auseinander zu setzen, und zwar so, dass die Möglichkeit zumindest eingeräumt wird, mit Religion und Glauben Erfahrungen zu machen.[14]

Angesichts des Fremdwerdens des Christlichen kann sich religiöse Bildung im Raum der Schule nicht mehr damit zufrieden geben, reflexiv-nachdenkend etwas einholen zu wollen, was SchülerInnen auch andernorts nicht erfahren haben. Korrelationen zwischen Lebenserfahrungen und Glaubenserfahrungen werden fragil bzw. können nicht mehr erfolgen, weil das christliche Traditionsgut als Deutepotenzial und "Erfahrungsreservoir" kaum oder nicht mehr zur Verfügung steht. Das ist einer der Gründe, warum das Korrelationsprinzip, das die religionspädagogische Theorie und Praxis seit dem Synodenbeschluss maßgeblich prägte,[15] auf bisher nicht bekannte Weise in Frage gestellt wird.

Diese Wahrnehmungen ventilieren die Frage nach Formen religiöser Bildung, die den christlichen Glauben in seiner Vieldimensionalität auch am Lernort Schule kennen lernen helfen. Auf diese Problemstellung versucht das mystagogische Lernen Antwort zu geben. Mystagogisches Lernen kann eine Weise

---

[12]   Vgl. Hentig, H. von, Schule als Erfahrungsraum?; vgl. ders., Die Schule neu denken.
[13]   Vgl. Porzelt, B., Religion (in) der Schule; vgl. Schmid, H., Assoziation und Dissoziation als Grundmomente religiöser Bildung; vgl. Dressler, B., Darstellung und Mitteilung; vgl. Englert, R., "Performativer Religionsunterricht!?".
[14]   Vgl. Porzelt, B., Religion (in) der Schule.
[15]   Vgl. Hilger, G./Kropac, U., Ist Korrelationsdidaktik "out"?, 52.

sein, im Kontext des schulischen Religionsunterrichts, und das heißt in einem pluralisierten Umfeld, die Gottesfrage einzubringen und für Erfahrungen mit diesem Gott zumindest Räume, Zeiten und "Horizonte" zu eröffnen. Auch wenn dieses Lernen in viele Grenzen eingeschrieben ist, kann es trotzdem einen Raum eröffnen, sich der Frage zu stellen, was im Leben eigentlich trägt und hält, und vielleicht auch eine Antwort zu finden im lebendigen Gott Jesu von Nazaret. Das ist die Chance des mystagogischen Lernens an den verschiedenen Lernorten und ebenso am Lernort Schule.

Es charakterisiert mystagogisches Lernen, Lernprozesse als Dispositionen für Gotteserfahrung zu konturieren. In den Leiderfahrungen, die als allgemein menschliche Erfahrungen jede Lebensgeschichte schattieren, kann dies thematisch werden, indem versucht wird, ihre Transparenz auf Gotteserfahrungen offen zu legen. Die Tradition des christlichen Glaubens kommt als verdichtete Erfahrung, Deutepotenzial und als Prägegrund von Erfahrungen ins Spiel. Das wiederum fordert zu prozesshaften und vielgestaltigen Lernwegen heraus, braucht Erfahrungsräume und -zeiten, motiviert, eine pluriforme Sprachfähigkeit zu kultivieren und zielt darauf, zur Subjektwerdung und Identitätsbildung beizutragen.

Fragen, die bleiben

Dieses Verständnis von Religionsunterricht wirft Fragen auf. Eine der wichtigsten ist, ob die inhaltliche Erweiterung der Ziele und Anliegen des Religionsunterrichts seine strukturelle Verfasstheit nicht zu sehr verändert bzw. gefährdet. So wie der Religionsunterricht durch den Synodenbeschluss konzipiert wurde, leistete er sowohl für das Profil und den Erziehungs- und Bildungsauftrag der Schule als auch für das theologisch-kirchliche Anliegen des Glaubenlernens Entscheidendes.

Die Frage bleibt offen, ob die weltanschauliche Neutralität der Schule durch die Perspektive des mystagogischen Lernens noch genügend gewahrt bleibt. Das wird zu verhandeln sein, sowohl bildungspolitisch, schulpädagogisch als auch religionsdidaktisch.

Mystagogisches Lernen als Perspektive religiöser Bildung kann angesichts dieser Beschränkungen, aber auch seiner Zielrichtung einen Beitrag leisten, den christlichen Glauben als Möglichkeit der Lebensdeutung und Lebensorientierung diskursfähig zu halten und vielleicht auch erahnen helfen, dass Glaubenlernen darauf zielt, ein Leben in Fülle (Joh 10,10) vorzubereiten.

Abkürzungsverzeichnis

Biblische Eigennamen und Bücher werden nach den "Loccumer Richtlinien" geschrieben und abgekürzt: Ökumenisches Verzeichnis der biblischen Eigennamen nach den Loccumer Richtlinien, hg. v. den katholischen Bischöfen Deutschlands, dem Rat der Evangelischen Kirchen in Deutschland etc., Stuttgart 1981.

Die sonstigen Abkürzungen stimmen, soweit nicht anders vermerkt, überein mit: TRE. Abkürzungsverzeichnis, 2. überarbeitete und erweiterte Aufl., zusammengestellt v. Schwertner, S., Berlin/New York 1994.

Zitationen folgen der Schreibweise der angegebenen Ausgaben und weisen deshalb vor allem in den lateinischen Zitaten eine entsprechende Variationsbreite in der Orthographie auf. Hervorhebungen in den Texten werden übernommen. Die Übersetzungen sind, falls nicht anders vermerkt, von der Verfasserin. Insgesamt wird die alte Rechtschreibung in den Zitationen übernommen.

Abkürzungen antiker Autoren und Werke folgen den üblichen Gebrauchsweisen. Ergänzungen und Abweichungen sind im folgenden Verzeichnis aufgelistet, das auch die Kürzel für die Primärliteratur samt den Zitationsmodi enthält.

Inmitten einer Zeit, in der zahlreiche Arbeitsgruppen zur Überarbeitung der neuen Rechtschreibung tagen, wurde versucht, sich an Regeln zu halten, die bis zu den "Gebrauchern" und "Verbrauchern" von Sprache durchdrangen, auch wenn sie vielleicht zum Datum des Erscheinens der Arbeit schon wieder hinfällig geworden sind.

AG	Ad Gentes. Das Dekret über die Missionstätigkeit der Kirche, in: Rahner, K./Vorgrimler, H., Kleines Konzilskompendium, Freiburg i. Br. 1966, 599-653.
BKV²	Bibliothek der Kirchenväter. 2. Reihe: z. B. Clemens von Alexandrien, Der Erzieher I (BKV² 7, Stählin, O., 201-297), München 1934.
Dial	Gregor der Große, Dialogorum Libri IV. De Miraculis Patrum Italicorum. Das zweite Buch der Dialoge wird zitiert nach: Der hl. Benedikt. Buch II der Dialoge lat./dt., hg. im Auftrag der Salzburger Äbtekonferenz, St. Ottilien 1995.
	Dial 2,1,3,106 bedeutet: Zweites Buch der Dialoge, erstes Kapitel, dritter Absatz, Seitenangabe nach der Ausgabe der Salzburger Äbtekonferenz.
DV	Dei Verbum. Die dogmatische Konstitution über die göttliche Offenbarung, in: Rahner, K./Vorgrimler, H., Kleines Konzilskompendium, Freiburg i. Br. 1966, 361-382.
DWA	Ignatius von Loyola, Deutsche Werkausgabe I: Briefe und Unterweisungen, übersetzt v. Knauer, P., Würzburg 1993; II: Gründungstexte der Gesellschaft Jesu, übersetzt v. Knauer, P., Würzburg 1998.
FQS	Franziskanische Quellenschriften. hg. v. d. deutschen Franziskanern, Werl 1951ff.
FS	"Festschrift" bezeichnet alle entsprechenden Sammelbände, auch wenn das Wort z. B. in fremdsprachigen Werken anders lautet oder nicht vorkommt.
GÜ	Ignatius von Loyola, Geistliche Übungen (DWA II, 92-269, Knauer, P.), Würzburg 1998.
KRA	Inventarliste des Karl-Rahner-Archivs, Innsbruck.
LexRP	Lexikon der Religionspädagogik (Mette, N./Rickers, F.), 2 Bde., Neukirchen-Vluyn 2001.
NA	Nostra Aetate. Die Erklärung über das Verhältnis der Kirche zu den nichtchristlichen Religionen, in: Rahner, K./Vorgrimler, H., Kleines Konzilskompendium, Freiburg i. Br. 1966, 349-359.
RpB	Religionspädagogische Beiträge. Zeitschrift der Arbeitsgemeinschaft Katholische Religionspädagogik und Katechetik (AKRK).
SMRL	Studies in medieval and Renaissance history.
SzTh	Rahner, K., Schriften zur Theologie, 16 Bde., Zürich/Einsiedeln/Köln 1956-1984.
UR	Unitatis Redintegratio. Das Dekret über den Ökumenismus, in: Rahner, K./Vorgrimler, H., Kleines Konzilskompendium, Freiburg i. Br. 1966, 217-250.

Literaturverzeichnis

Hilfsmittel

Dekkers, E./Gaar, A., Clavis patrum latinorum, 3. verb. und ergänzte Aufl., Steenbrugge 1995.

Frede, H. J., Kirchenschriftsteller. Verzeichnis und Sigel, 4. aktual. Aufl., Freiburg 1995.

Bibel

Die Bibel. Altes und Neues Testament. Einheitsübersetzung, Freiburg i. Br./Basel/Wien 1980.

Kirchliche Dokumente

Der Religionsunterricht in der Schule, in: Bertsch, L./Boonen, Ph./Hammerschmidt, R. u. a. (Hg.), Gemeinsame Synode der Bistümer in der Bundesrepublik Deutschland. Beschlüsse der Vollversammlung. Offizielle Gesamtausgabe I, Freiburg i. Br./Basel/Wien 1976, 123-152.

Evangelii nuntiandi. Apostolisches Schreiben über die Evangelisierung in der Welt von heute, o. O. 1975.

Rahmenplan für die Glaubensunterweisung mit Plänen für das 1. bis 10. Schuljahr, v. d. Deutschen Bischofskonferenz gebilligt und eingeführt, München 1967.

Rahner, K./Vorgrimler, H., Kleines Konzilskompendium. Alle Konstitutionen, Dekrete und Erklärungen des Zweiten Vaticanums in der bischöflich beauftragten Übersetzung. Allgemeine Einleitung - 16 spezielle Einführungen - ausführliches Sachregister, Freiburg i. Br. 1966.

Sekretariat der Deutschen Bischofskonferenz (Hg.), Bildung in Freiheit und Verantwortung. Erklärung zu Fragen der Bildungspolitik, Bonn 1993.

-, Der Religionsunterricht vor neuen Herausforderungen, Bonn 2005.

-, Die bildende Kraft des Religionsunterrichts. Zur Konfessionalität des katholischen Religionsunterrichts, Bonn 1996.

-, Katechese in veränderter Zeit, Bonn 2004.

-, Zum Berufsbild und Selbstverständnis des Religionslehrers. Handreichung der Kommission für Erziehung und Schule der Deutschen Bischofskonferenz, Bonn 1983.

-, Zur Spiritualität des Religionslehrers. Handreichung der Kommission für Erziehung und Schule der Deutschen Bischofskonferenz, Bonn 1987.

Zentralstelle Bildung der Deutschen Bischofskonferenz (Hg.), Grundlagenplan für den katholischen Religionsunterricht in der Grundschule, München 1998.

Antike, mittelalterliche und neuzeitliche Quellen

Ambrosius von Mailand, De Sacramentis/De Mysteriis. Über die Sakramente/Über die Mysterien (FC 3, Schmitz, J.), Freiburg i. Br./Basel/Wien 1990.

-, Des heiligen Kirchenlehrers Ambrosius von Mailand Exaemeron (BKV[2] 17, Niederhuber, J.), Kempten/München 1914.

-, Exaemeron (CSEL 32/1, 1-261, Schenkl, C.), Prag/Wien/Leipzig 1897.

-, Expositio psalmi 118 (CSEL 62, Petschenig, M.), Wien/Leipzig 1913.

Aristoteles, Zweite Analytiken (Elementa-Texte 1, Seidl, H.), Würzburg 1984.

Augustinus von Hippo, Confessiones (CChr.SL 27, Verheijen, L.), Turnhout 1981.

-, De Civitate Dei (CChr.SL 47.48, Dombart, B./Kalb, A.), Turnhout 1955.

-, De Genesi ad litteram & De Genesi ad litteram inperfectus liber (CSEL 28/1, Zycha, J.), Wien 1894.

-, De libero arbitrio (CChr.SL 29, 209-321, Green, W. M.), Turnhout 1970.

-, De Trinitate (CChr.SL 50A, Mountain, W. J.), Turnhout 1968.

-, Enchiridion (CChr.SL 46, 49-114, Van den Hout, M. P. J.), Turnhout 1969.

-, Sermones (PL 38, Migne, J.-P.), Paris 1841.

-, Sermons pour la Pâque (SC 116, Poque, S.), Paris 1966.

-, Tractatus in Johannem (CChr.SL 36, Willems, R.), Turnhout 1954.

Bacon, F., Neues Organon (Philosophische Bibliothek 400a-400b, Krohn, W.), 2 Bde., Hamburg 1990.

Bonaventura, Breviloquium (Opera omnia 5, 199-291).

Die Werke Bonaventuras werden, wo nicht anders angegeben, zitiert nach dem Text der Ausgabe von Quaracchi: Doctoris seraphici S. Bonaventurae opera omnia edita studio et cura PP. Collegii a S. Bonaventura, 10 Bde., Quaracchi 1882-1902.

-, Collationes in hexaemeron sive illuminationes ecclesiae (Opera omnia 5, 327-449) = *Hexaemeron.*

-, Commentaria in quatuor libros sententiarum magistri Petri Lombardi, 4 Bde. (Opera omnia 1-4) = *Sentenzenkommentar.*

-, De triplici via. Über den dreifachen Weg (FC 14, Schlosser, M.), Freiburg i. Br./Basel/Wien u. a. 1993.

-, Itinerarium mentis in Deum (Opera omnia 5, 294-316).

Weitere Ausgaben und Übertragungen:

- dt.: Itinerarium mentis in Deum. Pilgerbuch der Seele zu Gott/De reductione artium ad theologiam. Die Zurückführung der Künste auf die Theologie (Kaup, J.), München 1961, 25-214.

Raischl, J./Cirino, A., Auf Gott zugehen. Exerzitien im Geist des Franz von Assisi. Ein Arbeitsbuch, München 1999.

-, Legenda maior = Legenda Sancti Francisci (Opera 8, 504-564).

Weitere Ausgaben und Übertragungen:

- dt.: Das Große Franziskusleben: Franziskus - Engel des sechsten Siegels. Sein Leben nach den Schriften des heiligen Bonaventura (FQS 7, 251-436, Clasen, S.), Werl 1962.

Über den Grund der Gewißheit. Ausgewählte Texte, übersetzt und mit Erläuterungen versehen von Schlosser, M., Weinheim 1991.

Caussade, J.-P., Hingabe an Gottes Vorsehung, Zürich/Einsiedeln/Köln 1981.

Clemens von Alexandrien, Der Erzieher I (BKV² 7, 201-297, Stählin, O.), München 1934; Der Erzieher II-III (BKV² 8, 7-223, Stählin O.), München 1934.

-, Portreptikos. Mahnrede an die Heiden (BKV² 7, 69-199, Stählin, O.), München 1934.

-, Teppiche I-III (BKV² 17, Stählin, O.), München 1936; Teppiche IV-VI (BKV² 19, Stählin, O.), München 1937; Teppiche VII (BKV² 20, Stählin, O.), München 1938.

Cyrill von Jerusalem, Mystagogicae Catecheses. Mystagogische Katechesen (FC 7, Röwekamp, G.), Freiburg i. Br./Basel/Wien 1992.

-, Procatechesis et Catecheses illuminandorum (Reischl, W. C./Rupp J.), 2 Bde., Bd. 1: 1-321; Bd. 2: 1-343, Hildesheim 1967 (München 1848.1860).

Egeria, Itinerarium. Reisebericht, Mit Auszügen aus Petrus Diaconus, De Locis Sanctis. Die Heiligen Stätten (FC 20, Röwekamp, G., unter Mitarbeit v. Thönnes, D.), Freiburg i. Br./Basel/Wien 1995.

Evagrios Pontikos, De Oratione Tractatus (PG 79, 1165-1200), Paris 1865.

-, Gnostikos. Le Gnostique ou À celui qui est devenu digne de la science (SC 356, Guillaumont, A. und C.), Paris 1989.

-, Les six centuries des "Kephalaia Gnostica" d'Évagre le Pontique (PO 28/1, Guillaumont, A.), Paris 1958 = *Kephalaia Gnostica.*

Franz von Assisi, Die Schriften des Heiligen Franziskus von Assisi (FQS 1, Hardick, L./Grau, E.), Werl 1984[8].

Gerson, J., De mystica theologia (Combes, A.) Lugano 1958.

Gregor der Große, Dialogorum Libri Quatuor de Miraculis Patrum Italicorum. Dialogues (SC 251.260.265, Vogüé, A. de/Antin, P.), Paris 1978.1979.1980 = *Dialoge.*

Weitere Ausgaben und Übertragungen:
- dt.: Der hl. Benedikt. Buch II der Dialoge lat./dt., hg. im Auftrag der Salzburger Äbtekonferenz, St. Ottilien 1995.
  Des heiligen Kirchenlehrers Gregorius des Großen vier Bücher Dialoge (BKV[1] 1, 1-320, Kranzfelder, Th.), Kempten 1873.
  Gregor der Große, Vier Bücher Dialoge (BKV[2] 2,3,2, Funk, J.), München 1933.
  Jungclaussen, E. (Hg.), Benedictus. Eine Bildbiographie. Nach dem zweiten Buch der Dialoge Gregors des Großen. Mit Bildern von Pastro, C., Regensburg 1980.
  Van der Meer, F./Bartelink, G. (Hg.), Gregor der Große, Leben des Benedictus, St. Ottilien 1980 (enthält nur Buch 2).
- engl.: Saint Gregory the Great, Dialogues (Fathers of the Church 39, Zimmerman, O.), New York 1959.
- lat./ital.: Gregorii Magni, Dialoghi Libri IV (Fonti per la Storia D'Italia, Moricca, U.), Rom 1924.
  Vita di San Benedetto e La regola (Spiritualità nei secoli 14), Roma 1989 (enthält nur Buch 2).

-, Expositiones in Canticum Canticorum (CChr.SL 144, 3-46, Verbraken, P.), Turnhout 1963 = *Hoheliedkommentar.*

-, Homiliae in Evangelia XL (FC 28,1.28,2, Fiedrowicz, M.), Freiburg i. Br./Basel/Wien u. a. 1997.1998 = *Evangelienhomilien.*

-, Homiliae in Hiezechihelem (!) prophetam (CChr.SL 142, Adriaen, M.), Turnhout 1971 = *Ezechielhomilien.*

-, In Librum Primum Regum (CChr.SL 144, 47- 614,Verbraken, P.), Turnhout 1963.

-, Moralia in Iob (CChr.SL 143.143A.143B, Adriaen, M.), Turnhout 1979.1979.1985.

Weitere Ausgaben und Übertragungen:
- ital.: San Gregorio Magno, Commento morale a Giobbe (Opere di Gregorio Magno 1/1: Libri 1 - 8, Siniscalco, P./Dagens, C. u. a.), Rom 1992.
  San Gregorio Magno, Moralia (Patristica), 2 Bde., hg. v. Borghini, B., Alba 1965 (in Auswahl).
- lat./frz.: Grégoire le Grand, Morales sur Job. Première Partie (Livres 1 et 2): (SC 32bis, Gillet, R./Gaudemaris, A. de), Paris 1989[3]. Troisième Partie (Livres 11 - 16): (SC 212.221, Bocognano, A.), Paris 1974.

-, Registrum Epistularum (CChr.SL 140.140A, Norberg, D.), Turnhout 1982 = *Briefe.*

-, Regula Pastoralis (SC 381.382, Judic, B./Morel, Ch. u. a.), Paris 1992 = *Pastoralregel*.

Gregor von Tours, Vitae Patrum (PL 71,1009-1150), Paris 1849.

Guigo II., Scala claustralium = Lettre sur la vie contemplative (L' échelle des moines), Douze méditations (SC 163, 81-123, Colledge, E./Walsh, J.), Paris 1970.

Hegel, G. W. F., Phänomenologie des Geistes (Philosophische Bibliothek 414, Wessler, H.-F./Clairmont, H./Bonsiepen, W.), Hamburg 1988.

Hieronymus, Epistulae (CSEL 54, Hilberg, I.), Leipzig/Wien 1910.

Hugo von St. Viktor, De meditatione = La Méditation. Six opuscules spirituels (SC 155, 44-59, Baron, R.), Paris 1969.

-, Didascalicon (SMRL 10, Buttimer, C. H.), Washington 1939.

Ignatius von Loyola, Briefwechsel mit Frauen, hg. v. Rahner, H., Freiburg i. Br. 1956.

-, Direktorien zu den Geistlichen Übungen (DWA II, 270-289, Knauer, P.), Würzburg 1998.

-, Geistliche Übungen nach dem spanischen Autograph und nach dem Vulgatatext (DWA II, 92-269, Knauer, P.), Würzburg 1998.

Weitere Ausgaben und Übertragungen:

Die Exerzitien, übersetzt v. Balthasar, H. U. von, Einsiedeln 1981[7] (erstmals 1946).

Geistliche Übungen. Nach dem spanischen Autograph übersetzt von Knauer, P., Würzburg 2003[3].

Geistliche Übungen, Übertragung und Erklärung von Haas, A., mit einem Vorwort von Rahner, K., Freiburg i. Br./Basel/Wien 1966[2].

Gründungstexte der Gesellschaft Jesu (DWA II, Knauer, P.), Würzburg 1998.

Johannes Cassian, Conlationes (SC 42.54.64, Pichery, E.), Paris 1955.1958.1959.

Weitere Ausgaben und Übertragungen:

Severus, E. von, Johannes Cassianus. Das Glutgebet. Zwei Unterredungen aus der sketischen Wüste, Düsseldorf 1966.

-, Institutiones (SC 109, Guy, J.-C.), Paris 1965.

Weitere Ausgaben und Übertragungen:

Johannes Cassian, Gott suchen - Sich selbst erkennen. Einweisung in das christliche Leben. Teil 1 und 2, ausgewählt, übertragen und eingeleitet v. Sartory, G. und Th., Freiburg i. Br./Basel 1993.

Johannes Chrysostomus, Catecheses Baptismales. Taufkatechesen, 2. Teilbde. (FC 6,1.6,2, Kaczynski, R.), Freiburg i. Br./Basel/Wien 1992.

Kant, I., Grundlegung zur Metaphysik der Sitten (Philosophische Bibliothek 41, Vorländer, K.), Hamburg 1965[3].

-, Kritik der reinen Vernunft (Weischedel, W., Werkausgabe, 3.4), Frankfurt a. M. 1974.

-, Prolegomena zu einer jeden künftigen Metaphysik, die als Wissenschaft wird auftreten können (Philosophische Bibliothek 540, Pollok, K.) Hamburg 2001.

Lactantius, De ira Dei – Vom Zorn Gottes (Kraft, H./Wlosok, A.), Darmstadt 1957.

Leibniz, G. W., Philosophische Schriften, Bd. 2, A. Hälfte, Die Theodizee von der Güte Gottes, der Freiheit des Menschen und dem Ursprung des Übels, Vorwort, Abhandlung, Erster und Zweiter Teil (Herring, H.), Darmstadt 1985.

Lessing, G. E., Gesammelte Werke, Bd. 8, Berlin/Ost 1956.

Locke, J., An Essay Concerning Human Understanding (Yolton, J. W.), 2 Bde. , London/New York 1961.

Nadal, H., Epistulae ab anno 1546 ad 1577, 4 Bde., Madrid 1898-1905.

Origenes, Genesishomilien (GCS 29/1, Baehrens, W. A.), Leipzig 1920.

-, Johanneskommentar und Fragmente (GCS 10, Preuschen, E.), Leipzig 1903.

Weitere Ausgaben und Übertragungen:
Johanneskommentar (SC 290, Blanc, C.), Paris 1982.

-, Kommentar und Homilien zum Hohenlied (GCS 33, Baehrens, W. A.), Leipzig/Berlin 1925.

-, Leviticushomilien (GCS 29/1, Baehrens, W. A.), Leipzig/Berlin 1920.

-, Matthäuskommentar. Die griechisch erhaltenen Tomoi (GCS 40, Klostermann, E./Benz, E.), Leipzig 1935.

-, Matthäuskommentar. Fragmente (GCS 41, Klostermann, E.), Leipzig 1941.

-, Numeri-, Josua- und Richterhomilien (GCS 29/2, Baehrens, W. A.), Leipzig/Berlin 1921.

-, Serien zum Matthäuskommentar (GCS 38, Klostermann, E.), Leipzig 1933.

-, Vier Bücher von den Prinzipien (Görgemanns, H./Karpp, H.), 2., verbess. und um einen Nachtrag erweit. Aufl., Darmstadt 1985.

Pseudo-Dionysius-Areopagita, De divinis nominibus. Die Namen Gottes (BGrL 26, Suchla, B. R.), Stuttgart 1988.

Regula Benedicti. Die Benediktsregel. Eine Anleitung zu christlichem Leben. Der vollständige Text der Regel lateinisch-deutsch, übers. v. Holzherr, G., Zürich/Einsiedeln/Köln 1989³.

Theodor von Mopsuestia, Katechetische Homilien, 2 Teilbde. (FC 17,1.17,2, Bruns, P.), Freiburg i. Br./Basel/Wien 1994.1995.

Thomas von Aquin, Compendium theologiae (Opera omnia 3, 601-634, Busa, R.), Stuttgart 1980.

-, De malo (Opera omnia 3, 269-352, Busa, R.), Stuttgart 1980.

-, Summa contra gentiles (Opera omnia 2, 1-152, Busa, R.), Stuttgart 1980.

-, Summae Theologiae tres partes (Opera omnia 2, 184-926, Busa, R.), Stuttgart 1980.

Vita Aegidii (Analecta Franciscana 3), Florenz 1897.

Weisung der Väter. Apophthegmata Patrum, auch Gerontikon oder Alphabetikum genannt, eingel. v. Nyssen, W., übers. v. Miller, B., 3. unveränd. Aufl., Trier 1986.

Weitere Literatur

Abate, G., Per la storia et la cronologia di S. Bonaventura, in: Miscellanea Franciscana 49 (1949) 543-568; 50 (1950) 97-130.

Adam, G., Religionslehrer: Beruf und Person, in: Ders./Lachmann, R. (Hg.), Religionspädagogisches Kompendium, 5. neubearb. Aufl., Göttingen 1997, 163-193.

- /Baus, K./Bucher, A. A. u. a., Religionsunterricht in Deutschland, in: LexRP 1775-1833.

Ammermann, N., Wahrheit und Sinn als Konstruktdimensionen des Religionsunterrichts, in: RpB 44/2000, 51-66.

Ammicht-Quinn, R., Von Lissabon bis Auschwitz. Zum Paradigmenwechsel in der Theodizeefrage, Freiburg i. Br. 1992.

Armbruster, K., Mystagogische Katechese, in: Lebendige Katechese 25 (2003) 9-12.

Assmann, J., Religion und kulturelles Gedächtnis. Zehn Studien, München 2000.

Bahr, M., Religionsunterricht planen und gestalten, in: Hilger, G./Leimgruber, S./Ziebertz, H.-G., Religionsdidaktik. Ein Leitfaden für Studium, Ausbildung und Beruf, München 2001, 489-524.

Bakker, L., Freiheit und Erfahrung. Redaktionsgeschichtliche Untersuchungen über die Unterscheidung der Geister bei Ignatius von Loyola, Würzburg 1970.

Balthasar, H. U. von, Die Wahrheit ist symphonisch. Aspekte des christlichen Pluralismus, Einsiedeln 1972.

-, Einfaltungen, München 1969.

-, Herrlichkeit. Eine theologische Ästhetik, Bd. 2: Fächer der Stile, Einsiedeln 1962.

-, Le Mysterion de'Origène, in: RSR 26 (1936) 513-562; 27 (1937) 38-64.

-, Origenes. Geist und Feuer. Ein Aufbau aus seinen Schriften, Salzburg/Leipzig 1938.

-, Übersetzung von Ignatius von Loyola, Die Exerzitien, Einsiedeln 1981[7] (erstmals 1946).

-, Zur Ortsbestimmung christlicher Mystik, in: Beierwaltes, W./Ders./Haas, A. M., Grundfragen der Mystik, Einsiedeln 1974, 37-71.

Barbour, I., Religion in an Age of Science, London 1990.

Bardy, G./Hausherr, I., Biographies spirituelles, in: DSp 1, 1624-1646.

Barz, H., Jugend und Religion, 3 Bde., Opladen 1992.1992.1993.

Basinger, D., Divine Power in Process Theism. A Philosophical Critique, Albany 1988.

Batlogg, A. R., Die Mysterien des Lebens Jesu bei Karl Rahner. Zugang zum Christusglauben (IThS 58), Innsbruck/Wien 2001.

-/Zahlauer, A., Ouvertüre: "Warum uns das Beten nottut", in: Ders./Rulands, P./Schmolly, W. u. a., Der Denkweg Karl Rahners. Quellen - Entwicklungen - Perspektiven, Mainz 2003, 21-35.

Baudler, G., Die Bedeutung Karl Rahners für die neuere Religionspädagogik, in: RpB 53/2004, 109-118.

-, Korrelationsdidaktik auf dem Prüfstand. Antwort auf ihre praktische und theologische Infragestellung, in: rhs 44 (2001) 54-62.

-, Korrelationsdidaktik: Leben durch Glauben erschließen. Theorie und Praxis der Korrelation von Glaubensüberlieferung und Lebenserfahrung auf der Grundlage von Symbolen und Sakramenten, Paderborn/München/Wien u. a. 1984.

-, Religionsunterricht im Primarbereich, Zürich/Einsiedeln/Köln 1973.

Bauer, J. B./Galter, H. D., Gnosis (GrTS 16), Graz 1994.

Beck, U., Risikogesellschaft. Auf dem Weg in eine andere Moderne, Frankfurt a. M. 1986.

Bee-Schroedter, H., Neutestamentliche Wundergeschichten im Spiegel vergangener und gegenwärtiger Rezeptionen. Historisch-exegetische und empirisch-entwicklungspsychologische Studien, Stuttgart 1998.

Behn, I., Spanische Mystik, Düsseldorf 1957.

Bell, D. N., The Vision of the world and the Archetypes in the Spirituality of the Middle Ages, in: Archives d'histoire doctrinale et littéraire du moyen âge 52 (1977) 7-31.

Benjamin, W., Kapitalismus als Religion, in: Ders., Gesammelte Schriften 6 (Tiedemann, R./Schweppenhäuser, H.), Frankfurt a. M. 1991, 100-103.

Bergau, W., Die neuen Schüler. Beobachtungen und Reflexionen, in: EvErz 6 (1978) 636-654.

Berger, D., Natur und Gnade. In systematischer Theologie und Religionspädagogik von der Mitte des 19. Jahrhunderts bis zur Gegenwart, Regensburg 1998.

Berger, K., Wie kann Gott Leid und Katastrophen zulassen?, Stuttgart 1996.

Berger, P. L., Auf den Spuren der Engel, Frankfurt 1990.

Berger, P. L./Luckmann, Th., Die gesellschaftliche Konstruktion der Wirklichkeit. Eine Theorie der Wissenssoziologie, Frankfurt a. M. 1970.

Berk, T. van den, Die mystagogische Dimension religiöser Bildung, in: Tzscheetzsch, W./Ziebertz, H.-G. (Hg.), Religionsstile Jugendlicher und moderne Lebenswelt, München 1996, 211-229.

Bernet, W., Gebet. Mit einem Streitgespräch zwischen Ernst Lange und dem Autor, Stuttgart 1970.

Berschin, W., Biographie und Epochenstil im lateinischen Mittelalter I. Von der Passio Perpetuae zu den Dialoghi Gregors des Großen, Stuttgart 1986.

Bertrand, F., Mystique de Jésus chez Origène, Paris 1951.

Betty, L. S., Aurobindo's Concept of Lila and the Problem of Evil, in: International Philosophical Quarterly 16 (1976) 315-329.

Betz, O., Durch Sinneserfahrung zur Sinnerfahrung, in: Lebendige Katechese 5 (1983), H. 1, 1-6.

-, Konturen einer Theologie der Erfahrung und ihre Konsequenzen für die religiöse Erziehung, in: Ders. (Hg.), Zugänge zur religiösen Erfahrung, Düsseldorf 1980.

-, Sich an das Geheimnis herantasten. Mystagogie als Entfaltung der Person, in: KatBl 110 (1985) 646-653.

Biehl, P., Beruf: Religionslehrer. Schwerpunkte der gegenwärtigen Diskussion (Jahrbuch der Religionspädagogik 2, Ders./Bizer, C./Heimbrock, H.-G. u. a.) Neukirchen-Vluyn 1985, 161-194.

-, Die Bedeutung der biblischen Überlieferung und ihrer Wirkungsgeschichte für den Religionsunterricht, in: EvTh 34 (1974) 330-340.

-, Die Chancen der Symboldidaktik nicht verspielen. Kritische Symbolkunde im Religionsunterricht, in: Religion heute o. J. (1986), H. 3, 168-173.

-, Die Gottebenbildlichkeit des Menschen und das Problem der Bildung - Zur Neufassung des Bildungsbegriffs in religionspädagogischer Perspektive, in: Ders./Nipkow, K. E., Bildung und Bildungspolitik in theologischer Perspektive, Münster 2003, 9-102. (zuerst erschienen in: Biehl, P., Erfahrung, Glaube und Bildung. Studien zu einer erfahrungsbezogenen Religionspädagogik, Münster 1991, 124-223).

-, Erfahrung, in: LexRP 421-426.

-, Erfahrungsbezogener, themenzentrierter Religionsunterricht, in: Becker, U./Johannsen, F. (Hg.), Lehrplan - kontrovers, Frankfurt a. M. 1979, 32-55.

-, Erfahrungsbezug und Symbolverständnis. Überlegungen zum Vermittlungsproblem in der Religionspädagogik, in: Ders./Baudler, G., Erfahrung - Symbol - Glaube, Frankfurt a. M. 1980, 37-121.

-, Festsymbole. Zum Beispiel: Ostern. Kreative Wahrnehmung als Ort der Symboldidaktik, Neukirchen-Vluyn 1999.

-, Natürliche Theologie als religionspädagogisches Problem, in: Ders., Erfahrung, Glaube und Bildung. Studien zu einer erfahrungsbezogenen Religionspädagogik, Gütersloh 1991, 53-74.

-, Problem- oder bibelorientierter Religionsunterricht - eine falsche Alternative?, in: Albers, B./Kiefer, R. (Hg.), Problem- oder bibelorientierter Religionsunterricht, Aachen 1978, 39-75.

-, Religionspädagogik und Ästhetik (Jahrbuch der Religionspädagogik 5, Ders./Bizer, C./Heimbrock, H.-G. u. a.), Neukirchen-Vluyn 1988, 3-44.

-, Symboldidaktik, in: LexRP 2075-2079.

-, Wahrnehmung und ästhetische Erfahrung. Zur Bedeutung ästhetischen Denkens für eine Religionspädagogik als Wahrnehmungslehre, in: Grözinger, A./Lott, J. (Hg.), Gelebte Religion. Im Brennpunkt praktisch-theologischen Denkens und Handelns, Rheinbach-Merzbach 1997, 380-411.

-, Was ist Erfahrung?, in: Ders., Erfahrung, Glaube und Bildung. Studien zu einer erfahrungsbezogenen Religionspädagogik, Gütersloh 1991, 15-52.

-/Kaufmann, H. B., Abschließende Bemerkungen zum thematischen Zusammenhang der Beiträge, in: Dies. (Hg.), Zum Verhältnis von Emanzipation und Tradition, Frankfurt a. M. 1975, 157-168.

Biesinger, A., Entschiedene Option für das Paradigma Gottesbeziehung, in: KatBl 127 (2002) 283-285.

-, Religionsunterricht im Spannungsfeld von Religiosität - Sachinformation - Glaubenserziehung, in: Ehmann, R./Fitzner, Th./Fürst, G. u. a. (Hg.), Religionsunterricht der Zukunft. Aspekte eines notwendigen Wandels, Freiburg i. Br./Basel/Wien 1998, 251-256.

Bitter, G., Ansätze zu einer Didaktik des Glauben-Lernens, in: Ziebertz, H.-G./Simon, W. (Hg.), Bilanz der Religionspädagogik, Düsseldorf 1995, 276-290.

Bizer, Ch., Liturgik und Didaktik (Jahrbuch der Religionspädagogik 5, Biehl, P./Ders./Heimbrock, H.-G. u. a.), Neukirchen-Vluyn 1988, 83-115.

Blasberg-Kuhnke, M., Politische Mystagogie der Nachfolge. Suchbewegungen im Christentum, in: Schilson, A. (Hg.), Gottes Weisheit im Mysterium. Vergessene Wege christlicher Spiritualität, Mainz 1989, 44-60.

Bleistein, R. (Hg.), Bibliographie Karl Rahner 1969-1974, Freiburg i. Br. 1974.

-, Die jungen Christen und die alte Kirche, Freiburg i. Br./Basel/Wien 1975.

-, Die Kirche von gestern und die Jugend von heute?, Würzburg/Innsbruck/Wien u. a. 1972.

-, Freizeit ohne Langeweile. Wege zu einer erfüllenden Freizeitgestaltung, Freiburg i. Br./Basel/Wien 1982.

-, Hinwege zum Glauben. Theorie und Praxis, Würzburg/Innsbruck 1973.

-, Jugend der Kirche - wohin?, Würzburg 1982.

-, Kurzformel des Glaubens, Bd. 1: Prinzip einer modernen Religionspädagogik, Bd. 2: Texte, Würzburg 1971.

-, Mystagogie in den Glauben. Karl Rahners Anliegen und die Religionspädagogik, 292-296.

-, Mystagogie in den Glauben. Wege zur Einübung in den Glauben mit Jugendlichen, in: KatBl 98 (1973) 30-43.

-, Mystagogie und Religionspädagogik, in: Vorgrimler, H. (Hg.), Wagnis Theologie. Erfahrungen mit der Theologie Karl Rahners, Freiburg i. Br. 1979, 51-60.

-, Therapie der Langeweile, Freiburg i. Br./Basel/Wien 1973.

-, Zwischen Rekrutierung und Emanzipation. Entwurf einer modernen Jugendpastoral, in: Ders. (Hg.), Kirchliche Jugendarbeit. Angebot oder Anbiederung?, Düsseldorf 1976, 74-92.

- (Hg.), Kirchliche Jugendarbeit. Angebot oder Anbiederung?, Düsseldorf 1976.

- (Hg.), Tourismus-Pastoral. Situationen - Probleme - Modelle, Würzburg 1973.

-/Klinger, E. (Hg.), Bibliographie Karl Rahner 1924-1969. Mit einer Einführung von H. Vorgrimler, Freiburg i. Br. 1969.

Boehme, K., Gott aussäen. Zur Theologie der weltoffenen Spiritualität bei Madeleine Delbrêl (StSSTh 19), Würzburg 1997.

Boettcher, W./Otto, G./Sitta, H. u. a., Lehrer und Schüler machen Unterricht, München/Berlin/Wien 1976.

Bokwa, I., Christologie als Anfang und Ende der Anthropologie. Über das gegenseitige Verhältnis zwischen Christologie und Anthropologie, Frankfurt a. M./Bern/New York 1990.

-, Das Verhältnis zwischen Christologie und Anthropologie, in: Siebenrock, R. A. (Hg.), Karl Rahner in der Diskussion. Erstes und zweites Innsbrucker Symposion: Themen - Referate - Ergebnisse (IThS 56), Innsbruck/Wien 2001, 33-43,

Bongardt, M., Unverwechselbares Christentum? Zum Stand der Diskussion über die Religionskritik Thomas Rusters, in: HerKorr 55 (2001) 316-319.

Bornkamm, G., mysterion, in: THWNT 4, 809-834.

Borst, A., Die Katharer, Freiburg i. Br. 1991².

Bougerol, J. G., Introduction à Saint Bonaventure, Paris 1988.

Bouyer, L., La spiritualité du Nouveau Testament et des Pères, Paris 1960.

Brantschen, J. B., Leiden: V. Theologische Perspektiven, in: CGG 10, Freiburg i. Br./Basel/Wien 1980, 37-47.

Breuning, W., Fideismus, in: Lexikon der katholischen Dogmatik (Beinert, W.), Freiburg i. Br./Basel/Wien 1988², 155.

-, Traditionalismus, in: Lexikon der katholischen Dogmatik (Beinert, W.), Freiburg i. Br./Basel/Wien 1988², 517.

Brown, P., Die Heiligenverehrung. Ihre Entstehung und Funktion in der lateinischen Christenheit, übers., bearb. und hg. v. Bernard, J., Leipzig 1991.

Brox, N., Erleuchtung und Wiedergeburt. Aktualität der Gnosis, München 1989.

-, Kirchengeschichte des Altertums, Düsseldorf 1986².

-, "Schweig, und ergreife, was göttlich ist!" Der mystagogische Weg der spätantiken Gnosis, in: Schilson, A. (Hg.), Gottes Weisheit im Mysterium. Vergessene Wege christlicher Spiritualität, Mainz 1989, 102-116.

Brunner, A., Die Erkenntnis des Willens Gottes nach den Geistlichen Übungen des hl. Ignatius von Loyola, in: GuL 30 (1957) 199-213.

Brunner, E., Dogmatik, Bd. 2, Zürich 1950.

Bucher, A. A., Gleichnisse verstehen lernen. Strukturgenetische Untersuchungen zur Rezeption synoptischer Parabeln, Freiburg/Schweiz 1990.

-, Religionspädagogik und empirische Entwicklungspsychologie, in: Simon, W./Ziebertz, H.-G. (Hg.), Bilanz der Religionspädagogik, Düsseldorf 1995, 28-46.

-, Religionsunterricht zwischen Lernfach und Lebenshilfe. Eine empirische Untersuchung zum katholischen Religionsunterricht in der Bundesrepublik Deutschland, Stuttgart/Berlin/Köln 2002².

-, Symbol - Symbolbildung - Symbolerziehung. Philosophische und entwicklungspsychologische Grundlagen, St. Ottilien 1990.

-, Verstehen postmoderne Kinder die Bibel anders?, in: Lämmermann, G./Morgenthaler, Ch./Schori, K. u. a. (Hg.), Bibeldidaktik in der Postmoderne (FS K. Wegenast), Stuttgart/Berlin/Köln 1999, 135-147.

-/Oser F., "Wenn zwei das gleiche Gleichnis hören ..." Theoretische und empirische Aspekte einer strukturgenetischen Religionsdidaktik - exemplifiziert an der neutestamentlichen Parabel von den Arbeitern im Weinberg (Mt 20,1ff), in: ZP 33 (1987) 167-183.

Burkert, W., Ancient Mystery Cults, Cambridge/Massachusetts/London 1987.

Büttner, G., Wie kommen Glaubensvorstellungen in unsere Köpfe? Religionspädagogische Überlegungen zum sogenannten Radikalen Konstruktivismus, in: Entwurf 2000/1, 30-33.

-, Wie könnte ein "konstruktivistischer" Religionsunterricht aussehen?, in: ZP 54 (2002) 155-170.

Cadiou, R., La jeunesse d'Origène. Histoire de l'école d'Alexandrie au début de IIIe siècle, Paris 1935.

Calati, B., La "Lectio divina" nella tradizione monastica Benedettina, in: Benedictina 28 (1981) 407-438.

Camelot, P.-T., Foi et gnose. Introduction à l'étude de la connaissance mystique chez Clement d'Alexandrie, Paris 1945.

Casel, O., Zur Vision des hl. Benedikt, in: Studien und Mitteilungen zur Geschichte des Benediktiner-Ordens 38 (1917) 345-348.

Casey, M., Spiritual Desire in the Gospel Homilies of Saint Gregory the Great, in: Cistercian Studies 16 (1981) 297-314.

Casper, B., Alltagserfahrung und Frömmigkeit, in: CGG 25, Freiburg i. Br./Basel/Wien 1980, 39-72.

Catry, P., Parole de Dieu, Amour et Ésprit-Saint chez Saint Grégoire le Grand (Collection Spiritualité Orientale et Vie monastique 17), Bellefontaine 1984.

Chadwick, O., John Cassian, Cambridge 1968[2].

Clark, F., St. Gregory the Great. Theologian of Christian Experience, in: The American Benedictine Review 39 (1988) 261-276.

Clasen, S., Einführung zu Bonaventura (FQS 7, 15-248), Werl 1962.

Cobb, J. C./Griffin, D. R., Prozess-Theologie. Eine einführende Darstellung, Göttingen 1979.

Congar, Y., La tradition et les traditions, 2 Bde., Bd. 1: Essai historique, Bd. 2: Essai theologique, Paris 1960.1963.

Courcelle, P., Habitare secum selon Perse et selon Grégoire le Grand, in: Revue des Études Anciennes 69 (1967) 266-279.

-, La vision cosmique de saint Benoît, in: Revue des Études Augustiniennes 13 (1967) 97-117.

Courth, F., Erfahrung - ein theologischer Begriff?, in: Theologie der Gegenwart 20 (1977) 211-218.

Cox, H., Theologien für eine postmoderne Welt, in: Reformatio 35 (1986) 183-190.

Cox, P., In My Father's House Are Many Dwelling Places. Ktisma in Origen's De principiis, in: Anglican Theological Review 62 (1980) 322-337.

Crouzel, H., Origen, übers. v. Worrall, A. S., Edinburgh 1989.

-, Origène, in: DSp 11, 933-961.

-, Origène et la "connaissance mystique", Paris 1961.

Daniélou, J., Les sources bibliques de la mystique d'Origène, in: RAM 23 (1947) 126-141.

Degen, R./Hansen, I. (Hg.), Lernort Kirchenraum. Erfahrungen - Einsichten - Anregungen, Münster 1998.

Delforge, Th., Songe de Scipion et vision de saint Benoît, in: RBen 69 (1959) 351-354.

Delp, A., Gesammelte Schriften, Bd. 4, hg. von Bleistein, R., Frankfurt a. M. 1984.

Dembowski, H., Musik als Friedensspiel. Theologische Aspekte der Musik, in: EvErz 32 (1980) 341-356.

Deutsche Bibelgesellschaft/Katholisches Bibelwerk (Hg.), Zugänge zur Bibel. Suchen. Und Finden. Das ökumenische Werkbuch, Stuttgart 2002.

Dirscherl, E., Die Bedeutung der Nähe Gottes. Ein Gespräch mit Karl Rahner und Emmanuel Levinas, Würzburg 1996.

Distelbrink, B., Bonaventurae scripta. Authentica dubia vel spuria critice recensita (SSFr 5), Rom 1975.

Dölger, F. J., Zur Symbolik des altchristlichen Taufhauses. 1. Das Oktogon und die Symbolik der Achtzahl. Die Inschrift des hl. Ambrosius im Baptisterium der Theklakirche von Mailand, in: AuC 4 (1934) 153-187.

Domsgen, M., Der performative Religionsunterricht - eine neue religionsdidaktische Konzeption?, in: RpB 54/2005, 31-49.

Doucet, M., Pédagogie et théologie dans la "Vie de Saint Benoît" par saint Grégoire le Grand, in: CCist 38 (1976) 158-173.

Dressler, B., Darstellung und Mitteilung. Religionsdidaktik nach dem Traditionsabbruch, in: rhs 45 (2002) 11-19.

-, Religion ist mehr als Worte sagen können, in: Glaube und Lernen 13 (1998) 50-58.

-/Meyer-Blanck, M. (Hg.), Religion zeigen. Religionspädagogik und Semiotik, Münster 1998.

Dubs, R., Konstruktivismus. Einige Überlegungen aus der Sicht der Unterrichtsgestaltung, in: ZP 41 (1995) 889-903.

Dudden, F. H., Gregory the Great. His place in history and thought, 2 Bde., London 1905.

Duit, R., Zur Rolle der konstruktivistischen Sichtweise in der naturwissenschaftlichen Lehr- und Lernforschung, in: ZP 41 (1995) 905-923.

Dulles, A., Finding God's Will. Rahner's Interpretation of the Ignatian Election, in: Woodstock Letters 114 (1965) 139-152.

-, The Ignatian Experience as Reflected in the Spiritual Theology of Karl Rahner, in: Philippine Studies 13 (1965) 471-494.

Duncker, L., Zur Komplexität der Zeitverhältnisse in Schule und Unterricht, in: Ders., Zeigen und Handeln. Studien zur Anthropologie der Schule, Langenau-Ulm 1996, 153-166.

Dunne, T., Models of Discernment, in: The Way Supplement 23 (1974) 18-25.

Ebeling, G., Die Klage über das Erfahrungsdefizit in der Theologie als Frage nach ihrer Sache, in: Ders., Wort und Glaube, Bd. 3, Tübingen 1975, 3-28.

-, Glaube und Unglaube im Streit um die Wirklichkeit, in: Ders., Wort und Glaube, Bd. 1, Tübingen 1967³, 393-406.

Egan, H. D., An Anthropocentric-Christocentric Mystagogy. A Study of the Method an Basic Horizon of Thought and Experience in the Spiritual Exercises of Saint Ignatius of Loyola, Diss. theol., Münster 1972.

-, Karl Rahner: Theologian of the "Spiritual Exercises", in: Thought 67 (1992) 257-270.

-, The spiritual Exercises and the Ignatian Mystical Horizon, St. Louis 1976.

Eiben, J., Kirche und Religion - Säkularisierung als sozialistisches Erbe?, in: Jugendwerk der Deutschen Shell (Hg.), Jugend '92. Lebenslagen, Orientierungen und Entwicklungsperspektiven im vereinigten Deutschland. Bd. 2: Im Spiegel der Wissenschaften, Opladen 1992, 91-103.

Eicher, P., Die anthropologische Wende. Karl Rahners philosophischer Weg vom Wesen des Menschen zur personalen Existenz, Freiburg/Schweiz 1970.

-, Erfahren und Denken. Eine nota bene zur Flucht in meditative Unschuld, in: ThQ 157 (1977) 142f.

-, Immanenz oder Transzendenz? Gespräch mit Karl Rahner, in: FZPhTh 15 (1968) 29-62.

-, Wovon spricht die transzendentale Theologie? Zur gegenwärtigen Auseinandersetzung um das Denken von Karl Rahner, in: ThQ 156 (1976) 284-295.

Eichrodt, W., Theologie des AT, Bd. 1-3, Stuttgart 1964[3].

Ely, S., The Religious Availability of Whitehead's God. A Critical Analysis, Madison 1942.

Endean, Ph., Die ignatianische Prägung der Theologie Karl Rahners. Ein Versuch der Präzisierung, in: Siebenrock, R. A. (Hg.), Karl Rahner in der Diskussion. Erstes und zweites Innsbrucker Symposion: Themen - Referate - Ergebnisse (IThS 56), Innsbruck/Wien 2001, 59-73.

-, Discerning Behind the Rules, in: The Way Supplement 64 (1989) 37-50.

-, Karl Rahner and Ignatian Spirituality, Oxford 2001.

Englert, R., Auf einmal gar nicht mehr von gestern. Überlegungen zum religionspädagogischen Gebrauch von Tradition, in: Bahr, M./Kropac, U./Schambeck, M. (Hg.), Subjektwerdung und religiöses Lernen. Für eine Religionspädagogik, die den Menschen ernst nimmt, München 2005, 64-77.

-, Der Religionsunterricht nach der Emigration des Glauben-Lernens, in: KatBl 123 (1998) 4-12.

-, Die Korrelationsdidaktik am Ausgang ihrer Epoche. Plädoyer für einen ehrenhaften Abgang, in: Hilger, G./Reilly, G. (Hg.), Religionsunterricht im Abseits? Das Spannungsfeld Jugend - Schule - Religion, München 1993, 97-110.

-, Glaubensgeschichte und Bildungsprozeß. Versuch einer religionspädagogischen Kairologie, München 1985.

-, "Performativer Religionsunterricht!?". Anmerkungen zu den Ansätzen von Schmid, Dressler und Schoberth, in: rhs 45 (2002) 32-36.

-, Religionsunterricht als Realisation, in: rhs 45 (2002) 1.

-, Schief gewickelt? Zur theologischen Kritik an der gegenwärtigen Religionspädagogik, in: engagement. Zeitschrift für Erziehung und Schule o. Jg. (2001), H.1, 11-22.

-, Skizze einer pluralitätsfähigen Religionspädagogik, in: Ders./Ziebertz, H.-G./Schwab, U. u. a., Entwurf einer pluralitätsfähigen Religionspädagogik, Gütersloh 2002, 89-106.

-, Wissenschaftstheorie der Religionspädagogik, in: Ziebertz, H.-G./Simon, W. (Hg.), Bilanz der Religionspädagogik, Düsseldorf 1995, 147-174.

-/Güth, R. (Hg.), "Kinder zum Nachdenken bringen." Eine Untersuchung zu Situation und Profil katholischen Religionsunterrichts an Grundschulen, Stuttgart 1999.

Erikson, E. H., Der vollständige Lebenszyklus, Frankfurt a. M. 1988.

-, Identität und Lebenszyklus. Drei Aufsätze, Frankfurt a. M. 1974.

Ernst, P., Germanistische Sprachwissenschaft, Wien 2004.

Exeler, A., Der Religionslehrer als Zeuge, in: KatBl 106 (1981) 3-14.

Faber, E.-M., Deus semper maior. Erich Przywaras Theologie der Exerzitien, in: GuL 66 (1993) 208-227.

Failing, W.-E., Lebenswelt und Alltäglichkeit in der Praktischen Theologie in: Ders./Heimbrock, H.-G. (Hg.), Gelebte Religion wahrnehmen. Lebenswelt - Alltagskultur - Religionspraxis, Stuttgart/Berlin/Köln 1998, 145-176.

-/Heimbrock, H.-G., Gelebte Religion wahrnehmen. Lebenswelt - Alltagskultur - Religionspraxis, Stuttgart/Berlin/Köln 1998.

Falque, E., Saint Bonaventure et l'entrée de Dieu en Théologie. La Somme théologique du Breviloquium (Prologue et première partie), Paris 2000.

Feifel, E., Die Bedeutung der Erfahrung für religiöse Bildung und Erziehung, in: Ders./Leuenberger, R./Stachel, G. (Hg.), Handbuch der Religionspädagogik, Bd. 1, Zürich/Einsiedeln/Köln 1973, 86-107.

-, Entwicklungen in der Symboldidaktik, in: Schnider, A./Renhart, E. (Hg.), Treue zu Gott und Treue zum Menschen, Graz 1988, 295-322.

Feige, A., Christliche Tradition auf der Schulbank, in: Ders./Nipkow, K. E., Religionslehrer sein heute, Münster 1988, 5-62.

-, Erfahrungen mit Kirche. Daten und Analysen einer empirischen Untersuchung über Beziehungen und Einstellungen junger Erwachsener zur Kirche. Ein Beitrag zur Soziologie und Theologie der Volkskirchenmitgliedschaft in der Bundesrepublik Deutschland, Hannover 1982.

-, Jugend und Religion, in: Krüger, H.-H. (Hg.), Handbuch der Jugendforschung, Opladen 1993, 543-558.

-/Dressler, B./Lukatis W. u. a., Religion bei ReligionslehrerInnen. Religionspädagogische Zielvorstellungen und religiöses Selbstverständnis in empirisch-soziologischen Zugängen, Münster 2000.

Fessard, G., La Dialectique des Exercices Spirituels de saint Ignace de Loyola, Bd. 1: Liberté, temps, grâce (Collection Théologie 18), Paris 1956.

-, La Dialectique des Exercices Spirituels de saint Ignace de Loyola, Bd. 2: Fondement, péché, orthodoxie (Collection Théologie 35), Paris 1966.

-, La Dialectique des Exercices Spirituels de saint Ignace de Loyola, Bd. 3: Symbolisme et historicité (Collection 'le sycomore'), Paris 1984.

Fiorito, M. A., Apuntes para una teología del discernimiento de espiritus, in: Ciencia y Fe 19 (1963) 401-415.

Fischer, B., Mystagogie, in: PLSp, 902-904.

Fischer, K. P., Der Mensch als Geheimnis. Die Anthropologie Karl Rahners. Mit einem Brief K. Rahners, Freiburg i. Br./Basel/Wien 1974.

-, Gotteserfahrung. Mystagogie in der Theologie Karl Rahners und in der Theologie der Befreiung, Mainz 1986.

-, Wo der Mensch an das Geheimnis grenzt. Die mystagogische Struktur der Theologie Karl Rahners, in: ZKTh 98 (1976) 159-170.

-, Wovon erzählt die transzendentale Theologie? Eine Entgegnung an Peter Eicher, in: ThQ 157 (1977) 140-142.

Fitzpatrick, F. J., The Onus of Proof in Arguments about the Problem of Evil, in: Religious Studies 17 (1981) 19-38.

Flew, A., Divine Omnipotence and Human Freedom, in: Ders./MacIntyre, A. C. (Hg.), New Essays in Philosophical Theology, London 1955, 144-169.

Foerster, H. von, Lethologie. Eine Theorie des Erlernens und Erwissens angesichts von Unwissbarem, Unbestimmbarem und Unentscheidbarem, in: Voß, R. (Hg.), Die Schule neu erfinden, Neuwied/Kriftel 1999, 14-32.

Foitzik, A., Autonomie gegen Institution. Neuere Jugendstudien zum Thema Religiosität und Kirche, in: HerKorr 47 (1993) 411-417.

Fowler, J. W., Stufen des Glaubens. Die Psychologie der menschlichen Entwicklung und die Suche nach Sinn, Gütersloh 2000.

Fox, H., Schule und Religionsunterricht, in: Ziebertz, H.-G./Simon, W. (Hg.), Bilanz der Religionspädagogik, Düsseldorf 1995, 396-415.

Fraas, J., Bildung und Menschenbild in theologischer Perspektive, Göttingen 2000.

-, Glaube und Identität. Grundlegung einer Didaktik religiöser Lernprozesse, Göttingen 1983.

Frankfurt, H. G., Freedom of Will and the Concept of a Person, in: Watson, G. (Hg.), Free Will, Oxford 1982, 81-95.

Fries, H., Fundamentaltheologie, Graz/Wien/Köln 1985².

Fuchs, G., Geheimnis des Glaubens - neues Bewußtsein. Christliche Mystagogie und New-Age-Spiritualität, in: KatBl 112 (1987) 824-834.

Fürst, A., Zur Vielfalt altkirchlicher Soteriologie. Augustins Berufung auf Hieronymus im pelagianischen Streit, in: Bauer, J. B. (Hg.), Philophronesis. Für Norbert Brox (GrTS 19) Graz 1995, 119-185.

Gabriel, K., Gesellschaft im Umbruch - Wandel des Religiösen, in: Höhn, H.-J., Krise der Immanenz. Religion an den Grenzen der Moderne, Frankfurt a. M. 1996, 31-49.

-, Religionsunterricht und Religionslehrer im Spannungsfeld von Kirche und Gesellschaft, in: KatBl 114 (1989) 865-879.

-, Wandel des Religiösen im Umbruch der Moderne, in: Tzscheetzsch, W./Ziebertz, H.-G. (Hg.), Religionsstile Jugendlicher und moderne Lebenswelt, München 1996, 47-63.

Gadamer, H.-G., Wahrheit und Methode. Grundzüge einer philosophischen Hermeneutik, Tübingen 1972³.

Garfinkel, H., Studies in Ethnomethodology, Englewood Cliffs 1967.

Gerl, H. B., Romano Guardini 1885-1968. Leben und Werk, Mainz 1985.

Gerlitz, P., Der mystische Bildbegriff (eikon und imago) in der frühchristlichen Geistesgeschichte. Die philosophischen Grundlagen der Enteschatologisierung des altchristlichen Dogmas, in: ZRGG 15 (1963) 244-256.

Gervais, P., Les règles de la deuxième semaine (328-336), in: Les exercices spirituels d' Ignace de Loyola, Brüssel 1990, 253-282.

Gerwing, M., Rezension zu Berger, D., Natur und Gnade. In systematischer Theologie und Religionspädagogik von der Mitte des 19. Jahrhunderts bis zur Gegenwart, Regensburg 1998, in: rhs 43 (2000) 64-67.

Gertz, B., Mystagogie, in: HRPG 1, 82-84.

Gessel, W., Gregor I., der Große, in: LThK³ 4, 1010-1013.

Giddens, A., Leben in einer posttraditionalen Gesellschaft, in: Beck, U./Ders./Lash, S., Reflexive Modernisierung. Eine Kontroverse, Frankfurt a. M. 1996, 113-194.

-, Tradition, in: Ders., Entfesselte Welt. Wie die Globalisierung unser Leben verändert, Frankfurt a. M. 2001, 51-67.

Gil, D., La consolación sin causa precedente. Estudio hermenéutico-teológico sobre los nn. 330, 331 y 336 de los Ejercicios, y sus principales comentaristas, Montevideo 1971.

Gilson, É., Comptes rendus, in: Bulletin Thomiste VI (1940-42) 5-22.

-, Die Philosophie des Heiligen Bonaventura, Köln/Olten 1960.

Glasersfeld, E. von, Aspekte einer konstruktivistischen Didaktik, in: Landesinstitut für Schule und Weiterbildung in Soest (1995) 7-14.

-, Piagets konstruktivistisches Modell. Wissen und Lernen, in: Rusch, G./Schmidt, S. J. (Hg.), Piaget und der Radikale Konstruktivismus, Frankfurt a. M. 1994, 16-42.

-, Radikaler Konstruktivismus. Ideen, Ergebnisse, Probleme, Frankfurt a. M. 1996.

Glock, Ch., Über die Dimensionen der Religiosität, in: Matthes, J. (Hg.), Kirche und Gesellschaft, Bd. 2, Reinbek 1969, 150-168.

Glockzin-Bever, S./Schwebel, H. (Hg.), Kirchen - Raum - Pädagogik, Münster 2002.

Gmainer-Pranzl, F., Glaube und Geschichte bei Karl Rahner und Gerhard Ebeling. Ein Vergleich transzendentaler und hermeneutischer Theologie (IThS 45), Innsbruck/Wien 1996.

Goecke-Seischab, M. L./Ohlemacher, J., Kirchen erkunden - Kirchen erschließen. Ein Handbuch, Lahr/Kevelaer 1998.

Goffmann, E., Stigma. Über Techniken der Bewältigung beschädigter Identität, Frankfurt a. M. 1967.

-, Wir alle spielen Theater. Die Selbstdarstellung im Alltag, München 1969.

Gögler, R., Zur Theologie des biblischen Wortes bei Origenes, Düsseldorf 1963.

Göpfert, M., Religion der Theologen - Religion des Volkes, in: Exeler, A./Mette, N. (Hg.), Theologie des Volkes, Mainz 1978, 172-192.

González de Mendoza, R., Stimmung und Transzendenz. Die Antizipation der existentialanalytischen Stimmungsproblematik bei Ignatius von Loyola, Berlin 1970.

Gordon, R. L./Felmy, K. C./Tebartz-van Elst, F.-P., Mystagogie/Mystagogische Theologie, in: RGG[4] 5,1635-1637.

Goßmann, K., Identität und Verständigung. Aufgaben und Probleme einer am Subjekt orientierten Religionspädagogik, in: EvErz 49 (1997) 252-265.

Grathoff, R., Milieu und Lebenswelt. Einführung in die phänomenologische Soziologie und die sozialphänomenologische Forschung, Frankfurt a. M. 1989.

-/Waldenfels, B. (Hg.), Sozialität und Intersubjektivität. Phänomenologische Perspektiven der Sozialwissenschaften im Umkreis von Aron Gurwitsch und Alfred Schütz, München 1983.

Grewel, H., Grundzüge einer religiösen Didaktik im Erfahrungsbezug, in: RpB 12/1983, 66-99.

Griffin, D. R., Creation out of Chaos and the Problem of Evil, in: Davis, S. T. (Hg.), Encoutering Evil. Live Options in Theodicy, Atlanta 1981, 101-119.

-, Evil Revisited. Responses and Reconsiderations, Albany 1991.

-, God, Power, and Evil. A Process Theodicy, Philadelphia 1976.

Grözinger, A., Praktische Theologie als Kunst der Wahrnehmung, Gütersloh 1995.

-, Praktische Theologie und Ästhetik. Ein Beitrag zur Grundlegung der Praktischen Theologie, München 1987.

Grom, B., Kerygma, Symbol, Struktur - oder Erfahrung?, in: KatBl 113 (1988) 480-487.

Groß, W./Kuschel, K. J., "Ich schaffe Finsternis und Unheil!". Ist Gott verantwortlich für das Übel?, Mainz 1992.

Guardini, R., Die Lehre des heiligen Bonaventura von der Erlösung. Ein Beitrag zur Geschichte und zum System der Erlösungslehre, Düsseldorf 1921.

-, Systembildende Elemente in der Theologie Bonaventuras, Leiden 1964.

Guggenberger, E., Karl Rahners Christologie und heutige Fundamentalmoral (IThS 28), Innsbruck/Wien 1990.

Günzel, U., Die mystagogischen Katechesen des Ambrosius von Mailand. Ein Beitrag zur Pädagogik und Andragogik der christlichen Antike, Bonn 1989.

Haas, A., Erklärungen zu den zwanzig Anweisungen, in: Ignatius von Loyola, Geistliche Übungen. Übertragung und Erklärung v. Haas, A., mit einem Vorwort v. Rahner, K., Freiburg i. Br./Basel/Wien 1966, 119-185.

Habermas, J., Der philosophische Diskurs der Moderne. Zwölf Vorlesungen, Frankfurt a. M. 2004[9].

-, Glaube und Wissen. Friedenspreis des Deutschen Buchhandels 2001. Laudatio: Jan Philipp Reemtsma, Frankfurt 2001.

-, Glaube, Wissen - Öffnung. Zum Friedenspreis des deutschen Buchhandels. Eine Dankrede, in: Süddeutsche Zeitung v. 15.10.2001, 17.

-, Technik und Wissenschaft als "Ideologie", Frankfurt a. M. 1970[4].

-, Theorie kommunikativen Handelns, Bd. 1: Handlungsrationalität und gesellschaftliche Rationalisierung, Bd. 2: Zur Kritik der funktionalistischen Vernunft, Frankfurt a. M. 1999[3].

Halbfas, H., Auf dem Weg zur zweiten Unmittelbarkeit. Ein Interview mit Hubertus Halbfas, in: KatBl 113 (1988) 441-449.

-, Bibel und Mythos/Symbol, in: Langer, W. (Hg.), Handbuch der Bibelarbeit, München 1987, 68-80.

-, Das dritte Auge. Religionsdidaktische Anstöße, Düsseldorf 1982.

-, Das Universale und das Konkrete. Zum Streit um Eugen Drewermanns Bibelhermeneutik, in: KatBl 113 (1988) 119-121.

-, Das Welthaus. Ein religionsgeschichtliches Lesebuch, Stuttgart/Düsseldorf 1990[4].

-, Das zu Lesende. Skizzen zu einer Didaktik der Legende, in: KatBl 102 (1977) 632-641.

-, Der Sprung in den Brunnen. Eine Gebetsschule, Düsseldorf 1981.

-, Eine Sprache, die Ereignis werden will, in: KatBl 111 (1986) 907-911.

-, Fundamentalkatechetik. Sprache und Erfahrung im Religionsunterricht, 2., überarb. Aufl., Düsseldorf 1969.

-, Lehrerhandbuch Religion. Informationen und Materialien zur Unterrichtsvorbereitung mit Text- und Bildinterpretationen zum Lesebuch "Das Menschenhaus", Düsseldorf 1995[10].

-, Paradoxe Sprechweise und mystische Erfahrung, in: KatBl 104 (1979) 542-544.

-, Religionsbücher für das 1. bis 10. Schuljahr, Düsseldorf 1983-1991; und Lehrerhandbücher 1-10, Düsseldorf 1993[6]-1997.

-, Symboldidaktik, in: NHRPG 456-459.

-, Thomas Rusters "fällige Neubegründung des Religionsunterrichts". Eine kritische Antwort, in: rhs 44 (2001) 41-53.

-, Warum Märchen im Religionsunterricht?, in: KatBl 128 (2003) 165-170.

-, Wurzelwerk, Düsseldorf 1989.

-, Zur Rezeption der Montessori-Pädagogik, in: KatBl 112 (1987) 403-408.

-/Halbfas, U. (Hg.), Das Menschenhaus. Ein Lesebuch für den Religionsunterricht, Düsseldorf 1995[16].

-/Heumann, H./Spiegel, Y. u. a., Symbol und Symboldidaktik. Warum die Religionspädagogik auf das Symbol als didaktische Kategorie nicht verzichten kann, in: Religion heute o. Jg. (1986), H. 3, 140-146.

Hallensleben, B., Theologie der Sendung. Die Ursprünge bei Ignatius von Loyola und Mary Ward (FTS 46), Frankfurt a. M. 1994.

Hammelsbeck, O., Evangelische Lehre von der Erziehung, München 1958[2].

Hanson, R. P. C., Allegory and Event. A Study of the Sources and Significance of Origen's Interpretation of Scripture, London 1959.

Harl, M., Le langage de l' expérience religieuse chez les pères grecs, in: Rivista di storia e letteratura religiosa 15 (1977) 5-34.

-, Origène et la fonction révélatrice du Verbe incarné, Paris 1958.

Hartshorne, C., A New Look at the Problem of Evil, in: Dommeyer, F. C. (Hg.), Current Philosophical Issues. Essay in Honor of Curt John Ducasse, Springfield 1966, 201-212.

-, Das metaphysische System Whiteheads, in: Wolf-Gazo, E. (Hg.), Whitehead, Freiburg i. Br./München 1980, 28-44.

Haslinger, H., Sich selbst entdecken - Gott erfahren. Für eine mystagogische Praxis kirchlicher Jugendarbeit, Mainz 1991.

-, Was ist Mystagogie? Praktisch-theologische Annäherung an einen strapazierten Begriff, in: Knobloch, S./Ders. (Hg.), Mystagogische Seelsorge: Eine lebensgeschichtlich orientierte Pastoral, Mainz 1991, 15-75.

-, (Hg.), Praktische Theologie, Bd. 2: Durchführungen, zusammen mit Bundschuh-Schramm, C./Fuchs, O./Karrer, L. u. a., Mainz 2000.

Hattrup, D., Ekstatik der Geschichte. Die Entwicklung der christologischen Erkenntnistheorie Bonaventuras, Paderborn/München/Wien u. a. 1993.

Hausammann, S., Die Arkandisziplin als Zugang zum christlichen Mysterium bei Klemens von Alexandrien, in: Bell, D./Lipski-Melchior, H./Lüke, J. von u. a. (Hg.), Menschen suchen - Zugänge finden, Wuppertal 1999, 89-101.

Hauschild, E., Was ist ein Ritual? Versuch einer Definition und Typologie in konstruktivem Anschluss an die Theorie des Alltags, in: Wege zum Menschen 45 (1993), H. 1, 24-35.

Hauschild, W.-D., Lehrbuch der Kirchen- und Dogmengeschichte, Bd. 1: Alte Kirche und Mittelalter, Gütersloh 1995.

Hausherr, I., Les leçons d'un contemplatif. Le Traité de l'oraison d'Évagre le Pontique, Paris 1960.

Heidegger, M., Sein und Zeit, Tübingen 1967[11].

Heijden, B. van der, Karl Rahner. Darstellung und Kritik seiner Grundpositionen, Einsiedeln 1973.

Heimbrock, H.-G., Ritual als religionspädagogisches Problem (Jahrbuch der Religionspädagogik 5, Biehl, P./Bizer, C./Heimbrock, H.-G. u. a.), Neukirchen-Vluyn 1988, 45-81.

-, Rituale in religionspädagogischer Perspektive - Chancen und Gefahren, in: RpB 26/1990, 135-147.

-, Rituale: Unsinn oder Beitrag zu religiöser Sinn-Bildung, in: Wermke, Michael (Hg.), Rituale und Inszenierungen in Schule und Unterricht, Münster 1997, 25-47.

Hemel, U., Ziele religiöser Erziehung. Beiträge zu einer integrativen Theorie, Frankfurt a. M. 1988.

Hemmerle, K., Theologie als Nachfolge, Freiburg i. Br./Basel/Wien 1975.

Hendriks, A. J. M., Mystagogie und pastorale Grundaufgaben, Münster 1986.

Hentig, H. von, Die Schule neu denken. Eine Übung in pädagogischer Vernunft. Erweiterte Neuausgabe, Weinheim/Basel/Berlin 2003.

-, Schule als Erfahrungsraum? Eine Übung im Konkretisieren einer pädagogischen Idee, Stuttgart 1973.

Herrmann, S., Die konstruktive Restauration. Das Deuteronomium als Mitte biblischer Theologie, München 1971, 155-170.

Herwegen, I., Der heilige Benedikt. Ein Charakterbild, Düsseldorf 1926³.

Heydorn, H.-J., Erziehung, in: Otto, G. (Hg.), Praktisches theologisches Handbuch, Hamburg 1975², 152-177.

Hick, J., An Interpretation of Religion. Human Responses to the Transcendent, London 1989.

-, Eine Philosophie des religiösen Pluralismus, in: MThZ 45 (1994) 301-318.

-, Evil and the God of Love, London 1985³.

-, Response to Mesle, in: Mesle, C. R., John Hick's Theodicy. A Process Humanist Critique, London 1991, 115-134.

Hilger, G., Ästhetisches Lernen, in: Ders./Leimgruber, S./Ziebertz, H.-G., Religionsdidaktik. Ein Leitfaden für Studium, Ausbildung und Beruf, München 2001, 305-318.

-, Der Religionslehrer im Erwartungshorizont didaktischer Entwürfe, in: KatBl 103 (1978) 125-140.

-, Korrelation als theologisch-hermeneutisches Prinzip, in: KatBl 118 (1993) 828-830.

-, Leben und Lernen in der Grundschule. Das Unterrichtswerk für das 1. - 4. Schuljahr von Hubertus Halbfas, in: KatBl 112 (1987) 204-208.

-, Religionsunterricht als Wahrnehmungsschule, in: Schmuttermayr, G./Hausberger, K./Petri, H. (Hg.), Im Spannungsfeld von Tradition und Innovation, Regensburg 1997, 399-420.

-, Schüler-Rollen, in: KatBl 112 (1987) 370-375.

-, Symbollernen, in: Ders./Leimgruber, S./Ziebertz, H.-G., Religionsdidaktik. Ein Leitfaden für Studium, Ausbildung und Beruf, München 2001, 330-339.

-, Wann wird gelernt?, Vom Kairos und vom guten Umgang mit der Zeit, in: Ders./Leimgruber, S./Ziebertz, H.-G., Religionsdidaktik. Ein Leitfaden für Studium, Ausbildung und Beruf, München 2001, 248-259.

-/Kropac, U., Ist Korrelationsdidaktik "out"?, in: Religionsdidaktik (Jahrbuch der Religionspädagogik 18, Bizer Ch./Degen, R./Englert, R. u. a.), Neukirchen-Vluyn 2002, 52-62.

-/Kropac, U./Leimgruber, S., Konzeptionelle Entwicklungslinien, in: Hilger, G./Leimgruber, S./Ziebertz, H.-G., Religionsdidaktik. Ein Leitfaden für Studium, Ausbildung und Beruf, München 2001, 42-66.

-/Reil, E. (Hg.), Reli. Unterrichtswerk für katholische Religionslehre an Hauptschulen in den Klassen 5-9, München 1998-2000.

-/Reil, E. (Hg.), Reli. Unterrichtswerk für katholische Religionslehre in der Sekundarstufe I, München 2000-2005.

-/Reil, E. (Hg.), ReliReal. Unterrichtswerk für katholische Religionslehre an Realschulen in den Klassen 5-10, München 2003ff.

-/Ziebertz, H.-G., Allgemeindidaktische Ansätze einer zeitgerechten Religionsdidaktik, in: Ders./Leimgruber, S./Ziebertz, H.-G., Religionsdidaktik. Ein Leitfaden für Studium, Ausbildung und Beruf, München 2001, 88-101.

Dies., Wer lernt? - Die Adressaten als Subjekte religiösen Lernens, in: Hilger, G./Leimgruber, S./Ziebertz, H.-G., Religionsdidaktik. Ein Leitfaden für Studium, Ausbildung und Beruf, München 2001, 153-167.

Hiller, G. G., Konstruktive Didaktik, Düsseldorf 1973.

Hofmeier, J., Fachdidaktik katholische Religion, München 1994.

Höhn, H.-J., Moderne Lebenswelt und christlicher Lebensstil. Kultursoziologische Reflexionen, in: Englert, R./Frost, U./Lutz, B. (Hg.), Christlicher Glaube als Lebensstil, Stuttgart/Berlin/Köln 1996,15-34.

-, Zerstreuungen. Religion zwischen Sinnsuche und Erlebnismarkt, Düsseldorf 1998.

Holz, H., Transzendentalphilosophie und Metaphysik. Studie über Tendenzen in der heutigen philosophischen Grundlagenproblematik, Mainz 1966.

Holze, H., Erfahrung und Theologie im frühen Mönchtum. Untersuchungen zu einer Theologie des monastischen Lebens bei den ägyptischen Mönchsvätern, Johannes Cassian und Benedikt von Nursia, Göttingen 1992.

Holzey, H., Kants Erfahrungsbegriff. Quellengeschichtliche und bedeutungsanalytische Untersuchungen, Basel/Stuttgart 1970.

Homeyer, J., Religion als Stachel der Moderne, in: Süddeutsche Zeitung v. 18.12.2002.

Hoye, W. J., Gotteserfahrung? Klärung eines Grundbegriffs der gegenwärtigen Theologie, Zürich 1993.

Hughes, J. G., Ignatian Discernment. A Philosophical Analysis, in: The Heythrop Journal 31 (1990) 419-438.

Hünermann, P., Tradition - Einspruch und Neugewinn. Versuch eines Problemaufrisses, in: Wiederkehr, D. (Hg.), Wie geschieht Tradition? Überlieferung im Lebensprozess der Kirche (QD 133), Freiburg/Basel/Wien 1991, 45-68.

Hutter, M., Mysterienreligionen, in: LThK³ 7, 572-575.

Imhof, P./Biallowons, H. (Hg.), Glaube in winterlicher Zeit. Gespräche mit Karl Rahner aus den letzten Lebensjahren, Düsseldorf 1986.

- (Hg.), Karl Rahner im Gespräch, Bd. 1: 1964-1977; Bd. 2: 1978-1982, München 1982.1983.

Jakob, C., "Arkandisziplin", Allegorese, Mystagogie. Ein neuer Zugang zur Theologie des Ambrosius von Mailand, Frankfurt a. M. 1990.

-, Zur Krise der Mystagogie in der alten Kirche, in: ThPh 66 (1991) 75-89.

Jonas, H., Der Gottesbegriff nach Auschwitz. Eine jüdische Stimme, Frankfurt a. M. 1984.

-, Gnosis und spätantiker Geist, 1. Teil: Die mythologische Gnosis. Mit einer Einleitung zur Geschichte und Methodologie der Forschung, 3., verbesserte und verm. Aufl., Göttingen 1964; 2. Teil: Von der Mythologie zur mystischen Philosophie. Erste und zweite Hälfte, hg. v Rudolph, K., Göttingen 1993.

Josuttis, M., Vom Umgang mit heiligen Räumen, in: Grözinger, A./Lott, J. (Hg.), Gelebte Religion. Im Brennpunkt praktisch-theologischen Denkens und Handelns, Rheinbach-Merzbach 1997, 241-251.

Julius, C.-B./Kameke, T. von/Klie, Th. u. a., Der Religion Raum geben. Eine kirchenpädagogische Praxishilfe (Religionspädagogisches Institut Loccum), Loccum 1992.

Jungclaussen, E. (Hg.), Benedictus. Eine Bildbiographie. Nach dem Zweiten Buch der Dialoge Gregors des Großen, mit Bildern von Pastro, C., Regensburg 1980.

Jüngel, E., Gott als Geheimnis der Welt. Zur Begründung der Theologie des Gekreuzigten im Streit zwischen Theismus und Atheismus, Tübingen 1992⁶.

-, Unterwegs zur Sache, München 1972.

Kalbheim, B./Ziebertz, H.-G., Unter welchen Rahmenbedingungen findet religiöses Lernen statt?, in: Hilger, G./Leimgruber, S./Ziebertz, H.-G., Religionsdidaktik. Ein Leitfaden für Studium, Ausbildung und Beruf, München 2001, 282-297.

Kalloch, Ch., Plädoyer für einen ehrenhaften Abgang? Religionspädagogische Konzepte des zwanzigsten Jahrhunderts und ihre Bedeutung für die Gegenwart, in: RpB 48/2002, 29-42.

Karpp, H., Kirchliche und außerkirchliche Motive im hermeneutischen Traktat des Origenes "De Principiis" 4,1/3 (JAC.E 11), Münster 1984, 194-212.

Kasper, W., Möglichkeiten der Gotteserfahrung heute, in: Ders., Glaube und Geschichte, Mainz 1970, 120-143.

-, Tradition als theologisches Erkenntnisprinzip, in: Ders., Theologie und Kirche, Mainz 1987, 72-100.

Kembartel, F., Erfahrung, in: Historisches Wörterbuch der Philosophie 2, 609-617.

Kiechle, S., Kreuzesnachfolge. Eine theologisch-anthropologische Studie zur ignatianischen Spiritualität (StSSTh 17), Würzburg 1996.

Klafki, W., Neue Studien zur Bildungstheorie und Didaktik. Zeitgemäße Allgemeinbildung und kritisch-konstruktive Didaktik, Weinheim/Basel 1996[5].

Kleiber, H., Glaube und religiöse Erfahrung bei Romano Guardini (FThSt 130), Freiburg/Basel/Wien 1985.

Klein, S., Theologie und empirische Biographieforschung. Methodische Zugänge zur Lebens- und Glaubensgeschichte und ihre Bedeutung für eine erfahrungsbezogene Theologie, Stuttgart 1994.

Klewitz, E., Verwirrendes Wissen. Beobachtungen und Erklärungen astronomischer Phänomene, in: Giest, H. (Hg.), Jahrbuch Grundschulforschung Bd. 2, Weinheim 1999, 57-69.

Klie, Th. (Hg.), Der Religion Raum geben. Kirchenpädagogik und religiöses Lernen, Münster 1998.

-, Geräumigkeit und Lehrkunst. Raum als religionsdidaktische Kategorie, in: Ders./Leonhard, S. (Hg.), Schauplatz Religion. Grundzüge einer performativen Religionspädagogik, Leipzig 2003, 192-208.

Knauer, P., Der Glaube kommt vom Hören. Ökumenische Fundamentaltheologie, Frankfurt a. M. 1982[2].

-, Die Wahl in den Exerzitien des Ignatius von Loyola. Vom geistlichen Tagebuch und anderen ignatianischen Schriften her gesehen, in: ThPh 66 (1991) 321-337.

-, Rezensionen von K. Rahners "Schriften zur Theologie" VI-IX, in: ThPh 45 (1970) 133-136; in: ThPh 46 (1971) 423-426.

Knoblauch, H., Die unsichtbare Religion im Jugendalter, in: Tzscheetzsch, W./Ziebertz, H.-G. (Hg.), Religionsstile Jugendlicher und moderne Lebenswelt, München 1996, 65-97.

Knobloch, S., Mystagogie, in: LexRP 1368-1373.

-, Mystagogie und Subjektwerdung. Eine Anforderung an die Seelsorge im Kontext der modernen Gesellschaft, in: ThPQ 141 (1993) 148-157.

Knoepffler, N., Blondels "action" von 1893 und Rahners transzendentaler Ansatz im "Grundkurs, in: Siebenrock, R. A. (Hg.), Karl Rahner in der Diskussion. Erstes und zweites Innsbrucker Symposion: Themen - Referate - Ergebnisse (IThS 56), Innsbruck/Wien 2001, 139-148.

-, Der Begriff "transzendental" bei Karl Rahner. Zur Frage seiner Kantischen Herkunft (IThS 39), Innsbruck/Wien 1993.

Knoll, A., Glaube und Kultur bei Romano Guardini, Paderborn/München/Wien u. a. 1993.

Knupp, J., Das Mystagogieverständnis des Johannes Chrysostomus, München 1995.

Kollmann, R., Brückenfunktionen der Religionspädagogik. Versuch einer Standortbestimmung, in: RpB 33/1993, 3-27.

König, K., Hindurch-Hören. Absolute Musik im Religionsunterricht, in: Informationen für Religionslehrer und Religionslehrerinnen des Bistums Limburg (1990) H. 2-3, 20-22.

-, Religiöses Lernen durch Musikhören, in: KatBl 121 (1996) 306-310.

-, Religiöses Lernen mit absoluter Musik, in: RpB 30/1992, 45-57.

Kösel, E., Subjektive Didaktik. Die Modellierung von Lernwelten, Elztal-Dallau 1997[3].

Köster, P., Zur Freiheit befähigen. Kleiner Kommentar zu den Großen Exerzitien des hl. Ignatius, Leipzig 2000[2].

Kraus, G., Vorherbestimmung. Traditionelle Prädestinationslehre im Licht gegenwärtiger Theologie, Freiburg i. Br./Basel/Wien 1977.

Kreiner, A., Gott im Leid. Zur Stichhaltigkeit der Theodizee-Argumente (QD 168), Freiburg i. Br./Basel/Wien 1998[2].

Kretschmar, G., Die frühe Geschichte der Jerusalemer Liturgie, in: Jahrbuch für Liturgik und Hymnologie 2 (1956) 22-46.

-, Die Geschichte des Taufgottesdienstes in der alten Kirche (Leiturgia 5: Der Taufgottesdienst, hg. v. Müller, K. F./Blankenburg, W.), Kassel 1970, 1-348.

Kropac, U., Bibelarbeit als Dekonstruktion: Neue Perspektiven für das Biblische Lernen, in: KatBl 128 (2003) 369-374.

-, Dekonstruktion: ein neuer religionspädagogischer Schlüsselbegriff?, in: RpB 48/2002, 3-18.

-, Naturwissenschaft und Theologie im Dialog. Umbrüche in der naturwissenschaftlichen und logisch-mathematischen Erkenntnis als Herausforderung zu einem Gespräch, Münster 1999.

-, "Da rang mit Jakob ein Mann ..." Skizze einer dekonstruktiven Bibeldidaktik, in: Bahr, M./Ders./Schambeck, M., Subjektwerdung und religiöses Lernen. Für eine Religionspädagogik, die den Menschen ernst nimmt, München 2005, 124-134.

Krüggeler, M., Individualisierung und Freiheit. Eine praktisch-theologische Studie zur Religion in der Schweiz, Freiburg i. d. Schweiz 1999.

Kuld, L., Kirchenfern und religiös wild? Plädoyer für eine andere Sicht jugendlicher Religiosität, in: KatBl 120 (1995) 4-7.

Kunstmann, J., Religion und Bildung. Zur ästhetischen Signatur religiöser Bildungsprozesse, Gütersloh/Freiburg i. Br. 2002.

Kunz, C. E., Schweigen und Geist. Biblische und patristische Studien zu einer Spiritualität des Schweigens, Freiburg i. Br./Basel/Wien 1996.

Kunzler, M., Gott, du bist gut. Fünfzig mystagogische Katechesen zur Einführung von Kommunionkindern in die Welt der Liturgie, Paderborn 1991.

Küng, H., Credo, München 1993.

Lachmann, R., Systematische Theologie auf dem religionspädagogischen Prüfstand, in: Ritter, W./Rothgangel, M. (Hg.), Religionspädagogik und Theologie. Enzyklopädische Aspekte, Stuttgart/Berlin/Köln 1998, 36-49.

Lampe, P., Wissenssoziologische Annäherungen an das Neue Testament, in: New Testament Studies 43 (1997) 347-366.

Lämmermann, G., Religion in der Schule als Beruf. Der Religionslehrer zwischen institutioneller Erziehung und Persönlichkeitsbildung, München 1985.

-, Lämmermann, G./Morgenthaler, Ch./Schori, K. u. a. (Hg.), Bibeldidaktik in der Postmoderne (FS K. Wegenast), Stuttgart/Berlin/Köln 1999.

Lange, G., Erwägungen zum Gegenstand des Religionsunterrichts, in: KatBl 99 (1974) 733-750.

Langer, M., Religionspädagogik im Horizont Transzendentaler Theologie, in: Baumgartner, K./Wehrle, P./Werbick, J. (Hg.), Glauben lernen - leben lernen. Ein Beitrag zur Didaktik des Glaubens und der Religion (FS E. Feifel), St. Ottilien 1985, 45-77.

LaPorte, J., Une Théologie systematique chez Grégoire?, in: Grégoire le Grand. Colloques du CNRS, Paris 1986, 235-243.

Lau, G. J. Th., Gregor I., der Grosse (!), nach seinem Leben und seiner Lehre geschildert, Leipzig 1845.

Leclercq, J., Un centon de Fleury sur les devoirs des moines (StAns 20), Rom 1948, 75-90.

-, Wissenschaft und Gottverlangen. Zur Mönchstheologie des Mittelalters, Düsseldorf 1963.

Lefebvre, H., Das Alltagsleben in der modernen Welt, Frankfurt a. M. 1972.

-, Kritik des Alltagslebens, mit einem Vorwort zur deutschen Ausgabe, aus dem Französischen v. Korber, B., hg. v. Prokop, D., 3 Bde. in einem Bd., Kronberg 1977.

Lehmann, K., Einführung zu Rahner, K., Gebete des Lebens, hg. v. Raffelt, A., Freiburg i. Br./Basel/Wien 1986⁶, 5-10.

-, Karl Rahner, in: Vorgrimler, H./Gucht, R. van der (Hg.), Bilanz der Theologie im 20. Jahrhundert. Bahnbrechende Theologen, Freiburg i. Br. 1970, 143-181.

-, Karl Rahner. Ein Porträt, in: Rahner, K., Rechenschaft des Glaubens. Karl-Rahner-Lesebuch, hg. v. Lehmann, K./Raffelt, A., Freiburg i. Br. 1979, 13-53.

Lehmann, L., Franziskus - Meister des Gebets. Kommentar zu den Gebeten des heiligen Franz von Assisi, Werl 1989.

Leinsle, U. G., Einführung in die scholastische Theologie, Paderborn/München/Wien u. a. 1995.

-, Res et signum. Das Verständnis zeichenhafter Wirklichkeit in der Theologie Bonaventuras, München/Paderborn/Wien 1976.

Leisegang, H., Die Gnosis, Leipzig 1924.

Lenz, H., Mut zum Nichts als Weg zu Gott. Bernhard Weltes religionsphilosophische Ansätze zur Erneuerung des Glaubens (FThSt 139), Freiburg i. Br. 1989.

Lexer, M., Mittelhochdeutsches Handwörterbuch. Nachdruck der Ausgabe Leipzig 1872-1878, mit einer Einleitung von Gärtner, K., 3 Bde., Stuttgart 1992.

Lieske, A., Die Theologie der Logosmystik bei Origenes, Münster 1938.

Lilienfeld, F. von, Spiritualität des frühen Wüstenmönchtums. Gesammelte Aufsätze 1962 bis 1971 (Oikonomia 18, Albrecht, R./Müller, F.), 2. unveränd. Aufl., Erlangen 1988.

Lindbeck, G. A., Christliche Lehre als Grammatik des Glaubens. Religion und Theologie im postliberalen Zeitalter, Gütersloh 1994.

Longpré, E., La Théologie mystique de Saint Bonaventure, Extractum aus AFH (1921) Fas. I/II, 36-108.

Lovejoy, A. O., The Great Chain of Being, Cambridge/London 1964.

Lubac, H. de, Exégèse médiévale. Les quatre sens de l'Écriture, 2 Bde., 2. Bd. in zwei Teilbänden, Paris 1959.1961.

-, Geist aus der Geschichte. Das Schriftverständnis des Origenes, übertragen und eingel. v. Balthasar, H. U. von, Einsiedeln 1968.

Luckmann, Th., Die unsichtbare Religion, Frankfurt a. M. 1991.

-, Phänomenologische Überlegungen zu Ritual und Symbol, in: Uhl, F./Boelderl, A. R. (Hg.), Rituale: Zugänge zu einem Phänomen, Düsseldorf/Bonn 1999, 11-28.

Luhmann, N., Soziale Systeme. Grundriß einer allgemeinen Theorie, Frankfurt a. M. 1984.

Lukatis, I. und W., Jugend und Religion in der Bundesrepublik Deutschland, in: Nembach, U. (Hg.), Jugend und Religion in Europa. Bericht eines Symposions (FPT 2), Frankfurt a. M. 1990², 107-144.

Luther, H., Religion und Alltag. Bausteine zu einer Praktischen Theologie des Subjekts, Stuttgart 1992.

Mähler, M., Évocations Bibliques et Hagiographiques dans la Vie de Saint Benoît par Saint Grégoire, in: RBen 83 (1973) 398-429.

Maier, M., La théologie des Exercices de Karl Rahner, in: RSR 79 (1991) 535-560.

Maritain, J., Dieu et la permission du mal, Paris 1963.

Markschies, C., Die Gnosis, München 2001.

Marquart, F.-W., Das christliche Bekenntnis zu Jesus, dem Juden, Bd. 1, Gütersloh 1990.

Marxer, F., Die inneren geistlichen Sinne. Ein Beitrag zur Deutung ignatianischer Mystik, Freiburg i. Br. 1963.

Matthes, J., Wie praktisch ist die Praktische Theologie?, in: ThPr 20 (1985) 149-155.

Maturana, H./Varela, F., Der Baum der Erkenntnis. Die biologischen Wurzeln des menschlichen Erkennens, Bern/München/Wien 1987.

Mazza, E., Mystagogy. A Theology of Liturgy in the Patristic Age, New York 1989.

McGinn, B., Die Mystik im Abendland, Bd. 1: Ursprünge, Freiburg i. Br./Basel/Wien 1994.

-, Die Mystik im Abendland, Bd. 2: Entfaltung, Freiburg i. Br./Basel/Wien 1996.

-, Die Mystik im Abendland, Bd. 3: Blüte: Männer und Frauen der neuen Mystik (1200-1350), Freiburg i. Br./Basel/Wien 1999.

McWilliams, W., The Passion of God. Divine Suffering in Contemporary Protestant Theology, Macon 1985.

Mead, G. H., Geist, Identität und Gesellschaft, Frankfurt a. M. 1968.

Mendl, H., Konstruktivismus, pädagogischer Konstruktivismus, konstruktivistische Religionspädagogik, in: Ders. (Hg.), Konstruktivistische Religionspädagogik. Ein Arbeitsbuch, Münster 2005, 21-23.

-, Konstruktivismus und Religionspädagogik. Replik auf Büttner, in: ZP 54 (2002) 170-184.

- (Hg.), Konstruktivistische Religionspädagogik. Ein Arbeitsbuch, Münster 2005.

-, Religiöses Lernen als Konstruktionsprozess. Schülerinnen und Schüler begegnen der Bibel, in: Porzelt, B./Güth, R. (Hg.), Empirische Religionspädagogik. Grundlagen - Zugänge - Aktuelle Projekte, Münster 2000, 139-152.

-, Religionsunterricht als Hilfe zur Selbstkonstruktion des Glaubens, in: RpB 40/1997, 13-23.

Mensching, G., Religion, in: RGG³ 5, 961-965.

Merz, M. B., Liturgie und Mystagogie, in: Schilson, A. (Hg.), Gottes Weisheit im Mysterium. Vergessene Wege christlicher Spiritualität, Mainz 1989, 298-314.

Mesle, C. R., John Hick's Theodicy. A Process Humanist Critique, London 1991.

Mette, N., Identität, in: LexRP 847-854.

-, Religionspädagogik, Düsseldorf 1994.

-, Religiöse Bildung zwischen Subjekten und Strukturen, in: NHRPG 31-35.

-, Theorie der Praxis. Wissenschaftsgeschichtliche und methodologische Untersuchungen zur Theorie-Praxis-Problematik innerhalb der praktischen Theolgie, Düsseldorf 1978.

-, Welche Kompetenzen und Qualifikationen benötigt die Lehrerschaft?, in: Adam, G./Lachmann, R. (Hg.), Ethisch erziehen in der Schule, Göttingen 1996, 370-382.

-, Zum Selbstverständnis von Religionslehrerinnen und -lehrern heute, in: Schweitzer, F./Faust-Siehl, G. (Hg.), Religion in der Grundschule. Religiöse und moralische Erziehung, Frankfurt a. M. 1994, 65-74.

Metz, J. B., Glaube in Geschichte und Gegenwart. Studien zu einer praktischen Fundamentaltheologie, Mainz 1977.

Meurer, Th., Begegnung mit der fremden Bibel, in: KatBl 127 (2002) 19-24.

-, Bibeldidaktik als ästhetische Rekonstruktion. Zum Konzept einer ästhetischen Bibeldidaktik und ihres kritischen Potenzials für eine Religionspädagogik in der Postmoderne, in: rhs 47 (2004) 79-89.

-, Bibelkunde statt Religionsunterricht?, Zu Thomas Rusters Konzept einer "Einführung in das biblische Wirklichkeitsverständnis", in: rhs 44 (2001) 248-255.

Meyer, A., Kommt und seht. Mystagogie im Johannesevangelium ausgehend von Joh 1,35-51 (FzB 103) Würzburg 2005.

Meyer, H., Schulpädagogik, 2 Bde., Berlin 1997.

Meyer, J., Das Berufsbild des Religionslehrers. Eine Untersuchung der religionspädagogischen Literatur von der Neuscholastik bis heute (SPT 29), Zürich/Einsiedeln/Köln 1984.

Meyer-Blank, M., Liturgie und Ritual, in: Groß, E./König, K. (Hg.), Religiöses Lernen der Kirchen im globalen Dialog, Münster 2000, 349-358.

-, Religion zeigen im Heiligen Raum, in: CRP 56 (2003) H. 2, 4-7.

Mieth, D., Was ist Erfahrung?, in: Betz, O. (Hg.), Zugänge zur religiösen Erfahrung, Düsseldorf 1980, 9-25; Erstveröffentlichung in: Concilium 14 (1978) 159-167.

Möbs, U., Das kirchliche Amt bei Karl Rahner. Eine Untersuchung der Amtsstufen und ihrer Ausgestaltung (BÖT 24), Paderborn/München/Wien u. a. 1992.

Mollenhauer, K., Zeitschemata (Jahrbuch der Religionspädagogik 11, Bizer Ch./Degen, R./Englert, R. u. a.), Neukirchen-Vluyn 1995, 107-128.

Moltmann, J., Der gekreuzigte Gott. Das Kreuz Christi als Grund und Kritik christlicher Theologie, München 1972.

Müller, K. (Hg.), Konstruktivismus. Lehren - Lernen - Ästhetische Prozesse, Neuwied 1996.

Neufeld, K. H., Die Brüder Rahner. Eine Biographie, Freiburg i. Br./Basel/Wien 1994.

-, Ordensexistenz, in: Raffelt, A. (Hg.), Karl Rahner in Erinnerung (Freiburger Akademieschriften 8), Düsseldorf 1994, 28-43.

-/Bleistein, R. (Hg.), Rahner-Register. Ein Schlüssel zu Karl Rahners "Schriften zur Theologie I-X" und zu seinen Lexikonartikeln, Zürich/Einsiedeln/Köln 1974.

Nipkow, K. E., Beruf und Person des Lehrers. Überlegungen zu einer pädagogischen Theorie des Lehrers, in: Ders., Schule und Religionsunterricht im Wandel. Ausgewählte Studien zur Pädagogik und Religionspädagogik, Düsseldorf 1971, 98-126. = die überarbeitete Fassung des erstmals veröffentlichten Aufsatzes: Zur Person des Lehrers, in: Roeder, P. M. (Hg.), Pädagogische Analysen und Reflexionen (FS E. Blochmann), Weinheim/Berlin 1967, 77-109.

-, Bildung als Lebensbegleitung und Erneuerung. Kirchliche Bildungsverantwortung in Gemeinde, Schule und Gesellschaft, Gütersloh 1990.

-, Das Problem der Elementarisierung der Inhalte des Religionsunterrichts, in: Biemer, G./Knab, D. (Hg.), Lehrplanarbeit im Prozeß, Freiburg i. Br. 1982, 73-95.

-, Die Bildungsfrage der Kirche nach innen und außen, in: Biehl, P./Ders., Bildung und Bildungspolitik in theologischer Perspektive, Münster 2003, 103-110.

-, Die Gottesfrage bei Jugendlichen - Auswertung einer empirischen Umfrage, in: CpB 102 (1989) 7 - 14.

-, Die Gottesfrage bei Jugendlichen - Auswertung einer empirischen Umfrage, in: Nembach, U. (Hg.), Jugend und Religion in Europa. Bericht eines Symposions (FPT 2), Frankfurt a. M. 1990[2], 233 - 259.

-, Elementarisierung, in: NHRPG 451-456.

-, Elementarisierung biblischer Inhalte, in: Baldermann, I./Ders./Stock, H., Bibel und Elementarisierung, Frankfurt a. M. 1979, 35-73.

-, Erwachsenwerden ohne Gott? Gotteserfahrung im Lebenslauf, München 1987.

-, Grundfragen der Religionspädagogik, Bd. 1: Gesellschaftliche Herausforderungen und theoretische Ausgangspunkte, Gütersloh 1990[4].

-, Grundfragen der Religionspädagogik, Bd. 3: Gemeinsam leben und glauben lernen, Gütersloh 1992[5].

-, Religionsunterricht und Ethikunterricht vor den Aufgaben ethischer Erziehung, in: Ders., Moralerziehung, Gütersloh 1981, 173-183.

-/Hemel, U./Rickers, F. u. a., Religionspädagogik, in: LexRP 1716-1750.

Onasch, K., Mystagogische Theologie, in: RGG[3] 4, 1231f.

Oser, F./Gmünder, P., Der Mensch - Stufen seiner religiösen Entwicklung. Ein strukturgenetischer Ansatz, Gütersloh 1992[3].

Oser, F./Reich K. H. (Hg.), Eingebettet ins Menschsein: Beispiel Religion. Aktuelle psychologische Studien zur Entwicklung von Religiosität, Lengerich 1996.

Ott, L., Grundriß der katholischen Dogmatik, Freiburg i. Br. 1965[7].

Otto, G., Lernen, in: TRE 21, 16-20.

-, Luther, Henning, in: LexRP 1276f.

Pailin, D. A., God and the Processes of Reality. Foundations of a Credible Theism, London/New York 1989.

Peeters, L., Vers l'union divine par les Exercices de S. Ignace, Brügge 1924.

Penelhum T., Divine Goodness and the Problem of Evil, in: Religious Studies 2 (1967) 95-107.

Peters, W., The spiritual Exercices of St. Ignatius. Exposition an Interpretation, Jersey City 1968.

Peukert, U., Interaktive Kompetenz und Identität. Zum Vorrang sozialen Lernens im Vorschulalter, Düsseldorf 1979.

Popper, K. R., Conjectures and Refutations. The Growth of Scientific Knowledge, London 1972[4].

Porzelt, B., Bibeldidaktik in posttraditionalen Zeiten, in: RpB 49/2002, 33-48.

-, Die Religion (in) der Schule. Eine religionspädagogische und theologische Herausforderung, in: RpB 54/2005, 17-29.

-, Neuerscheinungen und Entwicklungen in der deutschen Religionspädagogik, in: rhs 47 (2004) 57-71.

Pottmeyer, H. J., Die Suche nach der verbindlichen Tradition und die traditionalistische Versuchung der Kirche, in: Wiederkehr, D. (Hg.), Wie geschieht Tradition? Überlieferung im Lebensprozess der Kirche (QD 133), Freiburg/Basel/Wien 1991, 89-110.

Preul, R., Religion - Bildung - Sozialisation. Studien zur Grundlegung einer religionspädagogischen Bildungstheorie, Münster 1980.

Preuß, H. D., Theologie des Alten Testaments, 2 Bde., Stuttgart/Berlin/Köln 1991.1992.

Prodoehls, H. G., Theorie des Alltags, Berlin 1983.

Prokopf, A./Ziebertz, H.-G., Abduktive Korrelation - eine Neuorientierung für die Korrelationsdidaktik, in: RpB 44/2000, 19-50.

-/Ziebertz, H.-G., Wo wird gelernt? - Schulische und außerschulische Lernräume, in: Hilger, G./Leimgruber, S./Ziebertz, H.-G., Religionsdidaktik. Ein Leitfaden für Studium, Ausbildung und Beruf, München 2001, 234-247.

Przywara, E., Deus semper maior. Theologie der Exerzitien, 3 Bde., Freiburg i. Br. 1938-1940.

Puntel, L. B., Zu den Begriffen "transzendental" und "kategorial" bei Karl Rahner, in: Vorgrimler, H. (Hg.), Wagnis Theologie. Erfahrungen mit der Theologie Karl Rahners, Freiburg i. Br. 1979, 189-198.

Puzicha, M., Benedikt von Nursia - ein Mensch "per ducatum evangelii". Die Gestalt Benedikts bei Gregor d. Gr. im zweiten Buch der Dialoge (Regula Benedicti Studia 17), St. Ottilien 1992, 67-84.

-, Vita iusti (Dial. 2,2). Grundstrukturen altkirchlicher Hagiographie bei Gregor d. Gr., in: Pietas (JAC.E 8), Münster 1980, 284-312.

-, Zur Entstehung und Zielsetzung der Dialoge, in: Gregor der Große, Der hl. Benedikt. Buch II der Dialoge lat./dt., hg. im Auftrag der Salzburger Äbtekonferenz, St. Ottilien 1995.

Rad, G. von, Theologie des Alten Testaments, 2 Bde., München 1968[5].

Rahner, H., Die Gottesgeburt. Die Lehre der Kirchenväter von der Geburt Christi im Herzen der Gläubigen, in: ZKTh 59 (1935) 333-418.

-, Einführung, in: Ignatius von Loyola, Geistliche Briefe, hg. von Rahner, H., Einsiedeln 1956, 17-62.

-, Griechische Mythen in christlicher Deutung, Basel 1989[3].

-, Ignatius von Loyola als Mensch und Theologe, Freiburg i. Br./Basel/Wien 1964.

-, Ignatius von Loyola. Briefwechsel mit Frauen, Freiburg i. Br. 1956.

Rahner, K., Anonymer und expliziter Glaube, in: SzTh 12, Zürich/Einsiedeln/Köln 1975, 76-84.

-, Anonymes Christentum und Missionsauftrag der Kirche, in: SzTh 9, Zürich/Einsiedeln/Köln 1970, 498-515.

-, Atheismus und implizites Christentum, in: SzTh 8, Zürich/Einsiedeln/Köln 1967, 187-212.

-, Betrachtungen zum ignatianischen Exerzitienbuch, München 1965.

-, Christologie heute?, in: SzTh 12, Zürich/Einsiedeln/Köln 1975, 353-369.

-, Der Begriff der ecstasis bei Bonaventura, in: ZAM 9 (1934) 1-19.

-, Der dreifaltige Gott als transzendenter Urgrund der Heilsgeschichte, in: MySal 2[3], 317-401.

-, Die anonymen Christen, in: SzTh 6, Zürich/Einsiedeln/Köln 1965, 545-554.

-, Die Christologie innerhalb einer evolutiven Weltanschauung, in: SzTh 5, Zürich/Einsiedeln/Köln 1964[2], 183-221.

-, Die geistlichen Sinne nach Origenes, in: SzTh 12, Zürich/Einsiedeln/Köln 1975, 111-136.

-, Die grundlegenden Imperative für den Selbstvollzug der Kirche in der gegenwärtigen Situation, in: Handbuch der Pastoraltheologie, Bd. 2/1, 256-276.

-, Die Lehre von den "geistlichen Sinnen" im Mittelalter, in: SzTh 12, Zürich/Einsiedeln/Köln 1975, 137-172.

-, Die Logik der existenziellen Erkenntnis bei Ignatius von Loyola, in: Das Dynamische in der Kirche (QD 5), Freiburg/Basel/Wien 1958, 74-148.

-, Die theologische Dimension der Frage nach dem Menschen, in: SzTh 12, Zürich/Einsiedeln/Köln 1975, 387-406.

-, Einübung priesterlicher Existenz, Freiburg i. Br./Basel/Wien 1970.

-, Erfahrung des Geistes und existentielle Entscheidung, in: SzTh 12, Zürich/Einsiedeln/Köln 1975, 41-53.

-, Erfahrungen eines katholischen Theologen, in: Lehmann, K. (Hg.), Vor dem Geheimnis Gottes den Menschen verstehen. Karl Rahner zum 80. Geburtstag, München/Zürich 1984, 105-119.

-, Existential, in: SM 1, 1298-1300.

-, Existential, übernatürliches, in: LThK[2] 3, 1301.

-, Fragen der Kontroverstheologie über die Rechtfertigung, in: SzTh 4, Zürich/Einsiedeln/Köln 1967[5], 237-271.

-, Frömmigkeit früher und heute, in: SzTh 7, Zürich/Einsiedeln/Köln 1966, 11-32.

-, Gebete des Lebens, hg. v. Raffelt, A., Freiburg i. Br./Basel/Wien 1986[6].

-, Geburtstagsbrief Professor Karl Rahners an seinen Bruder Hugo zum 65. Geburtstag, in: Die Furche 21 (1965) Nr. 19, 8.

-, Geist in Welt. Zur Metaphysik der endlichen Erkenntnis bei Thomas von Aquin, im Auftrag des Verfassers überarbeitet und ergänzt von Metz, J. B., München 1964[3].

-, Gnade als Mitte menschlicher Existenz. Ein Gespräch mit und über Karl Rahner aus Anlaß seines 70. Geburtstages, in: HerKorr 28 (1974) 77-92.

-, Gotteserfahrung heute, in: SzTh 9, Zürich/Einsiedeln/Köln 1970, 161-176.

-, Grundkurs des Glaubens. Einführung in den Begriff des Christentums, Freiburg i. Br./Basel/Wien 1978[10].

-, Hörer des Wortes. Zur Grundlegung einer Religionsphilosophie, neubearb. Ausgabe v. Metz, J. B., München 1963.

-, Ignatius von Loyola. Zur Aktualität des Heiligen, in: GuL 57 (1984) 337-340.

-, Im Anspruch Gottes. Bemerkungen zur Logik der existentiellen Erkenntnis, in: GuL 59 (1986) 241-247.

-, Kirchliche und außerkirchliche Religiosität, in: SzTh 12, Zürich/Einsiedeln/Köln 1975, 582-598.

-, La doctrine des "sens spirituels" du moyen âge en particulier chez Saint Bonaventure, in: RAM 14 (1933) 263-299.

-, Lebenslauf, in: Entschluß 31 (1977), H. 10, 30-34.

-, Le début d'une doctrine des cinq sens spirituels chez Origene, in: RAM 13 (1932) 113-145.

-, Meditation über das Wort "Gott", in: Schultz, H. J., Wer ist das eigentlich - Gott?, München 1969, 17-20.

-, Moderne Frömmigkeit und Exerzitienerfahrung, in: SzTh 12, Zürich/Einsiedeln/Köln 1975, 173-197.

-, Natur und Gnade, in: SzTh 4, Zürich/Einsiedeln/Köln 1967[5], 209-236.

-, Natur und Gnade nach der Lehre der katholischen Kirche, in: US 14 (1959) 74-81.

-, Passion und Aszese, in: SzTh 3, Zürich/Einsiedeln/Köln 1964[6], 73-104.

-, Priesterliche Existenz, in: SzTh 3, Zürich/Einsiedeln/Köln 1964[6], 285-312.

-, Rechtfertigung und Weltgestaltung in katholischer Sicht, in: SzTh 13, Zürich/Einsiedeln/Köln 1978, 307-323.

-, Rede des Ignatius von Loyola an einen Jesuiten von heute, in: SzTh 15, Zürich/Einsiedeln/Köln 1983, 373-408.

-, Rezension: Lieske, A., Die Theologie der Logosmystik bei Origenes, in: ZKTh 63 (1939) 244f.

-, Selbsterfahrung und Gotteserfahrung, in: SzTh 10, Zürich/Einsiedeln/Köln 1972, 133-144.

-, Sendung und Gnade. Beiträge zur Pastoraltheologie, 5. erweiterte Aufl., Einleitung, Anmerkungen und Register von Neufeld, K. H., Innsbruck/Wien 1988.

-, Über das Verhältnis von Natur und Gnade, in: SzTh 1, Zürich/Einsiedeln/Köln 1967[8], 323-345.

-, Über den Begriff des Geheimnisses in der katholischen Theologie, in: SzTh 4, Zürich/Einsiedeln/Köln 1960, 51-99.

-, Über die Eigenart des christlichen Gottesbegriffs, in: SzTh 15, Zürich/Einsiedeln/Köln 1983, 185-194.

-, Über die Möglichkeit des Glaubens heute, in: SzTh 5, Zürich/Einsiedeln/Köln 1964[2], 11-32.

-, Über die Möglichkeit und Notwendigkeit des Gebetes, in: Ders., Wagnis des Christen. Geistliche Texte, Freiburg i. Br./Basel/Wien 1974, 63-84.

-, Überlegungen zur Methode der Theologie, in: SzTh 9, Zürich/Einsiedeln/Köln 1970, 79-126.

-, Übernatürliche Ordnung, in: SM 4, 1041-1048.

-, Vom Sinn der häufigen Andachtsbeichte, in: SzTh 3, Zürich/Einsiedeln/Köln 1967[7], 211-225.

-, Von der Not und dem Segen des Gebetes, Freiburg i. Br. 1991.

-, Warum läßt uns Gott leiden?, in: SzTh 14, Zürich/Einsiedeln/Köln 1980, 450-469.

-, Warum uns das Beten nottut, in: Leuchtturm 18 (1924-25) 310f.

-, Zum theologischen Begriff der Konkupiszenz, in: SzTh 1, Zürich/Einsiedeln/Köln 1967[8], 377-414.

-, Zur scholastischen Begrifflichkeit der ungeschaffenen Gnade, in: SzTh 1, Zürich/Einsiedeln/Köln 1967[8], 347-375.

-, Zur Theologie der Menschwerdung, in: SzTh 4, Zürich/Einsiedeln/Köln 1967[5], 137-155.

-, Zur Theologie der religiösen Bedeutung des Bildes, in: SzTh 16, Zürich/Einsiedeln/Köln 1983, 348-363.

-, Zur Theologie der Weihnachtsfeier, in: SzTh 1, Zürich/Einsiedeln/Köln 1967[8], 35-46.

-, Zur Theologie des Todes. Mit einem Exkurs über das Martyrium (QD 2), Freiburg i. Br. 1958[3].

-/Vorgrimler, H. (Hg.), Kleines theologisches Wörterbuch, Freiburg i. Br. 1961.

-/Ratzinger, J., Offenbarung und Überlieferung (QD 25), Freiburg i. Br. 1965.

Ratzinger, J., Die Geschichtstheologie des Heiligen Bonaventura, München/Zürich 1959.

Recchia, V., La Visione di S. Benedetto e la "compositio" del secondo libro dei "Dialoghi" di Gregorio Magno, in: RBen 82 (1972) 140-155.

Reents, C., Religion - Primarstufe, München/Stuttgart 1975.

Reese-Schäfer, W., Jürgen Habermas, 3., vollständig überarb. Aufl., Frankfurt a. M. 2001.

Reich, K., Systemisch-konstruktivistische Pädagogik. Einführung in Grundlagen einer interaktionistisch-konstruktivistischen Pädagogik, Neuwied/Kriftel/Berlin 1996.

Reilly, G., Elementarisierung und Korrelationsdidaktik, in: KatBl 126 (2001) 90-93.

-, Religionsdidaktik und ästhetische Erziehung, in: RpB 22/1988, 55-66.

-, Süß, aber bitter, in: Hilger, G./Ders. (Hg.), Religionsunterricht im Abseits? Das Spannungsfeld Jugend - Schule - Religion, München 1993, 16-27.

Richter, L., Erfahrung, in: RGG³ 2, 550-552.

Ricoeur, P., Evil, a Challenge to Philosophy an Theology, in: Deuser, H. (Hg.), Gottes Zukunft - Zukunft der Welt, München 1986, 345-361.

Riley, H., Christian Initiation. A comparative Study of the Interpretation of the Baptismal Liturgy in the Mystagogical Writings of Cyrill of Jerusalem, John Chrysostom, Theodore of Mopsvestia and Ambrose of Milan (= SCA 17), Washington 1974.

Ritter, W. H., Der Erfahrungsbegriff - Konsequenzen für die enzyklopädische Frage der Theologie, in: Ders./Rothgangel, M. (Hg.), Religionspädagogik und Theologie. Enzyklopädische Aspekte, Stuttgart/Berlin/Köln 1998, 149-166.

-, Glaube und Erfahrung im religionspädagogischen Kontext. Die Bedeutung von Erfahrung für den christlichen Glauben im religionspädagogischen Verwendungszusammenhang. Eine grundlegende Studie, Göttingen 1989.

-, Stichwort "Elementarisierung", in: KatBl 126 (2001) 82-84.

Roten, Ph. de, Le vocabulaire mystagogique de saint Jean Chrysostome, in: BEL.S 1993, 115-135.

Roth, G., Das Gehirn und seine Wirklichkeit. Kognitive Neurobiologie und ihre philosophischen Konsequenzen, Frankfurt a. M. 1994.

-, Erkenntnis und Realität. Das reale Gehirn und seine Wirklichkeit, in: Schmidt, S. J. (Hg.), Der Diskurs des radikalen Konstruktivismus, Frankfurt a. M. 1996⁷, 229-255.

Rothgangel, M./Hilger, G., Schüler, Schülerorientierung, in: LexRP 1932-1938.

Rottenwöhrer, G., Unde malum? Herkunft und Gestalt des Bösen nach heterodoxer Lehre von Markion bis zu den Katharern, Bad Honnef 1986.

Rousseau, Ph., Cassian, Contemplation and Cenobitic Life, in: JEH 26 (1975) 113-126.

Rudolph, K., Die Gnosis. Wesen und Geschichte einer spätantiken Religion. Mit zahlreichen Abbildungen und einer Faltkarte, 3., durchgesehene und ergänz. Aufl., Göttingen 1990.

-, Mystery Religions, in: EncRel(E) 10, 230-239.

Ruh, K., Geschichte der abendländischen Mystik, Bd. 2: Frauenmystik und Franziskanische Mystik der Frühzeit, München 1993.

Ruhstorfer, K., Das Prinzip ignatianischen Denkens. Zum geschichtlichen Ort der "Geistlichen Übungen" des Ignatius von Loyola (FThSt 161), Freiburg i. Br./Basel/Wien 1998.

Rulands, P., Menschsein unter dem An-Spruch der Gnade. Das übernatürliche Existential und der Begriff der natura pura bei Karl Rahner (IThS 55), Innsbruck/Wien 2000.

-, Selbstmitteilung Gottes in Jesus Christus: Gnadentheologie, in: Batlogg, A. R./Ders./Schmolly, W. u. a., Der Denkweg Karl Rahners. Quellen - Entwicklungen - Perspektiven, Mainz 2003, 161-196.

-/Schmolly, W., "Der Heilswille Gottes berührt uns in Christus Jesus und der Kirche": Die erste Gnadenvorlesung, in: Batlogg, A. R./Dies. u. a., Der Denkweg Karl Rahners. Quellen - Entwicklungen - Perspektiven, Mainz 2003, 106-143.

Rupp, E., Zur Kritik der transzendentalen und analytischen Wissenschaftstheorie, Wiesbaden/Frankfurt a. M. 1973.

Ruster, Th., Christliche Religion zwischen Gottesdienst und Götzendienst, in: rhs 39 (1996) 54-62.

-, Der verwechselbare Gott. Theologie nach der Entflechtung von Christentum und Religion (QD 181), Freiburg i. Br./Basel/Wien 2000.

- Die Lumpensammlerin. Zur Aufgabe der Fundamentaltheologie nach der Entflechtung von Chrsitentum und Religion, in: Riße, G./Sonnemans, H./Theß, B. (Hg.), Wege der Theologie: an der Schwelle zum dritten Jahrtausend (FS H. Waldenfels) Paderborn 1996.

-, Die verlorene Nützlichkeit der Religion. Katholizismus und Moderne in der Weimarer Republik, Paderborn/München/Wien u. a. 1994.

-, Die Welt verstehen "gemäß den Schriften", Religionsunterricht als Einführung in das biblische Wirklichkeitsverständnis, in: rhs 43 (2000) 189-203.

-, Jenseits aller Ethik: Geld als Religion?, in: Kochanek, H. (Hg.), Ich habe meine eigene Religion. Sinnsuche jenseits der Kirchen, Zürich/Düsseldorf 1999, 182-209.

-, Sind Christentum und Kirche pluralismusfähig?, in: Kessler, M./Vitzhum, W./Wertheimer, J. (Hg.), Neonationalismus. Neokonservatismus. Sondierungen und Analysen, Tübingen 1997, 155-176.

Sakaguchi, F., Der Begriff der Weisheit in den Hauptwerken Bonaventuras, München/Salzburg 1968.

Sandler, W., Die Kunst des Fragens. Versuch einer systematischen Rekonstruktion von Karl Rahners transzendental-phänomenologischer Methode, in: Siebenrock, R. A. (Hg.), Karl Rahner in der Diskussion. Erstes und zweites Innsbrucker Symposion: Themen - Referate - Ergebnisse (IThS 56), Innsbruck/Wien 2001, 247-267.

Sauer, R., Die Erschließung der Sinnfrage in Schule und Gemeinde, in: Lebendiges Zeugnis 36 (1981), H. 2, 17-29.

-, Die Liturgie - Ein Ort des Glaubenlernens? Die mystagogische Dimension der Liturgie, in: CpB 105 (1992), H. 1, 11-14.

-, Die religiöse Ansprechbarkeit junger Menschen heute, in: KatBl 106 (1981) 712-721.

-, Diskussion über die "ungläubigen Kinder". Ein Brief und seine Folgen, in: KatBl 112 (1987) 156f.

-, Ist der Glaube nur Objekt des Religionsunterrichtes? Ein Plädoyer für die katechetische und handlungsorientierte Dimension des Religionsunterrichts, in: Paul, E./Stock A. (Hg.), Glauben ermöglichen. Zum gegenwärtigen Stand der Religionspädagogik, Mainz 1987, 94-107.

-, Mit jungen Menschen den Glauben bedenken und feiern. Erfahrungen mit einem Glaubensseminar für 14 - 18jährige, in: KatBl 108 (1983) 221-225.

-, Mystik des Alltags. Jugendliche Lebenswelt und Glaube, Freiburg i. Br. 1990.

-, Religionslehrer und Mystik des Alltags, in: Lebendige Katechese 14 (1992), H. 1, 14-21.

-, Religiöse Erziehung auf dem Weg zum Glauben, Düsseldorf 1976.

-, Religiöse Phänomene in den Jugendkulturen (Jahrbuch der Religionspädagogik 10, Bizer Ch./Degen, R./Englert, R. u. a.), Neukirchen-Vluyn 1995, 17-30.

Schäfer, H. H./Schaller, K., Kritische Erziehungswissenschaft und kommunikative Didaktik, Heidelberg 1971.

Schambeck, M., Contemplatio als Missio. Zu einem Schlüsselphänomen bei Gregor dem Großen (StSSTh 25), Würzburg 1999.

-, Wohin Bilder führen können. Ein Projekt aus der Perspektive ästhetischen Lernens für das 8. - 10. Schuljahr: Das Finale aus Strawinskys Feuervogel und ausgewählte Psalmverse als Wege, Gotteserfahrungen nachzuspüren und zu artikulieren, in: KatBl 126 (2001) 208-214.

Schaut, A., Die Vision des heiligen Benedikt. Eine Untersuchung zum Bericht des hl. Gregor, in: Vir Dei Benedictus. Eine Festgabe zum 1400. Todestag des Heiligen Benedikt, hg. v. Molitor, R., Münster 1947, 207-253.

Scheilke, Ch./Schweitzer, F. (Hg.), Religion, Ethik, Schule. Bildungspolitische Perspektiven in der pluralen Gesellschaft, Münster 1999.

Schell, H., Katholische Dogmatik, Bd. 2, Paderborn 1890.

Schilson, A., Theologie als Mystagogie. Der theologische Aufbruch nach der Jahrhundertwende, in: Ders. (Hg.), Gottes Weisheit im Mysterium. Vergessene Wege christlicher Spiritualität, Mainz 1989, 203-230.

-, Theologie als Sakramententheologie. Die Mysterientheologie Odo Casels, Mainz 1982.

- (Hg.), Gottes Weisheit im Mysterium. Vergessene Wege christlicher Spiritualität, Mainz 1989.

-/Kasper, W., Christologie im Präsens. Kritische Sichtung neuer Entwürfe, Freiburg i. Br./Basel/Wien 1974.

Schleinzer, A., Die Liebe ist unsere einzige Aufgabe. Das Lebenszeugnis von Madeleine Delbrêl, Ostfildern 1994.

Schlesinger, G., The Problem of Evil and the Problem of Suffering, in: American Philosophical Quarterly 1 (1964) 244-247.

Schlosser, M., Bonaventura begegnen, Augsburg 2000.

-, Cognitio et amor. Zum kognitiven und voluntativen Grund der Gotteserfahrung nach Bonaventura, Paderborn/München/Wien u. a. 1990.

Schmälzle, U. F., Religionslehrer/in, in: LexRP 1697-1702.

Schmid, H., Assoziation und Dissoziation als Grundmomente religiöser Bildung. Zur Frage nach dem 'Wozu' religiöser Bildung heute, in: RpB 50/2003, 49-57.

-, Mehr als Reden über Religion, in: rhs 45 (2002) 2-10.

Schmidt, W. H., Einführung in das AT, Berlin/New York 1985[3].

Schmidt-Leukel, P., Grundkurs Fundamentaltheologie. Eine Einführung in die Grundfragen des christlichen Glaubens, München 1999.

Schmidtchen, G., Was den Deutschen heilig ist. Religiöse und politische Strömungen in der Bundesrepublik Deutschland, München 1979.

Schmitz, J., Gottesdienst im altkirchlichen Mailand. Eine liturgiewissenschaftliche Untersuchung über Initiation und Meßfeier während des Jahres zur Zeit des Bischofs Ambrosius (+ 379) (Theoph. 25), Köln 1975.

Schmolly, W., Eschatologische Hoffnung in Geschichte. Karl Rahners dogmatisches Grundverständnis der Kirche als theologische Begleitung von deren Selbstvollzug (IThS 57), Innsbruck/Wien 2001.

Schneider, M., Aus den Quellen der Wüste. Die Bedeutung der frühen Mönchsväter für eine Spiritualität heute, Köln 1989[2].

-, "Unterscheidung der Geister". Die ignatianischen Exerzitien in der Deutung von E. Przywara, K. Rahner und G. Fessard (IThS 11), Innsbruck/Wien 1987[2].

Schoberth, I., Der unwillige Zeuge? Die 'Identität' der Religionslehrer und die 'Sache' des Religionsunterrichts, in: ZPT 54 (2002) 118-133.

-, Erinnerung als Praxis des Glaubens, München 1992.

-, Glauben-lernen: Grundlegung einer katechetischen Theologie, Stuttgart 1998.

-, Glauben-lernen heißt eine Sprache lernen. Exemplarisch durchgeführt an einer Performance zu Psalm 120, in: rhs 45 (2002) 20-31.

-, Wege des Glauben-lernens, in: Gymnasialpädagogische Materialstelle des ELKB (Hg.), Arbeitshilfe für den evangelischen Religionsunterricht an Gymnasien. Aktuelle Information 31, Erlangen 1995, 55-63.

-, Wieviel Religion braucht die Gesellschaft? Ein Gespräch der Religionspädagogik mit der Pädagogik, in: Schule und Kirche o. Jg. (2001), H. 1, 24-26.

Schockenhoff, E., Zum Fest der Freiheit. Theologie des christlichen Handelns bei Origenes (TTS 33), Mainz 1990.

Schreiner, M., Mit Begeisterung und Besonnenheit. Zum Profil evangelischer Religionslehrerinnen und -lehrer heute, in: Ders. (Hg.), Vielfalt und Profil. Zur evangelischen Identität heute, Neukirchen-Vluyn 1999, 189-203.

Schulte, J., Hinführung zum Geheimnis des Glaubens, in: Lebendige Seelsorge 38 (1987) 216-224.

-, Katechese als Mystagogie, in: Lebendige Katechese 9 (1987) 16-22

Schulze, G., Die Erlebnisgesellschaft. Kultursoziologie der Gegenwart, Frankfurt 1992.

-, Entgrenzung und Innenorientierung. Eine Einführung in die Theorie der Erlebnisgesellschaft, in: Gegenwartskunde 42 (1993) 405-419.

Schuster, R. (Hg.), Was sie glauben. Texte von Jugendlichen, Stuttgart 1984.

Schütz, A./Luckmann, Th., Strukturen der Lebenswelt, Bd. 1, Frankfurt a. M. 1979.

Schweitzer, F., Die Konstruktion des Kindes in der Bibeldidaktik, in: Lämmermann, G./Morgenthaler, Ch./Schori, K. u. a. (Hg.), Bibeldidaktik in der Postmoderne (FS K. Wegenast), Stuttgart/Berlin/Köln 1999, 122-133.

-, Die Suche nach eigenem Glauben. Einführung in die Religionspädagogik des Jugendalters, Gütersloh 1996.

-, Elementarisierung als religionspädagogische Aufgabe. Erfahrungen und Perspektiven, in: ZPT 52 (2000) 240-252.

-, Kinder und Jugendliche als Exegeten? Überlegungen zu einer entwicklungsorientierten Bibeldidaktik, in: Bell, D./Lipski-Melchior, H./ Lüpke, J. von u. a. (Hg.), Menschen suchen - Zugänge finden. Auf dem Weg zu einem religionspädagogisch verantworteten Umgang mit der Bibel (FS Ch. Reents), Wuppertal 1999, 238-245.

-, Lebensgeschichte und Religion. Religiöse Entwicklung und Erziehung im Kindes- und Jugendalter, 4., überarb. und erweit. Aufl., Gütersloh 1999.

-, Selbstauskunft oder Unterrichtsbeobachtung? Religionsunterricht in der Selbstwahrnehmung von Lehrerinnen und Lehrern und in der Außenperspektive von Unterrichtsforschung, in: ZPT 53 (2001) 320-326

-, Zeit. Ein neues Schlüsselthema für Religionsunterricht und Religionspädagogik (Jahrbuch der Religionspädagogik 11, Bizer Ch./Degen, R./Englert, R. u. a.), Neukirchen-Vluyn 1995, 145-164.

Schwerdtfeger, N., Gnade und Welt. Zum Grundgefüge von Karl Rahners Theorie des "anonymen Christen" (FThSt 123), Freiburg i. Br. 1982.

Schwillus H., Ethik-Unterricht in der Bundesrepublik Deutschland. Zusammenstellung der derzeit gültigen Regelungen für die Alternativ- bzw. Ersatzfächer für den Religionsunterricht, Berlin 2000.

Sertillanges, A.-.D., Le problème du mal, 2 Bde., Paris 1948.1951.

Sieben, H.-J., Voces. Eine Bibliographie zu Wörtern und Begriffen aus der Patristik (1918-1978), Berlin/New York 1980.

Siebenrock, R. A., Einleitung, in: Ders. (Hg.), Karl Rahner in der Diskussion. Erstes und zweites Innsbrucker Symposion: Themen - Referate - Ergebnisse (IThS 56), Innsbruck/Wien 2001, 9-32.

-, Gezeichnet vom Geheimnis der Gnade. "Worte ins Schweigen" als ursprüngliche Gottesrede Karl Rahners, in: Kanzian, Ch. (Hg.), Gott finden in allen Dingen, Thaur 1998, 199-217.

-, Gnade als Herz der Welt. Der Beitrag Karl Rahners zu einer zeitgemäßen Gnadentheologie, in: Delgado, M./Lutz-Bachmann, M. (Hg.), Theologie aus Erfahrung der Gnade. Annäherungen an Karl Rahner, Berlin 1994, 34-71.

-, Urgrund der Heilsgeschichte: Trinitätstheologie, in: Batlogg, A. R./Rulands, P./Schmolly, W. u. a., Der Denkweg Karl Rahners. Quellen - Entwicklungen - Perspektiven, Mainz 2003, 197-222.

Siebert, H., Lernen als Konstruktion von Lebenswelten. Entwurf einer konstruktivistischen Didaktik, Frankfurt a. M. 1994.

Simon, W., Besprechungen zur Kirchenraumpädagogik, in: TThZ 109 (2000) 329-334.

-, Der Religionslehrer im Brennpunkt des religionspädagogischen Interesses, in: RpB 17/1986, 64-78.

-, Ethikunterricht - Philosophieunterricht - Religionskunde - Religionsunterricht. Probleme und Differenzierungen, in: ThQ 179 (1999) 90-99.

-, Glauben lernen? Modelle und Elemente einer Begleitung auf dem Lernweg des Glaubens, in: Ders./Delgado, M. (Hg.), Lernorte des Glaubens, Berlin/Hildesheim 1991, 44-68.

-, "Kirchlichkeit" des Religionsunterrichts. Probleme und Differenzierungen, in: TThZ 109 (2000) 253-269.

-, "Lebensgestaltung - Ethik - Religion". Ein Modellversuch, in: KatBl 120 (1995) 29-40.

-, Mystagogie. Religionspädagogisch und praktisch-theologisch, in: LThK³ 7, 571f.

-, Religiöse Erfahrung - Ihre Genese und Erfassbarkeit, in: RpB 2/1978, 3-30.

Simons, E., Philosophie der Offenbarung in Auseinandersetzung mit "Hörer des Wortes" von Karl Rahner, Stuttgart 1966.

Smend, R., Die Mitte des Alten Testaments. Gesammelte Studien Bd. 1, München 1986.

Solignac, A., Mystère, in: DSp 10, 1862-1874.

Sölle, D., Gottes Schmerz und unsere Schmerzen, in: Olivetti, M. M. (Hg.), Teodicea oggi? (Archivo di Filosofia 56), Padua 1988, 273-289.

-, Leiden, Stuttgart 1987⁷.

Speer, A., Triplex veritas. Wahrheitsverständnis und philosophische Denkform Bonaventuras (Franziskanische Forschungen 32), Werl 1987.

Spiegel, Y., Glaube, wie er leibt und lebt, 3 Bde., München 1984.

Spohn, W., The Reasoning Heart. An American Approach to Christian Discernment, in: Theological Studies 44 (1983) 30-52.

Stachel, G. (Hg.), Sozialisation - Identitätsfindung - Glaubenserfahrung. Referate und Protokolle des zweiten Kongresses der "Arbeitsgemeinschaft Katholischer Katechetikdozenten", Zürich/Einsiedeln/Köln 1979.

Steenberghen, F. van, Die Philosophie im 13. Jahrhundert, übers. von Wagner, R., München 1977.

Steidle, B., Die kosmische Vision des Gottesmannes Benedikt, in: EuA 47 (1971) 187-192; 298-315; 409-414.

-, "Homo Dei Antonius". Zum Bild des "Mannes Gottes" im Alten Mönchtum (StAns 38), Rom 1956, 148-200.

Stoltenberg, A., Perspektivenwechsel - die Synode der EKD gibt ein Stichwort, in: EvErz 48 (1996) 236-240.

Stolz, F. (Hg.), Religiöse Wahrnehmung der Welt, Zürich 1988.

Strecker, G., Literaturgeschichte des Neuen Testaments, Göttingen 1992.

Sudbrack, J., Das Wagnis des Lebens aus Gott. Zur ignatianischen Lehre von der Geistunterscheidung, in: Roßmann, H./Ratzinger, J. (Hg.), Mysterium der Gnade (FS J. Auer), Regensburg 1975, 412-426.

-, Fragestellung und Infragestellung der Exerzitien, in: GuL 43 (1970) 206-226.

-, "Gott in allen Dingen finden": Eine ignatianische Maxime und ihr metahistorischer Hintergrund, in: Plazaola, J. (Hg.), Ignacio de Loyola y su tiempo. Congresso internacional de historia (9. - 13. septiembre 1991), Bilbao 1991, 343-368.

-, Ignatius von Loyola und sein Orden. Ursprung aus der Erfahrung, in: GuL 56 (1983) 267-283.

-, Spiritualität, in: HTTL 7, Freiburg i. Br./Basel/Zürich 1973, 115-130.

Surin, K., Theology and the Problem of Evil, Oxford/New York 1986.

Sustek, H., Rituale in der Schule, in: Pädagogische Welt 50 (1996), H. 1, 34-38.

Swaans, W. J., À propos des "Catéchèses Mystagogiques" attribuées à S. Cyrille de Jérusalem, in: Muséon 55 (1942) 1-43.

Swayne, S., Mystagogische Liturgie. Liturgische Bildung durch geistliches Feiern, in: Gottesdienst 18 (1984), H. 11, 81-83.

Sziegaud-Roos, W., Religiöse Vorstellungen von Jugendlichen, in: Jugendwerk der Deutschen Shell (Hg.), Jugendliche und Erwachsene '85. Generationen im Vergleich. Bd. 4: Jugend in Selbstbildnissen, Opladen 1985, 334 - 386.

Tebartz-van Elst, F.-P., Von der Katechese zur Predigt. Plädoyer für eine mystagogische Verkündigung, in: Ders. (Hg.), Katechese im Umbruch. Positionen und Perspektiven (FS D. Emeis) Freiburg/Basel/Wien 1998, 422-438.

Terhart, E., Konstruktivismus und Unterricht. Gibt es einen neuen Ansatz in der Allgemeinen Didaktik?, in: ZP 45 (1999) 629-647.

Themenheft " Religionslehrer/-in", in: CpB 117 (2004) H. 3.

Themenheft "Elementares Lernen", in: KatBl 126 (2001) H. 2.

Themenheft "Pädagogik und Konstruktivismus", in: Pädagogik 50 (1998), H.7/8.

Themenheft "Rituale: Schule und Unterricht Gestalt geben", in: Pädagogik 46 (1994), H. 1, 4-32.

Thementeil "Konstruktion von Wissen", in: Pädagogik 47 (1995), H. 6.

Tiefensee, E., Christliches Leben in einer säkularen Gesellschaft. Am Beispiel der Situation in den neuen Bundesländern, in: rhs 48 (2005) 2-14.

-, Religiös unmusikalisch? Folgerungen aus einer weithin krisenfesten Areligiosität, in: KatBl 125 (2000) 88-95.

Tilmann, K., Das Werden der neuen katechetischen Methode, missionarisch gesehen, in: Hofinger, J. (Hg.), Katechetik heute. Grundsätze und Anregungen zur Erneuerung der Katechese in Mission und Heimat, Freiburg/Basel/Wien 1961, 96-106.

Verweyen, H., Gottes letztes Wort. Grundriß der Fundamentaltheologie, Düsseldorf 1991.

Vielhauer, Ph., Geschichte der urchristlichen Literatur. Einleitung in das Neue Testament, die Apokryphen und die Apostolischen Väter, Berlin/New York 1975.

Viller, M./Rahner, K., Aszese und Mystik in der Väterzeit. Ein Abriß der frühchristlichen Spiritualität, unveränd. Neuausgabe mit einem Vorwort von Neufeld, K. H., Freiburg i. Br./Basel/Wien 1989.

Vogüé, A. de, Benedikt von Nursia, in: TRE 5, 538-549.

-, Benoît, modèle de vie spirituelle d'après le Deuxième Livre des Dialogues de saint Grégoire, in: CCist 38 (1976) 147-157.

-, Die tägliche Lesung in den Klöstern (300 - 700), in: EuA 66 (1990) 96-105.

-, Saint Benoît et le progrès spirituel. L'auteur de la Règle entre sa source et son biographe, in: Spiritual Progress. Studies in the Spirituality of the Late Antiquity and early Monasticism. Papers on the Symposium of Monastic Institute, Rome, Pontificio Ateneo S. Anselmo 14 - 15 May 1992 (StAns 115), Rom 1994, 127-155.

Völker, W., Das Vollkommenheitsideal des Origenes. Eine Untersuchung zur Geschichte der Frömmigkeit und zu den Anfängen christlicher Mystik, Tübingen 1931.

Volz, L., Einleitung zu "Der Religionsunterricht in der Schule, in: Gemeinsame Synode der Bistümer in der Bundesrepublik Deutschland. Beschlüsse der Vollversammlung. Offizielle Gesamtausgabe I, Freiburg i. Br./Basel/Wien 1976, 113-122.

Wagener, H.-J., Entwicklung lebendiger Religiosität. Die psychodynamische Basis religiöser Entwicklung - unter besonderer Berücksichtigung des Strukturgenetischen Ansatzes von Fritz Oser/Paul Gmünder, Ostfildern 2002.

Wagner, K. R., Pragmatik der deutschen Sprache, Frankfurt a. M./Berlin/Bern u. a. 2001.

Waldenfels B., Der Stachel des Fremden, Frankfurt a. M. 1990.

-, In den Netzen der Lebenswelt, Frankfurt a. M. 1985.

Wansbrough, J. H., St. Gregory's Intention in the Stories of St. Scholastica and St. Benedict, in: Revue Bénédictine 75 (1965) 145-151.

Wassilowsky, G., Kirchenlehrer der Moderne: Ekklesiologie, in: Batlogg, A. R./Rulands, P./Schmolly, W. u. a., Der Denkweg Karl Rahners. Quellen - Entwicklungen - Perspektiven, Mainz 2003, 223-241.

Wegenast, K./Wegenast, Ph., Biblische Geschichten dürfen auch "unrichtig" verstanden werden. Zum Erzählen und Verstehen neutestamentlicher Erzählungen, in: Bell, D./Lipski-Melchior, H./ Lüpke, J. von u. a. (Hg.), Menschen suchen - Zugänge finden. Auf dem Weg zu einem religionspädagogisch verantworteten Umgang mit der Bibel (FS Ch. Reents), Wuppertal 1999, 246-263.

Weger, K.-H., Karl Rahner. Eine Einführung in sein theologisches Denken, Freiburg i. Br. 1986.

Weidinger, N., Elemente einer Symboldidaktik (RU abS), Bd. 1: Elemente einer Symbolhermeneutik und -didaktik; Bd. 2: Zur Situation des Religionsunterrichts an beruflichen Schulen, St. Ottilien 1990.

Weiland, J. S., La théodicée, c'est l'athéisme, in: Olivetti, M. M. (Hg.), Teodicea oggi (Archivo die Filosofia 56), Padua 1988, 37-50.

Weinert, F. E., Für und Wider die "neuen Lerntheorien" als Grundlagen pädagogisch-psychologischer Forschung, in: Zeitschrift für Pädagogische Psychologie 10 (1996) 1-12.

-, Lerntheorien und Instruktionsmodelle, in: Ders. (Hg.), Psychologie des Lernens und Instruktion (Enzyklopädie der Psychologie), Göttingen 1996, 1-48.

Weingarten, E./Sack, F./Schenklein, J. (Hg.), Ethnomethodologische Beiträge zu einer Soziologie des Alltagshandelns, Frankfurt 1976.

Wekerle, M., Mystagogie, in: Bibel und Kirche 59 (1986) 255f.

Welte, B., Religiöse Erfahrung heute und Sinnerfahrung, in: Stachel, G. (Hg.), Sozialisation - Identitätsfindung - Glaubenserfahrung. Referate und Protokolle des zweiten Kongresses der "Arbeitsgemeinschaft Katholischer Katechetikdozenten", Zürich/Einsiedeln/Köln 1979, 122-133.

-, Religionsphilosophie, Freiburg i. Br./Basel/Wien 1978.

Wenzel, K., Kirche als lebendige Überlieferung, in: Prostmeier, F. R./Ders., Zukunft der Kirche - Kirche der Zukunft. Bestandsaufnahmen - Modelle - Perspektiven, Regensburg 2004, 185-210.

Werbick, J., Glauben als Lernprozeß? Fundamentaltheologische Überlegungen zum Verhältnis von Glauben und Lernen - zugleich ein Versuch zur Verhältnisbestimmung von Fundamentaltheologie und Religionspädagogik, in: Baumgartner, K./Wehrle, P./Ders. (Hg.), Glauben lernen - leben lernen. Ein Beitrag zur Didaktik des Glaubens und der Religion (FS E. Feifel), St. Ottilien 1985, 3-18.

-, Glaubenlernen aus Erfahrung. Grundbegriffe einer Didaktik des Glaubens, München 1989.

Wetzel, J., Can Theodicy be Avoided? The Claim of Unredeemed Evil, in: Peterson, M. L. (Hg.), The Problem of Evil, Notre Dame 1992, 351-365.

Whitehead, A. N., Prozeß und Realität, Frankfurt a. M. 1979.

-, Wissenschaft und moderne Welt, Frankfurt a. M. 1988.

Wiedenhofer, S., Die Tradition in den Traditionen. Kirchliche Glaubensüberlieferung im Spannungsfeld kirchlicher Strukturen, in: Wiederkehr, D. (Hg.), Wie geschieht Tradition? Überlieferung im Lebensprozess der Kirche (QD 133), Freiburg/Basel/Wien 1991, 127-172.

-, Grundprobleme des theologischen Traditionsbegriffs, in: ZKTh 112 (1990) 18-29.

-, Kulturelles Gedächtnis und Tradition, in: EWE 13 (2002) 268f.

Wiederkehr, D., Das Prinzip Überlieferung, in: Kern, W./Pottmeyer, H. J./Seckler, M. (Hg.), Handbuch der Fundamentaltheologie, Bd. 4: Traktat theologische Erkenntnislehre, Freiburg/Basel/Wien 1988, 124-152.

- (Hg.), Wie geschieht Tradition? Überlieferung im Lebensprozess der Kirche (QD 133), Freiburg/Basel/Wien 1991.

Wilhelm, B., Der ehrwürdige Diener Gottes A. R. P. Joh. Roothaan in den hl. Exerzitien, in: ZAM 13 (1938)148-151.

Winandy, J., Habitavit secum, in: CCist 25 (1963) 343-354.

Wollbold, A., Mystagogie, in: LThK³ 7, 570f.

-, Therese von Lisieux. Eine mystagogische Deutung ihrer Biographie (StSSTh 11), Würzburg 1994.

Wördemann, Ch., Perspektiven für einen mystagogischen Religionsunterricht in der Sekundarstufe II, Münster 1990.

Wulf, F., Die Übung der Meditation in der abendländisch-christlichen Geschichte, in: GuL 34 (1961) 197-209.

-, Ignatius von Loyola. Seine Gestalt und sein Vermächtnis. 1556-1956, Würzburg 1956.

Zahlauer, A., Die Erfahrung denken: Ignatius von Loyola als produktives Vorbild der Theologie Karl Rahners, in: Siebenrock, A. R. (Hg.), Karl Rahner in der Diskussion. Erstes und zweites Innsbrucker Symposion: Themen - Referate - Ergebnisse (IThS 56), Innsbruck/Wien 2001, 289-311.

-, Karl Rahner und sein "produktives Vorbild" Ignatius von Loyola (IThS 47), Innsbruck/Wien 1996.

Zahrnt, H., Luther deutet Geschichte. Erfolg und Mißerfolg im Licht des Evangeliums, München 1952.

Zenger, E., Die Botschaft des Buches Hiob, in: Ders./Böswald, R. (Hg.), Durchkreuztes Leben. Besinnung auf Hiob, Freiburg i. Br. 1976, 11-57.

Ziebertz, H.-G., Gesellschaftliche Herausforderungen der Religionsdidaktik, in: Hilger, G./Leimgruber, S./Ders. (Hg.), Religionsdidaktik. Ein Leitfaden für Studium, Ausbildung und Beruf, München 2001, 67-87.

-, Hungry for Heaven. Was glauben SchülerInnen und Schüler, in: Groß, E./König, K. (Hg.), Religiöses Lernen der Kirchen im globalen Dialog, Münster 2000, 375-383.

-, Lehrerforschung in der empirischen Religionspädagogik, in: Ders./Simon, W. (Hg.), Bilanz der Religionspädagogik, Düsseldorf 1995, 47-78.

-, Wer initiiert religiöse Lernprozesse? Rolle und Person der Religionslehrerinnen und Religionslehrer, in: Hilger, G./Leimgruber, S./Ders. (Hg.), Religionsdidaktik. Ein Leitfaden für Studium, Ausbildung und Beruf, München 2001, 180-200.

-, Wozu religiöses Lernen? Religionsunterricht als Hilfe zur Identitätsbildung, in: Hilger, G./Leimgruber, S./Ders. (Hg.), Religionsdidaktik. Ein Leitfaden für Studium, Ausbildung und Beruf, München 2001, 123-135.

-/Heil, S./Prokopf, A. (Hg.), Abduktive Korrelation. Religionspädagogische Konzeption, Methodologie und Professionalität im interdisziplinären Dialog, Münster 2003.

-/Kalbheim, B./Riegel, U., Religiöse Signaturen heute. Ein religionspädagogischer Beitrag zur empirischen Jugendforschung, Gütersloh/Freiburg 2003.

-/Prokopf, A., Jugendreligiosität auf der Basis von Tiefeninterviews. Zwischenbericht zum DFG-Projekt (unveröff. Ms.), Würzburg 2000.

Zilleßen, D. (Hg.), Religionspädagogisches Werkbuch, Frankfurt a. M. 1972.

Zimmerli, W., Biblische Theologie, in: TRE 6, 426-455.

Zimmermann, D., Die Feier der Liturgie als Mystagogie, in: Lebendige Seelsorge 39 (1988) 175-179.

Zulehner, P. M., "Denn du kommst unserem Tun mit deiner Gnade zuvor...". Zur Theologie der Seelsorge heute. Paul M. Zulehner im Gespräch mit Karl Rahner, Düsseldorf 1984[2].

-, Pastoraltheologie, 4 Bde., Düsseldorf 1989-1990.

-, Pluralität und Mystagogie, in: Pastoraltheologische Informationen 5 (1985) 313f.

-, Priestermangel praktisch. Von der versorgten zur sorgenden Pfarrgemeinde, München 1983.

-, Von der Versorgung zur Mystagogie. Theologische Implikationen seelsorglicher Praxis, in: Lebendige Seelsorge 33 (1982) 177-182.